Fieseler/Herborth
Recht der Familie und Jugendhilfe

FACHBÜCHEREI
Praktische Sozialarbeit

Herausgegeben von
Professor Dr. Helga Oberloskamp und Professor Kurt Witterstätter

Recht der Familie und Jugendhilfe

Arbeitsplatz Jugendamt/Sozialer Dienst

von

Dr. Gerhard Fieseler

Professor an der Universität Gesamthochschule Kassel

und

Dr. Reinhard Herborth

Professor an der Fachhochschule Nordhausen

5. neubearbeitete Auflage

Luchterhand

Die Deutsche Bibliothek - CIP-Einheitsaufnahme
Fieseler, Gerhard:
Recht der Familie und Jugendhilfe : Arbeitsplatz Jugendamt/Sozialer Dienst / von
Gerhard Fieseler und Reinhard Herborth. – 5., überarb. Aufl. – Neuwied ; Kriftel :
Luchterhand 2001
(Fachbücherei Praktische Sozialarbeit)
ISBN 3-472-03644-3

Umschlaggestaltung: arttec grafik Simon & Wagner, St. Goar.
Satz: Satz · Bild · Grafik Marohn, Dortmund.
Druck: Druckerei Kanters, Alblasserdam.
Papier: Permaplan von Arjo Wiggins Spezialpapiere, Ettlingen.
Printed in the Netherlands, Dezember 2000.

♾ Gedruckt auf säurefreiem, alterungsbeständigem und chlorfreiem Papier.

Vorwort zur 5. Auflage

Die Vierte Auflage von 1996 ist seit einiger Zeit vergriffen. Viele Leserinnen und Leser haben diese Fünfte Auflage seit langem bestellt und wurden von uns auf eine harte Geduldsprobe gestellt, wofür wir uns entschuldigen. Unser Dank geht an Frau Christiane Jäger und Frau Cornelia Meyer im Luchterhand Verlag. Dass sie auf unsere häufigen Ergänzungswünsche bis zur endgültigen Drucklegung eingingen, dient der Aktualität des Buches. So konnten Gesetzesänderungen zum 1.1.2001 und neueste Rechtsprechung und Literatur noch eingearbeitet werden.

In dieser Fünften Auflage haben wir auf einen Anhang verzichtet und, der Anregung mehrerer Rezensenten entsprechend, einen neuen Praxisfall vorangestellt, den wir dieses Mal aus mehreren Originalakten zusammengestellt haben. An der Gesamtkonzeption des Buches haben wir nichts geändert, weil sie gerade in der Praxis der Jugendhilfe sehr gut ankommt. Eine einzige kritische Stimme, die Jugendhilfe unterscheide nicht mehr zwischen Hilfen innerhalb und außerhalb der Familien, ist für uns kein Grund, diese sich aus der Sache ergebende Unterscheidung aufzugeben. Eine Darstellung, die – wie üblich – der Systematik des Sozialgesetzbuches Achtes Buch folgt, wäre gewiss leichter zu schreiben gewesen, doch bliebe dabei allzu Vieles links und rechts gesetzestreuer Darstellung unbeachtet. Auch sollte die Jugendhilfe sich nicht so sehr an dem (oft missverstandenen) Gesetzesbuchstaben orientieren sondern stärker an ihrem durch § 1 SGB VIII bestimmten Auftrag. Dies ist leider nicht immer der Fall, und hier will dieses Buch einen (bescheidenen) Beitrag zu einem verständigeren sozialpädagogisch bestimmten Umgang mit dem Recht leisten.

Der Spielraum, den das Kinder- und Jugendhilferecht für eine qualifizierte Arbeit bietet, wird meist unterschätzt. Dies liegt auch daran, dass die Jugendhilfediskussion und -praxis diesen Spielraum nicht wirklich auslotet. Das Gesetz wird als etwas starr »Vorgegebenes« verstanden, was eine (falsche) Verhaltenssicherheit zu bieten scheint, aber sogar einer gelingenden Kooperation mit anderen Institutionen eher im Wege steht. Wenn es am selbstbewussten, sozialpädagogischen Blick fehlt, so ist ein »Dialog« mit den Gerichten »auf gleicher Augenhöhe« (*Avenarius*) nicht möglich. Den Gerichten kann an einer Sozialarbeit nicht gelegen sein, die ihren (oft vermeintlichen) Erwartungen entgegenzukommen versucht und dabei ihren eigentlichen Auftrag verfehlt. Fachlichkeit ist durchaus auch gefragt, wenn Hilfen mit jungen Menschen und ihren Familien »ausgehandelt« werden. Die unversöhnlich kontroverse Diskussion dazu steckt ersichtlich noch in ihren Anfängen. Der »rechtliche Rahmen« auch hierfür wird in diesem Buch aufgezeigt. Eine sozialwissenschaftliche Orientierung – wie in dem Gemeinschaftskommentar SGB VIII – ist ganz und gar kein Ausweichen vor »harten rechtlichen Fakten«, sondern trägt dem Rechnung, dass die Soziale Arbeit einen Umgang mit Rechtsfragen pflegen sollte, die ihrer Profession gemäß ist. Die jungen Menschen, ihre Familien und die professionellen Kooperationspartner der Jugendhilfe werden größeren Nutzen davon haben.

Wir haben die Ausführungen durchweg aktualisiert, dabei aber auch auf »Altes« nicht verzichtet. Dieses »Alte«, zumal aus einer (längst zurückliegenden) Zeit gesellschaftlichen Aufbruchs, ist auch heute noch aussagekräftig und ergiebig. Wo es bei einem Zitat sein Bewenden hat, mögen die Leserinnen und Leser dort nachlesen. Die gelegentlich unter juristischen Hochschullehrern anzutreffende Meinung, in einem »Rechtsbuch« habe dergleichen ohnehin nichts zu suchen, teilen wir jedenfalls nicht. Jugendhilferecht bleibt ohne dies toter Gesetzesbuchstabe.

Kassel/Nordhausen
im November 2000

Gerhard Fieseler
Reinhard Herborth

Vorwort zur 1. Auflage

Wie außerordentlich vielfältig auch die Tätigkeiten der Sozialarbeiter/Sozialpädagogen in den Sozialen Diensten sind (die Originalakte am Anfang und die Arbeitsplatzbeschreibung im Anhang dieses Buches vermitteln davon eine Vorstellung), stets ist die Kenntnis der Rechtsgrundlagen als Orientierungs- und Handlungswissen unerlässliche Voraussetzung einer soliden Berufspraxis. Mit diesem Band möchten wir den Studenten anschauliches Lernmaterial zur Verfügung stellen, das es ihnen ermöglicht, sich auf eine Tätigkeit im Praxisfeld der Familien- und Jugendhilfe vorzubereiten und darin zurechtzufinden. Gleichzeitig hoffen wir, dass das Buch auch den in der sozialen Arbeit Tätigen wichtige Informationen und Anregungen gibt, die ihnen für ihre schwierigen Aufgaben nützlich sind.

Nicht die Rechtssystematik bestimmte den Gang unserer Erörterungen, sondern vielmehr die sich in der Praxis stellenden Aufgaben und die Anforderungen des Rechts bei ihrer Erledigung. Deshalb haben wir die traditionelle Trennung in der Darstellung von Bürgerlichem Gesetzbuch (Familienrecht) und Jugendwohlfahrtsgesetz, sowie von materiellem und prozessualem Recht aufgegeben und stattdessen diese Rechtsgrundlagen so erläutert, wie sie in der Praxis zu beachten sind. Wir meinen, eine solche integrierende Darstellung ist auch von didaktischem Nutzen. Darüber hinaus wollen wir Praxis durch einen vorangestellten Eingangsfall – ein Originalaktenstück – ebenso wie durch zahlreiche Übersichten, Schaubilder, Prüfungsschemata, Muster (u.a. von typischen Arbeitsabläufen) verstehbar machen.

Das Praxisbeispiel haben wir trotz bzw. wegen seiner Komplexität nicht zerstückelt, um Diskussionsmaterial für Lehrveranstaltungen anzubieten und um die zeitliche Dimension des Jugendhilfehandelns sowie den Handlungsdruck der Mitarbeiter aufzuzeigen. Die angestrebte Berufsbezogenheit der Darstellung erforderte, insbesondere auf die konkrete Herausarbeitung der für die verschiedenen Aufgaben maßgeblichen Gesetze zu achten. Da diese Gesetze gerade im Familien- und Jugendrecht weitgehend auslegungsbedürftig sind, war einerseits auf das Grundgesetz der Bundesrepublik Deutschland (Notwendigkeit einer verfassungskonformen, vor allem den sozialen Gehalt des Grundgesetzes berücksichtigenden Auslegung) Bezug zu nehmen und andererseits die Rechtsprechung zu zitieren, die unbestimmte Rechtsbegriffe wie z.B. das »Wohl des Kindes« erst konkretisiert. Inwieweit dabei sozialwissenschaftliche Erkenntnisse berücksichtigt werden müssen und inwieweit Sozialarbeiter/Sozialpädagogen Einfluss auf die Handhabung solcher Begriffe haben, wird ebenso erörtert, wie wir auch durch die gelegentliche Heranziehung geplanter Gesetzesänderungen und durch die vergleichsweise ausführliche Nennung rechtspolitischer Forderungen die Tatsache und die Notwendigkeit eines Rechtswandels verdeutlichen wollen.

Untergliederungen und Spiegelstriche sollen der Anschaulichkeit, gelegentlich längere Fußnoten der Entlastung des Textes von gleichwohl wichtigen Informationen und Einschätzungen, ein umfangreiches Sachregister der leichteren Benutzbarkeit des Buches dienen.

Wir danken allen, die uns bei der Entstehung dieses Buches unterstützt haben; insbesondere Frau Gudrun Seitz (Kassel) und Frau Hildegard Wölm (Schwenningen) für ihre Sorgfalt und Geduld beim Erstellen des Manuskripts.

Kassel/Villingen-Schwenningen
im Oktober 1985

Gerhard Fieseler
Reinhard Herborth

Inhalt

Abkürzungsverzeichnis

a.A.	anderer Ansicht
a.a.O.	am angegebenen Ort (insbesondere: im Literaturverzeichnis)
Abs.	Absatz
AdVermiG	Gesetz über die Vermittlung der Annahme als Kind (Adoptionsvermittlungsgesetz)
ÄndG	Änderungsgesetz
a.E.	am Ende
a.f.	alter Fassung
AFET	Allgemeiner Fürsorgeerziehungstag; ab 1972 Arbeitsgemeinschaft für Erziehungshilfe (Gandhistraße 2, 30559 Hannover)
AFG	Arbeitsförderungsgesetz
AG / AmtsG	Amtsgericht
AGJ	Arbeitsgemeinschaft für Jugendhilfe (Haager Weg 44, 53127 Bonn)
AGJWG	Gesetz zur Ausführung des Gesetzes für Jugendwohlfahrt (des jeweiligen Bundeslandes)
AK-BGB	Kommentar zum Bürgerlichen Gesetzbuch
(+Bearbeiter)	(Reihe Alternativkommentare)
AKGG	Arbeitskreis Gemeindenahe Gesundheitsversorgung (Rotenburger Straße 8, 34212 Melsungen)
a.M.	anderer Meinung
Anh.	Anhang
Anm.	Anmerkung
APf./AV.	Amtspflegschaft/Amtsvormundschaft
ArbGG	Arbeitsgerichtsgesetz
ArchSozArb	Archiv für Wissenschaft und Praxis der sozialen Arbeit
Art.	Artikel
ASD	Allgemeiner Sozialer Dienst
AsylVfG	Asylverfahrensgesetz
Aufl.	Auflage
AuslG	Ausländergesetz
Az.	Aktenzeichen
BAFöG	Bundesgesetz über die individuelle Förderung der Ausbildung (Bundesausbildungsförderungsgesetz)
BAG	Bundesarbeitsgericht
BAGHR	Bundesarbeitsgemeinschaft der Hochschullehrer des Rechts an Fachhochschulen/Fachbereichen des Sozialwesens in der Bundesrepublik Deutschland
BAGLJÄ	Bundesarbeitsgemeinschaft der Landesjugendämter
BAG-SB	Informationsdienst der Bundesarbeitsgemeinschaft Schuldnerberatung e.V.
BayObLG	Bayerisches Oberstes Landesgericht
Ba.-Wü	Baden-Württemberg
BBildG	Berufsbildungsgesetz
Bem.	Bemerkung(en)

BerHiG	Gesetz über Rechtsberatung und Vertretung für Bürger mit geringem Einkommen (Beratungshilfegesetz)
BeurkG	Beurkundungsgesetz
BGB	Bürgerliches Gesetzbuch
BGBl.	Bundesgesetzblatt
BGH	Bundesgerichtshof
BGHZ	Bundesgerichtshof, Entscheidungen in Zivilsachen
BKGG	Gesetz über die Gewährung von Kindergeld (Bundeskindergeldgesetz)
BldWPfl.	Blätter der Wohlfahrtspflege – Deutsche Zeitschrift für Sozialarbeit
BLK	Bund – Länder – Kommission für Bildungsplanung
BMFJ	Bundesministerium für Frauen und Jugend
BMFS	Bundesministerium für Familie und Senioren
BMJ	Bundesminister der Justiz
BMJFFG	Bundesministerium für Jugend, Familie, Frauen und Gesundheit
BMJFG	Bundesminister für Jugend, Familie und Gesundheit
BR-Drucks.	Bundesratsdrucksache
BSD	Besonderer Sozialer Dienst
BSeuchG	Bundesseuchengesetz
BSG	Bundessozialgericht
BSHG	Bundessozialhilfegesetz
BT-Drucks.	Deutscher Bundestag, Drucksache der jeweiligen Wahlperiode
BTMG	Betäubungsmittelgesetz
BVerfG	Bundesverfassungsgericht
BVerfGE	Entscheidungen des Bundesverfassungsgerichts
BVerwG	Bundesverwaltungsgericht
bzgl.	bezüglich
BVG	Bundesversorgungsgesetz
BZRG	Bundeszentralregister
bzw.	beziehungsweise
DAVorm	Der Amtsvormund, Monatsschrift des Deutschen Instituts für Vormundschaftswesen
ders.	derselbe
dgl.	desgleichen
d.h.	das heißt
DIV	Deutsches Institut für Vormundschaftswesen
DJ	Deutsche Jugend
DJI	Deutsches Jugendinstitut (Freibadstraße 30, 81543 München)
DJT	Deutscher Juristentag
DÖV	Die öffentliche Verwaltung
DRiZ	Deutsche Richterzeitung
dto.	ebenso
DtZ	Deutsch-Deutsche Rechtszeitschrift
DVBl	Deutsches Verwaltungsblatt

DVJJ	Deutsche Vereinigung für Jugendgerichte und Jugendgerichtshilfe e.V. / Rundbrief
DVO	Durchführungsverordnung
DVP	Deutsche Verwaltungspraxis

EGBGB	Einführungsgesetz zum Bürgerlichen Gesetzbuch
EheG	Ehegesetz
Einf.	Einführung
EMRK	Europäische Menschenrechtskommission
entspr.	entsprechend(e)
EREV	Evangelischer Erziehungsverband e.V. – Evangelische Jugendhilfe (Lister Meile 87, 30161 Hannover)
etc.	et cetera = und so weiter
evtl.	eventuell
EzFamR	Entscheidungssammlung zum Familienrecht

f.	die folgende Seite
FamRZ	Ehe und Familie im privaten und öffentlichen Recht, Zeitschrift für das gesamte Familienrecht
FE	Fürsorgeerziehung
FEH	Freiwillige Erziehungshilfe
ff.	die folgenden Seiten
FGG	Gesetz über die Angelegenheiten der freiwilligen Gerichtsbarkeit
FHSS	Fachhochschule für Sozialarbeit/Sozialpädagogik
FHV	Familienhelfervorschriften
Fn.	Fußnote
FPR	Familie, Partnerschaft, Recht
FRES	Entscheidungssammlung zum gesamten Bereich von Ehe und Familie
FuR	Familie und Recht

gA	gewöhnlicher Aufenthalt
gem.	gemäß
GeschlKG	Gesetz zur Bekämpfung der Geschlechtskrankheiten
GG	Grundgesetz für die Bundesrepublik Deutschland
ggf.	gegebenenfalls
GjS	Gesetz über die Verbreitung jugendgefährdender Schriften
GK	Gemeinschaftskommentar
GMBl	Gemeinsames Ministerialblatt (Hrsg. vom Bundesministerium des Inneren)
GVBl.	Gesetz- und Verordnungsblatt
GVG	Gerichtsverfassungsgesetz

h.M.	herrschende Meinung
Hrsg./hrsg.	Herausgeber/herausgegeben

Hs.	Halbsatz
HzE	Hilfe zur Erziehung

i.A.	im Auftrag
i.d.F.	in der Fassung
IGfH	Internationale Gesellschaft für Heimerziehung (Heinrich-Hoffmann-Straße 3, 60528 Frankfurt)
InfAuslR	Informationsbrief Ausländerrecht
ISA	Institut für soziale Arbeit e.V. (Peterstraße 11, 48151 Münster)
ISS	Institut für Sozialarbeit und Sozialpädagogik (Am Stockborn 5 – 7, 60439 Frankfurt)
i.S.v.	im Sinne von
i.V.m.	in Verbindung mit

JA	Jugendamt
JArbSchG	Gesetz zum Schutz der arbeitenden Jugend (Jugendarbeitsschutzgesetz)
JAVollzO	Jugendarrestvollzugsordnung
JBG	Jugend, Beruf, Gesellschaft
Jg.	Jahrgang
JGG	Jugendgerichtsgesetz
JGH	Jugendgerichtshilfe
JH	Jugendhilfe
JHA	Jugendhilfeausschuß
JSchÖG	Gesetz zum Schutze der Jugend in der Öffentlichkeit
JWA	Jugendwohlfahrtsausschuß
JWG	Jugendwohlfahrtsgesetz
JZ	Juristen-Zeitung

Kap.	Kapitel
Kfz.	Kraftfahrzeug
KG	Kammergericht (= das OLG in Berlin)
KGSt	Kommunale Gemeinschaftsstelle für Verwaltungsvereinfachung (Lindenallee 13 – 17, 50968 Köln)
KindRG	Gesetz zur Reform des Kindschaftsrechts (Kindschaftsrechts-reformgesetz – KindRG)
KJHG	Gesetz zur Neuordnung des Kinder- und Jugendhilferechts (Kinder- und Jugendhilfegesetz) vom 26. Juni 1990
KJuG	Kinder, Jugend und Gesellschaft
Kl.Schr.	Kleine Schriften
KRK	UN-Kinderrechtskonvention

Lfg.	Lieferung
LG	Landgericht
LJA	Landesjugendamt

LJA LWL	Landschaftsverband Westfalen-Lippe. Mitteilungen des Landes-jugendamtes
LJWG	Landesjugendwohlfahrtsgesetz
LPK	Lehr- und Praxiskommentar
LS	Leitsatz
LVwVfG	Landesverwaltungsverfahrensgesetz
LWV	Landeswohlfahrtsverband

MAGS	Ministerium für Arbeit, Gesundheit und Sozialordnung (Ba-Wü)
m.Anm.	mit Anmerkung
MDR	Monatsschrift für Deutsches Recht
Mio.	Millionen
MR	Mitglieder-Rundbrief
MSA	Übereinkommen über die Zuständigkeit und das anzuwendende Recht auf dem Gebiet des Schutzes von Minderjährigen (Haager Minderjährigenschutzabkommen)
MSchrKrim	Monatsschrift für Kriminologie und Strafrechtsreform
Mü.-Ko.	Münchener Kommentar zum Bürgerlichen Gesetzbuch
(+ Bearb.)	
m.w.Nw.	mit weiteren Nachweisen

NDV	Nachrichtendienst des Deutschen Vereins für öffentliche und private Fürsorge
ne.	nichtehelich
n.F.	neuer Fassung
NJ	Neue Justiz
NJW	Neue Juristische Wochenzeitschrift
NJW-RR	NJW – Rechtsprechungsreport
NK	Neue Kriminalpolitik
N.N.	Namentlich nicht bekannter Autor
NP / np	Neue Praxis
Nr.	Nummer
NRW / NW	Nordrhein-Westfalen
NSM	Neues Steuerungsmodell
NStZ	Neue Zeitschrift für Strafrecht
NVwZ-RR	Neue Zeitschrift für Verwaltungsrecht – Rechtsprechungsreport

OLG	Oberlandesgericht
o.B.	ohne Befund
o.J.	ohne Jahresangabe
o.V.	ohne Verfasserangabe
OVG	Oberverwaltungsgericht
OWiG	Gesetz über Ordnungswidrigkeiten

PaßG	Gesetz über das Paßwesen
PStG	Personenstandsgesetz

r	berichtigte Zahl (Statistik)
RBerG	Rechtsberatungsgesetz
RdJ / RdJB	Recht der Jugend und des Bildungswesens
Rdnr. / Rn.	Randnummer
RdSchr.	Rundschreiben
Recht	Recht. Eine Information des Bundesministeriums der Justiz
RefE	Referentenentwurf
RegE	Regierungsentwurf
RelKiErzG	Gesetz über religiöse Kindererziehung
RPflG	Rechtspflegergesetz
RsDE	Beiträge zum Recht der sozialen Dienste und Einrichtungen
RuP	Recht und Politik
R&P	Recht und Psychiatrie
RuStAG	Reichs- und Staatsangehörigkeitsgesetz
Ru-VO	Verordnung zur Berechnung des Regelunterhalts (Regelunterhaltsverordnung)
RVO	Reichsversicherungsordnung
Rz.	Randziffer
S.	Seite/Satz
SA/SP	Sozialarbeit/Sozialpädagogik; Sozialarbeiter/Sozialpädagogen
SGB-I (-AT)	Sozialgesetzbuch, 1. Buch (Allgemeiner Teil)
SGB VIII	Sozialgesetzbuch, 8. Buch (Kinder- und Jugendhilfe) = KJHG. Erster Teil. Artikel 1
SGB X	Sozialgesetzbuch, 10. Buch (Verwaltungsverfahren)
SGG	Sozialgerichtsgesetz
SHR	Sozialhilferichtlinien Baden-Württemberg
s.o.	siehe oben
Sp.	Spalte
StGB	Strafgesetzbuch
StPO	Strafprozeßordnung
Streit	Feministische Rechtszeitschrift
SVG	Soldatenversorgungsgesetz
TuP	Theorie und Praxis der sozialen Arbeit
Tz	Textziffer
u.	und
u.a.	unter anderem
üö.	überörtlich
UJ	Unsere Jugend
usw.	und so weiter
u.U.	unter Umständen
UVG	Unterhaltsvorschußgesetz
VG / VerwG	Verwaltungsgericht
VGH	Verwaltungsgerichtshof
vgl.	vergleiche

VO	Verordnung
VormG	Vormundschaftsgericht
VR	Verwaltungsrundschau
VwGO	Verwaltungsgerichtsordnung
wh.	wohnhaft
WohnGG	Wohngeldgesetz
z.B.	zum Beispiel
ZblJugR	Zentralblatt für Jugendrecht und Jugendwohlfahrt
ZfF	Zeitschrift für das Fürsorgewesen
ZfJ	Zentralblatt für Jugendrecht
ZfSH	Zeitschrift für Sozialhilfe und Sozialgesetzbuch
Ziff.	Ziffer
ZPO	Zivilprozeßordnung
ZRP	Zeitschrift für Rechtspolitik
ZS	Zivilsenat
z.T.	zum Teil
z.Zt.	zur Zeit

Erstes Kapitel: Praxisbeispiel

1. Vorbemerkung

Die MitarbeiterInnen des Allgemeinen Sozialen Dienstes im Kreisjugendamt ahnten zunächst nichts von der Dynamik des Falles, als das Jugendamt vom Familiengericht aufgefordert wurde, eine gutachterliche Stellungnahme zur Regelung der elterlichen Sorge (§ 49a Abs. 1 Nr. 9 FGG) im Ehescheidungsverfahren Müller abzugeben.[1]

Die Familie M.[2] war dem Jugendamt bis dahin unbekannt – es lagen keine Akten vor. Man dachte auch nach den ersten Gesprächen mit der Familie, es handele sich um einen unproblematischen »Routinefall«, zumal sich die Eltern einvernehmlich für die gemeinsame Sorge entschieden hatten. Ein Jahr später traten dann die Probleme an die Oberfläche.

Das nachfolgende Praxisbeispiel – zusammengesetzt aus Originalakten – besteht aus drei Teilen:
- Im **Teil A** sind die wesentlichen Dokumente des Allgemeinen Sozialen Dienstes (Scheidung, Hilfen zur Erziehung, Hilfepläne usw.) wiedergegeben; lediglich das »operative Geschäft« (interne Vermerke, Terminabsprachen, Heimplatzsuche, Kostenzusage usw.) wurde weggelassen.
- Im **Teil B** handelt es sich um Aktenauszüge aus dem Strafverfahren gegen den Stiefvater wegen sexuellen Missbrauchs von Kindern/Schutzbefohlenen. Die Unterlagen wurden uns von der Rechtsanwältin des Opfers zur Verfügung gestellt. In diesem Teil wird auch das Verfahren beim Versorgungsamt zur Gewährung von Beschädigtenversorgung nach dem Opferentschädigungsgesetz auszugsweise dargestellt.
- Im **Teil C** werden die Aktenauszüge der Abteilung »Jugendgerichtshilfe« (wegen Diebstahls in mehreren Fällen) vorgelegt: von den polizeilichen Ermittlungen über die Anklageschrift und das Urteil bis hin zur Vermittlung einer Stelle durch das Jugendamt zur Ableistung einer Arbeitsauflage.

Anders als im Praxisbeispiel der Vorauflagen haben wir die Originaldokumente so authentisch wie möglich wiedergegeben, um die Praxisnähe zu erhöhen. Aus dem gleichen Grund haben wir auf erläuternde oder verbindende Hinweise verzichtet. Die Unvollständigkeit der Informationen entspricht der Realität der Aktenführung. Dem Leser/der Leserin wird einiges an Rekonstruktionsarbeit zugemutet.

Wir hoffen trotzdem, dass unser neues Praxisbeispiel wiederum als Arbeitsgrundlage und Diskussionsmaterial für die juristischen (aber auch methodischen) Lehrveranstaltungen dient und einen ersten Einblick in das Arbeitsfeld der Kinder- und Jugendhilfe vermittelt.

---

1 **Beachte:** Das Scheidungsverfahren fand vor Inkrafttreten des Kindschaftsrechtsreformgesetzes (1.7.1998) statt.
2 Alle im Praxisbeispiel genannten Namen, Datums- und Ortsangaben wurden selbstverständlich aus datenschutzrechtlichen Gründen verändert.

2. Aktenauszüge

2.1 Genogramm

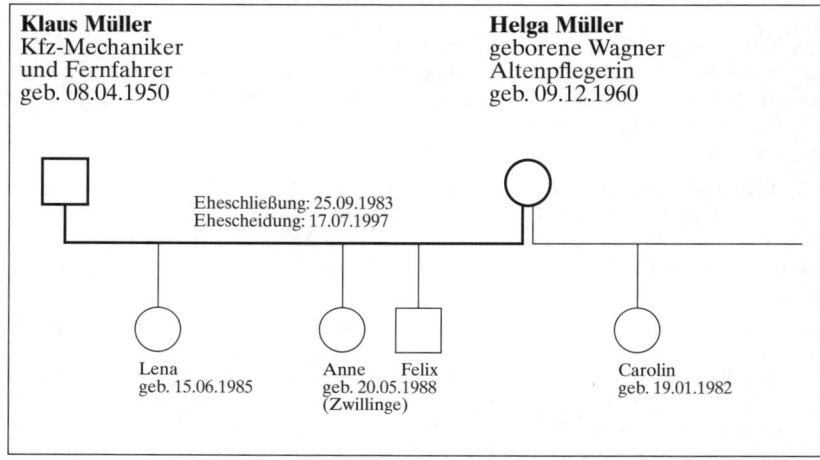

Klaus Müller
Kfz-Mechaniker
und Fernfahrer
geb. 08.04.1950

Helga Müller
geborene Wagner
Altenpflegerin
geb. 09.12.1960

Eheschließung: 25.09.1983
Ehescheidung: 17.07.1997

Lena
geb. 15.06.1985

Anne   Felix
geb. 20.05.1988
(Zwillinge)

Carolin
geb. 19.01.1982

Teil A

2.2 Auszüge aus den Akten des Allgemeinen Sozialen Dienstes (ASD)

Landratsamt Kassel
Kreisjugendamt
– Sozialer Dienst –

I.	II.
Frau Helga Müller	Herrn Klaus Müller
Warburger Straße 12	Warburger Straße 12
34246 Vellmar	34246 Vellmar

Ihr Schreiben und Zeichen	Unser Schreiben und Zeichen	Sachbearbeiter und Durchwahl	Datum
		Frau Krause	09.01.97
		Tel.: 0561/888-12	

Regelung der elterlichen Sorge

Sehr geehrte Frau Müller,
sehr geehrter Herr Müller,

vom Familiengericht erhielten wir die Mitteilung, dass dort Ihr Ehescheidungsverfahren anhängig ist.

Es ist Aufgabe des zuständigen Jugendamtes, eine Stellungnahme zur Regelung der elterlichen Sorge abzugeben.

Darüber hinaus bieten wir Ihnen beratende Hilfen in Fragen der Trennung und Scheidung an.

Ziel unserer Beratungsgespräche ist es, eine einvernehmliche Regelung der elterlichen Sorge und im Bedarfsfalle auch des Umganges zu finden, die sich an den Bedürfnissen des Kindes orientiert.

Wir legen aus diesem Grunde Wert auf eine Zusammenarbeit mit Ihnen und bitten Sie um ein persönliches Gespräch.

Wir bitten Sie, sich zur Vereinbarung eines Gesprächstermins mit uns unter der oben angegebenen Rufnummer in Verbindung zu setzen.

Mit freundlichen Grüßen

gez. Krause
(Dipl.-Sozialpädagogin)

Landratsamt
Kreisjugendamt
– Sozialer Dienst –

Amtsgericht
Familiengericht

Ihr Schreiben und Zeichen	Unser Schreiben und Zeichen	Sachbearbeiter und Durchwahl	Datum
		Frau Krause	30.01.97

Stellungnahme des Kreisjugendamtes zur endgültigen Regelung der elterlichen Sorge für
die Kinder

Anne,   geb. am 20.05.1988,
Felix,   geb. am 20.05.1988,
Lena,   geb. am 15.06.1985,

Berichtsgrundlage:
Unsere Stellungnahme beruht auf einem gemeinsamen Gespräch mit den Eltern o.g. Kinder im Kreisjugendamt.
Zur weiteren Information diente uns der Scheidungsantrag vom 20.12.1996.

Familiäre Daten:

Mutter: Helga Müller, geb. Wagner
                     Geb. am 09.12.1960,
                     wh. ...

Vater: Klaus Müller
                     Geb. am 08.04.1950,
                     wh. ...

Die Eheleute schlossen am 25.09.1983 vor dem Standesamt in H. die Ehe. Aus dieser Verbindung gingen die gemeinsamen Kinder Anne, Felix und Lena hervor.

Stellungnahme:
Die Eltern sind sich einig, das Recht und die Pflicht der elterlichen Sorge für die drei
gemeinsamen Kinder Anne, Felix und Lena auch weiterhin gemeinsam auszuüben, wobei
die Kinder bei der Mutter wohnen bleiben sollen.
Aus Sicht des Kreisjugendamtes bestehen gegen die gemeinsame Entscheidung der Eheleute keine Vorbehalte.
Wir schließen uns daher dem übereinstimmenden Vorschlag der Eltern an und empfehlen,
das Sorgerecht für die Kinder Anne, Felix und Lena beiden Elternteilen zu belassen.

Mit freundlichen Grüßen

gez. Krause
(Dipl.-Sozialpädagogin)

Amtsgericht
– Familiengericht –

Verkündet am 17.07.97

Urkundenbeamter
der Geschäftsstelle

IM NAMEN DES VOLKES
TEILURTEIL

In Sachen

Helga Müller
wh. ...   – Antragstellerin –

Prozessbevollmächtigte/r: Rechtsanwälte Dr. ...

gegen

Klaus Müller
wh. ...   – Antragsgegner –

Prozessbevollmächtigte/r: Rechtsanwälte Dr. ...

Weitere Verfahrensbeteiligte:
Landratsamt – Kreisjugendamt –

Wegen Ehescheidung und Folgesachen
hat das Amtsgericht – Familiengericht – durch Richter am Amtsgericht auf die mündliche
Verhandlung vom 17.07.97

für Recht erkannt:
1. Das Verfahren über die Durchführung des Versorgungsausgleichs wird abgetrennt.
2. Die am 25. September 1983 vor dem Standesbeamten des Standesamtes H. unter Heiratseintragsnummer 89/1983 geschlossene Ehe wird auf Antrag der Antragstellerin geschieden.
3. Die elterliche Sorge über die gemeinsamen Kinder Anne, geboren am 20. Mai 1988 in K.; Felix geb. am 20. Mai 1988 in K. und Lena geboren am 15. Juni 1985 in H. verbleibt gemeinsam bei der Antragstellerin und dem Antragsgegner.
4. Die Kosten werden gegeneinander aufgehoben.

Tatbestand:
Die Antragstellerin ist am 09. Dezember 1960 in G. und der Antragsgegner am 08. April 1950 in M. geboren. Sie hatten am 25. September 1983 die Ehe geschlossen.

Der Ehe entstammen die Kinder Anne, geboren am 20. Mai 1988 in K., Felix geb. 20. Mai 1988 in K. und Lena geboren am 15. Juni 1985 in H.

Die Ehe ist geschieden.

Der Antragsteller und die Antragsgegnerin beantragen, es bei der gemeinsamen elterlichen Sorge zu belassen.

Das Gericht hat die Eltern angehört. Das Jugendamt hat Stellung genommen.

Entscheidungsgründe:
Die elterliche Sorge über die Kinder Anne, geboren am 20. Mai 1988, Felix, geboren am 20. Mai 1988 und Lena, geboren am 15. Juni 1985, verbleibt gemeinsam bei der Antragstellerin und dem Antragsgegner, § 1671 Absatz 1 und 3 BGB.

Es liegen übereinstimmende Anträge der Eltern vor. Diese haben ihre Vorstellungen bei den Anhörungen bekräftigt. Das Jugendamt spricht sich für den Elternvorschlag aus. Von diesem zum Wohle der Kinder abzuweichen, besteht keine Veranlassung.

_____

(Richter am Amtsgericht)

Kreisjugendamt
- Sozialer Dienst -   07.01.1998
Aktenvermerk

Stellungnahme zur Heimunterbringung gemäß §§ 27, 35 a SGB VIII;
Anne Müller, geboren am 20.05.1988, wh. bei der Mutter:

Personalien:

Mutter:	Frau Helga Müller geb. am 09.12.1960, Altenpflegerin wh. ...
Vater:	Herr Klaus Müller geb. am 08.04.1950 Kfz-Mechaniker wh. ...
Zwillingsbruder:	Felix M. Geb. am 20.05.1988 Wh. bei der Mutter
Schwester:	Lena M. geb. am 15.06.1985, Schülerin, wh. bei der Mutter
Stiefschwester:	Carolin W. geb. am 19.01.1982 Schülerin

Sachverhalt:
Am 04.09.1997 wandte sich Frau M. telefonisch an das Kreisjugendamt. Sie informierte uns über die geplante stationäre Aufnahme ihrer Tochter Anne in die Kinder- und Jugendpsychiatrie in Göttingen.

Bereits vor einem Jahr haben wir die Eltern von Anne im Rahmen ihres Ehescheidungsverfahrens kennengelernt.

Am 12.09.1997 wurde Anne im Klinikum der Universität Göttingen aufgenommen. Bezüglich des Aufnahmeanlasses, des Aufnahmebefundes sowie des Aufenthaltsverlaufes und der weiteren Empfehlung verweisen wir auf die Berichte vom 24.11.1997 und 09.12.1997 der Abteilung für Psychiatrie und Psychotherapie im Kindes- und Jugendalter der Universitätsklinik.

In einem ausführlichen Gespräch im Klinikum wurde mit allen Beteiligten die Situation des Kindes sowie dessen weitere Perspektiven diskutiert.

Biographie von Anne M.:
Anne wurde in der 35. Schwangerschaftswoche als zweiter Zwilling nach Geburtsstillstand eine halbe Stunde nach ihrem Bruder durch Kaiserschnitt geboren.

Die motorische und allgemeine Entwicklung verlief im Normalbereich, im Vergleich zu ihrem Zwillingsbruder Felix jedoch deutlich verlangsamt. Im Alter von zwei Jahren wurde mit Krankengymnastik versucht, die Grobmotorik zu unterstützen.

Zwischen ihrem Bruder und ihr besteht einerseits eine ausgeprägte Rivalität, andererseits aber auch eine sehr enge Bindung.

Mit drei Jahren besuchte Anne den Kindergarten in M. und ein Jahr später wegen des Umzuges der Familie in V.

Im August 1994 wurde sie in die Grundschule eingeschult. Während des ersten Halbjahres der 2. Klasse wechselte das Mädchen in die Förderschule L. Einzelheiten zu ihrer schulischen Laufbahn sind ausführlich im Bericht der Förderschule aufgeführt.

Kurz nach diesem Schulwechsel stellte die Mutter das Kind im Sozialpädiatrischen Zentrum der Kinderklinik in K. vor. Der psychologische Bericht des SPZ liegt ebenfalls bei.

Die Scheidung der Eltern erfolgte im Juli 1997; das Sorgerecht für die drei Kinder verblieb bei beiden Elternteilen. Der Vater ist inzwischen ausgezogen, besitzt aber noch einen Wohnungsschlüssel.

Vom 12.09.1997 bis zum 19.12.1997 war Anne in der Kinderpsychiatrie in Göttingen stationär aufgenommen.

Stellungnahme:
Die Bereitschaft der Eltern, ihr Kind zumindest für einen befristeten Zeitraum einer Einrichtung der Jugendhilfe anzuvertrauen, ist gegeben.

Ihr Anliegen ist es, Anne therapeutisch, heilpädagogisch und insbesondere schulisch zu fördern. Dabei wollen die Eltern mitwirken und wünschen sich im Rahmen der Elternarbeit Hilfestellungen.

Unseres Erachtens ist für die Problematik des Kindes am ehesten eine stationäre Unterbringung geeignet.

(Dipl.-Sozialpäd.)

Kreisjugendamt
- Sozialer Dienst - 09.07.98

I. Aktenvermerk

Anne Müller, geb. am 20.05.1988,
wh.: bei der Mutter:

Am Freitag, den 03.07.1998, fand nachmittags um 14 Uhr ein Hilfeplangespräch in L. im »Wichern-Haus« statt. Anwesend waren:
- Anne M.,
- ihre Mutter, Frau M.,
- Herr H., der pädagogische Leiter der Einrichtung,
- Herr K., der Erzieher,
- Frau E., die Erzieherin,

- Frau P., die Lehrerin von Anne,
- Frau G. und die Unterzeichnerin.

Frau P. berichtete uns, dass Anne sich sehr positiv in der Schule entwickelt habe. Sie würde ihre Hausaufgaben immer gründlich erledigen und gut im Unterricht mitarbeiten. Die Klasse besteht momentan aus acht Schülern, wobei die Klasse in den Hauptfächern Mathematik und Deutsch getrennt wird, um effektiver arbeiten zu können.

In bezug auf Annes Dyskalkulie sei festgestellt worden, dass ihre Schwierigkeiten sehr situationsbedingt sind. Anfangs stand Anne unter Erfolgsdruck und hatte Angst, zu versagen, weshalb ihr das Rechnen sehr schwer fiel. In der Schule wurde deshalb versucht, Anne die Angst zu nehmen; durch einige Erfolgserlebnisse fällt ihr das Rechnen nun leichter. So erlangte Anne in der letzten Mathematikarbeit sogar die Note »Eins«.

Von seiten des Heimes wurde uns nochmals mitgeteilt, dass Anne sich bis zum Schuljahresende das Zimmer anstatt mit einem mit zwei Mädchen teilen muss. Nach Schuljahresende sei jedoch alles wieder beim alten, und die drei Mädchen würden sich daran auch nicht stören.

In der Gruppe sei Anne, nach Ausführungen von Frau E. und Herrn K., sehr aktiv und würde sich überall gerne beteiligen. Anne sei im vergangenen halben Jahr sehr viel offener geworden. So bereitete es ihr keine Probleme, alleine in die Stadt zu gehen, um etwas einzukaufen, oder auf fremde Personen zuzugehen. Dies wurde auch von ihrer Mutter bestätigt.

Anne ist zudem in einem öffentlichen Trampolinverein, wobei sie in letzter Zeit die Trainingsstunden wenig besuchte. Über das weitere Vorgehen hierbei wird nach den Sommerferien entschieden.

Im Zuge des heilpädagogischen Plans besucht Anne zweimal pro Woche die Arbeitsgruppe »Kreative Gestaltung«. Dort lernt sie ihre Ausdrucksmöglichkeiten zu stärken, und es wird versucht, ihre Verstocktheit aufzuheben.

In den Sommerferien fährt die gesamte Gruppe in der Zeit vom 3. bis zum 17. August in eine Ferienfreizeit an den Bodensee.

Danach fährt Anne zusammen mit ihrer Mutter und ihren beiden Geschwistern in den Urlaub. Die letzte Urlaubswoche verbringen alle Geschwister beim Vater.

Wegen der Heimfahrten einigte man sich so, dass Anne weiterhin jedes Wochenende abwechselnd zu einem Elternteil fährt. Für Anne sind die Heimfahrten sehr wichtig, um sich nicht von der Familie ausgeschlossen zu fühlen. So telefoniere sie auch täglich mit Familienmitgliedern, Verwandten oder Bekannten.

Für Herrn M. und Frau M. sind die Fahrten jedoch sehr mit Stress beladen. Aber Frau M. machte deutlich, dass sie die Regelung trotzdem beibehalten möchte. Man besprach jedoch, dass Anne in Einzelfällen in der Gruppe verbleibe, was jedoch vorher mit ihr besprochen werden sollte. Anne zeigte sich mit diesem Vorschlag einverstanden.

Herr M. und Frau M. sind mit der bisherigen Entwicklung von Anne sehr zufrieden und haben Fortschritte bemerkt.

Auch der Austausch zwischen Heim und Eltern funktioniere gut, da man sich jede Woche mit je einem Elternteil austauschen könne.

Der Kontakt zwischen Anne und ihren Eltern gestaltet sich zwar gut, allerdings sind die offenkundigen Konflikte zwischen den Eltern sehr problematisch und deutlich spürbar. Herrn M. und Frau M. gelingt es nicht, ihren Streit, wenn es um Anne und auch die anderen Kinder geht, zurückzustellen

Anne leidet sehr unter den Spannungen zwischen den Eltern. Wie aus den Aussagen von Frau M. zu schließen war, gibt es diesbezüglich auch große Schwierigkeiten mit den anderen Kindern, insbesondere der Stieftochter Carolin.

Für das nächste halbe Jahr wurde geplant, dass Anne weiterhin die AG »Kreative Gestaltung« besucht. Anne wird auch weiterhin in ihrer Dyskalkulie gefördert, wobei vor allem versucht wird, ihr die Versagensangst zu nehmen. Zudem ist es wichtig, dass Anne Stabilität und Sicherheit in allen Bereichen vorfindet.

Langfristiges Ziel ist eine Reintegration in die Familie, wobei dies sicher noch Zeit erfordern wird. Der Heimleiter wie auch die Gruppenleiterin boten den Eltern hierzu Beratungsgespräche an.

Der nächste Termin wurde für Freitag, den 29.01.1999, 13 Uhr, vereinbart.

II. Wv. 15.10.1998

(Dipl.-Sozialpädagogin)

Schulbericht
vom 15. Januar 1999

Anne Müller

Die Schülerin Anne, geboren am 20.05.1988, besucht seit dem 12.01.1998 unsere Schule für Erziehungshilfe im Jugendhilfezentrum »Morgenröte«. Sie wird nach den Kriterien des Bildungsplanes der Förderschule unterrichtet. Zur Zeit besucht sie die 5. Klasse.

Sozialverhalten

Die Klasse in der Anne unterrichtet wird, besteht aus 10 Schülern: 8 Jungen und 2 Mädchen. Sie setzt sich aus Grund- und Förderschülern zusammen. Aufgrund der Klassenstärke sind für diese Gruppe 2 Lehrerinnen verantwortlich. In den Hauptfächern Mathe, Deutsch und Heimat- und Sachkunde ist die Klasse geteilt.

Anne verhält sich ihren Mitschülern gegenüber freundlich und aufgeschlossen. Sie hat keine Schwierigkeiten, sich in der Kleingruppe wie auch im Gesamtklassenverband zu integrieren und zu behaupten; sie wird von allen akzeptiert. Anne kennt die üblichen Umgangsformen und kann diese auch anwenden. Ihr Verhalten Lehrern gegenüber ist ebenfalls freundlich und aufgeschlossen. Es kann sich dann ändern, wenn Anforderungen und Forderungen an sie gestellt werden bzw. wenn Konfliktsituationen auftreten. Ihre verbalen Aggressionen (Ausbrüche) können dann mitunter sehr heftig sein. Anne ist auch ihren Mitschülern gegenüber hilfsbereit und zuverlässig. Sie hat keine Scheu vor den anderen Kindern zu reden und ihre Meinung zu äußern.

Arbeitsverhalten

Die positive Entwicklung in ihrem Arbeitsverhalten, die sich schon zum Ende des letzten Schuljahres gezeigt hat, war auch in der 1. Hälfte dieses Schuljahres festzustellen. Anne war bemüht und leistungsfreudig und hat altersentsprechend eigenständig gearbeitet. Die Hausaufgaben wurden von ihr willig entgegengenommen und zuverlässig erledigt. In den letzten Wochen – vor allem seit Weihnachten – ist ein Einbruch spürbar. Es fällt ihr schwer, sich zu konzentrieren, sie lässt sich schnell ablenken und geht auf Konfrontation mit dem Lehrer. Anne hat im Moment wenig Antrieb und Ausdauer und ist kaum belastbar. Meinungsverschiedenheiten vor allem bei Hausaufgaben nehmen zu, gleichwohl hat sie ihre Hausaufgaben immer erledigt. Ihr eigenständiges Arbeiten leidet im Moment etwas, da sie Kritik nicht akzeptieren will.

Mit ihren Schulsachen geht Anne sorgfältig um. Sie hat eine gute und leserliche Schrift. Ihre Unterlagen sind meistens vollständig.

Im Unterrichtsgespräch bringt sie gute Beiträge. In den Geschichten- und Märchenstunden liest sie selber gerne vor, sie kann aber auch gut zuhören.

Lernverhalten

Im Fach Deutsch arbeitet Anne eigenständig. Sie bearbeitet den Stoff der 4. Klasse Grundschule und kann diesen Anforderungen gut standhalten. Anne hat einen guten Ausdruck und eine flüssige Redeweise. Richtige Satzbildungen, auch in schriftlicher Form, bereiten ihr keine Probleme. Aufsätze und freies

Schreiben machen ihr Angst. Ihr Selbstvertrauen ist in diesem Bereich eher gering, obwohl sie Fantasie besitzt und entsprechende Satzbauregeln anwenden kann. Anne kann schnell und flüssig schreiben. Sie kann in Diktaten den Sätzen gut folgen. Manchmal gibt es noch Probleme mit der Groß- und Kleinschreibung sowie mit doppelten Konsonanten. Anne kann gut und flüssig lesen und vorlesen.

Im Fach Mathematik wird Anne im Moment nach dem Plan der 3. Klasse unterrichtet. Sie rechnet im Zahlenraum bis 1000, wobei sie Additionsaufgaben besser kann als Subtraktionsaufgaben. Schriftliche Addition gelingt ihr gut, ebenso das Rechnen mit Geldbeträgen. Das Kopfrechnen verlangt viel Aufmerksamkeit und Konzentration, was sie im Moment nicht leisten kann. In diesem Fach zeigt sich ganz deutlich ihre Angst, Fehler zu machen und ihre Angst vor neuen Aufgaben. Anne lässt sich wenig zeigen und erklären, Fehler möchte sie nicht sehen und auch nicht verbessern.

Erfolgserlebnisse gerade in diesem Fach sind für Anne sehr wichtig. Im Einzelunterricht und in entspannter Atmosphäre zeigt sie sehr gute Leistungen und Blockaden in ihrem Denken sind nicht bemerkbar.

Interesse zeigt Anne auch an den anderen Fächern. Im Heimat- und Sachkundeunterricht nimmt sie aktiv an Unterrichtsgesprächen teil und bearbeitet die entsprechenden Aufgaben.

Im Fach Kunst zeigt sie viel Motivation. Sie fertigt Bastelarbeiten selbständig an und kann gut mit den entsprechenden Werkzeugen (z.B. Schere, Cutter) umgehen. In Freiarbeitsstunden holt sie sich oft Bilder zum Ausmalen.

Einsatzfreude zeigt Anne auch im Sportunterricht. Sie kann Regeln einhalten und verhält sich ihren Mitschülern gegenüber fair. Auch hier, sowie in allen anderen Fächern, zeigt sich ihre veränderte Leistungsmotivation,.

(Lehrerin)

Landratsamt
Kreisjugendamt – Sozialer Dienst –

Hilfeplan gemäß § 36 SGB VIII

Name:	Anne M.	Felix M.	Lena M.
Geburtsdatum:	20.05.1988	20.05.1988	15.06.1985
Anschrift:	…	…	…

personensorgeberechtigt: die Mutter, Frau M.
und der Vater, Herr M.

Beteiligte, die bei der Erstellung des Hilfeplans mitwirkten:
– die Mutter, Frau M.
– die Familienhelferin, Frau ...
– für das Kreisjugendamt: Frau ...

Termin des Hilfeplangespräches: 16.03.1999

Hilfeart: Sozialpädagogische Familienhilfe gemäß § 31 SGB VIII

1. Darstellung der bisher geleisteten Hilfen

– Beratung im Rahmen des § 18 SGB VIII
– seit dem 10.01.1998 für Anne Heimerziehung gemäß § 35 a Abs. 1 Nr. 4
  SGB VIII
– seit dem 20.04.1998 für Felix und Lena Tagespflege gemäß § 23 SGB VIII

Erzieherischer Bedarf, Ziele und pädagogische Aufgabenstellung, die sich aus der gegenwärtigen Situation ergeben

– Die Eltern haben Anspruch auf Hilfe zur Erziehung für ihre obengenannten Kinder, weil die Kinder intensiver Förderung und Unterstützung bedürfen. Wir sehen unter Berücksichtigung des § 5 SGB VIII den Einsatz einer Familienhilfe gemäß § 31 SGB VIII für geeignet und notwendig an.
– Ziel des Familienhilfeeinsatzes ist es, das Familiensystem zu stärken, damit die Tagespflege von Lena und Felix beendet und zum Schuljahresende die vollstationäre Unterbringung von Anne abgeschlossen werden kann. Die anschließende Nachbetreuung soll Anne wieder in den Familienverbund integrieren und die Geschwisterbeziehungen fördern und stabilisieren.
– **Aufgaben:**
  Begleitung und Unterstützung der Mutter in deren Erziehungsaufgaben;
  Hilfe für die Familie bei der Bewältigung von Alltagsproblemen, der Lösung von Konflikten und Krisen sowie im Kontakt mit Institutionen unterstützen und Hilfe zur Selbsthilfe geben;
  Schwerpunkte des Familienhilfeeinsatzes sind die Versorgung, Unterstützung und Förderung der Kinder.

2. Art, Umfang und Ausgestaltung der Hilfe

Die Jugendhilfeleistung soll im Rahmen einer sozialpädagogischen Familienhilfe gemäß § 31 SGB VIII erbracht werden.
Die Hilfe beträgt 25 Stunden wöchentlich bzw. maximal 110 Stunden im Monat.
Der Familienhilfeeinsatz wird von der Familienhelferin Frau Reinlich übernommen.

3. Beginn und Dauer der Hilfeleistung

Frau Reinlich übernimmt ihre Aufgabe ab dem 22.03.1999.
Ende August 1999 soll die Hilfe überprüft und der Hilfeplan fortgeschrieben werden.

Alle am Hilfeplan Beteiligten sind verpflichtet mitzuwirken, dass die hier festgelegten Vereinbarungen und Ziele in der vorgesehenen Zeit erreicht werden können (§§ 36/37 SGB VIII).

(Unterschrift)   Kassel, den 30.03.1999

Landratsamt
Kreisjugendamt -Sozialer Dienst-

Fortschreibung des Hilfeplanes gemäß § 36 SGB VIII

Name: Anne Müller
Geburtsdatum: 20.05.1988
Anschrift: ...

personensorgeberechtigt: die Mutter, Frau M.
                         und der Vater, Herr M.

Beteiligte, die bei der Erstellung des Hilfeplans mitwirkten:
– Anne M.
– Frau M. (Mutter)
– Herr H. (Pädagogischer Leiter der Einrichtung)
– Frau B. (Erzieherin)
– Herr K. (Erzieher)
– Frau P. (Lehrerin)
– Frau Kr. (für das Kreisjugendamt)

Termin des Hilfeplangespräches: 29.03.1999

Hilfeart: § 35 a Abs. 1 Nr. 4 SGB VIII

Darstellung der geleisteten Hilfen

– Beratung gemäß § 18 SGB VIII
– seit dem 10.01.1998 Eingliederungshilfe nach § 35 a Abs. 1 Nr. 4 SGB VIII
– seit dem 20.04.1998 Jugendhilfeleistung im Rahmen des § 23 SGB VIII
  (Tagespflege)

Feststellungen über die weiteren notwendigen Leistungen

Anne besucht derzeit die 5. Klasse der heimzugehörigen Förderschule. Sie braucht
intensive schulische Unterstützung, besonders im Hinblick auf den seit Weihnachten
spürbaren Leistungseinbruch.

Aufgrund der ansonst erfreulichen Entwicklung Annes seit ihrer Aufnahme ins
»Wichern-Haus« im Januar 1998 wird auf Wunsch des Mädchens und seiner Mutter eine
Rückführung von Anne in die Familie vorbereitet.

– Anne wird jedes Wochenende heimfahren.
– Die Förder-Schule des Heimes wird Kontakt mit der Janusz-Korczak-Schule in V. aufnehmen, um einen möglichst reibungsarmen Schulübergang zu schaffen.
– Das Jugendamt wird bei Frau M. und den Kindern möglichst bald eine Familienhilfe einsetzen, die sich ca. 20 bis 25 Stunden wöchentlich in die Familie einbringt.
– Die Familienhelferin soll während des Übergangs zur voraussichtlichen Entlassung Annes
  aus dem Heim zum Schuljahresende (Juli 1999) das Familiensystem stützen und stabilisieren.
– Alle Beteiligten sind mit der Konzeption von Annes Rückführung in die Familien einverstanden und wollen entsprechend ihren Kompetenzen daran mitwirken.

Zeitplan – Beginn und Dauer der Hilfeleistung

Die Hilfeleistung wird im bisherigen Umfang bis zum Schuljahresende im Sommer 1999 fortgeführt.

Das nächste Hilfeplangespräch findet am Freitag, den 18.06.1999, um 13 Uhr wie gewohnt im »Wichern-Haus« statt.

Alle am Hilfeplan Beteiligten sind verpflichtet mitzuwirken, dass die hier festgelegten Vereinbarungen und Ziele in der vorgesehenen Zeit erreicht werden können (§§ 36/ 37 SGB VIII).

Kassel, den 16.04.1999   (Unterschrift)

Landratsamt
Kreisjugendamt -Sozialer Dienst -

Fortschreibung des Hilfeplanes gemäß § 36 SGB VIII

Name: Anne Müller
Geburtsdatum: 20.05.1988
Anschrift: ...

personensorgeberechtigt: die Eltern

Beteiligte, die bei der Erstellung des Hilfeplans mitwirkten:
– Anne Müller
– Frau Müller (Mutter)
– Herr H. (Pädagogischer Leiter der Einrichtung)
– Herr K. (Gruppenerzieher)
– Frau P. (Lehrerin)
– Frau R. (Familienhelferin)
– die Unterzeichnerin (für das Kreisjugendamt)

Termin des Hilfeplangespräches: Freitag, 18. Juni 1999,
                                                              im »Wichern-Haus« in L.

Hilfeart: § 35 a Abs. 1 Nr. 4 SGB VIII

Darstellung der geleisteten Hilfen

– Beratung gemäß §§ 17 und 18 SGB VIII
– seit dem 10.01.1998 Eingliederungshilfe nach § 35 a Abs. 1 Nr. 4 SGB VIII
– vom 20.04.1998 bis 20.03.1999 Tagespflege gemäß § 23 SGB VIII
– ab dem 22.03.1999 Einsatz einer Familienhilfe gemäß § 31 SGB VIII

Feststellungen über die weiteren notwendigen Leistungen

Seit Februar 1999 wurde die eventuelle Rückführung von Anne zu ihrer Mutter vorbereitet.

Seit dem 22.03.1999 ist in der Familie eine Familienhelferin eingesetzt, die an fünf Nachmittagen pro Woche Felix und Lena betreut. Damit ist die Tagespflege für die beiden Kinder überflüssig geworden.

Vom 12.04.1999 bis zum 30.04.1999 wurde ein Schulversuch in der Janusz-Korczak-Schule in V. durchgeführt. Aus Annes Sicht wie auch aus Sicht der Schule verlief dieser Versuch erfolgreich.

Der Gruppenerzieher wie auch die Lehrerin des »Wichern-Hauses« sehen Anne aufgrund deren erfreulichen Entwicklung im sozialen Bereich und der Fortschritte im Leistungsbereich gut in der Lage, zum Schuljahresende die Einrichtung zu verlassen. Die Heimentlassung wurde auf Mittwoch, den 28.07.1999, festgelegt.

Alle Beteiligten sehen die Notwendigkeit der Unterstützung der Familie seitens der Familienhelferin sowie der psychologischen Betreuung der Familie durch Herrn Steuer (Leiter der Erziehungsberatungsstelle in V.) für die nächsten sechs Monate.

Zeitplan – Beginn und Dauer der Hilfeleistung

Die Hilfeleistung wird bis Mittwoch, den 28.07.1999, im bisherigen Umfang fortgeführt. Während dieser Zeit soll der Abschied von Anne aus dem Heim vorbereitet werden.

Alle am Hilfeplan Beteiligten sind verpflichtet mitzuwirken, dass die hier festgelegten Vereinbarungen und Ziele in der vorgesehenen Zeit erreicht werden können (§§ 36/ 37 SGB VIII).

..., den 02.07.1999

Frau Kr.
(für das Kreisjugendamt)

Herr H.
(für die Einrichtung)

Frau Müller
(sorgeberechtigter Elternteil)

Teil B

2.3 Aktenauszüge Strafverfahren wegen sexuellen Missbrauchs

Polizeidirektion Kassel 03.08.1997
Abt. II / Kriminalpolizei
- Dezernat 5 –

Vermerk:

Gegen 15.00 Uhr habe ich den Sozialen Dienst des Kreisjugendamtes davon in Kenntnis gesetzt, dass aufgrund eventl. bevorstehender strafprozessueller Maßnahmen gegen Klaus Müller die Unterbringung der Kinder Carolin, Anne, Felix und Lena M. geregelt werden muss.

Ich habe den Sozialen Dienst (Frau Krause) davon informiert, dass Carolin W. Vorwürfe gegen ihren Stiefvater erhebt, wonach sie in den letzten zwei Jahren sexuell missbraucht worden sei. Frau Krause wurde ferner davon in Kenntnis gesetzt, dass die Mutter der Kinder wegen des angegriffenen Gesundheitszustandes und Nervenzusammenbruchs in das Psychiatrische Krankenhaus Merxhausen eingewiesen wurde. Frau Krause wurde ferner darauf hingewiesen, dass Herr K. Müller aufgrund der gegen ihn erhobenen Vorwürfe am heutigen Tage vorläufig festgenommen wurde.

Da die Unterbringung der Kinder zunächst im Verwandtschaftsbereich geregelt ist, wurde mit Frau Krause vereinbart, dass die weitere Versorgung und Betreuung der Kinder durch das Jugendamt geregelt wird.

(Polizeiobermeister)

Amtsgericht Kassel 04.08.1997

Protokoll über eine Vernehmung in nichtöffentlicher Sitzung
Strafsache gegen Klaus Müller wegen sexuellen Missbrauchs von Kindern

Anwesend:
Richter am Amtsgericht: ...
Urkundsbeamter der Geschäftsstelle: ...

Zu dem Termin waren erschienen: Der Beschuldigte erhält Gelegenheit, vor der Vernehmung mit dem Verteidiger unter vier Augen zu sprechen.
Der Beschuldigte wurde vorgeführt.
Die Verteidiger des Beschuldigten: RA Hofer u. Kollegen.
Über die persönlichen Verhältnisse vernommen, erklärte der Beschuldigte: wie Haftbefehl

Dem Beschuldigten wurde der Haftbefehl des Amtsgerichts Kassel vom 04.08.1997 nebst Beschluss nach § 116 Abs. 4 StPO bekanntgegeben und in Abschrift übergeben.
Dem Beschuldigten wurde eröffnet, welche Tat ihm zur Last gelegt wird und welche Strafvorschriften in Betracht kommen.
Der Beschuldigte wurde auf die ihn belastenden Umstände hingewiesen.

Sodann wurde der Beschuldigte belehrt, dass es ihm freistehe, sich zu der Beschuldigung zu äußern oder nicht zur Sache auszusagen und jederzeit, auch schon vor der Vernehmung, einem von ihm zu wählenden Verteidiger zu befragen und dass er zur Entlastung einzelne Beweiserhebungen beantragen könne.

Der Beschuldigte erklärte zur Person: geb. am 08.04.1950 in Münster, wh. in ...
Der Richter verkündete den als Anlage beigefügten Beschluss.
Der Richter verkündete den als Anlage beigefügten Haftbefehl und übergab dem Beschuldigten eine Abschrift hiervon.
Der Beschuldigte wurde über das Recht der Beschwerde und auf die anderen Rechtsbehelfe (§ 117 Abs. 1, 2, § 118 Abs. 1, 2 StPO) belehrt.
Der Beschuldigte wurde gem. § 115 a Abs. 3 StPO belehrt.
Der Beschuldigte erklärte: Von meiner Verhaftung soll benachrichtigt werden (§ 114 b Abs. 1 StPO) (erledigt der Verteidiger)
Der Beschuldigte wurde auf die Gelegenheit zur Benachrichtigung eines Angehörigen oder einer Person seines Vertrauens hingewiesen (§ 114b Abs. 2 StPO).

Richter am Amtsgericht   Urkundsbeamter der Geschäftsstelle

Verfügung   U-Haft   Überhaft   Unterbringung

Amtsgericht Kassel   07.08.1997

Gegenwärtig:
Richter am Amtsgericht: ... als Richter
Justizangestellte ... als Urkundsbeamtin der Geschäftsstelle

Strafsache gegen Klaus Müller wegen sexuellen Missbrauchs
Der Beschuldigte wird vorgeführt.
Nach telefonisch erklärter Zustimmung der Staatsanwaltschaft Kassel (Herr G.) ergeht und wird verkündet:

Beschluss

Der Haftbefehl des Amtsgerichts Kassel vom 04.08.1997 (Az. ...) wird mit folgenden Auflagen außer Vollzug gesetzt:
1. Der Beschuldigte hat jeden Wechsel des Wohnsitzes und Aufenthaltes unverzüglich dem Amtsgericht Kassel zu Akz. ... mitzuteilen;
2. Er hat sich einmal wöchentlich beim Polizeirevier Kassel II zu melden.
3. Er hat allen gerichtlichen Vorladungen entsprechend Folge zu leisten;
4. Der Beschuldigte wird angewiesen, weder direkt, schriftlich, telefonisch oder persönlich noch über Dritte mit seiner Stieftochter Carolin Kontakt aufzunehmen oder dies zu versuchen.

Der Beschuldigte wird darüber belehrt, dass er bei Zuwiderhandlung gegen diese Auflagen mit dem erneuten Vollzug des Haftbefehls rechnen muss.

Der Beschuldigte erklärte hierauf: Ich habe diesen Beschluss verstanden und werde mich daran halten.

gelesen, genehmigt und unterschrieben:

_____

_____   _____

Richter   Urkundsbeamtin

Polizeidirektion Kassel   11.09.1997
Abt. II / Kriminalpolizei
- Dezernat 5 -

ZEUGEN-VERNEHMUNG

Tonbandvernehmung

Im Psychiatrischen Krankenhaus Merxhausen zum Sachverhalt gehört, gibt die geschiedene Altenpflegerin

Name:	Helga Müller
Geburtsname:	Wagner
geboren am:	09.12.1960
wohnhaft in:	Warburger Str. 12, Vellmar

folgendes an:

»Vor Beginn meiner Vernehmung wurde ich davon in Kenntnis gesetzt, dass meine Tochter Carolin meinen Ex-Ehemann wegen sexuellen Missbrauchs angezeigt hat. Mir wurde erklärt, dass ich Angaben, durch die ich meinen Ex-Ehemann belasten könnte, jederzeit verweigern kann.

Ich bin bereit, entsprechende Angaben zu machen.

Ich habe im Mai diesen Jahres von der Klassenlehrerin meiner Tochter, Frau Kluge, davon Kenntnis erlangt, dass Carolin von meinem Ex-Ehemann sexuell belästigt wird. Frau Kluge erklärte mir, dass Carolin sich ihr gegenüber entsprechend geäußert habe. Carolin hat mir selbst bis zu diesem Zeitpunkt noch nichts gesagt, weil sie die Situation in unserer Familie kannte und mich durch entsprechende Informationen nicht noch zusätzlich belasten wollte.

Auf Frage:

Frau Kluge nannte mir in diesem Gespräch keine Einzelheiten. Sie fragte mich lediglich, ob ich diesbezüglich entsprechende Wahrnehmungen gemacht habe. Das Gespräch mit Frau Kluge fand telefonisch statt. Frau Kluge bat mich dann lediglich, besser auf meine Tochter bzw. auf meinen Mann zu achten.

Am gleichen Tage, als Carolin dann von der Schule nach Hause kam, sagte sie mir, dass auch eine Frau vom Kinderschutzbund einmal anrufen würde. Ich habe dann Carolin gefragt, was überhaupt los sei. Sie sagte dann, dass es mit dem Vater zusammenhängt und dass sie bei ihm etwas machen musste. Sie wollte sich mir gegenüber aber nicht näher äußern. Sie stellte lediglich in Aussicht, dass mit Frau Winter vom Kinderschutzbund ein

Gespräch zu führen sei. Etwas später habe ich dann mit Frau Winter ein Gespräch geführt. Es war so, dass Frau Winter einmal mit Carolin allein und einmal ein Gespräch mit Carolin und mir geführt hat. Frau Winter fragte mich während des Gesprächs, ob ich Wahrnehmungen gemacht habe, wonach sich mein Mann meiner Tochter sexuell genähert habe. Ich habe bis zu diesem Zeitpunkt keinen Anlass gehabt, in dieser Richtung besonders auf meinen Mann aufzupassen. Ich hätte das einfach nicht für möglich gehalten. Ich konnte Frau Winter daher lediglich sagen, dass ich selbst nichts gemerkt habe.

Mit Frau Winter wurde dann erörtert, dass ich besser auf meinen Mann und auf Carolin achten soll. Außerdem soll ich möglichst vermeiden, dass Carolin allein mit meinem Mann zusammen ist. Es wurde ferner über eine Mutter-Kind-Kur gesprochen, um während dieser Phase evtl. das Verhalten meines Mannes weiter zu testen. Diese kam aber nicht zustande, weil ich nicht den Mut hatte, meinem Mann entsprechend etwas zu sagen.

Nach den Gesprächen mit Frau Kluge und Frau Winter habe ich über die Sache nachgedacht und bin dann zum Entschluss gekommen, dass gewisse Signale eigentlich schon vorhanden waren. Da ich aber selbst nicht an eine solche Situation geglaubt habe, habe ich sie damals nicht richtig zuordnen können. Ich habe schon einmal beobachtet, dass mein Mann in das Badezimmer ging, als Carolin gerade badete. Ich konnte auch sehen, dass mein Mann in die Badewanne stieg. Ich habe die Sache zunächst nicht ernst genommen und gedacht, mein Mann geht gleich wieder raus. Meine Tochter wollte dann das Bad verlassen, nachdem mein Mann keine Anstalten machte, rauszugehen. Mein Mann forderte Carolin aber auf, noch in der Wanne zu bleiben, da ja nichts dabei sei. Erst nachdem ich meinen Mann aufforderte die Badewanne endlich zu verlassen, da Carolin eigentlich schon zu groß für so etwas sei, ist er aus der Badewanne gestiegen. Ich bin zwischenzeitlich auch mal aus dem Badezimmer herausgegangen, um nach den anderen Kindern zu sehen.

Als Carolin und ich einmal zusammen in der Küche waren, kam mein Mann dazu. Mein Mann bemängelte schon länger, dass ich selbst keine Brust mehr habe. Er fasste in diesem Zusammenhang die Carolin an der Brust und sagte:»Schau einmal, was die Carolin hat. Ich kann mir doch an der Carolin nicht Lust bzw. Appetit holen.«

Mein Mann ist häufiger mittags gg. 13.00 Uhr von der Schicht gekommen. Er hatte dann Pause bis gg. 21.00 Uhr. Wenn ich zurückdenke, ist es öfter vorgekommen, dass mein Mann dann ins Zimmer von Carolin gegangen ist. Dort hat er sich aufs Bett gelegt. Es ist dann mehrfach vorgekommen, dass er Carolin aufgefordert hat, sich zu ihm aufs Bett zu legen und mit ihm zu schmusen. Ich habe ihm dann erklärt, dass Carolin dafür eigentlich zu alt sei. Mein Mann erwiderte dann lediglich, dass ich ruhig sein soll, dass mich das nichts anginge. Ich solle mich um den Haushalt kümmern.

Wenn Carolin zu meinem Mann aufs Bett gelegen ist, hat er mich einfach rausgeschickt mit dem Hinweis, dass ich etwas zu Essen machen soll. Ich habe dann das Essen fertig gemacht und bin ohne anzuklopfen wieder ins Kinderzimmer zurück, um meinem Mann zu sagen, dass das Essen gerichtet ist. Er hat mich dann angefahren und gesagt: »Ist das Essen schon fertig.« Mein Mann lag dann in der Regel im Bademantel im Bett von Carolin. Soweit ich mich daran erinnern kann, war er unter dem Bademantel nackt. Carolin selbst lag immer bekleidet im Bett.

Im nachhinein muss ich natürlich sagen, dass dies entsprechende Warnsignale waren. Nachdem ich mit Frau Kluge und Frau Winter gesprochen habe, war mir das auch klar. Zuvor hatte ich aber nie daran gedacht, dass mein Mann solche Sachen mit meiner Tochter machen würde.

Mein Mann reagierte unter Alkohol immer ziemlich aggressiv. Sowohl ich als auch die Kinder sind von ihm wiederholt geschlagen worden.

Es war grundsätzlich so, dass ich das Fahrzeug zur Verfügung hatte, während mein Mann mit dem Firmen-LKW auf Tour war. Wenn mein Mann dann Feierabend hatte und am Stützpunkt in Kassel war, rief er mich an und ich musste ihn von dort abholen. Es war

Pflicht für mich, dass ich zu diesem Zeitpunkt bereits die erste Flasche Bier mitbrachte. Unmittelbar nachdem mein Mann eingestiegen ist, hat er die Flasche Bier geöffnet und bereits auf dem Heimweg getrunken. Für die Kinder bzw. für mich hatte er keine Zeit bzw. war er nicht ansprechbar. Er musste zunächst sein Bier trinken, weil er damit am besten abschalten könnte. Als ich das Bier einmal vergessen habe, gab es riesigen Ärger, mein Mann tobte während der ganzen Fahrt von Kassel bis nach Hause.

Einmal habe ich meinen Mann nachts um 24.00 Uhr in K. abgeholt. Er hatte dort schon etwa vier Bier getrunken und war ziemlich stark angetrunken. Vielleicht hatte er auch schon mehr Bier getrunken. Ich meinte vorher, dass er lediglich noch vier Bier vertragen hat. Einer der Arbeitskollegen, die noch bei ihm waren, hat dann völlig belanglos gesagt: »Ihr seid damals ein schönes Brautpaar gewesen.« Das hat meinen krankhaft eifersüchtigen Ehemann dazu veranlasst auf den Arbeitskollegen loszugehen. Auch auf mich wollte er zunächst losgehen. Ich wollte meinen Mann ursprünglich nicht mehr mitnehmen. Später sind wir aber dann doch zusammen losgefahren. Ich musste dann zunächst meine Schwiegermutter anrufen, die dann auch gekommen ist. Ihr gelang es, meinen Mann zu beruhigen. Zu Hause ist mein Mann dann mit dem Messer und dem Tennisschläger auf mich losgegangen. Ein andermal, als ich meinen Mann ebenfalls abholte und er wieder unter Alkoholeinwirkung stand, ist er zwischen Kassel und Vellmar aus dem Fahrzeug gestiegen. Bei diesem Ereignis waren die Kinder dabei. Ich habe dann gewartet, bis mein Mann wieder eingestiegen ist. Als er im Fahrzeug war, hat er brutal auf mich eingeschlagen, so dass meine Halskette und meine Brille zu Bruch gegangen sind. Mein Mann hat während der Fahrt auf mich eingeschlagen. Nach einem Schlag auf die Brille ging diese zu Bruch und ich sah kurzfristig nur noch Sternchen.

Grundsätzlich kann ich sagen, dass mein Mann generell nach Arbeitsende Alkohol getrunken hat. Mit der Einnahme von Alkohol wuchsen auch seine Aggressionen. Mein Mann hat hauptsächlich Bier getrunken. Am Wochenende ist es auch vorgekommen, dass er noch Klaren getrunken hat.

Ich wurde von meinem Mann mehrfach derart geschlagen, dass ich im Anschluss ärztliche Hilfe in Anspruch nehmen musste. Gesagt, dass ich von meinem Mann geschlagen worden bin, habe ich den Ärzten nie. Manchmal musste ich mir ernstlich überlegen, wie ich die Verletzungen schildern soll, damit ich einen Sturz oder sonstigen Unfall vortäuschen konnte.

Auf Frage:

Es war schon so, dass ich von meinem Mann bereits vor der Hochzeit geschlagen worden bin. Ich hatte allerdings dann die Hoffnung, nachdem die Kinder geboren wurden, dass sich mein Mann ändert. Diese Hoffnung hat sich allerdings zerschlagen. Insgesamt herrschte bei uns immer eine sehr angespannte und gedrückte Stimmung, wenn mein Mann zu Hause war. Die Kinder hatten eine panische Angst vor dem Vater und trauten sich nicht entsprechend aus sich herauszugehen. Allgemein haben wir immer aufgeatmet, als mein Mann wieder bei der Arbeit war.

Mit der Aufzeichnung meiner Angaben auf Tonträger war ich einverstanden. Mehr kann ich momentan zur Sache nicht sagen.

Die mich behandelnden Ärzte entbinde ich von der Schweigepflicht.«

Auf Tonträger aufgezeichnet, auf Vorspielen verzichtet.

F.d.R.d.Ü.

(Angest. im Schreibdienst)

STAATSANWALTSCHAFT Kassel   05.12.1997

An
Amtsgericht
– Schöffengericht –

Anklageschrift

Unter Vorlage der Akten und mit dem Antrag, das Hauptverfahren vor dem Amtsgericht
-Schöffengericht- zu eröffnen, erhebe ich

Anklage

gegen den am 08.04.1950 in Münster geborenen, in Espenau wohnhaften, Kfz.-Mechaniker und Kraftfahrer

Klaus Müller

Verteidiger: RA ...

In dieser Sache vorläufig festgenommen am 03.08.1997 und bis zum 07.08.1997 in Untersuchungshaft in der Vollzugsanstalt Kassel-Wehlheiden aufgrund Haftbefehls des Amtsgerichts Kassel vom 04.08.1997, außer Vollzug gesetzt mit Beschluss vom 07.08.1997.

Beschuldigung:

Er habe sich seiner am 19.01.1982 geborenen Stieftochter Carolin Wagner mehrfach sexuell genähert. Folgende Fälle seien im einzelnen noch konkret feststellbar, wobei es tatsächlich zu wesentlich mehr sexuellen Handlungen gekommen sei. Alle Vorfälle hätten sich in der elterlichen Wohnung abgespielt:

1. ...
2. ...
3. ...
4. ...
5. ...
6. ...
7. ...

Auf die Wiedergabe wurde verzichtet, vgl. hierzu das Urteil des Amtsgerichts vom 16.02.1998

Beweismittel:

A. Urkunden:

1. Strafliste   AS 285
2. Haftbefehl vom 04.08.1997   AS 151
3. Beschluss vom 07.08.1997   AS 205
4. Auszug Tagebuch Sybille D.   AS 227
5. Erklärung über Entbindung von Schweigepflicht bzgl. Mutter
6. Erklärung über Entbindung von Schweigepflicht bzgl. Carolin Wagner

B. Zeugen:

1. Carolin Wagner,
Warburger Str. 12. 34246 Vellmar   AS 43, 175

2. KHK'in Kolle,
Polizeidirektion Kassel   AS 69, 215, 275

3. Sybille Dreher, Warburger Str. 10, 34246 Vellmar	AS 71
4. Gaby Mauch, Warburger Str. 12, 34246 Vellmar	AS 89
5. KHM Bertel, Polizeidirektion Kassel	AS 213
6. KHK Berger, Polizeidirektion Kassel	AS 219,221,239,253
7. Dr. Erhard Kling, Kirchdorfer Str. 18, 34246 Vellmar	AS 243
8. Dipl.-Sozpäd. Erika Krause, Bäckerstr. 13, Kassel	AS 255
9. Angelika Kluge, Karlsruher Str. 25, Kassel	AS 257
10. Gisela Winter, Lindenstr. 49, Kassel	AS 263
11. POM Käfer Polizeirevier Kassel II	AS 271

Ermittlungsergebnis

Der Angeschuldigte ist bislang unbestraft. Er arbeitet bei der Firma B. in Kassel als Kraftfahrer im Fernverkehr und verdient ca. 3800,– DM netto. Für einen Kredit sind monatlich nach seinen Angaben 1100,– DM aufzubringen. Zur Person hat er sich wie folgt geäußert:
...

Tagebuchauszüge Sybille Dreher

Vellmar, den 22.06.1986

Liebes Tagebuch,

Vorgestern am Abend hat mir Carolin erzählt, dass sie von ihrem Vater sexuell belästigt wird. Sie hat die ganze Zeit geheult. Es war echt schlimm. Am Montag geht sie mit Markus ins Kino (das erste Mal allein). Sie hat Angst, dass sie Markus eine runterhaut, wenn er sie küssen will. Sie sieht immer ihren Vater. Irgendwie kann ich es gar nicht glauben, aber zutrauen kann man es ihm. So, das war's mal wieder.

Tschüss bis bald!

Vellmar, den 12.08.1986

Dear Diary,

Carolin hat mir heute wieder erzählt, dass ihr Vater in der Nacht kam. Und sie musste ihm sein Glied anlangen. Sie ist so verzweifelt. Und ich weiß auch nicht was man machen kann. Sie will es bald Markus erzählen. Vielleicht hat der einen Tipp.

Helft ihr doch!

Sybille

AMTSGERICHT KASSEL   16.02.1998

Urteil

I. Strafsache gegen

den am 08.04.1950 in Münster geborenen, Kfz.-Mechaniker und Kraftfahrer

Klaus Müller

wohnhaft: Wilhelmsthaler Str. 9, 34314 Espenau

wegen sexuellen Missbrauchs von Kindern u. a.

Das Amtsgericht Kassel – Schöffengericht – hat in der Sitzung vom 16.02.1998, an der teilgenommen haben:

Richter am Amtsgericht ... als Strafrichter
Albert M. und Gertrud O. als Schöffen
Staatsanwalt ... als Beamter der Staatsanwaltschaft
Rechtsanwalt ... als Verteidiger
Justizhauptsekretär ... als Urkundsbeamter der Geschäftsstelle

für Recht erkannt:

Der Angeklagte Klaus Müller wird wegen sexuellen Missbrauchs von Kindern in zwei Fäl-
len und wegen sexuellen Missbrauchs von Schutzbefohlenen in fünf Fällen zu einer
Gesamtfreiheitsstrafe von zwei Jahren verurteilt.
Die Vollstreckung der Freiheitsstrafe wird zur Bewährung ausgesetzt.
Der Angeklagte trägt die Kosten des Verfahrens und seine notwendigen Auslagen.
Angewandte Vorschriften: §§ 174 Abs. 1 Nr. 1, 176 Abs. 1, 53 StGB.

II. Gründe:
(abgekürzt gem. § 267 Abs. 4 StPO)

Der Angeklagte Klaus Müller wurde am 08.04.1950 in Münster geboren. Seine Eltern heirateten, als er sieben Jahre alt war. Jahre später wurde die Ehe seiner Eltern geschieden.
Die ersten sieben Lebensjahre wuchs der Angeklagte bei seiner Großmutter auf. Nach
dem Abschluss der Hauptschule machte er eine dreieinhalbjährige Lehre zum Kfz.-
Mechaniker, die er mit der Gesellenprüfung erfolgreich beendete. Nach einer kurzen Zeit
der Arbeitslosigkeit war er zunächst als Aushilfsfahrer tätig, bis er zur Bundeswehr einge-
zogen wurde. Dort leistete er einen 18monatigen Wehrdienst ab. Nach der Entlassung von
der Bundeswehr war er bei verschiedenen Unternehmen als Kraftfahrer tätig. Zweiein-
halb Jahre lang arbeitete er auch in der Spedition seines Vaters. Nach weiteren beruflichen
Stationen begann er im Juni 1984 bei der Firma Bauer in Kassel als Kraftfahrer zu arbeiten, wo er seitdem ununterbrochen im Lkw-Fernverkehr tätig ist.

Seit 1983 ist der Angeklagte verheiratet. Seine Ehefrau brachte die Tochter Carolin Wagner mit in die Ehe. Aus der Ehe des Angeklagten sind drei Kinder hervorgegangen. 1985
wurde die Tochter Lena geboren; die Zwillinge Anne und Felix kamen 1988 zur Welt. Dem
Angeklagten war an einem harmonischen Familienleben gelegen. Die Beziehung zu seiner
Frau verschlechterte sich jedoch zunehmend. Der Angeklagte war beruflich großem
Druck ausgesetzt. Zur besseren Entspannung sprach er nach der Arbeit nicht unerheblich
dem Alkohol zu. Der Angeklagte war gegenüber seiner Ehefrau sehr eifersüchtig und
unterwarf sie engen Kontrollen. Über Kleinigkeiten geriet er häufig in großen Zorn,
prügelte dabei auch seine Frau und schlug seine Kinder. Da er sich als hart arbeitender

Ernährer der Familie sah, erwartete er zu Hause von seiner Frau eine perfekte Haushaltsführung. Seine Frau und die Kinder erlebten den Angeklagten häufig jähzornig und aggressiv. Die Ehe wurde am 17.07.1997 geschieden.

Der Angeklagte verdient monatlich ca. 4.000,00 DM netto.

In dieser Sache wurde der Angeklagte am 03.08.1997 vorläufig festgenommen. Er befand sich auf Grund eines Haftbefehls des Amtsgerichts Kassel (9 Gs 477/97) vom 04.08.1997 bis 07.08.1997 in Untersuchungshaft. Am 07.08.1997 wurde der Haftbefehl außer Vollzug gesetzt.

Nach der Entlassung aus der Untersuchungshaft hielt sich der Angeklagte vier Wochen stationär in psychotherapeutischer Behandlung in einer Klinik in Bad Orb auf. Seit kurzem ist er in ambulanter psychotherapeutischer Behandlung bei einem Arzt in Kassel.

Der Angeklagte ist nicht vorbestraft.

Seit dem Sommer 1995 näherte sich der Angeklagte in der elterlichen Wohnung Warburger Straße 12 in Vellmar mehrfach der am. 19.01.1982 geborenen Stieftochter Carolin sexuell. Im einzelnen konnten folgende Vorfälle festgestellt werden:

1.
Im Sommer oder Herbst 1995 befahl er Carolin, zu ihm auf das Sofa im Wohnzimmer zu kommen. Er streichelte sie dann an den Beinen, am Bauch und an den Brüsten. Dabei berührte er sie auch unter dem Morgenmantel, den sie trug. Carolin entzog sich dem Tun des Angeklagten, indem sie auf die Toilette ging.

2.
Mehrere Wochen später kam er in ihr Zimmer. Es war bereits Nacht. Er legte sich zu ihr unter die Bettdecke und fing an, sie am ganzen Körper zu streicheln. Er fasste ihr von hinten an die Brüste und versuchte, sie umzudrehen. Hiergegen wehrte Carolin sich. Dadurch konnte der Angeklagte nicht unter das Nachthemd fassen.

3.
Im Sommer 1996 vor einem Italienurlaub der Familie des Angeklagten rief er sie gegen 19.00 Uhr in das Elternschlafzimmer. Sie musste sich zu ihm ins Bett legen. Daraufhin streichelte er sie wieder über und unter der Kleidung an den Brüsten und an den Schenkeln. Dann fragte er, ob er ihr einmal etwas ganz Schönes zeigen solle. Carolin wusste nicht, wie sie reagieren sollte und antwortete, wie auch in den weiteren Fällen auf solche Fragen, nur mit »mh«. Der Angeklagte zog ihr die Hose herunter, drückte ihre Beine auseinander und leckte sie an der Scheide. Er streichelte sie weiter an den Brüsten und an der Scheide. Carolin entzog sich dem Tun des Angeklagten wieder, indem sie sagte, sie müsse auf die Toilette.

4.
Im Sommer des gleichen Jahres nach dem Italienurlaub kam der Angeklagte zu Carolin ins Zimmer. Sie lag bereits im Bett. Der Angeklagte legte sich zu ihr unter die Bettdecke. Er schob ihr Nachthemd hoch und streichelte sie an den Brüsten, am Po, am Bauch und an den Beinen. Dann führte er ihre Hand an sein Glied und brachte sie dazu, daran auf und ab zu reiben. Dann legte er sich halb auf Carolin und versuchte, mit seinem Glied in ihre Scheide einzudringen. Dies gelang ihm nicht, da Carolin sich wegdrehen und den Angeklagten wegdrücken konnte.

5.
Noch im Jahr 1996 rief der Angeklagte Carolin zu sich in die Küche. Dann gab er ihr einen Zungenkuss.

6.
Ebenfalls noch im Jahr 1996 kam der Angeklagte zu Carolin auf das Zimmer, als sie ihre Hausaufgaben machte. Er legte sich auf ihr Bett und befahl ihr, zu ihm zu kommen. Als Carolin dem schließlich nachkam, gab der Angeklagte ihr wieder einen Zungenkuss und streichelte sie über dem T-Shirt an der Brust.

7.

Im Jahr 1997 kam der Angeklagte ins Badezimmer, als Carolin sich gerade in der Bade-wanne duschte. Er legte sich zu ihr in die Badewanne und befahl, sich neben ihn zu legen. Dort bedeutete er ihr, sein Glied zu umfassen, was Carolin auch tat. Anschließend strei-chelte der Angeklagte sie am ganzen Körper, auch an den Brüsten und an der Scheide.

III.

Der Angeklagte hat die Taten gestanden.

IV.

In den Fällen oben II. 1. und II. 2. hat der Angeklagte somit sexuelle Handlungen an einer Person unter 14 Jahren (Kind) vorgenommen. In den Fällen II. 3. bis II. 7. hat er somit sexuelle Handlungen an einer Person unter 16 Jahren, die ihm zur Erziehung, zur Ausbil-dung oder zur Betreuung der Lebensführung anvertraut war, vorgenommen oder an sich von dem Schutzbefohlenen vornehmen lassen.

Die Taten sind Vergehen des sexuellen Missbrauchs von Kindern in zwei Fällen (II. 1. und II. 2.) und des sexuellen Missbrauchs von Schutzbefohlenen in fünf Fällen (oben II. 3. bis II. 7.). Sie sind strafbar gem. §§ 176, 174, 53 StGB.

V.

Bei der Strafzumessung ist das Gericht in den Fällen II. 1. und II. 2. jeweils von einem minder schweren Fall des sexuellen Missbrauchs von Kindern gem. § 176 Abs. 1 zweiter Halbsatz StGB ausgegangen und hat deshalb einen Strafrahmen von Freiheitsstrafe bis zu fünf Jahren oder Geldstrafe zu Grunde gelegt.

In den Fällen II. 3. bis II. 7. ist das Gericht vom Strafrahmen des § 174 Abs. 1 StGB aus-gegangen, der Freiheitsstrafe bis zu fünf Jahren oder Geldstrafe vorsieht.

Bei der Strafzumessung hat das Gericht zu Gunsten des Angeklagten berücksichtigt, dass er nicht vorbestraft ist, ein umfassendes Geständnis abgelegt hat und es dadurch dem Opfer Carolin erspart hat, vor Gericht in einer Hauptverhandlung als Zeugin aussagen zu müssen. Zu Lasten des Angeklagten war zu sehen, dass die Folgen für Carolin massiv waren. Sie war verzweifelt, wusste sich nicht zu helfen und hegte Selbstmordgedanken. Bei den Fällen II. 1. bis II. 4. und II. 7. war zudem zu sehen, dass die sexuellen. Handlungen zum Nachteil der Carolin erheblich waren und ihnen ein überdurchschnittlicher Unrechtsgehalt zukam.

Im Einzelnen hat das Gericht folgende Strafen als schuld-und tatangemessen festgesetzt: In den Fällen II. 1. und II. 2. jeweils Freiheitsstrafen von sechs Monaten; in den Fällen II. 3. und II. 4. jeweils Freiheitsstrafe von einem Jahr; im Fall II. 5. eine Geldstrafe i. H. v. 30 Tagessätzen zu je 30,00 DM; im Fall II. 6. eine Geldstrafe i. H. v. 90 Tagessätzen zu je 30,00 DM und im Fall II. 7. eine Freiheitsstrafe von einem Jahr.

Aus den genannten Einzelstrafen hat das Gericht gem. §§ 53, 54 StGB eine Gesamtfrei-heitsstrafe gebildet, wobei es die bereits erwähnten Strafzumessungsgesichtspunkte noch-mals berücksichtigt hat und außerdem strafschärfend wertete, dass die Handlungen sich über zwei Jahre hinzogen und Carolin damit über einen sehr langen Zeitraum den massi-ven Übergriffen des Angeklagten ausgesetzt war und in ständiger Furcht und Angst vor ihm lebte. Darüber hinaus fiel strafschärfend noch die Vielzahl der Taten ins Gewicht. Das Gericht hat als schuld- und tatangemessen eine Gesamtfreiheitsstrafe von zwei Jahren festgesetzt.

Die Vollstreckung der Freiheitsstrafe konnte gem. § 56 Abs. 1 und Abs. 2 StGB zur Bewäh-rung ausgesetzt werden. Der Angeklagte verfügt über eine positive Sozialprognose: Er hat einen festen Arbeitsplatz und ist gewillt, die auf ihn zukommenden Unterhaltsverpflich-tungen zu erfüllen. Durch das Ermittlungsverfahren und die Hauptverhandlung ist er erkennbar beeindruckt worden. Hinzu kam, dass er einige Tage in Untersuchungshaft gesessen hat und dadurch erstmals in seinem Leben einer freiheitsentziehenden Maß-nahme ausgesetzt war.

Die besonderen Umstände, die bei einer derartigen Freiheitsstrafe von über einem Jahr für eine Strafaussetzung zur Bewährung erforderlich sind im Sinne von § 56 Abs. 2 StGB, hat das Gericht in einer Gesamtschau folgender Umstände gesehen:

Der Angeklagte hat als nicht vorbestrafter Täter ein umfassendes Geständnis abgelegt und es dadurch verhindert, dass das Opfer seiner Taten noch einmal vor Gericht einer quälenden Befragung ausgesetzt wurde. Schließlich hat er Schritte unternommen, um den psychischen Problemen, die Grundlage für seine Taten sein könnten, zu begegnen, indem er sich in ärztliche Behandlung begab. Darüber hinaus war zu sehen, dass er seine Taten zutiefst bereut.

Das Gericht ist im Ganzen zu der Überzeugung gelangt, dass es bei dem Angeklagten nicht der Einwirkung des Strafvollzuges bedarf, um ihn künftig zu einem straffreien Leben anzuhalten.

Die Kostenentscheidung folgt aus § 465 StPO.

Richter am Amtsgericht   Kassel, 16.02.1998

Carolin Wagner   25.03.1998
Warburger Straße 12
34246 Vellmar

An
Versorgungsamt Kassel

Antrag auf Gewährung von Beschädigtenversorgung nach dem Gesetz über die Entschädigung für Opfer von Gewalttaten (OEG)

Gemäß Aktenverfügung vom … (Bl. 13 d.A.) ist bei der Jugendlichen Carolin Wagner Stellung zu nehmen zum Antrag auf Gewährung von Beschädigtenversorgung nach dem OEG (Bl. 1-4 d.A.). Der Antrag wird begründet mit etwa 10 Fällen sexueller Handlungen in der Zeit vom Herbst 1995 bis April 1997 in der elterlichen Wohnung in Vellmar durch den Stiefvater, die erlittenen Gesundheitsstörungen machten einen Kuraufenthalt erforderlich.

Beantragt werden folgende Gesundheitsstörungen:
»Psychische Belastungen, Schlafstörungen, Unkonzentriertheit«.
Der gesetzliche Vertreter ist die leibliche Mutter Helga Müller, geb. Wagner; vertreten wurde Carolin durch die Rechtsanwälte P., H., G., begleitet wurde Carolin gelegentlich der Untersuchung vom 18.11.1997 durch Frau Krause vom Jugendamt. Die Mutter, Frau Helga Müller, wurde nach dem OEG am 23.10.1997 im Versorgungsamt Kassel untersucht, ein kurzes Referat der Vorgeschichte basierend auf den Angaben der Mutter wird unten im Aktenauszug vorgelegt. Als Hausarzt wurde Herr Dr. Kling, Vellmar, angegeben, besondere Medikamente wurden in der letzten Zeit nicht verordnet. Carolin nimmt lediglich bei Unterleibsbeschwerden gelegentlich Aspirin, sie steht gegenwärtig in psychologischer Behandlung bei Frau Dr. Hauser und wohnt seit etwa 14 Tagen bei der Familie N. in U., die Mutter habe vorübergehend die elterliche Wohnung verlassen aus Angst vor fortbestehenden Drohungen ihres Ehemannes, Carolin verbleibt in der Nähe ihrer elterlichen Wohnung, um die bisherige Schule weiter besuchen zu können.

Aus den Akten gehen keine wichtigen Informationen zum Sachverhalt hervor, nach dem Untersuchungsergebnis der Mutter habe sie Carolin mit in die Ehe gebracht, der Beschuldigte Ehemann ist Carolins Stiefvater, er ist von Beruf Fernfahrer, bei ihm ist ein Alkoholabusus beschrieben, im abgelaufenen Prozess sei er zu 2 Jahren auf Bewährung verurteilt worden. Die Eheschließung der Eltern erfolgte 1983, die Trennung im Juli 1997, aus der Ehe gingen 3 eigene Kinder (Stiefgeschwister von Carolin) hervor. Die Mutter habe von dem sexuellen Missbrauch Carolins durch ihren Mann, den Stiefvater von Carolin, nichts gewusst, sie habe von dem Missbrauch erst viel später über den Kinderschutzbund und die Schule näheres erfahren. Die Halbgeschwister von Carolin sind 10 und 14 Jahre alt.

Die Mutter von Carolin, Helga Müller, wurde auf Antrag nach dem OEG wegen langjähriger körperlicher Misshandlungen durch ihren Ehemann untersucht.

Versorgungsärztliches Gutachten

Angaben von Carolin gelegentlich der Exploration und Untersuchung am 18.11.1997

Familienanamnese:
Sie sei frühzeitig darüber informiert worden, dass Klaus Müller nicht ihr leiblicher Vater sondern ihr Stiefvater ist.

Eigenanamnese:
Bisher keine ernstlichen Erkrankungen, in früheren Jahren sei eine Ovarial-zyste festgestellt worden, sie habe Unterleibsbeschwerden verstärkt bei der Periode, außer einem gelegentlichen Aspirin nehme sie keine Medikamente, auf Befragen Klagen über gelegentliche diffuse Kopfschmerzen, in jüngerer Zeit seien Schmerzen im Ellenbogengelenk rechts aufgetreten, weiterhin habe sie sich in orthopädische Behandlung wegen einer Chondropathia patellae links begeben.

Spezielle Vorgeschichte und jetzige Beschwerden:
Das familiäre Leben sei geprägt worden durch den häufigen Streit der Eltern, der Vater sei jähzornig und ungerecht gewesen, er habe nicht nur die Mutter sondern auch die Kinder geschlagen und habe häufig wegen Kleinigkeiten dramatische Verhaltensweisen gezeigt, oft habe er unter der Wirkung von Alkohol gestanden. Gemeinsame familiäre Unternehmungen seien sehr selten gewesen und meist durch Streit vorzeitig abgebrochen worden, vor 1 Jahr sei die Familie in Italien gewesen, wegen häufiger Reibereien wurde der Urlaub vorzeitig abgebrochen, der Vater habe sich allen Kindern gegenüber mit Ausnahme der jüngsten Tocher ungerecht, streng und gelegentlich brutal verhalten. Die sexuellen Annäherungen geschahen zunächst dadurch, dass der Vater sich im Bad aufhielt, wenn sie sich duschen wollte, es sei ihr meist gelungen, das Bad abzuschließen, er sei dann jedoch häufig nachts zu ihr ins Bett gekommen, sie musste ihn streicheln vorwiegend im Bereich des erigierten Gliedes, auch der Vater habe sie an den Geschlechtsteilen gestreichelt, ein regelrechter Geschlechtsverkehr wurde offenbar von ihm jedoch nicht versucht. Sie habe Angst vor dem Vater gehabt, er habe ihr gedroht, wenn sie sein Verhalten verraten würde, so habe sie sich nicht getraut ihr Schlafzimmer abzuschließen, sie sei verängstigt und beunruhigt gewesen und habe nicht den Mut gefunden sich der Mutter anzuvertrauen, obwohl sie zur Mutter ein gutes Verhältnis gehabt habe und noch habe, sie habe die Vorgänge schließlich ihrer Freundin erzählt und habe sich dann einer Frau vom Kinderschutzbund anvertraut, die ihr Verhaltensratschläge gab. Die sexuellen Zudringlichkeiten verliefen über 2 Jahre, sie habe sehr wohl gewusst, worum es gehe, sie sei mit 12 Jahren durch die Mutter aufgeklärt worden. In der Folgezeit kam es zu innerer Unruhe mit ängstlichen Verhaltensweisen, sie habe unter Schlafstörungen und Alpträumen (Schlangen, Monsterspinnen) gelitten, es bestanden längere Zeit Störungen des Essens,

sie sei appetitlos gewesen, nach der Klärung der Situation und Beendigung der Zudringlichkeiten sei sie in ärztlicher Behandlung gewesen, sie habe eine Kur gemacht, seit einem Jahr erfolge eine psychologische Behandlung in Kassel bei Frau Dr. H. In körperlicher Hinsicht klagt sie über eine Neigung zu Hyperventilationstetanien, diese Erscheinungen treten seit einigen Jahren in wechselnder Häufigkeit auf.

Nach der Trennung der Eltern sei sie zu einer Familie im Nachbarort gekommen, sie könne von dort ihre bisherige Schule besuchen, seit einem Jahr habe sie ein partnerschaftliches Verhältnis mit dem 20-jährigen Sohn der Gastfamilie, der gegenwärtig beim Bund sei. Seit kurzem habe sie auch regelmäßige intime Beziehungen zu ihrem Freund.

Ergänzend ist darauf zu verweisen, dass die Mutter von Carolin, Frau Müller, ebenfalls hier im Hause wegen langjähriger Misshandlung durch ihren Mann exploriert und untersucht wurde. Frau Müller befand sich in stationärer Behandlung in Merxhausen, sie habe damals bereits über Fluchtpläne nachgedacht, um sich dem Einfluss ihres Mannes zu entziehen. Ihr Mann leide unter einem langjährigen Alkoholabusus, es sei im Sommer 1997 schließlich zur Trennung gekommen.

Untersuchungsbefund:

Körperlich:
Guter Allgemein- und Ernährungszustand, Größe 157 cm, Gewicht 50 kg, Haut und sichtbare Schleimhäute gut durchblutet, im Bereich des Kopfes und Halses keine pathologischen Auffälligkeiten, Herz und Lunge physikalisch o.B., RR. 100/70 mm Hg, Puls 64/Min., regelmäßig. Diffuser Druckschmerz ohne Resistenzen im Bereich des Unterbauches, Leber und Milz nicht tastbar, Nierenlager frei. Wirbelsäule und Gelenke 0.8.

Neurologisch:
Hirnnerven o.B., Sensibilität ungestört, Eigenreflexe seitengleich schwach auslösbar, Motilität und Koordination ungestört.

Psychisch:
Carolin macht einen sehr aufgeweckten, freundlich-zugewandten Eindruck, sie ist bei der Exploration sehr sachlich bei guter und kompensierter emotionaler Beteiligung, das Antriebsverhalten ist lebhaft, Hinweise auf affektive Dekompensationen ergeben sich nicht, zu den Ereignissen der sexuellen Belästigungen hat sie eine gewisse sachliche Distanz erreicht, es besteht jedoch noch eine deutliche Betroffenheit, die im Verlauf der Exploration erkennbar wird und die sich in verschiedenen somatischen Beschwerden darstellt wie auch in den geklagten Schlafstörungen mit Alpträumen, Störungen der mnestischen Funktionen bestehen einschließlich des Konzentrationsvermögens nicht.

Zusammenfassung und Beurteilung:
Bei der Schülerin Carolin Wagner aus Vellmar ist Stellung zu nehmen zum Antrag auf Gewährung von Beschädigtenversorgung nach dem OEG i.d.F. vom 07.01.1985, geltend gemacht wird ein sexueller Missbrauch in 10 Fällen durch den Stiefvater, angegeben werden folgende Gesundheitsstörungen: »Psychische Belastungen, Schlafstörungen, Unkonzentriertheit«.

Nach der Exploration und Untersuchung vom 18.11.1997 ergab sich zur familiären Situation, dass Carolin als voreheliches Kind ihrer Mutter 3 Halbgeschwister hat. Der Stiefvater sei Fernfahrer von Beruf, bei ihm liege eine Alkoholerkrankung vor, die Familienverhältnisse seien zerrüttet, vor einigen Monaten kam es zu einer Trennung der Eltern, die Mutter hat ebenfalls einen Antrag nach dem OEG wegen langjähriger Gewaltanwendung durch ihren Mann, den Stiefvater von Carolin, gestellt. Sie selbst und ihre Geschwister seien häufig von dem Vater wegen Kleinigkeiten geschlagen worden, langjährig habe es Streitigkeiten und tätliche Auseinandersetzungen zwischen den Eltern gegeben. Eine Belastung mit Nervenkrankheiten in der Blutsverwandtschaft wurde nicht bekannt, bis auf eine Ovarialzyste und eine Behandlung wegen unklarer Unterleibsbeschwerden, gelegentlicher Kopfschmerzen und einer Chondropathie der linken Patella ergaben sich zur eigenen Vorgeschichte keine Besonderheiten. Die spezielle Vorgeschichte, d.h. mehrfache Vorkommnisse eines sexuellen Missbrauchs durch den Stiefvater, wurden von Carolin sachlich und relativ unbefangen dargestellt, im Verlauf der Exploration verhielt sie sich offen, zugewandt und affektiv weitgehend ausgeglichen, zu unmittelbaren Dekompensationen bzw. zu Zeichen einer aktuellen psychischen Betroffenheit kam es im Verlauf der Exploration nicht. Die spezielle Vorgeschichte wurde von Carolin zusammenfassend wie folgt dargestellt: Neben den ungerechten und rauhen Verhaltensweisen, die der Stiefvater auch ihr gegenüber zeigte, kam es wiederholt zu sexuellen Annäherungen, der Stiefvater habe zunächst versucht, sich mit ihr zusammen im Bad aufzuhalten, es sei ihr meist gelungen, das Bad abzuschließen, nachts kam er zu ihr ins Bett, eine Gegenwehr oder ein Verschließen ihrer Türe habe sie nicht gewagt, da sie Angst vor den gewalttätigen Verhaltensweisen des Vaters hatte. Die sexuellen Berührungen bestanden vorwiegend in gegenseitigen Manipulationen an den Geschlechtsteilen, ein Geschlechtsverkehr wurde vom Vater offenbar nicht versucht, sie habe nicht den Mut gefunden, sich der Mutter anzuvertrauen, obwohl sie zur Mutter ein gutes Verhältnis gehabt habe und auch jetzt noch habe. Sie habe die Vorgänge zunächst einer Freundin und schließlich einer Frau vom Kinderschutzbund erzählt. Frühzeitig sei es bei ihr zu psychischen

Störungen mit innerer Unruhe und ängstlichen Verhaltensweisen, zu Schlafstörungen und Alpträumen, vorübergehend auch zu Störungen des Essverhaltens gekommen, nach Klärung der Situation und Beendigung der Zudringlichkeiten sei sie in ärztlicher Behandlung gewesen, es wurde eine Kur durchgeführt, gegenwärtig stehe sie noch in psychologischer Behandlung.

Sie klagte über eine Neigung zu Hyperventilationstetanien, in psychischer Hinsicht habe sie sich, unterstützt durch die Therapie, mit den belastenden Folgen des sexuellen Missbrauchs und der langjährigen familiären Zerrüttung auseinandergesetzt und empfinde eine innere Distanz; zu einer gestörten Einstellung gegenüber Sexualität sei es bei ihr nicht gekommen, sie habe seit einem Jahr einen Freund, mit dem sie intime Beziehungen habe. Gegenüber ihrem Vater empfinde sie weiterhin mehr Angst als Hass, die gegenwärtige Unterbringung in einer Familie in der Nähe ihres bisherigen Wohnortes habe sich günstig ausgewirkt, zumal sie weiterhin ihre bisherige Schule besuchen könne. Bei der körperlichen und neurologischen Untersuchung ergaben sich keine pathologischen Auffälligkeiten, psychisch wirkt Carolin bei gutem Antrieb freundlich, aufgeweckt und vertrauensvoll, die ungünstigen Erlebnisse der Vergangenheit kann sie sehr sachlich und frei von affektiven Dekompensationen darstellen, noch nicht ganz abgeklungen seien Schlafstörungen mit Alpträumen.

Insgesamt ist es bei Carolin W. zu einer günstigen Verarbeitung psychischer traumatischer Ereignisse durch sexuellen Missbrauch gekommen, nach dem OEG kann anerkannt werden:

»Psychische Belastung«   **MdE unter 25 v.H. (15%)**

Legt man den aktuellen Befund und den bisherigen Verlauf zugrunde, so kann mit einer Rückbildung der Reststörungen innerhalb von 2 Jahren gerechnet werden, eine Nachuntersuchung halte ich nicht für unbedingt erforderlich, ihre Durchführung wird anheimgestellt.

Arzt für Neurologie und Psychiatrie   stellv. leitender Arzt

Versorgungsamt Kassel 11.10.1998

Frau
Carolin Wagner
Warburger Str. 12
34246 Vellmar

Anl.: Merkblatt über die Heilbehandlung

Auf Ihren Antrag vom 25.03.1998, eingegangen am 27.03.1998, ergeht nachstehender

Bescheid:

1.1 Als Folge einer Schädigung wird anerkannt:
»**Psychische Belastung**«
und zwar hervorgerufen durch schädigende Einwirkungen im Sinne des § 1 OEG.

1.2 Durch diese Schädigungsfolge(n) wird eine Minderung der Erwerbsfähigkeit (MdE) um 25 vom Hundert nicht erreicht (§ 30 Abs. 1 und 2 BVG). Eine Rente nach dem BVG steht Ihnen daher nicht zu (§ 31 Abs. 1 und 2 BVG).

1.3 Für die anerkannte Gesundheitsstörung haben Sie Anspruch auf Heilbehandlung nach dem BVG; dieser Anspruch beginnt frühestens mit dem 01.10.1998, das ist der Monat, in dem die Voraussetzungen erfüllt sind (§ 60 BVG). Wegen des Inhalts des Heilbehandlungsanspruchs und des Verfahrens bei Inanspruchnahme der Heilbehandlung wird auf das beiliegende Merkblatt verwiesen.

1.4 Die Voraussetzungen für die Anerkennung einer besonderen beruflichen Betroffenheit gemäß § 30 Abs. 2 BVG liegen nicht vor, weil Sie sich noch in Schulausbildung befinden.

2. Gründe

Sie begründen den Antrag damit, dass Sie von Ihrem Stiefvater sexuell missbraucht worden sind. Aufgrund dieser Ereignisse würden Sie unter psychischen Belastungen, Schlafstörungen und Unkonzentriertheit leiden. Im Rahmen der weiteren Prüfung wurden die Strafrechtsakten des Amtsgerichts Kassel beigezogen und das Urteil ausgewertet. Nach Auswertung dieser Unterlagen musste die Feststellung getroffen werden, dass die Kriterien für einen vorsätzlichen rechtswidrigen Angriff im Sinne von § 1 Abs. 1 OEG erfüllt sind.

Aufgrund dieser Sachverhaltsbeurteilung wurde ein versorgungsärztliches Gutachten erstellt. Der versorgungsärztliche Sachverständige kam in diesem Gutachten zu der Feststellung, dass die von Ihnen als Schädigungsfolgen geltend gemachten Gesundheitsstörungen eine Minderung der Erwerbsfähigkeit (MdE) um 15 v.H. gemäß § 30 Abs. 1 BVG bedingen. Eine MdE in rentenberechtigendem Grade von 25 v.H. wird jedoch nicht erreicht. Ihrem Antrag konnte deshalb nur im umseitig festgestellten Umfange entsprochen werden.

Gegen diesen Bescheid kann innerhalb eines Monats nach seiner Bekanntgabe entweder Widerspruch oder unmittelbar Klage erhoben werden. Der Widerspruch ist schriftlich oder zur Niederschrift bei dem obengenannten Versorgungsamt, die Klage beim Sozialgericht ist schriftlich oder zur Niederschrift des Urkundsbeamten der Geschäftsstelle zu erheben.

Die Frist gilt auch dann als gewahrt, wenn die Widerspruchs- oder Klageschrift bei einer anderen inländischen Behörde oder bei einem Versicherungsträger oder bei einer deutschen Konsularbehörde eingegangen ist. Die Klage soll die Beteiligten und den Streitgegenstand bezeichnen und einen bestimmten Antrag enthalten. Die Klageschrift sowie Beweisunterlagen sollen möglichst in zweifacher Fertigung eingereicht werden.

Dieser Bescheid gilt aus Ausweis gegenüber Behörden, Fürsorgestellen, Krankenkassen und anderen amtlichen Stellen; er ist daher sorgfältig aufzubewahren.

Mit freundlichen Grüßen

Teil C

2.4 Auszüge aus den Akten der Jugendgerichtshilfe (JGH)

Polizeidirektion Kassel   Kassel, den 04.02.2000
Abt. II/Kriminalpolizei

An
Landratsamt
Kreisjugendamt

Mitteilung über einen Minderjährigen

Person:	**Jugendliche**
Familienname:	Müller
Vorname/n:	Lena
PLZ, Wohnort:	34246 Vellmar
Str. Nr./Tel:	Warburger Straße 12
Geb-Dat/-Ort:	15.06.85
Firma/Schule:	Realschule, 8. Klasse
Geschlecht:	weiblich
Eltern:	Klaus und Helga Müller

Straftat:	Ladendiebstahl
Tatort:	Kassel (Stadtgebiet und Umland)
Tatzeit:	01.09.1999 – 08.12.1999
Anzeige vorgelegt an:	Staatsanwaltschaft Kassel

Sachverhalt: Die Jugendliche Lena M. sowie das strafunmündige Kind Rebecca H. entwendeten im Zeitraum vom 01. September bis 08. Dezember 1999 zum Nachteil von insgesamt 14 Geschäften überwiegend in Kassel, jedoch auch in Nachbarstädten und - gemeinden, in mindestens 19 Fällen Waren im Wert von insgesamt ca. DM 800,–. Die Waren wurden überwiegend in einem Rucksack bzw. in den Jackenärmeln aus den Geschäften geschafft.

Polizeiobermeister

Staatsanwaltschaft Kassel

An
Landratsamt
Kreisjugendamt   29.03.2000

Ermittlungsverfahren gegen Müller, Lena

wegen Diebstahls

Anlage: 1 Anklageabschrift

mit dem Ersuchen, die gemäß § 43 des Jugendgerichtsgesetzes erforderlichen Erhebungen durchzuführen, einen Jugendgerichtshilfebericht zu erstellen und diesen unmittelbar an das in der Anklage bezeichnete Jugendgericht zu übersenden.

Auf Anordnung

Unterschrift   (Dienstsiegel)
Justizobersekretärin

Staatsanwaltschaft Kassel

An das
Amtsgericht   29.03.2000

Aktenzeichen:
26Js360/00

Anklageschrift

in der Strafsache

gegen Müller, Lena

geb. 15.06.85
Familienstand: ledig
Beruf: Schülerin
deutsche Staatsangehörige
wohnhaft: Warburger Straße 12, Vellmar

gesetzliche Vertreter/Erziehungsberechtigte: Müller, Helga

Die Staatsanwaltschaft legt aufgrund ihrer Ermittlungen der Angeschuldigten folgenden Sachverhalt zur Last:

Im Alter von 14 Jahren hat die Angeschuldigte aufgrund jeweils selbständigen Willensentschlusses folgende Straftaten begangen:
1. Zu einem nicht mehr genau feststellbaren Zeitpunkt Ende September 1999 entwendete die Angeschuldigte in den Geschäftsräumen des Media-Marktes in Vellmar eine CD »Greatest Hits« im Wert von 36,99 DM.

2.–19. ...
Strafantrag wurde form- und fristgerecht gestellt.
(Auf die Wiedergabe wurde verzichtet, vgl. dazu Urteil vom 19.06.2000)

Die Angeschuldigte handelte jeweils aufgrund eines neuen Tatentschlusses in bewusstem und gewollten Zusammenwirken mit Rebecca H., um die entwendeten Gegenstände ohne Bezahlung für sich zu behalten.

Die Staatsanwaltschaft hält wegen des besonderen öffentlichen Interesses an der Strafverfolgung ein Einschreiten von Amts wegen für geboten.

Die Angeschuldigte wird daher beschuldigt,

– als strafrechtlich verantwortliche Jugendliche –

gemeinschaftlich durch 19 selbständige Handlungen fremde bewegliche Sachen einem anderen in der Absicht weggenommen zu haben, die Sachen sich oder einem Dritten rechtswidrig zuzueignen,

strafbar als

Diebstahl in 19 Fällen gemäß §§ 242 Abs. 1, 248 a, 25 Abs. 2, 53 StGB, §§ 1, 3 JGG.

Als Beweismittel bezeichne ich:

Zeugen:
PHM Kohlhase, Polizeidirektion Kassel

Urkunden:
Auszug aus dem Bundeszentralregister

Strafantrag Media-Markt	Bl. 11
Strafantrag Eurospar	Bl. 19
Strafantrag Tabak-Glück	Bl. 24
Strafantrag Hut-Friedrich	Bl. 29
Strafantrag Müller GmbH	Bl. 33
Strafantrag Bijoux	Bl. 38
Strafantrag Rossmann	Bl. 42
Strafantrag Parfümerie Herz	Bl. 46
Strafantrag C&A	Bl. 49
Strafantrag Karstadt	Bl. 54
Strafantrag Geschenklädchen	Bl. 59
Strafantrag Edeka	Bl. 63
Strafantrag Rewe	Bl. 68
Strafantrag Wertkauf	Bl. 72

Wesentliches Ergebnis der Ermittlungen:
Die Angeschuldigte räumt ein, bei einem Teil der vorgeworfenen Taten selbst Gegenstände entwendet zu haben. Sie behauptet allerdings, ein überwiegender Teil der Diebstähle sei allein von Rebecca H. begangen worden, bestreitet jedoch nicht, bei allen angeklagten Taten dabei gewesen zu sein und räumt auch ein, jeweils einen Teil des Diebesgutes von ihrer Freundin Rebecca H. erhalten zu haben.

Nach der Darstellung von Lena M. haben beide Mittäterinnen die Geschäfte gemeinsam in Diebstahlsabsicht betreten und gemeinsam die Gegenstände entwendet.

Das Ermittlungsverfahren gegen Rebecca H. wurde nach § 170 II StPO eingestellt, da diese zur Tatzeit noch nicht 14 Jahre alt und damit noch nicht strafrechtlich verantwortlich war.

Die Angeschuldigte ist nicht vorbestraft.

Zur Aburteilung ist nach §§ 7 – 13 StPO, §§ 39, 42 JGG das **Amtsgericht – Jugendrichter – Kassel** zuständig.

Ich erhebe die öffentliche Klage und beantrage, das Hauptverfahren zu eröffnen.

Staatsanwältin

Landratsamt

Kreisjugendamt
Sozialer Dienst
Durchwahl: 0561/812-136

Datum: 14.04.2000

An
Lena Müller

**Anklageschrift der Staatsanwaltschaft
Jugendgerichtshilfebericht**

Hallo Lena,

das Kreisjugendamt hat durch die zuständige Staatsanwaltschaft Kenntnis von der gegen Dich erhobenen Anklage erhalten. Gleichzeitig wurden wir um Erstellung eines Berichtes (Jugendgerichtshilfebericht) gebeten.

Die Jugendgerichtshilfe beim Kreisjugendamt wird im Verfahren gegen Jugendliche und Heranwachsende eingeschaltet und hat die Aufgabe, über die Persönlichkeit des Beschuldigten und dessen Umwelt zu berichten. Sie bringt hier vor allem die erzieherischen und sozialen Gesichtspunkte zur Sprache und möchte dazu beitragen, eine geeignete und dem jungen Menschen und dessen Situation angemessene Maßnahme zu finden.

Wir legen aus diesem Grunde Wert auf eine gute Zusammenarbeit mit Dir und bitten Dich um ein persönliches Gespräch.

Wir bitten Dich, mit uns zur Vereinbarung eines Gesprächstermins unter der oben angegebenen Rufnummer Verbindung aufzunehmen.

Mit freundlichen Grüßen

(Dipl.-Sozialpädagogin)

Landratsamt

> **Kreisjugendamt**
> **Sozialer Dienst**

An
Amtsgericht
Jugendgericht   Datum: 28.04.2000

Aktenzeichen der Staatsanwaltschaft:
26 Js 360/00

I. Jugendgerichtshilfebericht bezüglich

> Lena Müller, geb. 15.06.1985
> wh. Warburger Straße 12, Vellmar

Berichtsgrundlage:

Mit Lena und ihrer Mutter führten wir am 19.04.2000 ein ausführliches Gespräch.

Familiäre Daten:

Mutter: Helga M., 39 Jahre alt, wh. wie oben, Altenpflegerin

Vater: Klaus M., 50 Jahre alt, Fernfahrer

Die Familie Müller ist deutscher Herkunft. Lenas Eltern sind seit drei Jahren geschieden; Lena lebt bei der sorgeberechtigten Mutter.

Sozialer Werdegang und derzeitige Lebenssituation:

Lena wuchs in H. auf, wo sie nach dem Besuch des Kindergartens in die dortige Grundschule eingeschult wurde. In der 5. Klasse wechselte sie, nach dem Umzug ihrer Eltern nach Vellmar an die Realschule in Kassel, wo sie derzeit die 8. Klasse besucht. Zu schulischen/beruflichen Perspektiven konnte Lena keine Angaben machen, da sie sich mit diesem Thema bisher noch nicht intensiv auseinandergesetzt hat.
Lena verfügt über ein monatliches Taschengeld in Höhe von 50,00 DM.

Ihre Interessen sind als altersgemäß einzuschätzen. Die Beziehung zu ihren drei Jahre jüngeren Zwillingsgeschwistern bezeichnet Lena als sehr innig. Das Verhältnis zu ihrer Mutter beschreibt Lena als ausgesprochen gut. Man habe auch über das anhängige Verfahren ausführlich gesprochen. Lenas Verhältnis zu Herrn Müller ist schwer belastet, seit dessen Strafverfahren wegen sexuellen Missbrauchs der Stiefschwester.

Einstellung zum Schuldvorwurf der Staatsanwaltschaft:

Lena gibt an, dass der überwiegende Teil der ihr vorgeworfenen 19 Diebstähle allein von Rebecca begangen worden sei. Sie räumt ein, bei folgenden Straftaten selbst Gegenstände entwendet zu haben:

Straftat Nr. 6:   einen Taschenschirm
Straftat Nr. 14:   eine Wollmütze
Straftat Nr. 16 b: Schmucksteine
Straftat Nr. 16 d: Tipp-Ex-Stifte.

Lena gab an, von Rebecca zum Stehlen überredet worden zu sein. Sie wusste, dass Besagte schon seit längerem gezielt Sachen aus Geschäften entwendet und dies auch auf Bestellung tut. Lena gab an, sie hätte eigentlich nach dem ersten Diebstahl nicht weitermachen wollen, aber sie hatte Angst, die Freundschaft zu Rebecca aufs Spiel zu setzen. Sie sei in ihrer Klasse wenig beliebt; alle außer Rebecca seien gegen sie.

Die Peinlichkeit des Entdecktwerdens hinterließ bei ihr einen tiefen Eindruck. Insbesondere die polizeiliche Vernehmung, bei welcher sie sich grob behandelt fühlte, war sehr unangenehm für sie. Lena gab an, künftig nicht mehr auf Diebestour zu gehen, auch wenn sie dadurch ihre »Freundin« verlieren sollte.

Abschließende Stellungnahme:

Lena war zum Tatzeitpunkt 14 Jahre alt, somit Jugendliche im Sinne des JGG. Aufgrund des gewonnenen persönlichen Eindruckes bestehen gegen ihre strafrechtliche Verantwortlichkeit gemäß § 3 JGG keine Bedenken.

Lena zeigt sich schuldeinsichtig, ist zu einigen Tatvorwürfen geständig. Sie sieht ein, dass sie sich rechtswidrig verhalten hat und weiß, dass weitere Diebstähle spürbare Konsequenzen nach sich ziehen werden.

Lena trat bisher strafrechtlich noch nicht in Erscheinung. Von daher erachten wir es als schuldangemessen und ausreichend, sie jugendrichterlich zu verwarnen und ihr eine Arbeitsauflage aufzuerlegen.

Mit freundlichen Grüßen

Dipl.-Sozialpädagogin

II. Nachricht hiervon:

Staatsanwaltschaft Kassel

zu Az.: 26 Js 360/00 – mit der Bitte um Kenntnisnahme.

Mit freundlichen Grüßen

Unterschrift

Geschäftstelle des Amtsgerichtes   25.04.2000

An
Landratsamt
KJA-Jugendgerichtshilfe

Strafverfahren gegen   Müller, Lena

wegen Diebstahls

Nachricht vom Termin am

Montag, 19. Juni 1999	13:30	EG/8	Mühlenstr. 5
Wochentag	Uhrzeit	Saal, Zi.	Gebäude

Geladen sind:

die Angeklagte   mit Zustellungsurkunde

die Zeugen   zum Termin

_____   formlos 19.06.00 13:30 Uhr

_____   formlos 19.06.00 14:00 Uhr

_____   formlos 19.06.00 14:30 Uhr

_____   formlos 19.06.00 15:00 Uhr

Hochachtungsvoll
Auf Anordnung

_____
Urkundsbeamter/in der Geschäftsstelle

Amtsgericht Kassel   Datum: 25.04.2000

Geschäftsnummer (bitte bei Antwort angeben):
43 Ds 26 Js 360/AK 32/00 Jug.

**Ausfertigung
für
Jugendgerichtshilfe**

I. Beschluss

in der Strafsache gegen

die am 15.06.85 in H. geborene,
in Vellmar wohnhafte,
deutsche Schülerin Müller, Lena

Gesetzlicher Vertreter: Müller, Helga

wegen **Diebstahls**

wird das Hauptverfahren eröffnet. Die Anklage der
Staatsanwaltschaft Kassel vom 29.03.2000 wird zur
Hauptverhandlung vor dem Amtsgericht –
Jugendrichter – Kassel zugelassen.

Ausgefertigt

_____   Dienstsiegel   _____
Richter am Amtsgericht   als Urkundsbeamter/in
                                                der Geschäftsstelle

Geschäftsnummer: 19.06.2000
43 DS 26 Js 360 AK 32/00 Jug.

Amtsgericht Kassel
Im Namen des Volkes

Urteil

Strafsache gegen

die am 15.06.1985 in H. geborene, in Vellmar, Warburger Straße 12 wohnhafte, ledige, deutsche Schülerin **Lena Müller**

Gesetzl. Vertr.: Helga Müller

wegen Diebstahls.

Das Amtsgericht – Jugendrichter – hat in der Sitzung vom 19.06.2000, an der teilgenommen haben:

Richter am Amtsgericht ...
als Jugendrichter

Rechtsreferendar ...
als Beamter der Staatsanwaltschaft

Justizangestellte ...
als Urkundsbeamtin der Geschäftsstelle

für **Recht** erkannt:

Die Angeklagte ist der Hehlerei in 7 Fällen, des Diebstahls in 4 Fällen und der Hehlerei in Tateinheit mit Diebstahl in 2 Fällen schuldig.

Im übrigen wird die Angeklagte freigesprochen.

Sie wird deshalb verwarnt.

Sie erhält die Auflage, 50 Stunden gemeinnützige Arbeit nach näherer Weisung durch das Kreisjugendamt beim Landratsamt Kassel zu erbringen.

Die Staatskasse trägt die Kosten des Verfahrens.

Angewendete Vorschriften:

§§ 242, 259, 52, 53 StGB, 1, 3 JGG

Gründe:

(abgek. Urteilsfassung gem. § 267 IV StPO)

I.

Die Eltern von Lena sind seit 1997 geschieden. Lena wohnt bei ihrer Mutter. Sie besucht derzeit die 8. Klasse einer Realschule. Ihre schulischen Leistungen sind zufriedenstellend. Lena erhält ein monatliches Taschengeld in Höhe von 50,00 DM. Die Angeklagte hat keine Schulden. Strafrechtlich ist sie noch nicht in Erscheinung getreten.

II.
Im Alter von 14 Jahren hat die Angeklagte meist unter Beteiligung, fast immer jedoch unter Anwesenheit, mit ihrer damals einzigen Freundin Rebecca folgende Straftaten begangen:
1. An zwei nicht mehr genau feststellbaren Tagen in der zweiten Oktoberwoche 1999 entwendete Rebecca H. in den Geschäftsräumen der Fa.»Tabak-Glück/Glücksladen« in Kassel zwei Plüschtiere, ein Handtuch und ein Puzzle im Gesamtwert von 95,00 DM und schenkte diese Gegenstände der Angeklagten, die bei den Taten dabei war. Die Angeklagte hat sich hierdurch der Hehlerei in zwei Fällen schuldig gemacht, § 259 StGB.
2. An einem nicht mehr genau feststellbaren Tag Ende Oktober 1999 entwendete wiederum Rebecca H. einen College-Block, ein Hausaufgabenheft und drei Zeitschriften im Wert von 20,00 DM und schenkte anschließend diese Gegenstände der Angeklagten. Dies ist wiederum als Hehlerei der Angeklagten zu werten, § 259 StGB.
3. Am 27.10.1999 entwendete die Angeklagte in den Geschäftsräumen des Kaufhauses Karstadt in Kassel einen Taschenschirm im Wert von 25,00 DM. Außerdem entwendete die ebenfalls anwesende Rebecca H. ein Sweatshirt im Wert von 80,00 DM und schenkte dies anschließend der Angeklagten. Diese hat sich hierdurch im ersten Fall eines Diebstahls (§ 242 StGB) und im zweiten Fall einer Hehlerei (§ 259 StGB) schuldig gemacht.
4. Am 27.10.1999 entwendete Rebecca H. in den Geschäftsräumen des Kaufhauses C & A in Kassel ein Paar Handschuhe im Wert von 63,00 DM und schenkte diese der Angeklagten, strafbar als Hehlerei gem. § 259 StGB.
5. An einem nicht mehr genau feststellbaren Tag Anfang November 1999 entwendete Rebecca H. in den Geschäftsräumen des »Rewe-Markts« in Vellmar fünf Schlüsselanhänger. Einen davon im Wert von 2,00 DM schenkte sie der Angeklagten, die sich hierdurch der Hehlerei schuldig machte, § 259 StGB.
6. Am 05.12.1998 entwendete die Angeklagte in den Geschäftsräumen der Fa. »Hut-Hettich« in Calden eine Wollmütze im Wert von 15,00 DM, um diese auf Dauer für sich zu behalten, strafbar gem. § 242 StGB (Diebstahl).
7. Am 05.12.1999 entwendete Rebecca H. in den Geschäftsräumen des »Wertkauf-Marktes« in Kassel eine Wärmflasche im Wert von 18,99 DM und schenkte diese anschließend der Angeklagten, strafbar als Hehlerei gem. § 259 StGB.
8. Am 08.12.1999 entwendete die Angeklagte im »Eurospar-Markt« in Kassel Drogerieartikel und Zeitschriften im Wert von 19,00 DM und hat sich hierdurch eines Diebstahls gem. § 242 StGB schuldig gemacht.
9. Am selben Tag entwendete sie im »Bijoux« in Kassel 46 Schmucksteine im Wert von 25,00 DM, Strafbarkeit besteht gem. § 242 StGB (Diebstahl).
10. Wiederum am selben Tag entwendete die Angeklagte im »Drogeriemarkt Rossmann« in Kassel einen Haargummi und Rebecca H. entwendete einen Haarreifen, welchen sie der Angeklagten schenkte. Die Gegenstände hatten einen Wert von 5,00 DM. Hierdurch hat sich die Angeklagte im ersten Fall des Diebstahls und im zweiten Fall der Hehlerei schuldig gemacht.
11. Rebecca H. entwendete wiederum am selben Tag im »Müller-Markt« drei Tipp-Ex Stifte im Wert von 14,97 DM und schenkte hiervon einen der Angeklagten, Strafbarkeit besteht gem. § 259 StGB (Hehlerei).

Die Taten in den Fällen Ziffer 8 bis 11 stehen im Verhältnis der Tateinheit zueinander. Im übrigen stehen die einzelnen Taten im Verhältnis der Tatmehrheit zueinander, §§ 52, 53 StGB.

III.
Die strafrechtliche Verantwortlichkeit der Angeklagten war zu bejahen. Sie wusste Recht und Unrecht zu unterscheiden und hätte auch hiernach handeln können.

Zugunsten der Angeklagten wurde gewertet, dass sie erstmals mit dem Strafrecht in Konflikt geriet und vollauf geständig war. Gegen sie sprach, dass es zu einer Vielzahl von Straftaten über einen längeren Zeitraum kam, wobei ein nicht unbeträchtlicher Schaden entstand. Die in der Hauptverhandlung zum Ausdruck gebrachte Reue der Angeklagten zeigte, dass sie dazugelernt hat. Hiernach erschien es notwendig, aber auch ausreichend, die Angeklagte nachhaltig zu verwarnen sowie eine Arbeitsauflage von 50 Stunden zu erteilen.

Soweit der Angeklagten mit Anklageschrift der Staatsanwaltschaft Kassel vom 29.03.00 weitere Diebstahlstraftaten vorgeworfen worden waren, war sie aus tatsächlichen Gründen freizusprechen. Insoweit wurden die übereinstimmenden Angaben der Angeklagten sowie der Zeugin Rebecca H. für glaubhaft erachtet. Beide Mädchen gaben übereinstimmend an, dass diese Diebstähle allein von Rebecca und ohne Tatbeteiligung der Angeklagten begangen wurden.

Die Kostenentscheidung folgt aus § 74 JGG bzw. 467 StPO.

                                                                                            Dienstsiegel

_____
Richter am Amtsgericht

Landratsamt

Kreisjugendamt
Sozialer Dienst

                                            Datum: 22.06.2000
                                            Durchwahl: 0561/812365

An
Lena Müller
Warburger Straße 12
34246 Vellmar

Arbeitsauflage

Hallo Lena,

vom Jugendgericht Kassel bist Du am 19.06.2000 verwarnt und zur Ableistung von 50 Stunden gemeinnütziger Arbeit verpflichtet worden.

Als Einsatzstelle für die Ableistung der Arbeitsauflage weisen wir Dir folgende Einrichtung zu:

                        Kindergarten »Maria Montessori«
                        Buchenstr. 15, Kassel-Oberzwehren.
                        (Tel.: 0561/66 22 11)

Bitte melde Dich bei Frau Förderlich umgehend telefonisch oder persönlich, um die Termine abzusprechen.

Lege bitte dieses Schreiben bei Deinem ersten Einsatz vor und leiste die Arbeitsstunden zügig ab.

Solltest Du noch Fragen haben, kannst Du uns unter der oben im Briefkopf angegebenen Durchwahlnummer erreichen.

Mit freundlichen Grüßen

(Dipl.-Sozialpädagogin)

Landratsamt   22.06.2000
Kreisjugendamt
Sozialer Dienst

An
Frau Helga Müller
Warburger Straße 12
34246 Vellmar

Sehr geehrte Frau Müller,

anbei unser Schreiben an Ihre Tochter Lena mit der Bitte um Kenntnisnahme.

Bitte tragen Sie dafür Sorge, dass sich Ihre Tochter baldmöglichst bei der Einsatzstelle vorstellt und die Arbeitsstunden dann in einem kurzen Zeitraum ableistet.

Mit freundlichen Grüßen

Unterschrift
(Dipl.-Sozialpädagogin)

(handschriftlich)
Wv. 29. Juli 2000

Landratsamt   Datum: 22.06.2000
Kreisjugendamt
Sozialer Dienst

Kindergarten »Maria Montessori«
z. Hd. Frau Förderlich
Buchenstraße 15
34132 Kassel-Oberzwehren

Arbeitsauflage bezüglich Lena Müller

Sehr geehrte Frau Förderlich,

durch das Jugendgericht Kassel ist der Obengenannten aufgegeben, 50 Stunden sozialen Hilfsdienst abzuleisten.

Wir haben Lena mit heutigem Schreiben Ihre Einrichtung als Einsatzstelle mitgeteilt und sie gebeten, sich mit Ihnen in Verbindung zu setzen.

Nach Ableistung der Arbeitsstunden bitten wir um eine kurze Mitteilung.

Mit freundlichen Grüßen

_____

Dipl. Sozialpädagogin

Amtsgericht Kassel   Ort, Datum: 23.06.2000

                                                         Anschrift
                                                         Telefon
                                                         Telefax

Geschäftsnummer (bitte bei Antwort angeben):
43 Ds 26 Js 360 AK 32/00 Jug

An
Lena Müller

Strafsache
wegen Diebstahls

Sehr geehrte Frau Müller,

durch Urteil des Amtsgerichtes Kassel vom 19.06.00 wurden Ihnen 50 Stunden Hilfsdienste nach näherer Weisung des Kreisjugendamtes auferlegt. Sie werden gebeten sich hierwegen, sofern noch nicht geschehen, sofort mit dem Kreisjugendamt Kassel in Verbindung zu setzen.

Kommen Sie der Auflage oder Weisung schuldhaft nicht nach, wird spürbarer Jugendarrest verhängt werden.

Mit freundlichen Grüßen

_____
Rechtspflegerin

Beglaubigt:

                                                         Dienstsiegel
_____
Justizangestellte

3. Anmerkungen zum Praxisbeispiel

Wie in den Vorauflagen (»Fall Barbara«) handelt es sich wieder um einen Fall aus der Praxis der Jugendhilfe. Als die erste Auflage 1985 erschien, wurde das »bestgehütete Geheimnis« eines sexuellen Missbrauchs durch den eigenen Vater erst seit wenigen Jahren öffentlich thematisiert[3]. Das Bekanntwerden löst auch heute noch bei den in der Kinder- und Jugendhilfe Tätigen verständlicherweise oft große Betroffenheit aus. »Rationales Verständnis und unvoreingenommene Sachlichkeit« den Opfern, ihren Familien und auch den Tätern entgegenbringen zu sollen[4], erscheint dann leicht als Überforderung. Entsprechend groß ist die Unsicherheit in Situationen eines Verdachts oder eines offenkundig vorliegenden Falles eines sexuellen Missbrauchs. Dennoch kommt es gerade auch der betroffenen, immer ernstzunehmenden Kinder[5] und Jugendlichen wegen darauf an, möglichst angemessen zu reagieren[6].

Das ist nicht leichter geworden, seit das aufgeregte Wort vom »Missbrauch des Missbrauches« die Runde macht und – in Jugendhilfe und Justiz – teilweise (insbesondere in Umgangsfragen; s. dazu 6. Kap. 2.5.4) für große Verwirrung gesorgt hat[7]. Angesichts des unzweifelhaft häufig vorkommenden sexuellen Missbrauchs nimmt sich die Kampagne geradezu hysterisch aus. Die haarsträubende Äußerung des SPIEGEL-Autors Matussek, 95 % der Verdächtigungen seien »erwiesene Falschbehauptungen« ist da nur ein bezeichnendes Beispiel.

Um so größere Bedeutung haben Interventionsprojekte gegen *jegliche* Form häuslicher Gewalt.

Die Dunkelziffern sind außerordentlich hoch. Forschungen zum Thema Vergewaltigung/sexueller Missbrauch haben folgende Hauptergebnisse erbracht[8]:

- Sexuelle Gewalt gegen Mädchen kommt weit überwiegend in ihrem sozialen Nahraum vor, insbesondere und mit besonderer Ausweglosigkeit in der Familie, durch Väter, Stiefväter (so im Praxisbeispiel) und andere männliche Familienangehörige.
- Die soziale Umwelt ignoriert und bagatellisiert oftmals den sexuellen Missbrauch und die Vergewaltigung und schiebt Mädchen und Frauen selbst die Schuld daran zu.
- Soziale Einrichtungen, die eine Schutzfunktion haben sollten, und die Strafverfolgungsbehörden, die die Tat zu sanktionieren hätten, handeln vielfach in Parteilichkeit für den Täter und geben der Familie den Vorrang als eingriffsfreiem Privatraum. Sie machen Mädchen und Frauen zum zweiten Mal zum Opfer[9].

---

3 DER SPIEGEL, Nr. 29 vom 16. Juli 1984; *Rush* 1982; *Kavemann/Lohstöter* 1984; *Miller* 1981; *Enders* (Hrsg.) 1990; *Steinhage* 1989; *Weber/Rohleder* 1995, *Kirchhoff* 1994.
4 *Bach,* Jugendhilfe 1992, 177 im Anschluss an Maisch, Inzest, Reinbek 1968. Vgl. auch *Cohen,* UJ 1994, 241: »qualifiziertes Umgehen mit dem Verdacht auf sexuellen Missbrauch«.
5 Kinder sind zuverlässiger Zeugen als Erwachsene. Zum kinderpsychologischen Gutachten im Sorgerechtsverfahren: OLG Zweibrücken; Beschluss vom 22.9.1998 – 2 WF 54/98: nur mit Zustimmung des Sorgeberechtigten oder familiengerichtlicher Ersetzung der Zustimmung nach § 1666 BGB.
6 Vgl. dazu die Vorschläge von Bach, Jugendhilfe 1992, S. 177 f.; Hilfen zur Verselbständigung sexuelle missbrauchter Mädchen: *Trauernicht,* ZfJ 1992, 227; Hinweise zur Diagnostik: *Pirschner,* UJ 1992, 383. Zum Kindesmissbrauch aus psychologischer Sicht: *Endres/Scholz* NStZ 1994, 466; siehe auch die Literaturübersicht von *Barth,* ZfJ 1992, 465.
7 Siehe *Fieseler,* in Sozialextra 4/1999, S. 8 und in: *Lehmann* 2000, S. 94 sowie 6. Kap. 2.5.4.

Politische Forderungen und Empfehlungen zielen auf:
- gesetzliche Veränderungen im Strafrecht und in der Strafprozessordnung, damit das sexuelle Selbstbestimmungsrecht von Mädchen und Frauen wirkungsvoll und ohne Einschränkungen geschützt wird;
- Veränderungen in der Praxis der Institutionen, die mit betroffenen Mädchen und Frauen zu tun haben;[10]
- Veränderungen im Bereich der Medien, die bisher weitgehend die gesellschaftliche und sexuelle Objektstellung der Frau propagieren;
- Unterstützung und finanzielle Absicherung von Frauen-Selbsthilfeprojekten (Frauenhäuser, Mädchenzentren, Notruf-Initiativen).[11]

Rechtliche Möglichkeiten Kinder zu schützen, ohne sie aus der vertrauten Umgebung herauszunehmen, können sein:
- Beratung des Kindes und Jugendlichen (im Not- und Konfliktfall auch ohne Kenntnis des Personensorgeberechtigten, § 8 Abs. 3 SGB VIII);
- ambulante Hilfen zur Erziehung für Kind und Eltern (falls erforderlich nach Einschaltung des Familiengerichts gemäß § 50 Abs. 3);
- Zuweisung der Ehewohnung zur alleinigen Nutzung durch die Mutter und das missbrauchte Kind gemäß § 1361 b BGB durch das Familiengericht[12];
- familiengerichtliches Verbot an die Mutter, den Missbraucher in der von Mutter und Tochter benutzten Wohnung wohnen zu lassen;
- Erlass einer »Go-Order« mit Kontaktverbot durch das Familiengericht[13];

---

8   Vgl. Sechster Jugendbericht, BT-Drucks. 10/1007 vom 15.02.1984, S. 63 f.; *Weber/Rohleder* 1995, 12 ff.: zum aktuellen wissenschaftlichen Forschungsstand. Zum Problem Kindesmisshandlung *Backe u.a.*1986; *Beiderwiesen u.a.* 1986; *Bernecker u.a.*1982; *BMJFG* 1982; *Engfer* 1986, *Menne*, ZfJ 1993, 291; *Stumpf* 1995; *Trube-Becker* 1987; vgl. auch *Mühlum*, ZfJ 1987, 41 und *Barth*; ZfJ 1987, 53. Schmal ist die Grenze zur elterlichen Züchtigungsbefugnis (vgl. *BGH* JZ 1988, 617 mit ausführlicher Anmerkung von *Reichert/Hammer* m.w.Nw. Dass auch körperliche Züchtigungen dem Kindeswohl dienende Erziehungsmaßnahmen sein können (so *OLG Bamberg*, ZfJ 1988, 239) ist entschieden in Abrede zu stellen. Damit ist allerdings nicht gesagt, dass jede körperliche Züchtigung ein Fall für den Strafrichter ist (vgl. dazu die Zitate 6. Kap. 1.3.3 und 4. Kap. 5.5, S. 155 dieses Buches zu Fußnote 49).–Vgl. auch *Topel*, Jugendhilfe 1993, 242 ff. – Schmerzensgeld (von 20.000 DM) bei sexuellem Missbrauch über längeren Zeitraum (Traumatisierung des Jungen im Kindesalter): *OLG Koblenz*, FamRZ 1999, 1064. Zum Gesetz zur Ächtung der Gewalt in der Erziehung vgl. jetzt 2. Kap. 5.2.4.
9   Zum Schutz von Kindern als Zeugen im Strafverfahren durch den Einsatz audivisioneller Medien (Videovernehmung): *von Knoblauch zu Hatzbach*, in: ZRP 2000, 276 m.w.Nw..
10 Parteilichkeit für die Opfer fordert *Eulenberger*, ZfJ 1993, 583. Aus vormundschaftsgerichtlicher Sicht *Gersdorf-Wessig*, ZfJ 1993, 582: »Das Kind muss spüren, dass ihm geglaubt wird! Es muss spüren, dass ihm geholfen und nicht der Vater bestraft werden soll!«. Zur Situation von Kindern in Verfahren wegen sexuellen Missbrauchs und Misshandlung siehe Abschlusserklärung der Internationalen Arbeitsgemeinschaft (IAGJ) vom 25.9.1998, in: Kind-Prax 1999, 50 (auch zur eigenständigen Vertretung der Kindesinteressen).
11 *Kuhlmann/Weber*: Zwischen feministischem Anspruch und patriarchalischen Jugendhilfestrukturen. Mädchenhäuser als Antwort auf Gewalt gegen Mädchen, in: Forum Erziehungshilfen, 1995, 180.
12 *Finger*, in: ZRP 2000, 274; *Rosa Logar*, in: Streit 1999, 99; Koordinationsstelle des Berliner Interventionsprojektes gegen häusliche Gewalt, in: Streit 1999, 110.
13 *AmtsG Berlin-Tiergarten*, in Streit 1992, 89 (Nachbar muss seine Wohnung verlassen und darf sich dem von ihm missbrauchten Jungen nicht mehr als 100 Meter nähern); *LG Koblenz*, in Streit 1993, 153; *OLG Zweibrücken*, ZfJ 1994, 139.; *AmtsG Westerburg*, in Streit 1993, 112; *AmtsG Osnabrück*, in: Streit 1993, 113; *OLG Köln*, in: Kind-Prax 1999, 95.

– Umgangsverbot[14],
– Anordnung einer Ergänzungspflegschaft gemäß § 1909 BGB durch das Familiengericht[15].

Lässt sich eine (u.U. sofortige) Herausnahme des Kindes aus der Familie nicht vermeiden, so sind Hilfen anzubieten, die eine Rückkehr des Kindes ermöglichen, wenn und sobald dieses zu verantworten ist. Zugleich sind Pflegeeltern bzw. Erziehungspersonal zu beraten und zu unterstützen[16].

Gegenüber Polizei und Staatsanwaltschaft besteht auch in Fällen sexuellen Missbrauchs keine Anzeigepflicht[17], wohl aber – unter den Voraussetzungen des § 50 Abs. 3 SGB VIII – für das Jugendamt gegenüber dem Familiengericht.

---

14   Zum (zeitlich) begrenzten Ausschluss der Umgangsbefugnis des Vaters mit den 10- und 8- jährigen Kindern bei weitgehend ausgeräumtem Verdacht sexuellen Missbrauchs, aber nach wie vor stark ablehnender Haltung der Kinder gegenüber ihrem Vater, *OLG Celle*, FamRZ 1998, 971. Aus der Literatur: *Deckers*, Probleme bei der juristischen Aufarbeitung von Missbrauchsfällen im Familien- und Strafprozess, FPR 1997, 211; *Rakete-Dombek*, Familienrecht und Strafrecht – Unterschiede und Zusammenhänge am Beispiel des Missbrauchsverdachts, FPR 1997, 218; *Schütz*, Gerichtliche Prüfung des Missbrauchsverdachts in Familiensachen, FPR 1997, 225. – *OLG Koblenz*, NJW 1999, 224: Ansprüche nach dem Opferentschädigungsgesetz auch bei sexuellem Missbrauch der Tochter durch den Vater.

15   *Pfälzisches OLG Zweibrücken*, ZfJ 2000, 115.

16   Hinweise für Helfer, die oft selbst hilflos sind, geben *Pirschner*, Unsere Jugend 1991, S. 51–55; *Grube*, Jugendwohl 1991, S. 204–211; *Offe/Offe/Wetzels*, Neue Praxis 1992, S. 240–256 (kritisch dazu: *Dörr/Schulze-Bernd*, Neue Praxis 1992, S. 434–438); *Hebenstreit-Müller*, Soziale Arbeit 1994, S. 152 ff. und in EREV 1/1994, 32 ff. »Basisinformationen« zum sexuellen Missbrauch gibt *Gerhard*, in: DAVorm 1993, 513 ff.; *Fegert* (1993); *Marquardt* (1993); *Marquardt/Lossen* (1999); *Niewerth*, ZfJ 1994, 372 ff. Zur Kontrolle der Jugendämter gegenüber »vermeintlich unberechtigtem Kindesentzug bei vermutetem sexuellen Missbrauch«: Antwort der Bundesregierung in BT-Drucksache 13/2010. Zur Rolle des Jugendamtes auch *Ollmann*, ZfJ 1994, 151. Zur Aufklärung des Verdachts eines sexuellen Missbrauchs in familien- und vormundschaftsgerichtlichen Verfahren eingehend und mit vielen Nachweisen: *Carl*, FamRZ 1995, 1183 ff. Rechtssoziologische Erwägungen zum sexualstrafrechtlichen Schutz; *Schetsche*, MSchrKrim. 1994, 201. – Zu gerichtlichen Verfahren in Missbrauchsfällen auch: *Deckers*, FPR 1997, 211; *Rakete-Dombeck*, FPR 1997, 218; *Schütz*, FPR 1997, 225 zur gerichtlichen Prüfung des Missbrauchsverdachts in Familiensachen.

17   Vgl. *Kröger*, ZfJ 1993, 24; *Menne*, ZfJ 1993, 294; *Kaufmann*, ZfJ 1990, 6 (m.w.Nw. Verpflichtung zur Bekanntgabe einer Kindesmisshandlung an die Polizei, wenn nur dadurch konkrete Gefahren für das Kind abgewendet werden können; vgl. auch *Dickmeis*, ZfJ 1995, 479). Zum staatsanwaltlichen Ermittlungsverfahren: *Gebhardt/Eckhardt/Reckewell*, FuR 1995, 124. Zur Schweigepflicht gemäß § 203 StGB und zur Offenbarung in der Extremsituation sexuellen Missbrauchs (Güterabwägung nach § 34 StGB) vgl. auch *Landeswohlfahrtverband Baden/Maas*, 1988, S. 21 f. Nach *DIV-Gutachten*, ZfJ 1992, 642, ist das Jugendamt als Amtsvormund bei begründetem Verdacht grundsätzlich verpflichtet, Strafanzeige wegen sexuellen Missbrauchs seines Mündels zu erstatten; im übrigen könne eine Anzeigepflicht aus § 1 Abs. 1 Nr. 3 SGB VIII gefolgert werden (zum Wohl künftig gefährdeter Kinder); vgl. auch ZfJ 6/1993, 294 ff.; dagegen: *Riedel*, sozial-extra, 9/1993, 14 und UJ 1994, 244 ff.; vgl. dagegen *Christa Blanz-Gocht*, in: päd.extra, Heft 4/1995, 38 (aus der Sicht eines Jugenddezernates der Kriminalpolizei). Eingehend dazu jetzt *Ollmann*, ZfJ 1999, 195. Zur Rolle und Aufgabe des Amtsvormundes auch *von Bracken*, DAVorm 1993, 505 ff..

Empfehlungen zur Qualifizierung der Jugendhilfe bei sexuellen Gewalterfahrungen von Mädchen und Jungen geben Monika Weber und Christiane Rohleder, die aufgrund mehrjähriger Forschungsarbeit auch den Vorwurf des »Missbrauchs des Missbrauchs« überzeugend zurückweisen (1995, S. 235 ff.). Ihre im einzelnen ausdifferenzierten Empfehlungen betreffen die

– Qualifizierung von Handlungskonzepten und Vorgehensweisen,
– Koordinierung der Hilfen im Einzelfall,
– Vernetzung und Kooperation zwecks Weiterentwicklung der Angebotsstruktur,
– Absicherung bestehender Arbeitsplätze,
– gezielte Förderung von Angeboten für Mädchen und Jungen,
– Beratung und therapeutische Hilfen,
– Fremdplazierung/Heimerziehung.

Ihr Resümee sieht einen vorrangigen Handlungsbedarf in

• Sicherstellung eines funktionierenden Hilfe*systems* durch Absicherung der Arbeitsbereiche Prävention, Beratung und weiterführende Hilfen vorrangig:
  – Sicherstellung präventiver Angebote für Mädchen/Jungen ebenso wie für MultiplikatorInnen durch mindestens eine entsprechend ausgewiesene Personalstelle
  – Ausbau weiterführender therapeutischer Hilfen (für jüngere Kinder, Jugendliche, insbesondere aber auch für Mütter); in diesem Zusammenhang: verstärkte Förderung von Gruppenangeboten für die genannten Zielgruppen
  – Umsetzung des Beratungsanspruchs von Mädchen und Jungen nach § 8 Abs. 3 SGB VIII
• Qualifizierung der Inobhutnahme/Krisenunterbringung insbesondere für jugendliche Mädchen, aber auch für jüngere Kinder durch
  – Schaffung eines mädchenspezifischen Angebots der Krisenunterbringung,
  – Schulung und fachliche Begleitung von Bereitschaftspflegefamilien bzw. MitarbeiterInnen, die im Bereich der Inobhutnahme/Krisenunterbringung für Kinder tätig sind
  – Sicherstellung der Beratung im Rahmen der Inobhutnahme
• verstärkte Förderung alternativer langfristiger Wohnformen für Mädchen (Mädchenwohngruppen, intensive sozialpädagogische Einzelbetreuung auf der Basis eines mädchenspezifischen Konzepts etc.) und für jüngere Kinder (Kinderwohngruppen etc.); in diesem Zusammenhang auch: verstärkte Fortbildung der MitarbeiterInnen in bestehenden Heimen
• Basisqualifizierung aller MitarbeiterInnen, die im Einzelfall über erzieherische Hilfen (mit-)entscheiden
• Berücksichtigung bestehender Arbeitskreise im Rahmen der Jugendhilfeplanung
• Umsetzung des Wissens über Dynamik und Folgen sexuellen Missbrauchs in verbindliche einrichtungsinterne Handlungskonzepte (vor allem im Jugendamt selbst, in den Beratungsstellen und Heimen).

Dringend erforderlich ist eine »institutionelle Kooperation« bei sexuellem Missbrauch[18].

---

18 *Richter/Bretz/Petermann*, Jugendwohl 1996, 486; zu einer Expertenbefragung zur Inobhutnahme: *Fegert*, ZfJ 1996, 448.

In seinem Kapitel »Sexualität in Heimen und Wohngruppen«[19] nennt Günder für die Arbeit mit sexuell missbrauchten Kindern und Jugendlichen die Anforderungsbereiche[20].

– Sensibilität entwickeln, Projektionen und Überreaktionen vermeiden;
– Akzeptanz und Annahme der Persönlichkeit;
– Aufbau eines Vertrauensverhältnisses;
– Sorge für ein therapeutisches Milieu;
– Entwicklung neuer Lebensperspektiven;
– Sexualerziehung für Betroffene als Erziehung zur Liebesfähigkeit.

Diese Erziehung zur Liebesfähigkeit setzt die Entwicklung von Selbstachtung und Selbstliebe voraus, wobei die jungen Menschen zunächst einmal »neue Orientierungen in den Aspekten der emotionalen und körperlichen Sexualität gewinnen«[21] und auch lernen müssen »nein« zu sagen. Sie müssen lernen, »sich selbst zu bestimmen, sich zu sexuellen Beziehungen nicht überreden oder überrumpeln zu lassen, weil sonst die alten Wunden wieder aufbrechen könnten«[22].

3.1 Normative Grundlegung – Erziehungsanspruch junger Menschen und öffentliche Jugendhilfe

Die Pflege und Erziehung der Kinder ist Recht und Pflicht der Eltern (Art. 6 Abs. 2 Satz 1 GG). Der Staat, d.h. insbesondere die Vormundschafts- und Familiengerichte sowie die Jugendämter wachen darüber, dass die Eltern ihr Erziehungsrecht zum Wohl des Kindes ausüben (Art. 6 Abs. 2 Satz 2 GG). Dies geschieht durch die unterschiedlichsten Maßnahmen und Hilfen. Sie reichen vom Rat, den der Sozialarbeiter anlässlich eines Hausbesuches gibt, bis zum einschneidendsten Eingriff: der Trennung des Kindes von seiner Ursprungsfamilie und seiner Unterbringung in einer anderen Familie oder in einem Heim. Die Rechtsgrundlagen für solche staatlichen Maßnahmen (Fremdplazierungen) gilt es in diesem Buch im einzelnen darzustellen. Dabei wird das Schwergewicht der Darlegung bei der Art und Weise, in der die Jugendhilfebehörden diese Aufgaben wahrnehmen, liegen. In diesem Ausgangskapitel soll zunächst das Verhältnis von Familienerziehung und Jugendhilfe grundsätzlicher erörtert werden.

Aus rechtlicher Sicht ist insbesondere darauf einzugehen, inwieweit geltendes Recht und seine Handhabung den Anspruch junger Menschen auf Erziehung zur »reifen, sich entfaltenden, verantwortungsbewussten Persönlichkeit«[23], wie er aus Artikel 2 GG abzuleiten ist, einlösen. Inwieweit die Institutionen der Jugendhilfe diesen Anspruch gewährleisten können, wenn die Familie versagt, ist angesichts kontroverser Einschätzung etwa der Arbeit der Jugendämter – leisten sie den Familien und insbesondere gefährdeten Kindern wirksame Hilfe oder nicht – näher zu untersuchen. Wiederum aus rechtlicher Sicht: werden sie dem Auftrag des § 1 SGB VIII gerecht, wonach jeder junge Mensch ein Recht auf Förderung seiner

---

19 *Günder*, a.a.O., S. 223 – 318.
20 *Günder*, S. 223 – 318.
21 *Günder*, S. 316 f.
22 *Günder*, S. 318.
23 *Horndasch*, a.a.O., S. 216; zur zunehmend diskutierten Frage der Interessenwahrnehmung für Minderjährige: *Salgo*, in: NP 1988, 150 (m.w.Nw.) und – zur mit KindRG 1998 eingeführter Verfahrenspflegschaft – Seite 62 dieses Buches; zur »Entwicklung autonomen kindschaftsrechtlichen Denkens«: *Münder*, in: ZfJ 1988, 10 ff.

Entwicklung und auf Erziehung zu einer eigenverantwortlichen und gemeinschaftsfähigen Persönlichkeit hat und öffentliche Jugendhilfe dort eintritt, wo dieser Anspruch von der Familie nicht erfüllt wird?

Diese Fragen sind um so dringlicher zu stellen, weil fast durchweg geleugnet wird,
dass es sich bei § 1 Abs. 1 SGB VIII um ein subjektiv-öffentliches Recht der jungen
Menschen auf Erziehung, Förderung und Schutz handelt[24].

Die Organisation der öffentlichen Jugendhilfe und die von dem Subsidiaritätsprinzip gebotene Rücksichtnahme auf die Tätigkeit freier Träger sind dabei ebenso von
Belang wie die politischen Rahmenbedingungen, die heute für Familienerziehung
und Jugendhilfe gegeben sind.

Das erwähnte *Subsidiaritätsprinzip*[25], eine grundlegende Maxime gesellschaftlichen Handelns in der Bundesrepublik Deutschland, besagt, dass »die Sicherung
der eigenen Existenz und des Fortkommens vornehmlich der Initiative und der
freien Verantwortung des einzelnen Individuums selbst überlassen bleibt, die Verantwortlichkeit der Gemeinschaft des Staates dagegen auf Ausnahmesituationen
beschränkt ist und nur eintritt, wenn die eigenen Mittel des Individuums und die
seiner Familie nicht hinreichen«[26]. Das bedeutet nicht nur einen – durch die Neuordnung des Kinder- und Jugendhilferechts besonders betonten – Vorrang familiärer Erziehung gegenüber öffentlicher Jugendhilfe, sondern auch einen gewissen
Vorrang der Tätigkeit freier Träger gegenüber behördlicher Jugendhilfe[27], wie er in
§ 4 Abs. 2 SGB VIII zum Ausdruck kommt, wonach die öffentliche Jugendhilfe von
eigenen Maßnahmen absehen soll, soweit geeignete Einrichtungen, Dienste und
Veranstaltungen von anerkannten Trägern der freien Jugendhilfe betrieben oder
rechtzeitig geschaffen werden können[28].

Dies darf allerdings nicht zu einer Entwertung des Rechts führen, zwischen Einrichtungen und Diensten verschiedener, auch öffentlicher, Träger wählen zu können[29].

Das Subsidiaritätsprinzip hat in der Praxis dazu geführt, dass insbesondere die Kirchen und ihnen nahestehende Wohlfahrtsverbände dort, wo es sich nicht um die
Wahrnehmung hoheitlicher Aufgaben handelt, ein deutliches Übergewicht
haben[30].

Neben den normativen Rechtsgrundlagen wirkt auf die Arbeit der Jugendhilfein-
stitutionen die *Familienpolitik* ein, die in der gegenwärtigen Form der Klein- oder
Kernfamilie von Eltern und Kind bzw. wenigen Kindern, wie sie in den Industrie-

---

24 Anderer Ansicht – mit eingehender Begründung – *Fieseler*, in: GK-SGB VIII, § 1 Rz. 5 ff.
25 Dazu *Sachße*, in: *Deutscher/Fieseler/Maòr*, a.a.O., S. 192 ff.; *Münder*, in: Handbuch SA/SP,
    a.a.O., S. 1147 ff.; vgl. auch S. 126 f. dieses Buches.
26 *Sachße*, a.a.O., S. 192.
27 Vgl. *Zuleeg*, RdJB 1984, 365 ff. und die Kommentare zu § 4 (z.B. *Heinrich*, in: GK-
    SGB VIII, Rz. 11). Vgl. auch *Kunkel* (1999), S. 168 ff.
28 Vgl. zu diesem Funktionsschutz der freien Jugendhilfe BT-Dr. 11/5948, 144; VerwG Han-
    nover, in: DVJJ 1992, 259; OVG Lüneburg, in: DVJJ 1992, 334 und *Fieseler*, ZfJ 1995, 194
    ff.; *Heinrich*, in: GK-SGB VIII, § 4 Rz. 11.
29 *Fieseler*, in: GK-SGB VIII, § 5 Rz. 4.
30 Vgl. *Münder* u.a., § 5 Anm. 4.6. Zur (Anfang der neunziger Jahre) ganz anderen Situation
    in den neuen Bundesländern: *Ullrich*, in: Beilage zum Parlament, B 38/92, 11. September
    1992, 38 ff.

ländern absolut vorherrscht, den besten Garanten für die Sicherung des Nachwuchses und dessen Sozialisation sieht, obgleich die strukturellen Mängel dieser Familienform unübersehbar sind und obwohl Familien mit Kindern längst nicht materiell so gefördert werden, wie es nötig wäre, um für bessere Entwicklungsbedingungen zu sorgen.

Nach § 1666 a BGB sind Maßnahmen, mit denen eine Trennung des gefährdeten Kindes von der elterlichen Familie verbunden ist, nur zulässig, wenn der Gefahr nicht auf eine andere Weise, auch nicht durch öffentliche Hilfen, begegnet werden kann. Solche öffentlichen Hilfen sind insbesondere die Leistungen des SGB VIII und anderer Sozialgesetze, die aber längst nicht ausreichen, um letztlich auch materiell begründete Kindeswohlgefährdungen auszuräumen. Die Bedeutung des § 1666 a BGB ist aber zu unterstreichen. Er verpflichtet den Staat nach richtiger Auffassung auch zum Ausbau öffentlicher Hilfen insoweit, als dadurch Kindeswohlgefährdungen abgewendet werden können. Dies folgt auch aus der entsprechenden Gewährleistungsverpflichtung nach § 79 Abs. 2 SGB VIII. Nachhaltig werden solche Gefährdungen aber nur dadurch abgebaut, dass die Struktur der Gesellschaft in Richtung auf eine entscheidene Verbesserung der Lebensbedingungen – Wohn-, Arbeits-, Umweltsituation usw. – verändert wird[31]. Bis dahin sind es in erster Linie die Leistungen der Jugendhilfe nach §§ 11 – 40 SGB VIII, die einer Trennung Minderjähriger von ihren Eltern gegenüber vorrangig sind[32]. Über diese Hilfen hinaus soll Jugendhilfe sich in alle die jungen Menschen betreffenden Angelegenheiten einmischen und bessere Lebensbedingungen für sie und ihre Familien einfordern (§ 1 Abs. 3 SGB VIII)[33].

3.2 Auftrag der Jugendämter[34]

Die Angelegenheiten, mit denen sich das *Jugendamt* zu befassen hat, sind oft von existentieller Bedeutung für die Betroffenen. Das ist ganz besonders der Fall für Kinder und Jugendliche, die in psychosozial und wirtschaftlich ungünstigen Verhältnissen leben: Kinder, die von ihren Eltern körperlich und seelisch misshandelt werden, die unter Not, Zwist, Trennung und Scheidung ihrer Eltern leiden[35], deren Mütter auf eine Erwerbstätigkeit angewiesen sind, während sich ihre Väter nicht zu ihrer Verantwortung bekennen.

---

31 *Horndasch*, a.a.O., S. 288 f.
32 Vgl. *BayObLG*, FamRZ 1991, 1218 und FamRZ 1992, 90 (gegen die Vorinstanzen, die – wie die beteiligten Jugendämter – die Eingriffsvoraussetzungen – zutreffend – bejaht hatten).
33 Dazu eingehend *Fieseler*, in: GK-SGB VIII, § 1 Rz. 37 ff.
34 Literatur zum staatlichen Wächteramt siehe Seite 61 dieses Buches.
35 Zu Trennung und Scheidung im Erleben der Kinder vgl. die Beiträge von *Figdor* und von *Schmidt-Denter* in FPR Heft 2/1997. – Zu den Ergebnissen der Scheidungsforschung auch *Lohrentz* 1999, 45 (m.w.Nw.) – Gruppenangebote für Kinder in der Trennungs- und Scheidungsphase ihrer Eltern: *Jaede*, FPR 19997, 88; *Walter*, in: *Buchholz-Graf* 2000, 169; *Lack-Strecker*, FPR 1997, 93 (Selbsthilfegruppen für Kinder im Scheidungsprozess der Eltern); *Marx*, FPR 1997, 97 (Angebot für Schüler aus Scheidungs- und Trennungsfamilien). – Zum jugendhilferechtlichen Interventionsansatz auf der Grundlage der sozialwissenschaftlichen Modelle der »Nachscheidungsfamilie«: *Lohrentz* 1999, 48.

Die »Hauptgefährdung« des Kindeswohls liegt nach allen praktischen Erfahrungen und neueren empirischen Untersuchungen[36] in der Vernachlässigung von (Klein-) Kindern.

Jugendämter haben zwar kein eigenes Erziehungsrecht, es ist aber auch nach dem Wegfall des § 1 Abs. 3 JWG ihr Auftrag, dafür zu sorgen, dass diese jungen Menschen unter möglichst erträglichen Bedingungen aufwachsen können (vgl. insbes. § 1 Abs. 3 SGB VIII). Sie und ihre Eltern zu beraten, sie zu unterstützen und auf öffentliche Hilfe zur Bewältigung ihrer Probleme aufmerksam zu machen, ihnen Wege der Selbsthilfe aufzuzeigen, ist vorrangige Aufgabe der bei den Jugendämtern und bei freien Trägern der Jugendhilfe beschäftigten Sozialarbeiter.

Dies setzt, gerade um der Wirksamkeit der Hilfen willen, zunächst voraus, dass die Betroffenen für eine freiwillige Mitwirkung gewonnen werden (vgl. § 36 SGB VIII)[37]. Dies gilt umso mehr, wenn die Bestimmung der bedarfsgerechten Hilfe als »Aushandlungsprozess« begriffen wird, der freilich sorgfältige Ermittlungen (einschließlich psychosozialer Diagnosen) nicht überflüssig macht[38]. Zwang ist aber nicht nur methodisch fragwürdig, er steht dem Jugendamt und den freien Trägern auch gar nicht rechtlich zu Gebote. Wo Eingriffe in elterliche Rechte nicht zu umgehen sind, ist ein solcher Eingriff nur möglich, wenn die Gerichte (unter den Voraussetzungen des § 42 SGB VIII) nach Inobhutnahme eingeschaltet werden, die – unter tunlicher Wahrung der elterlichen Rechte – entscheiden, ob die Gefahr für den jungen Menschen so groß ist, dass Maßnahmen gegen den Willen der Eltern gerechtfertigt sind.

Da das »Kindeswohl« entscheidender Maßstab gerichtlicher Entscheidungen ist (so jetzt ausdrücklich § 1697 a BGB), die Konkretisierung dieses unbestimmten Rechtsbegriffes sozialpädagogische Kompetenz voraussetzt, werden die Jugendämter in solchen Verfahren »angehört« (vgl. §§ 49, 49 a FGG). Dabei darf die gleichsam punktuelle Aufgabenbestimmung nicht zu dem Missverständnis führen, die Praxis jugendamtlicher Tätigkeit sei damit auch nur annähernd deutlich umrissen: zu einer Einschaltung der Gerichte kommt es, etwa in Fällen des § 1666 BGB, oft erst nach langjähriger Bemühung des Jugendamtes um die betroffene Familie. Das Jugendamt kann (und muss) den Anstoß zum gerichtlichen Verfahren selbst geben, indem es die Gefährdung des Kindes dem Familiengericht anzeigt (vgl. § 50 Abs. 3 SGB VIII) und beantragt, den Eltern das Aufenthaltsbestimmungsrecht und, falls erforderlich, das Recht, Hilfe zur Erziehung in Anspruch zu nehmen, zu entziehen und auf das Jugendamt als Pfleger zu übertragen. Nach einer entsprechenden gerichtlichen Anordnung entscheidet dann das Jugendamt mit der Kompetenz der »konkreten Maßnahmenwahl«[39], wo das Kind unterzubringen ist. Es hält Kontakt

---

36 *Schone* u.a. 1997, 23 ff.; *Münder* u.a. Oktober 1998.

37 Dazu eingehend: *Fricke*, ZfJ 1992, 509; *Lochmann*, Jugendhilfe 1991, 133; *Maas*, ZfJ 1992, 60; *Späth*, Jugendhilfe 1991, 302.

38 *Fieseler*, in: GK-SGB VIII § 2 Rz. 24; *Häbel*, in:GK-SGB VIII., § 27, *Nothacker*, in: GK-SGB VIII, § 36 Rz. 21 ff. und 47 ff. (jeweils mit Nachweisen des Streitstandes).

39 *Zenz* 1979, a.a.O., S. 400; nach *OVG Rheinland-Pfalz*, Urteil vom 11.5.2000, Az. 12 A 12335/99.OVG steht (im Anschluss an *BVerwG*, NVwZ 2000, 325) dem Jugendamt ein »Beurteilungsspielraum bei der Entscheidung über die Notwendigkeit und Geeignetheit einer Hilfe zur Erziehung zu. Vgl. auch *VGH Mannheim*, NDV-RR 1997, 133 (»Entscheidungsprärogative« und »Bewertungsvorrecht« des öffentlichen Trägers gegenüber dem die Maßnahme – hier: Betreutes Wohnen – durchführenden freien Träger, dazu GK-SGB VIII, Einleitung, S. 6).

zu Pflegefamilie oder Heim und berichtet dem Gericht von Zeit zu Zeit. Aber auch mit den Eltern soll es weiterarbeiten, um sie dazu zu befähigen, ihr Kind wieder in die Familie aufzunehmen und selbst zu erziehen (vgl. § 37 Abs. 1 Satz 2, 3 SGB VIII).

Wenn also auch Maßnahmen gegen den Willen der Eltern stets voraussetzen, dass juristisch ausgebildete Richter auf die Einhaltung der – in der freiwilligen Gerichtsbarkeit freilich nur schwach ausgebildeten – Verfahrensgarantien (einschließlich der Anhörung der Eltern und Kinder nach §§ 50 a und b FGG) achten und die gesetzlichen Eingriffsvoraussetzungen prüfen, damit Recht »richtig« angewendet wird[40], ist es doch verständlich, dass betroffene Eltern oft den Eindruck haben, das Jugendamt habe ihnen ihr Kind weggenommen[41]. Dies entspricht durchaus der Macht dieser Behörde, auf deren Ermittlungen und Stellungnahmen sich viele Richter voll und ganz verlassen[42]. Verständlich ist es, dass die Jugendämter den Ruf einer »Elternverfolgungsbehörde« loswerden wollen, doch dürfen sie dabei nicht den Schutz von im Elternhaus gefährdeten Kindern und Jugendlichen vernachlässigen. Vielmehr sind deren Interessen »anwaltlich« und »parteilich« zu vertreten und – wo nötig – »deutliche, harte Interventionen« zu Lasten der Eltern anzustreben[43].

Zu Überreaktionen aus Angst vor strafrechtlichen Sanktionen besteht aber kein Anlass[44].

---

40 Gerade in Kindschaftssachen entscheiden die verschiedenen Instanzgerichte oft unterschiedlich – Entscheidungen in erster Instanz werden oft im weiteren Verfahrensverlauf aufgehoben. Dies liegt auch daran, dass hier – mehr noch als in anderen Rechtsgebieten – eine streng logische Subsumtion ausgeschlossen ist, (subjektive) Wertvorstellungen von Richtern (und Sozialarbeitern!) den Ausschlag geben. Vgl. *Fieseler* (1977), a.a.O., S. 16 ff.; zur Auslegung unbestimmter Rechtsbegriffe auch *Quambusch* 2000, 120 ff.
41 Vgl. für Schweden den Bericht »Kinder-Gulag« im Sozialstaat Schweden, in: *DER SPIEGEL*, Nr. 31/1983. Zu dem mit dem KJHG verbundenen »Perspektivenwechsel« vgl. *Wiesner u.a.*, Einl., Rz 37 ff. und (kritisch hinsichtlich bisheriger Umsetzung) *Reiner*, ZfJ 1994, 161. Die Verunsicherung mancher Jugendamtsmitarbeiter durch die Kenntnisnahme ihrer strafrechtlichen Verantwortlichkeit (vgl. zuletzt *Fieseler*, in: Sozialextra Heft 7/8 – 2000, 14) könnte wieder zu Überreaktionen führen, wofür erste Erfahrungen sprechen.
42 Kritisch hinsichtlich der »eigenen Involviertheit des Jugendamtes in die Familiengeschichte« und den damit verbundenen Gefahren für die Objektivität von Ermittlungen und Berichten, *Zenz* 1979, S. 143; kritisch wegen (angeblicher) mangelnder Fachkompetenz in psychologisch-diagnostischen Beurteilungen: *Erben-Schade*, ZfJ 1994, 209.
43 *Münder*, JH 1995, 213; zu Recht bemerkt *Schone*, ajs-info 1/2000, S. 12, dass der Kontrollaspekt jugendamtlichen Handelns »nur ganz selten offen thematisiert« wird. Das liegt gewiss auch daran, dass der Schutz- und Kontrollauftrag nach dem »Perspektivenwechsel«, den das KJHG gebracht habe, teilweise geradezu geleugnet wird.
44 Siehe eingehend *Fieseler*, Sozialextra Heft 7-8/2000, 14.

3.3 Strafrechtliches Risiko bei ungenügendem Kinderschutz – Garantenstellung[45]

Für beträchtliche Unruhe insbesondere in den Allgemeinen Diensten der Jugendämter haben in den letzten Jahren eine Reihe von Strafverfahren gegen Sozialarbeiter geführt, denen fahrlässige Tötung bzw. fahrlässige Körperverletzung, begangen durch Unterlassung, vorgeworfen worden ist, nachdem von ihren Eltern misshandelte und vernachlässigte Kinder zu Tode gekommen bzw. körperlich schwer verletzt worden waren. So ist im »Stuttgarter Verfahren« ein Lüneburger Jugendamtsmitarbeiter zu einer Geldstrafe verurteilt worden, weil er es unterlassen hatte, anlässlich des Wegzuges der mit selbständiger Kindererziehung völlig überforderten Mutter das zuständig gewordene Jugendamt auf die besondere Gefährdung des Kindes (»Jenny«) aufmerksam zu machen.

Gemäß § 13 Abs. 1 StGB macht sich – im Unterschied zur Unterlassenen Hilfeleistung (nach § 323 c StGB; eine Norm, die sich an jedermann richtet) – wegen Tötung bzw. Körperverletzung nur strafbar, wer »rechtlich dafür einzustehen hat«, dass der Tod bzw. die Körperverletzung nicht eintritt (§§ 222, 230 i.V.m. § 13 StGB). Insofern muss also eine rechtliche Handlungspflicht (eine Garantenpflicht) bestehen, die wiederum auf einer Garantenstellung beruht. So haben die Eltern – kraft Gesetzes (§ 1626 Abs. 1 BGB) – eine solche Garantenstellung (nur) hinsichtlich der eigenen Kinder. Mitarbeiter der Jugendhilfe haben eine solche Garantenstellung gegenüber den Kindern und Jugendlichen, deren Schutz sie (etwa im ASD, in der Familienhilfe, bei »Freizeit«-Unternehmungen u.v.m.) übernommen haben. Hier ist von einer »Beschützergarantie« kraft beruflicher Verantwortungsübernahme die Rede, doch wird die Garantenstellung teilweise (und damit weitergehend) auch aus § 1 Abs. 3 Nr. 3 SGB VIII abgeleitet.

»Mit einem Bein im Gefängnis« stehen Sozialarbeiter gleichwohl nicht. Die Garantenstellung ist etwas banales: Nicht nur den behandelnden Arzt, den Polizisten im Dienst sondern auch den Bademeister trifft sie. Sozialarbeiter stehen selbstverständlich nicht außerhalb der (Straf-)Rechtsordnung. Aber zum strafrechtlichen »Risiko sozialpädagogischer Entscheidungen bei Kindeswohlgefährdung« ist klarzustellen: Eine Bestrafung setzt voraus, dass
– die Möglichkeit der Abwendung der Kindesschädigung bestand (»hypothetische Kausalität« des Unterlassens für die Rechtsgutsverletzung),
– der Sozialarbeiter seinem Auftrag zuwider nichts zur Gefahrabwendung unternahm,
– ihn der Vorwurf der Fahrlässigkeit trifft, weil er die Tötung oder die Körperverletzung voraussehen konnte.

Das muss ihm nachgewiesen werden, denn jeder verbleibende vernünftige Zweifel des Gerichts in dieser Hinsicht muss zum Freispruch führen. Hervorhebenswert ist insbesondere, was oft verkannt wird (und worauf im Strafverfahren zu insistieren wäre), dass bei fachlich korrektem Verhalten keine Verletzung der Garantenpflicht

---

45 *Mörsberger/Restemeier* 1997; *Bringewat* 1997; *Frings*, Jugendwohl 1997, 174; Beiträge von *Josuttis, Mörsberger* und *Fieseler*, in: LJA-Info Hessen 1/2000, *Fieseler*, in Sozialextra 2000, 14 – OLG Stuttgart, in: SjE I 13, S. 121 h und in ZfJ 1998, 385; *LG Stuttgart, Urteil vom 17.9.1999* (1 <15> KLs 114 Js 26273/96. Zur qualifizierten ASD-Arbeit im Kontext der Kindeswohlgefährdung; *Schone*, in: ajs-Informationen 1/2000, S. 4, *Binschus*, in: Jugendhilfe 5/2000, S. 235 ff.

vorliegt, also auch nicht angeklagt werden dürfte und jedenfalls eine Verurteilung ausgeschlossen ist. Vielmehr hat ein Freispruch zu erfolgen und nicht etwa – wie im Osnabrücker Verfahren – ein Einstellungsbeschluss wegen »geringer Schuld«.

3.4 Das Recht der elterlichen Sorge

Die Aufgaben des Jugendamtes beziehen sich in vielfältiger Weise auf die Normen des BGB zur *elterlichen Sorge*, die das »natürliche Recht der Eltern und die zuvörderst ihnen obliegende Pflicht« zur Pflege und Erziehung ihrer Kinder (Art. 6 Abs. 1 GG) konkretisieren.

Der Begriff »elterliche Sorge« umfasst einen Großteil der Rechtsbeziehungen zwischen Eltern und minderjährigen Kindern. Die elterliche Sorge beginnt mit der Geburt[46] und endet (spätestens[47]) mit der Volljährigkeit des Kindes. Sie ist in §§ 1626 – 1698 b BGB geregelt[48].

und gliedert sich in die *Personensorge* und *Vermögenssorge*. Diese beinhalten jeweils die tatsächliche Sorge und die Vertretung des Kindes bei rechtsgeschäftlichen Handlungen.

Grundsätzlich steht die elterliche Sorge für eheliche Kinder *beiden Eltern gemeinsam* zu (für den Konfliktfall vgl. § 1628 BGB); bei Kindern, deren Eltern bei ihrer Geburt nicht miteinander verheiratet sind, setzt dies allerdings die Erklärung der Eltern voraus, dass sie die Sorge gemeinsam übernehmen wollen (§ 1626 a Abs. 1 Nr. 1 BGB). Andernfalls ist die Mutter alleinige Inhaberin des Sorgerechts[49]. Diese, der besonderen Situation der mit dem Vater nicht verheirateten Mutter durchaus angemessen Rechnung tragenden Regelung[50], wird zum Teil für verfassungswidrig angesehen; es gebe keinen sachlichen Grund für ein »Vetorecht« der

---

46 Es gibt also keine elterliche Sorge für das ungeborene Kind; verfehlt deshalb: *AmtsG Köln*, FamRZ 1985, S. 519 (Übertragung der Entscheidung über Schwangerschaftsabbruch auf Ehemann) und *AmtsG Celle*, FamRZ 1987, S. 738 ff. (Untersagung eines Schwangerschaftsabbruchs durch Vormundschaftsgericht gemäß § 1666 BGB). Vgl. *Belling/Eberl*, FuR 1995, 287 ff.

47 Andere Beendigungsgründe: Tod des Kindes (§ 1698 b BGB); Entziehung durch das Familiengericht (§ 1666 BGB); Adoption des Kindes durch Dritte (§ 1755 BGB); Alleinübertragung elterlicher Sorge auf den anderen Elternteil bei Scheidung oder bei Getrenntleben (§§ 1671, 1672 BGB). Mit der Heirat des Minderjährigen (dazu § 1303 BGB) endet nur die tatsächliche Personensorge (nicht die Vertretung in persönlichen Angelegenheiten und nicht die Vermögenssorge, § 1633 BGB). Zum Ausfall *eines* Elternteiles durch Tod bzw. Sorgerechtsentziehung vgl. § 1680, zur Todeserklärung *eines* Elternteils § 1681 BGB.

48 Vor dem Inkrafttreten des KindRG: für eheliche Kinder in den §§ 1626–1698 b BGB; für nichteheliche Kinder (nur in den alten Bundesländern) besondere Regelungen in den §§ 1705–1711 BGB. Zur Bestellung des Jugendamtes im »Beitrittsgebiet« zum Beistand (§ 1685 BGB a.F.) – nicht zum Ergänzungspfleger – zwecks Vaterschaftsfeststellung: *LG Berlin*, FamRZ 1991, 1097.

49 Zum Ausschluss des nichtehelichen Vaters: *BVerfG* in NJW 1981, 120 ff.; *BVerfG*, NJW 1991, 1944 = FamRZ 1991, 913 (zur Ehelichkeitserklärung durch den Vater) fordert den Gesetzgeber auf, das gemeinsame Sorgerecht von Mutter und Vater zu ermöglichen. *AmtsG Kamen*, DAVorm 1995, 754, meint, das gemeinsame Sorgerecht nichtverheirateter Eltern schon »derzeit« (13.4.1995) feststellen zu können und folgert dies aus Art. 8 EMRK. Vgl. auch den Vorlagebeschluss des AG-VormG-Bremen, DAVorm 1994, 113. Bei Ausfall der Mutter kann der Vater als Vormund bestellt werden (vgl. dazu *AmtsG Melsungen*, FuR 1993, 103 m.Anm. *Derleder*).

50 So richtig *OLG Hamm*, Kind-Prax 1999, 97.

Mutter gegenüber einer gleichen rechtlichen Beteiligung des (ihr vielleicht nur flüchtig bekannten) Vaters[51].

Die Personensorge umfasst
- Pflege,
- Erziehung,
- Beaufsichtigung,
- Aufenthaltsbestimmung
(so die *beispielhafte* Aufzählung in § 1631 Abs. 1 BGB),
- die Herausgabe des Kindes (§ 1632 Abs. 1 BGB),
- die Bestimmung des Umgangs des Kindes mit Dritten (§ 1632 Abs. 2 BGB)[52].

Die elterliche Sorge ist ein pflichtgebundenes, fremdnütziges Recht, das zum Wohle des Kindes auszuüben ist (§ 1627 BGB)[53]. Dazu gehört nach dem durch KindRG eingeführten § 1626 Abs. 3 »in der Regel« der Umgang mit beiden Elternteilen und mit anderen Personen, zu denen das Kind Bindungen besitzt, deren Aufrechterhaltung für seine Entwicklung förderlich ist.

Die Eltern können auf das Sorgerecht nicht verzichten und es auf Dritte nur zur Ausübung übertragen. Eine solche (vertragliche) Übertragung ist jederzeit frei widerruflich. Für den Fall der Dauerpflege ermöglicht § 1630 Abs. 3 BGB eine Übertragung von Angelegenheiten der elterlichen Sorge auf die Pflegepersonen, die damit in die Lage versetzt werden, die Interessen des Pflegekindes gegenüber Dritten selbständig wahrzunehmen[54]. Weil in der Praxis von dieser Möglichkeit selten Gebrauch gemacht wird, ist die mit § 1688 BGB (zuvor schon § 38 SGB VIII) verbundene Verbesserung der Rechtsstellung von Pflegepersonen und Betreuungspersonal[55] bedeutsam.

Leitbild elterlicher Erziehung ist gemäß § 1626 Abs. 2 BGB
- die Berücksichtigung der wachsenden Fähigkeit und des wachsenden Bedürfnisses des Kindes zu selbständigem verantwortungsbewusstem Handeln,
- die Aussprache mit dem Kind und das Bemühen um Einverständnis.

---

51 Anderer Ansicht *Winn*, Kind-Prax 1999, 97: »Bestrafung des mit der Mutter nicht verheirateten Vaters, der die Ehe als Rechtsform des Zusammenlebens ablehnt«; ebenso *Lipp*, FamRZ 1998, 65 und *Finger*, ZfJ 2000, 183 ff. (der auch an die äußerst fragwürdige Psychologie eines parental alienation syndrome anknüpft, a.a.O. m.w.Nw.; vgl. dagegen 6. Kap. 2.5.4 zum Umgangsrecht; Vorlagebeschlüsse an das Bundesverfassungsgericht *AG Korbach*, NJW 2000, 384 (Leitsatz) und *AG Groß-Gerau*, NJW 2000, 832.
52 Bei elterlichen Umgangsverboten geht es meist um die Unterbindung (hetero-) sexueller Kontakte von Töchtern. Zu einem elterlichen Verbot des Umgangs mit den Großeltern BayObLG, MDR 1995, 72. Vollstreckung: § 33 FGG. Zur Schadensersatzpflicht bei schuldhaftem Eingriff Dritter in das Sorgerecht vgl. *LG Aachen*, FamRZ 1986, 713 (»Toskana-Reise«) und *BGH*, NJW 1990, 2060: Privatdetektivkosten, um Kindesaufenthalt in Erfahrung zu bringen. Zur Kostenbelastung von Pflegeeltern wegen Rückführung des vom Vater entführten Pflegekindes: *BVerfG*, EzFamR Art. 3 GG Nr. 8.
Zur Respektierung des elterlichen Verbots eines »die Gefahr gleichgeschlechtlicher Betätigung mit sich bringenden Umgangs«: *LG Berlin*, FamRZ 1985, 519.
53 Grundlegend dazu *BVerfG* in NJW 1968, 578 ff. Vgl. auch *BVerfG* in NJW 1988, 126.
54 Zu § 1630 Abs. 3 BGB vgl. *Baer*, FamRZ 1982, 229; *Gleißl/Suttner*, FamRZ 1982, 123; *Schwab* 1982, S. 92 ff. Voraussetzung ist die Inpflegegabe eines Kindes und der entsprechende Antrag der Eltern. Für eine analoge Anwendung bei Inpflegegabe durch das Jugendamt: *AK-Münder*, § 1630 Rz. 4.
55 Vgl. dazu *Fricke*, ZfJ 1992, 305; *Wiesner*, § 38 SGB VIII, Rz. 14 ff.

Diese 1980 in das BGB aufgenommene Norm ändert nichts daran, dass die Eltern das Entscheidungsrecht über ihr Kind bis zu dessen Volljährigkeit haben und grundsätzlich ihren Willen ihm gegenüber durchsetzen können. Dazu sollen Eltern die ihnen geeignet erscheinenden Erziehungsmittel bis hin zum Hausarrest und (massvoller) Züchtigung[56] »in eigener Vollstreckung«[57] einsetzen dürfen. Nur *entwürdigende Erziehungsmaßnahmen*, worunter ganz besonders krasse elterliche Entgleisungen verstanden werden[58], sind unzulässig (§ 1631 Abs. 2 BGB). Immerhin stellt das KindRG nun klar, dass insbesondere körperliche und seelische Misshandlungen entwürdigend und damit unzulässig sind. Auch liegt ein Gesetzentwurf vor, wonach künftig Gewalt in der Erziehung schlechthin unzulässig sein soll. Die Eltern können sich aber auch an das Familiengericht wenden, das sie durch geeignete Maßnahmen zu unterstützen hat[59]. Das Gericht konnte gemäß § 48 c JWG i.V.m. § 1631 Abs. 3 BGB das Jugendamt mit der Ausführung seiner Anordnungen betrauen. Da das KJHG keine dem § 48 c JWG entsprechende Ermächtigungsnorm vorsieht, entbehren solche gerichtlichen *Anordnungen* seit dem 01.01.1991 einer Rechtsgrundlage und können vom Jugendamt mit Beschwerde angefochten werden[60]. Freilich kann die Unterstützung des Gerichts gemäß § 50 Abs. 1 Satz 1 SGB VIII *originäre* Aufgabe des Jugendamtes und ggf. um gefährdeter Kinder willen ernster zu nehmen sein, als dies bisweilen geschieht.

Teilmündigkeiten, wie sie das Gesetz über die religiöse Kindererziehung kennt, sind den Minderjährigen im Eltern-Kind-Recht ebensowenig zugestanden worden wie Vetorechte[61] oder ein allgemeines Antragsrecht in Angelegenheiten seiner Person.

Lediglich die Vorschrift des § 50 b FGG führt dazu, dass auch Kinder unter 14 Jahren vom Gericht persönlich »anzuhören« sind: in (Personen-) Sorgerechtsangelegenheiten können anders Neigungen, Bindungen und Wille des Kindes nicht festgestellt werden; und selbst bei Kindern, die sich hierzu noch nicht sprachlich äußern können, ist es unerlässlich, dass sich das Gericht von ihnen einen unmittelbaren Eindruck verschafft[62].

Das BGB sieht einige *Einschränkungen* der elterlichen Sorge vor:
- das Gebot der Rücksichtnahme auf Eignung und Neigung des Kindes in Angelegenheiten der Ausbildung und des Berufes, in denen der Rat eines Lehrers oder einer anderen geeigneten Person eingeholt werden soll (§ 1631 a BGB).
- das Erfordernis familiengerichtlicher Genehmigung einer mit Freiheitsentziehung verbundenen Unterbringung des Kindes (§ 1631 b BGB)[63];
- das Verbot der Sterilisation Minderjähriger (§ 1631 c BGB);
- die Grenzen der Vertretungsbefugnis gemäß §§ 1629, 1795, 181 BGB[64];

---

56 Vgl. für die h.M. *Palandt/Diederichsen*, § 1631 Anm. 5: Die Züchtigung muss sich im Rahmen des durch den Erziehungszweck gebotenen Maßes halten, also Rücksicht nehmen auf Alter, Gesundheit und seelische Verfassung des Kindes; *BGH*, Beschluss v. 25.11.1986, in: Jugendwohl 1988, S. 238 ff. (m.Anm. von *Happe*), und in: JZ 1988, 617 (m.Anm. von Reichert-Hammer m.w.Nw.); *Kunz*, ZfJ 1990, 52 m.w.Nw. Das Gesetz zur Ächtung der Gewalt in der Erziehung wird Gewalt in der Erziehung in § 1631 Abs. 2 BGB schlechthin für unzulässig erklären; (vgl. *Baltz*, in: ZfJ 2000, 210; siehe auch 2. Kap. 5.2.4.).
57 *Palandt/Diederichsen*, § 1631 Rz. 13 mit beispielhafter Nennung zulässiger Erziehungsmittel.
58 BT-Drucks. 8/2788, S. 48; vgl. auch *AK-Münder*, § 1631 Rz. 5.
59 Vgl. *Palandt/Diederichsen*, § 1631 Rz. 12 f.
60 So *OLG Karlsruhe*, FamRZ 1991, 969 (betreffs § 1634 Abs. 2).
61 Zu § 1671 Abs. 2 Nr. 1 BGB vgl. *Palandt/Diederichsen*, § 1671 Rz. 15.

Die elterliche Sorge kann aus rechtlichen oder tatsächlichen Gründen *ruhen* (§§ 1673 – 1675 BGB). So hat der minderjährige Elternteil eines Kindes lediglich die tatsächliche Personensorge neben dem gesetzlichen Vertreter des Kindes. Das kann der andere Elternteil sein, wenn er volljährig ist oder der Vormund. Ein Vormund vertritt das Kind insbesondere dann, wenn die Mutter noch minderjährig ist und der Vater mangels Sorgeerklärungen nicht an der elterlichen Sorge beteiligt ist. Gegenüber dem Vormund geht die Meinung des Elternteiles der Meinung des Vormundes vor (§ 1673 Abs. 2 Satz 3 BGB).[65]

Im Fall der Scheidung entscheidet das Familiengericht – wie bisher schon im Fall des Getrenntlebens der Eltern – nur noch auf Antrag über die Übertragung der alleinigen elterlichen Sorge (§ 1671 Abs. 1 BGB). Diesem Antrag ist stattzugeben, wenn der andere Elternteil zustimmt § 1671 Abs. 2 Nr. 1; (mit »Vetorecht« des Kindes ab 14 Jahren) oder wenn zu erwarten ist, dass die Aufhebung der gemeinsamen Sorge und die Übertragung auf den Antragsteller dem Wohl des Kindes am besten entspricht (§ 1671 Abs. 2 Nr. 2 BGB)[66].

Wird kein Antrag gestellt, oder hält das Familiengericht die Übertragung des alleinigen Sorgerechts auf den Antragsteller nicht für die dem Kindeswohl am besten entsprechende Regelung, so bleibt es – über Trennung und Scheidung hinaus – bei der gemeinsamen elterlichen Sorge. Nach KindRG ist allerdings nur noch für Entscheidungen in Angelegenheiten, deren Regelung für das Kind von erheblicher Bedeutung ist, ein gegenseitiges Einvernehmen erforderlich (§ 1687 Abs. 1 Satz 1 BGB)[67]. In allen anderen Angelegenheiten – das Gesetz bezeichnet sie als solche des täglichen Lebens und versteht darunter »in der Regel solche, die häufig vorkommen und die keine schwer abzuändernden Auswirkungen auf die Entwicklung des Kindes haben« – entscheidet der Elternteil alleine, bei dem sich das Kind gewöhnlich aufhält (§ 1687 Abs. 1 Satz 2, 3 BGB; zur »Notvertretung« – bei »Gefahr im Verzug« – vgl. § 1687 Abs. 1 Satz 5 i.V.m. § 1629 Abs. 1 Satz 4 BGB).

Trotz der Einführung einer alleinigen Alltagssorge hat die *gemeinsame elterliche Sorge* allerdings nur dann einen Sinn, wenn beide Eltern wirklich bereit und in der

---

62 *Lempp/v. Braunbehrens/Eichner/Röcker*, Die Anhörung des Kindes gemäß § 50 b FGG (Rechtstatsachenforschung, hrsg. vom Bundesministerium der Justiz), Köln 1987; *OLG Rostock*, DAVorm 1995, 1150 ff.; *OLG Karlsruhe*, FamRZ 1994, 915 (Beobachtung des Kindes durch Einwegscheibe ist keine persönliche Anhörung); *OLG Karlsruhe*, ZfJ 1995, 139: soziometrischer Test nach Moreno; *F. Merdian*, Soziale Arbeit 1994, 413 (pädagogisch-psychologische Sicht). *OLG Karlsruhe*, FamRZ 1997, 688 (mit Anm. *Ewers*): Aussagekräftige Wiedergabe des Anhörungsergebnisses, um wiederholte, das Kind belastende Anhörungen zu vermeiden; vgl. auch *BayObLG*, FamRZ 1994, 913. Zur Anhörung des Kindes bei Verdacht sexuellen Missbrauchs durch den Vater: *AG Düsseldorf*, DAVorm 1995, 1008 (auch zu §§ 52 Abs. 1 Nr. 3, 252 StPO, der auch für das Zivilverfahren gilt).

63 Vgl. *Moritz*, ZfJ 1986, 440; *Gollwitzer/Rüth* (aus kinder- und jugendpsychiatrischer Sicht), in: FamRZ 1996, 1388; *Wille*, DAVorm 2000, 450.

64 Vgl. *Oberloskamp* 1984, S. 15 ff.

65 Zum Ruhen der elterlichen Sorge bei nicht bekanntem Aufenthalt der Eltern eines unbegleiteten minderjährigen Flüchtlings *LG Frankfurt/Main*, in: DAVorm 1993, 26; vgl. auch LG Frankenthal (Pfalz), in: DAVorm 1993, 1237.

66 Vgl. 6. Kap. 2.5.3.

67 So nach *OLG Köln*, FamRZ 1999, 249 die Ägyptenreise mit dem Kind (höchst fragwürdig; auch in Kind-Prax 1999, 26 mit Anm. *Winn*); *OLG München*, FamRZ 1999, 111 (Schulwechsel); *OLG Naumburg*, FuR 2000, 235 (Auslandsreise mit mehrstündigem Flug; Kind unter 2 Jahren). Eingehende Kommentierung des § 1687 von *Salgo*, in: *Staudinger* 2001.

Lage sind, die Verantwortung für das Kind gemeinsam zu tragen und Erziehungsfragen miteinander zu besprechen. Als »Friedenslösung« verdient sie in diesem Fall unbedingt den Vorzug vor einer Sorgerechtsregelung mit »Sieger« und »Verlierer«. Gelegentlich werden Eltern schon während der Trennungszeit vor Scheidung bewiesen haben, dass ihnen die gemeinsame Sorge belassen bleiben kann; in manchem anderen Fall können sie durch eine qualifizierte Beratung gemäß § 17 Abs. 1 Nr. 3 SGB VIII hierzu befähigt werden. Vor dem Familiengericht sollte vor dem 1.7.1998 aus guten Gründen die Fähigkeit, sich in Angelegenheiten des Kindes zu verständigen, in dem übereinstimmenden Vorschlag der Eltern auf Fortführung gemeinsamer elterlicher Sorge nach Scheidung zum Ausdruck kommen. Andernfalls ist – zumindest, wenn ein Antrag auf Übertragung alleiniger elterlicher Sorge gestellt wird, – entgegen einer heute geradezu absolut herrschenden Meinung, nach wie vor eine eindeutige Zuordnung des Kindes zu dem dafür besser geeigneten Elternteil nötig[68] (»klare Verhältnisse«) und die Nichtbefassung des Familiengerichts sowie die unterbleibende Anhörung des Jugendamtes in dieser Hinsicht, wenn kein Antrag auf das alleinige Sorgerecht gestellt wird, ist seit dem 1.7.1998 zumindest aus Sicht der Kinder höchst problematisch[69]. Auch wenn dies geleugnet wird: »Elternautonomie«[70] wird auch hier über Kindesinteressen gestellt.

Sowohl in der psychologischen wie in der juristischen Literatur und Rechtsprechung war lange streitig, ob die gemeinsame elterliche Sorge nach Scheidung »Regelfall«[71] oder »Ausnahmefall«[72] sein soll. Das ist aber die falsche Fragestellung: nicht die Bewertung des Rechtsinstituts darf den Ausschlag geben, sondern die vorurteilsfreie Frage danach, ob gerade *diese* Eltern ihrem Kind mit der Fortführung ihrer Elternrolle die besseren Voraussetzungen bieten, Scheidungsleid zu überwinden. Es ist mehr diese Ausrichtung am Kindeswohl als die Respektierung des Elternrechts über die Scheidung hinaus, die es als gänzlich unangebracht erscheinen lässt, der gemeinsamen Sorge von vornherein mit Skepsis zu begeg-

---

68 Deshalb keine Anordnung gegen den Willen eines Elternteils (*OLG Bamberg*, FamRZ 1991, 590, und FamRZ 1995, 1509; *OLG Stuttgart*, FamRZ 1991, 1220; *OLG Karlsruhe*, DAVorm 1993, 950; *OLG Frankfurt*, FamRZ 1993, 1352; Verband alleinerziehender Mütter und Väter, in: DAVorm 1994, 760. Anderer Ansicht: *AmtsG Groß-Gerau*, FamRZ 1993, 462 und DAVorm 1993, 952 f.; *AmtsG Mannheim*, FamRZ 1994, 923 f. (dagegen zu recht *Luthin*, a.a.O., 924); *AmtsG Stuttgart*, DAVorm 1994, 800 (aufgehoben durch *OLG Stuttgart*, DAVorm 1994, 802. – Zur Rechtsprechung seit der Kindschaftsrechtsreform siehe 6. Kap. 2.5.3.

69 Dies wird auch nicht ein für November 2001 erwarteter Forschungsbericht zu Alleinsorge und gemeinschaftlicher Sorge (Zwischenbericht abrufbar im Internet unter www.bmj.bund.de Gutachten) widerlegen können, denn dass mit der gemeinsamen Sorge größere Zufriedenheit bei allen Beteiligten verbunden ist, besagt über die Geeignetheit der einen oder anderen Sorgerechtsform im Einzelfall überhaupt nichts, sondern lediglich, dass diejenigen, die sich für ein gemeinsames Sorgerecht entscheiden (vielleicht auch diejenigen, denen es vom Gericht belassen wurde) tendenziell besser mit den Problemen nach Trennung und Scheidung umgehen. Dazu hätte es keiner Forschung bedurft.

70 Ein Euphemismus; realistisch dagegen *Schleicher*, in: GK-SGB VIII § 17 Rz. 13 (zu Autonomie und Verantwortungsbewusstsein, an denen es quer durch alle Schichten oft fehlt).

71 *Fthenakis* (zitiert vom AmtsG Amberg, in: FamRZ 1986, 1146 ff.); *Jopt*, FamRZ 1987, 875 (gemeinsame Sorge als »anzustrebender Regelfall«); *Ditzen*, FamRZ 1987, 239; *AmtsG Charlottenburg*, FamRZ 1983, 420; *Mann*, ZfJ 1994, 218. Ablehnend: *Heiliger*, FamRZ 1992, 1006.

72 *AmtsG Amberg*, FamRZ 1983, 420; *Arntzen* (zitiert vom *AmtsG Amberg*, in: FamRZ 1986, 1146); zurückhaltend auch: *OLG Frankfurt*, FamRZ 1983, 758; *Luthin*, FamRZ 1984, 11.

nen[73]. Mehr Aufgeschlossenheit in dieser Hinsicht könnte sich durchaus dahin aus-
wirken, dass immer mehr Eltern, die ihre Partnerbeziehung auflösen, begreifen,
wie wichtig es für ihre Kinder ist – und wie gut es für sie selbst sein kann –, dass die
elterliche Verantwortung nicht mit Trennung und Scheidung aufgegeben wird.
Diese Sorgerechtsvariante schädigt die Kinder, wenn sie anwendbar ist, am wenigsten: die Kinder behalten Vater und Mutter als Bezugspersonen; die Kinder brauchen sich nicht für oder gegen einen Elternteil zu entscheiden; dies hält Väter und
Mütter davon ab, ihre Kinder als Faustpfand und Kampfmittel zu missbrauchen[74].
Zu einer (ideologischen) Überhöhung des gemeinsamen Sorgerechts besteht – wie
auch Erfahrungen in den USA zeigen (Furstenberg/Cherlin a.a.O.) – gleichwohl
kein Anlass.

Bedauerlicherweise hat die (im Gesetzgebungsverfahren umstrittene) Neuregelung des § 1671 zu einer solchen Überhöhung gerade auch in der Jugendhilfe
geführt, und die Rechtsprechung stellt derzeit – zum Teil – zu hohe Anforderungen
hinsichtlich der Aufhebung gemeinsamer elterlicher Sorge[75].

Eine Sorgerechtsübertragung bei Getrenntleben von der nach § 1626 a Abs. 2 BGB
(allein) sorgeberechtigten Mutter auf den Vater durch das Familiengericht sieht
§ 1672 Abs. 1 BGB vor. Der Vater kann einen entsprechenden Antrag allerdings
nur mit Zustimmung der Mutter stellen (§ 1672 Abs. 1 Satz 1 BGB). Seinem Antrag
ist dann stattzugeben, wenn die Übertragung dem Wohl des Kindes *dient* (§ 1672
Abs. 1 Satz 2 BGB). Hat eine solche Übertragung stattgefunden, so ist einem
Antrag eines Elternteils mit Zustimmung des anderen Elternteils auf Übertragung
gemeinsamer elterlicher Sorge immer dann zu entsprechen, wenn dies dem Wohl
des Kindes *nicht widerspricht.*

Sind die Eltern außerstande[76] oder nicht berechtigt, die elterliche Sorge insgesamt
oder in bestimmten Angelegenheiten auszuüben, so erhält das Kind einen Vormund oder Pfleger (vgl. § 1773, 1909 BGB; anlässlich Scheidung bzw. Getrenntle-

---

73 Das war aber bei vielen Gerichten der Fall, die offensichtlich die schweren Auseinander-
    setzungen und Spannungen in vielen Fällen verallgemeinerten: vgl. *Finger*, DRiZ 1985, 91
    (für Hessen); *Magnus/Dittrich*, FamRZ 1986, 416 (für Hamburg). Über ausländische
    Erfahrungen mit dem gemeinsamen elterlichen Sorgerecht und Sozialforschung dazu
    berichtet *Kaltenborn*, FamRZ 1983, 984 ff. Zum französischen Recht: *Schwab*, FamRZ
    1987, 1004. Zu einer Reihe weiterer europäischer Länder und zur EMRK: *Fahrenhorst*,
    FamRZ 1988, 240 f. (»wachsende Anerkennung« eines gemeinsamen Sorgerechts anstelle
    eines »rigorosen Alles-oder-Nichts-Prinzips«).
74 Zum gemeinsamen Sorgerecht vgl. auch *Coester*, FuR 1991, 70; *Michalski*, FamRZ 1992,
    128; *Rauscher*, NJW 1991, 1089; *Röchling*, ZfJ 1992, 417, 516, 557; *Oelkers/Kasten*, FamRZ
    1993, 18; *Ollmann*, FamRZ 1993, 869; *Oelkers/Kasten*, FamRZ 1994, 1080; *Schmidt*, UJ
    1995, 437; *Salgo*, FamRZ 1996, 449. Vgl. auch Seite 196 dieses Buches sowie *Schleicher*, in:
    Fieseler/Schleicher, § 17 SGB VIII. Zum gemeinsamen Sorgerecht und Streit über den
    Kindesunterhalt: *Maurer*, FamRZ 1993, 263 m.w.Nw. Zur gemeinsamen Sorge im Lichte
    der EMRK und des UN-Zivilpaktes: *Koeppel*, DAVorm 1993, 601. Zur ausländerrechtli-
    chen Bedeutung eines gemeinsamen Sorgerechts: BVerfG, NVwZ 2000, 59; OVG Ham-
    burg, NVwZ 2000, 105; *Huber*, NVwZ 1998, 713.
75 Nachweise bei *Fieseler*, in: Sozialextra 4/1999, 5 f. und in: *Lehmann* 2000. Wohltuend rea-
    listisch hetzt BGH; FamRZ 1999, 1646 (siehe auch 6. Kap. 2.5.3).
76 Zum Ausfall eines Elternteils vgl. §§ 1678, 1680, 1681 BGB – BayObLG, FamRZ 1999, 103:
    Absehen von der Übertragung der elterlichen Sorge auf den überlebenden Vater nach
    dem Tod der sorgeberechtigten Mutter; Bestellung des Lebensgefährten der Mutter zum
    Vormund.

bens: §§ 1671 Abs. 3 i.V.m. § 1666 BGB). Dazu kann das Vormundschaftsgericht auch einen Verein[77] oder das Jugendamt bestellen (§§ 1791 b, 1915 BGB).

Eltern, denen die Personensorge nicht zusteht, verbleibt im Regelfall die Befugnis – und die Pflicht (die dem erstmals ausdrücklich eingeräumten Kindesrecht auf Umgang mit jedem Elternteil korrespondiert) – zum persönlichen *Umgang* mit ihrem Kind (§ 1684 Abs. 1 Halbsatz 2 BGB; Einschränkung oder Ausschluss des Umgangsrechts bzw. des Vollzugs früherer Umgangsentscheidungen: § 1684 Abs. 4 Satz 1 und – für längere Zeit oder auf Dauer – Satz 2 BGB; beschützter bzw. begleiteter Umgang in Anwesenheit eines mitwirkungsbereiten Dritten gem. § 1684 Abs. 4 Satz 3)[78].

Die elterliche Sorge kann zum Teil oder auch insgesamt unter den Voraussetzungen der §§ 1666 – 1667 BGB durch das Familiengericht nach Anhörung des Jugendamtes *entzogen* werden[79]. Der Anstoß dazu kann vom Minderjährigen selbst ausgehen[80], da er sich nicht nur (wie in allen Angelegenheiten der Erziehung gemäß § 8 Abs. 2 SGB VIII) an das Jugendamt sondern auch direkt an das Familiengericht wenden kann, das in Fällen der Kindeswohlgefährdung von Amts wegen entscheidet. Bei dringendem Bedürfnis für ein unverzügliches Einschreiten können familiengerichtliche Maßnahmen auch als vorläufige Anordnungen ergehen[81], was gerade auch beim glaubhaft gemachten Verdacht sexuellen Missbrauchs öfters geschieht[82].

Eingriffe in die elterliche Sorge lassen sich nicht immer vermeiden. Doch sollten auch Kindesmisshandlungen und andere grobe Verletzungen elterlicher Pflichten

---

77   Vgl. § 1791 a BGB; §§ 53, 54 SGB VIII.
78   Vgl. 6. Kap. 2.5.3 und *OLG Hamm*, FamRZ 1993, 1233.
79   Vgl. 6. Kap. 2.5.2; zum Entzug des Aufenthaltsbestimmungsrechtes und dessen Übertragung auf das Jugendamt als Pfleger, damit dieses – statt der Eltern – Hilfen nach dem SGB VIII geltend machen kann: *BayObLG*, FamRZ 1995, 1437. Keine Entziehung des Aufenthaltsbestimmungsrechts, wenn eine 16jährige Jugendliche sich nachhaltig weigert, Erziehungshilfe in Anspruch zu nehmen, und das Jugendamt deshalb keine Möglichkeit sieht, durch eine auswärtige Unterbringung eine positive Persönlichkeitsentwicklung zu fördern (*BayObLG*, FamRZ 1995, 948 ff.). – Zum Verhältnis von Sorgerechtsentzug und Jugendhilfeleistung nach der Kindschaftsrechtsreform s. *Fricke*, RsDE 41, 20.
80   Beispielsfall (*KG* in NJW 1985, 68): ein 17jähriges Mädchen, das zunächst in der Türkei aufgewachsen war und seit fünf Jahren im Haushalt ihrer Eltern, gläubiger Muslims, in Berlin wohnte, wendet sich mit der Bitte um Hilfe an das Jugendamt und (seinerzeit noch zuständige) Vormundschaftsgericht, weil sie befürchtet, von ihren Eltern in die Türkei zurückgebracht und dort gegen ihren Willen verheiratet zu werden. Die Eltern hatten ihrer Tochter verboten, Hosen zu tragen, und versucht, sie vom Schulbesuch abzuhalten. Der Bruder empfahl der 17jährigen in Gegenwart von Mitarbeitern des Jugendamtes, Selbstmord zu begehen, und drohte ihr unter Hinweis auf einen abgelegten Schwur an, sie zu töten, wenn sie nicht in den elterlichen Haushalt zurückkehre. Die 17jährige, die bereits einen Suizid-Versuch unternommen hatte, erklärte auch vor Gericht, sie werde sich eher das Leben nehmen als sich gewaltsam in den elterlichen Haushalt rückführen zu lassen.
      Das Kammergericht hat in dritter Instanz – auf die Beschwerde der 17jährigen hin (vgl. § 59 Abs. 1 FGG) – entgegen den anderslautenden Entscheidungen von Amts- und Landgericht den Eltern das Aufenthaltsbestimmungsrecht entzogen, weil mildere Mittel, insbesondere Auflagen an die Beteiligten oder öffentliche Hilfen, angesichts der Eigenart der Konfliktsituation nicht zur Abwendung der Gefährdung der 17jährigen geeignet seien. – Zu § 1666 BGB vgl. auch *OLG Stuttgart*, NJW 1985, 67 (keine Gefährdung des Kindeswohls durch Aufenthalt in einer alternativen Wohngemeinschaft); *Coester*, DAVorm 1990, 847 (türkische Familien).
81   *BayObLG*, FamRZ 1995, 949.

nicht so sehr – jedenfalls nicht *nur* – Anlass für weitreichende Sanktionen als vielmehr für eine »Beschäftigung mit der psychosozialen Familiensituation und dem
Sozialisationsfeld Minderjähriger sein, um sinnvolle Hilfe gewähren zu können«[83].
Auf frühzeitige Hilfe, Beratung und Unterstützung, die Kindesgefährdungen vorbeugen und möglichst einvernehmliche Konfliktlösungen herbeiführen, setzte z.b.
bereits der Alternativ-Entwurf eines Gesetzes zur Neuregelung des Rechts der
elterlichen Sorge, den die Familienrechtskommission des Juristinnenbundes veröffentlicht hat[84].

Ausreichende geeignete Hilfsangebote und soziale Leistungen haben jedenfalls auch
nach dem Gesetz (§ 1666 a BGB) Vorrang vor Eingriffen in das Elternrecht. Das sog.
Wächteramt des Staates (vgl. Art. 6 Abs. 2 Satz 2 GG)[85] erlangt damit eine neue
Dimension. Darunter ist keineswegs nur der Kinderschutz gegen den elterlichen Willen – der Eingriff in das Elternrecht – zu verstehen, sondern (und vorab), wie schon
das Bundesverfassungsgericht 1968 klarstellte, jegliche Beratung und Unterstützung,
kurz jede nur erdenkliche Hilfe bei der Wahrnehmung elterlicher Verantwortung[86].
Mrozynski (ZfJ 1999, S. 472) spricht in dieser Hinsicht von der »Gefahrenabwehr
durch Erbringung von Sozialleistungen«. Dem bemüht sich jedenfalls auch das Kinder- und Jugendhilfegesetz Rechnung zu tragen. Deshalb von einem »Perspektivenwechsel« zu sprechen ist eher irreführend.

Insgesamt ist das heutige Recht der elterlichen Sorge – auch nach den Neuregelungen von 1980 und 1998 – ein nicht voll geglückter Versuch des Gesetzgebers, die
sich aus der Verfassung (Art. 1, 2, 6 GG) ergebenden Aufgaben zu lösen (freilich
kann nach Inkrafttreten des KindRG nicht mehr davon die Rede sein, bundesdeutsches Kindschaftsrecht sei Schlusslicht in Europa):
– einen angemessenen Ausgleich zu schaffen zwischen dem Grundrecht der Eltern
  auf Erziehung ihrer Kinder und deren Grundrecht auf Entfaltungsfreiheit,
– die Grenzen zwischen Elternrecht und staatlichem Wächteramt eindeutiger zu
  bestimmen[87].

3.5 Rechte von Kindern und Jugendlichen

Gerade die starke Rechtsstellung der Eltern gegenüber dem Staat – damit auch
gegenüber dem Jugendamt – und gegenüber ihren Kindern gibt dazu Anlass,
bereits an dieser Stelle die Kindesrechte hervorzuheben.

---

82 *BayObLG*, NJW 1992, 1971; bedenklicherweise verneint bei ausschließlich eigenen Angaben des Kindes: *OLG Düsseldorf*, NJW 1995, 1970. Weitere Anwendungsbeispiele bei
    Palandt-Diederichsen, § 1666 Rz. 24.
83 *AK-Münder*, § 1631 Rz. 5.
84 Band 8 der von *Rehbinder/Rebe* herausgegebenen Reihe Industrie-Gesellschaft und
    Recht, Bielefeld 1977.
85 Aus der kaum überschaubaren Fülle an Literatur hierzu: *Falterbaum*, ZfJ 1999, 89; *Fegert*,
    ZfJ 1996, 448, 483; *Fieseler*, in: Sozialextra 2000, 14; *Gerstein*, Kind-Prax 1998, 106; *Heilmann*, ZfJ 2000, 41; *Jeand´Heur*, RdJB 1992, 165; *Jeand´Heur* 1993; *Münder*, ZfJ 2000, 81;
    Münder 1999, 17 ff.; *Willutzki*, DAVorm 2000, 377; die Kommentare zum Grundgesetz
    (Erläuterungen zu Art. 6. U.a.: *Jestaedt*, in: Bonner Kommentar, Art. 6 Rz. 9 ff.).
86 *Fieseler*, in: Sozialextra 2000, Heft 7/8-2000, 14.
87 Zur Kritik an der Neuregelung von 1980, die hinter anfänglichen Reformvorstellungen
    weit zurückblieb, vgl. *Fieseler*, ZfF 1979, 193 ff., und *AK-Münder*, vor §§ 1626 ff., Rz. 8 f.
    Zur Kritik an der (ideologischen) Überhöhung des Elternrechts durch die Kinder- und
    Jugendhilfegesetz: *Fieseler*, GK-SGB VIII § 1.

Kinder und Jugendliche (in der Sprache des BGB: Minderjährige) sind schon im
Hinblick auf Art. 1 und Art. 2 GG »autonome Rechtssubjekte« (*Jean d´Heur* 1993,
Münder 1999; ständige Rechtsprechung des BVerfG). Ihnen schulden die Eltern
auch rechtlich die Berücksichtigung ihrer Interessen und Bedürfnisse, wie insbesondere aus § 1627 Satz 1 BGB (die elterliche Sorge ist »zum Wohle des Kindes«
auszuüben) und § 1626 Abs. 2 und 3 BGB folgt: Das Elternrecht ist längst kein
Herrschaftsrecht mehr sondern ein »fremdnütziges Recht«, woraus freilich die
Rechtsprechung nicht durchweg die erforderlichen Konsequenzen zieht – von der
sozialen Wirklichkeit ganz zu schweigen. Die »staatliche Gemeinschaft«, so heißt es
in Art. 6 Abs. 2 Satz 2 GG und in § 1 Abs. 2 Satz 2 SGB VIII, das heißt insbesondere die Jugendämter und die Familien-, Vormundschafts- und Jugendgerichte
schulden den Kindern und Jugendlichen – auch gegenüber deren Eltern – Schutz.
Das staatliche Wächteramt (Art. 6 Abs. 2 GG) umfasst dabei Hilfe u n d Kontrolle; Beratung und Unterstützung haben Vorrang; wo sie nicht ausreichen, das
Kind/den Jugendlichen vor Gefahren für ihr Wohl zu schützen (s. § 1 Abs. 3 Nr. 3
SGB VIII), ist Hilfe nötigenfalls auch gegen elterlichen Willen zu gewährleisten.

Hierfür dürfen keine allzu hohen Hürden aufgestellt werden, wie dies in der Rechtsprechung und ihr folgend im Schrifttum oft geschieht, sondern das Kindeswohl ist
im allgemeinen dann gefährdet, wenn das Recht auf Förderung der Kindesentwick-
lung und auf Erziehung zu einer eigenverantwortlichen und gemeinschaftsfähigen
Persönlichkeit im Sinne des § 1 Abs. 1 SGB VIII nicht gewährleistet ist und wenn
die Voraussetzungen einer Hilfe zur Erziehung gemäß § 27 Abs. 1 SGB VIII vorliegen. Dass Hilfe – wo immer möglich – am besten mit der (nicht gegen die) Familie des Kindes oder des Jugendlichen zu leisten ist, wird damit keineswegs verkannt.

Von diesem Grundverständnis her hat das Kind – und hat der Jugendliche – (gegen
die herrschende Meinung) ein subjektiv-öffentliches Recht auf Erziehung (besser:
Förderung) und Kindesschutz (eingehend begründet von *Fieseler*, in: GK-SGB VIII,
Rz. 5 ff.) und kann die Versagung eines entsprechenden eigenständigen Auftrages
seitens des Jugendamtes nur als unbegreifliche Denkhemmung und Missverständnis
hinsichtlich der Verfassungsvorgaben angesehen werden (mit zurückzuführen wohl
auch auf schlimme Erfahrungen aus der deutschen Geschichte).

Die Vorgaben der UN-Kinderrechtskonvention, als wichtigem internationalen
Abkommen, sind auch durch die Kindschaftsrechtsreform (noch) nicht eingelöst
worden; insbesondere die Stellung des Kindes im gerichtlichen Verfahren ist höchst
unbefriedigend (hier brachte das KindRG sogar einen ganz erheblichen Rückschritt: über die elterliche Sorge wird auch bei Scheidung nur noch auf Antrag entschieden; Kinder sind deshalb nicht länger nach § 50 b FGG anzuhören); manche
Jugendämter arbeiten lieber »allparteilich«, in »friedensstiftender Neutralität«, als
dass sie sich als »Anwalt des Kindes« verstehen. Aus all diesen Gründen ist die ausdrückliche Aufnahme des Verfahrenspflegers in das Gesetz (§ 50 FGG i.d.F. KindRG) zu begrüßen. Es steht aber noch aus die Einführung des Verfahrenspflegers
auch im jugendhilferechtlichen Verfahren, auch dann, wenn es nicht zu einer Einschaltung der Gerichte kommt. Dies ist von Art. 12 Abs. 2 KRK her (Gehör in allen
das Kind berührenden Gerichts- oder Verwaltungsverfahren) geboten, und weil
Kinder von den Jugendämtern oft nicht oder jedenfalls nicht in der rechtlich und
fachlich (»Kinder als Experten in eigener Sache«) gebotenen Weise beteiligt – und
damit ernstgenommen – werden.

Umso mehr kommt es darauf an, dass Verfahrenspfleger die Kindesinteressen
nachhaltig und qualifiziert vertreten. Hier geben die »Standards für Verfahrens-

pflegerInnen« von *Corina Weber* und *Maud Zitelmann* (1998) wertvolle Hinweise. Aus der Praxis sind allerdings (wenn auch nur vereinzelt) Fälle bekannt, in der Verfahrenspfleger nicht einmal persönlichen Kontakt mit kleinen Kindern, die es stets besonders vor Gefahren zu schützen gilt, aufgenommen haben.

Angesichts nicht gerade befriedigender materieller Rechte sind das Recht, sich in allen Angelegenheiten der Erziehung und Entwicklung, an das Jugendamt zu wenden (§ 8 Abs. 2 SGB VIII)[88], die Verpflichtung des Jugendamtes, Kinder und Jugendliche auf ihre Bitte hin in Obhut zu nehmen (§ 42 Abs. 2 SGB VIII) und die Anhörungsvorschrift des § 50 FGG um so wichtiger.

3.6 Reform des Kindschaftsrechts

Das Kindschaftsrechtsreformgesetz (KindRG), das am 1.7.1998 in Kraft getreten ist, und damit u.a. BGB, SGB VIII, FGG und ZPO vielfach geändert hat, verfolgt die folgenden Ziele:

– Die Rechte der Kinder sollen verbessert und das Kindeswohl soll auf bestmögliche Art und Weise gefördert werden.
– Auch Rechtspositionen der Eltern sollen – soweit dies mit dem Kindeswohl vereinbar ist – gestärkt und vor unnötigen staatlichen Eingriffen geschützt werden.
– Rechtliche Unterschiede zwischen ehelichen und nichtehelichen Kindern, die in Teilbereichen noch bestehen, sollen soweit wie möglich abgebaut werden.
– Das geltende Recht soll – etwa durch Vermeidungen unnötiger Überschneidungen und Doppelregelungen – einfacher und überschaubarer werden.

Betroffen ist im wesentlichen das Abstammungsrecht mit der Aufgabe der Unterscheidung von »Ehelichkeit« und »Nichtehelichkeit« eines Kindes, so dass es zukünftig keine »Legitimation«[89] mehr geben wird, und der Einschränkung der »teilweisen lebensfremden Vaterschaftszurechnungen«[90] u.a., sowie das Sorge- und Umgangsrecht, der Unterhalt der mit dem Vater des Kindes nicht verheirateten Mutter, das Namensrecht, das Adoptionsrecht und das Recht des gerichtlichen Verfahrens.

Einzelheiten dazu sind in diesem Buch im jeweiligen Zusammenhang nachzulesen.

3.7 Hilfen zur Erziehung[91]

Wie schon bei der Darstellung des Rechtes der elterlichen Sorge hervorgehoben wurde, sind Eingriffe in dieses Recht – durch das Familiengericht und unter Beachtung des Grundsatzes der Verhältnismäßigkeit – nur dann zulässig, wenn sie erforderlich sind, eine Gefährdung des Kindeswohls abzuwenden. Vorrang gegenüber

---

88 Vgl. dazu *Fieseler*, in: GK-SGB VIII, § 8 Rz. 7; zur Beratung in Not- und Konfliktfällen gemäß § 8 Abs. 3 SGB VIII, a.a.O., Rz. 8 ff.: »weite Auslegung«; a.A. z.B. *Schellhorn* 2000, § 8 SGB VIII, Rz. 16: »Ausnahmefall«.
89 Vgl. Vierte Auflage, Seite 150 (»Ehelichkeitserklärung«).
90 *N.N.*, DRiZ 1995, 490. Zur Zwischenbilanz nach zwei Jahren: *Meysen*, in: ZfJ 8/2000, S. 304 ff.
91 *Maykus*, Anforderungen an örtliche Jugendämter seit Inkrafttreten des KJHG, in: Unsere Jugend 1998, 125. Zum »Aufbau« von Hilfen zur Erziehung an ausgewählten Standorten der neuen Bundesländer vgl. den Projektbericht der Planungsgruppe Petra, 1995. Über Ergebnisse der Umfrage des AFET-Fachausschusses »Praxis erzieherischer Hilfen« berichtet *Dedekind*, in: AFET-MR 3/1995, 19. Zur psychosozialen Diagnostik bei Hilfen zur Erziehung: *Harnach-Beck*, ZfJ 1995, 484 und RsDE 39 (1998), 17.

Eingriffen in das Elternrecht haben Leistungsangebote (vgl. § 1666 a BGB) wie die Hilfen zur Erziehung, die das Kinder- und Jugendhilfegesetz in den §§ 27 ff. SGB VIII zum erstenmal detailliert regelt.

Sämtliche Hilfen zur Erziehung sind auf der örtlichen Ebene angesiedelt: sie sind Aufgaben der Jugendämter der Kreise und der kreisfreien Städte, die dafür – wie für die Erfüllung aller anderen gesetzlichen Aufgaben – die Gesamtverantwortung gemäß § 79 Abs. 1 SGB VIII und eine Gewährleistungsverpflichtung gemäß § 79 Abs. 2 SGB VIII haben und die Jugendämter fachlich ausreichend ausstatten müssen. Dazu gehört die Einhaltung des Fachkräftegebotes (§ 72 Abs. 1 SGB VIII; einschließlich der Sicherstellung von Fortbildung und Praxisberatung, § 72 Abs. 3 SGB VIII; ausreichende *Zahl* von Fachkräften: § 79 Abs. 3 SGB VIII).

Das setzt eine finanzielle Leistungsfähigkeit *aller* örtlichen Träger der Jugendhilfe voraus, die längst nicht gesichert ist, sondern einen dem Zuwachs und der Bedeutung der Aufgaben entsprechenden Finanzausgleich zugunsten der Kreise und kreisfreien Städte erfordert.

Reicht ein Budget dazu nicht aus, so hat ein Nachtragshaushalt die bedarfsgerechten Hilfen über das ganze Jahr sicherzustellen[92].

Das Bundesverwaltungsgericht[93] hatte – mit Urteil vom 26. Oktober 1989 (wiederholt) – einen gegen den zuständigen Jugendhilfeträger gerichteten Rechtsanspruch auf die bedarfsgerechte Hilfe zur Erziehung nach dem Jugendwohlfahrtsrecht bejaht, der als solcher nicht an finanzielle Maßgaben gebunden sei und der *dem Minderjährigen* zustehe. Demgegenüber kann es aus der Sicht junger Menschen nur als höchst bedauerlicher Rückschritt angesehen werden, dass – wiederum in Überhöhung der Elternrechtsposition – das KJHG nicht die Kinder und Jugendlichen, sondern deren Personensorgeberechtigten als »Adressaten« des Anspruchs ansieht[94].

Demgegenüber steht der Anspruch auf Eingliederungshilfe nach dem mit 1. SGB VIII-ÄndG von 1993 eingeführten § 35 a SGB VIII selbst zu[95]. Ob dies auf (inzwischen) besserer Einsicht des Gesetzgebers beruht, mag dahinstehen.

---

92 *VerwG Hamburg*, ZfJ 2000, 274; dazu: *Treeß/Göritz/Lamm*, Forum Erziehungshilfen 2000, 114: »Umkehr dringend notwendig – Hamburg hat die Orientierung verloren«; vgl. auch schon *Fieseler*, ZfJ 1997, 271, 306, 343 zu Jugendberufshilfen in Kassel).
93 *BVerwG*, NJW 1990, 1309.
94 Vgl. die Begründung des RegE. (BT-Drucks. 11/5948, 68). Vgl. auch den Fall Rosa Raupe: *VerwG Frankfurt*, ZfJ 1991, 604 und 606 m. Anm. *Nix*; zur Anspruchsinhaberschaft auch *Röchling*, Jugendhilfe 1999, 335.
95 Vgl. *Nothacker*, in: GK-SGB VIII § 35 a Rz. 31.

Hilfen zur Erziehung nach dem SGB VIII

Entscheidungsgrundlagen:	Adressatenorientierung:	Hilfeplan/Grundsätze:
§ 27 Hilfe zur Erziehung **§ 35 a Eingliederungshilfe** – Anspruchsberechtigt: Personensorgeberechtigter – dem Wohl des Kindes oder Jugendlichen entsprechende Erziehung ist nicht gewährleistet – geeignete und notwendige Hilfen »insbesondere nach Maßgabe der §§ 28 – 35« § 28 Erziehungsberatung § 29 Soziale Gruppenarbeit § 30 Erziehungsbeistand, Betreuungshelfer § 31 Sozialpädagogische Familienhilfe § 32 Erziehung in einer Tagesgruppe § 33 Vollzeitpflege § 34 Heimerziehung, sonstige betreute Wohnform § 35 Intensive sozialpäd. Einzelbetreuung § 35a Eingliederungshilfe für seelisch behinderte Kinder und Jugendliche § 39 Leistungen zum Unterhalt § 40 Krankenhilfe pädagogisch-therapeutische Leistungen (§ 27 Abs. 3) Ausbildungs- und Beschäftigungsmaßnahmen (§ 27 Abs. 3 i.V.m. § 13 Abs. 2)	**§ 1 Ziele der Jugendhilfe, Elternverantwortung** **§ 5 Wunsch- und Wahlrecht** (der Wahl und den Wünschen ist zu entsprechen, sofern sie nicht mit unverhältnismäßigen Mehrkosten verbunden sind, § 36 Abs. 1) **§ 8 Beteiligung von Kindern und Jugendlichen** **§ 9 Grundrichtung der Erziehung/ Gleichberechtigung von Mädchen und Jungen** **§ 36 Abs. 1 Mitwirkung** – Beratung des Personensorgeberechtigten, des Kindes oder des Jugendlichen – Beteiligung bei Auswahl der Einrichtung/ Pflegestelle	**§ 36 Abs. 2 Hilfeplan** – Zusammenwirken mehrerer Fachkräfte bei Entscheidungen über Hilfeart, wenn Hilfe voraussichtlich für längere Zeit zu leisten ist – Hilfeplan aufstellen zusammen mit dem Personensorgeberechtigten und dem Kind/Jugendlichen – Beteiligung der hilfeleistenden Personen, Dienste oder Einrichtungen an der Aufstellung und Überprüfung des Hilfeplans – regelmäßige Entscheidungsüberprüfung **§ 37 Zusammenarbeit bei Hilfen außerhalb der eigenen Familie** – Zusammenarbeit der Eltern und Pflege-/ Erziehungspersonen – Beratung und Unterstützung der Herkunftsfamilie (Rückkehroption) – Prüfung, ob Annahme als Kind möglich (§ 36 Abs. 1) – Entscheidung über Unterbringung auf Zeit oder Dauer – Berücksichtigung der Entwicklungsbedingungen des Kindes oder Jugendlichen (einschließlich des Zeitfaktors) – Erarbeitung einer auf Dauer angelegten Lebensperspektive, wenn Rückkehr in Herkunftsfamilie nicht möglich

Anspruchsvoraussetzung jeder Hilfe zur Erziehung ist, dass
- eine dem Wohl des Kindes oder Jugendlichen entsprechende Erziehung nicht gewährleistet[96] ist

und dass
- Hilfe zur Erziehung für seine Entwicklung geeignet und notwendig ist.

Geeignet ist eine Hilfe zur Erziehung, wenn sie die Prognose rechtfertigt, den festgestellten erzieherischen Bedarf zu decken. *Notwendig* ist die Hilfe zur Erziehung, wenn andere Leistungen des Gesetzes – wie Jugendarbeit, Angebote der Förderung in der Familie und zur Förderung in Tageseinrichtungen und Tagespflege – nicht ausreichen, den erzieherischen Bedarf zu decken, bzw. wenn und solange (entgegen § 79 Abs. 2 SGB VIII) solche Leistungen nicht ausreichend bereitgehalten werden.

§ 27 Abs. 2 SGB VIII verweist auf den »offenen Katalog« der Hilfen zur Erziehung nach §§ 28 – 35: das Wort »insbesondere« lässt Raum sowohl für die Neu- und Weiterentwicklung von Hilfen in der Praxis[97] wie auch für die Zuordnung von andernorts im Kinder- und Jugendhilfegesetz geregelten Leistungen zu den Hilfen zur Erziehung[98]. Alle Hilfen zur Erziehung müssen auf den Einzelfall zugeschnitten sein (Individualisierungsgrundsatz). Dabei soll »das engere soziale Umfeld des Kindes oder Jugendlichen einbezogen werden«, wie es in § 27 Abs. 2 Satz 2 SGB VIII heißt. Damit ist nicht nur die eigene Familie gemeint: auch Freunde, Nachbarn, Schule, Arbeitsplatz, Jugendzentrum und darüber hinaus die Wohnsiedlung, der Stadtteil können dies angesichts der »Milieuorientierung« und Regionalisierung von Angeboten der Jugendhilfe sein[99].

Der Anspruch auf Hilfe zur Erziehung, der sich auf mehrere Hilfen gleichzeitig richten kann,[100] soll allerdings nur ein »Anspruch dem Grunde nach« sein: zwar ist das Jugendamt *verpflichtet*, Hilfe zur Erziehung zu gewährleisten, und so das Wohl des Kindes oder Jugendlichen zu fördern, wenn die Voraussetzungen des § 27 Abs. 1 SGB VIII zu bejahen sind (»*Ob* der Leistung«), *wie* aber zu leisten ist, das heißt welche Art und welcher Umfang in Betracht kommt, darüber entscheide das Jugendamt nach pflichtgemäßem, fachlich begründetem Ermessen[101].

Daran ist richtig, dass – entsprechend dem Individualisierungsgrundsatz – die Auswahl der einzelnen Hilfeart sich an pädagogischen Gesichtspunkten orientiert und sich Art

---

96   Der Gesetzgeber meinte – mit wenig überzeugender Begründung (vgl. BT-Drucks. 11/ 5948, 68) – ohne diese Negativfeststellung nicht auszukommen.

97   Beispielhaft genannt seien die weiteren (»flexiblen«) Hilfen neben der Sozialpädagogischen Familienhilfe, vgl. *Fieseler* in: GK-SGB VIII, § 31 Rz. 1 f.

98   Vgl. Fall Rosa Raupe, a.a.O. (Fn. 94): wo eine Tagesbetreuung nach §§ 22, 23 SGB VIII nicht angeboten wird, kann nach § 27 SGB VIII darauf ein Anspruch bestehen.

99   Vgl. *Häbel*, in: GK-SGB VIII, §27 Rz.. 25, 33 f. mit Hinweis auf den Achten Jugendbericht und dem von ihr geforderten »Konzept von Zuweisungskriterien«; *BayVGH* (12 CE 95.4004, Beschluss vom 2.1.1996, in: FEVS 46/1996, 394).

100 *Häbel*, in: GK-SGB VIII, § 27 Rz. 19, 29; *o.N.*, Gutachten in: NDV 2000, 59 m.w.Nw.

101 Vgl. *Häbel*, GK-SGB VIII, § 27 Rz. 72 f.; weitere Nw. bei *Ollmann*, ZfJ 1995, 48; *VGH Mannheim*, NDV-RD 1997, 133 gesteht dem örtlichen Träger der Jugendhilfe bei der Entscheidung über die Art, den Umfang und die zeitliche Dauer einer Hilfe »im Rahmen der hierfür erforderlichen (sozial-)pädagogischen Wertungen und Zukunftsprognosen einen gerichtlich nicht voll überprüfbaren Beurteilungsspielraum und ein Bewertungsvorrecht« gegenüber dem die Maßnahme durchführenden freien Träger zu (dazu GK-SGB VIII, Einleitung, S. 5 f.).

und Umfang nach dem erzieherischen Bedarf im Einzelfall richtet (§ 27 Abs. 2 Satz 2 SGB VIII). Da die Frage nach dem erzieherischen Bedarf aber schon bei der Prüfung der Anspruchsvoraussetzung bejaht worden sein muss, also feststeht, *dass* erzieherische Hilfe zu leisten ist, bleibt bei der Entscheidung über das »Wie« und das »Wieviel« kaum noch ein Ermessensspielraum: wo die »richtige Hilfe« prognostizierbar ist, schrumpft das Ermessen auf Null[102]. Finanzielle Gesichtspunkte sind dann – so wie es das Bundesverwaltungsgericht bereits zur Zeit der Geltung des Jugendwohlfahrtsgesetzes entschied – auf keinen Fall für Auswahl von Art und Umfang maßgebend. Rechtswidrig ist es daher, kostspielige Hilfen wie die intensive sozialpädagogische Einzelbetreuung trotz entsprechenden Bedarfs aus Kostengründen nicht zu gewähren. Auch verbietet sich jegliche »Kontingentierung«, sofern damit in (weiteren) Einzelfällen eine Leistungsgewährung ausgeschlossen wäre. Das gleiche gilt für eine Budgetierung: Reichen die zunächst bereitgestellten Mittel nicht aus, so sind sie durch einen Nachtragshaushalt sicherzustellen, denn »es versteht sich von selbst, dass gesetzliche Ansprüche nicht unter dem Vorbehalt der Finanzierbarkeit stehen«[103].

Mit der juristischen Betonung eines Anspruches, der mehr als ein Anspruch dem Grunde nach ist und der deshalb auch *eingeklagt* werden kann, wird nun freilich nicht verkannt, dass praktisch gesehen die Ermittlung des erzieherischen Bedarfs[104] und die Bestimmung der diesem Bedarf entsprechenden Hilfe nach Art und Umfang nicht immer einfach ist; zum einen setzt schon die Feststellung der Anspruchsvoraussetzungen »ein selbstreflexives Denken und Handeln« voraus, das einer »einseitig subjektiven und mittelschichtorientierten Auslegung« des unbestimmten Rechtsbegriffs Kindeswohl begegnet[105], zum anderen ist (hierfür und) für die Konkretisierung sowohl Fachverstand, also sozialpädagogische Kompetenz der Mitarbeiter/-innen des Jugendamtes, wie auch die Mitwirkung der Betroffenen bei der Feststellung des Bedarfes und bei der Durchführung der erzieherischen Hilfe (dies auch der anzustrebenden Akzeptanz der Hilfe wegen) nötig. Sorgfältige Sachverhaltsermittlung nach dem Untersuchungsgrundsatz (§ 20 SGB X) und Entscheidungsverantwortung lassen sich durchaus mit einer aktiven Stellung der Leistungsadressaten vereinbaren. *Beides zusammen*[106] gewährleistet, wenn überhaupt, die Qualität des Entscheidungsprozesses, und für die – schon im Hinblick auf Art. 19

---

102 Ebenso – allerdings nur für den von ihm sogenannten »Interventionsfall«, wenn anders das Kindeswohl gefährdet wäre, Jean *d'Heur*, a.a.O., S. 47. Wie hier *Gerlach*, in: AFET-MR, Nr. 3/1995, 21; *Fieseler*, ZfJ 1995, 194 ff. Vgl. auch *Gintzel*, Forum Erziehungshilfen 1995, 196 (zu Rechtsanspruch und kommunaler Finanznot).

103 *VerwG Hamburg*, ZfJ 2000, 274 ff. (mehrere Entscheidungen); vgl. auch *Fieseler*, ZfJ 1997, 271, 306, 343 und GK-SGB VIII, Einleitung.

104 Einschließlich der Vorfrage, ob überhaupt ein *erzieherischer* Bedarf besteht, oder ob nicht vielmehr andere Leistungen – etwa solche offener Jugendarbeit – interessengerechter wären. Zur Feststellung des erzieherischen Bedarfs und zur Auswahl der richtigen Hilfe vgl. auch *Maas*, ZfJ 1995, 388 ff. (m.w.Nw.) und *Ollmann*, ZfJ 1995, 48 ff. Wunsch und Wahl der Leistungsberechtigten spielen bei der Bestimmung der richtigen Hilfe eine überaus bedeutende Rolle. Vgl. dazu *Münder*, NDV 1995, 275 ff. (Anmerkungen zu OVG Hamburg, NDV 1995, 300 ff.); *Maas*, ZfJ 1996, 113 ff. – Zur Feststellung des erzieherischen Bedarfs als materiell- und verfahrensrechtliches Problem *Mrozynski*, ZfJ 1999, 467.

105 *Häbel*, in: GK-SGB VIII, § 27.

106 *Fieseler*, GK-SGB VIII, § 2 Rz. 24 mit Nachweisen über den Streitstand zur Kontroverse »Aushandlung oder Diagnose«; *Harnach-Beck*, RsDE 39 (1998), 17 (»Polarisierung überzogen«); *Uhlendorff*, in: *Schröer* u.a., 2001). Vgl. auch *Häbel*, GK-SGB VIII, § 27 Rz. 74 und *Nothacker*, GK-SGB VIII, § 36 Rz. 43 ff.

Abs. 4 GG gebotene – verwaltungsgerichtliche Überprüfung wird durch »Offenlegung der Basis der Entscheidungsfindung«[107] die »Nachvollzugskontrolle« möglich; beides entspricht einem modernen Verständnis sozialer Arbeit und beidem trägt das Kinder- und Jugendhilfegesetz in den §§ 36 – 38 SGB VIII für die Erziehungshilfen Rechnung:

- die Personensorgeberechtigten und das Kind oder der Jugendliche sind vor *ihrer* Entscheidung über die Inanspruchnahme einer Hilfe zur Erziehung und vor einer Änderung von Art und Umfang der Hilfe zu beraten und auf die möglichen Folgen für die Entwicklung des Kindes oder Jugendlichen hinzuweisen (§ 36 Abs. 1 Satz 1 SGB VIII);
- die Entscheidung über die im Einzelfall angezeigte Hilfeart soll im Fall voraussichtlich »für längere Zeit« zu leistender Hilfe im Zusammenwirken mehrerer Fachkräfte getroffen werden (§ 36 Abs. 2 Satz 2 SGB VIII);
- als Grundlage für die Ausgestaltung (für längere Zeit) zu leistender Hilfe sollen die Fachkräfte zusammen mit dem Personensorgeberechtigten und dem Kind oder Jugendlichen einen Hilfeplan aufstellen (§ 36 Abs. 2 Satz 2 SGB VIII; dazu sogleich Näheres);
- bei Hilfen zur Erziehung außerhalb der eigenen Familie sind die Personensorgeberechtigten, das Kind oder der Jugendliche bei der Auswahl der Einrichtung oder Pflegefamilie zu beteiligen (§ 36 Abs. 1 Satz 3);
- bei den mit Fremdunterbringung verbundenen Hilfen der §§ 33, 34 SGB VIII – also Vollzeitpflege bzw. Erziehung im Heim oder in sonstiger betreuter Wohnform – soll auf die Zusammenarbeit der Pflegepersonen und des Erziehungspersonals mit den Eltern hingewirkt werden (§ 37 Abs. 1 Satz 1 SGB VIII);
- während der mit Fremdunterbringung verbundenen Durchführung der Erziehungshilfe sollen die Herkunftsfamilien beraten und unterstützt werden (§ 37 Abs. 1 Satz 2 und 3 SGB VIII); die Pflegeperson hat einen entsprechenden Anspruch bereits vor der Aufnahme des Kindes oder Jugendlichen und während der Dauer der Pflege (§ 37 Abs. 2 SGB VIII);
- Pflegepersonen und Erziehungspersonal vertreten die Personensorgeberechtigten in der Ausübung der elterlichen Sorge in den in § 1688 Abs. 1 BGB genannten Angelegenheiten[108].

Der gemäß § 36 Abs. 2 Satz 2 SGB VIII aufzustellende und regelmäßig zu überprüfende *Hilfeplan* wird im einzelnen enthalten[109]:
- die am Hilfeplan Beteiligten;
- die Feststellung des Hilfebedarfs: was die Leistungsberechtigten brauchen – ihre jeweilige Sicht;
- Wünsche der Leistungsberechtigten hinsichtlich Art, Ausgestaltung, Umfang und Träger der Hilfe;
- Feststellung der auf den Bedarf zugeschnittenen, geeigneten und notwendigen Hilfeart;
- (kurz-, mittel- und langfristige) Ziele der Hilfe und Erwartungen der Beteiligten;
- zeitliche Planung der Hilfe: Beginn, voraussichtliche Dauer, regelmäßige Überprüfung, Kriterien der Beendigung der Hilfe;

---

107 *Ollmann*, ZfJ 1995, 45 unter ausführlichem Bezug auf neuere Rechtsprechung des BVerfG.
108 Vgl. GK-SGB VIII, § 38 Rz. 12 ff.

- Aufgabenverteilung und Zusammenarbeit der Beteiligten;
- (ggf.) besondere sozialpädagogische, schulische oder therapeutische Leistungen und deren zeitliche Perspektive;
- Belehrung über die Folgen eines eventuellen Scheiterns bzw. einer Nichteinhaltung des Hilfeplanes;
- Unterschrift aller Beteiligten.

Bei Fremdunterbringungen[110] kommen *hinzu*:
- Beteiligung der Personensorgeberechtigten und des Kindes oder Jugendlichen bei der Auswahl der Pflegestelle oder Einrichtung;
- Abklärung, ob und unter welchen Bedingungen eine Rückkehr in die Herkunftsfamilie möglich ist;
- Angebote zur Verbesserung der Erziehungsbedingungen in der Herkunftsfamilie;
- Zusammenarbeit mit den Beteiligten bei der Erarbeitung einer auf Dauer angelegten Lebensperspektive (unter den Voraussetzungen von § 36 Abs. 1 Satz 4 SGB VIII);
- Kontakte des Kindes mit seinen Eltern und anderen bisherigen Bezugspersonen, Freunden usw. – Besuche, Heimfahrten;
- Prüfung, ob eine Adoption in Betracht kommt (§ 36 Abs. 1 Satz 2 SGB VIII: bei langfristig zu leistender Hilfe außerhalb der eigenen Familie[111]);
- Beteiligung der bei der Durchführung der Hilfe tätigen Personen, Dienste oder Einrichtungen sowie des Erziehungspersonals – deren Beratung und Unterstützung.

---

109 Vgl. Institut für Soziale Arbeit e.V. (Hrsg.), Soziale Praxis H. 15: Hilfeplanung und Betroffenenbeteiligung, Münster 1994; *Harnach-Beck*, a.a.O. (1995); Empfehlungen des Deutschen Vereins für öffentliche und private Fürsorge, NDV 1995, 321 (dazu *Wagner/Hoppe*, NDV 1995, 455); *Hebenstreit-Müller*, JH 1995, 233 (zur Bremer Dienstanweisung zu § 36); *Merchel/Schrapper*, NDV 1995, 151 (kritisch: *Maas*, ZfJ 1997, 74); Schwabe, Forum Erziehungshilfen 1996, 164 (»bescheidenere Ansprüche« statt »scheindemokratische Veranstaltung«); *Kunkel*, NDV 1995, 456 (Autonomie freier Träger). Aus der Sicht eines Jugendamtsleiters: *Kaufmann*, ZfJ 1996, 1 ff. Zur Beteiligung der Personensorgeberechtigten sowie der Kinder und Jugendlichen bei Heimunterbringung und Vollzeitpflege: *Astrid Fricke*, ZfJ 1992, 509. Zum Hilfeplan auch: *Baldewein*, EREV 3/1992, 16; *Frings*, ZfJ 1994, 97; *Späth*, in: Sozialpädagogik 1994, 53; *Stephan*, ZfJ 1993, 97; *Schwabe*, Forum Erziehungshilfe 1996, 164 (»bescheidenere Ansprüche« statt »scheindemokratische Veranstaltung«); *Herborth* 1998; *von Soest* 1998, *Becker* 1999; *Schwabe*, in: Jugendhilfe 4/2000, 195 ff. und 5/2000, 255 ff.
110 Vgl. *Salgo*, in: *Wiesner/Zarbock* 1991, 132 f.; AFET, Heft 48/1993.
111 Hierbei ist ausschließlich das Kindeswohl maßgebend. Die Adoption muß wesentlich bessere Erziehungs- und Lebensbedingungen bieten als andere Hilfen; finanzielle Erwägungen (Entlastung der öffentlichen Hand) sind unzulässig (vgl. *AK-BGB / Fieseler*, vor §§ 1741 ff. Rz. 5, 6). Vgl. auch S. 275 ff. dieses Buches.

3.8 Das Recht der Ehescheidung[112]

Während das Recht der elterlichen Sorge zunächst 1980 (und inzwischen durch KindRG von 1998) neu geregelt worden ist, wurde das *Scheidungsrecht* bereits 1976 durch das Erste Gesetz zur Reform des Ehe- und Familienrechts (BGBl. 1976 I S.1421) grundlegend geändert. Hervorzuheben sind insbesondere die Ersetzung des Verschuldensprinzips – mit Auswirkungen auch auf die Regelung der elterlichen Sorge[113] – sowie die Einführung der *Familiengerichte* als besondere Abteilungen der Amtsgerichte. Ihre Zuständigkeit ergibt sich aus § 23 b GVG und betrifft u.a.

– Ehesachen (insbes. die Ehescheidung), § 23 b Abs.1 Satz 2 Nr.1 GVG (dazu § 606 ZPO),
– die Regelung der elterlichen Sorge, § 23 b Abs.1 Satz 2 Nr.2 GVG[114] und des elterlichen Umgangs[115] mit einem Kind, § 23 b Abs.1 Satz 2 Nr.3 GVG,
– die Herausgabe eines Kindes, für das die elterliche Sorge besteht[116], § 23 b Abs.1 Satz 2 Nr.4 GVG),
– Streitigkeiten über die durch Verwandtschaft begründete Unterhaltspflicht, § 23 b Abs.1 Satz 2 Nr.5 GVG[117].

Auch die Verfahren über den Ehegattenunterhalt, Versorgungsausgleich, die Ehewohnung und den Hausrat, das eheliche Güterrecht (insbes. Zugewinnausgleich), Kindschaftssachen (dazu § 640 Abs.2 ZPO), sowie über Ansprüche nach §§ 1615 l, 1615 m BGB u.a.m. sind Familiensachen.

Die Familiengerichte entscheiden über die Scheidung und über Scheidungsfolgesachen.

Ehescheidung

Die Voraussetzungen der Scheidung sind in den §§ 1565 – 1568 BGB geregelt. Einziger Scheidungsgrund ist das »Scheitern der Ehe« (die »Zerrüttung«; Begriffe, die einer möglichst einvernehmlichen Lösung, einer entsprechenden Streitkultur, nicht gerade dienen). Die Ehe ist gescheitert, wenn die Lebensgemeinschaft der Ehegatten nicht mehr besteht und nicht erwartet werden kann, dass die Ehegatten sie wiederherstellen (§ 1565 Abs.1). Dieses Scheitern wird unwiderlegbar vermutet (so dass ggf. »keine schmutzige Wäsche gewaschen werden« muß)
– nach einem Jahr Getrenntleben, wenn beide Ehegatten die Scheidung beantragen oder der Antragsgegner der Scheidung zustimmt (§ 1566 Abs.1)
– nach dreijähriger Trennung (§ 1566 Abs.2).

Vor dem Ablauf einjähriger Trennung kann die Ehe nur geschieden werden, wenn die Fortsetzung der Ehe dem Antragsteller aus Gründen, die in der Person des

---

112 Vgl. dazu *Fricke/Wicke* (1995), 32 ff.: Fälle und Lösungen (zur ersten Befassung mit dem Gesetzestext vorzüglich geeignet). Zum »Einstieg« auch *Tschernitschek* (1995), 144 ff. – Zur Vertiefung: *Gernhuber/Coester-Waltjen* (1994), 273 ff.; *Lüderitz* 1999; *Schwab* 1999 – Sozialrechtliche Konsequenzen von Getrenntleben und Scheidung: *Sartorius/Bubeck*, FPR 1997, 9.
113 Vgl. *Fieseler*, Rechtsgrundlagen sozialer Arbeit, S. 108 f.
114 Vgl. S. 191, 195 ff. dieses Buches.
115 Vgl. S. 201 ff. dieses Buches.
116 Vgl. S. 189 ff. dieses Buches.
117 Vgl. S. 170 ff. dieses Buches.

anderen Ehegatten liegen, eine »unzumutbare Härte« darstellen würde (§ 1565 Abs. 2).

§ 1567 Abs. 1 Satz 1 bestimmt, was unter Getrenntleben – auch innerhalb der ehelichen Wohnung (§ 1567 Abs. 1 Satz 2) – zu verstehen ist: es besteht keine häusliche Gemeinschaft mehr[118] und (mindestens) ein Ehegatte will sie auch »erkennbar« nicht wiederherstellen. Mit einem Zusammenleben verbundene Versöhnungsversuche »für kürzere Zeit« haben keinen Einfluss auf die Trennungsfristen (§ 1567 Abs. 2 BGB). Das »Trennungsjahr« beginnt also nicht etwa von neuem, und es verlängert sich auch nicht um die Versöhnungszeit.

Die Scheidung nach § 1566 Abs. 1 BGB (einständliche Scheidung) setzt voraus, dass die (Scheidungs-) Antragsschrift von Eheleuten, die bereits nach einem Jahr Getrenntleben einverständlich geschieden werden wollen, entweder die übereinstimmenden Erklärungen der Ehegatten enthält, dass Anträge zur Übertragung der elterlichen Sorge und zur Regelung des Umgangs mit den Kindern nicht gestellt werden, weil sie sich über das Fortbestehen der Sorge und des Umgangs einig sind, oder – falls eine gerichtliche Regelung erfolgen soll – die entsprechenden Anträge und die Zustimmung des anderen Ehegatten (§ 630 Abs. 1 Nr. 2 ZPO). Auch muss die Antragsschrift die Einigung über die Regelung der gesetzlichen Unterhaltspflicht gegenüber dem Kind sowie über Ehewohnung und Hausrat enthalten (§ 630 Abs. 1 Nr. 3 ZPO).

In *jedem* Fall muss die Antragsschrift Angaben darüber enthalten, *ob* gemeinschaftliche (d.h. auch adoptierte) Kinder vorhanden sind (§ 622 Abs. 2 Nr. 1 ZPO). Gegebenenfalls hört das Gericht die Ehegatten (auch) zur elterlichen Sorge an und weist auf die Möglichkeiten der Beratung durch die Beratungsstellen und Dienste der Träger der Jugendhilfe hin (§ 613 Abs. 1 Satz 2 ZPO):

Gegen den Willen des anderen Ehegatten wird nach einem Jahr nur geschieden (Streitige Ehescheidung[119]), wenn vom Antragsteller der konkrete Nachweis erbracht wird, dass mit einer Wiederherstellung der ehelichen Lebensgemeinschaft nicht mehr zu rechnen ist. In der Praxis werden meist hinsichtlich dieser Prognose keine hohen Anforderungen gestellt[120], auch wenn die bloße Erklärung des Antragstellers, er werde nicht mehr zu seiner Familie zurückkehren, nicht ausreicht.[121]

Nach dem Ablauf dreijähriger Trennung wird die Ehe trotz ihres Scheiterns (ausnahmsweise) dann nicht geschieden, wenn die Voraussetzungen der Härteklausel des § 1568 BGB vorliegen. Dessen erste Alternative berücksichtigt die Interessen minderjähriger Kinder an der Aufrechterhaltung der Ehe[122].

---

118 Der »gelegentliche, aber nicht regelmäßige« gemeinsame Mittagstisch mit den Kindern steht dem nicht entgegen: *Erdrich*, in: *Scholz/Stein* 2000, F, Rz. 7.
119 Vgl. *Erdrich*, in: *Scholz/Stein* 2000, F Rz. 29 ff.
120 Kaum repräsentativ: *AmtsG Landstuhl*, FamRZ 1995, 931, wonach auch die Aufnahme einer »dauerhaften außerehelichen Beziehung« nicht ausreicht, wenn der andere Ehegatte die eheliche Lebensgemeinschaft fortsetzen möchte (wenn er also nicht etwa im Verlauf des Scheidungsverfahrens doch noch zustimmt).
121 *Palandt/Brudermüller*, § 1565 Rz. 3; als Indizien für ein Scheitern werden etwa genannt: die Vernachlässigung des Haushalts und der Kinder; der Hass gegen die nicht gemeinsame Kinder des Ehegatten.
122 Einzige veröffentlichte Entscheidung: *OLG Hamburg*, FamRZ 1986, 469 betrifft einen Härtefall bei ernsthafter Gefahr der Selbsttötung eines minderjährigen Kindes.

Scheidungsfolgen

Das Familiengericht entscheidet auch über die Scheidungsfolgen, nämlich (notwendigerweise) den Versorgungsausgleich (§§ 1587 – 1587 p BGB), sowie – nur auf entsprechenden, rechtzeitig, das heißt bis zum Schluss der mündlichen Verhandlung erster Instanz in der Scheidungssache gestellten Antrag hin – u.a. über die elterliche Sorge für ein gemeinschaftliches, minderjähriges Kind, den Umgang mit dem Kind und die Herausgabe des Kindes, den Nachscheidungsunterhalt (§§ 1569 – 1586 b BGB)[123], Ansprüche aus einem ehelichen Güterstand, insbesondere auf Zugewinnausgleich (§§ 1363 – 1390 BGB)[124], die Rechtsverhältnisse an der Ehewohnung und am Hausrat (Hausratsverordnung, insbesondere § 2: Berücksichtigung des Kindeswohls durch den Familienrichter[125]).

Wird der entsprechende Antrag rechtzeitig, d.h. bis zum Schluss der mündlichen Verhandlung erster Instanz in der Scheidungssache gestellt, so verhandelt das Familiengericht über diese Folgesachen zusammen mit der Scheidungssache und es entscheidet darüber zusammen mit ihr, wenn es dem Scheidungsantrag stattgibt (§ 623 Abs. 1 Satz 1 ZPO).

Von diesem sog. _Verfahrens- und Entscheidungsverbund_ gibt es Ausnahmen eines Scheidungsurteils vor der Folgeentscheidung (§ 628 ZPO), sie betreffen u.a. die Sorge- und die Umgangsregelung, soweit das Verfahren darüber gemäß § 52 Abs. 2 FGG ausgesetzt ist, weil die Beteiligten bereit sind, außergerichtliche Beratung in Anspruch zu nehmen, oder das Gericht davon überzeugt ist, dass Aussicht auf ein Einvernehmen der Beteiligten besteht (§ 628 Nr. 3; eingefügt durch KindRG, vgl. BT-Drucks. 13/4899, S. 123). Umgekehrt erfolgt eine Vorwegentscheidung über die elterliche Sorge, wenn das Familiengericht von dem Antrag eines Ehegatten nach § 1671 Abs. 1 BGB, dem der andere Ehegatte zustimmt, abzuweichen beabsichtigt (§ 627 Abs. 1 ZPO), damit sich die Ehegatten darauf einstellen können, dass sich ihre Vorstellungen über die elterliche Sorge nicht verwirklichen lassen (Vgl. BT-Drucks. 13/4899, S. 123).

Diese (nicht einfachen) Regelungen zeigen, wie sich der Gesetzgeber die Umsetzung der Ziele der Kindschaftsrechtsreform durch das Verfahren vor den Familiengerichten vorgestellt hat.

Praktisch bedeutsam sind auch die auf Antrag ergehenden _einstweiligen Anordnungen_ des Familiengerichts über die elterliche Sorge, den Umgang, die Kindesherausgabe, die Unterhaltspflicht gegenüber dem minderjährigen Kind u.a.m. (§ 620 Abs. 1 ZPO).

Zwar herrscht in Scheidungssachen _Anwaltszwang_ (§ 78 Abs. 2 Satz 1 ZPO), doch braucht der Antragsgegner keinen Rechtsanwalt, wenn er keinen Sachantrag stellen will. Ist die elterliche Sorge zu regeln, so kann das für das Gericht Anlass zur Beiordnung eines Rechtsanwalts sein (§ 625 Abs. 1 ZPO).

---

123 Zum Nachscheidungsunterhalt bei gemeinsamer Sorge: KG, FamRZ 1994, 514.
124 Vgl. _AK-BGB-Fieseler:_ Kommentierung der §§ 1363 – 1390. § 1382 BGB nimmt hinsichtlich einer Stundung der Ausgleichsforderung seit 1986 ausdrücklich auf die Wohnverhältnisse oder sonstigen Lebensverhältnisse gemeinschaftlicher Kinder Rücksicht.
125 Dem sorgeberechtigten Elternteil ist meist die Wohnung und der für die Kinder erforderliche Hausrat zuzuweisen, um ihnen ihre Umwelt zu erhalten, und weil dem alleinstehenden Ehegatten nach den Verhältnissen des Wohnungsmarkts ein Umzug eher zuzumuten ist (_Palandt-Diederichsen_, Anm. 2 zu § 2 HausratsVO).

Unterhalt des geschiedenen Ehegatten

Die Ersetzung des Verschuldensprinzips durch das Zerrüttungsprinzip ist auch aus der Sicht der von Trennung und Scheidung ihrer Eltern betroffenen Kinder und Jugendlichen zu begrüßen. Ihre Situation wird wesentlich von den Lebensverhältnissen des Elternteils geprägt, mit dem sie zusammenleben. Deshalb ist die Sicherung des Unterhalts dieses Elternteils auch für die von ihm betreuten Kinder bedeutsam. Das Gesetz sieht – neben Alter (§ 1571 BGB), Krankheit oder Gebrechen (§ 1572 BGB), fehlender Erwerbstätigkeit (§ 1573), Aus- und Fortbildung, Umschulung (§ 1575) und sonstigen schwerwiegenden »Billigkeitsgründen« (§ 1576 BGB)[126] – eine nacheheliche Unterhaltsberechtigung vor allem für *den* geschiedenen Ehegatten vor, von dem wegen der Pflege oder Erziehung eines gemeinschaftlichen Kindes eine Erwerbstätigkeit nicht erwartet werden kann (§ 1570 BGB)[127]. Dieser Anspruch ist wegen der damit verbundenen Kindesinteressen in mehrfacher Hinsicht privilegiert (§§ 1577 Abs. 4 S. 2, 1582 Abs. 1 S. 2 und 3, 1586 a Abs. 1 BGB), und die zum Teil fragwürdigen Unterhaltsversagungsgründe des § 1579 BGB – wie die eines offensichtlich schwerwiegenden, eindeutig beim Berechtigten liegenden Fehlverhaltens gegen den Verpflichteten (§ 1579 Ziff. 6 BGB) – müssen wenigstens dann zurücktreten, wenn es gilt, die Kindesbelange zu wahren[128].

---

126 Anwendungsbeispiel: Betreuung eines Pflegekindes: vgl. *OLG Stuttgart*, FamRZ 1983 und *BGH*, NJW 1984, 1538, 2355; BGH NJW-RR 1995, 1089 (zum Trennungsunterhalt gemäß § 1361 BGB).

127 Wegen der Einzelheiten vgl. *Palandt/Diederichsen* § 1570 BGB Anm. 2 b.

128 Vgl. dazu *Henrich*, FamRZ 1986, 401. Mit der Qualifizierung von »Eheverfehlungen« Untreue, Aufnahme einer Lebensgemeinschaft mit einem anderen Partner als einseitiges Fehlverhalten u.a.m. – *OLG Zweibrücken* FamRZ 1985, 186 hält sogar das »Ausbrechen aus einer *intakten* Ehe« für möglich und kürzt den Unterhalt – tritt das Verschuldensprinzip insbesondere zum Nachteil von (Haus-)Frauen und den von ihnen betreuten Kindern durch die Hintertür wieder ein. Vgl. demgegenüber die überzeugende Entscheidung *AmtsG Melsungen*, NJW 1984, 2370 und *AmtsG Stuttgart*, FamRZ 1989, 1305; Unterhalt für lesbische Mutter, die zwei minderjährige Kinder betreut: *AmtsG München*, in: Streit 1990, 36. Zur neueren Rechtsprechung: *Oelkers*, FamRZ 1996, 257 ff.; nach *OLG München*, FamRZ 1997, 1160 soll die »planmäßige Vereitelung des Umgangsrechts« durch Umzug und Verschweigen der neuen Anschrift zur zeitweiligen Verwirkung des Anspruchs auf Geschiedenenunterhalt führen können. Ein solche, das Kind nicht treffende Rechtsprechung befremdet um so mehr, als umgekehrt Müttern, die in Umgangsangelegenheiten die mangelnde Zahlungsmoral von Vätern anführen, (regelmäßig) bedeutet wird, beides habe nichts miteinander zu tun.

3.9 Statistik: Gerichtliche Ehelösungen

Rechtskräftige Urteile auf Ehelösungen

Jahr	insgesamt	Nichtigkeit der Ehe	Aufhebung der Ehe	Ehescheidungen zusammen absolut	je 10.000 Einwohner	je 10.000 bestehende Ehen[a]	§ 1565 (1) i.V.m. § 1565 (2)	§ 1565 (1)	§ 1565 (1) i.V.m. § 1566 (1)	§ 1565 (1) i.V.m. § 1566 (2)	aufgrund anderer Vorschriften	Abweisung der Klage
								nach BGB				
Früheres Bundesgebiet[b]												
1950	86.341	834	767	84.740	16,9	67,5	x	x	x	x	x	4.681
1960	49.325	192	255	48.878	8,8	35,7	x	x	x	x	x	2.903
1970	76.711	54	137	76.520	12,6	50,9	x	x	x	x	x	1.541
1980	96.351	54	75	96.222	15,6	61,3	7.778	32.574	47.219	8.280	371	400
1990	123.041	42	130	122.869	19,4	81,0	5.055	25.287	79.072	12.837	618	256
1996	153.443	35	610	152.798	22,5	95,2	2.993	30.822	104.812	13.356	815	254
1997	161.937	51	621	161.265	23,7	103,7	2.767	31.504	111.541	14.662	791	286
Deutschland												
1992	135.179	51	118	135.010	16,8	69,5	4.732	29.569	88.437	11.435	837	337
1993	156.646	34	187	156.425	19,3	76,3	3.955	31.833	106.284	13.495	858	319
1994	166.496	48	396	166.052	20,4	85,0	3.735	33.490	114.240	13.820	767	300
1995	170.000	45	530	169.425	20,7	86,8	3.342	33.939	117.362	13.976	806	317
1996	176.203	39	614	175.550	21,4	90,0	3.227	35.886	121.221	14.395	821	283
1997	188.483	54	627	187.802	22,9	98,9	2.931	37.090	130.692	16.284	805	309

Quelle: Statistisches Bundesamt, Stat. Jahrbuch 1999, S. 76

a Jeweils bezogen auf die verheirateten Frauen
b Bis zum 30.6.1977 nach dem Ehegesetz (Gesetz Nr. 16 des Kontrollrates) vom 20.2.1946, ab. 1.7.1977 nach dem Ersten Gesetz zur Reform des Ehe- und Familienrechts (1. EheRG) vom 14.6.1976. – Ab 1995 einschl. der Angaben für Berlin.

3.10 Eheschließungen, Scheidungen

»In Deutschland schlossen 1997 423.000 Paare die Ehe. Eine unter 500.000 liegende Zahl von Eheschließungen hatte es bereits von Ende der 70er bis Mitte der 80er Jahre gegeben. Der nachfolgende Anstieg war auf den veränderten Altersaufbau zurückzuführen und nicht auf eine Änderung des Heiratsverhaltens.

Die Entwicklung zu Beginn der 90er Jahre war durch die außerordentliche Abnahme der Eheschließungszahlen in den neuen Ländern und Berlin-Ost bestimmt. 1991 hatten sich hier nur noch halb so viele Paare das Jawort gegeben wie 1990. Von 1993 bis 1995 stieg die Zahl der Eheschließungen Jahr für Jahr – allerdings in kleinen Schritten – wieder an. 1997 nahm sie geringfügig ab. Da es in den letzten Jahren auch in den alten Bundesländern einen Rückgang der Heiraten gab, sind in Deutschland insgesamt die Eheschließungszahlen weiter gesunken.

Unter den 423.000 vor einem deutschen Standesbeamten geschlossenen Ehen des Jahres 1997 waren bei 349.000 Mann und Frau Deutsche. 30.000 deutsche Frauen heirateten einen ausländischen Mann und 31.000 deutsche Männer gingen mit einer ausländischen Frau die Ehe ein. Bei 12.000 Eheschließungen hatten beide Partner eine ausländische Staatsangehörigkeit. Die Heiraten zweier deutscher Partner nahmen in den letzten Jahren ständig ab, während die zwischen deutschen und ausländischen Partnern zunahmen.

Mit der Eheschließung warten junge Menschen immer länger. Seit Mitte der 70er Jahre ist in Deutschland das durchschnittliche Heiratsalter Lediger ständig angestiegen. 1997 waren ledige Männer bei der Hochzeit im Durchschnitt 30 Jahre und vier Monate alt. Für die Frauen, die zum ersten Mal heirateten, ergab sich ein Durchschnittsalter von 27 Jahren und zehn Monaten. Von allen Männern und Frauen, die 1997 die Ehe eingingen, waren etwa drei Viertel ledig und über ein Fünftel geschieden.

Ehen können entweder durch den Tod eines Ehepartners oder durch Scheidung gelöst werden, wobei der erstgenannte Fall bei weitem überwiegt. Allerdings nahm der Anteil der Scheidungen erheblich zu. 1997 stieg ihre Zahl auf 188.000 an. Auf 10.000 bestehende Ehen kamen damit etwa 99 Ehescheidungen. Berücksichtigt man die Ehedauer der geschiedenen Ehen, so wäre bei einem Anhalten der derzeitigen Scheidungshäufigkeit damit zu rechnen, dass etwa 35% der Ehen im Laufe der Zeit wieder geschieden werden.

Mit der deutschen Vereinigung am 3. Oktober 1990 trat auch in den neuen Ländern und Berlin-Ost das bundesdeutsche Scheidungsrecht in Kraft. Dies hatte, ähnlich wie die Reform dieses Rechts 1977 in den alten Bundesländern, einen starken Rückgang der Zahl der Scheidungen zur Folge: 1990 wurden etwa ein Drittel weniger Ehen geschieden als 1989, und 1991 waren es im Vergleich zu 1989 weniger als ein Fünftel. Seit 1993 steigt hier die Zahl der Ehescheidungen aber deutlich an.

Von der Scheidung sind nicht nur die Ehepartner betroffen, sondern auch deren Kinder. 1997 erlebten 163.000 minderjährige Kinder die Scheidung ihrer Eltern. Bei 36% der Kinder handelte es sich um das einzige minderjährige Kind des geschiedenen Paares.« (Quelle: Statistisches Bundesamt (Hrsg.), Datenreport 1999, S. 42 f.)

Zweites Kapitel: Jugendhilfe

1. Definitionsversuche

Zunächst seien einige Definitionsversuche vorangestellt.

Im Zweiten Jugendbericht von 1968[1] heißt es
»Der Begriff Jugendhilfe umfasst eine Vielzahl von Einrichtungen, Maßnahmen, Aktivitäten, gesetzlichen Regelungen und Bestrebungen innerhalb des Erziehungssystems, die zwar nicht ohne weiteres auf einen gemeinsamen Nenner zu bringen sind, aber doch sämtlich der gesellschaftlichen Einordnung und Aktivierung der jungen Generation dienen.«

Die Bund-Länder-Kommission für Bildungsplanung sagte 1974[2]:
»(Jugendhilfe) trägt dazu bei, dem Erziehungsanspruch des jungen Menschen, der durch Elternhaus, Schule und Berufsausbildung allein häufig nicht erfüllt werden kann, gerecht zu werden. Jugendhilfe gehört mit ihren verschiedenen Aufgaben sowohl zur gesellschaftlichen Daseinsvorsorge als auch zum Bildungswesen.«

Wir vertreten eine Standort- und Funktionsbeschreibung, die sich mit ihren Ansprüchen und Maßstäben dem Konzept einer »offensiven Jugendhilfe« verpflichtet weiß, und die zum Teil im Widerspruch zur derzeitigen Jugendhilfe-Realität steht:
»Jugendhilfe hat – in Ergänzung zur Familie und neben Schule und Ausbildung – junge Menschen in ihrer Entwicklung zu fördern, durch Beratung und Unterstützung sozialen Benachteiligungen und Entwicklungskrisen entgegenzuwirken, Hilfe zur Erziehung zu leisten, wenn das Wohl des Kindes oder des Jugendlichen nicht gewährleistet ist, und an gerichtlichen Verfahren mitzuwirken.
Zugleich soll Jugendhilfe sich anwaltschaftlich-politisch für bessere Lebensbedingungen junger Menschen einsetzen. Damit verbunden ist die Erarbeitung und Durchsetzung korrigierender Alternativen ebenso wie die Vertretung der betroffenen Gruppen gegenüber anderen gesellschaftlichen Interessen und Gruppen.«[3]

2. Auftrag der Jugendhilfe

Der gesellschaftliche Auftrag der Jugendhilfe besteht darin, einen Beitrag zur Lösung von Problemen zu leisten, mit denen Kinder und Jugendliche im Prozess ihres Hineinwachsens in die Gesellschaft konfrontiert werden und die ihre Entwicklungsmöglichkeiten beeinträchtigen. Die Jugendhilfe ist also daran zu messen, ob sie den Problemen, Bedürfnissen und Interessen der Kinder und Jugendlichen gerecht wird.

Eine Darstellung des Rechts der Familie und Jugendhilfe muss somit auch die Problemlagen von Minderjährigen in dieser Gesellschaft einbeziehen.

---

1 BT-Drucks. 5/2453.
2 *BLK*-Bildungsgesamtplan, a.a.O., S. 68.
3 *Jordan/Sengling*, 2000, S. 14.

3. Allgemeine Problemlagen von Kindern und Jugendlichen[4]

Probleme im Zusammenhang mit der Sicherung elementarer Erziehungsleistungen:

Hier geht es um die Sicherung der ökonomischen und räumlichen Voraussetzungen der Erziehung; um die emotional-sozialen Voraussetzungen; und um die physiologisch-hygienischen Voraussetzungen.

Probleme im Zusammenhang mit Konflikten zwischen Individuum und Gesellschaft:

Angesprochen sind Konflikte beim Hineinwachsen in diese Gesellschaft (Subkultur, Entfremdung, Rückzug, Rebellion)[5], Konflikte aufgrund von Benachteiligungs- und Deklassierungsprozessen und verantwortbare gesellschaftliche Reaktionen darauf.

Probleme im Zusammenhang mit der Sozialisation von Kindern und Jugendlichen im Kleinkind- und Schulalter:

Es geht um die Verbesserung der Kindergartenarbeit, die pädagogischen Inhalte, Fragen der Beeinflussung von kindlichen Lern- und Entwicklungsvorgängen und um die Möglichkeiten/Grenzen kompensatorischer Erziehung zum Ausgleich einer mangelhaften familiären Sozialisation. Ferner ist die Funktion der Schule als wichtige Sozialisations- und Platzierungsinstanz (d.h. Agentur zur Verteilung von Lebenschancen) und ihr Verhältnis zur Jugendhilfe angesprochen; rechtzeitiges Erkennen und Abfangen von sog. Schulstörungen; in der Schule nicht nur Leistung, Selektion und Notenorientierung, sondern auch individuelle Förderung nach Begabung, Neigung und Interesse sowie soziales Lernen und Erarbeiten von moralischen Urteilen und Wertvorstellungen.

Probleme im Zusammenhang mit der Situation der Jugend in Beruf, Politik und Freizeit:

Schwierigkeiten beim Übergang Schule – Arbeitswelt; Sozialisationswirkung der beruflichen und betrieblichen Ausbildung; Arbeitslosigkeit.

Politisches Interesse und Mitwirkungsmöglichkeiten; Legitimationskrise des politischen Systems.

Konsumzwänge, Freizeit als Erholung und Regenerierung, aber auch als Lernfeld für Emanzipation und Selbstbestimmung.

Nur eine differenzierte Analyse der Lebenslagen von Jugendlichen und das Herausarbeiten bestimmter Problemgruppen ist für das Arbeitsfeld der Jugendhilfe angemessen, denn Jugendhilfe hat es nicht mit *der* Jugend zu tun, sondern mit Einzelnen und Gruppen aus sehr unterschiedlichen ökonomischen, sozialen und kulturellen Milieus.[6]

---

4   Nach *4. Jugendbericht*, BT-Drucks. VI/3170, S. 98 ff.
5   Vgl. die sog. Jugendstudien, in: *ISA-Schriftenreihe*, Heft 5 »Alternativbewegung, Jugendprotest, Selbsthilfe«, 2. Aufl., Münster 1983; *Institut für Empirische Psychologie* (Hrsg.), Die selbstbewusste Jugend. Orientierungen und Perspektiven zwei Jahre nach der Wiedervereinigung. Die IBM-Jugendstudie '92, Köln 1992; Jugend '92 (Studie im Auftrag des Jugendwerks der Deutschen Shell), Bd. 1-4, Opladen 1992; zur familiären Erziehung in Ost- und Westdeutschland vgl. Beiträge in: KJuG, Heft 1/1992. Vgl. 13. Shell Jugendstudie, Opladen 2000.

Zur Kennzeichnung der Lebenslagen von Kindern und Jugendlichen wurden vor allem die Unterschiede im Einkommen, der Bildung und in den Berufspositionen der Eltern herangezogen. Dieses klassische Konzept sozialer Lagen (bzw. sozialer Ungleichheit) reicht heute nicht mehr aus, um die Ausdifferenzierung der Lebenslagen in der Bundesrepublik Deutschland zu beschreiben.

Die Lebenssituationen von Kindern und Jugendlichen werden darüber hinaus in hohem Umfang mitbestimmt
- von der demografischen Entwicklung
- von den unterschiedlichen ökonomischen Entwicklungen in den Bundesländern (Arbeitslosigkeit, Wohnungsversorgung etc.)
- von den unterschiedlichen soziokulturellen Bedingungen in den urbanen Zentren und den ländlichen Regionen
- von der Zugehörigkeit zu den unterschiedlichen ethnischen Gruppen
- von der Entwicklung staatlicher Transferleistungen.

Nach dieser Sichtweise erscheint es sinnvoll, von einer *Pluralisierung der Lebenslagen* von Kindern und Jugendlichen zu sprechen.

Die Jugendphase kann nicht mehr nur als Übergangsphase in das Erwachsenenalter verstanden werden. Sie ist vor allem aufgrund der Verlängerung von Bildungs- und Ausbildungszeiten Jugendlicher zu einer eigenständigen Lebensphase geworden.

Traditionell galten der Abschluss einer Berufsausbildung bzw. die Aufnahme einer Berufstätigkeit und das Verlassen der Elternhauses bzw. die Gründung einer eigenen Familie als Ereignisse, die den Abschluss der Jugendphase markierten. Die gesellschaftlich vorgegebene (männliche und insbesondere weibliche) »Normalbiografie« verliert jedoch an Verbindlichkeit, wodurch der Druck zu selbstverantwortlicher Lebensgestaltung zunimmt. Der Begriff der *Individualisierung von Lebensführungen* soll den Prozess der Notwendigkeit persönlicher Entscheidungen über Lebensentwürfe charakterisieren. Der Achte Jugendbericht weist auf die Ambivalenz dieses Individualisierungsprozesses hin:

»Diese vielfältigen Gestaltungsmöglichkeiten für Jugendliche und junge Heranwachsende bedeuten aber auch erhebliche Herausforderungen, da klare Orientierungen, Vorgegebenheiten und Leitbilder auch Sicherheit vermitteln. Diese Sicherheit ist den heutigen Jugendlichen und jungen Erwachsenen nicht mehr in dem Maße gegeben wie dies noch bei der älteren Generation der Fall gewesen ist. Die Offenheit von Lebenssituationen kann zu einem ganz erheblichen Risiko für Jugendliche werden, wenn sie durch die Komplexität und Vielfalt von Situationen überfordert werden, wenn ihnen keine klaren Maßstäbe mehr vermittelt werden, auf deren Basis sie Entscheidungen treffen können. Darüber hinaus kann eine solche Offenheit der Gestaltungsmöglichkeiten dazu führen, dass Beziehungen zu anderen Personen zunehmend beliebig werden und somit die personale Sicherheit, die für die Entwicklung von Kindern und Jugendlichen eine unverzichtbare Vor-

---

6   Vgl. *8. Jugendbericht*, a.a.O., S. 28 ff.; zur dem entsprechenden Lebensweltorientierung als »Leitmotiv« (jeder) sozialen Arbeit: *G. J. Friesenhahn*, in: Jugendhilfe 1993, 208; zum Konzept einer »lebensweltorientierten Jugendhilfe« und den gesetzlichen Regelungen des KJHG dazu: *Wabnitz*, in: Jugendhilfe 1992, 210 ff. Zur Lebensweltorientierung in verschiedenen Arbeitsfeldern, zu den veränderten Anforderungen an Einsichtsstrukturen und auch zu den Gefahren und Grenzen der Lebensweltorientierung: EREV-Schriftenreihe 4/1995

aussetzung ist, gefährdet wird. Dies gilt insbesondere dann, wenn aufgrund des Auseinanderfallens von Familien- und Verwandtschaftssystemen diese personale Sicherheit im unmittelbaren Lebensbereich von Jugendlichen und jungen Heranwachsenden gefährdet ist. Die zunehmende Offenheit und Unsicherheit im Bereich der personalen Beziehungen führt möglicherweise auch dazu, dass die Erwartungen an Staat und Gesellschaft, jene Sicherheit zu gewährleisten, die traditionellerweise durch Familie, Nachbarschaft und Verwandtschaft gewährleistet wurden, heute sehr viel höher werden, als dies in traditionalen Gesellschaften der Fall gewesen ist.«[7]

Neben dem »Lernort Familie« benötigen Kinder und Jugendliche weitere Lern- und Erfahrungsräume, um das Erlernen sozialer Verhaltensweisen, das Ausprobieren eigenverantwortlicher Lebenskonzepte und das Entwickeln eigener Lebensentwürfe zu ermöglichen. Aufgabe der Jugendhilfe ist es, solche weiteren Lernorte bereitzustellen.

3.1 Aktuelle Problemlagen[8]

Kinder und Jugendliche in ungünstigen Lebensverhältnissen
Anzeichen sind:
– Statistisch steigende Zahl von Kindern und Jugendlichen, die von Erwachsenen vernachlässigt oder misshandelt werden, wobei die Dunkelziffer in diesem Bereich äußerst hoch ist und psychische Misshandlung überhaupt nicht erfasst wird.
– Steigende Zahl von Kindern, die durch Weglaufen, (versuchte oder vollendete) Selbsttötung, Gebrauch von Alkohol und Drogen und durch kriminelle Handlungen auf unbewältigte Konflikte hinweisen.

Schulversagen
– In Form der Zurückstellung vom Schulbesuch, ohne gesicherte Möglichkeit der individuellen Förderung im vorschulischen Bereich.
– In Form des Sitzenbleibens, obwohl der pädagogische Wert dieser Maßnahme umstritten ist.
– In Form von Zuweisung in Kurse mit geringeren Anforderungen.
– In Form der Überweisung in Sonderschulen.

Zusammenfassend ergibt sich hieraus, dass die Leistungsbeurteilung und -bemessung gegenüber anderen in der Schule möglichen Erfahrungsbereichen zu sehr im Vordergrund stehen.

Arbeitslosigkeit
Beruf und Arbeit sind für die gesellschaftliche Integration von zentraler Bedeutung. Sie sichern nicht nur die materielle Existenzgrundlage, sondern vermitteln dem einzelnen Jugendlichen auch Selbstbewusstsein, Selbstwertgefühl und Identität.

Viele Jugendliche leben seit Jahren mit der bitteren Erfahrung, dass für sie keine oder nur sehr begrenzte Ausbildungs- und Arbeitschancen bestehen.

---

7   *8. Jugendbericht*, a.a.O., S. 29 f.
8   Nach dem *5. Jugendbericht*, BT-Drucks. 8/3684 und 8/3685; zu Bewusstsein und Lebenssituation von Kindern/Jugendlichen in den neuen Bundesländern vgl.: *Bergholz*, in: Jugendhilfe 1992, 67 ff.; *Langhanky*, in: np 1993, 271 ff.; zur Lebenssituation von Kindern (einschließlich Kinderarmut) vgl. Zehnter Kinder- und Jugendbericht (BT-Drucks. 13/11368), Bonn 1998.

Betroffen sind vor allem (aber nicht nur!) junge Menschen mit geringer schulischer/beruflicher Qualifikation; die Chancen weiblicher und ausländischer Jugendlicher sind deutlich schlechter.

Probleme verhaltensauffälliger Kinder
Die Formen, in denen gesellschaftliche Institutionen Probleme auffälligen Verhaltens aufgreifen und bearbeiten, lassen sich grob typisieren:
- Pathologisierung
- Psychologisierung
- Pädagogisierung
- Kriminalisierung.

Je nachdem wie ein Problem definiert wird, ergeben sich unterschiedliche Zuständigkeiten:
Wird das problematische Verhalten als Krankheit klassifiziert, sind die Krankenkassen zuständig.
Wird die Verhaltensauffälligkeit als eine Gefährdung der leiblichen, geistigen, seelischen Entwicklung interpretiert, ist die Jugendhilfe bzw. Sozialhilfe zuständig.
Wird das auffällige Verhalten als Verstoß gegen Strafrechtsnormen interpretiert, ist die Strafjustiz zuständig.
Die Widersinnigkeiten und Zufälligkeiten derartiger Abgrenzungen sind selbst mit großen Problemen verbunden[9].

Behinderung und Jugendhilfe
Maßnahmen und Institutionen der Hilfe für Behinderte sind zunächst außerhalb der Jugendhilfe entstanden.

Derzeit bestehen folgende Zuständigkeiten:
- Körperliche Behinderung fällt in ihrer akuten Phase in den medizinischen Bereich, in ihrer chronischen Phase in den Bereich der Sozialhilfe.
- Lernbehinderung gehört zum Zuständigkeitsbereich der Kultusverwaltungen.
- »Seelische Behinderung« (z.B. Verhaltensauffälligkeit) gehört nunmehr zum Jugendhilfebereich (vgl. § 35 a SGB VIII)[10].

Diese Aufsplitterung der Zuständigkeiten führt zur Vernachlässigung pädagogisch-ganzheitlicher Aspekte.

Besonders benachteiligte Sozialgruppen[11]

• *Ausländische Kinder und Jugendliche:*
Die Lebensbedingungen ausländischer Familien sind geprägt durch die aufenthaltsrechtliche Unsicherheit, existentielle Unsicherheit,
soziale Isolierung und gettoähnliche Wohnbedingungen.

• *Junge Spätaussiedler:*
Die Kinder und Jugendlichen, die aufgrund der sog. Ostverträge aus Polen, Rumänien und der ehemaligen UdSSR eingewandert sind, haben besondere Integrationsprobleme (die aber z.T. mit denen ausländischer Jugendlicher identisch sind):

---

9 Vgl. hierzu auch *Reinhart Lempp*, Erziehungshilfen im Grenzbereich – Konflikthaftigkeit in Entscheidungsprozessen zwischen Jugendlichen, Psychiatrie und Strafvollzug, in: np 1983, S. 208 ff.
10 Zu den Auswirkungen der Aufnahme in das KJHG: *Ernst Rabenstein*, EREV 2/1993, S. 5-9.
11 Zu den Auswirkungen auf die Jugendsozialarbeit vgl. *Gögercin* 1999, S. 27 ff.

Die Konfrontation mit den Normen und Werten der Bundesrepublik führt zu Verhaltensunsicherheiten und Identitätskrisen.
Die Aussiedlung hat für die jungen Aussiedler meistens nicht den gleich hohen Stellenwert wie für ihre Eltern. Dies führt zu Spannungen innerhalb der Familie. Mangelnde Kenntnisse der deutschen Sprache erhöhen die Schwierigkeiten auf dem Ausbildungs- und Arbeitsmarkt.

• *Kinder und Jugendliche in Obdachlosenunterkünften:*
Die Kinderzahl der Familien in »Sozialen Brennpunkten« ist größer als in vergleichbaren Familien außerhalb solcher Unterkünfte.
Die Situation der Familien ist dadurch gekennzeichnet, dass
– sie materiell und einkommensmäßig schlechter gestellt sind als die übrige Bevölkerung,
– sie in schlecht ausgestatteten, ungünstig gelegenen Wohnungen mit mangelhaften sanitären Einrichtungen leben,
– sie als soziale Randgruppe gegen starke Vorurteile ankämpfen müssen.

Diese Bedingungen wirken sich auf die Entwicklungsmöglichkeiten von Kindern äußerst negativ aus[12].

• *Kinder von Dauerarbeitslosen:*
Das Betroffensein der Kinder wird durch die Notlagen der arbeitslosen Eltern bestimmt.
Auf der sozialen Ebene: Verlust der über Arbeit bestehenden Sozialkontakte; Veränderungen in der familialen Rollenstruktur; Stigmatisierung.
Auf der persönlichen Ebene: Verlust der Zeitstruktur; Verlust grundlegender Motivation; Verlust der Lebensperspektive; Gefährdung der sozialen und persönlichen Identität.
Auf der materiellen Ebene: Einschränkungen bei Wohnen, Konsum, Freizeit/Erholung, Gesundheitsvorsorge[13].

3.2 Wandel familialer Lebensformen

Stichworte zur Situation:
– 80% aller Kinder in der Bundesrepublik wachsen als Einzelkind oder allenfalls mit einem weiteren Geschwisterkind auf.
– 70% aller Haushalte mit Kindern bis zu 9 Jahren bestehen aus einem Kind.
– Ca. 20% aller Kinder in städtischen Regionen werden außerhalb bestehender Familien als nichteheliche Kinder geboren.

Während der Kindheit und der Jugend können verschiedene Beziehungskonstellationen erlebt werden: vom Kind in einer nichtehelichen Lebensgemeinschaft, über das Kind in einer »normalen« Familie, zum Kind in einer Ein-Eltern-Familie und schließlich zum Kind in einer Stieffamilie[14].

Steigende Scheidungszahlen, geringere Kinderzahlen, zurückgehende Heiratsziffern sowie die starke Zunahme von Alleinlebenden haben zu der These geführt,

---

12 Zur Analyse dieser aktuellen Problemlagen vgl. *5. Jugendbericht* (BT-Drucks. 8/3685, S. 33-113).
13 Vgl. *sozialmagazin*, Heft 2/1988, S. 12 ff. und TuP 1988, S. 333 ff.; zum Thema »Armut gefährdet Kinder und Jugendliche« vgl. die Beiträge in: KJuG, Heft 2/1993.
14 *Münder*, np 1990, S. 352. Vgl. auch Statist. Bundesamt (Hrsg.), Jugend in Deutschland, 2000.

dass Ehe und Familie als Lebensformen in eine Krise geraten sind. Da diese Tendenzen nicht nur in der Bundesrepublik, sondern in allen Industrienationen in ähnlicher Weise nachzuweisen sind, wird gefolgert, dass die sogenannte strukturelle Rücksichtslosigkeit moderner Industriegesellschaften gegenüber der Familie, die zunehmende Mobilität sowie ein tiefgreifender Wertewandel in den letzten 30 Jahren hierzu beigetragen haben[15].

Familien haben sich heute in den unterschiedlichsten Formen eingerichtet. Es gibt immer mehr Einzelkinder: in mehr als der Hälfte der Familien (52%) lebt nur ein Kind. Familien mit drei und mehr Kindern sind selten geworden (14%), knapp ein Drittel der Familien lebt mit zwei Kindern. Jede fünfte Ehe bleibt kinderlos (dreiviertel davon ungewollt). Auch die Mehrgenerationenfamilien sind selten geworden: 1970 lebten in drei von hundert Familien Eltern, Kinder und Enkel unter einem Dach. 1987 sank die Zahl auf 1,5%.

Die Ehepartner treten mit einem höheren Durchschnittsalter (1997 für Männer bei über 30, für Frauen bei knapp 28 Jahren) vor den Traualtar.

Die nichtehelichen Geburten nehmen zu. Die Zahl der alleinerziehenden Frauen mit Kindern unter 18 Jahren ist zwischen 1972 und 1998 im früheren Bundesgebiet von 614.000 auf 1.075.000 gestiegen[16].

Der Vielfalt der Lebensformen ist doch *ein* Nenner gemeinsam: das Private ist wichtiger geworden und die Glücksansprüche sind gestiegen. Unverkennbar ist eine Tendenz zu mehr Verbindlichkeit, bei gleichzeitiger Offenheit und Experimentierfreude innerhalb der Beziehungen. Wenn aber die Partnerschaft nicht gelingt, wenn die Ansprüche sich nicht verwirklichen lassen, dann werden die Konsequenzen rascher gezogen[17].

Vor diesem Hintergrund brauchen Familien zur Bewältigung der zahlreichen Aufgaben, die unsere Gesellschaft mit ihren steigenden Anforderungen an Ausbildung, Flexibilität und Wissen stellt, vielfältige Formen der Entlastung und Unterstützung.

3.3 Jugend 2000

3.3.1 Focus-Jugendstudie

Die Focus-Erhebung[18], die über einen Zeitraum von zehn Jahren regelmäßig die Zukunftserwartungen von Jugendlichen abfragt, belegt einen frappierenden Wertewandel der angeblich »Fun«-fixierten Jugendgeneration. Die Sehnsucht nach emotionaler Harmonie wächst: eigene Kinder (89%), Familie (81%) und Freundschaft (80%) genießen höchste Priorität. Vor allem die Familie, von manchen Soziologen bereits als Auslaufmodell bezeichnet, tat einen großen Schritt nach vorn. Lag sie 1996 nur auf Rang neun, erreicht sie aktuell Platz fünf in der Skala. Befragt nach dem größten Wunsch für die nächsten 20 Jahre, träumten doppelt so

---

15 *Bertram*, Die Familie in Westdeutschland. Stabilität und Wandel familialer Lebensform, Opladen 1991. Vgl. auch BMFSFJ (Hrsg.), Die Familie im Spiegel der amtlichen Statistik, 5. Aufl. 1999.

16 Statist. Bundesamt, Datenreport 1999, S. 40; zu »Hilfen für alleinerziehende Frauen in Problemsituationen«, vgl. Bd. 144, Schriftenreihe des BMFSFJ, 2000.

17 *Burkart/Kohli*, Ehe, Liebe, Elternschaft. Die Zukunft der Familie, München 1992.

18 Data-Concept-Repräsentativ-Studie »Jugend-Trends 2000« im Auftrag von FOCUS, FOCUS 12/2000, S. 63-68.

viele von einer glücklichen Familie als noch zwei Jahre zuvor. Weitere Grundpfeiler des jugendlichen Wertesystems: soziale Gerechtigkeit und Bildung (von Platz acht auf Platz drei). Demgegenüber scheint Materielles an Bedeutung zu verlieren: Geld, vormals Platz 15 der Prioritäten, sackte auf Rang 22 ab.

Die Unsicherheit über die eigene Zukunft bestimmt die Themen, mit denen sich Jugendliche befassen: Berufsausbildung (87%) und Arbeitslosigkeit rangieren an oberster Stelle. Als größter Wunsch für die nächsten 20 Jahre nennt Deutschlands Jugend einen sicheren Job. Problembewusstsein auch bei Drogen- und Suchtgefahr: Eine Verschärfung der Situation fürchten 79% der Jugendlichen. Bei überwiegend optimistischer Grundhaltung (73% haben keine Angst vor der Zukunft) zeigt sich eine tiefe Kluft zwischen Ost- und Westdeutschland. Fast doppelt soviele Ostdeutsche blicken ängstlich nach vorn.

Die Politikverdrossenheit hält an. Nur noch jeder Zweite vertraut auf das politische System. Mit wachsendem Desinteresse hat die Skepsis indes wenig zu tun: Zwei Drittel gaben an, gut über die aktuellen Entwicklungen informiert zu sein.

Statt zorniger Rebellion würden sich viele »pragmatisch und lautlos in die vielen kleinen Nischen des Privaten zurückziehen«.

Wer nicht die Gesellschaft gestalten will, konzentriert sich auf Eigeninszenierung. Die FOCUS-Studie belegt, dass sich Jugendliche immer stärker über ihre Freizeitkarriere definieren. Das Interesse an den Lifestyle-Themen »Mode« und »Kleidung« verdoppelte sich seit 1992. Über Musik und Werbung präsentierte Lebensstile übernehmen laut Jugendforscher *Ferchhoff* »identitätsstiftende Funktionen in einer enttraditionalisierten Gesellschaft«.

3.3.2 Hauptergebnisse der 13. Shell Jugendstudie[19]

Recht optimistische Zukunftssicht ... aber kein fröhlicher Optimismus

Als Grundstimmung lässt sich eine deutlich gewachsene Zuversicht in Bezug auf die persönliche wie auch auf die gesellschaftliche Zukunft festhalten. Im Vergleich zu der vorangegangenen 12. Shell Jugendstudie bedeutet dies einen deutlichen Anstieg.

Dennoch lässt sich nicht von einer jungen Generation »unbekümmerter Optimisten« sprechen. Dies zeigt sich an den Beziehungen zwischen den biografischen Planungsmustern und Lebenshaltungen. Zukunftszentriertheit und klare Lebensplanung gehen nicht mehr wie früher mit Sorgenfreiheit einher, vielmehr mit biografischen Anstrengungen. Deshalb gibt es wiederum große Unterschiede zwischen verschiedenen Untergruppen.

In der Zusammenschau spricht wenig für die manchmal zu hörende Unterstellung, die Jugendlichen wüssten angesichts von fortdauernder Arbeitslosigkeit, von Flexibilisierung und Globalisierung sowie vom rasanten Wandel in allen Lebensbereichen nicht mehr aus noch ein. Relativ zuversichtlich und überzeugt von der eigenen

---

19 Jugend 2000, Deutsche Shell (Hrsg.), Opladen 2000, Band 1, S. 11-21.
    Zum erstenmal wurden ausländische Jugendliche in allen Phasen der Studie, sowohl im qualitativen wie im quantitativen Teil, einbezogen. Das Thema lautet »Jugendliche in Deutschland«, also nicht mehr »deutsche Jugendliche«.

Leistungsfähigkeit versuchen sie mehrheitlich, aktiv ihre Lebensperspektive vorzubereiten.

Lebenskonzept Familie: biografisches Rückgrat

Nach den Inhalten und Zielen der Zukunftsplanung gefragt, zeigt sich ein breiter Konsens in Richtung auf Beruf und auf Familie. Für Jungen wie Mädchen in Ost und West gilt: Ihre Anstrengungen konzentrieren sich auf diese beiden Lebensbereiche. Den meisten gilt als sicher, dass sich Beruf und Familie miteinander verbinden lassen.

Bei den deutschen Jugendlichen scheint die Orientierung an der Zentralstellung der Familie für die eigene Lebensplanung losgelöst zu sein von irgendwelchen »materiellen« Nutzenüberlegungen, so hat etwa die Form der »Versorgungsehe« ausgedient. Vielmehr wird die Familie als Ressource, als emotionaler Rückhalt, als Ort von Verlässlichkeit, Treue, Häuslichkeit und Partnerschaft verstanden. Bei den ausländischen Jugendlichen, besonders bei den türkischen, liegen die Dinge anders.

Sie kommen mit der eben genannten »Subjektivierung« der Bedeutung von Familie nicht so gut zurecht; sie ist ihnen zu individualistisch, zu »gewollt« und zu wenig »selbstverständlich«. Familie spielt für sie eine andere Rolle als unhinterfragte, gleichsam »objektive« Lebensform. Den Eltern begegnen sie eher als Respektsdenn als Vertrauensperson.

Partnerschaftliches Verhältnis zu den Eltern

Von den deutschen Jugendlichen dagegen werden die Eltern sehr viel häufiger und deutlicher als Vertrauensperson wahrgenommen. Sie sprechen in der Mehrzahl erheblich weniger von strenger Erziehung durch Vater und Mutter und wollen sehr viel öfter den selbst erfahrenen Erziehungsstil auch bei den eigenen Kindern fortsetzen. Sie erleben mehrheitlich ihre Eltern als Partner, die sich viel Mühe geben, sie zu unterstützen und zu beraten.

Familie und Beruf sollen sich die »Waage halten«

Wie bereits gesagt: Die Jugendlichen gehen im allgemeinen davon aus, dass es ihnen gelingen wird, Familie und Beruf miteinander zu verbinden. Berufs- und Familienorientierung als zusammengehörige Ziele, nicht als widerstreitende Alternative, stehen im Lebensplan bei den Deutschen im Zentrum. Bezeichnenderweise ändert sich aber diese Sichtweise bei den 22-24jährigen jungen Frauen. Bei ihnen verlagert sich die Balance zwischen Familien- und Berufsorientierung zugunsten von Familie und Partnerschaft.

Lebenskonzept Beruf: Optionen bündeln

Jugendliche leben keineswegs in einer Welt jenseits der Berufsorientierung, bereiten sich nicht auf ein Leben in der Spaß- und Freizeitgesellschaft vor. Sie nehmen das Lebensziel Beruf ernst und ihre Aufgabe, sich dafür zu qualifizieren und vorzubereiten, sehr genau. Das bedeutet natürlich nicht, dass sie von ihrer Berufstätigkeit nicht erwarten, dass sie Spaß macht. Aber auch für die Berufsorientierung gilt Ähnliches, das bei der Familienorientierung schon festzuhalten war: Ideal und

Realität fallen auseinander, und Jugendliche praktizieren so etwas wie eine prag-
matische Akzeptanz von Behelfs- und Zwischenlösungen.

Werte: Gesellschaft der Zwischentöne

Bei der Untersuchung der Werthaltungen der Jugendlichen ergibt sich ein weiterer
Hinweis auf den Prozess der Subjektivierung: Wertorientierungen sind nicht einfach »vorgegeben«, sondern mit Bewusstsein »gewählt«. Ihnen ist eine gewisse
Reflexivität eigen, d.h. man folgt ihnen nicht bloß konventionell, sondern durchaus
nachdenklich.

Menschlichkeit und Modernität sind Dimensionen, die in den alten Bundesländern
eine größere Zustimmung erfahren als in den neuen. Attraktivität (und dabei insbesondere: materieller Erfolg) sowie Authentizität und Autonomie stellen sich
etwas stärker als ostdeutsche denn als westdeutsche Orientierung dar. Modernität
(Teilhabe an Politik und technischem Fortschritt) ist innerhalb der Wertorientierungen als eine zentrale Dimension zu nennen.

Die Abweichungen, die wir bei ausländischen Jugendlichen finden (insbesondere in
den Dimensionen Autonomie, Selbstmanagement und Authentizität), sind sicher-
lich auf Unterschiede durch die Einbindung in kulturell andere Lebensformen,
stärkere traditionelle Verhaltenserwartungen und eine gewisse Distanz zu den
»modernen« Subjektivierungen zurückzuführen.

Politik: Vertrauensverlust

Das politische Interesse auf Seiten der Jugendlichen sinkt weiter. Das gilt für alle
verschiedenen Untergruppen. Es hat zum einen damit zu tun, dass Jugendliche mit
dem Begriff Politik die Landschaft von Parteien, Gremien, parlamentarischen
Ritualen, politisch-administrativen Apparaten verbinden, der sie wenig Vertrauen
entgegenbringen. Zum anderen empfinden Jugendliche die ritualisierte Betrieb-
samkeit der Politiker als wenig relevant und ohne Bezug zum wirklichen Leben.

Im Vergleich zur vorhergehenden Studie ist das Vertrauen zu den Institutionen im
staatlich-öffentlichen Bereich leicht angestiegen, zu jenen im Bereich der nichtstaatlichen Organisationen deutlich gesunken. Schlusslicht sind nach wie vor die
politischen Parteien. Gerade bei den nichtstaatlichen Organisationen reißen große
Unterschiede zwischen Ost- und Westdeutschland auf; in den neuen Bundesländern haben sie erdrutschartig an Vertrauen verloren.

Das Ausmaß der erlebten Distanz zur Politik hängt davon ab, inwieweit die Jugendlichen glauben, mit ihrer Zukunft zurecht zu kommen (und kaum mit Sozialisati-
onseinflüssen). Je belasteter ihnen ihre Zukunft erscheint, desto mehr lehnen sie
den Politikbetrieb ab.

Ost-West: Konvergenz und Divergenz

Hier sind zwei zentrale Ergebnisse hervorzuheben. Zum einen ist im Vergleich zur
letzten Studie festzustellen, dass in fast allen untersuchten Themenbereichen die
Unterschiede zwischen ost- und westdeutschen Jugendlichen größer und nicht kleiner werden. Jugendliche im Osten erleben ihre Situation im Vergleich zu Westdeutschen belasteter, z.T. auch erdrückender.

Zum anderen finden wir jedoch in den neuen Bundesländern eine Teilgruppe, darunter besonders viele junge Frauen, die sich auf den Weg gemacht hat, mit den Anforderungen der Situation und dieser Gesellschaft zurechtzukommen. Ihre Leistungsbereitschaft ist deutlich höher als im Westen, die genussorientierte Lebenshaltung ist schwächer ausgeprägt. Eigene Individualität und eigene Interessen werden stärker betont, Bereitschaft zu Mobilität und beruflicher Selbständigkeit signalisiert.

Die Schwierigkeiten der Lebens- und Zukunftsgestaltung, die von vielen Jugendlichen in den östlichen Landesteilen konstatiert werden, ergeben sich folglich nicht aus einer mangelnden Bereitschaft zu Anstrengung und Leistung. Sie erwachsen aus den »objektiv« unterschiedlichen Lebensverhältnissen.

Europa: kühle Distanz

Das generell in der Bevölkerung aller europäischen Mitgliedsländer zu beobachtende Erkalten der Europabegeisterung konnte auch in dieser Studie festgestellt werden. Die jungen Leute in Deutschland erweisen sich Europa gegenüber als eher distanziert bis skeptisch.

Das verweist auf ein Glaubwürdigkeitsdefizit auch der europäischen Politik. Chancen durch Europa rechnet sich nur die Gruppe unter den Jugendlichen aus, die sich gut gerüstet für die Zukunft, durch gute Bildungsabschlüsse und hohe Persönlichkeitsressourcen gut vorbereitet empfindet. Jugendliche mit eher niedrigem Status, besonders in Ostdeutschland, fürchten eher Nachteile durch vermehrte Flexibiliäts- und Bildungsanforderungen (z.B. Fremdsprachenbeherrschung), durch wachsende Unsicherheit der Arbeitsplätze u.ä.

Deutschlandbild: unaufgeregt und frei von jedweder Überhöhung

Entgegen den immer wieder zu hörenden Behauptungen wird das Deutschlandbild nicht aus nationalistischen Ideologien gespeist. Das gilt auch für die ausländerfeindlich gesonnenen Jugendlichen, ihr Bild von Deutschland fällt nicht positiver aus als das der anderen Gruppen und ist weit entfernt von nationalistischer Überhöhung. Das Deutschlandbild steht grundsätzlich in keinem Zusammenhang mit der Einstellung zu Ausländern. Es hängt vielmehr zusammen mit den Bedingungen der eigenen Lebenssituation.

In einem sind sich so gut wie alle einig: Deutschland ist ein zivilisiertes Land, an dem vor allem das Niveau der sozialen Rechte imponiert. Den Deutschen werden aber auch – und zwar von deutschen und ausländischen Jugendlichen – eine gewisse Kälte, mangelnde Wärme, Lockerheit und Aufgeschlossenheit gegenüber Fremden und Fremdem attestiert.

Bei Mädchen, bei Jugendlichen in Ostdeutschland, bei Jugendlichen mit schlechteren Startchancen jedoch fällt das Deutschlandbild deutlich negativer aus.

Deutsche und ausländische Jugendliche: wenige Orte der Begegnung

Da sich die 13. Shell Jugendstudie nicht als Ausländer-, sondern als Jugendstudie versteht, liegt der Schwerpunkt des Interesses auf den Fragen nach den Begegnungen, Gemeinsamkeiten und Unterschieden, nach der Nähe und Fremdheit zwischen Deutschen und Nichtdeutschen.

Nationalitätengemischte Freizeitaktivitäten sind für türkische und italienische Jugendliche viel wichtiger als für deutsche. Trotzdem gilt in vieler Hinsicht: der Jugendstatus, das gemeinsam geteilte Jugendleben mit seinen Freizeitaktivitäten, überformt den ethnischen und kulturellen Status der Ausländer. Nur bei den jungen Türkinnen finden wir in Bezug auf Zugang zu öffentlichen Räumen, Verständigung (Sexualität) und ungezwungenem Zusammensein mit Gleichaltrigen eine deutlichere Zurückhaltung. Gravierende Integrationsunwilligkeiten jedenfalls wurden auf beiden Seiten nicht gefunden. Wenn die Liebe groß genug ist, können sich die meisten auch (jedenfalls hypothetisch) mit einer Mischehe über die Nationalitätengrenzen hinweg anfreunden.

Die große Mehrheit der deutschen Jugend (ganz besonders in Ostdeutschland) teilt die Ansicht, dass zu viele Ausländer bei uns leben. Diese Einschätzung hat nicht von vornherein etwas mit Ausländerfeindlichkeit zu tun (bei ausländerfeindlichen Jugendlichen erreicht aber dieses Urteil eine ganz besonders hohe Zustimmung).

Sie erwächst insbesondere bei denen, die sich schlechtere Chancen ausrechnen und sich eher benachteiligt fühlen, aus der Wahrnehmung einer Konkurrenzsituation zwischen Deutschen und Ausländern. Dies zeigt sich auch daran, dass die wechselseitigen Urteile übereinander relativ »normal« ausfallen. Deutsche und Ausländer bekunden mehrheitlich, sie könnten beide voneinander lernen.

Jedoch betonen türkische und noch stärker italienische Jugendliche, sie würden sich eher ähnlich wie die deutschen verhalten, wohingegen deutsche energischer auf Unterscheidung bedacht sind und stärker ihr Anderssein herausstellen.

Ausländerfeindlichkeit: eher eine Ressourcenfrage – denn eine Gesinnungsfrage

Aufs Ganze gesehen ist nur eine Minderheit stark ausländerfeindlich eingestellt, jedoch überrascht die Entschiedenheit und Ausprägung dieser Einstellung.

Ausländerfeindlichkeit resultiert offenbar nicht aus persönlichen Erfahrungen mit Ausländern, im Gegenteil: Gerade hoch-ausländerfeindliche Jugendliche haben erheblich weniger Kontakte zu Nichtdeutschen. Im Kern der Ausländerfeindlichkeit scheinen sich Deprivationsängste zu verstecken, bzw. die Furcht, in der wachsenden Konkurrenz um Arbeitsplätze und Zukunftschancen zu unterliegen. Bei allen Aussagen, die die Konkurrenz zwischen Deutschen und Ausländern ansprechen, sind die Differenzen zwischen hoch und niedrig Ausländerfeindlichen sehr groß. Die Items, die Kultur- und Verhaltensunterschiede problematisieren (mangelnde Anpassung, heiraten, sich herausfordernd benehmen), differenzieren dagegen kaum.

Nicht die Attraktivität rechtsextremer Milieus oder autoritäre Verhaltensmuster begünstigen die Adaptierung xenophobischer Motive, sondern die Angst vor eigener Arbeits- und Chancenlosigkeit, die sich in der These von der Konkurrenz zu Asylanten und Ausländern, die zu zahlreich seien und einem deshalb die Stellen wegnähmen, niederschlägt und ihr »Objekt« findet.

Religion: private Glaubensüberzeugungen vor institutionalisierter Religiosität

Im Bereich religiöser Vorstellungen und Praxen gibt es drei auffallende Entwicklungen:

Zum einen ist ein Rückgang von Glaubensvorstellungen ebenso festzustellen wie eine abnehmende praktische Ausübung bestimmter religiöser oder kirchlicher Rituale und Praktiken.

Zum anderen hat sich eine neue Differenz in Bezug auf Religiosität zwischen ausländischen und deutschen Jugendlichen hergestellt. Während sich die alten Konfessionsgrenzen abgeschliffen haben und die Unterschiede zwischen getauften und konfessionslosen Deutschen durch die »Entkirchlichung« immer kleiner werden, gibt es umso größere Verschiedenheiten zu den ausländischen, besonders zu den türkischen Jugendlichen.

So kann man drittens festhalten: Im Falle von evangelischer und katholischer Konfession sind bei den Jugendlichen keine Merkmalsunterschiede oder spezifische Profile mehr spürbar. Ein religiöses Milieu, das bestimmte Unterschiede konstituiert, ist hier nicht mehr feststellbar. Wohl aber gibt es unter den Türken eine (nicht kleine) Gruppe, bei der man von einem religiösen Milieu sprechen kann.

Okkulte und spirituelle Praxen unter den Jugendlichen wurden nur in minimalem Ausmaß registriert. Doch private Glaubensüberzeugungen (von einem waltenden Schicksal oder einer höheren Macht) spielen eine weitaus größere Rolle als dogmatische Glaubenssätze und kirchliche Lehren.

Mädchen und Jungen: sich annähern ohne sich anzugleichen

In dem im Jahr 2001 erscheinenden dritten Band der 13. Schell Jugendstudie wird eine ausführliche Analyse geschlechtsspezifischer Fragestellungen, auch im Vergleich mit den ausländischen Untergruppen vorgelegt. Vorab kann gesagt werden:

Typisch »weibliche« Lebensmuster im Unterschied zu typisch »männlichen« scheint es so nicht zu geben, zumindest nicht bei den deutschen Jugendlichen. In Bezug auf Werte, Zukunftsvorstellungen, Lebenskonzepte und biografische Planung können wir vielmehr einen Angleichungsprozess zwischen Mädchen und Jungen feststellen. Die Verbindung von Familien- und Berufsorientierung ist eine bei Jungen wie Mädchen geteilte gemeinsame biografische Zielvorstellung. Dies aber gilt bei Jungen und Mädchen nur bis zu dem Alter, in dem sich die Frage nach Kindern konkreter stellt. Dann sind Mädchen (nach wie vor) eher bereit, ihre Orientierungen zugunsten von Familie zu ändern.

Auch die ehedem geschlechtspräferentiellen oder gar geschlechtsexklusiven Verhaltensbereiche haben sich (wenigstens bei den Deutschen) zueinander geöffnet. Dennoch sind klassisch männerdominierte Bereiche wie Technik, Politik, Computerspiele, Internet, Sport und Vereinsleben auch weiterhin eine Männerdomäne geblieben. Einkaufsbummel, Spazierengehen, Umweltschutz und soziales Engagement sind weiterhin stärker mit den Mädchen als mit den Jungen verbunden.

Sowohl das Insistieren auf kategorialen Unterschieden (Mädchenleben sei »fundamental« verschieden von Jungenleben) wie auch das voreilige Ausrufen eines Zustandes von Gleichheit haben keine Stütze in der empirischen Realität.

4. Konsequenzen für die Jugendhilfe

Die Analyse ausgewählter Problemlagen von Kindern und Jugendlichen in der Bundesrepublik Deutschland führt nach Auffassung der Sachverständigenkommis-

sion, die den 5. Jugendbericht erarbeitet hat, zu folgenden *Ergebnissen für die Jugendhilfe*[20]:
- Die Jugendhilfe hat es in ihrer praktischen Arbeit so gut wie immer mit Folgeproblemen von Prozessen und Strukturen zu tun, auf die sie selbst kaum Einfluss nehmen kann.
- Die Beschäftigung mit derartigen Folgeproblemen ungelöster gesellschaftlicher und öffentlicher Aufgaben hat in den letzten Jahren an Druck und Umfang stark zugenommen.
- Die Jugendhilfe ist mit diesem zunehmenden und ausgeweiteten Problemdruck konfrontiert, ohne dass ihre Ressourcen (Personal-, Sach- und Geldmittel; Kompetenzen) stabilisiert und infrastrukturell abgesichert bzw. verbessert worden wären. Folge ist die Erfahrung der Überlastung, der Ohnmacht und des Scheiterns.

Die Kommission befürwortet eine teilweise *Neuorientierung der Praxis der Jugendhilfe* mit den Kernforderungen[21]:
- nicht eine zunehmende Institutionalisierung der Jugendhilfe zu betreiben, sondern offene Formen der Problemlösung zu entwickeln und zu fördern;
- den Prozess der Professionalisierung, vor allem in therapeutischen Bereichen, nicht weiterzutreiben, sondern die sozialpädagogische Handlungskompetenz zu stärken;
- nicht in immer stärkerem Maße Arbeitsverfahren anzuwenden, die im technischen Sinne Effizienz und Rationalität versprechen, die aber eine Tendenz zur Entmündigung der Betroffenen, zur Ausklammerung des sozialen Umfelds und zur Reduzierung der Problemsicht auf Persönlichkeitsdefizite enthalten; vielmehr sollten Arbeitsformen entwickelt werden, die problemangemessen und für die Beteiligung der Betroffenen offen sind und die Einbeziehung komplexer Problemzusammenhänge erlauben.

5. Reform des Jugendhilferechts

Im Rückblick auf die Geschichte der Jugendhilfegesetzgebung sind vier Konfliktfelder auszumachen[22]:
- Konflikt zwischen dem Anspruch des Kindes auf Erziehung, dem Anspruch der Eltern auf Vorrang (Autonomie) bei der familialen Erziehung und der Verpflichtung des Staates gem. Art. 6 GG, die Familienerziehung zu überwachen (Elternrecht – Kindesrecht – Wächteramt des Staates).
- Interessengegensätze zwischen öffentlichen Trägern der Jugendhilfe und den freien (privaten, nichtstaatlichen) Trägern.
- Frage nach der »Einheit der Jugendhilfe«: sollen Jugendförderung (Jugendpflege), Erziehungshilfe und Reaktion auf Jugendkriminalität eine inhaltliche und organisatorische Einheit bilden oder getrennt voneinander ihre jeweiligen Aufgaben und Ziele verfolgen?
- Das politische Problem der Verteilung begrenzter Haushaltmittel: Einsparungen im Jugendhilfesektor bei Verknappung der öffentlichen Mittel (vgl. Notverordnung vom 14.02.1924; Haushaltsbegleitgesetz 1984)[23]. Es geht also um den

---

20 Vgl. BT-Drucks. 8/3684, S. 35.
21 Vgl. BT-Drucks. 8/3684, S. 52.
22 Vgl. *Mollenhauer*, in: Handbuch SA/SP, a.a.O., S. 572 f.
23 Vom 22.12.1983 (BGBl. I, S. 1532).

Stellenwert der Jugendhilfe im Rahmen der Gesellschafts-, Sozial-, Familien- und Kommunalpolitik.

Das Jugendwohlfahrtsgesetz entsprach in seinen Grundprinzipien weitgehend dem Reichsjugendwohlfahrtsgesetz von 1922. Es wurde als nicht mehr zeitgemäß und verbesserungsbedürftig angesehen, weil neue Herausforderungen auf die Jugendhilfe zugekommen sind, z.b.:

– vermehrte Erziehungsprobleme, hohe Scheidungsziffern, Verunsicherung und Überforderung der Eltern, Kindesmisshandlungen, Kinderfeindlichkeit der Wohnumwelt und Verkehrsplanung; Belastungen von Schülern und Eltern durch die Schule, Leistungsangst und Leistungsversagen; Apathie und Aggressionen; Anwachsen von Verhaltensstörungen bei Kindern und Jugendlichen; Berufsnot, Zukunftsangst; Drogenkonsum, Alkoholismus und Flucht in neue »Jugendreligionen«; Anwachsen neofaschistischer Tendenzen; Schwierigkeiten ausländischer Kinder und Jugendlicher; der Einfluss »neuer Medien«.

Zusammenfassung der wichtigsten *Mängel des Jugendwohlfahrtsgesetzes*[24]:
– Die reaktiven Eingriffe bei sozialer Auffälligkeit überwogen, während Beratungs- und Unterstützungsangebote nicht ausreichten.
– Bedarfsgerechtes Angebot zur allgemeinen Förderung der Jugend war nicht sichergestellt.
– Es mangelte an genügend differenzierten Leistungen und Einrichtungen zum Ausgleich besonderer Benachteiligungen von Kindern und Jugendlichen.
– Rechtsposition des Minderjährigen war unzulänglich.
– Jugendhilfeplanung war kaum entwickelt; Gesamtplanung von Bund, Ländern und Kommunen fehlte.

5.1 Stationen der Reformdiskussion[25]

Ein entscheidender Anstoß für die Reformdiskussion waren die »Vorschläge der Arbeiterwohlfahrt für ein erweitertes Jugendhilferecht«, die 1967 veröffentlicht wurden[26]. Konzipiert war ein Leistungsgesetz; keine grundsätzliche Trennung von Jugendhilfe und Jugendstrafrecht; Schaffung eines neuartigen »Jugendgerichts«.

Die Bundesregierung berief 1970 eine Sachverständigenkommission zur Reform des Jugendhilferechts, die drei Jahre später den »Diskussionsentwurf eines Jugendhilfegesetzes« vorlegte. Darauf aufbauend folgte im März 1974 ein Referentenentwurf des Bundesministerium für Jugend, Familie und Gesundheit.

In der Regierungserklärung vom 16.12.1976 wurde die Reform erneut angekündigt: »Wir werden in dieser Wahlperiode die überfällige Reform des Jugendhilferechts aufgreifen, wobei der Kosten wegen ein Stufenplan vorgesehen ist. Die Reform kann nur in Abstimmung mit den Verbänden, den Gemeinden und Ländern gelingen.«

Das zuständige Bundesministerium veröffentlichte dann Ende Oktober 1977 einen neuen Referentenentwurf des Jugendhilfegesetzes, auf dessen Grundlage das Bundeskabinett im November 1978 den Regierungsentwurf »Sozialgesetzbuch –

---

24 *Frankfurter Kommentar*, a.a.O., S. 48 f.
25 Vgl. *Mollenhauer*, in: Handbuch SA/SP, a.a.O., S. 578 f.; *Sengling*, in: NP-aktuell, Juni 1982, S. 1 ff.
26 Vgl. Schriften der Arbeiterwohlfahrt Bd. 22, 3. Ausgabe, Bonn 1970 (Hrsg. *Arbeiterwohlfahrt Bundesverband*).

Jugendhilfe« (BT-Drucks. 8/2571) verabschiedete. Der Entwurf wurde vom Bundesrat abgelehnt. Auf Initiative von Baden-Württemberg brachte der Bundesrat im März 1979 einen oppositionellen »Entwurf eines Gesetzes zur Verbesserung der Jugendhilfe« ein (BT-Drucks. 100/79).

Im Mai 1980 nahm der Bundestag den von der Regierung eingebrachten Entwurf eines Sozialgesetzbuches – Jugendhilfe an, der Bundesrat lehnte jedoch das Gesetz erneut ab[27]. Damit war die Reform (zunächst) gescheitert, denn das Jugendhilfegesetz bedarf der Zustimmung des Bundesrats[28].

Die *Grundziele* des Regierungsentwurfs waren[29]:
- der Aufbau des Jugendhilferechts als Leistungsgesetz,
- die Aufnahme eines detaillierten Katalogs der Förderungsangebote und Hilfen zur Erziehung,
- die Einräumung von Rechtsansprüchen auf Leistungen der Hilfe zur Erziehung,
- die Betonung des Förderungs-, Hilfe- und Selbsthilfecharakters der Jugendhilfe gegenüber Eingriffen und Reaktionen,
- der Ausbau der ambulanten sozialen Dienste.

Demgegenüber kritisierte die Mehrheit des Bundesrats:
- das Gesetz betone zu sehr die Rechte der Jugendhilfe und beschneide das Elternrecht;
- es sei zu detailliert und unverständlich (»fachchinesisch«);
- es bahne der Vergesellschaftung und Teilverstaatlichung der Erziehung den Weg, indem es die Familienerziehung beeinträchtige und zuviel reglementiere;
- für Regelungen im Bereich der Jugendarbeit und -bildung habe der Bund keine Gesetzgebungskompetenz;
- das Gesetz beschneide den Vorrang der freien Träger, und
- es sei nicht finanzierbar.

Aber auch in der *Fachöffentlichkeit* ist Kritik an den vorgelegten Diskussions-, Referenten- und Regierungsentwürfen geübt worden[30]:
- es handele sich nicht um ein Jugendhilfe-, sondern vielmehr um ein Familienhilfegesetz;
- die Minderjährigen erhielten keine von den Eltern unabhängige Rechtsstellung;
- das zugrundeliegende Verständnis von Jugendhilfe sei sozialintegrativ und kompensatorisch statt politisch-emanzipativ;
- die Randstellung der Jugendhilfe werde nicht aufgehoben;
- das Gesetz gehe nicht weit genug mit der Gewährleistung einer angemessenen sachlichen und personellen Ausstattung der Jugendhilfe;
- die Einheit der Jugendhilfe werde nicht gewahrt.

Im August 1984 legte das Bundesministerium für Jugend, Familie und Gesundheit den Entwurf eines Vierten Gesetzes zur Änderung des Jugendwohlfahrtsgesetzes vor. Dieser Referentenentwurf stieß auf große Reserve bzw. Ablehnung[31].

---

27 Zur Veranschaulichung des Meinungsstreits vgl. *Das Parlament*, 30. Jahrgang, Nr. 24 vom 14. Juni 1980.
28 Es handelt sich um ein sog. Zustimmungsgesetz, weil der föderative Aufbau des Bundes betroffen ist, vgl. Art. 78 und Art. 84 Abs. 1 GG.
29 BT-Drucks. 8/2572, S. 51 f.
30 Vgl. *Deutsches Jugendinstitut*, (1973); *Jordan* (Hrsg.), Jugendhilfe, (1975); *NP-Sonderheft* (1973), Kritik am Diskussionsentwurf eines neuen Jugendhilfegesetzes.

Vor allem wurde befürchtet, dass die überfällige und grundlegende Reform des Jugendhilferechts durch die beabsichtigte Novellierung des JWG umgangen und schließlich begraben werde. Zentrale Vorgabe des Entwurfs war die »Kostenneutralität«, d.h. gesetzliche Neuregelungen dürfen keine Mehrausgaben für die Jugendhilfe bewirken.

Im Vordergrund der Novellierung standen folgende Ziele, die auch von dem im Juni 1988 veröffentlichten Referentenentwurf »Sozialgesetzbuch VIII: Jugendhilfe« weiterverfolgt wurden[32]:
– Streichung der Vorschriften über die öffentliche Erziehung (d.h. Wegfall von FE und FEH) und Ersetzung durch ein beim örtlichen Jugendamt konzentriertes System erzieherischer Hilfen,
– Verbesserung der Hilfen für Familien in besonderen Lebenssituationen (z.B. für Alleinerziehende; Scheidungsfamilien),
– Neuordnung des Katalogs der Aufgaben der Jugendämter,
– Neugestaltung der öffentlich-rechtlichen Regelungen des Pflegekinderwesens,
– Verbesserung der Hilfen für junge Volljährige,
– Neugestaltung der Vorschriften zum Schutze der Kinder und Jugendlichen in Einrichtungen (Heimaufsicht),
– Konkretisierung des Funktionsschutzes freier Träger,
– Harmonisierung der Erziehungshilfen mit den ambulanten Maßnahmen des JGG.

5.2 Kinder- und Jugendhilfegesetz (KJHG/SGB VIII)[33]

Nach vier vergeblichen Anläufen und nach einer über 30jährigen fachpolitischen Diskussion ist das Kinder- und Jugendhilfegesetz in den neuen Bundesländern am 3. Oktober 1990, in den alten Bundesländern am 1. Januar 1991 in Kraft getreten.

Die wesentlichen Zielsetzungen des Gesetzgebers sind:
– die Ablösung des eingriffsorientierten Jugendwohlfahrtsgesetzes (JWG) durch ein präventiv orientiertes Gesetz zur Förderung der Entwicklung von Kindern und Jugendlichen;

---

31 Vgl. Stellungnahme der *Arbeiterwohlfahrt*, TuP 1985, S. 30 ff. und des *Deutschen Vereins*, NDV 1985, 35; *Münder*, Die Novelle zum JWG – eine Hilfe für die Jugendhilfe?, in: TuP 1985, S. 63 ff.; *Späth*, Die »unendliche Geschichte« der Jugendhilferechtsreform, in: Unsere Jugend 1985, S. 11-16; *Deuerlein-Bär 1987*.
32 *Wiesner*, Überlegungen zur Neuordnung des Jugendhilferechts, in: ZfJ 1987, 305 ff.; *Hottelet*, in: NP 1987, 225; *Happe*, in: Soziale Arbeit 1987, 122 ff.; *Preis*, in: ZfJ 1988, 425 ff.
33 *Wiesner*, Das neue Kinder- und Jugendhilfegesetz – Chance und Herausforderung für die Jugendhilfepraxis, in: ZfJ 1991, S. 345 ff.; *Rüfner*, Zum neuen Kinder- und Jugendhilfegesetz, in: NJW 1991, S. 1 ff.; *Münder*, Ansprüche auf Leistungen im Jugendhilferecht, in: ZfJ 1991, S. 285 ff.; *Kunkel*, Leistungsverpflichtungen und Rechtsansprüche im Kinder- und Jugendhilfegesetz, insbesondere die Hilfe zur Erziehung, in: ZfJ 1991, S. 145 ff.; *Borsche*, »Was lange währt, wird endlich gut«? – Zur Verabschiedung des Kinder- und Jugendhilfegesetzes (KJHG), in: TuP 1990, S. 330 ff.; *Coester*, Die Bedeutung des Kinder- und Jugendhilfegesetzes (KJHG) für das Familienrecht, in: FamRZ 1991, S. 253 ff.; *Sengling*, Geschichte der Jugendhilferechtsreform. Vom Jugendwohlfahrtsgesetz zum Kinder- und Jugendhilfegesetz, in: BldWPfl. 1990, S. 311 ff. Zu den ersten Erfahrungen und Umsetzungsproblemen vgl. *Späth*, im Praxistest, in: ZfJ 1992, S. 328 ff.; *Merchel*, Über die Mühen, Jugendhilfe weiterzuentwickeln, in: BldWPfl. 1992, S. 92 ff.; *Schrapper*, Zwischen Neuorientierung und Überforderung, in: NDV 1992, S. 287 ff.; *Kaufmann*, Vier Jahre KJHG in der Praxis, in: ZfJ 1996, S. 1 ff.

- die gesetzliche Festschreibung eines breitgefächerten, an unterschiedlichen Lebenslagen und Familiensituationen orientierten Leistungsangebots;
- die Orientierung der Kinder- und Jugendhilfe an der Erziehungsverantwortung der Eltern;
- die Konzentration aller Erziehungshilfen auf der örtlichen Ebene;
- die Einbeziehung der seelisch behinderten Kinder und Jugendlichen;
- der Abbau der Dominanz der Fremdunterbringung durch eine Differenzierung des Spektrums der Erziehungshilfen;
- die Verbesserung der Hilfen für junge Volljährige;
- die eigenständige Stellung der Jugendhilfe im gerichtlichen Verfahren;
- die Integration der Tagesbetreuung in die Jugendhilfe und der bedarfsgerechte Ausbau der verschiedenen Angebotsformen;
- die Verpflichtung der Jugendämter zur mittelfristigen Jugendhilfeplanung als wesentliches Instrument zur Gewährleistung eines bedarfsgerechten Angebots.

Bei der Realisierung eines solchen Programms gerät die Jugendhilfe unweigerlich in einen Zielkonflikt zwischen der Einlösung fachpolitischer Forderungen und der Berücksichtigung finanzieller Rahmenbedingungen. Dieses Dilemma wird durch die unterschiedliche Zuordnung von Gesetzgebungs- und Ausführungskompetenzen verschärft. Die Kinder- und Jugendhilfe ist nämlich durch die Besonderheit gekennzeichnet, dass die Kompetenz zur (konkurrierenden) Gesetzgebung einerseits und die Kompetenz zur Ausführung des Gesetzes andererseits auseinanderfallen. Die Steuerungsfunktion des Bundesrechts ist somit aufs engste verknüpft mit der Haushaltssituation der kommunalen Gebietskörperschaften. Für die Bereitstellung der finanziellen Mittel sind in erster Linie die Kommunen als Träger der Jugendämter, in zweiter Linie die Länder als Garanten für die Leistungsfähigkeit der kommunalen Gebietskörperschaften und erst in dritter Linie der Bund im Rahmen eines komplizierten Finanzausgleichssystems zuständig[34]. Von daher ist die Gefahr groß, dass die Ziele des Gesetzes nur mit einer zeitlichen Verzögerung, auf einem minderen Qualitätsniveau oder bruchstückhaft umgesetzt werden.

Problematisch in diesem Zusammenhang ist die Zuweisung der Jugendhilfe zur kommunalen Selbstverwaltung. Dem Vorteil der Bürgernähe kann der Nachteil unterschiedlicher Leistungskraft und damit eines unterschiedlichen Leistungsangebots gegenüberstehen.

Kennzeichen der Kinder- und Jugendhilfe ist ihre Pluralität (»Vielfalt von Trägern unterschiedlicher Wertorientierungen und die Vielfalt von Inhalten, Methoden und Arbeitsformen«). Zwischen der Trägerautonomie, der Gewährleistungspflicht des Jugendamtes und dem Wunsch und Wahlrecht der Hilfesuchenden kann ein Spannungsverhältnis bestehen.

Eine besondere Bedeutung kommt den Ausführungsgesetzen der Länder zu, die nicht nur Verfahrensregelungen treffen, sondern darüber hinaus auch inhaltliche Lücken füllen können. Detailregelungen werden – wie in der Vergangenheit auch – weniger in den allgemeinen Ausführungsgesetzen, sondern in speziellen Kindergarten-, Kindertagesstätten- oder Jugendbildungsgesetzen getroffen[35].

---

34 Art. 107 GG.
35 Vgl. zu den vorstehenden Ausführungen *Wabnitz/Wiesner*, Zum gegenwärtigen Stand der Umsetzung des neuen Kinder- und Jugendhilfegesetzes in der Praxis, in: ZfJ 1992, S. 497.

5.2.1 Erstes Gesetz zur Änderung des Achten Buches Sozialgesetzbuch[36]

In den beiden ersten Jahren seit Inkrafttreten des neuen Gesetzes hat sich in der Praxis die Auslegung und Anwendung einzelner Bestimmungen des Gesetzes als schwierig erwiesen und zu Rechtsunsicherheit geführt. Einzelne Regelungslücken oder wenig praktikable Lösungen haben sich bei der Anwendung der verfahrensrechtlichen Bestimmungen (örtliche Zuständigkeit, Kostenerstattung, Heranziehung zu den Kosten) und der Regelung der fachlichen Qualifikation der Urkundspersonen ergeben.

Mit dem Ersten Änderungsgesetz, das am 1. April 1993 in Kraft getreten ist, wurden die Hinweise und Änderungswünsche der Praxis aufgegriffen und entsprechend umgesetzt (»Reparatur-Novelle«).

Das Gesetz regelt insbesondere:

1. Die Einführung eines neuen Leistungstatbestandes der Eingliederungshilfe für seelisch behinderte Kinder und Jugendliche[37]. Dies ist ein weiterer Schritt zur Überwindung der Trennung zwischen behinderten und nichtbehinderten Kindern und Jugendlichen. Leistungsangebote, die bisher teilweise im BSHG geregelt waren, wurden in die Jugendhilfe einbezogen. Dies betrifft bedarfsgerechte Eingliederungshilfen, und zwar auch dann, wenn keine spezielle »Hilfe zur Erziehung« erforderlich ist (§§ 2 Abs. 2 Nr. 5; 10 Abs. 2 Satz 2 und 3; 35 a, 36 Abs. 3 SGB VIII n.F. nebst Annexregelungen im Kostenrecht).
2. Die Erweiterung der Beratungs- und Unterstützungspflicht des Jugendamtes auf Unterhalts- und Unterhaltsersatzansprüche bis zum 21. Lebensjahr.
3. Die Sicherstellung des Lebensunterhalts durch die Jugendhilfe. Im Gesetz wird geregelt, dass in allen Leistungstatbeständen, die die Unterkunft des Kindes oder Jugendlichen außerhalb des Elternhauses umfassen, neben der sozialpädagogischen Hilfe auch der Lebensunterhalt und die Krankenhilfe durch die Jugendhilfe sichergestellt werden (§§ 13 Abs. 3, 19 Abs. 3, 21 Satz 2, 42 Abs. 1 Satz 2, 43 Abs. 2). Damit wird die gleichzeitige Verweisung der Leistungsberechtigten an die Sozialhilfe vermieden.
4. Eine Neuregelung der Qualifikation der Urkundspersonen (§ 59 Abs. 3). Das Jugendamt hat geeignete Beamte und Angestellte zur Vornahme von Beurkundungen und Beglaubigungen zu ermächtigen. Die Länder können Näheres hinsichtlich der fachlichen Anforderungen an diese Personen regeln. Damit wird die Feststellung der Eignung der Urkundsperson im Einzelfall – wie vor dem Inkrafttreten des KJHG – dem Jugendamt selbst überlassen. In der Neuregelung ist eine sachdienliche »Wiedergutmachung« der bewährten Urkundsbeamten zu sehen; außerdem wird damit die entsprechende Stellenbesetzung in den Jugendämtern der neuen Bundesländer erleichtert bzw. erst ermöglicht.
5. Die Neufassung der Bestimmungen des 7. Kapitels »Zuständigkeit, Kostenerstattung« (§§ 85-89 g) sowie des 8. Kapitels »Teilnahmebeiträge, Heranziehung zu

---

36 *Wiesner,* Änderungen im Kinder- und Jugendhilferecht, in: FamRZ 1993, S. 497 ff.; *Fuchs,* Änderung des Kinder- und Jugendhilfegesetzes. Ein Überblick über das Erste Gesetz zur Änderung des Achten Buches Sozialgesetzbuch – KJHG, Teil 1, in: NDV 1993, S. 52 ff.; Teil 2, in: NDV 1993, S. 92 ff.; *Kiehl,* Das Erste KJHG-Änderungsgesetz: Verbesserungen und Verschlimmbesserungen, in: ZfJ 1993, S. 226 ff.; *Reisch,* Novelliertes Kinder- und Jugendhilferecht (Teil I), in: ZfJ 1993, S. 157 ff.; (Teil II), in: ZfJ 1993, S. 232 ff.; BT-Drucks. 12/2866 und BT-Drucks. 12/3711; *Zeitler,* DVP 1993, 383 ff.
37 Siehe 8. Kap. 8.

den Kosten, Überleitung von Ansprüchen« (§§ 90-97 a). Diese Vorschriften wurden systematisch neu geordnet. Dabei wurden Lücken bei der Anknüpfung der örtlichen Zuständigkeit geschlossen (z.b. § 86 b – Gemeinsame Wohnform) und weitere Kostenerstattungstatbestände eingeführt (z.b. §§ 89 a, 89 e). Die Heranziehung der Eltern oder Elternteile, die nicht mit dem Kind zusammenleben, zu den Kosten der Hilfe zur Erziehung erfolgt zukünftig nach bürgerlich-rechtlichen Maßstäben (Unterhaltstabellen). Damit entfällt die bisher notwendige Vergleichsberechnung mit dem BSHG.

6. Gewinner und Verlierer der Gesetzesänderung ist die Jugendgerichtshilfe. In ihrer Aufgabenzuweisung, die nun in § 52 SGB VIII n.F. zusammengefasst ist (§ 41 Abs. 2 a.F. wurde gestrichen), wird die sanktionsvermeidende Funktion von Jugendhilfeleistungen für junge Volljährige wie für jugendliche Straftatverdächtige gleichermaßen betont. Das Jugendamt ist nun verpflichtet, Staatsanwalt oder Richter umgehend davon zu unterrichten, ob und dass ihnen von Institutionen der Jugendhilfe geeignete Unterstützung gewährt wird, damit jene prüfen können, ob ihnen dieser Umstand eine informelle Beendigung des Strafverfahrens ermöglicht. Unverständlich erscheint demgegenüber der an den Beratungen des Jugendgerichtstags im September 1992 offenbar völlig vorbeigegangene Ausschluss der Jugendgerichtshilfe aus den Regelungen des bereichsspezifischen Datenschutzes des SGB VIII. So geschehen in § 61 Abs. 3 SGB VIII n.F. durch dessen Verweisung auf die Vorschriften des JGG, die gar keine speziellen Datenschutzvorschriften enthalten!

5.2.2 Zweites Gesetz zur Änderung des SGB VIII[38]

Die Änderungen, die zum 1.1.1996 in Kraft getreten sind, gehen auf Anregungen von Bundesländern und kommunalen Gebietskörperschaften zurück. Sie betreffen vor allem

– den Rechtsanspruch auf einen Kindergartenplatz (»Stichtagsregelung«), §§ 24, 24a[39];
– Anrechnung des Kindergeldes auf das Pflegegeld, § 39 Abs. 6;
– den zeitlichen Aufschub der Einführung der Statistik über die Eingliederungshilfe für seelisch behinderte Kinder, § 101;
– die Befugnis zur Übermittlung von Einzelangaben der Statistik an Gemeinden und Gemeindeverbände, § 103.

5.2.3 Weitere Änderungen des SGB VIII und Neubekanntmachung

Inzwischen sind eine Reihe weiterer Änderungsgesetze in Kraft getreten und machten am 8.12.1998 eine Neufassung des SGB VIII erforderlich (BGBl. 1998 Teil I S. 3546-3579 erforderlich.

---

38 BGBl. I, S. 1775; vgl. Debatte zur Umsetzung des Rechtsanspruches auf einen Kindergartenplatz/71. Sitzung des Deutschen Bundestages am 23.11.1995, in: Das Parlament, Nr. 50/1995, S. 11 ff.
39 siehe 8. Kap. 1.

Überblick über die Systematik des SGB VIII

Allgemeine Vorschriften §§ 1-10	Aufgaben der Jugendhilfe §§ 11-60	Schutz von Sozialdaten §§ 61-68	Träger, Zusammenarbeit, Gesamtverantwortung §§ 69-81	Zentrale Aufgaben §§ 82-84	Zuständigkeit, Kostenerstattung §§ 85-89 h	Teilnahmebeiträge, Heranziehung zu den Kosten, Überleitung von Ansprüchen §§ 90-97 a	Kinder- u. Jugendhilfestatistik §§ 98-103	Straf- und Bußgeldvorschriften §§ 104, 105

Aufgaben der Jugendhilfe

Leistungen §§ 11-41

Jugendarbeit Jugendsozialarbeit/erzieherischer Kinder- und Jugendschutz §§ 11-15	Förderung der Erziehung in der Familie §§ 16-21	Förderung in Tageseinrichtungen und Tagespflege §§ 22-26	Hilfe zur Erziehung §§ 27-35, 36-40	Eingliederungshilfe für seelisch behinderte Kinder und Jugendliche §§ 35 a, 36-40	Hilfe für junge Volljährige, Nachbetreuung § 41

Förderung der Erziehung in der Familie §§ 16-21
- Familienbildung (§ 16 Abs. 2 Nr.1)
- Familienberatung (§ 16 Abs. 2 Nr. 2)
- Familienerholung (§ 16 Abs. 2 Nr 3)
- Partnerschafts-, Scheidungs- und Trennungsberatung (§ 17)
- Beratung Alleinerziehender (§ 18)
- Mutter-/Vater-Kind-Einrichtungen (§ 19)
- Betreuung und Versorgung des Kindes in Notsituationen (§ 20)
- Unterstützung bei Unterbringung zur Erfüllung der Schulpflicht (§ 21)

Förderung in Tageseinrichtungen und Tagespflege §§ 22-26
- Kindergärten (§ 22 Abs. 1; Rechtsanspruch §§ 24, 24 a)
- Horte (§ 22 Abs. 1)
- Krippen (§ 22 Abs. 1)
- Tagespflege (§ 23)

Hilfe zur Erziehung §§ 27-35, 36-40
- Erziehungsberatung (§ 28)
- Soziale Gruppenarbeit (§ 29)
- Erziehungsbeistand/Betreuungshelfer (§ 30)
- Sozialpädagogische Familienhilfe (§ 31)
- Erziehung in einer Tagesgruppe (§ 32)
- Vollzeitpflege (§ 33)
- Heimerziehung (§ 34)
- Intensive sozial-pädagogische Einzelbetreuung (§ 35)

Andere Aufgaben §§ 42-60
- Inobhutnahme (§ 42)
- Herausnahme (§ 43)
- Pflegeerlaubnis (§ 44)
- Heimaufsicht (§§ 45-48 a)
- Vormundschafts-/Familiengerichtshilfe (§ 50)
- Beratung und Belehrung in Adoptionsverfahren (§ 51)
- Jugendgerichtshilfe (§ 52)
- Beistandschaft, Pflegschaft und Vormundschaft (§ 52 a-58)
- Beurkundung und Beglaubigung (§ 59-60)

Wesentliche Änderungen brachten insbesondere das Kindschaftsrechtsreformgesetz (KindRG) und das Beistandschaftsgesetz, die zum 1.1.1998 in Kraft traten[40]. Insbesondere handelt es sich dabei um

- Die Neugestaltung der Trennungs- und Scheidungsberatung § 17 SGB III),
- die Unterstützung bei der Ausübung des Umgangsrechts (§ 18 SGB VIII),
- die Beratung und Unterstützung von nicht mit dem Vater des Kindes verheirateten Müttern,
- die Führung der freiwilligen Beistandschaft statt der zuvor (nur in den alten Bundesländern) in die elterliche Sorge eingreifenden Amtspflegschaft,
- die Auskunftserteilung über die Nichtabgabe von Sorgeerklärungen zum Nachweis der Alleinsorge,
- die Beurkundung von Sorgeerklärungen[41].

Weitere Änderungen tragen der Aufhebung der Unterscheidung zwischen ehelichen und nichtehelichen Kindern Rechnung (die dem Kindschaftsrecht den Ruf des »Schlusslichtes« in Europa eingetragen hatte) sowie den vom Vormundschaftsgericht auf das Familiengericht verlagerten Zuständigkeiten[42], der Einbeziehung der Entscheidungs- und Vertretungsbefugnisse von Pflegepersonen und Erziehungs- und Betreuungspersonal in das BGB (§ 1688 BGB i.d.F. KindRG) sowie der verbesserten Rechtsstellung des mit der Mutter nicht verheirateten Vaters im Adoptionsrecht[43].

Auch im Bereich der örtlichen Zuständigkeit und der Kostenerstattung waren Änderungen zu verzeichnen[44].

Schließlich traten zum 1.1.1999 – mit dem 2.SGB XI-ÄndG vom 29.5.1998 (BGBl. I S. 1188) – die §§ 78 a-78 g SGB VIII als neue Entgeltregelungen in der Jugendhilfe in Kraft[45], die für die Erbringung der in § 78 a Abs. 1 SGB VIII genannten Leistungen (ergänzbar durch Landesrecht, § 78 a Abs. 2 SGB VIII) gelten und die Träger der öffentlichen Jugendhilfe zur Übernahme der Entgelte für erbrachte Leistungen in einer Einrichtung gegenüber den Leistungsberechtigten verpflichten, wenn mit dem Träger der Einrichtung oder seinem Verband Leistungs-, Entgelt- und Qualitätsentwicklungsvereinbarungen abgeschlossen worden sind (§ 78 b Abs. 1 Nr. 1-3; zum Inhalt der Leistungs- und Entgeltvereinbarungen § 78 c, zum Vereinbarungszeiraum § 78 d; zu Rahmenverträgen auf Landesebene § 78 f SGB VIII; § 78 e betrifft die örtliche Zuständigkeit für den Abschluss von Vereinbarungen). Die Länder richten Schiedsstellen für Streit- und Konfliktfälle ein (§ 78 g SGB VIII)[46].

---

40   Vgl. *Mühlens u.a.* 1998, S. 367 ff.; zu den Verknüpfungen und Wechselwirkungen zwischen Kindschaftsrechtsreform und KJHG: *Wiesner*, in: Kind-Prax 1999, 44 ff.
41   Siehe *Schleicher*, in: GK-SGB VIII, § 58 a Rz. 10; *Fieseler*, in GK-SGB VIII, § 59 Rz. 27.
42   Vgl. die Zuständigkeitskataloge für die Anhörung des Jugendamtes in §§ 49, 49 a alter und neuer Fassung (Synopse von *Schwab/Wagenitz* 1999).
43   Siehe Seite 273 dieses Buches.
44   *Kraushaar*, in: Jugendhilfe 1998, 309.
45   *Kröger* 1999 mit zahlreichen Beiträgen zu den Grundlagen, den Konzepten und ersten Praxiserfahrungen; vgl. auch *Baltz*, in: NDV 1998, S. 306, 341, 377 ff.; *Figiel*, in: TuP 1998, S. 232 ff.; *Merchel*, in: NDV 1998, S. 382 ff.; *Brombach*, in: Jugendhilfe 1998, 245; *Struck*, Arbeitshilfe 1998; *Hansbauer*, in: ZfJ 2000, 50; *Struck*, Erl. in GK-SGB VIII.
46   *Griesheimer*, in: *Kröger* 1999, S. 253 ff.; *Busch*, ZfJ ab Heft 10/2000; für Niedersachsen s. *Gottlieb*, in JiN März 2000, S. 23 ff. ; Verzeichnis der Landesvorschriften (Stand September 2000) bei *Struck*, in: GK-SGB VIII, § 78 g Rz. 6.

Auch die das Wunsch- und Wahlrecht betreffenden §§ 5, 36 Abs. 1 SGB VIII wurden geändert. »Dämpfung der Kostenentwicklung« ist erklärte Zielsetzung; gleichzeitig ist aber von einer Verbesserung der Entgeltfinanzierung die Rede (BT-Drucks. 13/10330, S. 16[47]; vgl. auch *Fieseler*, in GK-SGB VIII, § 5 Rz. 26 und *Nothacker*, § 36 Rz. 37).

5.2.4 Für 2001 anstehende Änderungen des SGB VIII

Derzeit (Stand November 2000) stehen erneut Änderungen des SGB VIII an, mit deren Verabschiedung nach dem Ende der parlamentarischen Sommerpause zu rechnen ist[48]. Zum einen soll mit

– Gesetz zur Ächtung der Gewalt in der Erziehung (BT-Drucks. 14/3781; dazu *Baltz*, ZfJ 2000, 210; dazu auch Aussprache im Bundestag am 6.7.2000: Plenarprotokoll 14/114, S. 10888) § 16 Abs. 1 SGB VIII um den Satz erweitert werden: »Sie (d.h. die Leistungen der allgemeinen Förderung der Erziehung in der Familie) sollen auch Wege aufzeigen, wie Konfliktsituationen in Familien gewaltfrei gelöst werden können«.

– Zum anderen sieht das Dritte Gesetz zur Änderung des Bundeserziehungsgeldgesetzes (Beschlussempfehlung und Bericht des federführenden Ausschusses für Familie, Senioren, Frauen und Gesundheit, BT-Drucks. 14/3808, S. 19) punktuelle Änderungen hinsichtlich der Übermittlung von Sozialdaten (§ 68 Abs. 2 SGB VIII verweist auch auf § 84 Abs. 6 SGB X) sowie zur Kinder- und Jugendhilfestatistik[49] vor.

6. Standort des Jugendhilferechts

Im derzeitigen Rechtssystem ist der Lebensbereich »Kindheit und Jugend« nicht einheitlich oder zusammenhängend geregelt. Ganz unterschiedliche Rechtsgebiete sind heranzuziehen, je nachdem aus welchem Bereich die Fragestellung herrührt:

Bereich *Jugendhilfe:*–	Sozialgesetzbuch/Achtes Buch und Landesausführungsgesetze zum KJHG/SGB VIII
–	Kindergartengesetze, Spielplatzgesetze, Jugendbildungsgesetze der Länder
–	Adoptionsvermittlungsgesetz
–	Gesetz zum Schutze der Jugend in der Öffentlichkeit
–	Gesetz über die Verbreitung jugendgefährdender Schriften
–	Unterhaltsvorschussgesetz
Bereich *Kriminalität:*–	Jugendgerichtsgesetz
–	Strafvollzugsgesetz

---

47 Der amtliche Begründungstext ist auch bei *Struck* 1998 wiedergegeben.
48 Vgl. *Wiesner*, ZfJ 2000, 303.
49 §§ 98-105 SGB VIII sind eingehend kommentiert von *Schilling*, in: GK-SGB VIII.

Bereich *Familie*:– (einschl. materieller – Sicherung) – – – – – –	Grundgesetz Art. 6 Bürgerliches Gesetzbuch, 4. Buch, (Familienrecht) Bundeskindergeldgesetz Bundessozialhilfegesetz Wohngeldgesetz Steuergesetze Sozialversicherungsrecht Bundeserziehungsgeldgesetz
Bereich *Schule/– Hochschule*:– –	Schulgesetze der Länder Hochschulgesetze des Bundes und der Länder Bundesausbildungsförderungsgesetz
Bereich *Ausbildung/Beruf*:– – – –	Berufsbildungsgesetz Berufsbildungsförderungsgesetz Handwerksordnung Jugendarbeitsschutzgesetz

7. Einbindung der Jugendhilfe in das Sozialgesetzbuch

Trotz erheblicher Einwände wurde bereits das Jugendwohlfahrtsgesetz in das Sozialgesetzbuch (SGB) einbezogen, dessen Erstes Buch, der Allgemeine Teil, am 1. Januar 1976 in Kraft getreten ist. Damit waren einige Neuerungen für die Jugendhilfe verbunden.

Soziale Rechte und Rechtsansprüche

Der Terminus »Sozialleistungen« ist der übergeordnete Begriff für alle im Besonderen Teil vorgesehenen Leistungsarten (Dienst-, Sach- und Geldleistungen). Die persönliche und erzieherische Hilfe wird zu den Dienstleistungen gezählt (§ 11 Satz 2 SGB-AT).

Der Verpflichtung der Leistungsträger, hier Jugendamt und Landesjugendamt (§§ 12, 27 Abs. 2 SGB-AT), Sozialleistungen zu gewähren, entsprechen die sozialen Rechte auf der Seite des Leistungsempfängers. Diese sozialen Rechte (§ 2 SGB-AT) verleihen unstreitig dann einen einklagbaren Rechtsanspruch auf bestimmte Sozialleistungen, wenn deren Voraussetzungen und Inhalt durch ein Gesetz im einzelnen bestimmt sind und den Leistungsträgern auch kein Ermessensspielraum (§ 38 SGB-AT) eingeräumt ist[50]. Bei Ermessensleistungen besteht ein Anspruch auf pflichtgemäße Ausübung des Ermessens (§ 39 Absatz 1 Satz 2 SGB-AT).

---

[50] Nach diesen Kriterien ließen sich Rechtsansprüche auf Sozialleistungen nach dem JWG herleiten aus §§ 6 Abs. 1 und 2 i.V.m. § 5 Abs. 1 und §§ 51, 52 (auf Beratung und Unterstützung), §§ 55, 62 (auf Gewährung von Erziehungsbeistandschaft und Freiwilliger Erziehungshilfe); vgl. *Abel*, a.a.O., S. 5; *Münder*, NJW 1988, 389 ff. Die Rechtsprechung sah die Kinder und Jugendlichen selbst als Anspruchsinhaber an: *BVerwG*, FEVS 32, S. 353 ff.; 37, S. 133 ff.; *VGH Hessen*, FEVS 33, S. 115 ff.; *OVG Hamburg*, ZfSH 1988, S. 595. Zum Anspruch auf Übernahme des Kindergartenbeitrages: *BVerwG*, FamRZ 1993, S. 955.

Es war heftig umstritten, ob das »*Recht auf Erziehung*« gemäß § 1 Abs. 1 JWG einen subjektiv-öffentlichen Rechtsanspruch des Minderjährigen beinhaltet. Für viele Kommentatoren war diese Bestimmung lediglich ein Progammsatz[51]. Diese Interpretation wurde jedoch dem Ziel und Zweck des Sozialgesetzbuches (z.B. § 2 Abs. 2 SGB-AT: »dabei ist sicherzustellen, dass die sozialen Rechte möglichst weitgehend verwirklicht werden«) nicht gerecht und vor allem vernachlässigte sie verfassungsrechtliche Erwägungen. Das ursprüngliche Verständnis von Grundrechten als Abwehrrechte des Bürgers gegen die Staatsgewalt hat sich aufgrund der Staatszielbestimmung »Sozialstaat« (Art. 20, 28 GG) gewandelt: Grundrechte haben auch die Funktion von *Teilhaberechten* an Sozialleistungen. Dies bedeutet, dass sich aus dem alten § 1 Abs. 1 JWG, §§ 2, 8, 27 SGB-AT in Verbindung mit dem Grundrecht auf freie Entfaltung der Persönlichkeit (Art. 2 Abs. 1 GG) ein einklagbares Recht auf Erziehung gegenüber den Trägern der Jugendhilfe ableiten ließ[52].

Auch höchstrichterliche Entscheidungen wiesen in diese Richtung, obgleich sie kein Grundrecht auf Erziehung statuierten. Der Bundesgerichtshof hat 1968 dem Recht auf Erziehung einen »hohen Wert« zuerkannt; allerdings ließ er es dahingestellt, ob diesem Recht ein verfassungsrechtlicher Rang dadurch zukommt, dass die staatliche Gemeinschaft nach Art. 6 Abs. 2 Satz 2 GG über die elterliche Erziehung zu wachen hat (BGHZ Bd. 49, S. 308, 314).

In einem Beschluss des Bundesverfassungsgerichts aus dem gleichen Jahr heißt es: »Das Wächteramt des Staates ... beruht in erster Linie auf dem Schutzbedürfnis des Kindes, dem als Grundrechtsträger eigene Menschenwürde und ein eigenes Recht auf Entfaltung seiner Persönlichkeit ... zukommt« (BVerfGE Bd. 24, S. 119).

Der Meinungsstreit um die Bedeutung des »Rechts auf Erziehung« (d.h. um Rechtsansprüche auf Jugendhilfeleistungen) ist auch nach dem Inkrafttreten des KJHG nicht verstummt[53].Obwohl das Gesetz in dieser Hinsicht die wünschenswerte Klarheit vermissen lässt und § 8 SGB-AT n.F. gegenüber § 8 Satz 2 SGB-AT a.F. in dieser Hinsicht eher als Rückschritt angesehen werden kann, ist ein Rechtsanspruch auf die vorgesehenen Leistungen im Sinne der oben angedeuteten verfassungskonformen Interpretation zu bejahen.[54]

Für das *Geltendmachen von Rechtsansprüchen* ist § 36 SGB-AT maßgebend[55].

---

51 Vgl. *Jans/Happe*, a.a.O., Erl. 3 und 6 zu § 1 JWG m.w.Nw.
52 Vgl. *Frankfurter Kommentar*, 4. Aufl. (1988), a.a.O., Anm. 1.1-1.4 zu § 1.
53 Vgl. *Kunkel*, Leistungsverpflichtungen und Rechtsansprüche im KJHG, insbesondere die Hilfe zur Erziehung, in: ZfJ 3/1991, S. 145 ff.; *Münder*, Ansprüche auf Leistungen im Jugendhilferecht, in: ZfJ 6/1991, S. 285 ff.; *ders.*, Das Verhältnis Minderjähriger – Eltern – Jugendhilfe, in: ZfJ 9/1990, S. 488 ff.; *Ollmann*, Eltern, Kind und Staat in der Jugendhilfe, in: ZfJ 4/1992, S. 388 ff. Zum Rechtsanspruch auf intensive sozialpädagogische Einzelbetreuung, *VerwG Münster*, in: Mitteilungen des LJA Westfalen-Lippe, Nr. 115/Juni 1993, S. 41 ff. (m. Anm.).
54 Vgl. *Fieseler*, in: GK-SGB VIII, § 1 Rz. 5 ff.
55 Vgl. *Coester*, Zur sozialrechtlichen Handlungsfähigkeit des Minderjährigen, in: FamRZ 1985, 982 ff.

8. Einheit der Jugendhilfe

Die öffentliche Jugendhilfe umfasste nach dem alten § 2 Abs. 2 JWG *alle* behördlichen Maßnahmen zur Förderung der Jugendwohlfahrt (= Jugendpflege *und*
Jugendfürsorge). In dieser Legaldefinition war das Kriterium »Einheit der Jugendhilfe« enthalten.

Die Begriffe Jugendpflege und Jugendfürsorge wurden herkömmlich in folgender
Weise erläutert:
– Jugendpflege sollte das körperliche, geistige, seelische und gesellschaftliche
   Wohl aller Jugendlichen fördern, ohne dass eine Gefährdung im Einzelfall vor-
   liegt.
   (Zielgruppe: »gesunde Jugend«).
– Jugendfürsorge sollte diejenigen Maßnahmen umfassen, die sich auf gefährdete
   oder bereits geschädigte (einzelne) Jugendliche beziehen.
   (Zielgruppe: »gefährdete, verwahrloste, kriminelle Jugendliche«).

Diese Unterscheidung wurde als überholt und diskriminierend abgelehnt und hatte
häufig inhaltliche Fehleinschätzungen zur Folge[56].

Das Bundesverfassungsgericht hat in dem wichtigen Urteil vom 18. Juli 1967
(BVerfGE Bd. 22, S. 180) die fließende Grenze zwischen Fürsorge und allgemeiner
Jugendförderung anerkannt: »Jugendfürsorge und Jugendpflege sind in der praktischen Jugendarbeit so eng miteinander verzahnt, dass die Jugendpflege schon allein
unter dem Gesichtspunkt des Sachzusammenhangs mit unter den Begriff »Öffentliche Fürsorge« in Art. 74 Nr. 7 GG fallen muss«[57].

Das KJHG konnte auf die traditionellen Begriffe verzichten, denn an die Stelle von
Jugendfürsorge waren die Bezeichnungen »Erziehungshilfen« und »offene Hilfen«,
und an die Stelle von Jugendpflege die Begriffe »Jugendarbeit« und »Jugendbildung« getreten.

Das Jugendwohlfahrtsgesetz enthielt keine Systematik der Jugendhilfeleistungen
nach Zielsetzung und Inhalt; die Aufgaben waren im Hinblick auf die Zuständigkeiten der Träger geregelt (»Jugendamtsgesetz«).

Die Aufgabenbereiche der Jugendhilfe sind weitgehend durch die Abgrenzung von
anderen Aufgabengebieten bestimmt (siehe z.B. Verhältnis zur Familie, Schul- und
Berufsausbildung). Es ist aber nicht sinnvoll, die historisch gewachsenen Sozialisati-
onsträger, die rechtlich verschieden geregelt sind, gegeneinander abzuschotten. Dies
gilt vor allem auch im Verhältnis zum Jugendgerichtsgesetz, denn das Jugendstrafrecht reagiert ebenfalls auf Störungen von Entwicklungs- und Erziehungsprozessen.
Die Einbeziehung des (geänderten!) Jugendgerichtsgesetzes in die Reform der
Jugendhilfe ist nach wie vor dringend geboten; dadurch könnte der besondere
Anspruch des Jugendstrafrechts, ein »Erziehungsgesetz« zu sein, glaubwürdiger wer-

---

56 Vgl. *Fieseler*, Rechtsgrundlagen, a.a.O., S. 127 f.
57 Mit der Klage der Länder Hessen, Hamburg, Bremen, Niedersachsen war damals u.a. bestrit-
    ten worden, dass die Jugendpflege zur konkurrierenden Gesetzgebung gehörte. (Auf dem
    Gebiet der Gesetzgebungskompetenz wird unterschieden zwischen ausschließlicher Gesetz-
    gebung des Bundes, konkurrierender Gesetzgebung und Rahmengesetzgebung des Bundes.
    Bei der konkurrierenden Gesetzgebung können die Länder nur dann Gesetze erlassen, wenn
    der Bund von seinem Gesetzgebungsrecht keinen Gebrauch macht; vgl. Art. 72 und 74 GG).

den. Einheit der Jugendhilfe bedeutet somit auch, die Unterscheidung zwischen »gefährdeten« und »kriminellen« jungen Menschen zu überwinden[58].

9. Erziehungsziele in der Jugendhilfe

Wegen der Offenheit des Begriffs »Erziehung zur leiblichen, seelischen und gesellschaftlichen Tüchtigkeit« (§ 1 Abs. 1 JWG) gab es immer wieder Versuche der Konkretisierung. Aber die unterschiedlichen Wertvorstellungen und Interessen, die den Definitionen zugrundeliegen, führten zu ebenso verschiedenartigen Erziehungszielen. Einen Eindruck davon sollen die nachstehenden Ausführungen vermitteln.

Die in der Jugendhilfeliteratur (einschl. JWG-Kommentare) erwähnten Erziehungsziele hat E. Fluk[59] in verschiedene »Kategorien« aufgegliedert. Die herausgefundenen Zieldefinitionen beziehen sich auf:
- Entfaltung der Persönlichkeit
- Lebensbewährung (Lebensbewältigung, Tüchtigkeit)
- Anpassung/Integration (normgerechtes Verhalten, Mitmenschlichkeit, soziale Existenz)
- Sinngebung (Bindung an »höhere Werte«)
- Verantwortlichkeit, Verantwortungsbereitschaft
- Selbstbestimmung: Mündigkeit, Eigenständigkeit, selbstverantwortliche Persönlichkeit, Autonomie, Kritik, Emanzipation.

In dem Bericht, den der Ausschuss des Bundesjugendkuratoriums zur Erarbeitung grundlegender Vorstellungen über Inhalt und Begriff moderner Jugendhilfe 1973 vorgelegt hat, werden fünf Leitbegriffe gebildet, um das Grundsatzziel »geglückte Sozialisation« zu konkretisieren[60]:

Autonomie ist das Ergebnis der Entwicklung und Integration folgender Kenntnisse, Fähigkeiten und Haltungen:
- Besitz eines Selbstbildes;
- Selbstbewusstsein, Selbstwertgefühl;
- Besitz von persönlichen Zielen;
- Wille zur individuellen Bedürfnisbefriedigung;
- Fähigkeit zur Selbstregulierung/Selbstorganisation;
- Fähigkeit zur Selbstreflexion und -kritik;
- Fähigkeit zur Kommunikation;
- Risiko- und Konfliktbereitschaft;
- Fähigkeit zur Spontanität, Aktivität, Initiative;
- Urteils- und Entscheidungsfähigkeit.

Kreativität: (Diese Leitkategorie unterscheidet sich von den anderen, weil sie als durchgängige Perspektive eigentlich nicht separat dargestellt werden kann).

Die sich schnell verändernden Umweltsituationen (im gesellschaftlichen, politischen, ökonomischen wie im privaten Bereich) können nicht mehr mit Hilfe stereotyper Handlungsformen bewältigt werden. Für den Einzelnen ist deshalb die

---

58 Vgl. Deutsches Jugendinstitut (1973), a.a.O., S. 84 ff.; Arbeiterwohlfahrt (1970), a.a.O., S. 20 ff.; *Simonsohn*, a.a.O., S. 7 ff.
59 *Fluk*, a.a.O., S. 107 ff.
60 *BMJFG*, Mehr Chancen für die Jugend, a.a.O., S. 26 ff.

Entwicklung neuer Denk-, Verhaltens- und Gestaltungsqualitäten nötig. Darüber hinaus sollen die in unserer Kultur verkümmerten und verschütteten Bedürfnisse nach künstlerischen, musischen, spielerischen etc. Ausdrucksformen gefördert werden.

Produktivität: Ein ambivalenter Begriff, der einerseits als Leistungsbereitschaft und Leistungsfähigkeit verstanden wird, der andererseits kritische Distanz und gegebenenfalls Widerstand gegen das bloße Funktionieren in einer Leistungsgesellschaft beinhaltet. Er wendet sich dagegen, dass Leistung und ihre Verwertbarkeit im Produktionsprozess als hoher Wert verselbständigt werden.

Sexualität: Erziehung zur Liebesfähigkeit setzt liebesfähige Erwachsene voraus, die ihre selbst erlittenen Repressionen und Tabuisierungen nicht an Kinder weitergeben. Weitere Teilziele sind: individuell befriedigende und sozial verantwortliche Sexualität; Akzeptierung des eigenen Körpers; Übernahme von Geschlechtsrollen; Beendigung von sexueller Unterdrückung und Ausbeutung.

Soziabilität: Der Begriff ist – verstanden als individuelle Disposition für Sozialisationsprozesse – fundamental für alle Leitkategorien.

Diese Leitkategorien sind nicht als isolierte Zielbeschreibungen von Erziehung aufzufassen, sondern sie berühren und bedingen sich teilweise.

Wegen der Probleme bei der Nennung von Erziehungszielen verzichten die Autoren des »Frankfurter Kommentars zum KJHG«[61] auf dahingehende Versuche. Sie benennen statt dessen einige negative Faktoren, die dem Erziehungsprozess hinderlich sind:
– Verhinderung von Eigenaktivität Minderjähriger;
– Unterbindung von Kommunikation mit Personen und Gruppen (insbesondere mit Gleichaltrigen) außerhalb der Familie;
– fehlende Möglichkeiten, eigene Interessen und Bedürfnisse zu artikulieren und zu realisieren;
– fehlende Einbeziehung in ökonomisch-ökologische Einheiten (Betrieb, Nachbarschaft, Stadtteil);
– Isolierung junger Menschen von ihren sozialen Nahräumen.

10. Ausländische Minderjährige und Jugendhilfe[62]

Durch die Nichtübernahme der JWG-Formulierung »Jedes deutsche Kind ...« stellt § 1 Abs. 1 SGB VIII grundsätzlich klar, dass alle jungen Menschen Adressaten des neuen Gesetzes sind. Zudem ist durch eine Reihe staatsrechtlicher Abkommen (über- und zwischenstaatliche Regelungen) der Geltungsbereich auf eine Vielzahl ausländischer Minderjähriger ausgedehnt worden.

---

61 A.a.O., S. 43.
62 *Oberloskamp*, Einführung in das internationale Kindschafts- und Jugendhilferecht, in: ZfJ 1987, S. 545 ff. und 1987, 602 ff.; *BAGLJÄ*, Jugendhilfe und junge Ausländer, in: ZfJ 1992, S 585 ff.; *Kunkel*, Junge Ausländer im Jugendhilferecht, in: ZfJ 1993, S. 334 ff.; *Schnabel*, Jugendhilfe und junge Ausländer, in: Jugendhilfe 1991, S. 223 ff. und S. 250 ff.; *Oberloskamp*, Jugendhilfe für Ausländer (§ 6 Abs. 2, 4 KJHG) in: FuR 1992, S. 61 ff. und S. 131 ff.; *Kunkel* (1999), Grundlagen des Jugendhilferechts, a.a.O., S. 44-55; *Fieseler*, in: GK-SGB VIII, § 6 Rz. 1 ff. mit Angaben zu Rechtsprechung und Literatur nach Rz. 81.

Haager Minderjährigenschutzabkommen (MSA)[63]

Die umfassendste Verpflichtung zur Gewährung von Erziehungshilfen für ausländische Minderjährige ergibt sich aus dem »Haager Übereinkommen über die Zuständigkeit der Behörden und das anwendende Recht auf dem Gebiet des Schutzes von Minderjährigen« vom 5.10.1961, dem die Bundesrepublik mit Gesetz vom 30.4.1971 vorbehaltlos zugestimmt hat.

Europäisches Fürsorgeabkommen

Von Bedeutung ist auch das Europäische Fürsorgeabkommen vom 11.12.1953, dem die Bundesrepublik mit Gesetz vom 15.5.1956 beigetreten ist. Es verpflichtet die Mitgliedsstaaten, Staatsangehörigen (also auch jungen Menschen) der vertragsschließenden Staaten in gleicher Weise wie Deutschen Hilfe zu gewähren, wenn sie sich erlaubterweise im Bereich eines Jugendhilfeträgers aufhalten und nicht über ausreichende Mittel verfügen.

§ 6 Abs. 1 SGB VIII bestimmt, welche Personen Leistungen der Kinder- und Jugendhilfe beanspruchen können: junge Menschen (bis zur Vollendung des 27. Lebensjahres), Mütter, Väter und Personensorgeberechtigte, die ihren tatsächlichen Aufenthalt im Inland haben. Die Vorschrift enthält eine von § 30 SGB I abweichende Regelung des Geltungsbereichs. Der dort festgelegte Wohnsitzgrundsatz (vgl. § 30 Abs. 3 SGB I) ist für den Bereich der Jugendhilfe nicht brauchbar, da er an der Interessenlage Volljähriger, nicht am Schutz von Kindern und Jugendlichen, ausgerichtet ist. Ein junger Mensch, der hier weder Wohnsitz noch gewöhnlichen Aufenthalt hat, sich aber hier tatsächlich aufhält, muss die Möglichkeit haben, Leistungen der Jugendhilfe in Anspruch zu nehmen.

Für die *Leistungsberechtigung von Ausländern* enthält § 6 Abs. 2 SGB VIII zwei Einschränkungen:
1. Voraussetzung ist der rechtmäßige Aufenthalt oder eine ausländerrechtliche Duldung;
2. Anknüpfungspunkt ist der gewöhnliche Aufenthalt[64] in der Bundesrepublik Deutschland (im Unterschied zum tatsächlichen Aufenthalt des Abs. 1).

Der rechtmäßige Aufenthalt bestimmt sich nach den §§ 3 ff. AuslG. Für die Einreise und den Aufenthalt im Bundesgebiet benötigt jede ausländische Person (auch Minderjährige) eine Aufenthaltsgenehmigung (§§ 5 ff. AuslG). Das Ausländerrecht sieht unterschiedliche Formen des Aufenthalts mit abgestuften rechtlichen Sicherungen vor: Aufenthaltserlaubnis (§§ 15, 17 AuslG; § 68 AsylVfG), Aufenthaltsberechtigung (§ 27 AuslG), Aufenthaltsbewilligung (§§ 28, 29 AuslG) und Aufenthaltsbefugnis (§ 30 AuslG).

---

63 Vgl. den Praxiskommentar von *Oberloskamp*, Haager Minderjährigenschutzabkommen, Köln u.a. 1983.

64 Legaldefinition von »gewöhnlicher Aufenthalt«: Seinen gewöhnlichen Aufenthalt hat jemand an dem Ort, den er bis auf weiteres und nicht vorübergehend oder besuchsweise zum Mittelpunkt seines Lebens gewählt hat (§ 30 Abs. 3 Satz 2 SGB I). Vgl. *OVG Münster*, FamRZ 1988, 652 (zu § 30 JWG); *BVerwG*, ZfJ 1986, 465; *LG Kiel*, DAVorm 1991, 960; *BSG*, InfAuslR 1988, 52; *BSG*, NVwZ-RR 1989, 651. Vgl. auch *Fieseler*, in: GK-SGB VIII, § 6 Rz. 7-9: für den Bezug von Jugendhilfeleistungen ist eine »denkbar weite Auslegung« des Begriffes gewöhnlicher Aufenthalt angezeigt.

Stellt ein Ausländer einen Asylantrag, ist ihm für die Dauer des Asylverfahrens der Aufenthalt im Bundesgebiet gestattet (Aufenthaltsgestattung nach § 55 AsylVfG)[65].

Einem Asyl*bewerber* kann gemäß § 11 AuslG nur in seltenen Ausnahmefällen eine Aufenthaltsgenehmigung erteilt werden.

Ehegatten von (anerkannten) Asyl*berechtigten* kann eine Aufenthaltserlaubnis erteilt werden (§ 18 Abs. 1 Ziffer 2 AuslG). Dies betrifft solche Personen, die nicht selbst als Asylberechtigte anerkannt sind, aber im Rahmen des Familiennachzugs ihre familiäre Lebensgemeinschaft herstellen möchten. Minderjährigen ledigen Kindern von Asylberechtigten ist eine Aufenthaltserlaubnis zu erteilen (§ 20 AuslG).

Die Duldung (§§ 55, 56 AuslG) betrifft solche Personen, deren Abschiebung vorgesehen ist, aber aus humanitären, persönlichen oder rechtlichen Gründen zeitweise ausgesetzt wird. Entsprechende Gründe sind z.B. das Abschiebeverbot (§ 51 AuslG) wegen erheblicher Gefahr für Leben oder Freiheit, die dem Ausländer in dem Staat droht, in den er abgeschoben werden soll, oder die Abschiebungshindernisse gemäß § 53 AuslG, die einer Abschiebung in Staaten entgegenstehen, in denen dem Ausländer Folter oder die Todesstrafe drohen.

10.1 Jugendamt und Ausländerbehörde

Mit dem neuen Ausländergesetz, das zeitgleich – leider ohne sorgfältige Abstimmung – mit dem KJHG verabschiedet wurde, sind neben Erschwernissen (Genehmigungspflicht für Kinder) auch Verbesserungen in folgenden Bereichen wirksam geworden: Familiennachzug, Nachzug von Kindern und einzelnen Familienangehörigen, Familienasyl, eigenständiges Aufenthaltsrecht von Kindern und Jugendlichen, Recht auf Wiederkehr und Einbürgerung. Die Aufgaben und Ziele nach dem Ausländergesetz kollidieren vielfach mit denen der Kinder- und Jugendhilfe nach dem SGB VIII. Gerade deshalb sind die Träger der Jugendhilfe und die Ausländerbehörden zur Kooperation aufgerufen, um vermeidbare Nachteile für die betroffenen jungen Menschen auch wirklich zu vermeiden.

Die Jugendhilfe hat vor allem die Verpflichtung (vgl. § 81 SGB VIII):
– bei der Aufnahme in das Bundesgebiet die nötigen Hilfen anzubieten;
– bei drohender Ausweisung und Abschiebung geeignete Gegenvorstellungen einzubringen und Alternativen aufzuzeigen;
– bei unumgänglicher Abschiebung für ein humanes Verfahren zu sorgen.

Als besonders problematisch haben sich Übermittlungspflichten (§ 76 und 77 AuslG) und die Offenbarungsbefugnisse im neugefassten § 71 Abs. 2 SGB X erwiesen. Der Sozialdatenschutz für Ausländer ist durch das Gesetz zur Neuregelung des Ausländerrechts, das am 01.01.1991 in Kraft getreten ist, erheblich eingeschränkt worden.[66] Die Jugendämter haben auf Ersuchen der Ausländerbehörden personenbezogene Daten zu offenbaren, die für die Entscheidung über den weiteren Aufenthalt oder die Beendigung desselben erforderlich sind. Ohne Ersuchen (unaufgefordert) haben Jugendämter eine Mitteilungspflicht, wenn sie Kenntnis von Aus-

---

65 Für Leistungen an Asylsuchende richtet sich die örtliche Zuständigkeit nach der Zuweisungsentscheidung der zuständigen Landesbehörde. Bis zur Zuweisung ist der örtliche Träger am Ort der Einreise zuständig (vgl. § 86 Abs. 7 SGB VIII n.F.).

weisungsgründen erlangen. Eine solche praktizierte Meldepflicht wird das Vertrauen von Ausländern in die Jugendhilfe aushöhlen.

Ausländer aus der Europäischen Gemeinschaft sind privilegiert: ihnen steht ein unbefristeter Aufenthalt nach EG-Recht zu, und sie können nur aus schwerwiegenden Gründen der öffentlichen Sicherheit und Ordnung ausgewiesen werden; die Inanspruchnahme von Erziehungshilfe kann bei ihnen kein Ausweisungsgrund sein.

10.2 Ausländerrechtliche Konsequenzen bei Jugendhilfeleistungen[67]

Eine ausdrückliche Beratungspflicht hinsichtlich der ausländerrechtlichen Konsequenzen bei Inanspruchnahme einer Jugendhilfeleistung ergibt sich für die Hilfen zur Erziehung aus § 36 Abs. 1 Satz 1 SGB VIII. Außerdem trifft das Jugendamt eine aus dem Sozialstaatsgrundsatz (Art. 20, 28 GG) abgeleitete Beratungspflicht im Fürsorgeverhältnis. Dies gilt insbesondere für die Konsequenz einer möglichen Ausweisung und der Versagung einer unbefristeten Aufenthaltserlaubnis.

Unbefristete Aufenthaltserlaubnis

Gem. § 26 Abs. 3 Satz 1 Nr. 3 AuslG darf die unbefristete Aufenthaltserlaubnis versagt werden, wenn der Lebensunterhalt nicht ohne Inanspruchnahme von Jugendhilfe gesichert ist. Diese Regelung ist dann einschlägig, wenn wirtschaftliche Jugendhilfe geleistet wird, also eine Hilfe nach §§ 39, 40 SGB VIII. Dies gilt aber dann nicht, wenn sich der Jugendliche in einer Ausbildung befindet, die zu einem anerkannten schulischen oder beruflichen Abschluss führt (§ 26 Abs. 3 Satz 1 Nr. 3 AuslG).

Ausweisung

Ein Ausweisungsgrund und damit die Pflicht des Jugendamtes zu einer Mitteilung an die Ausländerbehörde gem. § 76 Abs. 2 AuslG könnte sich ergeben bei Drogenabhängigkeit des Minderjährigen (§ 46 Nr. 4 AuslG), bei Inanspruchnahme von Hilfe zur Erziehung außerhalb der eigenen Familie (§ 46 Nr. 7 AuslG) und bei Hilfe für junge Volljährige (§ 46 Nr. 7 AuslG).

Der Ausweisungsgrund nach Nr. 4 gewinnt in der Jugendhilfe dadurch an Bedeutung, dass die Suchtabhängigkeit als eine Form der seelischen Behinderung (§ 3 Nr. 3 Eingliederungshilfe-Verordnung) in die Zuständigkeit der Jugendhilfe fällt, soweit es sich um einen minderjährigen Suchtabhängigen handelt (§ 10 Abs. 2 SGB VIII). Erhält der Minderjährige aus diesem Grund Eingliederungshilfe (§ 35 a SGB VIII), liegt der Ausweisungsgrund nicht vor, da mit der Annahme der Hilfe die Bereitschaft zu einer Therapie nachgewiesen ist. Nimmt der Jugendliche eine

---

66 Vgl. *Schnapka*, DAVorm 1991, 23 f.; ders. in: Jugend, Beruf, Gesellschaft 1991, S. 180 ff; *Lang*, in: Sozialpädagogik 1991, 51 ff.; *Huber*, in: AuslR 1991, 107 ff. und in: NDV 1991, 189 ff.; *Kunkel*, DVBl 1991, 567 ff.; *Mörsberger/Dembowski*, NDV 1991, S. 157 ff.; *Kunkel*, § 76 Ausländergesetz – ein »Spitzelparagraf«?, ZAR 1991, 71 ff.; *Maas*, Die Auswirkungen des Gesetzes zur Neuregelung des Ausländerrechts auf den Datenschutz in der sozialen Arbeit, NDV 1990, 417 ff; *Schriever-Steinberg*, Die Regelungen zur Verarbeitung personenbezogener Daten im neuen Ausländerrecht, ZAR 1991, 66 ff.; *Niehof*, Datenschutzrechtliche Probleme bei der Gewährung von Jugendhilfe an Ausländer, ZfF 1991, 148 ff.
67 aus: *Kunkel* (1999), a.a.O., S. 53 ff. (Rz. 61-68). Vgl. auch *Knösel*, JH 2000, 123.

andere Leistung der Jugendhilfe wegen seiner Suchtabhängigkeit in Anspruch, beispielsweise die Jugendberatung nach § 11 Abs. 3 Nr. 6 SGB VIII oder die Familienberatung nach § 16 Abs. 2 Nr. 2 SGB VIII, ist dies ebenfalls ein Hinweis auf seine
Bereitschaft zur Therapie, womit der Ausweisungsgrund entfällt. Außerdem ist nur
der Verbrauch von Kokain, Heroin oder vergleichbar gefährlichen Betäubungsmit-
teln (z.b. LSD, Ecstasy, Amphetamine) ein Ausweisungsgrund, nicht dagegen von
Cannabis (Haschisch, Marihuana).

Der Ausweisungsgrund (§ 46 Nr. 7 AuslG) bei Inanspruchnahme von Hilfe zur
Erziehung außerhalb der eigenen Familie liegt dem Wortlaut des Gesetzes nach vor
bei Vollzeitpflege, bei Heimerziehung und intensiver sozialpädagogischer Einzelbetreuung, weil diese drei Hilfen außerhalb der eigenen Familie geleistet werden.
Dass § 37 SGB VIII unter der Überschrift »Hilfen außerhalb der eigenen Familie«
die Hilfen nach §§ 32-34 erwähnt, ist demgegenüber ohne Bedeutung, da § 37 keine
Legaldefinition enthält. Alle anderen Arten der Hilfe zur Erziehung nach § 27 SGB
VIII sind kein Ausweisungsgrund; ebensowenig die Inanspruchnahme anderer Leistungen nach dem SGB VIII. Bei Auslegung des Gesetzes aus seiner Entstehungs-
geschichte bleibt von den genannten drei Hilfen zur Erziehung außerhalb der eigenen Familie (§§ 33-35 SGB VIII) nur noch die Heimerziehung als Ausweisungsgrund übrig, da sich aus der Begründung zu § 46 AuslG ergibt, dass »keine
Erweiterung der bisherigen Ausweisungsmöglichkeiten« vorgesehen war (BT-
Drucks. 11/6321, 73). Vielmehr sollte der Ausweisungsgrund nach Nr. 7 den bisher
geltenden nach § 10 Abs. 1 Nr. 3 AuslG 1965 ersetzen. Danach war aber lediglich
die Fürsorgeerziehung im *Heim* Ausweisungsgrund. Auch dieser – nunmehr einzige –
Ausweisungsgrund für den Minderjährigen scheidet aber aus, wenn die Eltern des
Minderjährigen sich *rechtmäßig* im Bundesgebiet aufhalten (§ 46 Nr. 7 2. Halbsatz
AuslG). Wird die Hilfe zur Erziehung oder die Hilfe für junge Volljährige von Trägern der freien Jugendhilfe geleistet (was nach § 3 Abs. 2 SGB VIII möglich ist),
entfällt der Ausweisungsgrund nach dem Zweck des Gesetzes. Dieser besteht nämlich darin, die öffentlichen Kassen durch Leistungen an junge Ausländer nicht zu
belasten. Diese Belastung ist aber ausgeschlossen, wenn die Träger der freien
Jugendhilfe ihre Leistungen originär erbringen, also nicht im Auftrag des Trägers
der öffentlichen Jugendhilfe mit der Folge seiner Kostenbelastung gem. § 77 SGB
VIII.

Ein Ausweisungsgrund ist schließlich dann nicht gegeben, wenn der besondere
Ausweisungsschutz nach § 48 AuslG besteht. Dies ist der Fall, wenn der Ausländer
eine Aufenthaltsberechtigung nach § 27 AuslG oder eine unbefristete Aufenthaltserlaubnis nach § 24 AuslG besitzt und als Angehöriger der 2. und folgenden Aus-
ländergeneration im Bundesgebiet geboren oder als Minderjähriger hierher einge-
reist ist.

Noch weiter reduziert werden die Ausweisungsmöglichkeiten dadurch, dass bei
EU-Ausländern die Ausweisung nach § 12 Abs. 1 Aufenthaltsgesetz/EWG wegen
des Bezugs von Jugendhilfe ausgeschlossen ist. Auch das Europäische Fürsorgeab-
kommen (EFA) verbietet in Art. 6 Abs. a eine Rückschaffung nach dem Bezug von
Jugendhilfe. Dagegen enthält das Minderjährigenschutzabkommen (MSA) keine
Schutzbestimmung gegen eine Ausweisung.

Zusammengefasst ergibt sich, dass die Ausweisung eines Minderjährigen nur möglich ist, wenn er Heimerziehung erhält, ohne dass seine Eltern sich hier rechtmäßig
aufhalten, und er weder einem EU-Staat noch einem vertragsschließenden Staat
des Europäischen Fürsorgeabkommens angehört.

Zum Schluss noch ein Hinweis:
Für junge Ausländer, die seit acht Jahren rechtmäßig ihren gewöhnlichen Aufenthalt im Bundesgebiet haben und die sonstigen Voraussetzungen des § 85 AuslG erfüllen, besteht die Möglichkeit, durch *Einbürgerung* den Status eines deutschen Staatsangehörigen zu erlangen.

Asylverfahrensgesetz schränkt Jugendhilfe ein[68]
Die Bundesarbeitsgemeinschaft der Landesjugendämter nimmt zu dem ab 1.7.1992 geltenden Asylverfahrensgesetz wie folgt Stellung:

Nach der Leitnorm des Kinder- und Jugendhilfegesetzes, dem Haager Minderjährigenschutzabkommen und der UN-Konvention über die Rechte des Kindes sind die Träger der Jugendhilfe in der Bundesrepublik Deutschland verpflichtet, minderjährigen Flüchtlingen ebenso zu helfen wie jungen Deutschen.

Dieser Grundsatz wird durch das neue Asylverfahrensgesetz verletzt:
1. Ab 1.7.1992 sollen auch alleinreisende Minderjährige oder Familien mit minderjährigen Kindern prinzipiell nach der Einreise in Aufnahmeeinrichtungen und danach in der Regel in Gemeinschaftsunterkünften untergebracht werden.
2. Die Betriebserlaubnis und die Heimaufsicht durch die Landesjugendämter, die im KJHG vorgeschrieben sind, soll bei diesen Lagern ausdrücklich *keine* Anwendung finden.

Jungen Flüchtlingen werden damit Schutz und Leistungen der Jugendhilfe vorenthalten. Die Bundesarbeitsgemeinschaft der Landesjugendämter lehnt es ab, dass die alleinreisenden ausländischen Kinder und Jugendlichen ausschließlich unter asylverfahrensrechtlichen und ordnungspolitischen Gesichtspunkten behandelt werden. Dies widerspricht geltendem Recht.

Darüber hinaus erscheint es fragwürdig, wenn Kinder und Jugendliche in das Asylverfahren getrieben werden, obwohl das Ausländergesetz mit der »Aufenthaltsgestattung« einen Status vorhält, der dem Aufenthaltsgrund der meisten dieser Kinder eher entspricht. Von diesem Aufenthaltsstatus wird aber nur in seltenen Fällen Gebrauch gemacht.

Die BAGLJÄ empfiehlt den Bundesländern, bei ihrer Zuständigkeit für die Zuweisung junger alleinreisender Flüchtlinge[69] oder von Familien mit minderjährigen Kindern die Unterbringung in den großen Lagern nicht zur Regel zu machen, *sondern eine altersgerechte Unterbringung in Einrichtungen vorzusehen, in denen das Wohl der Kinder und Jugendlichen sichergestellt werden kann.* Die Bundesländer sollten grundsätzlich im Rahmen ihrer Zuständigkeit verhindern, dass das Asylver-

---

68 aus: ZfJ 4/1993, S. 215 f. (Presseverlautbarung der BAGLJÄ über die Arbeitstagung im Oktober 1992); vgl. auch *Kunkel*, Inwieweit sind Asylbewerberleistungsgesetz und KJHG auf junge Asylbewerber anwendbar?, in: ZfJ 1994, S. 369 ff.; zur Situation unbegleiteter minderjähriger Flüchtlinge: Bundesregierung, in: ZfJ 1995, 416 ff.; zur Rechtsstellung: *Göbel-Zimmermann*, Inf AuslR 1995, 166 ff.; *Knösel*, Jugendhilfe 1995, 55f. Dazu, ob diese jungen Flüchtlinge eines Vormundes bedürfen oder ob ein (Ergänzungs-)Pfleger mit begrenztem Wirkungskreis (Asylantrag; Antrag auf Erteilung eines vorläufigen Ausweispapieres) zu bestellen ist, vgl. einerseits BAGLJÄ, in: ZfJ 1994, 320, andererseits DIV-Gutachten, ZfJ 1994, 321 m.w.Nw.

69 Vgl. auch Stellungnahme des Bayerischen Staatsministers für Arbeit, Familie und Sozialordnung v. 11.8.1993 zur Unterbringung unbegleiteter minderjähriger Flüchtlinge, in: ZfJ 12/1994, S. 518.

fahren durch die Erhöhung der Antragszahlen von Kindern und Jugendlichen weiter belastet wird. Statt dessen sollte die »Aufenthaltsgestattung« nach dem Ausländergesetz entsprechend angewendet *und Jugendhilfe ihrem gesetzlichen Auftrag gemäß auch jungen Flüchtlingen gewährt werden.*[70]

---

70   Gegen die Abschiebung von ausländischen Minderjährigen: Fraktion Bündnis90/Die Grünen, in: BT-Drucks. 13/1657.

Drittes Kapitel: Öffentliche und Freie Träger der Jugendhilfe

1. Aufgaben der Jugendhilfe nach dem SGB VIII

Die Aufgabenstellung der Jugendhilfe wird üblicherweise im Hinblick auf die Familienerziehung eingeteilt in:
- familienunterstützende Maßnahmen (um die Erziehungsleistung der Familie zu fördern);
- familienergänzende Maßnahmen (wenn erzieherische Leistungen der Familien nicht ausreichend gegeben werden können);
- familienersetzende Maßnahmen (wenn die Familie ausfällt oder versagt).

Beispiele für *familienunterstützende Leistungen*:
- Erziehungsberatung, § 28;
- Beratung und Unterstützung Alleinerziehender, § 18;
- Unterstützung in Notsituationen, § 20;
- Familienbildung, § 16 Abs. 2 Ziffer 1;
- Erziehungsbeistand, § 30;
- Sozialpädagogische Familienhilfe, § 31.

Beispiele für *familienergänzende Leistungen*:
- Förderung von Kindern in Tageseinrichtungen und in Tagespflege, §§ 22 ff.;
- Jugendarbeit, § 11;
- Jugendsozialarbeit, § 13;
- Erzieherischer Kinder- und Jugendschutz, § 14;
- Soziale Gruppenarbeit, § 29;
- Erziehung in einer Tagesgruppe, § 32;
- Intensive sozialpädagogische Einzelbetreuung, § 35;
- Unterstützung während der Berufsvorbereitung/Berufsausbildung, § 13 Abs. 3.

Die Begriffe »Unterstützung« und »Ergänzung« sind allerdings unscharf und berühren bzw. überschneiden sich. Die Abgrenzung ist im Einzelfall nicht leicht, aber auch nicht notwendig, denn die Verpflichtung der Jugendhilfeträger richtet sich sowohl auf Unterstützung als auch auf Ergänzung der familiären Erziehung (§ 8 Satz 2 SGB I).

Die rechtlichen Hürden für die Ersetzung der Familienerziehung sind hoch angelegt; sie kommt nur als »letztes Mittel« (ultima ratio) in Betracht (vgl. Art. 6 Abs. 3 GG; §§ 1666, 1666 a BGB).

2. Träger der öffentlichen Jugendhilfe

Träger der öffentlichen Jugendhilfe sind diejenigen Gebietskörperschaften, die aufgrund des Gesetzes Jugendämter, Landesjugendämter und oberste Landesjugendbehörden zu errichten haben.[1]

---

1   Unter einer Behörde versteht man organisationsrechtlich eine vom Wechsel der Personen unabhängige, unter Leitung eines Behördenvorstehers stehende organisatorische Einheit der Verwaltung, die ohne eigene Rechtsfähigkeit als Organ für einen Hoheitsträger tätig wird.

»Träger« zu sein bedeutet, die Aufgaben eines bestimmten örtlichen und sachlichen Bereichs verantwortlich auszuführen.

Im Jugendhilferecht lassen sich drei Stufen der (öffentlichen) Trägerschaft unterscheiden:
- örtliche Träger;
- überörtliche Träger;
- Länder.

2.1 Örtliche Ebene: Jugendämter

Überblick über die wichtigsten Organisationsbestimmungen für das Jugendamt:
- Verpflichtung aller kreisfreien Städte und (Land-)Kreise, die Aufgaben der Jugendhilfe durch Errichtung eines Jugendamtes zu erfüllen (§ 69 Abs. 1 und 3 SGB VIII).
- Landesrecht kann regeln, dass auch kreisangehörige Gemeinden auf Antrag zu örtlichen Trägern bestimmt werden, wenn ihre Leistungsfähigkeit gewährleistet ist (§ 69 Abs. 2 SGB VIII).
- Kreisangehörige Gemeinden und Gemeindeverbände, die nicht örtliche Träger sind, können für den örtlichen Bereich Aufgaben der Jugendhilfe wahrnehmen. Die Planung und Durchführung dieser Aufgaben ist mit dem örtlichen Träger abzustimmen, dessen Gesamtverantwortung bestehen bleibt (§ 69 Abs. 5 SGB VIII).
- Organisierung des Jugendamtes als zweigliedrige (duale) Behörde: Jugendhilfeausschuss und Verwaltung des Jugendamts (§ 70 Abs. 1 SGB VIII).
- Bestimmungen für den Jugendhilfeausschuss (§ 71 SGB VIII)[2].
- Bestimmung für die Verwaltung des Jugendamtes (§ 70 Abs. 2 SGB VIII).

---

2   Für die Jugendhilfe beachte die Begriffsdefinition des § 1 Abs. 2 SGB-X, nach der Behörde i.S. des Sozialgesetzbuchs jede Stelle ist, die Aufgaben der öffentlichen Verwaltung wahrnimmt, vorbehaltlich besonderer Regelungen.
Der *Jugendhilfeausschuss* (JHA) ist für die gesamte Jugendhilfe zuständig. In ihm kommt die reformpädagogische Vorstellung vom »lebendigen Jugendamt« und von demokratischer Mitverantwortung zum Ausdruck. Faktisch besteht jedoch eine deutliche Dominanz der Verwaltung. Neben dem Antragsrecht an die parlamentarische Vertretungskörperschaft und dem Anhörungsrecht in allen Angelegenheiten der Jugendhilfe hat der JHA als weitestgehendes Recht ein *Beschlussrecht*, das er im Rahmen der bereitgestellten Mittel, der erlassenen Satzung und der von der Vertretungskörperschaft gefassten Beschlüsse ausüben kann (vgl. *Münder*, Der Jugendwohlfahrtsausschuss. Probleme, Rechte, Perspektiven, Neuwied 1987); *Struck*, Die Rechtsstellung des kommunalen Jugendhilfeausschusses in den neuen Bundesländern, in: Jugendhilfe 1993, 200 ff.; *Herbert*, Ausführungsvorschriften zum Jugendhilfeausschuss nach § 71 KJHG, in: ZfJ 1991, 569 ff.; *David*, 1993; *Nothacker*, in: Jugendhilfe 1995, 243 (zu den Rechtschutzmöglichkeiten im Handlungsfeld des JHA und des LandesJHA); *Voßhans*, NP 1995, 417 (Rechte und Pflichten nach einem Urteil des BVerwG vom 15.12.1994, in: NVwZ-RR 1995, 587); *Müller*, BldWpfl 1995, 279 (»nicht genutzte Chancen«); *Nix*, ZfJ 1994, 265; *Böer*, Qualifizierung statt Abschaffung des Jugendhilfeausschusses, in: Jugendhilfe 1999, 264 ff.; Positionspapier des Deutschen Bundesjugendrings, in: Jugendhilfe 1999, 51 ff. Vgl. jetzt die Kommentierung zu § 71 SGB VIII von *Busch/Fieseler*, in: GK-SGB VIII mit eingehenden Nachweisen zur Rechtsprechung und zur Literatur der letzten Jahre (Stand Juni 2000).

Aufgaben des Jugendamts nach dem SGB VIII

Leitziel (§ 1 Abs. 1 SGB VIII)

Jeder junge Mensch hat ein *Recht*
- auf Förderung seiner Entwicklung und
- auf Erziehung zu einer eigenverantwortlichen und gemeinschaftsfähigen Persönlichkeit

Realisierung durch (§ 1 Abs. 3 SGB VIII)

- Förderung des jungen Menschen in seiner individuellen und sozialen Entwicklung und Abbau von Benachteiligungen
- Beratung und Unterstützung der Eltern und anderer Erziehungsberechtigter
- Schutz der Kinder und Jugendlichen vor Gefahren für ihr Wohl
- Mitwirken bei Erhaltung und Schaffung positiver Lebensbedingungen sowie einer kinder- und familienfreundlichen Umwelt

Aufgaben (§ 2 SGB VIII)

Leistungen der Jugendhilfe (§§ 11-41 SGB VIII)

- Jugendarbeit/Jugendsozialarbeit/ erzieherischer Kinder- und Jugendschutz
- Förderung der Erziehung in der Familie durch:
  - Familienbildung/Familienberatung/ Familienerholung
  - Partnerschafts-/Trennungs- und Scheidungsberatung
  - Beratung und Unterstützung bei der Ausübung der Personensorge
  - Betreuung und Versorgung des Kindes in Notsituationen
  - Mutter-/Vater-Kind-Einrichtungen
  - Unterstützung bei notwendiger Unterbringung zur Erfüllung der Schulpflicht
- Förderung von Kindern in Tageseinrichtungen und in der Tagespflege
  - Kinderkrippen/Kindergärten/Kinderhorte
  - Tagespflege
- Hilfen zur Erziehung und ergänzende Leistungen
  - Erziehungsberatung
  - soziale Gruppenarbeit
  - Erziehungsbeistand/Betreuungshelfer
  - sozialpädagogische Familienhilfe
  - Erziehung in einer Tagesgruppe
  - Vollzeitpflege
  - Heimerziehung, sonstige betreute Wohnform
  - Intensive sozialpädagogische Einzelbetreuung

- Hilfe für seelisch behinderte Kinder und Jugendliche u. ergänzende Leistungen
- Hilfe für junge Volljährige und Nachbetreuung

Andere Aufgaben (§§ 42-60 SGB VIII)

- Vorläufige Maßnahmen zum Schutz von Kindern und Jugendlichen
  - Inobhutnahme
  - Herausnahme
- Schutz von Kindern und Jugendlichen in Familienpflege und in Einrichtungen
- Mitwirkung in gerichtlichen Verfahren
  - Unterstützung des Vormundschafts-/ Familiengerichts
  - Beratung und Belehrung in Verfahren zur Annahme als Kind
  - Jugendgerichtshilfe
- Pflegschaft und Vormundschaft für Kinder und Jugendliche
  - Beratung und Unterstützung von Pflegern und Vormündern
  - gesetzliche und bestellte Amtspflegschaft/Amtsvormundschaft
  - Beistandschaft und Gegenvormundschaft
- Beurkundungen/Beglaubigungen, vollstreckbare Urkunden

Arbeitsgrundsätze

- Zusammenarbeit mit und Förderung der freien Jugendhilfe (§§ 4,12,71,74-78, 80 Abs. 3 SGB VIII)
- Schutz personenbezogener Daten (§§ 61 ff. SGB VIII)
- Zusammenarbeit mit anderen Stellen und öffentlichen Einrichtungen (§ 81 SGB VIII)
- Hilfeplan (§ 36 SGB VIII)
- Jugendhilfeplanung (§ 80 SGB VIII)
- Fortbildung und Praxisberatung (§ 72 Abs. 3 SGB VIII)
- Statistik (§§ 98 ff. SGB VIII)

Die Organisation des Jugendamts

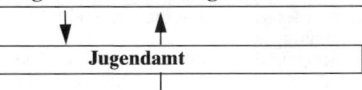

Politische Vertretungskörperschaft:
Stadtrat (Stadtverordnetenversammlung)/Kreistag

↓

Beschlussfassung über grundsätzliche Fragen,
Satzung und Mittel des Jugendamtes

↓ ↑

Jugendamt

Duale Organisation nach § 70 SGB VIII

Jugendhilfeausschuss	Verwaltung des Jugendamts
Mitglieder (§ 71 Abs. 1 SGB VIII) a)stimmberechtigte : – Mitglieder der Vertretungskörperschaft oder von ihr gewählte, in der Jugendhilfe erfahrene Männer und Frauen (3/5) – von der Vertretungskörperschaft auf Vorschlag der freien Jugendhilfe gewählte Männer und Frauen (2/5) b)beratende (nach Landesrecht) z.b.: – Vertreter der Kirchen und der jüdischen Kultusgemeinden – Vertreter der Schule – Arzt des Gesundheitsamtes – Vormundschafts-, Familien- oder Jugendrichter – der Leiter der Verwaltung des Jugendamtes und der Leiter der Verwaltung der Gebietskörperschaft (je nach Landesrecht auch mit Stimmrecht)	(§ 70 Abs. 2 und § 72 Abs. 1 und 2 SGB VIII) – Leiter der Verwaltung der Gebietskörperschaft (Landrat, Oberbürgermeister/Bürgermeister) oder in seinem Auftrag Leiter der Verwaltung des Jugendamtes (Jugendamtsleiter) – Sozialpädagogen/Sozialarbeiter – Verwaltungsfachkräfte
1. Beschlussrechte (§ 71 Abs. 3 SGB VIII) über – Geschäftsordnung – Angelegenheiten der Jugendhilfe – Mittelverwendung – Jugendhilfeplanung – Förderung der freien Jugendhilfe jeweils im Rahmen von ————	1. Ausführung der Beschlüsse der Vertretungskörperschaft und des Jugendhilfeausschusses (§ 70 Abs. 2 SGB VIII) 2. Geschäfte der laufenden Verwaltung (§ 70 Abs. 2 SGB VIII)

2. Anhörungs- und Antragsrecht
(§ 71 Abs. 3 SGB VIII)

2.2 Überörtliche Ebene: Landesjugendämter

Landesrecht regelt, wer überörtlicher Träger ist (§ 69 Abs. 1 Satz 3 SGB VIII)[3]. Jeder überörtliche Träger ist verpflichtet, ein Landesjugendamt zu errichten und zu erhalten[4] (§ 69 Abs. 3 SGB VIII). Die zur Zeit bestehenden Landesjugendämter sind sehr unterschiedlich organisiert. Es gibt sowohl kommunale als auch staatliche Landesjugendämter.

Auch das Landesjugendamt ist zweigliedrig aufgebaut:

Landesjugendhilfeausschuss[5] und Verwaltung des Landesjugendamtes (§ 70 Abs. 3 SGB VIII).

Das Landesjugendamt ist nach § 85 Abs. 2 SGB VIII sachlich zuständig für:
1. die Beratung der örtlichen Träger und die Entwicklung von Empfehlungen zur Erfüllung der Aufgaben nach SGB VIII,
2. die Förderung der Zusammenarbeit zwischen den örtlichen Trägern und den anerkannten Trägern der freien Jugendhilfe, insbesondere bei der Planung und Sicherstellung eines bedarfsgerechten Angebots an Hilfen zur Erziehung und Hilfen für junge Volljährige,
3. die Anregung und Förderung von Einrichtungen, Diensten und Veranstaltungen sowie deren Schaffung und Betrieb, soweit sie den örtlichen Bedarf übersteigen; dazu gehören insbesondere Einrichtungen, die eine Schul- oder Berufsausbildung anbieten, sowie Jugendbildungsstätten,
4. die Planung, Anregung, Förderung und Durchführung von Modellvorhaben zur Weiterentwicklung der Jugendhilfe,
5. die Beratung der örtlichen Träger bei der Gewährung von Hilfe nach den §§ 32 bis 35 a, insbesondere bei der Auswahl einer Einrichtung oder der Vermittlung einer Pflegeperson in schwierigen Einzelfällen,
6. die Wahrnehmung der Aufgaben zum Schutz von Kindern und Jugendlichen in Einrichtungen (§§ 45 bis 48 a),
7. die Beratung der Träger von Einrichtungen während der Planung und Betriebsführung,
8. die Fortbildung von Mitarbeitern in der Jugendhilfe,
9. die Gewährung von Leistungen an Deutsche im Ausland (§ 6 Abs. 3), soweit es sich nicht um die Fortsetzung einer bereits im Inland gewährten Leistung handelt,
10. die Erteilung der Erlaubnis zur Übernahme von Pflegschaften, Vormundschaften oder Beistandschaften durch einen rechtsfähigen Verein (§ 54).

---

3 Übersicht zur Bestimmung der überörtlichen Träger der öffentlichen Jugendhilfe in den Ausführungsgesetzen zum KJHG/SGB VIII vgl. *Busch/Fieseler*, in: GK-SGB VIII, § 69 Rz. 21.

4 Eine Auflösung würde gegen zwingendes Bundesrecht verstoßen; eine Einbeziehung als unselbständiger Teil des für Jugendhilfe zuständigen Landesministeriums (so bereits in Schleswig-Holstein und für 2001 vorgesehen in Hessen) ist allenfalls dann zulässig, wenn die Aufgaben des Landesjugendamtes nach § 85 Abs. 2 SGB VIII »organisatorisch von anderen Aufgaben abgegrenzt sind und die Rechtsstellung des Landesjugendhilfeausschusses nicht beschnitten wird« (*Wiesner*, § 69 Rz. 26). Fachlich bedenklich bleibt sie auch dann (*Fieseler*, Stellungnahme zum Entwurf des Gesetzes zur Änderung des hessischen AG KJHG, Drucks. 15/1570).

5 *Bernzen*, Aufgaben, Kompetenzen und Zuständigkeiten des Landesjugendhilfeausschusses, in: ZfJ 1996, S. 17 ff.

Die vorstehende Auflistung der Landesjugendamtsaufgaben ist nicht vollständig. Zusätzliche Aufgabe ist z.b.:
- die Einrichtung der zentralen Adoptionsstelle (§§ 2, 10-13 AdVermiG).

Weitere Zuständigkeiten ergeben sich aus dem Landesrecht (vgl. z.B. § 33 Sächs AG SGB VIII).

2.3 Landesebene: Oberste Landesjugendbehörden

Im Unterschied zu den Bestimmungen für die Jugendämter und Landesjugendämter hat der Bundesgesetzgeber in § 82 SGB VIII keine Regelungen für die Organisation der Obersten Landesjugendbehörden getroffen. Die Zuordnung zu einem oder – wie in Baden-Württemberg – auch zu mehreren Ministerien ist höchst unterschiedlich. Eine Zusammenstellung mit dem Stand September 2000 ist dem Gemeinschaftskommentar zum SGB VIII (§ 82 Rz. 10-12; mit Adressen) zu entnehmen

Aufgaben der obersten Landesjugendbehörde[6]:
- Anregung und Förderung der Tätigkeit der Träger der öffentlichen und der freien Jugendhilfe;
- die Weiterentwicklung der Jugendhilfe anregen und fördern;
- Zulassung von kreisangehörigen Gemeinden als örtliche Träger.

Weitere Aufgaben ergeben sich aus den zahlreichen Landesrechtsvorbehalten, nach denen die Länder nähere Regelungen für einzelne Bereiche vorzunehmen haben.

Die Länder wirken in der Arbeitsgemeinschaft der Obersten Landesjugendbehörden (AGOLJB) mit. Dieses Gremium arbeitet mit der Bundesarbeitsgemeinschaft der Landesjugendämter in den die sechzehn Bundesländer gemeinsam betreffenden Fragen zusammen und bereitet die jährlich stattfindende Jugendministerkonferenz vor.

3. Bundesebene

An dieser Stelle soll kurz auf die *Aufgaben der Bundesregierung* eingegangen werden. Durch die JWG-Novelle von 1961 wurde die Anregung und Förderung der Jugendhilfe durch die Bundesregierung in § 25 JWG auf gesetzliche Grundlage gestellt. Diese Bestimmung hat das Bundesverfassungsgericht (BVerfG 22, S. 180 ff.) für verfassungskonform erklärt. Eine Förderungskompetenz des Bundes ist unproblematisch, wenn sie sich auf überregionale, gesamtdeutsche und internationale Aufgaben bezieht[7]. Die Förderung erfolgt in erster Linie über den *Bundesjugendplan* (vgl. Kinder- und Jugendplan des Bundes – Richtlinien des BMFJ v. 20.12.1993 – GMBl. 1994, Nr. 3, S. 42 ff.).

Nach § 84 Abs. 1 SGB VIII hat die Bundesregierung in jeder Legislaturperiode einen Bericht über die Lage junger Menschen und die Bestrebungen und Leistungen der Jugendhilfe vorzulegen (*Jugendbericht*). Jeder dritte Bericht soll einen

---

6   Nach § 82 Abs. 2 SGB VIII haben »die Länder« auf einen gleichmäßigen Ausbau der Einrichtungen und Angebote hinzuwirken und die Jugendämter und Landesjugendämter bei der Wahrnehmung ihrer Aufgaben zu unterstützen. Näheres zu §§ 82 Abs. 1 und 2: *Fieseler*, GK-SGB VIII Rz. 1 ff.; dort – Rz. 14 – zu den Landesjugendberichten.

Überblick über die Gesamtsituation der Jugendhilfe vermitteln. Die Berichte sollen auch Ergebnisse und Mängel darstellen und Verbesserungsvorschläge enthalten. Die Jugendberichte werden nicht von der Bundesregierung selbst ausgearbeitet, sondern diese beauftragt damit jeweils eine Sachverständigenkommission (Jugendberichtskommission) und fügt dann dem Bericht eine Stellungnahme mit den von ihr für notwendig gehaltenen Folgerungen bei.

Bisher wurden folgende, thematische Berichte veröffentlicht, die z.T. sehr informativ sind, allerdings nicht den erwarteten Einfluss auf die Praxis gehabt haben:

– Erster Jugendbericht von 1965 (BT-Drucks. 4/3515):»Lage der Jugend und die Bestrebungen auf dem Gebiet der Jugendhilfe«;
– Zweiter Jugendbericht von 1968 (BT-Drucks. 5/2453):»Aus- und Fortbildung der Mitarbeiter in der Jugendhilfe« und »Jugend und Bundeswehr«;
– Dritter Jugendbericht von 1972 (BT-Drucks. 6/3170):»Aufgaben und Wirksamkeit der Jugendämter in der Bundesrepublik Deutschland«;
– Vierter Jugendbericht von 1978 (BT-Drucks. 8/2110):»Sozialisationsprobleme der arbeitenden Jugend in der Bundesrepublik Deutschland – Konsequenzen für Jugendhilfe und Jugendpolitik«;
– Fünfter Jugendbericht von 1980 (BT-Drucks. 8/3685):»Bericht über Bestrebungen und Leistungen der Jugendhilfe« (Gesamtbericht);
– Sechster Jugendbericht von 1984 (BT-Drucks. 10/1007):»Verbesserung der Chancengleichheit von Mädchen in der Bundesrepublik Deutschland«;
– Siebter Jugendbericht von 1986 (BT-Drucks. 10/6730):»Jugendhilfe und Familie – die Entwicklung familienunterstützender Leistungen der Jugendhilfe und ihre Perspektiven«;
– Achter Jugendbericht von 1990 (BT-Drucks. 11/6576):»Bericht über Bestrebungen und Leistungen der Jugendhilfe (Überblick über die Gesamtsituation)«.

---

7 Die Ausgaben des Bundes stiegen von 80 Millionen im Jahre 1970 auf 751,0 Millionen im Jahre 1990 und gingen 1993 auf 676,9 Millionen DM zurück. 1996 waren es – laut BMFSJF (Hrsg.), Kinder- und Jugendhilfegesetz, 8. Auflage 1997, S. 42 – nur noch 575,5 Millionen DM. Davon entfielen 1993 auf
– den Garantiefonds (Beihilfen zur schulischen, beruflichen und gesellschaftlichen Eingliederung für junge Aussiedler: 360,0 Mio. DM; 1996: 240,0 Mio. DM)
– Zuschüsse an zentrale Fachorganisationen zur Eingliederung junger Aussiedler: 79,4 Mio. DM (1996: 60,0 Mio. DM)
– die Otto Benecke Stiftung (Studien- und Ausbildungsförderung für junge Aussiedler): 18,3 Mio. DM (1996: 16,5 Mio. DM)
– das Bauprogramm (Jugendherbergen, Jugendbildungsstätten): 11,0 Mio. DM (1996: 11,0 Mio. DM)
– das Deutsch-Französische Jugendwerk: 21,5 Mio. DM Mio. DM) (1996: 20,4 Mio. DM)
– das Deutsche Jugendinstitut, München: 14,7 Mio. DM (1996: 15,2 Mio. DM)
– den Bundesjugendplan (Fördertitel für überregionale bzw. bundeszentrale Maßnahmen der Jugendhilfe und der Jugendarbeit): 225,3 Mio. DM (1996: 203,8 Mio. DM)
(vgl. *Bundesministerium für Frauen und Jugend* (Hrsg.), Kinder- und Jugendhilfegesetz, 6. Aufl. 1994, S. 41 f.;); anders als die Vorauflagen keine entsprechenden Angaben in BMFSFJ, Kinder- und Jugendhilfegesetz, 9. Auflage 1999). Ebenso ist 1998 gegenüber 1997 ein Rückgang der Ausgaben der Obersten Bundesbehörde zu verzeichnen, vgl. GK-SGB VIII, § 83, Rz. 13.

- Neunter Jugendbericht von 1994 (BT-Drucks. 13/70): »Bericht über die Situation der Kinder und Jugendlichen und die Entwicklung der Jugendhilfe in den neuen Bundesländern«.[8]
- Zehnter Kinder- und Jugendbericht von 1998 (BT-Drucks. 13/11368): »Bericht über die Lebenssituation von Kindern und die Leistungen der Jugendhilfe in Deutschland«.[9]

Der Elfte Kinder- und Jugendbericht wird wieder einen Überblick über die Gesamtsituation der Jugendhilfe bieten[10].

Zur Beratung der Bundesregierung in grundsätzlichen Fragen der Jugendhilfe sieht § 83 Abs. 2 SGB VIII das *Bundesjugendkuratorium* vor. Ihm gehören bis zu zwanzig vom Bundesminister für Jugend für drei Jahre berufene Fachleute der Wissenschaft und Repräsentanten der kommunalen Spitzenverbände, der freien Wohlfahrtspflege, der Gewerkschaften, der Arbeitgeberverbände, des Bundesjugendrings und des Rings politischer Jugend an[11].

4. Träger der freien Jugendhilfe[12]

Im Unterschied zum alten Jugendwohlfahrtsgesetz verzichtet das KJHG auf eine Definition der Träger der freien Jugendhilfe. Aber an verschiedenen Stellen werden freie Trägergruppen im SGB VIII genannt, z.B.:
- § 4 Abs. 3 (Formen der Selbsthilfe);
- § 11 Abs. 2 (Verbände, Gruppen und Initiativen der Jugend; andere Träger der Jugendarbeit);
- § 12 (Jugendverbände und ihre Zusammenschlüsse; Jugendgruppen);
- § 23 Abs. 4 (Zusammenschlüsse von Tagespflegepersonen);
- § 25 (selbstorganisierte Förderung von Kindern);
- § 75 Abs. 3 (Kirchen und Religionsgemeinschaften des öffentlichen Rechts; auf Bundesebene zusammengeschlossene Verbände der freien Wohlfahrtspflege).

Auf Bundesebene zusammengeschlossene Verbände der freien Wohlfahrtspflege

Hierzu zählen die in der »Bundesarbeitsgemeinschaft der freien Wohlfahrtspflege« zusammengefassten Spitzenverbände der freien Wohlfahrtspflege[13]:
- Arbeiterwohlfahrt (AWO),

---

8   Vgl. Stellungnahme der Jugendministerien der Länder Brandenburg, Thüringen, Berlin, Sachsen-Anhalt und Mecklenburg-Vorpommern, in: Jugendhilfe 6/1995, S. I-XVI; *Peters*, in: Forum Erziehungshilfen 1995, S. 100 ff.; *Braun*, in: Jugendwohl 1995, 434 ff., sowie die Stellungnahmen in: jugendhilfe spezial (August 1995).
9   Vgl. *Fieseler*, GK-SGB VIII § 84, Rz. 3; Literatur dazu a.a.O. Rz. 11.
10   Vgl. *Paar/Wunderlich/Briel*, in: Jugendhilfe 1999, 246.
11   Vgl. Bundesanzeiger 1969, Nr. 9, S. 2. Die Verwaltungsvorschriften nach § 83 Abs. 2 Satz 2 SGB VIII sind noch nicht erlassen. Zur konstituierenden Sitzung des jetzigen Kuratoriums siehe ZfJ 2/2000, S. 80.
12   Zum Aufbau freier Träger in den neuen Bundesländern vgl. *Sengling*, Jugendhilfe 1995, S. 268 ff.
13   Vgl. *Bauer* (1978), a.a.O.; *Flierl* (1992), a.a.O.; *Bauer* (1984), a.a.O.; *Bauer/Diessenbacher* (1984), a.a.O.

– Deutscher Caritasverband (DC),
– Deutscher Paritätischer Wohlfahrtsverband (DPWV),
– Deutsches Rotes Kreuz (DRK),
– Diakonisches Werk (DW),
– Zentralwohlfahrtsstelle der Juden in Deutschland.

Jugendverbände und Jugendgruppen[14]

Es handelt sich hierbei um organisatorische Zusammenschlüsse von jungen Menschen, wobei ein nicht unerheblicher Teil unter 18 Jahren sein muss. Die meisten sind in (örtlichen und überörtlichen) Jugendringen zusammengeschlossen. Dem Bundesjugendring gehören z.b. folgende Verbände an: Arbeitsgemeinschaft der Evangelischen Jugend, Bund der Deutschen Katholischen Jugend, Bund Demokratischer Jugend, Bund der Deutschen Landjugend, Deutsches Jugendrotkreuz, Gewerkschaftsjugend/DGB, Naturfreundejugend, Ring deutscher Pfadfinder- und Pfadfinderinnenverbände, Sozialistische Jugend Deutschlands – Die Falken.

Jugendgruppen sind in der Regel kleinere Zusammenschlüsse auf lokaler Ebene. Insgesamt lässt sich eine große Vielfalt von Jugendgruppen beobachten, die politisch, weltanschaulich, religiös, ökologisch, sportlich oder musisch ausgerichtet sind.

Selbsthilfegruppen/selbstorganisierte Gruppen

In allen Bereichen der sozialen und kulturellen Arbeit entstehen seit ca. 25 Jahren Initiativen und Projekte von Betroffenen oder zugunsten bestimmter Betroffener. Von diesen Gruppen ging und gehen wichtige Innovationsimpulse für die Jugendhilfe aus.

Juristische Personen

Beispiele für zentrale Vereinigungen, denen eine große Bedeutung für die Entwicklung der Jugendhilfe (Vorbereitung von Gesetzesreformen, Erarbeitung von Empfehlungen für die praktische Arbeit, Fort- und Weiterbildung) zukommt, sind:

Deutscher Verein für öffentliche und private Fürsorge, Arbeitsgemeinschaft für Jugendhilfe (AGJ), Arbeitsgemeinschaft für Erziehungshilfe (AFET), Aktion Jugendschutz, Deutsche Vereinigung für Jugendgerichte und Jugendgerichtshilfe, Internationale Gesellschaft für Heimerziehung (jetzt: Erziehungshilfe).

Zu dieser Gruppe gehören auch Stadt- oder Kreisjugendringe und andere örtliche Zusammenschlüsse, wenn sie sich die Rechtsform einer juristischen Person (z.B. eingetragener Verein) gegeben haben.

Kirchen und die sonstigen Religionsgemeinschaften öffentlichen Rechts

Hierunter fallen insbesondere die evangelische und die römisch-katholische Kirche, deren Anteil an der Jugendhilfe (etwa als Träger von Kindergärten, Erziehungs- und Wohnheimen, Freizeit- und Bildungsstätten) beträchtlich ist.

---

14 *Böhnisch/Gängler/Rauschenbach* (Hrsg.): Handbuch Jugendverbände, Weinheim und München 1991; *Boeßenecker* (1995), a.a.O.; Deutscher Bundesjugendring (1994), a.a.O.

Den beiden großen Kirchen gleichgestellt sind die anderen Religionsgemeinschaften öffentlichen Rechts, wie z.b. die evangelischen Freikirchen (Methodisten, Baptisten, Neuapostolische Kirche, Evangelische freikirchliche Gemeinde) und die jüdische Kultusgemeinde.

Diese Zusammenstellung macht deutlich, dass unter den Begriff »freie Träger« höchst unterschiedliche Organisationen und Gruppierungen fallen: von bundesweit operierenden, einflussreichen »Wohlfahrtskonzernen« bis hin zu Selbsthilfegruppen oder der Spielplatzinitiative einer Nachbarschaft, die um ihre öffentliche Anerkennung und damit finanzielle Förderung ringt.

4.1 Anerkennung als Träger der freien Jugendhilfe

Vorbedingung für eine auf Dauer angelegte finanzielle Förderung der freien Träger ist, dass sie öffentlich (förmlich) anerkannt sind. Die Regelung des Anerkennungsverfahrens und die Bestimmung der Stellen, die diese Anerkennung aussprechen und widerrufen, ist den Ländern vorbehalten.

Die Voraussetzungen für die Anerkennung sind in § 75 Abs. 1 SGB VIII normiert. Liegen sie vor, so besteht nach dreijähriger Tätigkeit ein *Anspruch* auf Anerkennung (zu § 75 jetzt eingehend: GK-SGB VIII/*Heinrich* und LPK/*Papenheim*).

Richtlinien für die Anerkennung von Trägern der freien Jugendhilfe nach § 75 SGB VIII – Kinder- und Jugendhilfegesetz (KJHG) – im Lande Bremen

(Vom 5. September 1994 – ABl. S. 418); in: HdbJugR, D VIII 2, S. 1615 ff.)[15].

Geltungsbereich

Die nachfolgenden Bestimmungen gelten für die öffentliche Anerkennung von Trägern der freien Jugendhilfe nach § 75 SGB VIII – Kinder- und Jugendhilfegesetz (KJHG) – (nachfolgend als KJHG zitiert).

Begriffsmerkmale

Träger der freien Jugendhilfe

Träger der freien Jugendhilfe sind alle juristischen Personen und Personenvereinigungen, die Leistungen der Jugendhilfe erbringen, soweit sie nicht Träger der öffentlichen Jugendhilfe sind oder als öffentliche Körperschaften Aufgaben der öffentlichen Jugendhilfe wahrnehmen. Neben den im KJHG genannten Kategorien von Trägern der freien Jugendhilfe können auch nichteingetragene Vereine oder Gesellschaften des bürgerlichen Rechts Träger der freien Jugendhilfe sein.

---

15   Vgl. *Kunkel* (1999), S. 300 ff.;Vgl. die Richtlinien der Freien und Hansestadt Hamburg (Amtlicher Anzeiger Nr. 52 vom 16. März 1982, S. 546 ff. (in: 2. Auflage dieses Buches, S. 62). Zur Funktion der Anerkennungsvorschriften als politische Kontrolle von Basisinitiativen vgl. Jahrbuch der Sozialarbeit 1976, Reinbek bei Hamburg 1975, S. 302 ff.; *Fieseler*, Rechtsgrundlagen, S. 131; »Grundsätze für die Anerkennung von Trägern der freien Jugendhilfe« der Arbeitsgemeinschaft der Obersten Landesjugendbehörden vom 14.4.1994, in: Forum Jugendhilfe 3/1994, S. 19 ff. Vgl. auch ZfJ 1987, 21: Ausreißergruppe e.V. Münster vom Jugendwohlfahrtsausschuss als freier Träger anerkannt.

Jugendverbände, Gruppen und Initiativen der Jugend

Jugendverbände (Gruppen und Initiativen der Jugend) sind nach § 12 KJHG auf Freiwilligkeit beruhende, selbstorganisierte Zusammenschlüsse junger Menschen, in denen die Jugendarbeit nach § 11 KJHG selbst organisiert, gemeinschaftlich gestaltet und mitverantwortet wird und deren Arbeit auf Dauer angelegt ist.

Andere Träger der freien Jugendhilfe

Kirchen und Religionsgemeinschaften des öffentlichen Rechts sowie die auf Bundesebene zusammengeschlossenen Verbände der freien Wohlfahrtspflege sind im Lande Bremen anerkannte Träger der Jugendhilfe gemäß § 75 Abs. 3 KJHG. Die Anerkennung nach § 75 Abs. 3 KJHG schließt eine Anerkennung nach Ziffer 2.2 dieser Richtlinie nicht mit ein.

Geförderte Jugendbildungsstätten und geförderte Zusammenschlüsse von Jugendverbänden sind anerkannte Träger der Jugendhilfe.

Voraussetzung für die Anerkennung nach § 75 Abs. 1 KJHG

Inhalt der Tätigkeit auf dem Gebiet der Jugendhilfe

Als Träger der freien Jugendhilfe können nur solche Träger anerkannt werden, die sich nicht auf die Vermittlung einzelner Kenntnisse und Fähigkeiten beschränken, sondern die ganzheitliche Entwicklung junger Menschen zu eigenverantwortlichen und gemeinschaftsfähigen Persönlichkeiten (§ 1 Abs. 1 KJHG) zum Ziel haben.

Für eine Anerkennung reicht es nicht aus, wenn sich der Träger auf die Schaffung von Rahmenbedingungen beschränkt oder sich lediglich auf die Vertretung von kinder- und jugendpolitischen Forderungen gegenüber Politik und Öffentlichkeit oder gegenüber der Praxis der Jugendhilfe beschränkt. Das gilt nicht für Träger, die nach Ziffer 2.3 anerkannt sind.

Nicht anerkannt werden Träger, die außerhalb der Jugendhilfe liegende Ziele verfolgen.

Der im § 75 Abs. 2 KJHG ausgewiesene Rechtsanspruch auf Anerkennung nach mindestens dreijähriger Tätigkeit auf dem Gebiet der Jugendhilfe ersetzt nicht das Anerkennungsverfahren und den zu prüfenden Nachweis der Tätigkeiten.

Umfang der Tätigkeit auf dem Gebiet der Jugendhilfe

Die Betätigungsform eines Trägers der freien Jugendhilfe kann sich auch auf einen bestimmten Teilbereich der Jugendhilfe erstrecken.

Träger der freien Jugendhilfe müssen nicht ausschließlich oder überwiegend Aufgaben der Jugendhilfe erfüllen. Nach Satzung und tatsächlicher, praktischer Arbeit, haben die der Jugendhilfe zugeordneten Tätigkeiten aber als genügend gewichtige, von anderen Aufgaben abgegrenzte Schwerpunkte zu erscheinen.

Mit Bezug auf Ziffer 2.2 dieser Richtlinien ist eine Anerkennung auch dann zu versagen, wenn die Tätigkeiten eines Trägers der freien Jugendhilfe zeitlich begrenzt oder wiederholt unterbrochen wird.

Gemeinnützigkeit

Die Verfolgung gemeinnütziger Ziele ist Anerkennungsvoraussetzung. In der Regel kann es als ausreichend angesehen werden wenn die Gemeinnützigkeit im Sinne des Steuerrechts (Körperschaftsteuer-Freistellungsbescheid) vorliegt. Das Vorliegen der Gemeinnützigkeit ersetzt nicht das Prüfungsverfahren hinsichtlich der Satzung und der tatsächlichen Tätigkeiten eines Trägers.

Liegt eine Gemeinnützigkeit nicht vor, sind als Voraussetzungen für eine Anerkennung insbesondere festzustellen,
– dass die Tätigkeiten des Trägers nicht nur einem geschlossenen Kreis von Mitgliedern oder anderen Personen zugute kommen,

– dass die Tätigkeiten des Trägers nicht in erster Linie auf eigen -wirtschaftliche Zwecke ausgerichtet sind,
– dass die wesentlichen Voraussetzungen der Gemeinnützigkeit in der Satzung und/oder dem
Organisationsstatut hinreichend verankert sind und
– dass eine ausreichende innerverbandliche Rechnungsprüfung und Rechenschaftspflicht
gegenüber den Mitgliedern vorgesehen ist.

Die Geschäftsführung hat den Bestimmungen des § 63 Abs. 1 AO zu entsprechen.

Anforderungen an die Leistungsfähigkeit und Fachlichkeit des Trägers

Eine Anerkennung ist nur dann auszusprechen, wenn der Träger die fachlichen und personellen
Voraussetzungen nachgewiesen hat und wenn er in der Lage ist, einen wesentlichen Teil zur Erfüllung der Aufgaben der Jugendhilfe im Lande Bremen zu leisten. Die Ausführungen zur Jugendhilfe
im Ersten Gesetz zur Ausführung des Kinder- und Jugendhilfegesetzes im Lande Bremen (Bre-
mAGKJHG) gelten entsprechend.

Der zu prüfende Gesamtumfang der Tätigkeiten eines Trägers hinsichtlich der Quantität richtet sich in der Beurteilung nach dem Gesamtumfang und den Größenverhältnissen der Jugendhilfe im Land Bremen, der Stadtgemeinde Bremen und der Stadtgemeinde Bremerhaven.

Zur Beurteilung der Leistungsfähigkeit und Fachlichkeit können insbesondere folgende Krite-
rien herangezogen werden:
– Art und Umfang der durchgeführten Maßnahmen des Trägers,
– Zahl der Mitglieder und Teilnehmer und Teilnehmerinnen,
– Zahl und Qualifikation der Mitarbeiter und Mitarbeiterinnen,
– partnerschaftliche Zusammenarbeit mit öffentlichen und freien Trägern der Jugendhilfe,
– Solidität der rechtlichen, organisatorischen und finanziellen Verhältnisse.

Ein antragstellender Träger hat seine Tätigkeiten über den Zeitraum von zwei Jahren nachzuweisen. Das Antragsjahr kann hierbei mit einbezogen werden.

Gewähr für eine den Zielen des Grundgesetzes förderliche Arbeit

Als Träger der freien Jugendhilfe kann anerkannt werden, wer nachweist, dass er eine den Zielen
des Grundgesetzes förderliche Arbeit leistet. Die Erfüllung von Aufgaben der Jugendhilfe im
Sinne eines umfassenden Erziehungsauftrages, wodurch junge Menschen befähigt werden, ihre
Anlagen und Fähigkeiten zu entwickeln, ihre Persönlichkeit zu entfalten, die Würde des Menschen zu achten und ihre Pflichten gegenüber den Mitmenschen in Familie, Gesellschaft und Staat
zu erfüllen, bietet in der Regel Gewähr für eine den Zielen des Grundgesetzes förderliche Arbeit.

Träger, die sich in besonderem Maße der politischen Bildung von jungen Menschen widmen,
müssen darüber hinaus in ihrer Arbeit das Wissen und die Überzeugung vermitteln, dass die
freiheitliche Demokratie in der Prägung des Grundgesetzes ein besonders zu erhaltendes und
zu schützendes Gut ist, an dessen Gestaltung und Verwirklichung zu arbeiten Aufgabe aller
Bürger und Bürgerinnen ist. Dieses schließt eine kritische Auseinandersetzung mit den bestehenden Verhältnissen ausdrücklich mit ein, solange die unveränderbaren Grundsätze der Ver-
fassungsordnung nicht in Frage gestellt werden.

Eine Versagung der Anerkennung ist gerechtfertigt, wenn ein Träger nach Satzung oder tatsächlicher Tätigkeit verfassungsfeindliche Ziele verfolgt oder seine Ziele mit Gewalt verfolgt.

Anerkennung von Jugendverbänden und Jugendgruppen

Eigenständige Jugendverbände und Jugendgruppen

Für die Anerkennung von Jugendverbänden und Jugendgruppen nach § 12 Abs. 1 und 2 KJHG,
kommen die Ziffern 1 bis 3.5.2 sinngemäß zur Anwendung, es sei denn, nachfolgend ist etwas
anders oder ergänzend bestimmt.

Jugendverbände können anerkannt werden, wenn sie die Voraussetzungen des § 12 KJHG und die entsprechenden Bestimmungen des Brem-AGKJHG erfüllen.

Die Arbeit von Jugendverbänden richtet sich in erster Linie auf die eigenen Mitglieder, deren Alter nicht unter dem vollendeten 12. Lebensjahr liegen und das vollendete 27. Lebensjahr nicht überschreiten soll. Diese Altersbeschränkung gilt nicht für Mitglieder in leitenden Funktionen. Die Arbeit von Jugendverbänden richtet sich auch an nicht organisierte junge Menschen (Offenhaltungsgebot).

Die innerverbandliche Willensbildung muss demokratischen Grundsätzen entsprechen. Bestimmte Rechtsformen der Zusammenschlüsse sind nicht vorgeschrieben. Die Wesensmerkmale einer Organisation sind jedoch so zu gestalten, dass Verantwortung geteilt und an gewählte Vertreter/innen delegiert wird. Diese Delegation ist vom Vertrauen aller Mitglieder abhängig, mit der Folge, dass die Übertragung eines Amtes oder einer Funktion jederzeit wieder rückgängig gemacht werden kann und gewählte Vertreter/innen rechenschaftspflichtig sind.

Die Organisationsstruktur ist auf Dauer anzulegen

Jugendverbände und Jugendgruppen innerhalb von Erwachsenenorganisationen

Bei Anerkennungen von Jugendverbänden oder Jugendgruppen, die in Erwachsenenorganisationen eingegliedert sind, ist die Eigenverantwortlichkeit der Jugendverbände oder Jugendgruppen im Verhältnis zu den Erwachsenenorganisationen gemäß § 12 Abs. 1 KJHG und die Selbstorganisation nach § 12 Abs. 2 Satz 1 KJHG nachzuweisen. Dieses ist besonders zu belegen durch:
– Gewährleistung des Rechts auf Selbstorganisation und Selbstgestaltung in der Satzung des Erwachsenenverbandes,
– eigene Jugendordnung oder -satzung,
– selbstgewählte Organe,
– demokratische Willensbildung und demokratischer Organisationsaufbau innerhalb des Jugendverbandes bzw. der Jugendgruppe,
– eigenverantwortliche Verfügung über die für die Jugendarbeit bereitgestellten Mittel.

Sinnvolle Eingliederungen formaler Verwaltungsteile der Jugendverbände und Jugendgruppen in die Erwachsenenorganisation haben Einschränkungen der Eigenverantwortlichkeit und Reduzierungen der Willensbildung des Jugendverbandes oder der Jugendgruppe auszuschließen.

Verfahrensfragen

Anerkennungsbehörden

Anerkennungsbehörde ist für Träger, deren Wirkungskreis sich auf das Land Bremen erstreckt oder die eine bundesweite Anerkennung beantragen, der Senator für Gesundheit, Jugend und Soziales.

Anerkennungsbehörde ist für Träger, deren Wirkungskreis sich auf den Bereich der Stadtgemeinde Bremen erstreckt, das Amt für Soziale Dienste – Jugendamt –.

Anerkennungsbehörde ist für Träger, deren Wirkungskreis sich auf die Stadtgemeinde Bremerhaven erstreckt, das Amt für Jugend und Familie Bremerhaven.

Anerkennung auf Landesebene

Die Anerkennung eines Trägers im Lande Bremen setzt die Anerkennung in der Stadtgemeinde Bremen und in der Stadtgemeinde Bremerhaven voraus.

Bei freien Trägern mit rechtlich unselbständigen Untergliederungen erstreckt sich die Anerkennung in der Regel auch auf ihre Untergliederungen.

Bei freien Trägern mit rechtlich selbständigen Mitgliedsorganisationen oder Untergliederungen kann das Anerkennungsverfahren auf Antrag auch auf die Mitgliedsorganisationen und Untergliederungen ausgedehnt werden. Dabei ist zu prüfen, inwieweit die Anerkennungsvoraussetzungen auch bei den Mitgliedsorganisationen und Untergliederungen erfüllt sind.

Im Anerkennungsbescheid ist auszuführen, ob und in welchem Umfang sich die Anerkennung auf Mitgliedsorganisationen und Untergliederungen erstreckt. Für später hinzugekommene rechtlich selbständige Mitgliedsorganisationen gilt Ziffer 5.2.3 dieser Richtlinie.

Räumlicher Wirkungskreis der Anerkennung

Die von der zuständigen Behörde ausgesprochene Anerkennung kann im Anerkennungsbescheid auf das Gebiet eines oder mehrerer örtlicher Träger beschränkt werden. In diesem Falle oder wenn aus anderen Gründen ein besonderes rechtliches Interesse besteht, bleibt es einem freien Träger unbenommen, auch bei anderen Trägern der öffentlichen Jugendhilfe eine Anerkennung zu beantragen.

Anerkennung von Bundesorganisationen

Bei der Anerkennung von Bundesorganisationen, die zwar bundesweit wirken, aber keine regionalen Untergliederungen aufweisen, kommen die Bestimmungen der Ziffer 5.3 dieser Richtlinien zur Anwendung. Bei der Anerkennung von Dachorganisationen eines gegliederten Verbandes ist die Anerkennung der Bundesorganisationen durch das Sitzland nur auf die Gliederung auf Bundesebene zu beziehen.

Die Anerkennung gegliederter Bundesorganisationen setzt voraus, dass diese in der Mehrzahl der Länder Untergliederungen oder Mitgliedsorganisationen nachweisen, die als Träger der freien Jugendhilfe anerkannt sind.

Die Anerkennung einer Bundesorganisation nach den Ziffern 2.3.1, 5.3 und 5.4 begründet keine Verpflichtung zur Förderung der Bundesorganisation, ihrer Untergliederungen oder Mitgliedsorganisationen.

Für den Fall einer Anerkennung eines über das Gebiet eines Landes hinauswirkenden Trägers und bei Fragen von grundsätzlicher Bedeutung ist eine Umfrage bei den Obersten Landesjugendbehörden durchzuführen.

Antragsunterlagen

Der Antrag soll folgende Angaben enthalten:
- Darstellung der Ziele, Aufgaben und Organisationsform,
- Namen, Alter, Beruf und Anschriften der Mitglieder des Vorstandes,
- Anzahl der örtlichen Gruppen (bei Landesverbänden),
- Anzahl der Mitglieder bei Antragstellung,
- Beitragsordnung,
- Zeitpunkt der Aufnahme der Tätigkeit im Bereich der Jugendhilfe.

Dem Antrag sind beizufügen:
- Satzung und Geschäftsordnung, sowie bei freien Trägern, die Teil einer Gesamtorganisation sind, die Satzung der Gesamtorganisation,
- Bescheinigung des Finanzamtes über die Gemeinnützigkeit,
- Sachbericht über die Tätigkeit auf dem Gebiet der Jugendhilfe innerhalb der letzten zwei Jahre vor Antragstellung,
- ein Exemplar der letzten Ausgaben aller Publikationen des Antragstellers,
- bei eingetragenen Vereinen der Auszug aus dem Vereinsregister,
- bei Landesverbänden: ein Verzeichnis der dem Landesverband angehörenden Untergliederungen mit deren Anschriften,
- bei Bundesverbänden: ein Verzeichnis der dem Bundesverband angehörenden Untergliederungen mit deren Anschriften.

Träger, die nicht als Vereine organisiert sind, haben entsprechende Unterlagen vorzulegen.

Schlussbestimmungen

Die Entscheidung über einen Antrag trifft der jeweils zuständige Jugendhilfeausschuss.

Eine Anerkennung kann widerrufen werden, wenn der Träger Auflagen nicht oder nicht innerhalb einer ihm gesetzten Frist erfüllt hat oder wenn sonstige Voraussetzungen, die zur Anerkennung geführt haben, sich nachträglich als unrichtig erweisen oder nicht mehr erfüllt sind.

Inkrafttreten

Diese Richtlinie tritt mit Wirkung vom 19. Juli 1994 in Kraft. Zugleich tritt die Richtlinie für die Anerkennung der Förderungswürdigkeit von Trägern der freien Jugendhilfe nach § 9 JWG vom 13. Juni 1988 außer Kraft.

4.2 Verhältnis von Trägern der öffentlichen und der freien Jugendhilfe[16]

4.2.1 Förderung der freien Träger[17]

Die Träger der öffentlichen Jugendhilfe sollen die freiwillige Tätigkeit auf dem Gebiet der Jugendhilfe *anregen* und die jeweiligen Träger unter den Voraussetzungen des § 74 Abs. 1 SGB VIII *fördern.*

Die Förderungsvoraussetzungen beziehen sich auf:
- die fachliche Qualifikation des Personals und die Einhaltung inhaltlicher Standards,
- die zweckentsprechende und wirtschaftliche Verwendung der Mittel (Abrechnungen, Verwendungsnachweise),
- die Verfolgung gemeinnütziger Ziele[18] (nicht auf Gewinnerzielung gerichtete Tätigkeit),
- die Erbringung angemessener Eigenleistungen (nicht nur finanzielle Mittel, sondern auch Dienst- und Sachleistungen der ehrenamtlichen Mitarbeiter),
- die Gewähr für eine den Zielen des Grundgesetzes förderliche Arbeit (Achtung der Menschenrechte, Rechts- und Sozialstaatlichkeit auf demokratischer Grundlage unter Ausschluss jeglicher Gewalt- und Willkürherrschaft).

---

16 *Fieseler,* Öffentliche und freie Jugendhilfe – Zusammenarbeit und Förderung – Anspruch auf Hilfe zur Erziehung, in: ZfJ Nr. 4/5/6/1995, S. 194 ff.

17 Dazu *Heinrich,* in: GK-SGB VIII, § 74 (mit Rechtsprechung und Literatur nach Rz. 52; weitere Rechtsprechung: *OVG Berlin,* FEVS 49/1999, 368; *OVG Lüneburg,* in: Jugendhilfe 2000, 46 mit Anm. *Lakies*) und *Steffan,* in: LPK-SGB VIII, § 74; zur Problematik staatlicher Finanzierung freier Träger (Abhängigkeiten): *Papenheim/Baltes* 1998, 60 ff.

18 Damit ist zwar nicht die Gemeinnützigkeit i.S. des Steuerrechts gemeint, aber aus Praktikabilitätsgründen wird verlangt, die Anerkennung i.S. der Gemeinnützigkeitsverordnung nachzuweisen. Zur Anerkennung jetzt *Bernzen* (1993), a.a.O., 84 f.

Bei Vorliegen dieser Voraussetzungen wird allerdings kein Rechtsanspruch auf Förderung begründet. Die Förderung steht im Ermessen der öffentlichen Träger. Die freien Träger haben somit einen Anspruch auf fehlerfreie Ermessensausübung (§ 39 SGB I)[19], wozu Gleichbehandlung gehört. Sollbestimmungen sind in der Regel verpflichtend. Nur in atypischen Fällen sind sie Kann-Leistungen. Die Kriterien für die fehlerfreie Ermessensausübung nennt § 74 SGB VIII in den Absätzen 3 bis 5[20].

4.2.2 Subsidiarität[21]

Das Verhältnis zwischen öffentlichen und freien Trägern war lange Zeit umstritten (sog. Subsidiaritätsstreit). Der in § 4 Abs. 2 SGB VIII zum Ausdruck kommende Grundsatz der Nachrangigkeit (Subsidiaritätsprinzip) der öffentlichen Jugendhilfe gegenüber Trägern der freien Jugendhilfe ist nicht als »Funktionssperre« für den Staat und die Kommunen und auch nicht als »Vorfahrtsregelung« für die freien Träger zu interpretieren. Nach heutiger Auffassung räumt das Subsidiaritätsprinzip den freien Trägern der Jugendhilfe keinen absoluten Vorrang ein.

In seinem Urteil vom 18. Juli 1967 hat das Bundesverfassungsgericht zu diesem Problemkreis ausgeführt:
»Das Sozialstaatsprinzip verpflichtet den Staat, für eine gerechte Sozialordnung zu sorgen. Es besagt jedoch nicht, dass der Gesetzgeber für die Verwirklichung dieses Zieles nur behördliche Maßnahmen vorsehen darf; es steht ihm frei, dafür auch die Mithilfe privater Wohlfahrtsorganisationen vorzusehen.« (Amtlicher Leitsatz)[22]
»Außerdem bleibt den Gemeinden die Gesamtverantwortung dafür, dass in beiden Bereichen durch behördliche und freie Tätigkeit das Erforderliche geschieht... (Die) Regelung bringt nur eine Abgrenzung der Aufgaben zwischen Gemeinde und privaten Trägern, die lediglich eine vernünftige Aufgabenverteilung und eine mög-

---

19 Eingehend dazu *Heinrich*, in: GK-SGB VIII, § 74 Rz. 28 ff.; *Steffan*, in: LPK-SGB VIII, § 74, Rz. 20 ff.

20 Vgl. *Frankfurter Kommentar* zum KJHG, a.a.O., Anm. 12 ff. zu § 74. Zur Reduzierung des Ermessensspielraumes auf Null, so dass Förderung gewährt werden muss: *Fieseler*, ZfJ 1995, 194 ff. Vgl. aber auch *Struck* (zu VerwG Frankfurt/Main – BG 3647/94/2 vom 2.1.1995, in: Forum Erziehungshilfen 1995, 93 f. und zu VerwG Köln – 21 K 3175/93 – in: Forum Erziehungshilfen 1995, 45.

21 Eine Wurzel des Subsidiaritätsprinzips stammt aus der katholischen Soziallehre. In der Sozialenzyklika »Quadrogesimo anno« von 1931 heißt es: »Wie dasjenige, was der Einzelmensch aus eigener Initiative und mit seinen eigenen Kräften leisten kann, ihm nicht entzogen und der Gesellschaftstätigkeit zugewiesen werden darf, so verstößt es gegen die Gerechtigkeit, das, was die kleineren und untergeordneten Gemeinwesen leisten und zum guten Ende führen können, für die weitere und übergeordnete Gemeinschaft in Anspruch zu nehmen; zugleich ist es überaus nachteilig und verwirrt die ganze Gesellschaftsordnung. Jedwede Gesellschaftstätigkeit ist ja ihrem Wesen nach subsidiär...«, zitiert nach *Münder*, in: Handbuch SA/SP, a.a.O., S. 1151.

22 *BVerfGE* 22, 180; unter Bezugnahme auf diese Entscheidung des Bundesverfassungsgerichts hat das Verwaltungsgericht Hannover mit Beschluss vom 2.7.1992 (DVJJ 1992, 259) dem Antrag eines freien Trägers der Jugendhilfe auf einstweiligen Rechtsschutz stattgegeben und dem örtlichen Träger der öffentlichen Jugendhilfe aufgegeben, *weiterhin* die zur Durchführung des Täter-Opfer-Ausgleichs geeigneten Fälle aus seinem örtlichen Zuständigkeitsbereich zur Bearbeitung an den freien Träger weiterzugeben. Die Beschwerde des betroffenen Landkreises, der diese Fälle in Zukunft durch seine Jugendgerichtshelfer bearbeiten lassen wollte, hat das OVG Lüneburg am 11.9.1992 zurückgewiesen (DVJJ 1992, 334; vgl. auch das Rechtsgutachten von *Rüping*, in: DVJJ 1992, 138).

lichst wirtschaftliche Verwendung der zur Verfügung stehenden öffentlichen und privaten Mittel sicherstellen soll[23].«

Das Bundesverfassungsgericht sieht also im Subsidiaritätsprinzip – der Begriff taucht im Urteil übrigens an keiner Stelle auf – ein Funktionsverteilungsprinzip unter Wirtschaftlichkeitsaspekten und fordert eine *partnerschaftliche Zusammenarbeit* der öffentlichen und freien Träger.

Das KJHG folgt dieser Sichtweise und normiert in § 4 Abs. 1 SGB VIII den Grundsatz partnerschaftlicher Kooperation. Die Verpflichtung zur Zusammenarbeit ergibt sich auch aus der Zusammensetzung und den Aufgaben des Jugendhilfeausschusses (§ 71 SGB VIII) sowie aus § 80 Abs. 3 SGB VIII, der eine Beteiligung freier Träger in allen Phasen der Jugendhilfeplanung vorschreibt.

Die Träger der freien Jugendhilfe haben ein eigenständiges Betätigungsrecht. Der *Funktionsschutz* der freien Jugendhilfe ist in § 3 Abs. 2 SGB VIII verankert, wonach die Leistungen der Jugendhilfe sowohl von den freien als auch von den öffentlichen Trägern erbracht werden. Soweit geeignete Einrichtungen, Dienste und Veranstaltungen von Trägern der freien Jugendhilfe betrieben werden (oder rechtzeitig geschaffen werden können), soll die öffentliche Jugendhilfe von eigenen Maßnahmen absehen (§ 4 Abs. 2 SGB VIII). Die »Anderen Aufgaben« der Jugendhilfe (§ 2 Abs. 3 SGB VIII) werden – wegen ihres hoheitlichen Charakters (»insbesondere Eingriffsmaßnahmen, die aus dem staatlichen Wächteramt legitimiert sind«, BT-Drucks. 11/5948, S. 48) – von Trägern der öffentlichen Jugendhilfe wahrgenommen. Aber die freien Träger können auch mit diesen Aufgaben betraut werden, soweit dies ausdrücklich im Gesetz bestimmt ist (vgl. § 3 Abs. 3 i.V.m. § 76 SGB VIII).

Die Selbständigkeit der freien Jugendhilfe in Zielsetzung und Durchführung ihrer Aufgaben sowie in der Gestaltung ihrer Organisationsstruktur ist zu achten (§ 4 Abs. 1 Satz 2 SGB VIII).

4.2.3 Inanspruchnahme freier Träger

In § 77 SGB VIII kommt das Prinzip zum Ausdruck, dass der öffentliche Jugendhilfeträger, der die Leistungen gewähren muss, letztendlich auch die Kosten zu tragen hat. Dieses Prinzip wird für den Fall konkretisiert, dass Einrichtungen und Dienste von freien Trägern in Anspruch genommen werden: über die Höhe der Kosten der Inanspruchnahme sind Vereinbarungen anzustreben.

Als Vertragspartner für die öffentlichen Träger (=Kostenträger) kommen in erster Linie die Spitzenverbände der freien Wohlfahrtspflege in Betracht. Die hierzu eingerichteten sog. *Pflegesatzkommissionen* sind meistens paritätisch durch Einrichtungs- und Kostenträgervertreter besetzt. Für den Heimbereich, um den es hier vor allem geht, sind Pflegesatzvereinbarungen abgeschlossen worden. Diese bilden die Grundlage für die Festsetzung des in den einzelnen Einrichtungen maßgebenden Pflegesatzes, d.h. des Entgelts, das für die gewährten Leistungen zu zahlen ist. Bei der Ermittlung der Kosten werden in der Regel die Personal- und Sachkosten sowie die Kosten der Substanzerhaltung berücksichtigt[24].

---

23 *BVerfGE* 22, 180 (206).
24 *Flierl*, 1992, S. 92. Zur Rechtsstellung freier Träger *Bernzen*, 1993.

4.2.4 Neuregelung der Finanzierung

Für die (von der Förderung durch Zuwendungen – Subventionierung – zu unter-
scheidende) Übernahme der Kosten durch den öffentlichen Träger für eine
bestimmte Leistung, die von einem freien Träger erbracht wird, hat der Bundesgesetzgeber zum 1.1. 1999 mit §§ 78 a-g SGB VIII Regelungen erlassen, die darauf
abzielen, die Kostenübernahme zu begrenzen, eine Qualitätsentwicklung sicherzustellen, das prospektive Leistungsentgelt und einen »Mechanismus der Konflikt-
schlichtung einzuführen«[25]. Einerseits ist »Dämpfung der Kostenentwicklung«
erklärtes Ziel (BT-Drucks. 13/10330, 16), andererseits ist gleichzeitig von einer
»Verbesserung im Bereich der Kinder- und Jugendhilfe« die Rede (a.a.O.).

Betroffen ist auch das Wunsch- und Wahlrecht[26], dessen große fachliche wie rechtliche Bedeutung gerade in der Kinder- und Jugendhilfe es gebietet, § 78 a Abs. 3
SGB VIII – Entgeltübernahme nicht nur gegenüber Trägern mit denen eine Lei-
stungsvereinbarung (bereits) abgeschlossen ist – nicht nur auf »atypische Fälle« zu
beschränken[27]. Gegen eine solche Einschränkung, wie sie der fast einhelligen Meinung entspricht, ist auch das mit dem Wunsch- und Wahlrecht der Leistungsberechtigten eng zusammenhängende Gebot der Trägervielfalt anzuführen, dem die »in
allen bisher bekannt gewordenen Landesverordnungen« mit der auf die Spitzenverbände beschränkten Teilhabe nicht genügend Rechnung tragen[28].

Im Einzelnen: Für den durch § 78 a Abs. 1 SGB VIII bundesrechtlich geregelten
(durch Landesrecht ausdehnbaren, § 78 a Abs. 2) Leistungsbereich gelten nun die
durch 2. SGB XI-ÄndG[29] eingefügten §§ 78 a-g. Anders als die Förderung nach §§
74, 77 SGB VIII bezieht diese Finanzierungsregelung privat-gewerbliche Träger
ein[30]. Voraussetzung für die (künftige) Übernahme des Leistungsentgelts ist grundsätzlich (vgl. aber § 78 b Abs. 3), dass zuvor die Vereinbarungen nach § 78 b Abs.
1 Nr. 1-3 abgeschlossen sind. Diese Vereinbarungen »sind« mit den Trägern »abzuschließen«, die (bzw. deren Einrichtungen[31]) unter Berücksichtigung der Grundsätze der Leistungsfähigkeit, der Wirtschaftlichkeit und Sparsamkeit geeignet sind,
die Leistung zu erbringen (§ 78 b Abs. 2) – eine Formulierung, die nur so verstanden werden kann, dass ggf. ein Anspruch auf Abschluss der Vereinbarung besteht[32].

---

25 *Mrozynski,* § 78 a Rz. 1; zum Ausgangspunkt »Pflegesatzdeckelung«, zum Vorschlag der
    »Arbeitsgruppe § 77 SGB VIII (KJHG)« des Deutschen Vereins für öffentliche und pri-
    vate Fürsorge, zum Kompromiss in der Bund-Länder-Arbeitsgruppe und zum weiteren
    Verlauf der Gesetzesberatungen eingehend *Struck,* GK-SGB VIII, Vor §§ 78 a ff., Rz. 1-8;
    zu den §§ 78 a-g die Beiträge in *Kröger* 1999; *Baltz,* NDV 1998, 377 und 1999, 24; *Figiel,*
    TuP 1998, 232; *Späth,* in: Jugendwohl 1999, 59: in: RdJB 2000, 59; *Wiesner,* ZfJ 1999, 79
    – *Busch,* Das (vorzeitige) Ende pluraler Angebotsstrukturen in der Jugendhilfe? Lei-
    stungsbeschreibungen und Leistungsvereinbarungen aus rechtlicher Sicht, ZfJ 1997, 149,
    193, 261.
26 *Fieseler,* in: GK-SGB VIII, § 5 Rz. 26; *Nothacker,* in: GK-SGB VIII, § 36 Rz. 3.
27 Vgl. nur *Struck,* in: GK-SGB VIII, § 78 b Rz. 10 und *Wiesner,* § 78 b Rz. 29: »restriktiv aus-
    zulegen«; Bedenken wohl bei *Mrozynski* § 78 b Rz. 10.
28 *Busch,* ZfJ Heft 10/2000 (unter 1.).
29 Kritisch zum Gesetzgebungsverfahren: *Jans/Happe/Saurbier,* Vor § 78 a.
30 *Schellhorn,* § 78 a Rz. 2; *Struck,* ZfJ 1999, 59: »nicht revolutionär, sondern durchaus kon-
    servativ«.
31 *Münder u.a.,* § 78 b Rz. 8.
32 Ebenso *Struck,* in: GK-SGB VIII, § 78 a Rz. 9; *Wiesner* u.a. § 78 b Rz. 24; a.A.: *Münder*
    u.a., § 77 Rz. 7: Anspruch auf ermessensfehlerfreie Entscheidung«; *Schellhorn,* § 78 b
    Rz. 17: »sehr eng begrenztes Ermessen«).

§ 78 c bestimmt den (Mindest-) Inhalt der Leistungsvereinbarungen (Abs. 1) und dass die Entgelte leistungsgerecht sein müssen (Abs. 2). Auch die Grundlagen der Entgeltvereinbarungen, die in der Leistungs- und Qualitätsvereinbarung festgelegten Leistungs- und Qualitätsmerkmale, werden genannt (§ 78 c Abs. 2 Satz 2), und die Erhöhung der »Vergütung« (gemeint: des Entgeltes) für die besonders kostenträchtigen Investitionskosten setzt die vorherige Zustimmung des zuständigen Trägers der öffentlichen Jugendhilfe voraus (§ 78 c Abs. 2 Satz 3).

Öffentliche Fördermittel (Subventionen) sind anzurechnen[33]. Dies auch, damit es zwischen den Einrichtungen nicht zur »Wettbewerbsverzerrung« kommt[34].

Den Zeitraum der Vereinbarung, der – im System prospektiver Entgelte – frühestens mit dem Tag des Abschlusses beginnen darf[35] bestimmt § 78 d, während sich die örtliche Zuständigkeit für den Abschluss aus § 78 e ergibt.

Über den Vereinbarungsinhalt sieht § 78 f für die Vertragsparteien nicht rechtsverbindliche, ihrer Orientierungsfunktion wegen aber praktisch wohl bedeutsame Rahmenverträge zwischen den kommunalen Spitzenverbänden auf Landesebene und den Verbänden der Träger der freien Jugendhilfe und den Vereinigungen sonstiger Leistungserbringer auf Landesebene vor[36].

Erstmals im Kinder- und Jugendhilferecht verpflichtet § 78 g Abs. 1 Satz 1 die Länder zur Einrichtung von Schiedsstellen, die mit einem unparteiischen[37] Vorsitzenden und einer gleichen Anzahl von Vertretern der öffentlichen Jugendhilfe sowie von Vertretern der Einrichtungsträger zu besetzen sind (§ 78 g Abs. 1 Satz 2). Diese Schiedsstellen sind weder Gericht noch Behörde[38] sondern »Konfliktschlichtungsinstanz eigener Art«[39], die (auf Antrag) erst dann »unverzüglich« (d.h. ohne schuldhaftes Zögern)[40] entscheiden, wenn eine Vereinbarung nach § 78 b Abs. 1 nicht innerhalb von sechs Wochen nach der schriftlichen Aufforderung zu Verhandlungen zustande kommt (§ 78 g Abs. 2 Satz 1).

---

33 *Wiesner*, § 87 c, Rdnr. 15: Verbot der dualen Finanzierung.
34 *Münder u.a.*, § 78 c Rz. 11, zur Einführung von Wettbewerb und Wettbewerbselementen bei der Erbringung öffentlicher Dienstleistungen vgl. *Struck*, Partnerschaftliche Kooperation oder marktwirtschaftlicher Wettbewerb, ZfJ 1999, 57 (in Bezug auf die neuen Entgeltregelungen a.a.O., S. 59): Struck hat »manchmal den Eindruck, dass durch die zunehmend geforderte Orientierung am Wettbewerb eher die Verpackungsindustrie für soziale Dienstleistungen befördert wird als die Qualität der Produkte«.
35 *Struck*, in: GK-SGB VIII, § 78 d Rz. 5, der in Rz. 6 darauf aufmerksam macht, dass nur die Schiedsstellen nach § 78 g eine enge Möglichkeit haben, einen früheren Zeitpunkt zu bestimmen.
36 Zum Stand des Abschlusses von Rahmenverträgen in den Ländern (Stand September 2000) siehe *Struck*, in GK-SGB VIII, § 78 f Rz. 7 ff.: Schaffung durchaus unterschiedlicher Entgeltsysteme und -strukturen, die zum Teil aus den vorhergehenden Strukturen der Pflegesatzvereinbarungen vorgeprägt sind.
37 Vgl. *Münder*, § 78 g Rz. 3: »von den Vertretern der öffentlichen Träger und der Einrichtungsträger in gleicher Weise akzeptiert«.
38 *Mrozynski*, § 78 g meint, sie seien Behörden, will aber die §§ 8 ff. SGB X nicht angewendet wissen.
39 *Struck*, GK-SGB VIII, § 78 g Rz. 10: Ihre Entscheidung ist kein Verwaltungsakt, sondern hat »eher den Charakter einer im Mediationsverfahren geleisteten, auf eine gütliche Einigung zielende Vertragshilfe«.
40 Doch muss der Schiedsstelle eine angemessene Bearbeitungszeit eingeräumt werden, *Struck*, GK-SGB VIII, § 78 g Rz. 18.

Weil das Schiedsstellenverfahren[41] verhindern soll, dass durch das Hinzögern von Verhandlungen notwendige Entgeltanpassungen verhindert werden, sieht das Gesetz diese Zeitabläufe vor, und es spricht alles dafür, sowohl dem Schiedsspruch eine unmittelbare Vertragsgestaltung auch dann beizumessen, wenn gegen ihn das Verwaltungsgericht angerufen wird[42], wie auch der Klage keine aufschiebende Wirkung beizumessen[43].

Das Verwaltungsgericht kann – auf die Leistungsklage des Einrichtungsträgers, bzw. die Feststellungsklage des öffentlichen Trägers hin – die Schiedsstellenentscheidung uneingeschränkt überprüfen[44].

---

41 Zum Verfahren, das sich mangels eigenständiger Verfahrensregeln unter Berücksichtigung jugendhilferechtlicher Besonderheiten nach den allgemeinen verfahrensrechtlichen Vorschriften richtet, eingehend *Busch*, ZfJ ab Heft 10/2000 (unter 4.-6.: analoge Anwendung); *Gottlieb*, Die Arbeit der niedersächsischen Schiedsstelle nach § 78 g SGB VIII im Jahre 1999, in: Jugendhilfe in Niedersachsen (JiN) Nr. 18/2000, 23.
42 Anderer Ansicht *Hauck/Stähr*, § 78 g Rz. 22.
43 *Struck*, § 78 g Rz. 12: das gesamte Fristensystem der §§ 78 a ff. ist darauf angelegt, ein »Einfrieren« des Entgelts durch Ausschöpfung des Rechtswegs zu verhindern.
44 Ebenso *Busch*, Verfahren der Schiedsstelle nach § 78 g SGB VIII, in ZfJ ab Heft 10/2000 (unter 8.; a.A. »Einschätzungsprärogative« der Schiedsstelle: *Hauck/Stähr*, § 78 g Rz. 24; *Struck*, GK-SGB VIII, § 78 g Rz. 20; *Wiesner*, § 78 g Rz. 18.

Viertes Kapitel: Organisation sozialer Dienste

1. Jugendamt[1]

Wegen der Hervorhebung der unbedingten Pflichtaufgaben im JWG entsprach das Jugendamt mehr oder minder einer »Eingriffs- und Kontrollbehörde«. Innen- und Außendienst waren getrennt, d.h. Informationssammlung und Entscheidungsbefugnis lagen nicht in einer Hand. Der Außendienst (= Sozialarbeiter/Sozialpädagoge) stellte im unmittelbaren Kontakt mit den Klienten die Voraussetzungen für Jugendhilfeleistungen fest, schrieb Berichte und Stellungnahmen an die zuständigen Stellen – so auch an den Innendienst (= Verwaltungskräfte), der über die Anträge, Höhe und Art der Hilfe entschied.

Seit den 60er Jahren ist diese »ordnungsverwaltungsgemäße Bearbeitungsstruktur« des Jugendamtes ins Wanken gekommen. Mehrere Ursachen sind hierfür maßgebend:

• *Veränderung des Aufgabenkatalogs:*

Durch die zunehmende Vergesellschaftung von Erziehung entstanden neue Arbeitsfelder, z.B. Kindergarten- und Vorschulbereich, offene und ambulante Hilfen, Beratungsstellen.

Reformen des Nichtehelichen-, Adoptions- und Scheidungsrechts sowie die Neuregelung des Rechts der elterlichen Sorge und insbesondere das neue Kinder- und Jugendhilfegesetz verstärkten die sozialpädagogischen Anforderungen an das Jugendamt.

Mit der Aufgabenerweiterung einher ging eine Veränderung des Klientels: Mittel- und Oberschichtsangehörige kommen vermehrt mit dem Jugendamt in Kontakt.

• *Reformdruck:*

Durch sozialwissenschaftliche Forschung wurde das Jugendamt als Instanz sozialer Kontrolle definiert und seine aktive Rolle bei Stigmatisierungsprozessen beschrieben. Die »Pädagogisierung« des Jugendamtes wurde gefordert, damit es sich zu einer qualifizierten Fachbehörde entwickeln kann. Zielbestimmungen für die Jugendhilfe enthielten z.B. die Schlagworte: Leistung statt Eingriff, Prävention statt Reaktion, Demokratisierung statt Bevormundung, Ursachenbekämpfung statt Symptombearbeitung, Aktivierung statt Passivierung, Ganzheitlichkeit statt Segmentierung, Hilfe zur Selbsthilfe statt Therapeutisierung[2].

---

1   *Müller* (1994), a.a.O.; *Schröer*, Jugendamt im Wandel, in: np 3/1994, S. 263 ff.; *Krieger* (1994), a.a.O.; *Textor* (Hrsg.) (1994), a.a.O.; *Wiesner*, Die Stellung des Jugendamtes nach dem KJHG, Forum Erzhilfen 1997, 73; *Liebig*, Strukturveränderungen der Jugendämter, ZfJ 7/2000, S. 241 ff.
2   Vgl. *Soziale Praxis*, Heft 9/1991, S. 86.

• *Professionalisierung:*

Durch die Anhebung der Ausbildung von Sozialarbeitern/Sozialpädagogen auf Fachhochschul- und Hochschulebene kam es zu neuen Theorie- und Praxisansätzen, einem professionellen Selbstverständnis und zu veränderten Ansprüchen an die Arbeitsbedingungen und -inhalte.

2. Verhältnis Sozialarbeiter und Verwaltungsfachkräfte

Die bislang dominierenden Verwaltungsfachleute, die durch ihre Ausbildung auf gesetzlich und verwaltungsmäßig richtiges Handeln und Entscheiden festgelegt sind, sahen sich mit einer steigenden Zahl von problem- und konfliktorientierten sozialpädagogischen Fachkräften konfrontiert. Das alte Spannungsfeld zwischen Verwaltung und Sozialarbeit verschärfte sich. Trotz ermutigender Beispiele für gelungene Zusammenarbeit von Sozialarbeitern und Verwaltungsfachkräften ist ihr Verhältnis noch immer belastet. Auch wenn institutionelle Bedingungen und unterschiedliche berufliche Sozialisation hierfür als Erklärung herangezogen werden müssen, so sind wechselseitige Vorurteile nicht zu leugnen.

Die Charakterisierung der jeweiligen Berufsrolle (»Arbeitsstile in der Fremdwahrnehmung«), die von den Teilnehmern eines Kurses zur Verbesserung der Kooperation zwischen den beiden Fachdiensten im Jahre 1976 gegeben wurde, ist auch heute noch nicht überholt[3].

Das Bild, das sich Verwaltungsfachkräfte von Sozialarbeitern/Sozialpädagogen machen, sieht klischeehaft so aus:
Sozialarbeiter sind Traumtänzer, linke Weltverbesserer ohne Bezug zur Realität; sie leiden unter Profilneurosen, treten arrogant auf und sind unpünktlich; sie schaffen künstlich Probleme, können stundenlang über Nebensächliches reden und formulieren fachchinesische Berichte; sie brauchen sehr lange, um ein Problem zu lösen bzw. lassen es liegen, bis es sich von selbst erledigt; sie solidarisieren sich zum Nachteil der Verwaltung mit den Klienten und stellen dabei Rechtsnormen infrage; unangenehme Aufgaben schieben sie auf die Verwaltung ab; sie verwenden viel Zeit für die Diskussion gruppeninterner Probleme, ohne aber kollegialer oder solidarischer miteinander umzugehen.

Umgekehrt sagen Sozialarbeiter/Sozialpädagogen den Verwaltungsfachkräften nach:
Sture Paragraphenreiter, die sich hinter Gesetz und Verordnung verschanzen; nicht flexibel, konservativ denkend und autoritätshörig; tun beim Hilfegewähren so, als ob sie das Geld aus der eigenen Tasche zahlen; denken mehr an den Rechnungshof als an den Bürger, den sie nicht über alle Hilfsmöglichkeiten aufklären; nutzen vorhandene Ermessensspielräume nicht; glauben, dass man einem Menschen hilft, indem man eine Akte schnell vom Tisch bekommt; sie betrachten Klienten als Menschen zweiter Klasse oder sehen in ihnen eine Störung des geregelten Arbeitsablaufs; sie glauben, dass man Sozialarbeit genausogut mit gesundem Menschenverstand und Lebenserfahrung machen könne.

3   *Reifarth u.a.*, Ein Erfahrungsbericht, in: NDV 1977, S. 275 f.; Überlegungen zur Verbesserung von Kooperation und Kommunikation zwischen Verwaltung und Sozialarbeit: *Layer*, in: DAVorm 1987, 713. Zuletzt *Heinrich/Bosetzky*, in: ArchSozArb 1993, 169 f.

Ziel des erwähnten Lehrgangs war es zwar nicht, die »institutionelle Wirklichkeit in Sozial- und Jugendämtern einschneidend zu verändern«, wohl aber, zu einer verbesserten Kooperation und Kommunikation zu gelangen. In der Tat ist dies nach wie vor eine wichtige Aufgabe, die jedoch ohne organisatorische Umgestaltungen und entsprechende Strukturvorgaben nicht vollzogen werden kann.

Beispiele für solche strukturellen Vorgaben sind das Gruppenamtsmodell der Stadt Freiburg i.Br.[4] und das »Lahrer Modell« des Ortenaukreises[5]. Beide Modelle gehen davon aus, dass Sozialarbeiter und Verwaltungsfachkräfte gleichberechtigt, unter Einbeziehung ihrer jeweiligen Kenntnisse und Fähigkeiten zusammenarbeiten.

Teil des »*Lahrer Modells*« ist eine Teamordnung, in der aufgeführt ist,
– in welchen komplexen Sozial- und Jugendhilfefällen ein Team berät und entscheidet,
– welche Mitarbeiter der beiden Fachdienste und – falls erforderlich – welche dritten Personen (z.B. Sachverständige) das Team bilden,
– wie Teamentscheidungen festgehalten werden,
– wie eine Entscheidung zustande kommt, und was geschieht, wenn das Team nicht entscheidungsfähig ist.

Teamordnung[6]:
Aufgrund der Erkenntnis, dass Teamentscheidungen qualifizierter als Einzelentscheidungen sind und der Bürger ein Anrecht auf eine optimale Entscheidung der Sozialverwaltung (Sozial- und Jugendamt) hat, sowie eingedenk der Vielschichtigkeit und Differenziertheit der modernen Sozialarbeit sind Teamarbeit und Teamentscheidungen erforderlich. Das Team ist eine Arbeitsgemeinschaft, deren Mitglieder sich nach Maßgabe ihrer notwendigen Dienstfunktionen ergänzen und regelmäßig über dienstliche Angelegenheiten sowohl gleichberechtigt beraten als auch gemeinsame Entschlüsse fassen. Teamarbeit setzt die Teamfähigkeit aller Mitglieder und die Anerkennung der Teambeschlüsse und Teamordnung voraus. Es wird davon ausgegangen, dass die Teambeschlüsse sich im Rahmen der geltenden Rechtsnormen bewegen.

§ 1
Ins Team werden alle komplexen Sozial- und Jugendhilfefälle von den Mitgliedern eingebracht, dort beraten und entschieden. Dies sind im wesentlichen:
a) Fälle, bei denen sich Verwaltungssachbearbeiter und Sozialarbeiter über Art und Maß der Hilfe uneinig sind,
b) Fälle, bei denen ein Eingriff in die Rechte einer Person oder einer Familie notwendig wird,
c) bei allen Heimunterbringungen,
d) bei Entscheidungen von erheblicher finanzieller Bedeutung.

Darüber hinaus kann sich das Team mit organisatorischen Aufgaben und grundsätzlichen Fragen der Jugend- und Sozialhilfe befassen.

§ 2
Das Team der Dienststelle setzt sich aus Sozialarbeitern und Verwaltungsfachkräften zusammen. Die Teammitglieder sind gleichberechtigt. Bei Bedarf können weitere Sachverständige, z.B. Sozialarbeiter freier Verbände, Ärzte und Psychologen, hinzugezogen werden. Es wird die Anwesenheit aller Teammitglieder bei den Sitzungen erwartet. Die Teamsitzungen sollen wöchentlich stattfinden. Das Team kann von jedem Mitglied einberufen werden, wenn die Dringlichkeit dies erfordert. Es ist empfehlenswert, dass jedes Teammitglied sich nach freier

---

4   *Mehl*, in: NP-Sonderheft 5 (1980), S. 179 ff.
5   *Dettling/Karolus/Orthband*, Zeitgemäße Neuorganisation der Sozial- und Jugendhilfe in Landkreisen, in: NDV 1984, S. 223 ff.
6   NDV 1984, S. 226.

Wahl und nach Absprache mit den anderen Teammitgliedern in einem Schwerpunkt der Sozialarbeit besondere Kenntnisse aneignet und diese in das Team einbringt. In der Leitung des Teams wechseln sich die Teammitglieder in regelmäßigem Turnus ab. Das mit einem Einzelfall befasste Mitglied kann nicht bei der Beratung dieses Falles Gesprächsleiter sein.

§ 3

Die Teamentscheidungen werden schriftlich fixiert und vom zuständigen Sozialarbeiter und einem weiteren Teammitglied, das jeweils vom Team bestimmt wird; unterzeichnet.

§ 4

Die Ergebnisse des Teams sollen in der Regel einmütig gefasst werden. Wird Einmütigkeit nicht erreicht, so entscheidet das Team mehrheitlich. In diesem Falle hat das betroffene Teammitglied ein Vetorecht. Der Fall wird dann an das Berufungsteam weitergeleitet, das endgültig mehrheitlich entscheidet.

§ 5

Das Berufungsteam besteht aus:
a) dem vetoeinlegenden Teammitglied
b) dem Leiter der »Sozialen Dienste« oder dem Außenstellenleiter
c) dem Jugendamts- oder Sozialamtsleiter
d) dem Dezernenten
e) evtl. weiteren Sachverständigen.

3. Diskussion um die Neuorganisation[7]

Ein Ausgangspunkt der Diskussion über die Neuorganisation der Sozialen Dienste ist die veränderte gesellschaftliche Funktion und die Aufgabenerweiterung von Sozialarbeit/Sozialpädagogik. Neben den »klassischen« Aufgaben der subsidiären Daseinssicherung und der Intervention mit dem Ziel der Kontrolle und Integration sozial Abweichender, haben Beratung und Therapie, sowie die Verminderung von Defiziten in der sozialen Infrastruktur und im Sozialisationssektor immer mehr an Bedeutung gewonnen. Vor dem Hintergrund dieses Aufgabenzuwachses und eines veränderten beruflichen Selbstverständnisses kam es zu einer Problematisierung der historisch gewachsenen, höchst unterschiedlichen Organisationsstrukturen, die durch *bürokratische Handlungsmuster* gekennzeichnet sind.[8]

Bei der Aufzählung der Bürokratiekennzeichen wird meist auf Max Weber[9] zurückgegangen, für den der »Idealtyp«[10] modernes Beamtentum die notwendige Voraussetzung für rationale Herrschaftsausübung war.

Folgende Merkmale einer bürokratischen Organisation hat Max Weber herausgearbeitet:
- Amtshierarchie: Ein System der Über- und Unterordnung, Befehlsgewalten und deren Rangfolge sind festgelegt. Die Rangfolge bestimmt den Instanzenweg und die Kontrollbefugnisse.

---

7   Vgl. *Japp/Olk*, a.a.O., S. 82 ff.; *Kühn*, a.a.O., S. 87 ff. und 124 ff. Zur Organisation der kommunalen Sozialdienste und Zielkonflikten in der sozialen Arbeit: *Wagner*, in: Soziale Arbeit 1987, 149 ff.; KGSt-Bericht 3/1993, vgl. DAVorm 1994, 673 ff.
8   Zu bürokratischer Aufgabenbewältigung und sozialpädagogischem Handeln der Sozialverwaltung vgl. *Ortmann*, a.a.O., S. 109 ff. und S. 189 ff. Zur Frage, ob für die im SGB VIII aufgeführten Hilfearten jeweils eigenständige Einrichtungen geschaffen oder die Hilfen »aus einer Hand« durchgeführt werden sollen, vgl. *Klatetzki* (Hrsg.) (1995), a.a.O.
9   *Weber*, a.a.O., S. 55 ff.

– Arbeitsteilung: sie beruht auf funktioneller Spezialisierung.
– System abstrakter Regeln: Prinzip der festen, durch Regeln, Gesetze oder Verwaltungsreglements geordneten behördlichen Kompetenzen (Zuständigkeiten). Rechte (z.B. Unterschriftsbefugnis) und Pflichten der Mitglieder der Organisation werden festgelegt, wobei die zwischenmenschlichen Kontakte unpersönlich bleiben.
– System von abstrakten Anweisungen zur Regelung des Arbeitsverfahrens.
– System von Dienstwegen zur Regelung der Information und Kommunikation (Konzentrierung auf die Behördenspitze, »Pyramide«).
– Arbeit mit Akten: alle Vorgänge werden schriftlich festgehalten. Grundsatz schriftlicher Information und Entscheidung.
– Auswahl und Beförderung der Organisationsmitglieder nach Fachschulung und beruflicher Leistung. (Moderne Amtsführung setzt entsprechende Fachschulung voraus).
– Schematische Laufbahnen mit speziellen Zugangsvoraussetzungen.
– Hauptamtliche Anstellung auf Dauer und feste Besoldungsprinzipien nach dem Rang. (Amtstreuepflicht des Beamten und Fürsorgepflicht des Staates).
– Rationale Disziplin der Mitglieder: Anordnungen werden ohne Rücksicht auf persönliche Vorstellungen und Wünsche durchgeführt.

Diese bürokratischen Organisationsstrukturen der Jugend- und Sozialämter wurden als Barrieren für methodische Sozialarbeit erkannt und kritisiert.

Aufgrund des *Selbstverwaltungsrechts der Gemeinden* (Art. 28 Abs. 2 GG) und beeinflusst von politischen, ökonomischen, geographischen und lokalen Bedingungen ist die Organisation öffentlicher sozialer Dienste höchst unterschiedlich. Kennzeichnend für den überwiegenden Teil der Sozialadministration war bis vor ca. 15 Jahren (und ist zum Teil bis heute)[11]:
– die Zuordnung des Allgemeinen Sozialen Dienstes (früher: Familienfürsorge) entweder zum Jugend- oder Sozialamt, selten zum Gesundheitsamt;
– Rolle des Allgemeinen Sozialen Dienstes als beauftragter Verrichtungsgehilfe (»Wasserträger«) oder allenfalls als vorschlagender Gehilfe der Hauptverwaltung;

---

10 »Idealtyp« ist nicht identisch mit der Wirklichkeit und meint auch nicht einen besonders wünschenswerten Zustand, sondern ist ein methodisches Instrument, um bestimmte Merkmale abstrakt zu beschreiben, die in Verbindung mit einem Ziel oder Wert definitorisch notwendig sind.
Im Gegensatz zu Weber hält *Elias* die Bildung von Idealtypen zur Erfassung der vielfältigen gesellschaftlichen Erscheinungen für unnötig. In seinem Werk »Über den Prozess der Zivilisation«, Erster und Zweiter Band, Frankfurt a.M., 3. Aufl. 1977, hat er den Zusammenhang von Gesellschafts- und Verwaltungsstrukturen aufgezeigt und dabei insbesondere den Prozess der fortschreitenden Monopolisierung von Gewalt verfolgt. Zur »Soziogenese« einer Gesellschaft gehört nach Elias untrennbar die »Psychogenese« die Gesellschaft bildenden Individuen. Die moderne Verwaltung ist eine historisch entstandene Form der Herrschaftsausübung: zu ihr gehören Menschen, die nicht ihren persönlichen Überzeugungen und spontanen Wünschen nachgehen, sondern Menschen, die Fremdzwänge (z.B. Regeln der Verwaltung) zu Selbstzwängen gemacht haben.
11 Vgl. *Mehl*, in: NP-Sonderheft 5 (1980), S. 179.

- Liniensystem[12] mit ungenügender horizontaler Kooperation (Statuskompetenz statt Sachkompetenz);
- Dualismus von Innen- und Außendienst;
- nicht aufeinander abgestimmte, problembezogene Arbeitsteilung (z.b. nach Wohnbezirken gegliederter Außendienst);
- alphabetische Personeneinteilung im Innendienst;
- Vorherrschen von Einzelfallorientierung; kaum familien-, gruppen- und gemeinwesenbezogene Ansätze;
- wenige sozialplanerische Leistungen;
- Trennung von vorbeugender und nachgehender Hilfe.

Folgende *Forderungen* wurden aufgestellt:
- Die Organisation von sozialer Arbeit muss am Bürger/Klienten und seinen Problemen orientiert sein. Zu entwickeln sind familien- und wohnquartierbezogene ganzheitliche Hilfen, denen ein gesetzesübergreifendes Verständnis von Sozialarbeit zugrundeliegt.
- Die sozialen Dienste müssen für die Bürger leicht erreichbar, durchschaubar und ohne Angst annehmbar sein (»Bürgernähe«).
- Die Organisation muss versuchen, den Widerspruch zwischen traditioneller öffentlicher Verwaltung und Sozialarbeit aufzuweichen. Solche Widersprüche bestehen zwischen individualisierender, persönlicher Hilfe und generalisierendem Gesetzesvollzug;
  zwischen Beratung, Betreuung, Behandlung und hoheitlichem Eingriff;
  zwischen Vertrauen, Verschwiegenheit, Subjektivität und überprüfbarer Aktenführung;
  zwischen methodengeleitetem sozialpädagogischem Handeln, das nur bedingt normierbar ist und juristisch kontrollierbarem Normenvollzug;
  zwischen Kooperation/Teamarbeit und Liniensystem;
  zwischen Problemorientierung und Zuständigkeitsregelungen.
- Gruppen- und Teamarbeit sind zuzulassen.
- Sozialpädagogische Handlungsspielräume sind zu erweitern. Die Effektivität von Sozialarbeit muss durch Arbeit mit Familien, Klientengruppen, Gemeinwesen und durch Einflussnahme auf Sozialplanung, Stadt- und Gemeindeentwicklung erhöht werden.
- Problemkenntnisse müssen in prophylaktisches Handeln umsetzbar sein.
- Die Mitwirkung der Betroffenen bei der Lösung ihrer Probleme ist zu gewährleisten.
- Partnerschaftliche Zusammenarbeit mit den freien Trägern ist zu sichern.
- Verwaltungsfachkräfte und Sozialarbeiter sind gleichberechtigt.
- Die Trennung von Innen- und Außendienst ist aufzuheben.

Diese Zusammenstellung von »Prüfsteinen« für die Neustrukturierung sozialer Dienste darf aber nicht darüber hinwegtäuschen, dass in der bisherigen Diskussion unterschiedliche Interessen aufeinanderstießen:
- Eine Richtung strebt die Optimierung staatlichen Handelns durch Rationalisierung und Effizienzsteigerung an. Ziel ist die Schaffung von leistungsfähigen und

---

12 Liniensystem bedeutet stufenmäßig aufgebaute Organisation nach dem Prinzip der vertikalen Über- und Unterordnung von Mitarbeitern (Hierarchie). Das Liniensystem kann durch »Stäbe« ergänzt werden, die bestimmte Aufgaben (in der Regel ohne Entscheidungsbefugnis) für die Linieninstanzen erfüllen.

flexiblen Verwaltungseinheiten mit einem fachlich steuerbaren und politisch kontrollierbaren Personal bei sparsamer Mittelverwendung.
- Eine andere Position verfolgt das Ziel, jene bürokratischen Strukturen zu überwinden, die einem wissenschaftlich begründeten und gesellschaftstheoretisch reflektiertem sozialpädagogischen Handeln im Wege stehen. Den Vertretern dieser Position geht es vor allem um die Erweiterung von Handlungsspielräumen für die Sozialarbeit.
- Der dritte Argumentationsstrang geht aus von politisch motivierter, praktischer Solidarität mit den Betroffen. Ziel ist die Unterstützung der Selbstorganisation und Selbsthilfe der Betroffenen.

Zur knappen Kennzeichnung dieser drei Positionen dienen die Begriffe: Rationalisierung, Professionalisierung, Laisierung[13].

Die Neuorganisationsdebatte wurde in den 70er Jahren mit Vehemenz und großen Hoffnungen geführt. In den Folgejahren verstummte sie. Zum Teil lag dies daran, dass einige Forderungen realisiert wurden, und daran, dass sich die hochgesteckten Erwartungen an neue Organisationsstrukturen (und verbesserte Interaktionsformen) nicht erfüllt haben. Vor allem hat zur Resignation beigetragen, dass gegenwärtig nur Maßnahmen gefragt sind, die den kommunalen Haushalt nicht belasten. Dabei wird jedoch übersehen, dass kurzfristige Sparmaßnahmen mittel- oder langfristig zu höchst unerwünschten sozialen Konsequenzen – und noch höheren Kosten – führen können.

3.1 Empfehlungen der Kommunalen Gemeinschaftsstelle für Verwaltungsvereinfachung (KGSt)[14]

Absicht der KGSt-Vorschläge zur Organisation sozialer Dienste ist, ebenso wie bei den Empfehlungen des Deutschen Vereins[15],
- einer zu weit gehenden Spezialisierung entgegenzuwirken;
- ein organisatorisches Soll-Konzept zu beschreiben, das den Zielen der sozialen Arbeit angepasst ist;
- dem Zusammenhang zwischen Sozial- und Jugendhilfe gerecht zu werden.

Im einzelnen wird empfohlen:
- von einer Allzuständigkeit des Allgemeinen Sozialen Dienstes (ASD) auszugehen und nur soweit nötig einzelne Tätigkeitskomplexe zu spezialisieren (»so viel Integration wie möglich, so viel Spezialisierung wie nötig«);
- zwischen ASD und Besonderem Sozialen Dienst (BSD) als besonderer Organisationseinheit weitere Spezialisierungsstufen einzurichten;
- die sozialen Dienste
  - wohngebietsbezogen und umfeldorientiert,
  - zielgruppenorientiert,
  - vorrangig nach Alter, ergänzend nach Problemen spezialisiert,
  - arbeitsgruppenorientiert
  zu organisieren.

---

13 Vgl. *Müller/Otto*, in: NP-Sonderheft 5 (1980), S. 6.
14 *KGSt-Bericht* Nr. 6/1982 ; *KGST-Bericht* Nr. 3/1993 und Nr. 3/1995 (»Aufbauorganisation in der Jugendhilfe«).
15 Empfehlungen zur Organisation des kommunalen Allgemeinen Sozialdienstes, Frankfurt a.M. 1983 (Kleinere Schriften des Deutschen Vereins, Heft 68).

Hauptziele einer Organisationsänderung
- Berücksichtigung der Erwartungen von Bürgern und Mitarbeitern:
  Soziale Arbeit wendet sich an einzelne *Bürger*, deren Erwartungen zugleich
  Anforderungen an organisatorische Überlegungen sind.
  Zu berücksichtigen sind folgende Erwartungen:
  - eine kompetente Kontakt- und Vertrauensperson zu haben,
  - räumliche Nähe und »soziale Nähe« zu erfahren,
  - Zuständigkeiten erkennen zu können.

Erwartungen der Mitarbeiter können sein:
- eindeutige Kompetenzverteilung auch im Hinblick auf Entscheidungsmöglich-
  keiten,
- qualitativ und quantitativ angemessene Arbeitsverteilung,
- Möglichkeiten der Kooperation,
- Möglichkeiten der Fortbildung,
- Integration sozialer Dienste.
  Darunter wird die möglichst vollständige Zusammenfassung aller sozialen Hilfen des Sozial-, Jugend- und Gesundheitsamtes in einem Sozialdienst verstanden.

Der Integration als organisatorischer Änderung werden Widerstände entgegenge-
bracht. Bisherige Funktionsträger fürchten um »Besitzstände«, Mitarbeiter
befürchten den Verlust »professioneller Anerkennung«, die sie im Laufe der Spezialisierung erworben haben. In der Diskussion bleiben solche Interessen und Ängste häufig unausgesprochen; die Beteiligten verschanzen sich hinter unverrückba-
ren »Sachargumenten«.

Zielkonflikt zwischen Integration und Spezialisierung der sozialen Dienste:
Spezialisierung bedeutet eine Begrenzung der Tätigkeitsbreite der Mitarbeiter
(Verlust an Breite, Gewinn an Tiefe). Die Spezialisierung kann nach Tätigkeit,
Zielsetzung oder Zielgruppe erfolgen. Sie setzt eine entsprechende Qualifizierung
des Mitarbeiters voraus.

Wenn Spezialisierung mit der Einrichtung eines besonderen sozialen Dienstes
(besondere Organisationseinheit: Sachgebiet/Abteilung) verbunden ist, können
Nachteile eintreten:
- Verlust der Ganzheitlichkeit,
- Kooperationsprobleme,
- Verlust des Überblicks.

3.2 Neuorganisation der Jugendämter

Die herkömmliche kommunale Verwaltungsstruktur baut auf dem Prinzip der
Zuständigkeit auf und ist durch eine vertikale (hierarchische) sowie eine horizon-
tale (Ressort-) Gliederung gekennzeichnet. Durch das vertikale Gliederungsprin-
zip wird die Verwaltung nach Kompetenzrängen (Amts-, Abteilungs-, Gruppenlei-
ter, Sachbearbeiter) abgestuft; horizontal gliedern sich die Ämter in einzelne
Abteilungen. Auch für die Verwaltung des Jugendamtes gelten diese grundlegen-
den Strukturmerkmale[16].

---

16 Vgl. *8. Jugendbericht*, S. 183 ff.

Kaum ein anderer Bereich der Kommunalverwaltung ist in den letzten 25 Jahren durch Aufgabenzuwächse und verändertes Bewusstsein derart an die Grenzen dieser Strukturen gestoßen wie die Jugendhilfe. Der Aufgabenzuwachs und die präventive Orientierung der Jugendhilfe waren mit der traditionellen Behördenorganisation nicht mehr zu bewältigen. Daher wurden seit Ende der sechziger Jahre von sehr vielen Städten und Gemeinden Modelle zur Neuorganisation und Umstrukturierung der Jugendämter (einschließlich der sonstigen Sozialen Dienste) entwickelt.

In den siebziger Jahren wurde in der Spezialisierung die optimale Organisationsform der Jugendhilfe gesehen. Vorteile eines Spezialdienstes sind die hohe Fachlichkeit und die intensive Betreuung, die durch günstige Personalausstattung ermöglicht wird. Es besteht aber die Gefahr, dass die Mitarbeiter die Zusammenarbeit mit den Jugendlichen und deren Familien ausschließlich aus der Sichtweise ihres Arbeitsauftrages gestalten. Wenn andere Probleme hinzukommen, wird auf andere Dienste verwiesen. Das hat zur Folge, dass in vielen Familien mehrere Sozialarbeiter auftreten. Wenn es dann an der notwendigen Koordination der einzelnen Maßnahmen mangelt, ist der angestrebte Erfolg gefährdet.

Die erkannten Nachteile der Spezialisierung führten zu neuen Organisationsüberlegungen. Folgende Kriterien sollten bei der Suche nach der örtlich optimalen Organisationsform berücksichtigt werden:

• Sowohl für die persönliche Hilfe durch den Sozialarbeiter wie auch für die materielle Hilfe durch die Verwaltungskraft sollte die Zuständigkeit nach Regionen bzw. Bezirken bestimmt werden; also nicht nach dem Buchstabenprinzip mit der Zuständigkeit für das gesamte (Stadt-) Gebiet, wie es beim Spezialdienst meistens organisiert ist. Jeder Mitarbeiter soll für einen bestimmten überschaubaren Bezirk zuständig sein. Dadurch kann er sich mit den örtlichen Lebensbedingungen vertraut machen. Die Kenntnis des Bezirks und des sozialen Umfeldes ist für die Einschätzung auftretender Probleme besonders wichtig. Außerdem kennen sich der Sozialarbeiter und die zuständige Verwaltungskraft genauer, so dass eine Verzahnung persönlicher und materieller Hilfen besser erfolgen kann.
• In der Jugendhilfe sollte so viel umfassende Zuständigkeit des einzelnen Sozialarbeiters und so wenig Spezialdienst wie nötig vorgesehen werden. Umfassende Zuständigkeit ermöglicht einen ganzheitlichen Hilfevollzug: d.h., der Sozialarbeiter ist für alle in der Familie auftretenden Jugendhilfeprobleme und nicht nur für einzelne Bereiche zuständig.
• Erstreckt sich die Zuständigkeit des Jugendamtes über ein großflächiges Gebiet, sollten Außenstellen eingerichtet werden. Durch eine dekonzentrierte Aufgabenwahrnehmung wird die Bürgernähe erheblich gesteigert.

Allgemeingültige Empfehlungen für die Organisationsstruktur des Jugendamtes kann es nicht geben, da immer die örtlichen Besonderheiten und Gegebenheiten zu berücksichtigen sind[17].

---

17 Vgl. *Institut für soziale Arbeit e.V.* (Hrsg.): ASD – Beiträge zur Standortbestimmung (Soziale Praxis, Heft 9), Münster 1991.

3.3 Neue Steuerungsmodelle der Sozialverwaltung[18]

Eine höhere Effektivität und Effizienz sozialer Dienste wird seit Mitte der achtziger Jahre verstärkt gefordert. Die Übernahme betriebswirtschaftlicher Denkweisen wird empfohlen und unter Begriffen wie »Sozialmanagement«, »Lean Management« und »Qualitätsmanagement« diskutiert. Seit Beginn der neunziger Jahre, als neue Organisations- und Steuerungsmodelle zur Reform der *gesamten* Kommunalverwaltung gesucht wurden (unter enormem Druck zur Einsparung von Finanzmitteln, um die kommunalen Haushalte in Zukunft ausgleichen zu können), müssen sich auch die Jugendämter als Teil des »Dienstleistungsunternehmens Kommunalverwaltung« mit den neuen Steuerungsformen auseinandersetzen.

Als Kennzeichen der herkömmlichen Verwaltungsorganisation werden folgende Merkmale genannt:
– Zentralisierung der Verantwortung; zuviel Hierarchie; lange Instanzenwege (d.h. lange Bearbeitungs- und Durchlaufzeiten),
– keine Ressourcen-, sondern nur Fachverantwortung der einzelnen Ämter (dadurch geringe Gesamtverantwortung: »organisierte Unverantwortlichkeit«),
– autoritäre Führung; unflexible Kommunikationsstrukturen; wenig Selbständigkeit, Entscheidungs- und Risikobereitschaft der Dienststellen und Mitarbeiter/ -innen,
– mangelnde Kostentransparenz; geringes Kostenbewusstsein; wenig Anreiz für sparsames Handeln (z.B. »Dezemberfieber«),
– unflexible Personalsteuerung; mangelhafte Mitarbeitermotivation,
– Status- statt Leistungsorientierung,
– geringe Kundenorientierung.

In Abkehr von dieser Zustandsbeschreibung lauten die Ziele der Verwaltungsmodernisierung:
– stärkere Orientierung am Ergebnis (Das »Produkt« ist der Zentralbegriff outputorienierter Steuerung: Im Hinblick auf die zu erbringenden Leistungen [= Produkte] soll die Verwaltung gesteuert werden),
– Kostenbewusstsein durch Kostentransparenz,
– Abbau von Bürokratie (insbesondere von Hierarchieebenen),
– Mehr Wirtschaftlichkeit durch klar geregelte Verantwortlichkeit,
– Steigerung der Effizienz durch Wettbewerb,
– Erhöhung des Leistungspotentials durch höhere Motivation der Mitarbeiter/ -innen.

---

18 *Merchel*, Sozialverwaltung oder Wohlfahrtsverband als »kundenorientiertes Unternehmen«: ein tragfähiges, zukunftsorientiertes Leitbild?, in: np 4/1995, S. 325 ff.; *Tegethoff*, Schlankheitskur für die Jugendhilfe. Rationalisierung nach dem Modell der KGSt, in: np 2/1994, S. 132 ff.; *Kühn*, Neue Steuerungsmodelle der Sozialverwaltung – Chancen und Gefahren, in: np 4/1995, S. 340 ff.; *Hinte*, Neue Steuerung: alte Falle oder neue Chance für sozialarbeiterische Fachlichkeit, in: TuP, Nr. 4/1995, S. 143 ff.; *Tormin*, Vom Amt zum Dienstleister, in: socialmanagement 5/1995, S. 13 ff.; *Eichmann*, Offensives Jugendamt, in: socialmanagement 5/1995, S. 16 ff.; *Müller*, Fachlichkeit und neue Steuerungsmodelle, in: socialmanagement 5/1995, S. 19 ff.; *Deutscher Verein für öffentliche und private Fürsorge* (1995), (Schriften allgemeinen Inhalts 32): »... und sie bewegt sich doch«, Kapitel II: Jugendhilfe als Dienstleistung – Auswirkungen neuer Steuerungsmodelle auf Selbstverständnis und Organisation, S. 32-75; *Flösser*, Soziale Arbeit jenseits der Bürokratie, Neuwied/Kriftel, Berlin 1994; *Struck*, Jugendhilfeplanung tut not! Die »outputorientierte Steuerung der Jugendhilfe« erfüllt nicht die Ansprüche des KJHG, in: BldWPfl 1995, S. 284 ff.; BMFSFJ, Handbuch 2000.

Vorreiter dieser Entwicklung ist die Kommunale Gemeinschaftsstelle (KGSt), die mit ihren Berichten Nr. 3/1993 (»Ziele, Aufgaben und Tätigkeiten des Jugendamts«), Nr. 5/1993 (»Das Neue Steuerungsmodell«), Nr. 9/1994 (»Outputorientierte Steuerung der Jugendhilfe«) und Nr. 3/1995 (»Aufbauorganisation in der Jugendhilfe«) Arbeitshilfen für die Praxis vorgelegt und Diskussionsimpulse gegeben hat.

Outputorientierte Steuerung der Jugendhilfe

Outputorientierte Steuerung bedeutet, die Planung, Durchführung und Kontrolle des Verwaltungshandelns strikt an den beabsichtigten und tatsächlichen Ergebnissen zu orientieren. Sie ist eine wesentliche Voraussetzung zur Gewährleistung der Bürgernähe, Leistungsfähigkeit und Wirtschaftlichkeit der Kommunalverwaltung.

Die Ausgangslage der Jugendhilfe ist im wesentlichen durch vier Herausforderungen bestimmt:[19]
1. Die Jugendhilfe muss ein breites Spektrum an Information, Beratung, Unterstützung und anderen Hilfearten anbieten. Die soll ganzheitlich und an der Lebenswelt und der Lebenslage der Betroffenen ausgerichtet sein. Sie soll präventiv arbeiten, in Inhalten, Methoden und Arbeitsformen vielfältig sein, möglichst in den gewachsenen lokalen Strukturen angeboten werden und das Gestaltungs- bzw. Selbsthilfepotential aktivieren und fördern.
2. Der quantitative Bedarf von Kindern, Jugendlichen, Eltern und anderen Erziehungsberechtigten an Information, Beratung, Unterstützung und anderen Hilfearten durch die Jugendhilfe ist zum einen von sozialstrukturellen Entwicklungen abhängig, zum anderen sind die vorherrschenden Handlungsmuster in Familie und Partnerschaft, in Ausbildung und Arbeitswelt sowie im gesellschaftlichen Umfeld von erheblicher Bedeutung. Die Entwicklung dieser Faktoren deutet auf einen insgesamt steigenden Bedarf hin.
3. Quantitativer und qualitativer Bedarf an Information, Beratung und Unterstützung stellen hohe Anforderungen an die Fähigkeiten und die Verantwortungsbereitschaft der Mitarbeiterinnen und Mitarbeiter der Jugendhilfe. Inwieweit das vorhandene Potential zum Tragen kommt, hängt nicht nur von den Personen selbst ab, sondern wird wesentlich durch die Arbeitsbedingungen beeinflusst. Entscheidend sind insbesondere die Informations- und Entscheidungsverfahren sowie die Gestaltung der Verantwortlichkeiten.
4. Aufgrund der Haushaltssituation der Kommunen ist eine Verwirklichung der zuvor genannten Herausforderungen durch vermehrten Ressourceneinsatz in der Regel nicht realistisch.

Leitfragen zur Steuerung

Das Verwaltungshandeln soll in Planung, Durchführung und Kontrolle durch folgende Fragen gesteuert werden:
Was sind die strategischen Ziele und Aufgaben?
Wer ist die Zielgruppe?
Bieten wir die richtigen Leistungen?
Stimmt die Quantität der Leistungen?
Stimmt die Qualität der Leistungen?

---

19 KGSt-Bericht Nr. 9/1994, S. 8 f.

Wie hoch sind die Kosten der Leistungserbringung?
Werden die Leistungen zuverlässig und wirtschaftlich erbracht?
Erreichen die Leistungen ihr Ziel?
Wie kann den Erwartungen der Bürgerinnen und Bürger noch besser entsprochen werden?
Ist die Leistungserbringung ausreichend flexibel?
Werden die Fähigkeiten und die Verantwortungsbereitschaft der Mitarbeiterinnen und Mitarbeiter ausreichend genutzt und gefördert?

Für eine wirkungsvolle Verbesserung der Bürgernähe, Effektivität und Effizienz muss outputorientierte Steuerung jedoch durch weitere Maßnahmen ergänzt werden, insbesondere die Erreichung bzw. Einhaltung von Leistungs- und Finanzzielen hängt wesentlich davon ab, wie die Verantwortlichkeiten geregelt sind und wie zeitnah, flexibel und nachvollziehbar über erforderliche Maßnahmen entschieden wird. Wichtig ist vor allem[20]
- die Ergebnis- und Ressourcenverantwortung auf Fachbereichs- bzw. Amtsebene zusammenzuführen;
- Kompetenzen im Rahmen vereinbarter Leistungs- und Finanzziele auch auf die Sachbearbeiterebene zu delegieren;
- nicht zwingend notwendige Zwischeninstanzen in Informations- und Entscheidungsverfahren abzubauen;
- das Personalmanagement durch Personalentwicklung, Mitarbeitergespräche u.v.m. auf die veränderten Bedingungen einzustellen;
- die technikunterstützte Informationsverarbeitung zu verbessern.

Schaubild: Elemente des neuen Steuerungsmodells[21]

Strategische Steuerung durch
Politik und Verwaltungsführung

Personalmanagement (Personalentwicklung, kurze Entscheidungswege, Delegation von Kompetenzen, Mitarbeitergespräche etc.)	
Umfassende Technikunterstützung	Budgetierung
Berichtswesen und Controlling	Dezentrale Zusammenführung von Ergebnis- und Ressourcenverantwortung
Outputorientierte Steuerung auf der Grundlage von Produktbeschreibungen	

Wichtig ist, dass jede Kommunalverwaltung abhängig von ihrer Ausgangslage, ihren Aufgaben und ihren Zielen eine eigene Strategie zur Verwaltungsmodernisierung entwickelt.

---

20 Näher dazu: KGSt-Bericht Nr. 5/1993, Das Neue Steuerungsmodell, Seite 15 ff.
21 aus: KGSt-Bericht Nr. 9/1994, S. 15.

Risiken und Chancen der Neuorientierung

Die stärkere Einbeziehung betriebswirtschaftlichen Denkens in die soziale Arbeit und die Bestrebungen, neue Steuerungsinstrumente einzusetzen, werden in der Fachöffentlichkeit äußerst skeptisch beobachtet, aber auch als Chance für einen Zugewinn an Fachlichkeit gesehen.

Als Risikofaktoren werden genannt:
- Verkürzung auf die Zielsetzung der finanziellen Mitteleinsparung durch »Dekkelung« der Ausgaben (zum Teil mit Reduzierung des derzeitigen Gestaltungsspielraums),
- Verpackung von Sparpolitik in ein vermeintlich sachbezogenes Gewand,
- Controlling wird als Kontrolle missverstanden, nicht als Verpflichtung zur effektiven Steuerung,
- Reduktion fachlicher Komplexität auf Vorgänge einfacher Messbarkeit
- Deregulierung von Standards,
- zu schnelle Übertragung betriebswirtschaftlicher Modelle auf die öffentliche Verwaltung, ohne die Besonderheiten auszudiskutieren,
- verkürzter Blick auf Organisationsänderungen, ohne die grundsätzliche Neuorientierung auf den Erfolg der Leistungen bei den Kunden/Klienten,
- viele Aspekte sind noch nicht ausgereift bzw. genügend erprobt.

Boeßenecker[22] stellt mehrere Prüffragen und -thesen in diesem Zusammenhang:
1. Gerät die Aufsplitterung in Produktbereiche nicht in Konflikt zu dem fachlich begründeten und gegen viele Widerstände durchgesetzten Prinzip der »Einheit der Jugendhilfe«?
2. Welche Bedingungen müssen erfüllt sein bzw. hergestellt werden, dass öffentliche Sozialpolitik sich nicht aufsplittert in eine Armutsfürsorge für materiell Minderbemittelte einerseits und in eine kundenorientierte Dienstleistung für ein arriviertes Publikum andererseits?
3. Was ist zu tun, dass das Konzept des Kontraktmanagements in der deutschen Variante des Neuen Steuerungsmodells (NSM) wirklich aufgegriffen wird und nicht weiter unterbelichtet bleibt?
4. Ist das NSM ohne Kontraktmanagement = Budgetierung nicht ein ausschließliches Rationalisierungsinstrument und damit alter Wein in neuen Schläuchen?
5. Sind Wirkungsanalysen und sozialpädagogische Begleitforschungen für die Neuorganisation sozialer Dienste nicht angemessenere Instrumente als das Konzept der outputorientierten Steuerung?
6. Lässt sich soziale Arbeit durch das Konzept des NSM nicht die planerische Initiative wehrlos aus der Hand nehmen, die sie mühsam und nach großem politischen Streit mit der Verabschiedung des KJHG und dessen sozialpolitischen Prämissen endlich gewonnen hatte?
7. Wäre die Perspektive nicht sehr viel angemessener, die Planungs-, Steuerungs- und Controllingkriterien des KJHG durch betriebswirtschaftliche Kategorien anzureichern und zu ergänzen? Prävention, Lebensweltbezug, Betroffenenbeteiligung, Abbau von Benachteiligungen, die Schaffung positiver Lebensbedingungen sind durchaus operationalisierbare Optionen. Warum sollten diese nicht auch mit Hilfe von BWL-Kriterien weiterentwickelt, konkretisiert und überprüft werden können?

---

22 *Boeßenecker*, Das neue Steuerungsmodell, in: Soziale Arbeit 4/1995, S. 127 ff. (133).

8. Unterläuft das NSM nicht die Sinnvorgaben und Ansprüche an einen partnerschaftlich auszutragenden und auszuhandelnden Willensbildungs- und Entschei-
dungsfindungsprozess, wie er durch die Optionen des KJHG politisch konzeptionell gewollt ist? Und: Verstärkt ein solches Modell nicht gerade die oftmals
bemängelte machtpolitische Einflusslosigkeit und periphere Stellung des
Jugendhilfeausschusses, in dem dieses als fachfremd anderes strukturelles Ent-
scheidungsprinzip institutionalisert wird?

Ortmann[23] benennt als Problem, dass mit den neuen Steuerungsformen eine »Öko-
nomisierung« des Sozialen angestrebt wird, die zu folgenschweren Veränderungen
der Sozialarbeit nach fachfremden und für die Sozialarbeit unsinnigen Kriterien
führen werde. Er betont den Unterschied zwischen Pädagogik und der Erbringung
(personenbezogener) Dienstleistungen: Der Pädagoge kann sein »Produkt« nur
erstellen in einem Prozess wechselseitigen Verstehens zwischen ihm und den
Jugendlichen; Bildungsprozesse sind nicht in einem technischen Sinne steuerbar
(»strukturelles Technologiedefizit«[24]); Ziel-Mittel-Überlegungen sind für pädagogische Prozesse nicht anwendbar, weil die Pädagogik ein hermeneutischer Prozess
ist, der auf das Bewusstsein der Menschen einwirkt; der Effizienzmessung pädagogischer und beratender Prozesse sind Grenzen gesetzt, die auch mit den neuen
Steuerungsmethoden nicht überwindbar seien. Um eine verbesserte und kosten-
sparendere Aufgabenerledigung in den Sozialverwaltungen zu erreichen, schlägt er
zunächst die Einführung einer kaufmännischen (statt kameralistischen) Buchfüh-
rung vor, damit Kostenvergleiche bei gleichartigen Leistungsangeboten möglich
werden; desweiteren sollten kommunikative Verfahren der Qualitätskontrolle eingeführt werden.

3.4 Vorschlag für einen Produktplan der Jugendhilfe[25]

Produktbereich	Produktgruppe	Produkt
51.1 Kindertages- betreuung	51.1.1 Plätze in Kinder- tageseinrichtungen für Kinder unter 3 Jahren	51.1.1.1 Plätze in alters- gemischten Gruppen 51.1.1.2 Plätze in Krabbelgruppen 51.1.1.3 Plätze in Krippen
	51.1.2 Plätze in Kinder- tageseinrichtungen für Kinder von 3 Jahren bis zum Beginn der Schul- pflicht	51.1.2.1 Plätze in alters- gemischten Gruppen 51.1.2.2 Plätze im Kindergar- ten ohne Mittags- betreuung 51.1.2.3 Plätze im Kinder- garten mit Mittags- betreuung 51.1.2.4 Plätze in integrativen Gruppen

---

23   *Ortmann*, Neue Steuerungsformen der Sozialverwaltung und soziale Arbeit, in: NDV 2/
     1996, S. 62 ff.
24   Vgl. *Luhmann/Schorr* (1982), a.a.O., S. 11-40; *dies.* (1986), a.a.O., S. 72-117.
25   aus: KGSt-Bericht Nr. 9/1994, S. 21-23.

	51.1.3 Plätze in Tages- einrichtungen für Schulkinder	51.1.3.1 Hortplätze in alters- gemischten Gruppen 51.1.3.2 Hortplätze in Kinder- tageseinrichtungen 51.1.3.3 Hortplätze an Schulen 51.1.3.4 Hortplätze in anderen Einrichtungen der Jugendhilfe
	51.1.4 Plätze für Tagespflege	51.1.4.1 Plätze für Tagespflege[a]
51.2 Allgemeine Förderung von jungen Menschen und ihren Familien	51.2.1 Kinder- und Jugendarbeit	51.2.1.1 Offene Kinder- und Jugendarbeit durch Einrichtungen 51.2.1.2 Offene Kinder- und Jugendarbeit außerhalb von Einrichtungen 51.2.1.3 Verbandliche Kinder- und Jugendarbeit
	51.2.2 Jugendsozialarbeit	51.2.2.1 Berufsvorbereitende Angebote 51.2.2.2 Ausbildungs- und Beschäftigungs- angebote 51.2.2.3 Leistungen des Kinder- und Jugend- schutzes
	51.2.3 Familienförderung	51.2.3.1 Allgemeine Familien- beratung und -bildung 51.2.3.2 Familienerholung und -freizeit 51.2.3.3 Materielle Förderung (Familienpass u.ä.)
51.3 Familien- ergänzende Hilfe für junge Menschen und ihre Familien in besonderen Problemlagen	51.3.1 Beratung	51.3.1.1 Kinder-, Jugend- und Familienberatung ein- schließlich Beratung Alleinerziehender 51.3.1.2 Partnerschafts-, Trennungs- und Scheidungsberatung 51.3.1.3 Erziehungsberatung 51.3.1.4 Beratung bei spezifi- schen Problemlagen (Drogen, AIDS, etc.)

a In diesem Fall gliedert sich die Produktgruppe nicht in mehrere Produkte. Produktgruppe und Produkt haben den gleichen Gegenstand und deshalb denselben Titel. Sie unterscheiden sich jedoch im Detaillierungsgrad der ausgewiesenen Informationen.
b Adoption ist keine Aufgabe nach dem KJHG, sondern nach dem Adoptionsvermittlungsgesetz (AdVermiG). Sie wurde in den Produktplan aufgenommen, um exemplarisch zu zeigen, wie Produkte mit verschiedenen Rechtsgrundlagen aus outputorientierter Sicht zusammengehören und deshalb einem gemeinsamen Produktbereich zugeordnet werden.
Wie bei dem Produkt »Plätze für Tagespflege« unterscheiden sich bei der Adoption Produktgruppe und Produkt nicht durch den Gegenstand, sondern den Differenzierungsgrad der ausgewiesenen Informationen.

4. Sozialarbeiter und Aktenführung[26]

Das Führen von Akten ist Wesensmerkmal bürokratischer Organisationen[27]. Akten sind eine besondere Form schriftlicher Dokumentation. Als »Gedächtnis der Verwaltung« sollen sie alle Informationen, Entscheidungsschritte und -ergebnisse objektiv festhalten. Prinzipien der behördlichen Aktenführung sind demnach: Schriftlichkeit, Objektivität und Vollständigkeit. Die in den Akten wiedergegebenen Daten, Informationen, Wertungen, Beschreibungen etc. werden behördlicherseits als Abbildung der Wirklichkeit angesehen und nicht als Produkte einer subjektiven, interessengeleiteten und u.U. verzerrten Wahrnehmung.

Da bürokratische Organisationen entscheidungsorientiert sind, wird in den Akten die komplexe soziale Realität auf das rechtlich und administrativ Relevante reduziert. Akten sind nach behördlichem Selbstverständnis dann »gut«, wenn sie juri-

---

26 *Stadt Essen* (Hrsg.), Aktenführung in den sozialen Diensten des Jugendamtes Essen. Orientierungshilfe und Arbeitsanweisung, Essen 1995; *Geiser*, Aktenführung und Dokumentation sind Grundlagen professioneller Zusammenarbeit, in: BldWPfl 1+2/1996, S. 5 ff.; *Brack*, Akten als Fundgrube für die Evaluation, in: *Brack/Geiser* (2000), S. 63 ff.
27 Siehe Seite 134 f. in diesem Buch.

stisch unangreifbare Entscheidungen beinhalten (»wasserdicht« bzw. »revisionssicher« sind).

Sozialarbeiter haben häufig ein gestörtes Verhältnis zu den Anforderungen und Konsequenzen behördlicher Aktenführung: die Rede ist von einem Bündnis wider Willen.[28]

Die Abwehrhaltung hat wenigstens drei Gründe:
- Sozialarbeiter wollen zu ihren Klienten ein persönliches Verhältnis (helfende Beziehung) aufbauen. Die Herstellung von Vertrauen ist hierbei zentral. Wenn aber alles, was der Sozialarbeiter beruflich erfährt, »zwangsläufig der Verfügungsgewalt seines Dienstherrn oder Arbeitgebers« unterliegt[29], sehen viele in der Aktenführung eine Art Vertrauensbruch gegenüber den Klienten.
- Akten geben nicht nur Einblicke in die Lebenswelt der Klienten, sondern sind auch ein Instrument der Kontrolle des sozialarbeiterischen Handelns. Problematisch ist, dass sich die realen Interaktionen zwischen Sozialarbeiter und Klient/Bürger anhand der Akte nicht rekonstruieren lassen und daher »schiefe Bilder« über das Alltagshandeln und die konkreten Belastungen des Sozialarbeiters entstehen.
- Aktenführung wird als »Papierkram« angesehen, der für »eigentliche« Sozialarbeit keine Zeit übriglässt.

Eine Problementschärfung könnte zunächst darin liegen, sich der verschiedenen Funktionen von Akten bzw. Aktenführung bewusst zu werden:
- Akten geben eine verkürzte Realität wieder. (Die geforderte Objektivität ist eine Fiktion und erkenntnistheoretisch nicht haltbar).
- Akten sind ein Tätigkeitsbeleg.
- Akten haben Legitimierungsfunktion gegenüber Klienten, Vorgesetzten und Prüfinstanzen.
- Akten dienen als Grundlage für Berichte, gutachtliche Stellungnahmen, psychosoziale Diagnosen etc.
- Akten sind Arbeits- und Informationsgrundlage für den Nachfolger und die Vertretung (Kontinuitätsfunktion).
- Akten als Mittel der (Selbst-)Kontrolle.
- Akten als Grundlage für Supervision und wissenschaftliche Arbeiten.

Darüber hinaus sollten praktische Folgerungen gezogen werden aus der Analyse von Jugendamtsakten, in denen u.a. eine Häufung von Verhaltensnegativa registriert wurde. Die »defizitlastigen Wahrnehmungsgewohnheiten«[30] sind zu verändern; detaillierte, abwägende Darstellungen über Sozialisationsbedingungen etc. dürfen nicht mehr als »Romane« abqualifiziert werden; und schließlich ist besondere Vorsicht geboten, wenn fremdproduzierte Akten verwendet werden[31].

---

28 *Lau/Wolff*, in: NP Heft 3/1981, S. 199 ff.
29 *BVerfGE* 33, 381 ff.; vgl. aber *Fieseler*, Rechtsgrundlagen, a.a.O., S. 69.
30 *Müller/S. Müller*, in: Handbuch SA/SP, a.a.O., S. 25.
31 Zu diesem Abschnitt vgl. auch NDV 10/1990, 335 ff.

4.1 Neubeurteilung der Aktenführung

Aktenführung ist eine anspruchsvolle Tätigkeit, die Zeit und Energie erfordert. So zeigen Arbeitsstudien mit Zeiterfassung, dass 5% bis 10% der produktiven Arbeitszeit für die Aktenführung verwendet werden.[32] Die Aktenführung muss den Kriterien der Erforderlichkeit, Objektivität, Aufgabenbezug, Transparenz und Überprüfbarkeit genügen. Die Akte erfüllt Funktionen sowohl für den Sozialarbeiter als auch für die Organisation, ebenso für externe Adressaten sowie in der Zusammenarbeit zwischen Klient und Sozialarbeiter.

Sozialarbeiter benötigen für ihre Arbeit Informationen, die in Akten festgehalten werden. In der konkreten Situation ergeben sich oftmals verschiedene, z.T. widersprüchliche Informationen, die aus unterschiedlichen Quellen stammen. Diese gilt es zu ordnen und in ein einheitliches Bild zu bringen. Bei der Fallaufnahme geht es zuerst um Informationen zur Ausgangslage. Im Rahmen des Erstgesprächs können mit Hilfe gezielter Fragen weitere oder fehlende Informationen gewonnen werden. Die Zusammenarbeit mit dem Klienten oder dem Umfeld erbringt neue Informationen, die dazu führen können, dass das Bild über den Klienten korrigiert, präzisiert oder ergänzt werden muss. Professionelle Aktenführung bedarf regelmäßiger Nachträge oder Korrekturen. Aus der Masse von Informationen ergibt sich auch die Notwendigkeit zu entscheiden, was schriftlich festgehalten wird und auf was verzichtet werden kann. Der Sozialarbeiter muss aber auch die Informationen bewerten, vor allem hinsichtlich der Wichtigkeit und Dringlichkeit des Handelns in einer konkreten Situation.

Fachkräfte bemühen sich verstärkt um eine Verbesserung der Aktenführung. Ihr Ziel ist es, mehr Nutzen aus der klientbezogenen Aktenführung zu gewinnen. Gründe dafür sind:
– Vordringen betriebswirtschaftlicher Elemente in die Sozialarbeit wie Controlling und Qualitätssicherung. Kosten-/Nutzen-Rechnungen bedürfen bestimmter Daten, die bereits im Vorfeld der Aktenanlage festgelegt werden müssen. Dazu ist eine systematische und standardisierte Aktenführung vonnöten.
– Zunehmende Computerisierung: Mit Hilfe von Datenprogrammen ist es möglich, Informationen elektronisch zu speichern, zu bearbeiten und zu statistischen Zwecken zu verwenden. Es können nun Aufgaben ausgeführt werden, deren Erfüllung zuvor einen enormen und unangemessenen Zeitaufwand bedeutet haben.
– Einsparungen im sozialen Bereich: Personalkosten sind der größte Kostenfaktor, deshalb soll die Arbeit, also auch die Aktenführung, möglichst effizient durchgeführt werden, um die steigenden Fallzahlen mit dem gleichen Mitarbeiterstab zu bewältigen.
– Die verstärkte Sozialforschung.
– Der Datenschutz: Konkretisierungen im Datenschutzrecht bedingen Veränderungen der Aktenführung. So legt der § 63 Abs. 2 Satz 1 SGB VIII fest, dass Daten, die zur Erfüllung unterschiedlicher Aufgaben der öffentlichen Jugendhilfe erhoben worden sind, in Akten oder auf sonstigen Datenträgern nur dann zusammengeführt werden dürfen, wenn und solange dies wegen eines unmittelbaren Sachzusammenhangs erforderlich ist. Konsequenz daraus ist, dass es keine Einheits-

---

32 Vgl. *Brack/Geiser*, Aktenführung in der Sozialarbeit: neue Perspektiven für die klientbezogene Dokumentation als Beitrag zur Qualitätssicherung. 2. Aufl. 2000, S. 13 ff.

akte mehr geben darf. Bereits bei der Aktenanlage sind die §§ 84 Abs. 2 SGB X, § 25 SGB X und §67 SGB VIII i.V.m. § 83 SGB X zu berücksichtigen. Sie beschäftigen sich mit dem Löschen von Daten, der Akteneinsicht des Bürgers und dem Anspruch auf Auskunft. Um den Erfordernissen der Rechtsvorschriften Folge zu leisten, sind Akten so zu führen, dass Informationen, die den Anspruchsteller betreffen, von anderen Aktenteilen getrennt werden können.

4.2 Weiterentwicklung der Aktenführung

Fachleute sind sich einig, dass die Aktenführung den neuen Anforderungen entsprechend verändert werden muss. Aktenführung neuer Prägung soll es ermöglichen, dass Daten sowohl für die Statistik und das Controlling als auch für die Sozialforschung und die Evaluation der eigenen Arbeit und die damit verbundene Qualitätssicherung bereitgestellt werden. Sie soll also sowohl betriebswirtschaftlichen als auch den sozialarbeiterischen Zielen dienen.

Ruth Brack hat folgende Postulate aufgestellt:[33]
– Die Aktenführung wird soweit standardisiert, dass zumindest innerhalb der gleichen Organisation die Daten in einer übersichtlichen Form festgehalten werden.
– Jahresstatistik und andere Berichte sollen ohne wesentlichen Zeitaufwand aus der klientbezogenen Aktenführung herausgezogen werden können.
– Die Dokumentation wird in Richtung Leistungs- und Qualitätsevaluation ausgebaut.
– Die Erwartungen des Klientsystems sollen zusätzlich dokumentiert werden.
– Die einzelnen Arbeitspensen sollen mit Hilfe einer periodischen (z.B. vierteljährlichen) Quantifizierung der Daten auf ihre Angemessenheit hin überprüft werden.

Um diese Ziele zu erreichen, bedarf es des Einsatzes EDV-gestützter Arbeitsmittel. Sie bedingen eine Teilstandardisierung. Damit verbunden sind Objektivierbarkeit und Vergleichbarkeit. Trotzdem muss es den Sozialarbeitern im Rahmen der Dokumentation möglich sein, Stimmungen, Eindrücke, Vermutungen und Befürchtungen frei zu formulieren. Deshalb auch nur eine Teilstandardisierung. Der Unterschied zwischen der alten Aktenführung und der klientbezogenen Aktenführung liegt in der Systematik der Erhebung und der Auswertungsmöglichkeit. Diese setzt bereits bei Fallaufnahme die Erfassung jener Daten voraus, die bei Abschluss ausgewertet werden sollen. Dazu wurden fünf standardisierte Dokumente entwickelt, die bereits in der Praxis eingesetzt werden. Sie setzen sich aus der Erstmeldung, der Situationsanalyse, dem Beratungsplan, der Besprechungs- und der Ergebnisdokumentation zusammen.

In der Erstmeldung werden Informationen zur Person, zum Schulabschluss, zur jetzigen Tätigkeit, zur Wohnsituation, zum Beziehungsgeflecht etc. festgehalten.

In der Situationsanalyse gehen Angaben zur Lebensgeschichte und zur jetzigen Situation ein. Die Situationsanalyse umfasst mehrere Teile. Ein Teil beschäftigt sich mit den verschiedenen Interaktionsmustern, z.B. zwischen Klient und Sozialarbeiter. Der Arbeitsbogen »Gesamtschau« umfasst drei Teile:
– eine Zusammenfassung der Situationsanalyse,
– den Versuch, das Zustandekommen der problematischen Situation zu erklären,

---

33 Vgl. *Brack/Geiser*, a.a.O., 2000, S. 61.

– Verlaufsprognose ohne Einwirkung des Sozialarbeiters.

Im Anschluss an die Situationsanalyse erfolgt die Erstellung des Beratungsplanes.
Seine Funktionen sind:
– Aushandeln der notwendigen und geeigneten Hilfe,
– Arbeitsabsprachen,
– Festlegung von Zielen, also jenem Zustand, der zu einem bestimmten Zeitpunkt erreicht werden soll,
– Abgabe einer Prognose zur Gesamtsituation des Klientsystems unter Berücksichtigung der vorgesehenen Intervention.

Eine Besprechungsdokumentation sollte bereits ab dem ersten Gespräch erfolgen.
Nach jedem Gespräch wird ein Besprechungsformular ausgefüllt und der Gesprächsinhalt dokumentiert. Elemente der Besprechungsdokumentation sind:
– Erfassung der (Dienst-)Leistungen außerhalb der Beratungsgespräche,
– zu bearbeitende Themen,
– neu aufgetauchte Probleme oder evtl. geänderte Beratungsziele,
– Abmachungen,
– Rolle der Fachkraft,
– Einschätzungen des Gesprächsklimas und der Störfaktoren,
– Kommentare und Überlegungen.

Nach etwa zehn Beratungsgesprächen erfolgt die Überprüfung und Auswertung anhand des Ergebnisbogens. Nun kann gezeigt werden, ob die angestrebten Veränderungen auch eingetreten sind. Durch Informationsübertragungen aus Besprechungsdokument und Beratungsplan in den Ergebnisbogen können weitere Auswertungen erfolgen wie:[34]
– Gesamtaufwand an Zeit,
– den erfolgten materiellen Leistungen,
– den erbrachten Dienstleistungen,
– eine Einschätzung der Ergebnisse.

Mit Hilfe dieser standardisierten Dokumentation ist es möglich, den betriebswirtschaftlichen und den sozialarbeiterischen Interessen zu dienen. Das Management bekommt Daten, um Kosten-/Nutzen-Rechnungen anzustellen. Sozialarbeiter können ihre Arbeit evaluieren und werden in die Lage versetzt, sagen und nachweisen zu können, was sie warum, auf welche Weise, mit welchem Ergebnis und Mitteleinsatz tun. Für ihre Arbeit bedeutet dies eine Legitimation nach innen und außen.

5. Sozialarbeiter und Klient/Bürger – Vertrauensschutz[35]

Im Bereich der Familien- und Jugendhilfe leisten Sozialarbeiter Kindern, Jugendlichen und deren Eltern *persönliche Hilfen*, wozu ihnen die Betroffenen z.T. sehr

---

34 Vgl. *Brack/Geiser*, a.a.O., 2000, S. 96.
35 Vgl. insbesondere *Deutscher Verein*, a.a.O., 1985; *Mörsberger*, a.a.O.; *Willenbücher/Borcherding*, AGJ-Forum Jugendhilfe Heft 1/2, 1988, S. 47 ff.; *Maas*, a.a.O.; *Klinger/Kunkel*, a.a.O; *Fieseler/Jung-Dörrbecker/Lippenmeier*, RdJB 1989, 26 ff. (betr. Sozialarbeiter und Lehrer als Supervisoren und Supervisanden); *Hager/Sehrig* (1992); *Proksch* (a.a.O., 1996). Zur Entwicklungsgeschichte des Datenschutzrechts: *Wiesner/Mörsberger*, Vor § 61 Rn. 9 ff. und *Kunkel*, ZfJ 1995, 354 sowie a.a.O. (1995), S. 184 ff.

intime Tatsachen offenbaren, auf deren Geheimhaltung sie vertrauen. Ohne ein solches Vertrauensverhältnis könnte moderne Sozialarbeit überhaupt nicht geleistet werden. Gerade auch sozial benachteiligte Bevölkerungsgruppen haben einen Anspruch darauf, dass ihre Privatsphäre gewahrt bleibt. Wie weit dieser Anspruch vom geltenden Recht eingelöst wird, darüber entscheiden insbesondere drei Fragen:
- Inwieweit steht dem Sozialarbeiter ein Zeugnisverweigerungsrecht gegenüber Staatsanwaltschaft und Gerichten zu?
- Inwieweit ist er verpflichtet, darüber zu schweigen, was ihm in seiner beruflichen Eigenschaft von Klienten anvertraut worden ist?
- Inwieweit sind Sozialgeheimnisse von Klienten auch datenschutzrechtlich geschützt?

5.1 Zeugnisverweigerungsrecht von Sozialarbeitern[36]

Ob ein Sozialarbeiter gegenüber einem Gericht das Zeugnis verweigern darf, hängt von der jeweiligen Verfahrensordnung ab.

Im einzelnen sind die *Rechtsgrundlagen*
- für den Zivilprozess: § 383 Abs. 1 Nr. 6 ZPO,
- für die freiwillige Gerichtsbarkeit: § 15 FGG i.V.m. § 383 Abs. 1 Nr. 6 ZPO[37],
- für das Arbeitsgerichtsverfahren: § 46 Abs. 2 Satz 1 ArbGG i.V.m. §§ 495, 383 Abs. 1 Nr. 6 ZPO,
- für den Strafprozess: §§ 53, 53 a StPO,
- für das Verwaltungsgerichtsverfahren: § 98 VwGO i.V.m. § 383 Abs. 1 Nr. 6 ZPO,
- für das Sozialgerichtsverfahren: § 118 SGG i.V.m. § 383 Abs. 1 Nr. 6 ZPO.

Danach steht dem Sozialarbeiter im Strafverfahren[38] ein Zeugnisverweigerungsrecht *nicht* zu. Ausnahmen gelten nur für die Mitarbeiter einer Schwangerschaftsberatungsstelle sowie einer Beratungsstelle für Betäubungsmittelabhängige, und zwar einerlei, welcher Profession sie sind (§ 53 Abs. 1 Nr. 3 a und 3 b StPO[39].

Das *Bundesverfassungsgericht* hat 1972 in einem für das Recht sozialer Arbeit auch heute noch bedeutsamen Beschluss entschieden, es sei verfassungsgemäß, dass Sozialarbeiter als Zeugen im Strafverfahren aussagen müssen[40]. Dies kann im Hinblick auf § 35 Abs. 3 SGB I so nicht mehr gelten: Soweit eine Übermittlung von Sozialdaten nicht zulässig ist, besteht keine Zeugnispflicht[41].

---

36 *Papenheim*, in Lehmann 2000, 241.
37 Vgl. *OLG Hamm*, DAVorm 1991, 1079 ff. betreffs sozialpädagogische Familienhilfe sowie DIV-Gutachten, DAVorm 1995, 972.
38 Allerdings hat der Sozialarbeiter auch in anderen Verfahren dann *kein* Zeugnisverweigerungsrecht, wenn er vom Klienten von seiner Pflicht zur Verschwiegenheit entbunden ist (§ 385 Abs. 2 ZPO). Vgl. *OLG Bamberg*, FamRZ 1989, 87. Zu §§ 115 FGG, 383 Abs. 1 Nr. 6 ZPO vgl. *OLG Hamm*, DAVorm 1991, 1080 (Familienhelferinnen).
39 Nach BVerfG, StV 1998, 356 (mit Anm. Kühne) ist es verfassungsrechtlich nicht geboten, das für Drogenberater gemäß § 53 Abs. 1 Nr. 3b StPO bestehende Zeugnisverweigerungsrecht auf ehrenamtlich tätige Beratung in Selbsthilfegruppen (hier: Eltern drogenabhängiger Kinder) zu erstrecken.

5.2 Notwendigkeit einer Aussagegenehmigung

Verbeamtete Sozialarbeiter und Sozialpädagogen des öffentlichen Dienstes bedürfen zur Aussage »über Umstände, auf die sich ihre Pflicht zur Amtsverschwiegenheit bezieht«, der Aussagegenehmigung ihres Dienstherrn (§ 54 Abs. 1 StPO mit den jeweiligen beamtenrechtlichen Vorschriften; ebenso § 376 Abs. 1 ZPO). Ersucht das Gericht den Dienstherrn um die Aussagegenehmigung, so darf dieser die Genehmigung nur versagen, wenn durch die Aussage die Erfüllung öffentlicher Aufgaben ernstlich gefährdet oder erheblich erschwert würde[42], was bei einem modernen, durch das Kinder- und Jugendhilfegesetz gebotenen Verständnis für den Leistungsbereich weitestgehend anzunehmen sein dürfte. Gleiches gilt für Sozialarbeiter/Sozialpädagogen, die als Angestellte im öffentlichen Dienst tätig sind (§ 9 BAT).

Es ist umstritten, aber schon im Hinblick auf das Subsidiaritätsprinzip und die daraus folgende Notwendigkeit gleicher Rahmenbedingungen für die Tätigkeit der Sozialarbeiter bei *freien Trägern* zu bejahen, ob § 54 Abs. 1 StPO auf die bei freien Wohlfahrtsverbänden Tätigen entsprechend anzuwenden ist, so dass auch diese einer Aussagegenehmigung bedürfen.

5.3 Schweigepflicht des Sozialarbeiters[43]

Der Sozialarbeiter ist in zweifacher Hinsicht verpflichtet, Diskretion über das zu bewahren, was ihm in seiner beruflichen Eigenschaft anvertraut wird. Er ist dies
– dienstrechtlich als Beamter (§ 61 BBG, § 39 BRRG, § 75 Hessisches Beamtengesetz) und als Angestellter im öffentlichen Dienst (§ 9 BAT)[44],
– strafrechtlich (§ 203 Abs. 1 Nr. 5 a StGB).

Hat der Sozialarbeiter und Sozialpädagoge grundsätzlich auch kein Zeugnisverweigerungsrecht im Strafverfahren, so unterliegt er andererseits doch der strafrechtlichen Schweigepflicht. Er begeht nämlich eine strafbare Handlung und wird auf Antrag des Betroffenen (vgl. § 205 StGB) verfolgt, wenn er »unbefugt ein Geheim-

---

40 *BVerfG*, NDV 1972, 331 ff. (bestätigt durch *BVerfG*, NStZ 1988, 418). Dagegen: *Fieseler*, 1977, 62 ff., *Hauber*, ZBlJugR 1980, 513 ff. und *Proksch*, a.a.O. (1996), 193. Kein Zeugnisverweigerungsrecht hinsichtlich der Rahmendaten einer Therapie, *LG Hamburg*, NStZ 1983, 182; vgl. auch *LG Mainz*, NJW 1988, 1744: Aussage einer Drogenberaterin als einziges Mittel zur Aufklärung einer Straftat. – Für ein umfassendes Zeugnisverweigerungsrecht auch die BAG der Hochschullehrer des Rechts an Fachhochschulen /Fachbereichen des Sozialwesens in der Bundesrepublik Deutschland (BAGHR) in einer Resolution vom 30.11.1989.

41 Anderer Ansicht *Wiesner/Mörsberger*, Anhang zu § 65, § 203 StGB, Rz. 2. Vgl. aber Rz. 51 (zu 5.6.1). Wie hier *Papenheim/Baltes*, a.a.O., 12. Auflage 1995, S. 192 mit Empfehlung, Sozialarbeiter/Sozialpädagogen, die als Zeugen geladen werden, sollten auf die Regelung des Sozialgesetzbuches hinweisen. Zum Verhältnis von Sozialdatenschutz und Zeugnisverweigerungsrecht eingehend: *Riehle*, ZfJ 2000, 290.

42 Zur Verweigerung der Aussagegenehmigung für Sozialarbeiter: *OLG Köln*, ZfJ 1987, 180 und 181; *Schlesw.-Holst. VerwG*, in: ZfJ 1987, 540.

43 *Ensslen*, NDV 1999, 121; *Falterbaum*, TuP 2000, 98; *Lehmann* 2000, 212; *Proksch* 1996, 154. Zum Verhältnis von Schweigepflicht und Sozialgeheimnis: *Riehle*, ZfJ 1999, 463. – Zum Verhältnis von dienstrechtlicher Gehorsamspflicht und strafrechtlicher Schweigepflicht: Gutachten, in: NDV 1997, 22.

44 Der freie Träger ist im Falle eines Beratungsvertrages mit dem Bürger aufgrund einer vertraglichen »Nebenpflicht« aus § 242 BGB zivilrechtlich zum Schweigen verpflichtet.

nis, namentlich ein zum persönlichen Lebensbereich gehörendes Geheimnis oder
ein Betriebs- oder Geschäftsgeheimnis, offenbart, das ihm als staatlich anerkannter
Sozialarbeiter oder staatlich anerkannter Sozialpädagoge anvertraut oder sonst
bekannt geworden ist«, wobei die Gleichstellung der bei Sozialarbeitern/Sozialpäd-
agogen zur Vorbereitung auf den Beruf tätigen Praktikanten zu beachten ist (§ 203
Abs. 3 Satz 1 StGB).

Allerdings ist eine Offenbarung nicht strafbar,
– wenn der Klient einer Offenbarung zustimmt,
– wenn ein rechtfertigender Notstand, d.h., eine Offenbarung zum Schutz überwiegender Interessen, vorliegt (vgl. dazu die Voraussetzungen in § 34 StGB)[45],
– bei gesetzlichen Mitteilungspflichten, wie sie z.b. für das Jugendamt gegenüber
  dem Vormundschaftsgericht bestehen (§ 50 Abs. 3 SGB VIII),
– im Falle der Zeugnispflicht nach der Strafprozessordnung.

Eine allgemeine Offenbarungsbefugnis innerhalb derselben Behörde, also gegenüber Mitarbeitern und Vorgesetzten, besteht nicht. Lediglich soweit dies zur ord-
nungsgemäßen Behandlung der Sache unerlässlich ist, soweit nur so eine sachge-
rechte Hilfe möglich ist, kommt eine Offenbarungsbefugnis überhaupt in Betracht.
Hierüber sollte der betroffene Klient möglichst mitbefinden und es sollte nicht –
wie dies weitgehend üblich ist – seine »konkludente bzw. mutmaßliche Einwilligung« angenommen werden. Zwar muss dem einzelnen Sozialarbeiter zugestanden
werden, dass er selbst entscheidet, wann er einen Einzelfall mit Kollegen im Team
bzw. mit dem Supervisor bespricht, doch besteht auch insofern eine Schweigepflicht, als eine Anonymisierung möglich ist. Die Dienstvorgesetzten können ihre
Aufgabe der Dienstaufsicht wahrnehmen, ohne dass dazu in der Regel eine Nennung von Klientennamen nötig wäre[46].

5.4 Wahrung von Sozialgeheimnissen

Rechtsgrundlagen: Art. 1, 2 GG, §§ 35 SGB I, 67-78 SGB X, 61-68 SGB VIII

Gemäß § 35 SGB I hat jeder einen Anspruch darauf, dass die ihn betreffenden
Sozialdaten, d.h. die »Einzelangaben über seine persönlichen und sachlichen Verhältnisse (personenbezogene Daten)«, von den Sozialleistungsträgern nicht unbefugt erhoben, verarbeitet oder genutzt, d.h. als Sozialgeheimnis gewahrt werden.
Dies umfasst die Verpflichtung, auch innerhalb des Leistungsträgers sicherzustellen, dass die Sozialdaten nur Befugten zugänglich sind und nur an diese weitergegeben werden.

Bis zum Erlass des Kinder- und Jugendhilfegesetzes richtete sich die Zulässigkeit
von Offenbarungen auch für die Jugendhilfe allein nach den §§ 66-77 SGB X (siehe

---

45 Für den Arzt vgl. *Dickmeis*, ZfJ 1995, 478 (zu Misshandlung und sexuellem Missbrauch);
    Fieseler, in: Sozialextra, Heft 7/8, 2000, 14, 19 (Unterrichtung des zuständig gewordenen
    Jugendamtes über Kindesmisshandlungen durch Mutter; zu Garantenstellung und Schwei-
    gepflicht).
46 Vgl. *Fieseler/Lippenmeier*, a.a.O., 128 f. Zur innerbehördlichen Schweigepflicht eingehend
    und mit »neuer Problemsicht«: *Hassemer*, ZfJ 1993, 12 ff. Zu § 67 c Abs. 3 SGB X (Wahr-
    nehmung von – u.a. – Aufsichts»befugnissen« vgl. *Wagner*, NJW 1994, 2938; *Wiesner/Mörs-
    berger*, Anhang § 61, § 67 c SGB X, Rn. 3-5 (auch: »Stichproben« statt »umfassender
    Aktenüberprüfung«). Zur Schweigepflichtverletzung bei Offenbarung eines sexuellen Miss-
    brauchs an einer Schutzbefohlenen (Offenbarung im Rahmen einer Supervision): *BayO-
    bLG*, in: R&P 1995, 39 ff.

5.6.1). Jetzt ist für die Jugendhilfe zu den bisherigen Rechtsgrundlagen der §§ 35 SGB I, 67-78 SGB X (siehe 5.6.1) der bereichsspezifische Datenschutz der §§ 61-68 SGB VIII hinzugetreten[47]. Diese Vorschriften beziehen sich auf die Datenerhebung (§ 62), die Datenspeicherung auch in Akten (§ 63), die Datenübermittlung und Nutzung (§ 64; 65), die Datenweitergabe (§ 65)[48], den Auskunftsanspruch Betroffener (§ 67) und eine spezielle Vorschrift über personenbezogene Daten im Bereich der Amtsvormundschaft und Amtspflegschaft (§ 68; zu beachten das Recht auf Datenkenntnis in Abs. 3). Datenlöschung und Datensperrung – ursprünglich in § 84 SGB X geregelt. Insgesamt sind die zum Sozialgeheimnis ergangenen Regelungen als ein besonders »schützenswerter Bestandteil unserer Sozialstaatlichkeit« zu begreifen[49]. Extensiv ausgelegt bieten sie einer modernen Sozialarbeit, die sich an den Interessen der Betroffenen als »Subjekt« (AFET-MR 3/1995, 6) orientiert, einen angemessenen Rechtsrahmen.

5.5 Datenschutz und Verfassung

Das Bundesverfassungsgericht hat seit jeher aus den Art. 1 Abs. 1 und Art. 2 Abs. 1 GG einen Schutz der Privatsphäre (»Intimsphäre«) hergeleitet, ohne freilich stets die sich aufdrängenden Konsequenzen daraus zu ziehen[50]. Das Bundesverfassungsgericht hat auch den Gedanken der freien Selbstbestimmung, die Wert und Würde der Person ausmacht, als Kern eines allgemeinen Persönlichkeitsrechts betont. Im Volkszählungsurteil vom 15.12.1983[51] folgert das Bundesverfassungsgericht unter dem Eindruck der technischen Möglichkeiten praktisch unbegrenzter Datenspeicherung aus den Artikeln 1, 2 GG die »Befugnis des einzelnen, grundsätzlich selbst zu entscheiden, wann und innerhalb welcher Grenzen Lebenssachverhalte offenbart werden«. Dieses Recht auf *informationelle Selbstbestimmung*[52] unterliegt zwar Einschränkungen im überwiegenden Allgemeininteresse, diese Einschränkungen bedürfen aber einer gesetzlichen Grundlage und müssen sowohl verhältnismäßig wie zum Schutz wichtiger öffentlicher Interessen unerlässlich sein.

Für den Umgang der Jugendämter und anderer Sozialleistungsträger (Sozialämter, Arbeitsämter) mit personenbezogenen Daten, das heißt, mit allen Einzelangaben über die persönlichen und sachlichen Verhältnisse eines Bürgers, liegt seit 1981 in den §§ 35 SGB I i.V.m. 67-86 SGB X eine solche gesetzliche Regelung vor, die bezweckt, dass niemand durch die Inanspruchnahme von Sozialleistungen mehr als andere Bürger der Preisgabe seiner personenbezogenen Daten ausgesetzt wird[53].

---

47 Vgl. dazu in diesem Buch 5.6.2 und *Maas*, NDV 1990, 215 ff.
48 Zu § 65 vgl. 5.8.
49 *Emrich*, Anm. zu dem sehr lesenwerten, freilich vom Kammergericht (NDV 1985, 52 mit Anm. von *Molitor*, a.a.O., S. 55) mit wenig überzeugender Begründung aufgehobenen Urteil des *LG Berlin* vom 13.9.1982 in: NDV 1983, 153; zum Schutz des Sozialgeheimnisses gegen Beschlagnahmeanordnungen: *LG Braunschweig*, NJW 1986, 2586. Vgl. auch die Grundsatzthesen des Deutschen Vereins für öffentliche und private Fürsorge in NDV 1986, 227 ff. – Zur Bedeutung von Schweigepflicht und Sozialgeheimnis für die Frage der Erstattung einer Strafanzeige bei Kindesmisshandlung vgl. die Kontroversen zwischen *Kalugin/Theilacker*, ZfJ 1987, 61 und *Barth*, ZfJ 1987, 83 und Seite 23 dieses Buches. Vgl. auch *Gärtner-Harnach* und *U. Maas* »Psychosoziale Diagnose und Datenschutz in der Jugendhilfe«, a.a.O.
50 Vgl. *Fieseler*, Rechtsgrundlagen sozialer Arbeit, S. 62 ff. (Grundfall 8).
51 *BVerfG*, in NJW 1984, 419 ff. (421).
52 A.a.O., S. 422.
53 BT-Drucks. 8/4022.

Mit dem Inkrafttreten des KJHG sind dessen §§ 61-68 SGB VIII hinzugetreten, die
den Datenschutz für die öffentlichen Jugendhilfe bereichsspezifisch ergänzen und
– in § 61 Abs. 4 SGB VIII – bei Inanspruchnahme der Träger der freien Jugendhilfe
die Sicherstellung eines entsprechenden Schutzes gebieten.

5.6 Gesetzlicher Sozialdatenschutz[54]

Rechtsgrundlagen: §§ 35 SGB I, 67-85 a SGB X, 61-68 SGB VIII

Diese gesetzliche Regelung sollte nicht – wie das immer wieder zu hören ist – als
eine Erschwernis zweckmäßigen Verwaltungshandels, das auf den »Datenfluss«
angewiesen sei, missverstanden werden. Gerade soziale Arbeit auch in der Fami-
lien- und Jugendhilfe ist nur dann erfolgreich leistbar, wenn sich der Bürger darauf
verlassen kann, dass die Informationen, die er über sich gegeben hat, vertraulich
behandelt werden. Diskretion ist »nicht Begrenzung, sondern Bedingung fachlich-
qualifizierten Handelns«[55].

In Anpassung an die Terminologie des Bundesdatenschutzgesetes sind in SGB X,
Zweites Kapitel, Schutz der Sozialdaten – für die öffentliche Jugendhilfe in § 61
Abs. 1 SGB VIII für anwendbar erklärt – Datenerhebung, Datenverarbeitung und
Datennutzung definiert und die Befugnisschranken im Umgang damit geregelt.

Datenerhebung ist das Beschaffen von Daten über den Betroffenen (§ 67 Abs. 5
SGB). Die Erhebung ist nach § 67 a Abs. 1 SGB X (wie nach § 62 Abs. 1
SGB VIII) nur zulässig, wenn die Kenntnis der Daten zur Aufgabenerfüllung nach
SGB X erforderlich ist. Die Daten sind beim Betroffenen zu erheben (§ 67 a Abs. 2
Satz 2 SGB X; ebenso § 62 Abs. 2 SGB VIII) und setzen grundsätzlich seine Mitwir-
kung voraus (Ausnahmen: § 67 a Abs. 2 Satz 2 SGB X). Dem Betroffenen ist der
Erhebungszweck mitzuteilen (§ 67 a Abs. 3 Satz 1 SGB X)[56].

Datenverarbeitung ist das Speichern, Verändern, Übermitteln (auch das Bekanntge-
ben nicht gespeicherter Sozialdaten) an Dritte, Sperren und Löschen von Sozialdaten. Diese Begriffe sind in § 67 Abs. 6 Nr. 1-5 SGB X definiert.

Datennutzung ist jede andere Datenverwendung als die der Datenverarbeitung,
also auch die Datenweitergabe innerhalb der speichernden Stelle (§ 67 Abs. 3
SGB X), worunter die für die Fallbearbeitung jeweils zuständige Person oder Organisationseinheit des Jugendamtes, nicht aber dieses insgesamt, zu verstehen ist
(§ 67 Abs. 9 SGB X).

Vorschriften über die Zulässigkeit der Datenverarbeitung, Datennutzung, Daten-
veränderung und Datenspeicherung finden sich in §§ 67 b, 67 c SGB X, während

---

54 *Busch*, 1997; *Fischer*, in: *Schellhorn* 2000, §§ 61-68 SGB VIII; *Kunkel*, in: GK-SGB VIII
    und in LPK-SGB VIII jeweils § 61 (ausführliche Literaturangaben in GK-SGB VIII, Vor
    § 61); *Mörsberger*, in: *Wiesner* 2000 – Datenschutzrechtliche Aspekte bei Verdacht von
    Kindesmisshandlung: *Mörsberger*, FPR 1998, 285; Sozialdatenschutz bei Beratung und
    Unterstützung nach § 18 SGB VIII: *Busch*, FPR 1998, 290.
55 *Wiesner/Mörsberger*, Vor § 61 Rz. 1; vgl. dort auch Rz. 3, 24 ff.
56 Über die detaillierte Regelung der Aufklärungspflicht im übrigen vgl. § 67 a Abs. 3 Satz 2
    und Abs. 4 SGB X. Die insofern unterschiedliche Regelung in § 62 SGB VIII erklärt sich
    daher, dass die im SGB X vorgesehene »Förmlichkeit der Aufklärung und Belehrung der
    Art und Kontakte zwischen Mitarbeiter und Betroffenem in der Jugendhilfe nicht entspre-
    chen« würde (*Wiesner/Mörsberger*, Anhang § 61/§ 67 a SGB X, Rz. 2).

§ 67 d Abs. 1 SGB X auf den Katalog gesetzlicher Übermittlungsbefugnisse hinweist (dazu 5.6.1).

5.6.1 Übermittlung von Sozialdaten nach SGB X[57]

Die Achtung vor dem Klienten, methodisches Grunderfordernis jeder Sozialarbeit, und nicht nur die Furcht vor den eventuellen strafrechtlichen Folgen der Verletzung der Schweigepflicht (§ 203 StGB) gebietet eine strenge Einhaltung der 1981 konkretisierten Grenzen einer Offenbarung – jetzt »Übermittlung« – von Sozialdaten.

Die *gesetzliche Grundkonzeption* ist einfach: Sozialleistungsträger, wie die Jugendämter, müssen personenbezogene Daten wahren und dürfen sie allenfalls dann offenbaren, wenn die Voraussetzungen der §§ 67-77 SGB X vorliegen (§ 67 b Abs. 1 und § 67 d Abs. 1 SGB X; die Übermittlung ist im Falle der Bekanntgabe an Dritte Verarbeitung, im Fall der Weitergabe innerhalb der speichernden Stelle Nutzung), das heißt, wenn entweder der Klient einwilligt oder wenn einer der Übermittlungstatbestände der §§ 68-75 SGB X vorliegt.

Einwilligung i.S. des § 67 b SGB X ist die in der Regel schriftliche vorherige Zustimmung im Einzelfall. Soll die Einwilligung zusammen mit anderen Erklärungen schriftlich erteilt werden, so ist sie im äußeren Erscheinungsbild hervorzuheben (§ 67 b Abs. 2 Satz 3 SGB X). Sie muss sich auf die Übermittlung bestimmter Daten aus bestimmtem Anlass beziehen. Anders könnte der Klient die Tragweite seiner Einwilligung nicht beurteilen. Ist diese Einsicht vorhanden, so braucht der Einwilligende nicht voll geschäftsfähig zu sein. Es genügt Handlungsfähigkeit i.S. von § 36 SGB I.

Wichtige *Übermittlungtatbestände* sind:
- Übermittlung zur Erfüllung von Aufgaben der Polizeibehörden, der Staatsanwaltschaften und Gerichte, der Behörden der Gefahrenabwehr oder zur Durchsetzung öffentlich-rechtlicher Ansprüche (§ 68 SGB X),
- Übermittlung für die Erfüllung sozialer Aufgaben (§ 69 SGB X),
- Übermittlung für die Erfüllung besonderer gesetzlicher Pflichten und Mitteilungsbefugnisse (§ 71 SGB X),
- Übermittlung für die Durchführung eines Strafverfahrens (§ 73 SGB X),
- Übermittlung bei Verletzung der Unterhaltspflicht und beim Versorgungsausgleich (§ 74 SGB X),
- Übermittlung für die Forschung und Planung (§ 75 SGB X).

Die Weitergabe von Sozialdaten zur Erfüllung gesetzlicher Aufgaben ist die praktisch bedeutsamste Übermittlungsbefugnis. Es muss sich dabei um eine Aufgabe nach dem SGB handeln, und es dürfen nur die zur Aufgabenerfüllung im Einzelfall unerlässlichen Daten weitergegeben werden. Damit verbietet sich in aller Regel die Übersendung gesamter Aktenvorgänge[58]. Sofern es die Aufgabe des Jugendamtes erfordert, dürfen Informationen nicht nur an andere Leistungsträger, sondern auch Privatpersonen (z.B. Unterhaltspflichtige, Pflegepersonen) mitgeteilt werden.

---

57 Ausführlich zu den Übermittlungtatbeständen der §§ 68-75 SGB X: *Kunkel*, in: *Fieseler/Schleicher*, GK-SGB VIII § 61 Rz. 93-191 und in *Kunkel*, LPK-SGB VIII, § 61, Rz. 85-175 jeweils mit vielen weiteren Nachweisen; *Proksch* 1996, S. 65-118.

58 *Zeitler*, a.a.O., § 69 Anm. 1. Ausführlich und mit praktischen Fällen illustrierend: *Kunkel*, ZfJ 1984, 111 ff. Vgl. auch *Papenheim/Baltes*, a.a.O., S. 160.

Seit dem 1.1.1991 beurteilt sich die Zulässigkeit einer Übermittlung im Sinne des § 69 SGB X zudem nach §§ 64 Abs. 2, 65 SGB VIII (vgl. dazu 5.6.2).

Die Befugnis – nicht Verpflichtung – zur Informationsweitergabe zur Erfüllung von Aufgaben der in § 68 Abs. 1 Satz 1 SGB abschließend genannten Behörden der Strafverfolgung, der Gefahrenabwehr und der Durchsetzung öffentlich-rechtlicher Ansprüche ist auf die Übermittlung sogenannter weniger sensiblen Daten beschränkt, die aber auch nur erfolgen darf, wenn dadurch keine schutzwürdigen Belange des Betroffenen beeinträchtigt werden, und wenn sich die ersuchende Stelle die Angaben nicht anders beschaffen kann. Zudem entscheidet hier der Leiter der Stelle, sein allgemeiner Stellvertreter oder ein besonders bevollmächtigter Bediensteter, nicht aber der Sozialarbeiter als Sachbearbeiter.

SGB X trifft auch in weiteren Normen eine Unterscheidung zwischen mehr oder weniger schützenswerten Daten: § 73 i.V.m. § 72 SGB X[59], hinsichtlich der Durchführung von Strafverfahren.

Auch wird in § 76 SGB X die *Übermittlungsbefugnis* über die §§ 68-75 hinaus *eingeschränkt*, sofern dem Jugendamt personenbezogene Daten von einem Arzt oder z.B. einem staatlich anerkannten Sozialarbeiter oder Sozialpädagogen zugänglich gemacht worden sind: die Informationsweitergabe darf dann nur geschehen, sofern der Arzt oder Sozialarbeiter/Sozialpädagoge selbst offenbarungsbefugt wäre. So wird die institutionelle Verpflichtung zum Datenschutz mit der persönlichen, durch § 203 StGB geschützten Verpflichtung bestimmter Berufsangehöriger zur Verschwiegenheit abgestimmt.

5.6.2 Schutz personenbezogener Daten gemäß SGB VIII[60]

Neben § 35 SGB I und §§ 67-85 SGB X treten – diese Bestimmungen teils konkretisierend, teils sie ergänzend – für die Wahrnehmung der Aufgaben des SGB VIII dessen §§ 61-68 (vgl. § 61 Abs. 1 Satz 1 SGB VIII[61]), wobei § 68 eine Sonderregelung für die Bereiche Amtspflegschaft, Amtsvormundschaft und die Tätigkeit des Jugendamtes als Beistand oder Gegenvormund trifft. Damit ist für alle Stellen der Träger der öffentlichen Jugendhilfe – also nicht nur für die Jugendämter – eine für

---

59 Daraus folgerten *Papenheim/Baltes*, a.a.O., S. 165, für Strafverfahren wegen Vergehen (vgl. § 12 Abs. 2 StGB) die Unzulässigkeit einer Aussagegenehmigung und damit ein Aussageverweigerungsrecht hinsichtlich aller anderen, empfindlicheren Daten. Ebenso *Fieseler/ Lippenmeier*, a.a.O., S. 130 f. Nach der Einschränkung durch 2. Gesetz zur Änderung des SGB X (BGBl. I 1994, 1229, vgl. Forum JH 3/1994, 5 und *Wiesner/Mörsberger*, Anhang § 61, § 73 SGB X, Rz. 10) sind jetzt aber Vergehen »von erheblicher Bedeutung« dem Verbrechen gleichgestellt. – Vgl. auch Seite 153 dieses Buches, Fn. 41.

60 Zum Verhältnis der Datenschutzregelungen in SGB X und SGB VIII, dessen Verständnis durch die missglückte (Neu-)Regelung des § 37 Abs. 1 SGB I erschwert wird, vgl. *Kunkel*, ZfSH 1995, 229 und ZfJ 1995, 354.

61 Zur Aufhebung der Datenschutzvorschriften des SGB VIII für die Mitwirkung im Jugendstrafverfahren durch das Erste ÄndG KJHG vgl. *Fuchs/Habermann*, NDV 1993, 55; zu den vom 1.1.1991 (bzw. 3.10.1990) bis zum Inkrafttreten dieser »Reparaturnovelle« mit den §§ 61 ff. SGB VIII verbundenen Einschränkungen der Erforschungspflicht des § 38 Abs. 2 Satz 2 JGG vgl. *Breymann*, in: BMJ (1991), 55 f.; *Dölling*, a.a.O., 124; *Mörsberger*, a.a.O., 156; *Kunkel*, Datenschutz – Zurück in die Werkstatt!, in: ZfJ 6/93, S. 274 ff.; *Kunkel*, a.a.O., 1995, S. 188 (»Sackgasse des Datenschutzes«). Zu § 68: *Lauterbach*, in: ZfJ 1993, 429 ff.; *Fricke*, ZfJ 1993, 284. Zur Einsichtnahme in Amtspflegschaftsakten durch Rechnungsprüfungsämter: DIV-Gutachten, DAVorm 1995, 981.

den Bereich der Kinder- und Jugendhilfe spezifische Datenschutzregelung geschaffen worden, die dem Rechnung trägt, dass in diesem Bereich in ganz besonderem Maße höchstpersönliche Angelegenheiten Minderjähriger, ihrer Eltern, Freunde usw. zur Sprache kommen (»hochsensible Daten«)[62].

Soweit Einrichtungen und Dienste der Träger der freien Jugendhilfe in Anspruch genommen werden, ist von den Trägern öffentlicher Jugendhilfe die Gewährleistung eines entsprechenden Schutzes personenbezogener Daten »sicherzustellen« (§ 61 Abs. 4: »verlängerter Datenschutz«). Dies kann etwa durch vertragliche Verpflichtungen unter Wahrung der Eigenständigkeit der freien Träger (§ 4 Abs. 1 Satz 2 SGB VIII), durch Zusicherungen und Selbstverpflichtung[63] geschehen.

Entsprechend dem Ziel der Regelung, den Erfordernissen des Bundesverfassungsgerichts im Volkszählungsurteil an die Wahrung des Rechtes auf Selbstbestimmung bereichsspezifisch Rechnung zu tragen, setzt der Schutz der Betroffenen schon bei der Datenerhebung ein: personenbezogene Daten dürfen nur erhoben werden, wenn ihre Kenntnis zur Erfüllung der jeweiligen Aufgabe erforderlich ist (§ 62 Abs. 1; keine Datenerhebung »auf Vorrat« und keine Datenerhebung für außerhalb des SGB VIII geregelte Aufgaben), und sie sind grundsätzlich (Ausnahmen nur nach § 62 Abs. 3 und 4) beim Betroffenen selbst zu erheben (§ 62 Abs. 2 Satz 1), der dabei über die Rechtsgrundlage der Erhebung und über den Verwendungszweck – in für ihn verständlicher Weise – aufzuklären ist (§ 62 Abs. 2 Satz 2).

Auch die Aufnahme personenbezogener Daten in Akten ist nur zulässig, soweit dies für die Erfüllung der jeweiligen Aufgabe erforderlich ist (§ 63 Abs. 1; zur Datenzusammenführung vgl. § 63 Abs. 2). Dies hat Konsequenzen für die Aktenführung[64].

Die Datenverwendung muss dem Erhebungszweck entsprechen (§ 64 Abs. 1). Eine Verwendung durch Offenbarung, die nach § 69 SGB X an sich zulässig wäre, darf gleichwohl nicht erfolgen, wenn dadurch der Erfolg einer zu gewährenden Leistung nach §§ 11-41 SGB VIII in Frage gestellt würde (§ 64 Abs. 2). So kann beispielsweise bei im Rahmen der Jugendhilfe erlangter Kenntnis der missbräuchlichen Inanspruchnahme des Sozialamtes durch eine Familie eine Offenbarungssperre bestehen. Auch vor Datenoffenbarungen zwischen verschiedenen Stellen desselben Jugendamtes ist § 64 Abs. 2 zu beachten[65]. § 64 Abs. 3 und 4 betreffen die Verwendung personenbezogener Daten im Rahmen von Aufsichts- und Kontrollmaßnahmen, zur Rechnungsprüfung oder zur Durchführung von Organisationsuntersuchungen, bzw. zum Zweck der Planung im Sinne des § 80 SGB VIII: die

---

62   Zur Einschätzung der §§ 61-68 SGB VIII vgl. die Kontroverse zwischen *Kunkel*, ZfJ 1991, 111 ff., 459 ff. und *Mörsberger*, ZfJ 1991, 114 f.

63   *Frankfurter Kommentar*, § 61 Rz. 20: die Selbstverpflichtung entspreche dem Charakter der freien Träger am ehesten. Zur Rechtsstellung freier Träger im Datenschutz vgl. jetzt AFET (1995), a.a.O.

64   Vgl. *Deutscher Verein*, in: NDV 1990, 335 ff.; *Schleicher* 1991, 274.

65   Ebenso *Frankfurter Kommentar*, § 64 Rz. 4; zur Unterrichtung der Gerichte anlässlich der Mitwirkung im gerichtlichen Verfahren vgl. a.a.O., Rz. 5, und die Empfehlungen des *Deutschen Vereins* zur Beratung bei Trennung und Scheidung und zur Mitwirkung der Jugendhilfe im familiengerichtlichen Verfahren, in: NDV 1992, 148 ff., sowie die kritischen Anmerkungen dazu von *Kunkel*, DAVorm 1992, 1021 ff.; zum Sozialdatenschutz bei Hilfen zur Erziehung: *Busch*, Unsere Jugend, 1992, 372 ff.; zur Mitteilungspflicht gegenüber Ausländerbehörden: *Frankfurter Kommentar*, § 46 Rz. 6; bei Kindesmisshandlung: NDV 1992, 87 ff.

Gebote der Erforderlichkeit und strenger Zweckbindung bzw. unverzüglicher Datenanonymisierung sind dabei zu beachten.

Den Offenbarungsschutz der Bestimmungen des SGB X und des § 64 SGB VIII erweitert nochmals § 65, der dem Erfordernis eines besonderen Vertrauensschutzes bei persönlichen und erzieherischen Hilfen (nicht: bei Sach- und Geldleistungen, vgl. § 11 Satz 2 SGB I) Rechnung trägt. Diese Vorschrift richtet sich an *alle* Mitarbeiter, denen zu diesem Zweck personenbezogene Daten anvertraut (nicht: sonst bekannt geworden; insofern anders als § 203 StGB) worden sind, einerlei ob sie zu den nach § 203 StGB Schweigepflichtigen gehören oder ob das nicht der Fall ist. Mit dieser begrüßenswerten Erweiterung der Regelungen über den Vertrauensschutz richten sich diese nun etwa auch an Erzieherinnen in Kindertagesstätten.

Schließlich ist auf § 67 SGB VIII hinzuweisen, der die (unentgeltliche) Auskunft über zu seiner Person gespeicherte Daten unter Bezugnahme auf § 13 BDSG[66] regelt; § 67 Satz 2 macht den nach § 25 Abs. 2 SGB X lediglich für den Fall eines Verwaltungsverfahrens gegebenen Auskunftsanspruch von einem solchen Verfahren unabhängig.

5.7 Grundprinzipien des Datenschutzes und interne Schweigepflicht[67]

Sowohl bei der Auslegung der §§ 67 ff. SGB X und 61-68 SGB VIII wie bei dem Umgang mit den Daten in jedem Einzelfall sind die *Grundprinzipien* des Datenschutzes zu beachten: auch wenn die Datenweitergabe vom Wortlaut eines Offenbarungstatbestandes gedeckt ist, so ist sie doch nur befugt, wenn dabei die
– Erforderlichkeit,
– die Verhältnismäßigkeit,
– die Zweckbindung
gewahrt werden[68].

Dies wirkt sich auf die umstrittene Frage der Zulässigkeit innerbehördlicher Weitergabe von Daten aus. Auch die Mitteilung an Kollegen, Vorgesetzte, Supervisoren ist nicht ohne weiteres zulässig[69]. Sofern der Bürger nicht in eine entsprechende Weitergabe einwilligt, ist jede, auch behördeninterne, Mitteilung an Dritte nur dann befugt, wenn dies die konkrete Aufgabe erfordert. Wo Anonymität (Verschweigen der Identität des Betroffenen) gewahrt werden kann, hat dies zu gesche-

---

66 Vgl. dazu *Krug/Grüner/Dalichau*, § 67.

67 Zur innerdienstlichen Schweigepflicht: *Lehmann* 2000, 228; *Papenheim/Baltes/Tiemann*, 161; *Proksch 1996, 181.*

68 Angesichts der Aufhebung der §§ 61 ff. SGB VIII für die Jugendgerichtshilfe durch das Erste Änderungsgesetz zum KJHG gewinnt eine Besinnung auf diese Grundprinzipien (und auf das Volkszählungsurteil) für die Mitwirkung im Jugendstrafverfahren besondere Bedeutung.

69 Vgl. *Fieseler/Lippenmeier*, a.a.O., S. 124 ff.; *Onderka/Schade*, a.a.O., S. 172 ff. Anders *Kunkel*, ZfJ 1984, 110, was behördeninterne Supervisoren und Vorgesetzte betrifft. Vgl. auch *Mörsberger*, BldWpfl. 1983, 20 (22). *BayObLG*, Beschluss vom 8.11.1994 (Az. 2 St RR/94), in: BewHi 1995, 489 und in LJA-Info Hessen 1996, Heft 1, S. 23: erfolgreiche Revision der Staatsanwaltschaft gegen den Freispruch eines Psychologen, der Mitsupervisanden und Supervisor die vertrauliche Äußerung einer Jugendlichen offenbart hatte, der Heimleiter habe sie sexuell missbraucht (siehe dazu *Lehmann*, 2000, 215; eine andere Kammer des Landgerichtes habe – u.a. – zu prüfen, ob ein rechtfertigender Notstand i.S. des § 34 StGB wegen gegenwärtiger Gefahr für das Leben oder die Psyche der Heimbewohnerin bestand).

hen – auch gegenüber dem Vorgesetzten. Aus der Leitungsfunktion des Dienstherrn/Arbeitgebers und dessen Direktionsrecht ergibt sich nichts anderes. Die meisten Sozialarbeiter sind zwar weisungsgebunden (Beamtengesetze, § 8 Abs. 2 BAT, Arbeitsvertragsrecht), das Weisungsrecht, bei dessen Ausübung überdies die Fürsorgepflicht zu beachten ist, besteht aber nur im Rahmen von Gesetzen, Tarifverträgen und evtl. konkreten arbeitsvertraglichen Einzelbestimmungen. Zwar wird behauptet, der einzelne Sozialarbeiter sei nicht Adressat der gesetzlichen Datenschutzvorschriften, doch gilt für ihn jedenfalls die persönliche Schweigepflicht gemäß § 203 Abs. 1 Nr. 5 StGB. Demgegenüber sind Dienst- und Arbeitsrecht (Unterstützung und Beratung des Vorgesetzten, Weisungsunterworfenheit, Dienst- und Fachaufsicht) nicht geeignet, eine Mitteilungspflicht zu begründen, die zugleich eine selbständige Offenbarungsbefugnis bedeuten und somit von strafrechtlicher Verantwortlichkeit befreien könnte. Für den öffentlichen Dienst ist ausdrücklich geregelt, dass die Weisungsgebundenheit nicht gilt, wenn das angesonnene Verhalten erkennbar strafbar ist (§ 56 Abs. 2 BBG, § 38 Abs. 2 BRRG, jeweilige Landesbeamtengesetze bzw. § 8 Abs. 2 BAT). So hat das Bundesarbeitsgericht klargestellt, dass ein Landkreis als Arbeitgeber kraft seiner Fürsorgepflicht gegenüber seinem angestellten Psychologen alles zu unterlassen hat, was diesen in Konflikt mit seiner Geheimhaltungspflicht bringen kann. Es darf daher von ihm nicht Auskunft darüber verlangen, wer ihn als Berater in Anspruch genommen hat. Eine Erfassung seiner dienstlichen Telefongespräche ist unzulässig[70].

---

70 *BAG*, NDV 1987, 333 (Anm. *Mörsberger*, NDV 1987, 325).

Fünftes Kapitel: Amtspflegschaft, Amtsvormundschaft und Beistandschaft

Rechtsgrundlagen: §§ 52a-58a SGB VIII

1. Überblick über die Aufgaben

Das Kinder- und Jugendhilfegesetz regelt die Aufgaben des Jugendamtes hinsichtlich der Beistandschaft, der Pflegschaft und Vormundschaft für Kinder und Jugendliche in §§ 52a-58a SGB VIII.

Das Jugendamt ist Beistand, Amtspfleger und Amtsvormund in den vom BGB vorgesehenen Fällen (§ 55 Abs. 1 SGB VIII). Es überträgt die Ausübung der damit verbundenen Aufgaben seinen Beamten und Angestellten (§ 55 Abs. 2 Satz 1 SGB VIII). Diese Übertragung soll die Amtsführung »unbürokratischer und lebensnaher gestalten und menschliche Beziehungen zwischen dem Jugendamt und dem Mündel sowie seinen Verwandten herstellen«[1], was bei oft hohen Betreuungszahlen aber nicht gewährleistet ist. Im einzelnen handelt es sich (nach der Aufhebung der früheren gesetzlichen Amtsvormundschaft nach § 1709 BGB a.F.) um folgende Aufgaben:
- Beistandschaft nach § 1712 BGB,
- Adoptionsvormundschaft nach § 1751 Abs. 1 Satz 2 BGB,
  gesetzliche Amtsvormundschaft nach § 1791 c BGB,
- bestellte Amtspflegschaft und bestellte Amtsvormundschaft nach §§ 1791 b, 1915 BGB.

Hinzutritt die Tätigkeit des Jugendamtes als Gegenvormund (§ 58 SGB VIII; §§ 1792, 1799 BGB).

2. Beistandschaft[2]

Die Beistandschaft ist an die Stelle der vor der Kindschaftsrechtsreform nur in den alten Bundesländern mit der Geburt des nichtehelichen Kindes kraft Gesetzes eingetretenen Amtspflegschaft (vgl. 4. Auflage, S. 113 f.) getreten[3]. Nach § 1712 Abs. 1 BGB wird das Jugendamt auf schriftlichen Antrag eines Elternteils Beistand des Kindes für die Feststellung der Vaterschaft und für die Geltendmachung von

1 *Potrykus*, a.a.O., § 37 Anm. 6; zur Entwicklung seit 1945: *Huvale*, DAVorm 1994, 255. Zu Amtsvormundschaft und Hilfe zur Erziehung: *Ziegler*, DAVorm 1992, 897.
2 *Roos*, Das Sachgebiet »Beistandschaft« im Jugendamt, DAVorm 2000, 530; *Schleicher*, in: GK-SGB VIII, § 52a Rz. 1-59; *Baer*, Die Beistandschaft für ausländische Kinder, DAVorm 1998, 492; zu Beistandschaft und Kindschaftsrechtsreform auch: *Gawlitta*, ZfJ 1998, 156; *Pfeifle*, Jugendhilfe 1998, 161; *Morawetz*, ZfJ 1999, 203; *Roth*, Kind-Prax 1998, 15 und 148 (Das Jugendamt als Beistand – Vertreter des Kindes oder Beauftragter der Mutter?); *Wawrzyniak*, DAVorm 1999, 444; *Wolf*, DAVorm 1999, 53. – Zum Verhältnis von § 18 SGB VIII zu § 52 a SGB in der täglichen Arbeit des Jugendamtes: *Reichel/Trittel*, in: Kind-Prax 1998, 113.
3 *Wolf*, Beistandschaft statt Amtspflegschaft. Konsequenzen für die Praxis, in: Kind-Prax 1998, 40.

Unterhalts- und Unterhaltsersatzansprüchen (zur möglichen Beschränkung der Aufgaben § 1712 Abs. 2 BGB).

Antragsberechtigt ist der Elternteil, dem für diese Aufgaben die alleinige elterliche Sorge zusteht – das sind neben den Müttern, die gemäß § 1626 a Abs. 2 BGB das Alleinsorgerecht haben, die Mütter und Väter, denen aufgrund familiengerichtlicher Entscheidung die alleinige Sorge zusteht – oder dem die alleinige elterliche Sorge zustünde, wenn das Kind bereits geboren wäre (§ 1713 Abs. 1 Satz 1 BGB; außerdem ein nach § 1776 BGB berufener Vormund, § 1716 Satz 2 BGB).

Die vorgeburtliche Beistandschaft soll eine frühzeitige Vaterschaftsfeststellung und Unterhaltssicherung ermöglichen[4]. Einen entsprechenden Antrag kann auch die werdende Mutter dann stellen, wenn das Kind, sofern es bereits geboren wäre, unter Vormundschaft stünde (§ 1713 Abs. 2 Satz 1 BGB). Das betrifft insbesondere die nicht verheirateten minderjährigen werdenden Mütter.

Anders als die Pflegschaft schränkt die Beistandschaft nicht etwa die elterliche Sorge ein (allerdings ist die Prozessvertretung nach § 53 a ZPO ausgeschlossen, wenn das Kind insofern durch einen Beistand vertreten wird). Doch ist das Jugendamt neben dem alleinsorgeberechtigten Elternteil gesetzlicher Vertreter des Kindes – so etwas wie eine »gemeinsame elterliche Sorge im Aufgabenkreis der Beistandschaft« (Münder 1999, S. 188), die aber der Elternteil jederzeit durch entsprechendes schriftliches Verlangen beenden kann (§ 1715 Abs. 1 BGB).

Die Bindung der Beistandschaft an die Alleinsorge könnte Elternteile veranlassen, die Aufhebung gemeinsamer Sorge zu beantragen. Deshalb wäre es besser, wenn den Antrag auch stellen könnte, wer die Alltagssorge nach § 1687 Abs. 1 Satz 2 BGB innehat[5]. Auch wenn Gerichte vereinzelt entsprechend entschieden haben (*AmtsG Hamm*, in: DAVorm 1999, Sp. 158), ist eine entsprechende Gesetzesfassung zu fordern.

Das Jugendamt hat auf die Meldung des Standesamtes hin (§ 21b PStG) unverzüglich nach Geburt eines Kindes, dessen Eltern nicht miteinander verheiratet sind, der Mutter Beratung und Unterstützung insbesondere bei der Vaterschaftsfeststellung und der Geltendmachung von Unterhaltsansprüchen des Kindes anzubieten (§ 52 a Abs. 1 Satz 1 SGB VIII) und dabei hinzuweisen auf
1. die Bedeutung der Vaterschaftsfeststellung
2. die Möglichkeiten der Vaterschaftsfeststellung
3. die Möglichkeit der Beurkundung der Verpflichtung zur Erfüllung von Unterhaltsansprüchen nach § 59 Abs. 1 Satz 1 SGB VIII
4. die Möglichkeit, eine Beistandschaft zu beantragen und auf deren Rechtsfolgen
5. die Möglichkeit der gemeinsamen elterlichen Sorge (§ 52 a Abs. 1 Satz 2 SGB VIII).

Das Jugendamt hat der Mutter ein persönliches Gespräch anzubieten, das in der Regel in deren persönlicher Umgebung stattfinden soll, wenn sie es wünscht (§ 52 a Abs. 1 Satz 3 SGB VIII).

---

4 Zur Klageerhebung vor Geburt: *OLG Schleswig*, DAVorm 2000, 168; *DIV*-Gutachten, DAVorm 1999, 377.
5 *Kaufmann/Seelbach*, Kind-Prax 1998, 178 zeigen einen Weg auf, alleinerziehende Elternteile ohne Aufhebung der gemeinsamen Sorge zu unterstützen.

3. Amtsvormundschaft und Amtspflegschaft[6]

Die Stellung des Amtsvormundes und des Amtspflegers, seine einzelnen Aufgaben, Rechte und Pflichten richten sich – von der Nichtanwendung bestimmter, auf den Einzelvormund zugeschnittener gesetzlicher Bestimmungen abgesehen (vgl. § 56 Abs. 2 SGB VIII) – nach den allgemeinen Vorschriften des BGB über Vormünder und Pfleger (§ 56 Abs. 1 SGB VIII i.V.m. §§ 1773 ff. bzw. §§ 1909 ff. BGB).

Vormundschaft und Pflegschaft sind – mit der Beistandschaft (§§ 1712-1717 BGB) – *Formen der Mitwirkung Dritter bei der Erziehung*[7].

Während die Vormundschaft eine allgemeine Fürsorge bedeutet, die der elterlichen Sorge nachgebildet ist (vgl. insbes. § 1793 BGB: grundsätzlich dieselbe Rechtsstellung wie die Eltern, also das Recht und die Pflicht, für die Person und das Vermögen des Mündels zu sorgen, insbesondere ihn zu vertreten[8]), stellt die Pflegschaft eine auf bestimmte Aufgaben begrenzte Fürsorge dar.

Entgegen der rechtlichen Konzeption, die die Einzelvormundschaft und Einzelpflegschaft unter staatlicher Aufsicht von Vormundschaftsgericht und Jugendamt favorisiert – dazu jetzt auch § 56 Abs. 4 SGB VIII[9] – und die Übernahme dieser Ämter zur Pflicht macht (§ 1785; Ablehnungsrecht: § 1786 BGB), ist überwiegend das Jugendamt als Amtsorgan – kraft Gesetzes oder auf Bestellung durch das Vormundschaftsgericht – tätig. Dies liegt sicher an der schwindenden Bereitschaft von dem Mündel nahestehenden Personen, zusammen mit den Eltern oder an deren Stelle, die Aufgaben des Vormundes oder Pflegers zu übernehmen. Sie durch Festsetzung von Zwangsgeld zur Übernahme anzuhalten (§ 1788 BGB), vertrüge sich kaum mit den Kindesinteressen.

Das Recht, das die Sorge für etwa vorhandenes Kindesvermögen sowie die Interessenvertretung nichtehelicher Kinder betrifft, ist freilich auch so kompliziert, dass es im Hinblick auf die Fachkenntnisse und Erfahrungen der Jugendämter auf diesen Gebieten für die betroffenen Kinder oft von Vorteil ist, wenn das Jugendamt ihre Rechte wahrnimmt. Dabei hat das Jugendamt ein erhebliches fiskalisches Interesse an der Vaterschaftsfeststellung und Unterhaltssicherung, weil wegen der im Regelfall materiell ungünstigen Situation lediger Mütter und ihrer Kinder bei erfolgreicher Wahrnehmung dieser Aufgaben erhebliche Sozialhilfekosten eingespart werden können.

---

6 *Sächsisches Landesjugendamt*, Empfehlungen zur Stellung und zum Wirkungsbereich eines Amtsvormundes/Amtspflegers, DAVorm 2000, 93; *Klinkhardt*, Zur Zulässigkeit einer organisatorischen Koppelung von Amtsvormundschaft und Wirtschaftlicher Jugendhilfe, DAVorm 2000, 295; *Wolf*, Der Amtsvormund im Jugendamt, DAVorm 2000, 283; *Überregionaler Arbeitskreis der Amtsvormünderinnen und Amtsvormünder*, Das Leistungsprofil der Amtsvormünderin und des Amtsvormundes, DAVorm 1999, 545; *Schleicher*, in: GK-SGB VIII, § 55 *Kohler*, DAVorm 2000, 729; *Oberloskamp* (Hrsg.), Vormundschaft, Pflegschaft und Beistandschaft für Minderjährige, 2. Aufl., München 1998.

7 *AK-Huhn*, a.a.O., vor §§ 1773 ff. Rz. 1. Zur Mitwirkung von Amtsvormund und Amtspfleger bei der Hilfe zur Erziehung nach Sorgerechtsentzug: *Fricke*, ZfJ 1993, 284.

8 Von den zahlreichen Einschränkungen (vgl. *Jauernig u.a.*, BGB, Anm. 3 zu §§ 1793 f.) sei hier das Nebensorgerecht des § 1673 Abs. 2 BGB beispielhaft genannt.

9 Vgl. BT-Drucks. 11/5948, 91, mit der Anregung häufigerer Bestellung von Pflegeeltern zu Pflegern bzw. Vormündern.

Die gesetzlichen Regelungen sind denn auch weniger unter dem Gesichtspunkt der Sozialisation als vielmehr zum Schutz materieller Interessen konzipiert[10]. Die »hochjuristische Akribie, mit der das BGB im Vormundschaftsrecht die Fürsorge für das Vermögen behandelt«[11], erklärt sich so.

Demgegenüber heben neuere Bestimmungen des Vormundschaftswesens mehr auf den *sozialpädagogischen Auftrag* des Jugendamtes ab und räumen werdenden Müttern und allein personensorgeberechtigten Eltern Ansprüche auf Beratung und Unterstützung ein.

Hinzukommt, dass
– »die jugendamtliche Tätigkeit in ihrer Massenhaftigkeit über die bürokratische Kontrolle nicht zu sozialpflegerischen Aktivitäten hinausgelangt« und
– das vormundschaftsgerichtliche Verfahren »immer häufiger lediglich Kontrolle der (jugendamtlichen) Tätigkeit«, also »eher ein verwaltungsgerichtliches als ein durch Sachkompetenz selbst gestaltendes Verfahren«
ist[12].

Neben der Amtsvormundschaft kann ein Ergänzungspfleger gemäß § 1909 BGB zu bestellen sein; so wenn der Amtsvormund eines unbegleiteten, minderjährigen Flüchtlings nicht über spezielle Sachkunde im Ausländer- und Asylrecht sowie Detailkenntnisse über die politische Situation im Herkunftsland verfügt[13].

Im Rahmen ihrer Gesamtverantwortung nach § 79 Abs. 1, Abs. 2 Satz 1 SGB VIII ist es Aufgabe der Öffentlichen Träger für eine verbesserte Personalausstattung zu sorgen. Die Personalhoheit darf auch bei (notorisch) knappen Haushaltsmitteln nicht zur Rechtfertigung einer nicht bedarfsgerechten Zahl von Fachkräften herhalten (vgl. § 79 Abs. 3 SGB VIII). Zu gewährleisten ist eine persönliche Betreuung und eigenverantwortliche Amtsführung nicht (oder nur begrenzt[14]) weisungsgebundener Beamter und Angestellter des Jugendamtes.

4. Vaterschaftsfeststellung[15] und Unterhaltssicherung

Mit der biologischen Abstammung als solcher sind keinerlei Rechte (auch kein Umgangsrecht, vgl. LG Köln, JuS 1996, 749) verbunden. Doch knüpfen Familienrechte und -pflichten weitgehend an die (rechtlich festgestellte) Abstammung an. Deshalb und wegen der Bedeutung, die der blutsmäßigen Abstammung für das Kind beigemessen wird, leitet das Bundesverfassungsgericht aus dem allgemeinen Persönlichkeitsrecht (Art. 2 Abs. 1 i.V.m. Art. 1 Abs. 1 GG) für das Kind ein einklagbares Recht auf Kenntnis seiner Abstammung ab, das mit dem ebenfalls grundrechtlich geschützten Recht der Mutter auf Achtung ihrer Privat- und Intimsphäre

---

10 *AK-Huhn*, a.a.O., Rz. 3.
11 *AK-Huhn*, a.a.O., Rz. 3.
12 *AK-Huhn*, a.a.O., vor §§ 1773 ff. Rz. 6. Vgl. auch *Frankfurter Kommentar*, a.a.O., Anm. 2.1 vor § 37 JWG; *BT-Drucks.* 11/5948, 91: »häufig bleibt es bei einer formalen, aktenmäßigen Bearbeitung des Falles«; *Oberloskamp*, FamRZ 1988, 7; *Sziel/Schach*, DAVorm 1988, 359, 661, 767, 869; zur Zusammenarbeit von Jugendamt und Gericht: *Kolodziej*, DAVorm 1985, 931.
13 *OLG Frankfurt a.M.*, DAVorm 2000, 485; zur Rechtsstellung der minderjährigen unbegleiteten Flüchtlinge eingehend *Fieseler*, in: GK-SGB VIII, § 6 Rz. 58-72 m.w.Nw.
14 *Schlüter/Rießelmann*, FuR 1991, 153.

konkurrieren kann. Die dann nötige Abwägung fällt gegenwärtig eher so aus, dass die Mutter dem Kind den Namen des Vaters, den zu verschweigen sie gute Gründe haben kann, nennen muss[16]. Es muss bezweifelt werden, ob dem Kind damit letztlich gedient ist[17]. Eine erhebliche Beeinträchtigung der (Mutter-Kind-)Familie liegt nahe, wird aber anscheinend wegen der (angeblichen) Bedeutung der Kenntnis der biologischen Abstammung »für das Verständnis und die Entfaltung der Individualität des einzelnen«[18] in Kauf genommen. Gänzlich fragwürdig ist der Versuch einer Vollstreckung des (titulierten) Auskunftsanspruches nach § 888 Abs. 1 ZPO mit Anordnung von Beugemitteln[19]. Betroffenen Müttern wird daher gelegentlich der Rat gegeben zu sagen, sie wüßten nicht, wer der Vater sei. Gegebenenfalls hat das klagende Kind die Beweislast, dass die Mutter den Namen des Kindes doch kennt[20].

Die Rolle des Jugendamtes war (und ist für den Beistand) vor der Kindschaftsrechtsreform als Amtspfleger des nichtehelichen Kindes umstritten[21]

Vater im Rechtssinne ist gemäß § 1592 BGB (zur Vaterschaft in besonderen Fällen s. § 1593 BGB) nur,

1. wer zum Zeitpunkt der Geburt mit der Mutter des Kindes (das ist immer die Frau, die das Kind geboren hat, § 1591 BGB) verheiratet ist,

---

15 Wie das Statistische Bundesamt mitteilt, wurden im Jahr 1997 rund 149.000 Verfahren zur Vaterschaftsfeststellung durchgeführt, 8% mehr als im Vorjahr. Dabei wurde in 94% der Fälle der Vater ermittelt. Bei 89% der Vaterschaftsfeststellungen erkannte der Vater seine Vaterschaft freiwillig an. Im Vergleich zum Vorjahr gab es 10% mehr freiwillige Anerkennungen, die Zahl der nicht feststellbaren Vaterschaften nahm um 3% ab. Von den Vaterschaftsfeststellungen entfielen rund 107.900 auf das frühere Bundesgebiet und 41.100 auf die neuen Länder und Berlin-Ost. Im Osten konnten die Väter der nicht ehelichen Kinder in 98% der Fälle durch die Jugendämter festgestellt werden, in Westdeutschland waren es 93%. Auch bekannten sich die Väter in den neuen Ländern häufiger freiwillig zur Vaterschaft (94%) als im früheren Bundesgebiet (86%). Somit musste in den neuen Ländern nur in 4% der Fälle die Vaterschaft per Gerichtsentscheid geklärt werden, im früheren Bundesgebiet waren es 7% der Vaterschaftsfeststellungen. Bei 7% aller Verfahren im Westen sowie 2% im Osten blieb die Suche des Jugendamtes erfolglos. In: Statistisches Bundesamt, Mitteilung für die Presse v. 3.3.1999.

16 Vgl. nur *AmtsG Passau*, FamRZ 1987, 1309; *LG Passau*, FamRZ 1988, 210 und die in den Fußnoten genannte Rechtsprechung sowie die Nachweise in der jeweiligen aktuellen Auflage von *Palandt/Diederichsen*, Einf. Vor § 1591, Rz. 3 (zuletzt *OLG Bremen*, NJW 1999, 729; *OLG Münster*, NJW 1999, 726). *LG Essen*, FamRZ 1994 verneint den Anspruch bei Klageerhebung »allein unter monetären Gesichtspunkten« durch das Jugendamt; *Eidenmüller*, in: JuS 1998,789. Nach *BVerfG*, NJW 1997, 1769, steht den Gerichten bei der Abwägung zwischen den widerstreitenden Interessen der Mutter und des Kindes »ein weiter Spielraum zur Verfügung« (dazu: *Frank/Helms*, FamRZ 1997, 1258 auch gegen die Ableitung des Auskunftsanspruches aus § 1618 a BGB: mangels Vollstreckbarkeit »juristischer Unsinn«)

17 Vgl. auch *Schleicher*, GK-SGB VIII, § 52 a, Rz. 9, der allerdings der Mutter nur bei »besonderen Gründen (wie z.B. Vergewaltigung oder Inzucht oder akuter Gefährdung durch den Vater)« ein Schweigerecht zugesteht.

18 *OLG Bremen*, DAVorm 1999, 723.

19 So tatsächlich *OLG Bremen*, DAVorm 1999, Sp. 722 (mit zahlreichen Nachweisen aus der Rechtsprechung, die eine Vollstreckung zum Teil ablehnt, so das *AG Schwetzingen*, DAVorm 1992, 1198: »sittlich anstößig«; *LG Landau*, DAVorm 1989, 636 hält § 888 Abs. 2 ZPO für entsprechend anwendbar, was *OLG Bremen* verneint): Festsetzung eines Zwangsgeldes in Höhe von 2000 DM.

20 *OLG Köln*, FamRZ 1994, 1197.

21 Einerseits *OLG Hamm*, FamRZ 1991, 1229; OLG Zweibrücken, NJW 1990, 790; andererseits *LG Essen*, FamRZ 1994, 1347; vgl auch die Vorauflage dieses Buches, S. 147 f.

2. wer die Vaterschaft anerkannt hat, was schon vor der Geburt des Kindes zulässig ist (§ 1594 Abs. 4 BGB) oder
3. wessen Vaterschaft nach § 1600 d BGB gerichtlich festgestellt ist.

Von der Sicherstellung des Unterhalts für die ersten drei Lebensmonate durch
einstweilige gerichtliche Verfügung auf Antrag des Kindes (§ 1615 o Abs. 1 BGB;
zur Sicherstellung des Anspruches der Mutter nach § 1615 l Abs. 1 BGB s. § 1615 o
Abs. 2 BGB) abgesehen, können die Rechtswirkungen der Vaterschaft erst von
dem Zeitpunkt an geltend gemacht werden, in dem die Vaterschaft festgestellt ist
(§ 1600 d Abs. 4 BGB).

Dies geschieht durch
– die Anerkennung der Vaterschaft (§§ 1594 BGB; die Mutter muss jetzt zustim-
  men, § 1595 Abs. 1 BGB) oder
– die gerichtliche Feststellung auf die Klage des Mannes gegen das Kind oder die
  Klage der Mutter oder des Kindes gegen den Mann, der das Kind gezeugt hat
  (§§ 1600 d, e Abs. 1 BGB; Vaterschaftsvermutung: § 1600 d Abs. 2).

Die damit verbundenen oft schwierigen Aufgaben nahm in den alten Bundesländern für das minderjährige Kind das Jugendamt als *Amtspfleger* wahr (§ 1706 Nr. 1
BGB), falls die Mutter nicht eine Entscheidung nach § 1707 BGB erwirkt hatte.

Seit KindRG betreibt das Jugendamt die Vaterschaftsfeststellung – von Fällen der
Amtsvormundschaft und (bei entsprechendem Wirkungskreis) der Amtspflegschaft
abgesehen – nur noch im Rahmen der freiwilligen Beistandschaft (siehe unter 2.).
Es fordert ggf. den von der Mutter als Vater des Kindes genannten Mann auf, die
Anerkennungserklärung abzugeben und sich zur Zahlung des Unterhalts zu ver-
pflichten. Die zur Wirksamkeit erforderliche öffentliche Beurkundung können vom
Jugendamt dazu ermächtigte Beamte und Angestellte vornehmen (§ 59 Abs. 1, 3
SGB VIII; zur sofortigen Zwangsvollstreckung wegen Unterhalts: § 60 SGB VIII),
wobei die Prüfungs- und Belehrungspflichten des § 17 BeurkG zu beachten sind.

Mutter und Kind brauchen sich den Anerkennenden nicht als Vater aufzwingen zu
lassen (Palandt/Diederichsen, § 1595 Rz. 1). Die Anerkennung der Vaterschaft
bedarf daher der Zustimmung der Mutter (§ 1595 Abs. 1 BGB; verfassungsrechtliche Bedenken hat Gaul, FamRZ 1999, 1449 ff: das Recht des Kindes auf Kenntnis
der eigenen Abstammung werde nicht respektiert) und auch des Kindes, wenn der
Mutter insoweit die elterliche Sorge nicht zusteht (§ 1595 Abs. 2 BGB).

Ist der Vater nicht bereit, die Vaterschaft freiwillig anzuerkennen, so wird die Mutter oder das (bei Minderjährigkeit von seinem gesetzlichen Vertreter, d.h. ggf. von
seinem Beistand, dem Jugendamt, vertretene Kind, auf Feststellung der Vaterschaft beim Familiengericht *klagen* (§ 1600 e Abs. 1 BGB; beachte auch § 1600 e
Abs. 2) BGB). Mit dieser Klage kann der Antrag auf Zahlung des Unterhalts in
Höhe des Regelbetrages verbunden werden (§ 653 ZPO)[22].
Männer, deren Vaterschaft nach §§ 1592 Nr. 1 und 2, 1593 BGB besteht, die aber
meinen, die blutsmäßige Abstammung in Zweifel ziehen zu müssen, können ihre
Vaterschaft gemäß §§ 1600 a-1600 e BGB anfechten[23].

Dabei müssen *Fristen* eingehalten werden (§ 1600 b BGB) – ein weiterer Hinweis
darauf, dass es dem Gesetzgeber nicht um jeden Preis auf die größtmögliche Klar-

---

22   Zur Prozessführung des Jugendamtes in Kindschaftssachen: *Christian*, DAVorm 1987, 722,
     843, DAVorm 1988, 217.

heit darüber ankommt, wer denn das Kind nun wirklich »erzeugt« hat, sondern dass auch das Interesse des Kindes und seiner Mutter an (rechtlicher) Gewissheit schutzwürdig ist. Die Zweijahresfrist beginnt mit dem Zeitpunkt, in dem »die Umstände bekannt geworden sind«[24], die gegen die Vaterschaft sprechen. Sie ist lang genug bemessen, dass sich der Zweifelnde in Ruhe und (möglichst) beraten durch das Jugendamt überlegen kann, ob er diesen folgenschweren, das Kind unter Umständen seelisch schwer schädigenden Weg gehen soll.

Auch die Mutter und *das Kind* können anfechten (§ 1600 BGB). Ist das Kind noch minderjährig, so nimmt sein gesetzlicher Vertreter – also die Mutter, wenn ihr das Sorgerecht zusteht – seine Interessen wahr (§ 1600 a Abs. 3; zu beachten ist § 1600 a Abs. 4 BGB: Anfechtung nur dann zulässig, wenn sie dem Wohl des Kindes dient)[25]. Nach Eintritt der Volljährigkeit kann das Kind unter der Voraussetzung des § 1600 b Abs. 3 selbst anfechten (zum Fristbeginn in diesem Fall: § 1600 b Abs. 2)[26].

Im Kindschaftsprozess soll die wirkliche biologische Abstammung festgestellt werden (in § 1600 n Abs. 1 BGB a.F. hieß es ausdrücklich »der Mann, der das Kind gezeugt hat«).

Dem Untersuchungsgrundsatz gemäß muss das Gericht von Amts wegen die zur Rechtsfindung erforderlichen Tatsachen ermitteln (§ 640 Abs. 1 i.V.m. § 616 Abs. 1 ZPO). Als Beweismittel kommen außer dem Zeugnis der Mutter eine Reihe naturwissenschaftlicher Gutachten in Betracht[27]:

– Reifegradgutachten,
– Blutgruppengutachten,

---

23 Dazu muss er konkrete Anhaltspunkte für die Annahme vortragen, das Kind stamme nicht von ihm: *OLG Köln*, FamRZ 1993, 106. Nach *BGH*, NJW 1995, 2921 mit Nachweisen zur Gegenmeinung, ist der Verzicht des Ehemannes auf das Recht, die Ehelichkeit eines während der Ehe geborenen, nicht von ihm gezeugten Kindes anzufechten, auch dann unwirksam, wenn das Kind aus einer mit seiner Zustimmung vorgenommenen heterologen Insemination hervorgegangen ist. Nur wenn »besondere fallspezifische Umstände« hinzuträten, könne dies zu einem Verlust des Anfechtungsrechts führen. Vgl. dazu *Kemper*, FuR 1995, 309.

24 Vgl. dazu *BGH*, NJW 1990, 2813; *OLG Hamm*, FamRZ 1994, 186 und FamRZ 1992, 472. Zur Fristhemmung im Falle verzögerter Bestellung eines Pflegers für das Kind: *BGH*, NJW 1995, 1419; vgl. auch *BGH*, NJW 1994, 2752: Vertrauen auf Erklärung des Jugendamtes, die Anfechtung im Namen des Kindes zu betreiben.

25 *Palandt/Diederichsen*, § 1600 a Rz. 4: »Es soll vermieden werden, dass das nicht voll geschäftsfähige Kind (etwa in pubertären Konfliktlagen) Unfrieden in die Familie trägt«.

26 Nach dem *Bundesverfassungsgericht* (FamRZ 1994, 881 und FuR 1994, 230 m. Anm. *Kemper*) war es mit dem allgemeinen Persönlichkeitsrecht nicht vereinbar, dass die Frist für die Anfechtung der Ehelichkeit durch das volljährig gewordene Kind nach § 1598 Hs. 2 a.F. auch dann zwei Jahre nach Eintritt der Volljährigkeit ablief, wenn das Kind von den Umständen, die für seine Nichtehelichkeit sprechen, keine Kenntnis hatte, und dem Kind insoweit auch eine spätere Klärung seiner Abstammung ausnahmslos verwehrt war (vgl. Vierte Auflage dieses Buches, Seite 149).

27 Einzelheiten bei *Palandt-Diederichsen*, a.a.O., Einf. von § 1591 Anm. 3. Trotz wissenschaftlicher Fortschritte auf diesem Gebiet (vgl. *Mammery*, FamRZ 1984, 332) ist die Vaterschaft oft nicht eindeutig festzustellen. Zur DNA-Analyse, die jetzt einen positiven Vaterschaftsnachweis ermöglicht, vgl. *BGH*, FamRZ 1991, 426; *Ritter*, FamRZ 1991, 646 (Darstellung der »Schwächen und Nachteile« dieser Untersuchung); *Böhm/Epplen/Krawczak*, FamRZ 1992, 275; *Bartel*, FamRZ 1992, 276 (Stellungnahmen zu Ritter, a.a.O.); *Ritter*, FamRZ 1992, 277; *Bonte u.a.*, FamRZ 1992, 278, (Untersuchung der Vaterschaft eines exhumierten Verstorbenen).

- anthropologisch-erbbiologische Gutachten,
- statistisches Beweisverfahren,
- DNA-Analyse[28].

Gemäß § 372 a ZPO besteht die Pflicht aller Beteiligten, Untersuchungen, die geeignet sind, die Abstammung festzustellen, zu dulden[29].

Das Ergebnis der Beweiswürdigung – einschließlich der Zeugenaussage der Mutter – ist vom Gericht frei zu würdigen, das heißt, es entscheidet nach freier Überzeugung, ob der als Vater verklagte Mann das Kind wirklich gezeugt hat. Hat die Beweisaufnahme keine schwerwiegenden Zweifel an der Vaterschaft bestehen lassen, und steht es fest, dass der Beklagte mit der Mutter innerhalb der gesetzlichen Empfängniszeit[30] geschlechtlich verkehrt hat, so kommt dem Kind die Vaterschaftsvermutung des § 1600 d Abs. 2 Satz 1 BGB zugute.

Die Mutter konnte vor dem 1.7.1998 zwar die Anerkennung der Vaterschaft anfechten (§ 1600g Abs. 1 BGB a.F.), (anders als in der früheren DDR[31]) nicht aber die Ehelichkeit, was mit Art. 3 Abs. 2 GG nicht vereinbar war[32]. Das KindRG hat das geändert: Auch die Mutter kann jetzt die Vaterschaft anfechten (§ 1600 BGB n.F.).

5. Sicherung des Unterhalts Minderjähriger[33]

Zur Sicherung des Unterhalts von Kindern und Jugendlichen beizutragen, ist auch nach der Abschaffung der gesetzlichen Amtspflegschaft für das nichteheliche Kind und die Ersetzung durch die (freiwillige) Beistandschaft eine der praktisch wichtigsten Aufgaben der Jugendämter. Das Jugendamt hat gemäß § 52 a Abs. 1 Satz 1 SGB VIII nach der Geburt eines Kindes, dessen Eltern nicht miteinander verheiratet sind, der Mutter Beratung und Unterstützung bei der Geltendmachung von Unterhaltsansprüchen des Kindes anzubieten. Dabei handelt es sich insbesondere

---

28 Vgl. _BGH_, DAVorm 1994, 191; _Hummel_, DAVorm 1994, 961.
29 Vgl. dazu _KG_, in: NJW 1987, 2311; _OLG Hamm_, FamRZ 1993, 76 (Duldung der Blutentnahme trotz der Gefahr der Aufdeckung der Straftat des Beischlafes mit der leiblichen Tochter); _OLG Karlsruhe_, EzFamR, § 372 a Nr. 2. Bei unberechtigter Verweigerung der Blutentnahme und Unmöglichkeit des Zwanges wegen Auslandsaufenthalt kann der als Vater in Anspruch genommene so behandelt werden, als wäre die Begutachtung erfolgt und hätte keine schwerwiegenden Zweifel an seiner Vaterschaft begründet (_BGH_, NJW 1986, 2371). Vgl. auch _OLG Hamm_, FamRZ 1993, 473: Vaterschaftsfeststellung bei sicherer Beiwohnung.
30 Vgl. § 1600 d Abs. 3 BGB.
31 »Ein unzulässiger Eingriff in eine Elternposition« (Beitzke/Lüderitz) und eines der zahlreichen Beispiele für eine mit der Einigung verbundene Rechtsverschlechterung im »Beitrittsgebiet«.
32 Ebenso (gegen die absolut h.M.) _AK-Teubner_, § 1594 Rz. 10; _Gernhuber_, a.a.O., S. 651 (»patriarchalisches Leitbild«). Frage der Verfassungswidrigkeit offengelassen von _OLG Hamm_, DAVorm 1993, 98 f. (Klage des Kindes einfacher und kostensparend; deshalb keine Prozesskostenhilfe für eigene Feststellungsklage der Mutter).
33 Seit dem 1.4.1993 haben auch junge Volljährige bis zur Vollendung des 21. Lebensjahres Anspruch auf Beratung und Unterstützung bei der Geltendmachung von Unterhalts- und Unterhaltsersatzansprüchen (§ 18 Abs. IV SGB VIII n.F.). Ausführlich dazu _I. Christian_, DAVorm 1993, 353 und die Stellungnahme des DIV, in: DAVorm 1992, 1188 ff. Vgl. auch _Schulz/Eidenmüller_, DAVorm 1993, 251 und o.V. DAVorm 1993, 635 (zur Rechtslage nach §§ 18, 59 Abs. 1 S. 1 SGB VIII).

um die Sicherung des Unterhalts für Kinder und Jugendliche in sogenannten Ein-Eltern-Familien.

Mit dem Ausbau des Systems sozialer Sicherung in diesem Jahrhundert sind junge Menschen, die noch nicht im Erwerbsleben stehen, allerdings nicht mehr *existentiell* auf die Realisierung ihres privaten Unterhaltsanspruches, wie er in den §§ 1601-1615 BGB geregelt ist, angewiesen. Nach der neueren Rechtsprechung haben junge Menschen nicht unbedingt am Lebensstandard ihrer unterhaltsverpflichteten gut gestellten Eltern durch entsprechend hohe Unterhaltszahlungen teil, sondern dürfen »aus erzieherischen Gründen knapp gehalten«, zur Sparsamkeit angehalten werden. Den Unterhaltstabellen und dem Regelbetrag (§ 1612 a BGB i.V.m. der Regelbetrag-Verordnung) liegt ohnedies kaum der zum (menschenwürdigen) Leben erforderliche Bedarf zugrunde. Daher dient ein kompromissloses Festhalten am Gedanken familiärer Verantwortung mehr den staatlichen und kommunalen Trägern, die nur nachrangig (subsidiär) zu Sozialleistungen verpflichtet sind (z.B. § 2 Abs. 1 BSHG) und die, wenn sie bei nicht oder nur schwer durchzusetzenden Unterhaltsforderungen *vorleisten*, sich im Wege des Unterhaltsregresses die verauslagten Kosten zurückholen können (vgl. §§ 36 ff. BAFöG, §§ 90 f. BSHG, § 7 Abs. 1 UVG).

Vorgeblich aus Sorge um den Bestand der angeblich weitgehend funktionslos gewordenen Familie[34] – »Verwandte wären im Fall ihrer Bedürftigkeit nicht mehr unbedingt aufeinander angewiesen« und eine weitere Emanzipation der Familienmitglieder könnte den Familienzusammenhalt schwächen[35] –, tatsächlich aber aus fiskalischen Überlegungen setzt man auf die Solidargemeinschaft der Familie. Diese muss erhebliche, oft nicht mehr zumutbare Lasten auf sich nehmen[36], obwohl die ökonomischen Voraussetzungen für einen Leistungsaustausch innerhalb der Einzelfamilie längst entfallen sind und die Existenzsicherung auch kinderlos gebliebener, aus dem Erwerbsleben ausgeschiedener (alter) Menschen durch die nachfolgende Generation eine gerechtere Verteilung der Kindererziehungskosten gebieten würde. Der »Bewahrung der Allgemeinheit vor ungerechtfertigter Inanspruchnahme öffentlicher Mittel«[37] dienen denn auch

– die Strafvorschrift des § 170 StGB (Verletzung der Unterhaltspflicht: Freiheitsstrafe bis zu drei Jahren oder Geldstrafe),
– die Vielzahl der Aufgaben, die das Jugendamt auf dem Gebiet der Unterhaltssicherung hat[38].

---

34 §§ 18, 59 Abs. 1 S. 1 Nr. 3 SGB VIII n.F.) – zu § 170 StGB: *Heinle/Wawrzyniak*, DAVorm 1995, 1017 ff. (gegen *Ostermann*, ZRP 1995, 204 ff.) mit Hinweisen für den Umgang der Jugendämter mit dieser Strafvorschrift. Vgl. auch *DIV-Gutachten*, DAVorm 1995, 1051 und 1053.

35 *Simon*, in: Posser/Wassermann (Hrsg.), Von den bürgerlichen zur sozialen Rechtsordnung, S. 145.

36 Das gilt vor allem – aber nicht nur – für die Belastung mit Berufsausbildungskosten für volljährige Kinder. Zur erforderlichen Reform des Verwandtenunterhalts, *Rasehorn*, TuP 1980, 300; *Rasehorn/Rasehorn*, TuP 1992, 322 (auch über »das Unsoziale« der Rückgriffsregelung des § 91 BSHG, a.a.O., S. 329; *Schlüter/Kemper*, FuR 1993, 245.

37 *Schönke/Schröder*, a.a.O., § 170 b Anm. 1.

38 Zur »interdisziplinären Zusammenarbeit bei Unterhaltspflichtverletzungen«: *Preis*, in: Sozialmagazin Heft 2/1990, 32-39.

6. Aufgaben des Jugendamtes

Im einzelnen handelt es sich um folgende Aufgaben:
- Ist die mit dem Vater nicht verheiratete Mutter eines Kindes selbst noch minderjährig, so wird das Jugendamt *gesetzlicher Amtsvormund* (§ 1791 c BGB), dessen Wirkungskreis die Geltendmachung von Unterhaltsansprüchen des Kindes einschließt.
- Gesetzlicher Vertreter des Kindes in Unterhaltsangelegenheiten ist das Jugendamt auch als
  bestellter Amtsvormund (§ 1791 b),
  bestellter Amtspfleger (wie zuvor i.V.m. § 1915 BGB), z.B. beim Ruhen und Entzug elterlicher Sorge, nach Scheidung, wenn die Eltern ungeeignet sind, die elterliche Sorge (voll) zu übernehmen, bzw. die Mutter die Ansprüche gegen den Vater nicht durchsetzen kann (Einrichtung einer Unterhaltspflegschaft nach §§ 1666 Abs. 1, 1909 BGB).
- Beratung und Unterstützung alleinsorgeberechtigter Elternteile (auch) bei der Geltendmachung von Unterhaltsansprüchen[39]; auch gerichtliche Geltendmachung auf deren Antrag beim Familiengericht als Beistand des Kindes (§ 1712 Abs. 1 Nr. 2 BGB)[40].
- Auch ohne Einschaltung des Familiengerichtes hat das Jugendamt Mütter und Väter, die allein für ein Kind oder einen Jugendlichen zu sorgen haben oder tatsächlich sorgen, bei der Geltendmachung von Unterhaltsansprüchen des Kindes *zu beraten und zu unterstützen* (§ 18 Abs. 1 SGB VIII).
- Beratung und Unterstützung junger Volljähriger, die ebenfalls darauf einen Anspruch haben (§ 18 Abs. 4 SGB VIII),
- Die nicht mit dem Vater verheiratete Mutter hat einen entsprechenden Anspruch hinsichtlich der Geltendmachung ihrer eigenen Ansprüche gemäß § 1615 l BGB (§ 18 Abs. 2 SGB VIII), wenn sie allein sorgeberechtigt ist; betreut der Vater das Kind, steht ihm ein entsprechender Anspruch gegen die Mutter zu (§ 1615 l Abs. 5 BGB)[41].
- Vom Jugendamt dazu ermächtigte Beamte oder Angestellte können über Vaterschaftsanerkenntnisse und dazu erforderliche Zustimmungserklärungen hinaus die Verpflichtung zur Erfüllung von Unterhaltsansprüchen oder zur Leistung

---

39   Vgl. *LG Berlin*, FamRZ 1991, 1097 (für die neuen Bundesländer).
40   Literatur siehe Rz. 2. *Roos*, DAVorm 2000,529 stellt den Umfang des Sachgebiets in der gewöhnlichen Reihenfolge der Aufgabenwahrnehmung dar: Angebot – Information/Beratung, Ermittlungsarbeit – Klärung/Regelung – Beurkundung – ggf. prozessuale Maßnahmen. Ausführungen über Beratung und Unterstützung gem. §§ 17, 18 SGB VIII; »Sonstige Verwaltungstätigkeit, Amtsvormundschaft und Einsatz der EDV schließen sich an. – Zum »Urkundswesen« siehe *Fieseler*, in: GK-SGB VIII, §§ 59, 60.
41   Zu § 1615 l BGB: *Büdenbender*, FamRZ 1998, 129; *Wellenhofer-Klein*, FuR 1999, 448. Die frühestens vier Monate vor Geburt des Kindes beginnende Unterhaltspflicht nach dieser viel zu wenig bekannten Vorschrift endet seit 1998 nicht mehr spätestens drei Jahre nach der Geburt (so i.d.F. des Schwangeren- und Familienhilfeänderungsgesetzes), sondern sie dauert fort, wenn es »insbesondere unter Berücksichtigung der Belange des Kindes grob unbillig wäre, einen Unterhaltsanspruch nach Ablauf dieser Frist zu versagen«. Eine Bezugnahme auf § 1570 BGB – und damit eine Gleichstellung mit verheirateten Vätern (gleiche Rechte-gleiche Pflichten) – wie sie der Bundesrat vorgeschlagen hatte, wurde allerdings nicht Gesetz. Die Bundesregierung hatte dies u.a. mit dem Argument eines Kindergartenplatzes ab 3 Jahren abgelehnt (s. *Mühlens* u.a., S. 118).

von Unterhaltsabfindungen *beurkunden* und Erklärungen nach § 648 ZPO aufnehmen (§ 59 Abs. 1 Nr. 3, 4 ,9 SGB VIII; beachte auch § 60 SGB VIII zur
Zwangsvollstreckung aus diesen Urkunden)[42].
– Das Jugendamt ist mit der *Durchführung des Unterhaltsvorschussgesetzes* beauftragt[43].

Das Unterhaltsvorschussgesetz wird von den Ländern im Auftrag des Bundes ausgeführt. Bund und Länder tragen die Geldleistungen je zur Hälfte. Mit Zahlung des
Unterhaltsvorschusses geht der Unterhaltsanspruch gegen den Unterhaltspflichtigen auf das Land über (§ 7 Abs. 1 UVG), das dann den Unterhaltspflichtigen her-
anzieht und die so eingezogenen Beträge zu 50% an den Bund abführt.

Obwohl es sich bei dem Unterhaltsvorschuss (in Regelbetraghöhe, vgl. § 2 Abs. 1
UVG) um einen Anspruch des (noch nicht 12 Jahre alten) Kindes (auf längstens
insgesamt 72 Monate) handelt, besteht dieser Anspruch nicht, wenn der mit dem
Kind lebende alleinstehende Elternteil sich weigert, zur Durchführung des Gesetzes erforderliche Auskünfte zu erteilen oder an der Feststellung der Vaterschaft
oder des Aufenthaltes des anderen Elternteils mitzuwirken (§ 1 Abs. 3 UVG).
Damit ist den Jugendämtern in der Praxis ein Druckmittel in die Hand gegeben,
das zu sozialen Ungleichbehandlung führt, weil es nur gegen Mütter mit geringem
Einkommen eingesetzt werden kann. Der Einsatz von Glaubwürdigkeitsfragebö-
gen ist zudem abzulehnen[44].

Bedeutung von Kenntnissen im Unterhaltsrecht

Die Vielzahl der Aufgaben, die das Jugendamt in diesem Bereich hat, und die von
der gelegentlichen Beratung bis zum Führen von Unterhaltsprozessen einschließlich dem Betreiben der Zwangsvollstreckung aus Unterhaltstiteln reicht, macht
solide Kenntnisse des Unterhaltsrechts für jeden Jugendamtsmitarbeiter unerlässlich, wobei Einzelheiten gerichtlicher Durchsetzung allerdings nur den damit
Beauftragten bekannt sein müssen[45].

7. Überblick über das Unterhaltsrecht

Das Bürgerliche Gesetzbuch geht ungeachtet des tiefgreifenden Wandels der ökonomischen Situation[46] noch vom *Vorrang familiärer Unterhaltssicherung* aus. Die
Ausweitung staatlicher Leistungen auf diesem Gebiet seit Inkrafttreten des BGB

---

42 *Brüggemann* (1994); vgl. dazu *Fieseler*, Jugendhilfe 1995, 3150.
43 Gesetz zur Sicherung des Unterhalts von Kindern alleinstehender Mütter und Väter durch
Unterhaltsvorschüsse oder -ausfalleistungen vom 23. Juli 1979 (BGBl. I 1184). Vgl. dazu
Schmitz, ZblJugR 1982, 631; *Scholz*, DtZ 1992, 177. Zum Verhältnis von Leistungen nach
UVG und Hilfe zum Lebensunterhalt nach BSHG: *BVerwG*, DVBl 1994, 426.
44 Arbeitsgruppe »Amtspflegschaft« anlässlich der Studientagung des DV »Kindschaftsrechtsreform: Auswirkungen auf die Praxis der Jugendhilfe« vom 20. bis 22 Februar 1996.
45 Besonders ausführliche Darstellung des Unterhaltsrechts in *Göppinger/Wax*, a.a.O. und
Wendl/Staudigl, a.a.O.. Zu einer »friedensstiftenden« Sozialarbeit mit Hilfs- und Vermitt-
lungsangeboten und interdisziplinärer Zusammenarbeit mit Verwaltungsfachkräften und
Juristen vgl. *Preis*, in: Sozialmagazin 1990 (Heft 2), 32-39. Vgl. auch *Heiß/Heiß*, a.a.O.
46 Vgl. *AK-Derleder/Münder* vor §§ 1601 ff. Rz. 1 ff.

im Jahre 1900[47] hat an diesem Grundsatz nichts geändert, der insbesondere den Nachrang der Sozialhilfe bedeutet.

Bis 1998 galten Unterscheidungen zwischen dem Unterhalt ehelicher und nichtehelicher Kinder. Diese sind durch das Gesetz zur Vereinheitlichung des Unterhaltsrechts minderjähriger Kinder (Kindesunterhaltsgesetz – KindUG) vom 6. April 1998[48] aufgehoben worden[49]. Das Artikelgesetz änderte – zeitgleich mit der Kindschaftsrechtsreform – zahlreiche Vorschriften insbesondere des BGB (u.a. Gleichstellung der volljährigen unverheirateten Kinder bis zur Vollendung des 21. Lebensjahres, solange sie im elterlichen Haushalt leben und sich in der allgemeinen Schulausbildung befinden mit den minderjährigen unverheirateten Kindern in § 1603 Abs. 2 Satz 2 BGB), der ZPO (u.a. Einführung des Vereinfachten Verfahrens[50] über den Unterhalt Minderjähriger, §§ 645-660 ZPO). Diese Änderungen sind in die folgenden Ausführungen eingearbeitet.

Das KindUG[51] setzte zugleich mit Artikel 2 für die neue Regelbetrag-Verordnung erstmals die Regelbeträge (siehe 7.4 mit Fn. 61: dort die 1999 erstmals angepassten Beträge) für die drei Altersstufen mit 349 DM, 424 DM, 502 DM für die alten Bundesländer und 314 DM, 380 DM, 451 DM in den neuen Bundesländern fest.

7.1 Die Voraussetzungen eines Unterhaltsanspruches

Die Voraussetzungen eines Unterhaltsanspruches sind
– *Verwandschaft in gerader Linie* (§ 1601 BGB; die Begriffsbestimmung, die Geschwister ausschließt, findet sich in § 1589 Satz 1 BGB),
– *Unterhaltsbedürftigkeit* (§ 1602 BGB; beachte insbes. Absatz 2 zu Gunsten des minderjährigen und unverheirateten Kindes, das eigenes Vermögen nicht antasten muss)[52][53],
– *Leistungsfähigkeit* des Verpflichteten (§ 1603 BGB; auch hier mit »Sonderbestimmung« auch für volljährige unverheiratete Kinder unter 21 Jahren, solange sie im Haushalt der Eltern oder eines Elternteils leben und sich in der allgemeinen Schulausbildung befinden: Absatz 2).

Die Eltern sind verpflichtet, alle verfügbaren Mittel zu ihrem Unterhalt und dem ihrer Kinder gleichmäßig zu verwenden (§ 1603 Abs. 2 BGB), sofern nicht ein anderer unterhaltspflichtiger Verwandter (Großeltern) vorhanden ist, der eintreten

47   Zu den wichtigsten staatlichen Leistungen heute vgl. *AK-Derleder/Münder*, a.a.O., Rz. 5 ff.
48   BGBl. 1998, Teil I, S. 666-676 (Gesetzesentwürfe mit Begründung dazu: Bundesregierung: BT-Drucks. 13/7338, Rechtsausschuss des Bundestages: BT-Drucks. 13/9596).
49   Literatur siehe GK-SGB VIII, § 59 nach Rz. 45 (Stand November 1999) und Vor § 90 nach Rz. 18 (Stand Juli 1999) sowie *Alber-Noack*, Unsere Jugend 1999, 497, 541, 2000, 34, 133, 175, 228, 282 (prozessuale Aspekte); *Nickel*, DVP 2000, 50: das Kindesunterhaltsgesetz in der Praxis.
50   Tatsächlich handelt es sich um ein höchst kompliziertes Verfahren: *Frauke Günther*, Kind-Prax 1999, 35; das gerichtliche Verfahren im kurzen Überblick: *Fieseler*, in: GK-SGB VIII, § 59 Rz. 29-31.
51   Literatur (Stand November 1999) in: GK-SGB VIII, § 59 nach Rz. 55 und in: GK-SGB VIII Vor § 90 SGB VIII nach Rz. 18; außerdem *Gerstein*, Kind-Prax 1998, 70 und 99.
52   Wohl aber etwaige Erträge des Vermögens (z.B. der Mietzins aus einem Miethaus) und eigenes Einkommen, doch ist im letztgenannten Fall ein großzügigeres Taschengeld anzusetzen, *Palandt-Diederichsen*, a.a.O., § 1602 Anm. 2 d
53   Ein 17-jähriger, der sich in Jugendstrafhaft befindet, ist nicht unterhaltsbedürftig (*AG Stuttgart*, DAVorm 1996, Sp. 298).

müsste, wenn andernfalls die Eltern ihren »eigenen angemessenen Unterhalt gefährden« würden (Ersatzhaftung nach § 1607 Abs. 1 BGB).

Eltern und ihre minderjährigen, unverheirateten Kinder bilden also eine »Art Notgemeinschaft«, die an die Eltern erhebliche Anforderungen stellt. Sie sind über die staatliche Leistungen zu informieren und in die Lage zu versetzen, diese Leistungen auch in Anspruch zu nehmen.

7.2 Selbstbehalt

Die heutige Rechtsprechung erkennt allerdings an, dass dem Unterhaltspflichtigen genügend Mittel für den eigenen Unterhalt verbleiben müssen. So soll auch ein Arbeitsanreiz erhalten bleiben[54]. Gegenüber minderjährigen Kindern und jetzt auch gegenüber volljährigen unverheirateten Kindern bis zur Vollendung des 21. Lebensjahres, die im Haushalt der Eltern oder eines Elternteils leben und sich in der allgemeinen Schulausbildung befinden, hat das Oberlandesgericht Düsseldorf[55] den »notwendigen Eigenbedarf« (kleiner Selbstbehalt) ab 01.01.1996 mit mindestens 1.300 DM (bei Erwerbstätigkeit: 1.500 DM) monatlich festgesetzt[56] und diese Beträge zum 1.7.1999 nicht erhöht[57]. In diesen Beträgen sind bis 650 DM für Unterkunft einschließlich umlagefähiger Nebenkosten und Heizung (Warmmiete) enthalten. Der (kleine) Selbstbehalt kann angemessen erhöht werden, wenn dieser Betrag im Einzelfall erheblich überschritten wird und dies nicht vermeidbar ist. Bleibt er darunter, so ist der notwendige Selbstbehalt nicht herabzusetzen[58].

Der »angemessene Eigenbedarf« (großer Selbstbehalt) gegenüber anderen volljährigen Kindern und auch gegenüber der Mutter nach § 1615 l BGB beträgt *in der Regel* mindestens 1.800 DM[59].

Andere Beiträge gelten z.B. nach der Berliner Tabelle als Vortabelle zur Düsseldorfer Tabelle und nach der Tabelle des OLG Dresden: 1370 DM bzw. (wenn der Unterhaltspflichtige nicht erwerbstätig ist) 1190 DM gegenüber minderjährigen Kindern und gleichgestellten volljährigen Schülern.

Zu beachten ist, dass die Unterhaltsrichtlinien keine verbindlichen Rechts- oder Rechtsanwendungssätze sind, aber dem Ziel dienen, die Rechtsanwendung möglichst zu vereinheitlichen. Der Richter ist daran nicht gebunden, und er kann insbesondere nach Maßgabe des Einzelfalls davon abweichen.

7.3 Art und Maß der Unterhaltsleistungen

Art und Maß der Unterhaltsleistungen sind in den §§ 1610, 1612-1613 BGB geregelt. Zu leisten ist im allgemeinen der »angemessene Unterhalt«, der sich nach der

---

54 *OLG Düsseldorf,* NJW 1977, 392.
55 Zum Kindesunterhaltsgesetz und zur Düsseldorfer Tabelle: *Gerhardt,* in: Kind-Prax 1998, 75.
56 Beilage zu Heft 34/1999 NJW enthält die unterhaltsrechtlichen Leitlinien und Tabellen der Oberlandesgerichte (Stand: 1.7.1999). Vgl. auch die jeweils aktuelle Auflage von *Palandt-Diederichsen,* Einf. vor § 1601 Rz. 15. Zum Unterhaltsanspruch eines mit seiner Mutter aus dem ehemaligen DDR zunächst nach Esslingen, später nach Stuttgart verzogenen nichtehelichen Kindes gegenüber seinem in Sachsen lebenden Vater: *LG Stuttgart,* DAVorm 1992, 884 (auch zur Übernahme der Amtspflegschaft nach § 87 Abs. 2 a.F., vgl. jetzt § 87 c Abs. 2 n.F. SGB VIII).
57 Vgl. *Scholz,* FamRZ 1999, 1177.
58 *OLG Düsseldorf,* FamRZ 1999, 1020; a.A. *OLG Dresden,* NJW-RR 1999, 1164.
59 Darin eine Warmmiete von 800 DM.

»Lebensstellung des Bedürftigen« bestimmt (§ 1610 Abs. 1 BGB) und den »gesamten Lebensbedarf« umfasst. Das Gesetz nennt insoweit ausdrücklich die Kosten einer angemessenen Vorbildung zu einem Beruf, bei einer der Erziehung bedürftigen Person – wieder der Regelfall – auch die Kosten der Erziehung (§ 1610 Abs. 2). Worin im einzelnen der Lebensbedarf besteht, kann nur von Fall zu Fall bestimmt werden[60].

7.4 Regelbetragsunterhalt

In der Praxis entscheidend ist freilich in den meisten Fällen die Ermittlung des Unterhaltssatzes aufgrund von Unterhaltstabellen und – ebenso pauschalisierend – die Leistung des sog. Regelbetragsunterhalts:

Dem Kind steht bis zur Vollendung des 18. Lebensjahres gegenüber dem Elternteil, in dessen Haushalt es nicht lebt, Unterhalt als Vomhundertsatz des Regelbetrages nach der Regelbetrag-Verordnung zu (§ 1612 a BGB; Altersstaffelung: § 1612 a[61]; Dynamisierung zwecks Anpassung des Unterhalts an die allgemeine Entwicklung der wirtschaftlichen Verhältnisse, § 1612 a Abs. 4; zur Anrechnung von Kindergeld u.a. kindbezogenen Leistungen vgl. §§ 1612 b, § 1612 c BGB.

Derzeit (Stand November 2000) liegt eine Beschlussempfehlung des Rechtsausschusses vom 5.7.2000 (BT-Drucks. 14/3781) vor, die mit Änderungen der §§ 1612 a, 1612 b BGB sicherstellen soll, dass sich die unterhaltsrechtlichen Regelbeträge auch weiterhin entsprechend der Einkommensentwicklung ändern werden und dass die Verwendung des Kindergeldes die Sicherung des Existenzminimums des Kindes gewährleistet. Die Empfehlung zeigt schwer wiegende Probleme und Mängel des geltenden Familienunterhaltsrechts auf und bittet die Bundesregierung, »zügig und mit allem Nachdruck das geltende Unterhaltsrecht, insbesondere hinsichtlich der Abstimmung mit sozial- und steuerrechtlichen Parallelregelungen« zu überprüfen und Neuregelungen vorzuschlagen.

7.5 Die gerichtliche Geltendmachung von Unterhaltsansprüchen

Die Vaterschaftsfeststellungsklage kann verbunden werden mit dem Antrag auf Bestimmung des Unterhaltes des Kindes und der Mutter durch einstweilige Anordnung (§ 641 d Abs. 1 ZPO).

Die Kindschaftsrechtsreform änderte mit KindRG und insbesondere KindUG das Verfahren über den Unterhalt Minderjähriger grundlegend. Es ist nun in §§ 642-644 ZPO (Allgemeine Vorschriften über Gerichtsstand, Auskunftsrecht des Gerichts und Einstweilige Anordnung) und §§ 645-660 ZPO (Vereinfachtes Verfahren über den Unterhalt Minderjähriger) geregelt.

---

60 Zum Verhältnis von »Lebenserfahrung und Pauschalansatz« in den Unterhaltstabellen und konkreter Ermittlung des Geldbedarfs vgl. *Christl*, NJW 1984, 267. Zur Frage der »Gerechtigkeit durch Unterhaltstabellen« die Beiträge von *Christian, Huvalé, Jäger und Puls*, in: ZblJugR 1982, 559 ff.; vgl. auch *Künkel*, in: DAVorm 1988, 641 ff. Zur Unterhaltsberechnung in »Ost-West-Fällen«: *OLG Stuttgart*, FamRZ 1992, 215; *OLG Koblenz*, FamRZ 1992, 215; *OLG Frankfurt a.M.*, FamRZ 1992, 1467; *KG* FamRZ 1992, 1468.
61 Die mit KindUG erstmals festgesetzten Beträge (siehe unter 5.) wurden zum 1.7.1999 erstmals angepasst und betragen zur Zeit 355 DM bzw. (neue Bundesländer 324 DM) bis zur Vollendung des 6. Lebensjahres, 431 (bzw. 392 DM) bis zur Vollendung des 12. Lebensjahres und 510 DM (bzw. 465 DM) vom Beginn des 13. Lebensjahres an (BGBl. 1999, I, S. 1100; dazu Schumacher, FamRZ 1999, 749). Künftige Anpassungen s. jeweils die neueste Auflage des *Palandt* (*Diederichsen*, § 1612 a Rz. 16).

Auf Antrag wird der Unterhalt eines minderjährigen Kindes, das mit dem in Anspruch genommenen Elternteil nicht in einem Haushalt lebt, im vereinfachten Verfahren erstmals (vgl. § 645 Abs. 2 ZPO) festgesetzt, soweit der Unterhalt (vor Anrechnungen nach §§ 1612 b, 1612 c BGB) das Eineinhalbfache des Regelbetrages nach der Regelbetrag-Verordnung nicht übersteigt (§ 645 Abs. 1 ZPO).

§ 646 ZPO nennt die Antragserfordernisse, § 647 ZPO betrifft die Zustellung des Antrages, § 648 ZPO bestimmt, welche Einwendungen die auf Unterhalt in Anspruch genommene Antragsgegner im vereinfachten Verfahren geltendmachen kann (s. *Fieseler*, in: GK-SGB VIII, § 59 Rz. 30). Weitere Vorschriften betreffen u.a. das streitige Verfahren auf Antrag einer Partei (§ 651 ZPO), die Verurteilung zum Unterhalt zusammen mit der gerichtlichen Feststellung der Vaterschaft (§ 653 ZPO), die Abänderungsklage nach rechtskräftiger Unterhaltsfestsetzung (§ 654 ZPO) sowie die maschinelle Bearbeitung (§ 658 ZPO).

Zu § 659 ZPO: Seit dem 24.6.1998 ist die Kindesunterhalts-Vordruckverordnung (KindUVV) vom 23.6.1998 in Kraft (BGBl. I, S. 1364). Auch beim Jugendamt sind diese Vordrucke auszufüllen (§ 657 ZPO).

7.6 Zwangsvollstreckung wegen Unterhaltsforderungen

Während sonst vor allem sozial schwächere, wirtschaftlich ungünstig gestellte Menschen der Zwangsvollstreckung meist als Schuldner ausgesetzt sind, treten sie hier, insbesondere als Kinder gegen den Elternteil, bei dem sie nicht leben, als *Vollstreckungsgläubiger* auf, die sich der Gerichtsvollzieher und Vollstreckungsgerichte bedienen, um ihre Unterhaltsforderungen durchzusetzen. Da ein Zwangsvollstreckungsverfahren nur auf Initiative des Gläubigers eingeleitet und vorangetrieben wird, stellen ihre gesetzlichen Vertreter (ggf. also auch das Jugendamt als Beistand, als Unterhaltsbestimmungspfleger oder Vormund) für die von ihnen betreuten Kinder die erforderlichen Anträge.

Eine Abänderung von Vollstreckungstiteln auf Antrag im vereinfachten Verfahren sieht § 655 ZPO vor (s. auch § 656 ZPO: Abänderung der Abänderung). Zu einer Abänderungsklage nach § 323 ZPO ist das Kind allerdings dann gezwungen, wenn sich die Einkommensverhältnisse gerade seines Vaters wesentlich verbessert haben und das Kind deshalb einen Anspruch auf einen höheren Unterhalt hat.

Einzelheiten über Voraussetzungen und Verlauf der Vollstreckung und über den Schuldnerschutz sind hier nicht darzustellen[62], doch seien wenigstens einige *Besonderheiten* der Zwangsvollstreckung wegen Unterhaltsforderungen erwähnt:

– Es handelt sich meist um Lohnpfändungen, doch ist auch die Vollstreckung in das bewegliche Vermögen bei der Durchsetzung rückständiger Unterhaltsbeträge nicht unbedeutend[63].

– Als Vollstreckungstitel kommen insbesondere auch die von den hierzu ermächtigten Bediensteten des Jugendamtes aufgenommenen vollstreckbaren Urkunden in Betracht, wonach sich der Unterhaltsschuldner der sofortigen Zwangs-

---

62 Zur (ersten) Information vgl. *Fieseler*, Rechtsgrundlagen, a.a.O., S. 79 ff.; zu Einzelfragen insbesondere *Baumbach/Lauterbach/Albers/Hartmann*, Zivilprozessordnung; zur Praxis des Jugendamtes: *Sikora/Schwitale*, DAVorm 1994, 335 ff.; zur Schuldnerberatung vgl. *Berner*, Schuldnerhilfe. Ein Handbuch für die Sozialarbeit, Neuwied 1992; *Groth/Schulz/Schulz-Rackoll*, 1994.

63 Vgl. *de Grahl*, DAVorm 1983, 1 ff. (2).

vollstreckung unterworfen hat (§ 794 Abs. 1 Nr. 5 ZPO i.V.m. § 60 Abs. 1 S. 1 SGB VIII).
– Die Pfändbarkeit von Arbeitseinkommen ist zugunsten des Unterhaltsschuldners erweitert (vgl. § 850 d; beachte aber auch § 850 f ZPO)[64].

Der letztgenannte Punkt trägt der Tatsache Rechnung, dass es sich um Forderungen handelt, deren Realisierung die Lebensgrundlage des Unterhaltsberechtigten sichert. Dies ist auch der Grund dafür, dass in der Zwangsvollstreckung *gegen* Schuldner, denen Unterhaltsansprüche zustehen, diese Ansprüche grundsätzlich unpfändbar sind (§ 850 b Abs. 1 Nr. 2 ZPO).

8. Mitwirkung des Jugendamtes bei Einzelvormundschaft[65], -pflegschaft, und -gegenvormundschaft

Die ehrenamtliche Tätigkeit von Einzelpersonen als Vormund und als Pfleger dient der *Fürsorge für Minderjährige*, deren Eltern als Erzieher ausfallen oder einer mehr oder weniger weitgehenden Unterstützung bedürfen. Diese Tätigkeit steht unter der Aufsicht der Vormundschaftsgerichte. Die Jugendämter wirken mit ihren Erfahrungen auf diesem Gebiet bei der Aufsicht mit. Sie kontrollieren aber nicht nur die meist auf ihre Initiative und auf ihren Vorschlag bestellten Vormünder etc., sondern diese haben einen Anspruch darauf, bei der Wahrnehmung ihrer oft pädagogisch und rechtlich schwierigen Aufgaben von den Jugendämtern beraten und unterstützt zu werden.

Das Bürgerliche Gesetzbuch enthält Bestimmungen über
– die Begründung der Vormundschaft (§§ 1773-1792),
– die Führung der Vormundschaft (§§ 1793-1836 e),
– die Fürsorge und Aufsicht des Vormundschaftsgerichtes (§§ 1837-1847),
– die Mitwirkung des Jugendamtes (§ 1851),
– die Befreite Vormundschaft (§§ 1852-1857 a),
– die Beendigung der Vormundschaft (§§1882-1895).

Für die Pflegschaft nimmt § 1915 BGB auf die für die Vormundschaft geltenden Vorschriften (weitgehend) Bezug.

Die Aufgaben des Jugendamtes finden sich im SGB VIII. Es handelt sich dabei um Bestimmungen betreffs
– Vorschlag geeigneter Personen und Vereine[66] (§ 53 Abs. 1 SGB VIII),
– Überwachung mit bestimmten Anzeigepflichten (§ 53 Abs. 3 SGB VIII),
– Beratung und Unterstützung (§ 53 Abs. 2 SGB VIII).

Auch dem Jugendamt gegenüber bestehen Mitteilungspflichten:
– des Vormundschaftsgerichts (§ 1851 Abs. 1 BGB),
– der Vormünder, Pfleger, Beistände (§ 1851 Abs. 2 BGB; nach § 1851 Abs. 3 – eingeführt durch Art. 5 Nr. 5 KJHG – keine Mitteilungspflichten bei Vereinsvormundschaft).

---

64 Vgl. *Göppinger*, a.a.O., Rz. 3303 ff.
65 Zum Verhältnis von Einzelvormundschaft und Amtsvormundschaft: *Zenz*, DAVorm 2000, 365 (370); a.a.O., Sp. 372 zur Gewinnung von Einzelvormündern.
66 Zur Vereinsvormundschaft: *Schleicher*, in: GK-SGB VIII, § 54 Rz. 2 ff.

9. Statistik: Amtsvormundschaft /Amtspflegschaft; Vaterschaftsfeststellungen; Entzug der elterlichen Sorge

Gegenstand der Nachweisung	Deutschland			Früheres Bundesgebiet			Neue Länder und Berlin-Ost		
	1995	1996	1997	1995	1996	1997	1995	1996	1997
Kinder und Jugendliche unter Jahresende unter									
Amtsvormundschaft	47.692	48.693	48.505	39.512	38.700	38.215	8.175	9.993	10.290
davon unter:									
gesetzlicher Amtsvormundschaft	12.278	12.681	12.667	10.136	10.379	10.420	2.142	2.302	2.247
bestellter Amtsvormundschaft	35.414	36.012	35.838	29.381	28.321	27.795	6.033	7.691	8.043
Amtspflegschaft	635.301	661.944	682.935	629.701	655.505	675.681	5.600	6.439	7.254
davon unter:									
gesetzlicher Amtspflegschaft	604.171	630.035	650.635	604.171	630.021	650.612	–	14	23
bestellter Amtspflegschaft	31.130	31.909	32.300	25.530	25.484	25.069	5.600	6.425	7.231
Beistandschaft für Elternteile	130.558	132.154	130.285	51.451	50.939	51.055	79.107	81.215	79.230
Zur Adoption vorgemerkte Kinder und Jugendliche am Jahresende	1.331	1.311	1.276	1.121	1.075	1.048	210	236	228
Vaterschaftsfeststellungen während des Jahres	118.764	128.517	140.333	86.033	93.296	100.072	32.731	35.221	40.261
dar. durch freiwillige Anerkennung	110.898	120.194	131.908	79.247	86.253	93.068	31.651	33.941	38.840
Gerichtliche Maßnahmen zum vollständigen oder teilweisen Entzug der elterlichen Sorge	8.477	8.163	7.984	6.484	6.459	6.136	1.993	1.704	1.848

Quelle: Statistisches Jahrbuch 1999, S. 470

Sechstes Kapitel: Gerichtshilfen

1. Überblick

Das Jugendamt arbeitet mit den Gerichten zusammen, wenn Sorgerechts- und Umgangsregelungen anstehen (vor allem bei Trennung und Scheidung der Eltern und beim Sorgerechtsentzug) oder ein junger Mensch von 14 bis 21 Jahren wegen einer Straftat belangt wird.

Von den in der Jugendgerichtsbarkeit mitentscheidenen Schöffen abgesehen (Laienrichter), entscheiden bei den Gerichten (Berufs-)Richter und Rechtspfleger[1] über Sachverhalte, deren Bedeutung oft solide sozialwissenschaftliche und sozialpädagogische Kenntnisse erfordert. Dieses Wissen wird in der juristischen Ausbildung der Richter und Rechtspfleger nicht vermittelt[2]. Es sollte aber in den Fachbereichen Sozialarbeit/Sozialpädagogik der Fach- und Gesamthochschulen von den angehenden Sozialarbeitern erworben werden können[3]. Vorwiegend diese leisten daher als Mitarbeiter der Fachbehörde Jugendamt die Aufgaben in den Bereichen der
– Vormundschaftsgerichtshilfe,
– Familiengerichtshilfe,
– Jugendgerichtshilfe.

Dabei war die Aufgabe der Jugendgerichtshilfe bereits bei Verabschiedung des Jugendgerichtsgesetzes 1923 als Erforschung der »Lebensverhältnisse« sowie aller »Umstände, welche zur Beurteilung der körperlichen und geistigen Eigenart dienen können«[4] umschrieben und ist gegenwärtig in § 38 Abs. 2 S. 1 und 2 JGG so formuliert:

»Die Vertreter der Jugendgerichtshilfe bringen die erzieherischen, sozialen und fürsorgerischen Gesichtspunkte im Verfahren vor den Jugendgerichten zur Geltung. Sie unterstützen zu diesem Zweck die beteiligten Behörden durch Erforschung der Persönlichkeit, der Entwicklung und der Umwelt des Beschuldigten und äußern sich zu den Maßnahmen, die zu ergreifen sind«.

Für die Vormundschafts- und Familiengerichtshilfe formuliert § 50 Abs. 1 und 2 SGB VIII jetzt die entsprechende Aufgabe, denn auch hier sind die Gerichte nur mit der Hilfe des Jugendamtes zu einer gründlichen Sachaufklärung und zu einer sachgerechten, den Lebensbedingungen und Bedürfnissen junger Menschen angemessenen Entscheidung in der Lage. Dies gilt insbesondere für die Beurteilung, was im jeweiligen Einzelfall dem »Wohl des Kindes«, dem rechtlichen Schlüsselbegriff in diesem Bereich, entspricht. Weil die Jugendämter hierbei nicht »Hilfsorgan des Gerichts« sind, sondern eigenständige Aufgaben wahrnehmen, wird heute der Begriff »Gerichtshilfe« zum Teil abgelehnt und durch Mitwirkung im jeweiligen Gerichtsverfahren ersetzt.

---

1   Justizbeamte des gehobenen Dienstes, die besonders im Bereich der Freiwilligen Gerichtsbarkeit selbständig entscheiden. Rechtspflegergesetz.
2   *Fieseler* (1977), a.a.O., S. 19.
3   Vgl. *Oberloskamp*, ZblJugR 1982, 519; 1983, 355.
4   Zur Geschichte des Jugendstrafrechts vgl. das Schwerpunktheft 3/1992, *DVJJ-Journal*.

Das Jugendamt hat dabei eine gegenüber dem Gericht eigenständige Aufgabe. Diese nimmt es aufgrund der Fachkompetenz der Jugendamtsmitarbeiter mit sozialpädagogischer Grundeinstellung und mit den Methoden moderner sozialer Arbeit wahr. Dies schließt es aus, in dem Jugendamt ein »Hilfsorgan« des Gerichts, dessen »Zuträger«, zu sehen. Vielmehr wirkt es als »echter Verfahrensbeteiligter«[5] mit, indem es seine Fachlichkeit im Kindesinteresse zur Geltung bringt.

Dies geschieht durch
- Unterrichtung insbesondere über angebotene und erbrachte Leistungen,
- Einbringen erzieherischer und sozialer Gesichtspunkte zur Entwicklung des Kindes oder des Jugendlichen,
- Hinweise auf gegebenenfalls weitere Möglichkeiten der Hilfe.

Damit wird auch bei dieser »anderen Aufgabe« im Sinne von § 2 Abs. 3 SGB VIII die Hilfeorientierung deutlich. Dabei ist »auf ein möglichst konstruktives Zusammenwirken aller Beteiligten«[6] hinzuarbeiten.

Nur wenn das Jugendamt als Fachbehörde es zur Abwendung einer Gefährdung des Kindes oder Jugendlichen für erforderlich hält, dass das (Familien-)Gericht tätig[7] wird, hat es dieses anzurufen. Eine generelle Anzeigepflicht bei Kindeswohlgefährdung besteht also nicht (mehr): vielmehr entscheidet »allein der sozialpädagogische Sachverstand über die Notwendigkeit der Mitteilung an das Gericht«[8], wenn anzubietende Hilfen nicht oder nicht rechtzeitig ausreichen.

Inwieweit in dieser Hinsicht – und im familiengerichtlichen Verfahren zu Sorgerecht und Umgang – Ermittlungen anzustellen, gutachtlich Stellung zu nehmen und unter Umständen auch Entscheidungsvorschläge zu machen sind, das entscheiden nicht die Gerichte, sondern die Jugendämter selbst. Dabei sollten sie sich als Interessenvertreter der Kinder und Jugendlichen, als »Anwalt des Kindes« verstehen. Das erfordert die Ermittlungen der Lebenssituation und der Lebensbedürfnisse des jeweiligen Kindes oder Jugendlichen, die Stärkung der (nicht zu unterschätzenden) Ressourcen der Eltern, aber – in realistischer Einschätzung der Beratung und Unterstützung gesetzten Grenzen – wo immer erforderlich auch die Anregung richterlicher Beschlüsse (vgl. § 50 Abs. 3 SGB VIII). Allein von den Gerichten können die Elternrechte (nur) soweit eingeschränkt werden, dass eine Kindeswohlgefährdung abgewendet und – gegen eine verbreitete Meinung – bei der streitigen Sorgerechtsregelung auf die für das Kind am wenigsten schädliche Alternative auch unterhalb der Schwelle des § 1666 BGB erkannt wird.

Das Gericht ist nicht (mehr) befugt anzuordnen, dass das Jugendamt bestimmte Leistungen erbringt. Dies ist zwar umstritten, folgt aber sowohl aus der Gewaltenteilung, der Autonomie der Träger öffentlicher Jugendhilfe, deren selbständige Aufgabenwahrnehmung nur der Verwaltungsgerichtskontrolle unterliegt, wie aus der fehlenden sozialpädagogischen Fachkompetenz des Gerichts. Weisungen des Gerichts an das Jugendamt sind also ausgeschlossen. Bei der Hilfe zur Erziehung

5   *Bauer/Schimke/Dohmel*, (1995), a.a.O., S. 334.
6   *Wiesner/Mörsberger*, SGB VIII, § 50 Rz. 3.
7   Nach KindRG entscheiden die Familiengerichte jetzt auch über Maßnahmen nach dem § 1666 BGB.
8   *Bauer/Schimke/Dohmel*, a.a.O., S. 335.

verbietet zudem das in § 36 SGB VIII vorgesehene Verfahren[9] die gerichtliche Anordnung einer bestimmten Hilfe nach Art und Umfang.

Hält das Jugendamt dagegen eine Hilfe zur Erziehung für die Entwicklung eines Kindes oder Jugendlichen für geeignet und notwendig, verschließen sich die personensorgeberechtigten Eltern jedoch dieser Einsicht, so hat das Gericht unter den Voraussetzungen des § 1666 BGB[10] bei entsprechendem (Teil-)Entzug elterlicher Sorge das Recht der Inanspruchnahme dieser Hilfe bzw. das Recht, an der Bestimmung der Hilfe nach § 36 SGB VIII mitzuwirken, auf einen Pfleger zu übertragen. Soweit dies erforderlich ist, wird damit zugleich das Aufenthaltsbestimmungsrecht auf den Pfleger[11] übertragen.

Die damit verbundenen Aufgaben kann durchaus ein insofern weisungsunabhängiger Amtspfleger, aber auch ein Mitarbeiter eines Trägers der freien Jugendhilfe wahrnehmen. Vorausgesetzt ist dabei freilich immer, dass bei in der Herkunftsfamilie verbleibenden Kindern und Jugendlichen die Eltern die ambulante Hilfe zur Erziehung – wie die Teilnahme an Sozialer Gruppenarbeit (§ 29 SGB VIII) – nicht etwa stören oder gar hintertreiben. Andere ambulante Hilfen zur Erziehung wie die Sozialpädagogische Familienhilfe – setzen sogar mehr, nämlich eine Kooperation der Eltern voraus. Diese Kooperation ist ohnehin immer anzustreben, sie kann aber letztlich nicht erzwungen werden. Es ist also trotz der (fragwürdigen) grundsätzlichen Anspruchsberechtigung der Eltern nicht so sehr das Fehlen eines Leistungsadressaten als vielmehr die nicht gegebene Durchführbarkeit der an sich wünschenswerten, aber infolge des elterlichen Verhaltens dann eben doch nicht geeigneten Hilfe, die in der Regel eine Lösung durch Einschalten eines Pflegers ausschließt, solange das Kind oder der Jugendliche in der Herkunftsfamilie verbleibt.

Eine Gesamtsicht auf die dem Jugendamt gegebenen Möglichkeiten einer Mitwirkung an gerichtlichen Verfahren, wozu auch die in diesem Kapitel näher dargestellte Anhörung nach §§ 49 und 49 a FGG gehört, führt zu der Einschätzung, dass in diesem rechtlichen Rahmen die Interessen und Bedürfnisse von Kindern auch im Konfliktfall, für den sich das Recht zu bewähren hat, ausreichend wahrgenommen werden können. Dazu hätte es keines »Anwalts des Kindes«[12] bedurft, wenn seitens des Jugendamtes trotz des mit dem Kinder- und Jugendhilfegesetz angeb-

---

9   vgl. 1. Kap. 3.7.
10 In der Literatur (wie dem Kommentar von Wiesner) wird betont, dies sei nie unterhalb der Schwelle des § 1666 möglich, weil andernfalls Elternrechte auf verfassungswidrige Weise eingeschränkt würden. Zu bedenken ist dabei aber, dass bei Vorliegen der Voraussetzungen des § 27 SGB VIII in aller Regel eine (erhebliche) Kindeswohlgefährdung im Sinne von § 1666 BGB vorliegen dürfte, wenn geeignete und notwendige Hilfen an mangelnder elterlicher Mitwirkung scheitern würden. Ein an einem überhöhten Elternrecht orientiertes, normatives Verständnis verkennt dies freilich allzu leicht. Wenn etwa *Wiesner* (§ 27 Rz. 20) auf ein »breites Spektrum von Normalität« hinweist, das »vor dem Hintergrund der Pluralisierung von Lebenslagen und der Individualisierung zu akzeptieren« sei, so ist demgegenüber zu fragen, ob wirklich die Gewährleistung einer den Wohl des Kindes oder Jugendlichen entsprechenden Erziehung als »normal« bezeichnet werden kann und elterliche Erziehungsverantwortung auch dann noch gemäß Art. 6 Abs. 2 GG geschützt ist.
11 Vgl. dazu *Fricke*, ZfJ 1993, 284.
12 Anderer Ansicht *Salgo*, (1993), a.a.O. mit ausführlichen Erörterungen zur Konzeption einer Interessenvertretung für Kinder im Rahmen der deutschen Rechtsentwicklung (S. 203 ff.) und Empfehlungen zu einer eigenständigen Kindesvertretung in Verfahren des zivilrechtlichen Kindesschutzes.

lich verbundenen Perspektiven- bzw. Paradigmenwechsels die entsprechenden Aufgaben ebenso ernst genommen werden wie die Leistungsaufgaben.

Da dies aber aus einem verfehlten Grundverständnis heraus nicht (mehr) gewährleistet ist, erscheint die Bereitstellung eines Verfahrenspflegers durch § 50 FGG i.d.F. KindRG (also ausdrücklich von Gesetzes wegen; jedoch war eine gerichtliche Bestellung auch schon zuvor möglich) als verfahrensrechtliche Besserstellung von Kindern und Jugendlichen.

2. Familien- und Vormundschaftsgerichtshilfe; Mitwirkung im gerichtlichen Verfahren

Rechtsgrundlagen: § 50 SGB VIII, §§ 49, 49 a, 56 d FGG

2.1 Definition

Zur Familien- und Vormundschaftsgerichtshilfe gehören alle Aufgaben, die eine unmittelbare Zusammenarbeit des Jugendamtes mit den Familien- und Vormundschaftsgerichten bedingen, einerlei ob dabei das Jugendamt als Fachbehörde ein Gerichtsverfahren anregt, unterstützt und dabei im Rahmen seiner Anhörung gutachtlich Stellung nimmt, oder ob es vom Gericht mit der Durchführung von Einzelmaßnahmen beauftragt wird (hierzu vgl. 2.6). Auch das Mitwirken bei der Auswahl von Privatpersonen und Vereinen als Vormund, Pfleger und Beistand sowie bei deren Überwachung gehört hierzu, nicht aber die Stellung des Jugendamtes als eigener Rechtsinhaber, also als Amtsvormund oder Amtspfleger.

Der Begriff der Gerichtshilfe ist neuerdings in Misskredit geraten, weil er der durch das Kinder- und Jugendhilfegesetz verstärkt betonten Selbständigkeit der Aufgabenwahrnehmung der Jugendämter im Rahmen kommunaler Selbstverwaltung nicht entspreche. Besser sei es daher, von Mitwirkung in vormundschafts- bzw. familiengerichtlichen Verfahren zu sprechen.[13]

2.2 Aufgaben des Jugendamtes

Die Aufgaben des Jugendamtes im Rahmen der Vormundschafts- und Familiengerichtshilfe ergeben sich aus folgenden Rechtsvorschriften des Kinder- und Jugendhilfegesetzes / SGB VIII:

- Mitwirkung in Verfahren vor den Vormundschafts- und Familiengerichten (§ 50);
- Beratung und Belehrung des Elternteils in Verfahren zur Annahme als Kind nach § 1748 Abs. 2 Satz 1 BGB (§ 51 Abs. 1, 2);
- Beratung des mit der Mutter nicht verheirateten Vaters eines Kindes bei der Wahrnehmung seiner Rechte nach § 1747 Abs. 1 und 3 BGB (§ 51 Abs. 3);
- Vorschlag von im Einzelfall zum Pfleger oder Vormund geeigneten Personen und Vereinen (§ 53 Abs. 1);
- Beratung und Unterstützung von Pflegern und Vormündern (§ 53 Abs. 2);
- »Achten darauf« (vgl. BT-Drs. 11/5948, 90), dass die Vormünder und Pfleger für die Person der Mündel Sorge tragen; beratendes Hinwirken darauf, dass Mängel beho-

---

13   *Schleicher*, in: *Fieseler/Schleicher*, § 50, Rz. 4 ff.; *Oberloskamp*, FamRZ 1992, 1241 ff.; *Münder*, Jugendhilfe 1993, 146 ff.; *Proksch*, Jugendhilfe 1993, 158 ff.; *Schnabel*, in: *Gernert* 1990, 154 ff.; *Willutzki*, ZfJ 1994, 202 ff.

ben werden, und Mitteilung an das Vormundschaftsgericht, falls dies nicht erfolgt; Auskunftserteilung an das Vormundschaftsgericht über das persönliche Ergehen und die Entwicklung des Mündels; Anzeige der Gefährdung des Mündelvermögens (§ 53 Abs. 3);

- Beistandschaft, Amtspflegschaft und Amtsvormundschaft in den durch das BGB vorgesehenen Fällen (§ 55).

Die Anhörung des Jugendamtes vor Entscheidungen des Vormundschafts- bzw. Familiengerichtes ist in § 49 bzw. § 49 a FGG geregelt.

Gem. § 49 Abs. 1 FGG hört das Vormundschaftsgericht das Jugendamt vor einer Entscheidung nach folgenden Vorschriften des BGB:
1. Annahme als Kind (§ 1741), sofern das Jugendamt nicht eine gutachterliche Äußerung nach § 56 d FGG abgegeben hat,
2. Ersetzung der Einwilligung eines Elternteils in die Annahme als Kind (§ 1748),
3. Aufhebung des Annahmeverhältnisses (§§ 1760 und 1763),
4. Rückübertragung der elterlichen Sorge (§ 1751 Abs. 3, § 1764 Abs. 4).

Gem. § 49a Abs. 1 FGG hört das Familiengericht das Jugendamt vor einer Entscheidung nach folgenden Vorschriften des BGB:
1. Befreiung vom Erfordernis der Volljährigkeit (§ 1303 Abs. 2),
2. Ersetzung der Zustimmung zur Bestätigung der Ehe (§ 1315 Abs. 1 Satz 3 zweiter Halbsatz),
3. Übertragung von Angelegenheiten der elterlichen Sorge auf die Pflegeperson (§ 1630 Abs. 3),
4. Unterstützung der Eltern bei der Ausübung der Personensorge (§ 1631 Abs. 3),
5. Unterbringung, die mit Freiheitsentziehung verbunden ist (§§ 1631b, 1800, 1915),
6. Herausgabe des Kindes, Wegnahme von der Pflegeperson (§ 1632 Abs. 1,4) oder von dem Ehegatten oder Umgangsberechtigten (§ 1682),
7. Umgang mit dem Kind (§ 1632 Abs. 2, §§ 1684, 1685),
8. Gefährdung des Kindeswohls (§ 1666),
9. elterliche Sorge bei Getrenntleben der Eltern (§ 1671, 1672 Abs. 1),
10. Ruhen der elterlichen Sorge (§ 1678 Abs. 2),
11. elterliche Sorge nach Tod eines Elternteils (§ 1680 Abs. 2, § 1681),
12. elterliche Sorge nach Entziehung (§ 1680 Abs. 3).

Wegen des sachlichen und rechtlichen Zusammenhangs mit der Amtsvormundschaft und -pflegschaft ist die Mitwirkung des Jugendamtes bei der Einzelvormundschaft usw. ebenso wie die Beistandschaft schon im vorigen Kapitel behandelt worden, so dass im folgenden das Schwergewicht der Ausführungen bei der Anhörung des Jugendamtes durch Vormundschafts- und Familiengerichte liegt[14].

2.3 Gerichtliche Zuständigkeit

Ob in all diesen Fällen die Aufgabe dem Familien- oder dem Vormundschaftsgericht gegenüber zu erbringen ist, was erhebliche Auswirkungen auf den Rechtsmittelzug hat[15], richtet sich nach den (funktionalen) Zuständigkeiten, wie sie § 23 b GVG und den jeweiligen Vorschriften von BGB, FGG und ZPO zu entnehmen sind. Das *Familiengericht* – ein 1976 eingeführter Spruchkörper beim Amtsgericht – ist danach vor allem zuständig, wenn Eltern eines Kindes sich trennen oder scheiden lassen und – auf Antrag – Entscheidungen über die Personensorge, das

---

14 Zu den Aufgaben des Jugendamtes im familiengerichtlichen Verfahren: *Mann*, DAVorm 1994, 225; *Erben/Schade*, ZfJ 1994, 209; *Willutzki*, ZfJ 1994, 202; *Schleicher*, Jugendhilfe 1999, 323. Weitere Nachweise: Fußnote 23.
15 Vormundschaftsgericht/Landgericht (Zivilkammer)/Oberlandesgericht (Zivilsenat) bzw. Familiengericht/Oberlandesgericht (Senat für Familiensachen)/Bundesgerichtshof.

Umgangsrecht und auch über den Unterhalt des Kindes zu treffen sind. Seit dem
1.7.1998 hat es auch Maßnahmen gemäß § 1666 BGB (bei Kindeswohlgefährdung)
zu treffen.

2.4 Auftrag des Jugendamtes

Die Jugendämter als *Fachbehörden* bringen ihre Kenntnisse und Erfahrungen vor
dem Gericht zur Geltung und achten darauf, dass die Lebensbedingungen und Entwicklungschancen der betroffenen Kinder und Jugendlichen ausreichend berücksichtigt und wo immer möglich verbessert werden[16]. Zu diesem Zweck stellen sie
Ermittlungen an und verfassen gutachtliche Stellungnahmen[17], die sie in der Regel
auch mit Entscheidungsvorschlägen verbinden. Das Gericht ist hieran zwar nicht
gebunden, wird aber im allgemeinen dem Jugendamt folgen, wenn der mit der
Erarbeitung beauftragte Sachbearbeiter seine Fachkenntnisse nutzt, den Richter
darüber zu orientieren, was im zu entscheidenden Einzelfall dem Kindeswohl
dient. Voraussetzung ist allerdings, dass sich der Sozialarbeiter dabei an die juristischen Voraussetzungen der gerichtlichen Entscheidung hält[18].

Dabei darf freilich der (bei unbestimmten Rechtsbegriffen) erhebliche Spielraum
nicht übersehen werden, der sich einer nicht am Buchstaben des Gesetzes kleben-
den Jugendhilfe bietet. Hier liegt (derzeit) manches im Argen[19].

Die Jugendämter nehmen auch die Gerichtshilfen als *eigene* Aufgaben wahr, an
deren Durchführung sie Träger der freien Jugendhilfe beteiligen können (§ 76
Abs. 1 SGB VIII). Das Gericht kann dem zuständigen Jugendamt gegenüber daher
keine Anordnung treffen, dass und wie es seinen fachlichen Auftrag nach dem
KJHG wahrzunehmen hat. Meint das Gericht, das Jugendamt – das etwa aus seinem Aufgabenverständnis kein Gutachten mit Entscheidungsvorschlag erstattet
oder an der mündlichen Verhandlung vor Gericht nicht teilnimmt – verkenne seinen dienstlichen Auftrag, so steht ihm lediglich das Mittel einer Dienstaufsichtsbeschwerde bzw. die Einschaltung der kommunalen Rechtsaufsicht zu Gebote.[20]

Bei der Erfüllung seiner Aufgaben, für die das Jugendamt auch im Falle der Beteiligung freier Träger und der Übertragung von Aufgaben zur Ausführung auf diese
verantwortlich bleibt (§ 76 Abs. 2 SGB VIII; ebenfalls ein Ausdruck der Eigenständigkeit in der Wahrnehmung der Aufgaben nach §§ 50-52), hat das Jugendamt
selbst Vertrauensschutz zu wahren und Vertrauensschutz bei Einschaltung freier
Träger gemäß § 61 Abs. 3 SGB VIII sicherzustellen: grundsätzlich bei den Betrof-

---

16 *OLG Köln*, NJW-RR 1995, 1410 und FamRZ 1995, 1593.
17 Zur Abfassung solcher Gutachten: *Arndt/Oberloskamp/Balloff*, a.a.O.
18 Insoweit überzeugend *Foth*, a.a.O., S. 12. Der sozialpädagogische Auftrag sollte aber Aus-
    gangspunkt und Schwerpunkt der Überlegungen sein (*Fieseler*, 1977, S. 9, 13), wenn es
    dann auch gilt, sich der rechtlichen »Machbarkeit« zu vergewissern. Zur »Neigung der
    Innendienstsachbearbeiter«, sich an professionellen Standards nicht gemäßen – weil im
    Sinne tradierter Rechtsprechung ausgelegten – »gesetzlich bereitgehaltenen Schlüsselbe-
    griffen« zu orientieren, vgl. *Frommann*, a.a.O., S. 26, 35.
19 *Fieseler*, Sozialextra Heft 4/1999, 4 und Sozialextra Heft 7-8/2000, 14 sowie zur Veröffent-
    lichung 2001 vorgesehenes Manuskript zu gerichtlichem Entscheiden und sozialarbeiteri-
    scher Beratung.
20 *Willutzki*, ZfJ 1994, 203: weder Ordnungsgeld noch Zeugenvernehmung des Sachbearbei-
    ters sondern »Weg über die Fachaufsicht« für das Jugendamt; SchlHoG, DAVorm 1994,
    500.

fenen sind personenbezogene Daten zu erheben (§ 62 Abs. 2 SGB VIII; Ausnahmen: § 62 Abs. 3) und zwar nur die Daten, deren Kenntnis zur Mitwirkung im gerichtlichen Verfahren erforderlich ist (§ 62 Abs. 1 SGB VIII); diese Daten dürfen auch nur zu diesem Zweck verwendet werden (§ 64 Abs. 1 SGB VIII).

Zweckgebunden sind auch die personenbezogenen Daten, die bei der Beratung nach § 17 Abs. 2 SGB VIII erhoben worden sind: was der Sozialarbeiter anlässlich der Unterstützung der Eltern, bei Trennung und Scheidung ein einvernehmliches Konzept der Sorgerechtswahrnehmung zu entwickeln, von den Betroffenen erfährt, darf ohne deren ausdrückliche Zustimmung nicht im Rahmen der Gerichtshilfe verwendet werden. Darüberhinaus ist § 64 Abs. 2 SGB VIII zu beachten: eine Offenbarung darf auf keinen Fall eine zu gewährende Leistung in Frage stellen.

Steht der Mitwirkung eines Mitarbeiters des Jugendamtes dessen Beratungstätigkeit nach § 17 SGB VIII entgegen, so bleibt dem Gericht, das seiner Verantwortung für die Sachverhaltsaufklärung (§ 12 FGG) nicht anders gerecht werden kann, die Möglichkeit, das Jugendamt um anderweitige Ermittlungen – durch einen anderen Sozialarbeiter – zu ersuchen bzw. »Stellungnahmen der hierfür berufenen kinderpsychologischen bzw. kinderpsychiatrischen Gutachter« einzuholen[21].

Es entspricht der sozialpädagogischen Kompetenz der Jugendämter und ist auch ihr Rechtsauftrag, der Kindeswohlformel in der Lebenspraxis Geltung zu verschaffen. Das ergibt sich aus dem Auftrag an die öffentliche Jugendhilfe, dort tätig zu werden, wo das Recht eines Kindes oder Jugendlichen auf »Förderung seiner Entwicklung und auf Erziehung zu einer eigenverantwortlichen und gemeinschaftsfähigen Persönlichkeit« (§ 1 Abs. 1 SGB VIII) von seiner Familie nicht erfüllt wird. *Diesem* Auftrag allein dienen auch die Anhörungs- und Mitwirkungsrechte des Jugendamtes, das damit zwar nicht formalrechtlich, aber doch in der Sache *Interessenvertreter des Kindes* ist, wenn es ermittelt und sich dazu äußert, was im Einzelfall dem Kindeswohl entspricht. Dabei kann freilich in vielen Fällen nicht mehr geleistet werden, als sicherzustellen, dass – etwa im Konflikt der auseinandergehenden Eltern – im Sinne der *am wenigsten schädlichen Alternative* für das Kind[22] entschieden wird.

Daran hat die Kindschaftsrechtsreform, richtig verstanden, nichts geändert. Es gilt weiterhin, wo angesichts schwieriger Familienverhältnisse Schlimmes vom Kind nicht abgewendet werden kann, wenigstens Schlimmeres zu verhüten. Dies hat der Sozialarbeiter den Vormundschafts- und Familiengerichten aufzuzeigen. Demge-

---

21 *Nix*, Unsere Jugend 1992, 203; *Oberloskamp*, FamRZ 1992, 1248; *Willutzki*, ZFJ 1994, 204. Nix hält zu Recht eine »Abgrenzung von Beratung, therapeutischem Angebot und gutachterlicher Definitionsmacht« für notwendig. *Balloff*, 1992, 66, schlägt ein »Rotationsverfahren« vor, das jedem Mitarbeiter im Jugendamt »in wechselnden Rollen beide unterschiedlichen Aufgabenstellungen« ermöglicht, und weist auf die Alternative einer Ausgliederung der Familiengerichtshilfe aus dem Jugendamt und ihre Zuordnung (»als eigenständige Behörde«) zu den Gerichten hin (vgl. auch *Balloff*, ZfJ 1992, 456). Ähnlich jetzt auch *Oberloskamp*, FamRZ 1992, 1249. Sicherzustellen ist jedenfalls eine im Interesse der betroffenen Kinder und Jugendlichen auch unterhalb der Schwelle erheblicher Kindeswohlgefährdung wirkungsvolle Mitwirkung im Familiengerichtsverfahren (vgl. dazu *Kunkel*, FamRZ 1993, 505).

22 Seit *Goldstein u.a.* (1974), a.a.O., S. 49 ff. (für die Kindesunterbringung) gebräuchliche Formel. *Mann*, DAVorm 1994, 231 verliert das Kindeswohl selbst in dieser Hinsicht (des »Dispositionsrechtes« der Eltern über die Erziehung wegen) aus den Augen.

genüber verkennt das Jugendamt mit dem Beharren auf »Allparteilichkeit« und der Verweigerung der Mitwirkung im Verfahren seinen (originären) Auftrag gemäß § 50 i.V.m. § 1 SGB VIII, der auch bei der Anhörung nach § 49 a Abs. 1 Nr. 9 FGG maßgebend ist[23].

Die *Beschwerdebefugnis des Jugendamtes* gemäß § 57 Abs. 1 Nr. 9 FGG setzt dementsprechend grundsätzlich voraus, dass es die Verletzung des Kindeswohls durch die angefochtene Entscheidung rügt[24].

Die Bedeutsamkeit der Stellungnahme des Jugendamtes wird dadurch unterstrichen, dass das *Unterlassen der Anhörung* einen Verfahrensfehler darstellt, der mit der Beschwerde gemäß § 20 Abs. 1 FGG gerügt werden kann und dann zur Aufhebung der gerichtlichen Entscheidung und Zurückverweisung der Sache führt oder zur Nachholung der Anhörung durch das Beschwerdegericht[25].

Die *Form der Anhörung* ist gesetzlich nicht festgelegt. Unter Umständen genügt ein mit einer Anzeige an das Gericht verbundener schriftlicher Bericht. Das Gericht kann aber auch dem zuständigen Jugendamt einen Vorgang übersenden, es um eine schriftliche Stellungnahme und um Terminwahrnehmung ersuchen, um durch eine mündliche Äußerung zur Beweisaufnahme sicherzustellen, dass die zuständige Fachbehörde auch hierzu Stellung nehmen kann. Hiervon zu unterscheiden ist die mündliche Anhörung des zuständigen Jugendamts-Sachbearbeiters als Zeuge[26].

Bei der gutachtlichen Stellungnahme ist insbesondere wichtig:
- es muss zu erkennen sein, ob die angegebenen Tatsachen auf eigener oder fremder Wahrnehmung beruhen,
- Tatsachen und Wertungen dürfen nicht vermengt werden,
- die Stellungnahme darf nicht nur situationsbezogen und auf augenblickliche Konfliktvermeidung ausgerichtet oder auf Erwartungen und Denkstile der Richter eingestellt sein[27].

Da der Bericht Bestandteil der Gerichtsakten wird, ist den am Verfahren beteiligten Eltern *Einsicht* nach § 34 Abs. 1 FGG zu gestatten[28]. Wenn das Jugendamt wichtige Informationen nur durch Befragung von Nachbarn erhalten kann[29], fragt es sich, ob es insofern eine vertrauliche Behandlung zusagen kann. Eine Entscheidung des *OVG Koblenz*[30] räumt dem Jugendamt ein, über einen Antrag auf *Bekanntgabe von Informanten* nach pflichtgemäßem Ermessen zu entscheiden: »Das private Interesse daran, die Namen von Informanten zum Zwecke der Durch-

---

23 So insbes. *Oberloskamp*, FamRZ 1992, 1244, 1247: »sachverständige Amtshilfe«; vgl. auch *Coester*, FamRZ 1992, 622: »in Scheidungsfällen *zwei Aufgaben*«.
24 *KG* FamRZ 1982, 954. Zu § 57 Abs. 1 Nr. 9 FGG: *Rüffer*, FamRZ 1981, 420; *Weber*, FamRZ 1981, 940. Vgl. aber auch *OLG Frankfurt a.M.*, FamRZ 1992, 206 ff.: Beschwerde des Jugendamtes bei Verkennung der Mitwirkungsaufgabe der Behörde.
25 *Frankfurter Kommentar* zum KJHG, § 49 FGG Anm. 4; *OLG Köln*, NJW RR 1995, 1410.
26 Vgl. *DIV-Gutachten* vom 31.08,1984, in: ZfJ 1984, 570. Zum Zeugnisverweigerungsrecht in diesem Fall *OLG Hamm*, FamRZ 1992, 201 und 4. Kap. 5.1 dieses Buches.
27 Vgl. *Beres*, ZfJ 1984, 265.
28 Kein Anspruch auf Einsicht in die beim Jugendamt geführte Sozialakte, der das Familiengericht für die Entscheidungsfindung keine (wesentliche) Bedeutung beimessen will: *OVG Hamburg*, ZfJ 1984, 154. Das Recht Beteiligter auf Einsicht in Behördenakten ist in § 25 SGB-X geregelt (vgl. dazu *Hager/Sehrig*, 82 ff.).
29 Zur Datenerhebung ohne Mitwirkung der Betroffenen jetzt § 62 Abs. 3 SGB VIII.
30 *OVG Koblenz*, NJW 1983, 2597.

führung eines erneuten vormundschaftsgerichtlichen Verfahren zu erfahren, überwiegt angesichts der dem Jugendamt obliegenden, eine umfassende Sachverhaltsaufklärung erfordernden Aufgaben das öffentliche Interesse an der Wahrung der zugesicherten Vertraulichkeit nicht.«

2.5 Anhörung des Jugendamtes nach §§ 49, 49 a FGG

Entscheidet das Vormundschaftsgericht oder das Familiengericht nach einer der in §§ 49, 49 a FGG genannten Vorschriften, so hat es das Jugendamt zuvor zu hören[31]. Nur bei »Gefahr im Verzuge«, also besonderer Eilbedürftigkeit, um Schaden von dem Kind abzuwenden, kann das Gericht eine einstweilige Anordnung schon vor der Anhörung des Jugendamtes treffen (§§ 49 Abs. 4, 49 a Abs. 2 FGG), muss diese Anhörung dann aber unverzüglich nachholen.

Von den in Betracht kommenden Entscheidungen, die dem Jugendamt und dem Landesjugendamt bekanntzumachen sind (§ 49 Abs. 3, §§ 49 a Abs. 2 FGG), werden hier die praktisch bedeutsamsten dargestellt, nämlich

- die Herausgabe eines Kindes;
- der Eingriff in Elternrechte bei Gefährdung des Kindes;
- die Entscheidung über den Antrag auf Alleinübertragung elterlicher Sorge bei Getrenntleben und Scheidung der Eltern;
- der Umgang des nichtsorgeberechtigten Elternteils mit dem Kind;
- die Adoption.

2.5.1 Herausgabe eines Kindes

§ 1632 Abs. 1 BGB betrifft den Anspruch des Personensorgeberechtigten auf Herausgabe des ihm widerrechtlich vorenthaltenen Kindes. Dabei ist insbesondere einmal an den Konflikt zwischen Eltern bei Getrenntleben oder Scheidung zu denken, wenn sich das Kind bei dem Nichtsorgeberechtigten aufhält[32], zum anderen an die Situation, in der Eltern ihr Kind von Pflegeeltern wegnehmen wollen. Jeweils ist das Familiengericht zuständig (§ 1632 Abs. 3 BGB).

Der Herausgabeanspruch kann auch dem Vormund zustehen[33].

Da das Kind dort, wo es bei Pflegeeltern faktische, soziale Eltern gefunden hat[34], durch eine Herausnahme aus seinem sozialen Bezugsfeld schwer geschädigt werden kann, sieht § 1632 Abs. 4 BGB seit dem 1.1.1980 erstmals einen besonderen Schutz vor, wenn das Kind seit längerer Zeit in Familienpflege lebt[35]. Sowohl die

---

31 Weitere Vorschriften, nach denen das Jugendamt anzuhören ist: §§ 1779 Abs. 1, 1887 Abs. 3 BGB, § 56 d Satz 2 FGG, § 620 a Abs. 3 ZPO
32 Ein Beispiel: *OLG Zweibrücken*, ZblJugR 1983, 193. Weitere Situationen: das Kind ist von Fremden entführt worden oder wohnt bei diesen, nachdem es sich mit den Eltern überworfen hat (vgl. *Beitzke/Lüderitz*, S. 308); – AmtsG Bad Iburg, FamRZ 2000, 1036: Mutter hat im Wege einstweiliger Anordnung zu realisierenden Rückführungsanspruch gegen den getrenntlebenden Vater, der entgegen (stillschweigend getroffener) Einigung der Eltern über den Lebensmittelpunkt der Kinder diese an sich genommen hatte, »um Fakten zu schaffen«.
33 *OLG Brandenburg*, FamRZ 2000, 1038: Bestätigung der amtsgerichtlichen Eilentscheidung; das Jugendamt war gemäß § 1751 Abs. 1 Satz 2 BGB Vormund des Kindes.
34 Zur sozialen Elternschaft vgl. *AK-Münder*, a.a.O., Anhang zu § 1632, und *Münder*, ZblJugR 1981, 231.
35 Vgl. 8. Kap. 5.1 in diesem Buch.

zeitliche Voraussetzung wie der Begriff der Familienpflege darf nicht zu eng verstanden werden[36], weil anders dem entscheidenen Gesichtspunkt des Kindeswohls
nicht Rechnung getragen werden kann.[37] Dabei spielen Anlass und Dauer der
Familienpflege eine entscheidende Rolle. Entscheidend ist insofern, ob das Kind
in der Pflegefamilie seine Bezugswelt so gefunden hat, dass es durch die Herausnahme – jetzt oder überhaupt[38] – schwer geschädigt würde[39]. Nicht übersehen werden darf freilich, dass i.d.R. sozialschwache Eltern die Betroffenen sind, denen
nach Weggabe des Kindes die Möglichkeit geschaffen werden sollte, eine Unterbrechung der Beziehungen zu ihrem Kind zu vermeiden[40]. Dem trägt § 37 Abs. 1
SGB VIII Rechnung: danach soll auf eine Zusammenarbeit der Pflegepersonen
mit den Eltern hingewirkt werden (Satz 1); die Erziehungsbedingungen in der
Herkunftsfamilie sollen verbessert werden (Satz 2), und es soll darauf hingewirkt
werden, dass die Beziehung des Kindes zu seiner Herkunftsfamilie gefördert wird
(Satz 3). Wo Beratung und Unterstützung »innerhalb eines im Hinblick auf die
Entwicklung des Kindes vertretbaren Zeitraums« (Satz 2)[41] diese Ziele nicht
erreichen und wo die Qualität der Beziehungen so beschaffen ist, dass allein die
Verunsicherung durch eine drohende Herausnahme das Kind schwer schädigt,
verbieten sich auch »behutsame« Aktivitäten der Behörde, das Kind darauf seelisch vorzubereiten. Betroffene Eltern verdienen Rat und Unterstützung; bei der

---

36 *AK-Münder*, a.a.O. § 1632 Rz. 4, 5; auch wenn im (Klein-)Heim entsprechende Verhält-
    nisse herrschen, ist § 1632 Abs. 4 anzuwenden (a.A. *LG Frankfurt a.M.*, FamRZ 1984, 729).
37 Nicht notwendig auch bei der Weggabe: *BVerfG*, NJW 1985, 423.
38 Die Gerichte schützen Pflegekinder wenigstens vor »unzeitiger« Herausnahme (vgl. *LG
    Frankenthal*, FamRZ 1984, 509). Schon die Angst des Kindes vor der Trennung kann gar
    nicht ernst genug genommen werden (vgl. *Fieseler*, a.a.O., S. 13 ff., und das beeindruckende
    Gutachten von *Metzger*, UJ 1971, 153). Vgl. auch *Ell*, Unsere Jugend 1991, 105.
39 Nach *OLG Karlsruhe*, ZblJugR 1982, 245, ist die evtl. unverbrüchliche, existentielle Bin-
    dung eines Kindes an die Pflegeeltern zu berücksichtigen, das als Säugling in die Familie
    kommt und Jahre darin lebt. Gegebenenfalls verbietet sich auch eine allmähliche Gewöh-
    nung des Kindes an eine Rückführung, wie dies das *AmtsG Frankfurt a.M.* mit ausführli-
    chen Belegen aus der (verhaltens-) biologischen und psychologischen Wissenschaft ent-
    schieden hat. *AmtsG Tübingen*, FamRZ 1988, 428, lehnt unter besonderen Umständen das
    Herausgabeverlangen der Mutter eines nichtehelichen Kindes ab, das sich seit längerer
    Zeit beim Vater in Pflege befindet und trifft eine Verbleibensanordnung unter der Voraus-
    setzung einer regelmäßigen und funktionierenden Umgangsbefugnis der Mutter. Über die
    Ergebnisse einer Fragebogenaktion unter 24 humanwissenschaftlichen Hochschullehrern
    berichtet *Klußmann* in DAVorm 1985, 169 ff. Zur Verfassungsmäßigkeit der Verbleibens-
    anordnung nach § 1632 Abs. 4 BGB: *BVerfG*, in FamRZ 1985, 39. Zu § 1632 Abs. 4 vgl.
    auch *Schlüter/Liedmeier*, FuR 1990, 122; *Niemeyer*, FuR 1991, 332; *Lakies*, FamRZ 1990,
    698, *Wagner*, FuR 1991, 211; *Siedhoff*, NJW 1994, 616 sowie *BVerfG*, FamRZ 1989, 145 und
    (zu §§ 1696 Abs. 2, 1632 Abs. 4 BGB) *BVerfG*, FamRZ 1993, 784; *BayObLG*, NJW 1994,
    698. Eingehend dazu jetzt *Salgo*, GK-SGB VIII (Stand Juni 2000) § 33, Rz. 17 ff.. Neuere
    Rechtsprechung: *OLG Bamberg*, FamRZ 1999, 663; *BayObLG*, FamRZ 1998, 1040 und
    FamRZ 2000, 633; *OLG Hamm*, FamRZ 2000, 450; *OLG Frankfurt/Main*, FamRZ 2000,
    1037 (Möglichkeiten offenhalten, eine Rückkehr vorzusehen); *OLG Köln*, FamRZ 2000,
    635 (Beschwerdebefugnis der Pflegeeltern gegen Herausgabeanordnung).
40 Vgl. *Simitis*, in *Goldstein* u.a. (1982), S. 188; *Salgo*, NJW 1985, 413; *OLG Hamm*, FamRZ
    1995, 1507; *OLG Hamm*, ZfJ 1997, 430 (Verbleibensanordnung und Besuchsregelung, um
    verstärkt nach Möglichkeiten zu suchen, eine »behutsame Rückführung« des Kindes zu
    ermöglichen.
41 Dabei ist der kindliche Zeitbegriff maßgebend. Vgl. *OLG Celle*, FamRZ 1990, 191; *Heil-
    mann* 1998; *Salgo*, GK-SGB VIII (Stand Juni 2000), § 33 Rz. 22 ff. mit weiteren Nachweisen.

(gerichtlichen) Entscheidung über den Verbleib des Kindes hat dessen Lebenssituation und -interesse aber Vorrang. Möglichst mit allen Beteiligten ist dann eine dem Kindeswohl förderliche, auf Dauer angelegte Lebensperspektive zu erarbeiten (§ 37 Abs. 1 Satz 4 SGB VIII). Wenn von den Eltern nicht die Zurückführung in die Familie, sondern ein Wechsel der Pflegeeltern angestrebt wird, so gebietet die verfassungskonforme Auslegung des Gesetzes eine Verbleibensanordnung, es sei denn, eine Kindeswohlgefährdung kann mit hinreichender Sicherheit ausgeschlossen werden[42].

Verfahrensmäßig ist zu beachten, dass das Gericht nur auf Antrag eines Elternteils die Herausgabe anordnet. Der Verbleib des Kindes bei den Pflegeeltern kann sowohl auf Antrag der Pflegeperson wie auch von Amts wegen angeordnet werden. Für die Anhörung der Eltern, des Kindes[43] und der Pflegepersonen sind die §§ 50 a bis c FGG maßgebend. Gegen den mit Bekanntmachung wirksam werdenden Beschluss des Familiengerichts ist (befristete) Beschwerde zum Oberlandesgericht möglich (§ 621 e Abs. 1 ZPO; §516 ZPO; §119 Abs. 1 Nr. 1 GVG)[44] Beschwerdeberechtigt sind die Eltern (§ 20 FGG), der Minderjährige ab vollendetem 14. Lebensjahr (§ 59 FGG), aber auch die Pflegeeltern und das Jugendamt (§ 57 Abs. 1 Nr. 9 FGG). Gegen die Beschwerdeentscheidung ist die weitere Beschwerde nur zulässig, wenn das Oberlandesgericht sie zugelassen oder wenn es die Beschwerde als unzulässig verworfen hat (§ 621 e Abs. 2 Satz 1 und 2 ZPO). Die weitere Beschwerde kann nur darauf gestützt werden, dass die Entscheidung auf einer Verletzung des Gesetzes beruht (§ 621 e Abs. 2 Satz 3 ZPO; also keine dritte Tatscheninstanz).

Zur *Vollstreckung* der Herausgabeentscheidung nach § 33 FGG[45] ist darauf hinzuweisen, dass der Widerstand des Minderjährigen nicht mit Gewalt gebrochen werden darf[46].Das stellt nun § 33 Abs. 2 Satz 2 FGG (i.d.F. KindRG) für den Versuch, das Umgangsrecht durchzusetzen, ausdrücklich klar.

2.5.2 Eingriff in Elternrechte gemäß § 1666 BGB

Ein ganz besonderes Gewicht hat die Stellungnahme des Jugendamtes, wenn eine Entscheidung des Familiengerichtes nach § 1666 BGB ansteht. Diese für das Eltern-Kind-Recht zentrale Rechtsnorm ist Ausdruck des staatlichen Wächteramtes (vgl. Art. 6 Abs. 2 Satz 2 GG). § 1666 Abs. 1 BGB legt die Voraussetzungen fest, unter denen das Jugendamt im Rahmen der Anhörung nach § 49 a Abs. 1 Nr. 8 FGG Maßnahmen zur Abwendung einer Gefährdung des Kindes vorschlagen und

---

42 *BVerfG*, in ZfJ 1987, 409, und NJW 1988, 125 (»Binnenschiffer-Fall«). Vgl. das Gutachten von *Ell*, ZfJ 1987, 493; *BayObLG*, FamRZ 1991, 1080; sehr bedenklich: *BVerfG*, in: FamRZ 1989, 31 = EzFamR Art. 6 GG Nr.5 mit Anm. *Münder* (zur »Überführung« eines Pflegekindes in eine Adoptivfamilie).

43 Auch ein dreijähriges Kind ist grundsätzlich persönlich anzuhören, *BayObLG*, in: ZfJ 1985, 36.

44 Vgl. *Staudinger/Coester* zu §1666 (Rz. 229).

45 Vgl. *Schüler*, ZblJugR 1981, 173 ff.; *OLG Hamburg*, FamRZ 1994, 1128.

46 *AG Springe*, NJW 1978, 834; *OLG Hamm*, FamRZ 1979, 316. Vgl. auch *Münder*, ZblJugR 1981, 241; *BayObLG*, FamRZ 1985, 737 (dazu *Lempp*, FamRZ 1986, 1061 ff.); *Knöpfel*, FamRZ 1985, 1211; *Schütz*, FamRZ 1986, 528; *Wieser*, FamRZ 1990, 693. Nach *OLG Celle*, FamRZ 1994, 1128, kann der Gerichtsvollzieher gemäß § 1631 Abs. 3 BGB zur Gewaltanwendung ermächtigt werden; vgl. auch *OLG Hamburg*, FamRZ 1994, 1128 (dagegen *Diercks*, FamRZ 1994, 1229 f.); *Niemeyer*, FuR 1996, 75.

das Gericht diese Maßnahmen beschließen kann. Stets muss eine Gefahr für das körperliche, geistige oder seelische Wohl des Kindes vorliegen. Diese Gefahr muss durch die missbräuchliche Ausübung elterlicher Sorge, durch die Vernachlässigung des Kindes, durch unverschuldetes[47] Versagen der Eltern oder durch das Verhalten eines Dritten verursacht sein. Auch dürfen die Eltern nicht gewillt oder nicht in der Lage sein, die Gefahr ohne familiengerichtliche Maßnahmen abzuwenden.

Wegen der Unbestimmtheit des Kindeswohlbegriffes besteht die Gefahr, der Lebenssituation angeblich gefährdeter junger Menschen mit den subjektiven Wertvorstellungen von Jugendamt und Gericht (»mittelschichtorientierte Maßstäbe«) nicht gerecht zu werden und mit einer solchen Handhabung das Wohl des jeweiligen Kindes und Jugendlichen als alleinigem Maßstab familiengerichtlicher Entscheidungen zu verfehlen. Eine schichtspezifische oder gar klassenjustizielle Auslegung ist also zu vermeiden, was eine genaue Kenntnis der Lebensumstände der Betroffenen und ein Einfühlen ebenso voraussetzt wie die Berücksichtigung sozialwissenschaftlicher Aussagen zur Entwicklung junger Menschen.

Gegenüber der bisherigen Rechtsprechung geht die Kritik in zwei Richtungen:
– einerseits unterbleiben aus dem (zutreffenden) theoretischen Verständnis der Eingriffsnorm als Ausnahmevorschrift heraus in Fällen durchaus ernster Gefahr für das Kindeswohl familiengerichtliche Maßnahmen,
– andererseits lassen sich mitunter Einschränkungen elterlicher Rechte gemäß § 1666 BGB bis hin zur Herausnahme der Kinder aus ihren Herkunftsfamilien nur mit dem erwähnten schichtspezifischen Verständnis erklären[48].

Dabei ist zum einen an die Fälle schwerer körperlicher und psychischer Misshandlung von Kindern zu denken, zum anderen an Fälle von (schwerer) Vernachlässigung, die in der Praxis eine besondere Rolle spielt[49] und insbesondere bei Kleinkindern leicht zu Gefährdungen von Leib und Leben führen kann. Hier ist effektiver Kinderschutz gemeinsame Aufgabe von Jugendhilfe und Familiengerichten. Doch gibt es auch Entscheidungen, die (ohne Not) dann ohne viel Federlesens elterliche Rechte beschneiden, wenn es sich um Eltern aus den unteren Schichten handelt, und wenn es darum geht, dass Eltern ihren Kindern nicht die Wertvorstellungen vermitteln, auf die es ankommen soll[50].

Zu beachten ist, dass die *Trennung des Kindes von seiner Herkunftsfamilie* nur dann zulässig ist, wenn der Gefahr nicht auf eine andere Weise begegnet werden kann. Dies ist seit 1980 ausdrücklich im Gesetz geregelt. Gemäß § 1666 a Abs. 1 BGB ist zu prüfen, ob nicht *öffentliche Hilfen* eine auf Trennung des Kindes von seiner Familie hinzielende familiengerichtliche Maßnahme erübrigen. Seit dem 1.1.1991 haben insbesondere die Leistungen nach dem KJHG Vorrang vor gerichtlichen Eingriffen in das Elternrecht. Wo also beispielsweise der Einsatz einer Familienhelferin ausreichen würde, verkennt das Jugendamt die Eingriffsnorm, wenn es gleich-

---

47 Zur Verfassungsmäßigkeit *BVerfG*, NJW 1982, 1379 (mit. Anm. *Hinz*, NJW 1983, 377). BayObLG, FamRZ 1997, 956: In Schüben auftretende Erkrankung der Mutter; BayObLG (1 Z BR 11/96): an Schizophrenie leidende Mutter, die ihr verhaltensgestörtes Kind einer »sexualisierten Atmosphäre in der Familie aussetzt; auch zur Beschwerdeberechtigung des Jugendamtes.

48 Vgl. *AK-Münder*, § 1666 Rz. 3; zum Wohl des Kindes unter Berücksichtigung der sog. sozio-kulturellen Milieus der Eltern bzw. der Mutter: *OLG Hamm*, ZblJugR 1983, 274.

49 *Münder u.a.*, 1998, S. 3, 26; *Schone u.a.* 1997; *Fieseler*, in: Sozialextra 2000, 14; *Rüth*, ZfJ 2000, 294 (Untersuchung von 97 Gutachten in Verfahren nach §§ 1666, 1666a BGB).

wohl eine Fremdplazierung vorschlägt[51]. Wo allerdings die Chancen auf Sicherstellung der sozialen Grundentwicklung nur in einer anderen (Pflege-)Familie zu erhalten sind, kann der Entzug der elterlichen Sorge gerechtfertigt sein[52]. Auch geistig behinderte Eltern sind mit geeigneten Hilfen in der Lage, ihr Kind bei sich zu behalten[53]. Andererseits darf ein Kind nicht zum »Experimentierobjekt gesellschaftlicher Behindertenförderung« werden[54].

Der *Entzug der gesamten Personensorge* steht unter den engen Voraussetzungen des § 1666 a Abs. 2 BGB. Auch damit hat der Gesetzgeber dem Grundsatz der Verhältnismäßigkeit staatlicher Eingriffe Rechnung getragen. Freilich könnte erst der weitere Ausbau öffentlicher Jugendhilfeleistungen den mit § 1666 a BGB durchaus intendierten Wandel von einer Praxis repressiver Eingriffe zu konsequenter, präventiver Hilfe und Unterstützung der Erziehungskraft der Herkunftsfamilie bewir-

---

50 Beispiele aus der Rechtsprechung: *Kindesmisshandlung: BayObLG, FamRZ 1993, 229; BayObLG, FamRZ 1997, 572; sexueller Missbrauch: BayObLG,* FamRZ 1994, 975; *OLG Düsseldorf,* NJW 1995, 1970 (Lebensgefährte der Mutter); *Vernachlässigung: BayObLG,* FamRZ 1997, 1553 (Entzug der gesamten Personensorge); Jugendamt als Ergänzungspfleger, nicht Vormund, bringt Kinder in Jugendhilfe- und Kinderzentrum unter; *häufiges Schulversäumnis: AG Moers,* ZfJ 1986, 113 (»erstickende Erziehungshaltung« »over protection«); befristete Sorgerechtseinschränkung zur Ermöglichung der stationären Begutachtung und Behandlung eines psychisch gestörten Kindes, *BayObLG,* ZfJ 1996, 106 (Schulphobie); alkoholbedingte Vernachlässigung und Unterernährung des Kindes: *BayObLG,* DAVorm 1988, 265; Drogensucht der Mutter: *OLG Frankfurt,* FamRZ 1983, 530; Mutter in seelischem Ausnahmezustand droht, Kind beim nächsten Suizidversuch »mitzunehmen«: *BayObLG,* FamRZ 1999, 318; verweigerte Bluttransfusion: *OLG Celle,* NJW 1995, 792; Entzug des Aufenthaltsbestimmungsrechts und (vorläufig) des Umgangsrechtes wegen emotionaler Vernachlässigung mehrerer nichtehelicher Kinder: *BayObLG,* FamRZ 1994, 1411; Entziehung des Aufenthaltsbestimmungsrechts und der Befugnis zur Regelung in schulischen Angelegenheiten, wenn die zur Wahrnehmung der Personensorge als Pfleger bestellten Großeltern keine Einsicht in die erforderliche Unterbringung des Kindes in eine heilpädagogische Einrichtung zeigen; Entziehung der Zustimmung in psychologische Begutachtung des Kindes in einer heilpädagogischen Einrichtung: *OLG Zweibrücken,* FamRZ 1999, 521; Entziehung des Rechts auf Beantragung öffentlicher Hilfen: *BayObLG,* FamRZ 1995, 502, vgl. dazu auch *AmtsG Kamen,* FamRZ 1995, 951 und *LG Darmstadt,* DAVorm 1995, 762. Ablehnung der Unterbringung eines 10-jährigen zur Beurteilung seiner Persönlichkeit: *BayObLG,* FamRZ 1991, 214; verweigerte Zustimmung in Schwangerschaftsabbruch: *OLG Hamm,* NJW 1998, 3425; *OLG Köln,* FamRZ 1996, 1027 f.: 15-jährige bat Jugendamt um Inobhutnahme, weil sie es nicht länger ertragen konnte, mit ihrem Vater die Ehebetten teilen zu müssen (zeitweiser Entzug der Personensorge und Trennung des Mädchens vom Vater); *OLG Hamm,* NJW-RR 1996, 964: Vater hatte einen Raubüberfall gegen seine Familie vorgetäuscht, war dabei gegen die Mutter tätlich geworden und hatte ihren Tod verursacht.

51 *Fieseler,* ZfF 1979, 196; *Palandt-Diederichsen,* § 1666 a Anm. 2; fragwürdig sind allerdings Entscheidungen, die einen Verbleib Jugendlicher in der Herkunftsfamilie absichern, obwohl diese sich um Schutz an die Jugendämter wenden (*BayObLG,* FamRZ 1991, 1218: 16-jähriges tunesisches Mädchen; *BayObLG,* FamRZ 1992, 90: Mädchen kurz vor Erreichen der Volljährigkeit; Verkennung der sozialpädagogischen Familienhilfe nach § 31 SGB VIII). Vorbildlich dagegen *OLG Karlsruhe/Freiburg,* DAVorm 1989, 700 (»Selbsterziehung und Eigenlenkung« einer 17-jährigen anerkannt). Zur Aufrechterhaltung einer Heimunterbringung nach übermäßiger körperlicher Züchtigung einer 15-jährigen: *BayObLG,* FamRZ 1993, 229.

52 OLG Oldenburg, FamRZ 1999, 38.

53 Zur Rechtslage vgl. *BVerfG,* in ZblJugR 1983, 254.

54 *Staudinger/Coester,* § 1666, Rz. 127.

ken. Maßnahmen nach § 1666 BGB dürften dann auch nicht wie bisher in das *Erziehungsregister* eingetragen werden (vgl. § 60 Abs. 1 Nr. 9 BZRG)[55]. § 1666 BGB hat so für die betroffenen Eltern Strafcharakter, was insbesondere damit in Widerspruch steht, dass seit 1980 auch das unverschuldete Versagen von Eltern zu Maßnahmen des Gerichtes führen kann,[56] und es besteht die Gefahr einer Diskriminierung der betroffenen Kinder und Jugendlichen.

Das Verfahren nach § 1666 BGB kann folgenden Verlauf nehmen[57]:

1. Jugendamt erlangt Kenntnis von einer Kindesgefährdung (z.B. durch den anonymen Anruf eines Nachbarn[58]);
2. Jugendamt ermittelt die Situation (Was ist zum Wohl des Kindes zu veranlassen?)
   - Prüfung, ob bereits Vorgänge vorhanden sind,
   - Hausbesuch – Gespräche mit Kind und Eltern,
   - Erkundigungen bei Nachbarn[59], in Kindergarten oder Schule
3. Jugendamt findet zu einer eigenen Entscheidung
   - kann Kind in seiner Familie bleiben; welche öffentlichen Hilfen reichen ggf. aus?
   - muss das Kind aus seiner Familie herausgenommen werden; kann dies ggf. mit Einverständnis der Personensorgeberechtigten geschehen?
   - muss das Familiengericht eingeschaltet werden?
4. Jugendamt klärt, ob eine geeignete Unterbringungsmöglichkeit vorhanden ist
   - Kontaktaufnahme mit geeigneter Pflegefamilie,
   - Aufnahmebereitschaft eines geeigneten Heimes,
   - Klärung der Kostenfrage[60],
5. Jugendamt regt eine familiengerichtliche Maßnahme an[61] (bei »Gefahr im Verzug« auch eine vorläufige Maßnahme)
   - Entzug der Personensorge (bzw. des Aufenthaltsbestimmungsrechtes[62]),
   - Übertragung der Personensorge (bzw. des Aufenthaltsbestimmungsrechtes) auf das Jugendamt als Pfleger;
6. Familiengericht entscheidet über die Einleitung eines Verfahrens nach § 1666 BGB
   - es lehnt die Einleitung ab[63],

---

55 Dazu *Carspecken*, ZblJugR 1983, 254.
56 *BayObLG*, FamRZ 1999, 318: Vorläufige Entziehung des Aufenthaltsbestimmungsrechtes einer Mutter in seelischem Ausnahmezustand; Zusammenarbeit zwischen Jugendamt und Mutter hatte sich als unmöglich erwiesen); s. auch *BayObLG*, FamRZ 1999, 138 und 387.
57 Zur Bedeutung des Hilfeplans (vgl. 1. Kap. 3.7) im Rahmen des vormundschaftsgerichtlichen (jetzt familiengerichtlichen) Verfahrens: *AG Kamen*, DAVorm 1995, 996 ff.
58 Auch ein solcher Anruf kann einen Anhaltspunkt für eine Kindesgefährdung ergeben. Dem ist nachzugehen.
59 Nicht unproblematisch, vgl. *Danzig*, a.a.O., S. 121. Abzuwägen sind der »gute Ruf« der Eltern und Bedeutung gerade solcher Ermittlungen für die Klärung der Situation, deren Gewicht für das Kind. Datenerhebung ohne Mitwirkung des Betroffenen: § 62 Abs. 3 SGB VIII.
60 Abgeltung der Leistungen einer Einrichtung (zu den Pflegesätzen vgl. *Oberloskamp/ Adams*, S. 61 f.) – Pflegegeld (vgl. Seite 318 f. dieses Buches) – Heranziehung der Eltern zu den Kosten (vgl. S. 323 f. dieses Buches).
61 Das Jugendamt kommt damit seiner Anzeigepflicht nach (§ 50 Abs. 3 Satz 1 SGB VIII).
62 Der Verhältnismäßigkeitsgrundsatz ist zu beachten. Die Maßnahme darf nicht einschneidender sein, als es das Kindeswohl erfordert: *Palandt-Diederichsen*, 2000, § 1666 Rz. 52.

– es eröffnet das Verfahren

7. Familiengericht ermittelt[64] von Amts wegen (§ 12 FGG)
   – zieht Akten bei,
   – vernimmt Zeugen,
   – holt Gutachten ein,
   – beauftragt das Jugendamt mit (weiteren) Ermittlungen,
   – hört das Kind (§ 50 b FGG), seine Eltern (§ 50 a FGG), (ggf.) Pflegepersonen (§ 50 c FGG) an,
   – hört das Jugendamt an (§ 49 a Abs. 1 Nr. 8 FGG);
8. Familiengericht entscheidet durch Beschluss[65];
9. Beschluss wird mit der Bekanntmachung wirksam (§ 16 FGG);
10. Jugendamt nimmt das Kind aus seiner Familie heraus und bringt es in Pflegefamilie oder Heim unter[66];
11. Wenn sich Eltern weigern, das Kind herauszugeben, erwirkt das Jugendamt beim Familiengericht eine Vollstreckungsanordnung;
12. Gerichtsvollzieher nimmt den Eltern das Kind – notfalls mit Gewalt[67] – weg;
13. Jugendamt unterhält Kontakt mit Pflegeeltern, Heim und Eltern (vgl. § 37 SGB VIII);
14. Jugendamt überprüft die Notwendigkeit der Fortdauer der familiengerichtlichen Maßnahme (vgl. § 1696 Abs. 2 i.V.m. § 50 Abs. 1 SGB VIII);
15. Jugendamt berichtet dem Familiengericht »in angemessenen Zeitabständen« (vgl. § 1696 Abs. 3 BGB i.V.m. § 50 Abs. 2 SGB VIII);
16. Jugendamt regt ein Änderungsverfahren an;
17. Familiengericht entscheidet über Änderung der Maßnahme zu 8. (es gilt wieder 6.-9.).

2.5.3 Regelung der elterlichen Sorge nach Elterntrennung und Scheidung [68]

Das Jugendamt berät nicht nur gemäß § 17 Abs. 1 SGB VIII – und unterstützt dabei die Eltern, ein einvernehmliches Konzept für die Wahrnehmung der elterlichen Sorge zu entwickeln (§ 17 Abs. 2) –, es stellt in familiengerichtlichen Verfahren (seit dem 1.7.1998 nur noch auf Antrag hin) auch die nötigen Ermittlungen an,

---

63 Dagegen Beschwerde des über 14-jährigen Minderjährigen (§ 59 FGG); des Jugendamtes (§ 57 Abs. 1 Nr. 9 FGG).

64 Das Familiengericht darf sich nicht mit dem Bericht des Jugendamtes begnügen, wenn eigene Ermittlungen den Sachverhalt besser aufzuklären geeignet sind. Dazu *Frommann*, a.a.O., S. 164.

65 . Rechtsmittel: Beschwerde an das Oberlandesgericht (§ 621 e i.V.m. § 621 Abs. 1 Nr. 1 ZPO, § 1666 Abs. 1 BGB), gegen dessen Entscheidung weitere Beschwerde an den Bundesgerichtshof (§ 621 e Abs. 2 ZPO: nur bei Zulassung durch das Oberlandesgericht oder bei Verwerfung der Beschwerde als unzulässig). Beschwerdeberechtigung: die Eltern (§ 20 Abs. 1 FGG), Verwandte und Verschwägerte des Kindes (§ 57 Abs. 1 Nr. 8 FGG), der über 14-jährige Minderjährige (§ 59 FGG; vgl. *BayObLG*, DAVorm 1982, 351). – Eintragung des Beschlusses in das Erziehungsregister (§ 60 Abs. 1 Nr. 9 BZRG).

66 Evtl. kommt auch eine Unterbringung in einer Jugendwohngemeinschaft oder in einer eigenen Wohnung in Betracht (zu § 34 SGB VIII vgl. 8. Kap. 7).

67 § 33 Abs. 2 FGG. *Schüler*, ZblJugR 1981, 173; *Kraeft*, FuR 2000, 357, 417.

68 Hierzu und zu 2.5.4 (Umgangsrecht), einschließlich Verfahrensrecht, aus richterlicher, hier nicht durchwegs geteilter Sicht eingehend *Dieter Wilhelm Weychardt*, Die familiengerichtliche Regelung der elterlichen Verantwortung. Eine Handreichung für den Praktiker, in: ZfJ 1999, 268 ff. und 326 ff.

um dem (Familien-)Gericht die Sorgerechtsregelung vorschlagen zu können, die
dem Kindeswohl am besten dient, bzw. die im Hinblick auf die mit der Beziehungs-
krise und Trennung der Eltern verbundenen Belastungen die für das Kind am
wenigsten schädliche Regelung darstellt[69]. Es handelt sich auch dabei um eine
eigenständige Stellung, so dass die Mitwirkung vom Familiengericht nicht mit Verfügung und Zwangsmitteln des § 33 FGG erzwungen werden kann[70]. Die fachliche
Kooperation mit dem Gericht ist aber gemäß § 50 SGB VIII Pflichtaufgabe des
Jugendamtes, die zum Wohl der Kinder und Jugendlichen auch unterhalb der
Schwelle der Gefährdung im Sinne von § 1666 ebenso wichtig ist wie die Beratung
der Betroffenen gemäß § 17 SGB VIII. Dies gilt auch nach Inkrafttreten des KindRG, das mehr auf jugendamtliche Beratung als auf richterliches Entscheiden
setzt, weil (bedenklicher Weise nur noch in Antragsfällen) bei Scheitern von Eini-
gungsbemühungen das Familiengericht durch das Jugendamt in den Stand gesetzt
werden muss, die unter Berücksichtigung der tatsächlichen Gegebenheiten und
Möglichkeiten dem Kindeswohl am besten entsprechende Entscheidung zu treffen
(§ 1697 a BGB). Angesichts einer teilweise äußerst lebensfremden *Überhöhung*
gemeinsamer elterlicher Sorge, die nur funktionieren kann, wenn die sich trennenden Eltern beide (ohnedies oder nach gelungener Beratung) wirklich weiterhin
gemeinsam Verantwortung tragen wollen, und nicht, wenn das Gericht dies anordnet[71], gilt es zur Kenntnis zu nehmen, dass es durchaus für ein Kind besser sein
kann, wenn ein Elternteil die elterliche Sorge allein innehat[72] Mehr als fragwürdige entwicklungspsychologische Aussagen und Verallgemeinerungen stehen dem
allerdings zur Zeit im Wege[73]. Die Jugendhilfe darf solcher Ideologie nicht aufsit-
zen Ihre Kompetenz liegt im konkreten Sachverhaltsverstehen, nicht im »Regel-
oder Normalfalldenken«. Sofern sie sich weniger an ihrem sozialpädagogischen
Auftrag orientiert als an der Rechtsprechung, kann sie sich nun an der ersten, über-

---

69 Teilweise wird es nicht (mehr) als Aufgabe des Jugendamtes angesehen, einen Entscheidungsvorschlag zu machen; dies vertrage sich nicht mit seiner (als vorrangig angesehenen)
Beratungsaufgabe (so z.B *Schleicher*, in: GK-SGB VIII § 50 Rz. 26 mit weiteren Nachweisen; *Schleicher*, a.a.O., Rz. 17 meint auch, das Jugendamt stelle »keine Ermittlungen für
das Gericht« an; ausführlich zur Kontroverse um die Form der Mitwirkung *Mörsberger*, in:
Wiesner, § 50 Rz. 41 ff.). Daran ist richtig, dass das Gericht weder Ermittlungen noch die
Abgabe eines Entscheidungsvorschlages *anordnen* kann (insofern ebenso *Schleicher*, GK-
SGB § 50 Rz. 19), doch ist es die eigenständige Aufgabe des Jugendamtes, seinen Verpflichtungen im Rahmen der »Familiengerichtshilfe« zugunsten der Kinder und Jugendlichen wahrzunehmen. Dazu gehört auch, dass es das Gericht in die Lage versetzt, eine dem
Kindeswohl entsprechende Entscheidung zu treffen (vgl. § 1697 a BGB). *Wann* dies nötig
ist, entscheidet es selbst nach pflichtgemäßem Ermessen (*Willutzki*, ZfJ 1994, 203; *Schleicher*, in: GK-SGB VIII § 50 Rz. 18). Ermessensfehlerhaft wäre es, sich der Mitwirkung mit
der (generellen) Überlegung eines »Perspektivenwechsels« zu entziehen: Es entscheidet
der Einzelfall.
70 *SchlH OLG*, DAVorm 1994, 500 m.w.Nw. (mit Hinweis auf Dienstaufsichtsbeschwerde und
kommunale Rechtsaufsicht).
71 *OLG Zweibrücken*, FamRZ 1999, 40 = Kind-Prax 1998, 189: Eltern »verpflichtet Elternschaft und Partnerschaft auseinanderzuhalten und »Konsens zu suchen und zu finden«.
Vgl. auch Rz. 74.
72 *BGH*, FamRZ 1999, 1647: *OLG Frankfurt/Main*, FamRZ 1999, 392: gemeinsames Agieren
unter Zurückstellung der Partnerprobleme, s. auch Fn. 74).
73 Zu einer die Realität (ideologisch) verfehlenden Rechtsprechung eines Teiles der Gerichte
s. *Fieseler*, in: *Lehmann*, 2000,1 4 und in Sozialextra Heft 4/1999, 4; *Motzer*, FamRZ 1999,
1101.

zeugenden Entscheidung des Bundesgerichtshofs zur gemeinsamen Sorge ausrichten[74].

Das Kindschaftsrechtsreformgesetz machte mit der neuen Fassung des § 1671 nach verbreiteter Auffassung – gegen den Willen des Gesetzgebers (s. BT-Drucks. 13/ 4899, 63) – die gemeinsame Sorge bei Trennung und Scheidung zum »Regelfall«. Dies stimmt für Scheidungsfälle indessen nur insofern, als es ohne Antrag dabei bleibt; wird aber ein Antrag auf Alleinsorge gemäß § 1671 Abs. 1 BGB gestellt, so kommt es ganz auf den jeweiligen Einzelfall an festzustellen, womit dem Kindeswohl am besten gedient ist.

Die dem dienende Anhörung des Jugendamtes durch das Familiengericht beruht auf § 49 a Abs. 1 Nr. 9 FGG.

Das Jugendamt kann vorschlagen:

– die Eltern üben nach der Scheidung das Sorgerecht *gemeinsam* aus[75],
– das Sorgerecht ist dem antragstellenden Elternteil zum Teil oder ganz *allein* zuzuordnen,
– das Sorgerecht ist ganz oder teilweise einem Vormund oder Pfleger zu übertragen (vgl. § 1671 Abs. 3 i.V.m. § 1666 BGB).

Eine Aufteilung (»splitting«) der Rechte war bis zum 1.7.1998 lediglich in der von § 1671 Abs. 4 Satz 2 BGB a.F. vorgesehenen Weise zulässig[76]. Jetzt ist es (beispiels-

---

74 *BGH*, FamRZ 1999, 1646-1648 (auch in *Streit*, Heft 4/1999; »elterliche Gemeinsamkeit lässt sich in der Realität nicht verordnen«), dazu die (zustimmenden) Besprechung von *Sittig/Storr*, FuR 2000, 199 (»damit sollte die juristische Debatte befreit werden von theoretischen Konzeptionen und eher abstrakten und idealen entwicklungspsychologischen Thesen«) und *Born*, *FamRZ 2000 396* (gegen »verordnete Harmonie«; in diesem Sinne *OLG Zweibrücken*, FamRZ 1999, 40: Eltern seien »verpflichtet Konsens zu suchen und zu finden«); vgl. auch OLG Zweibrücken, FamRZ 2000, 1042; *OLG Karlsruhe*, FamRZ 2000, 1041: »trotz mangelnder Kooperationsbereitschaft, wenn der andere Elternteil offensichtlich bemüht ist, die Grundlage für künftige Einigungsmöglichkeiten zu schaffen«. Einige Gerichte haben ebenso entschieden wie der *BGH*: nach *KG*, FamRZ 1999, 1518, setzt das gemeinsame Sorgerecht neben der Kooperationsbereitschaft und -fähigkeit einen Grundkonsens in wichtigen Angelegenheiten voraus; ebenso *OLG Dresden*, FamRZ 1999, 1157: »Mindestmaß an Kooperationsbereitschaft«, vgl. auch *OLG Düsseldorf*, FamRZ 1999, 1157: beiderseits mangelnde Kooperationsbereitschaft führt zur Aufhebung der gemeinsamen elterlichen Sorge (weitere Nachweise auch aus unterschiedlicher Rechtsprechung verschiedener Senate des *OLG Frankfurt/Main*, s. *Fieseler*, in: *Lehmann*, 2000); zuletzt: *OLG Karlsruhe*, FamRZ 2000, 141 (nur Ls.): »erforderlichen Grundkonsens zerstört«; *OLG Hamburg*, FamRZ 2000, 1042: Konflikte erfassen wesentliche Bereiche der elterlichen Sorge wie Umgangsrecht und finanzielle Angelegenheiten; *Haase/Klostermann*, FamRZ 2000, 1003.

75 Vgl. *BVerfG*, in NJW 1983, 101 ff. Dazu *Hinz*, ZfJ 1984, 529 ff.; *Lempp*, ZfJ 1984, 305 ff.; *Coester*, FuR 1991, 70 ff.; *Balloff/Walter*, FamRZ 1990, 445. Kritisch: *Bahr-Jendges*, in: *Streit* 1983, 15 und 1995, 151, *Flügge*, in: *Streit* 1991, 4 und *Heiliger*, FamRZ 1992, 1006; Salgo, FamRZ 1996, 449 (zum KindRG-Entwurf); vgl. auch 1. Kap. 3.4, Fn. 68-75. Zum gemeinsamen Sorgerecht auch bei größerer Entfernung: *OLG Celle*, DAVorm 1995, 866; nicht, wenn Vater in NRW, Mutter in Wales lebt, OLG Hamm, FamRZ 1999, 320.

76 Zum Verhältnis von § 1671 Abs. 4 Satz 2 a.F. und § 1671 Abs. 5 a.F. vgl. *Oberloskamp* (1984), S. 100 – Das *Bezirksgericht Erfurt*, FamRZ 1993, 830 überträgt das Aufenthaltsbestimmungsrecht auf einen Elternteil bei einem im übrigen gemeinsamen Sorgerecht (ablehnend: *Luthin*, a.a.O., S. 832). Vgl. auch *BezG Erfurt*, FamRZ 1994, 921, *AmtsG Erfurt*, FamRZ 1995, 54 und *OLG Hamm*, MDR 1995, 287.

weise) rechtlich zulässig (ob sinnvoll, ist freilich eine andere Frage), einem Elternteil das Aufenthaltsbestimmungsrecht allein zu übertragen, während die elterliche
Sorge im übrigen beiden Elternteilen zu belassen[77] ist.

Das Jugendamt kann unter den Voraussetzungen des § 50 Abs. 2 FGG zwecks einer
außergerichtlichen Beratung seitens der Jugendhilfe auch eine Aussetzung des Verfahrens anregen. [78]

So wünschenswert es im Interesse vieler Kinder wäre, wenn ihre Eltern auch nach
der Trennung willens und in der Lage wären, gemeinsam elterliche Verantwortung
zu tragen – dies auch das Ergebnis qualifizierter Beratung sein kann (vgl. jetzt § 17
Abs. 1 Satz 2 Nr. 3 und Abs. 2 SGB VIII[79]; gemäß § 17 Abs. 3 SGB VIII teilen die
Gerichte dem Jugendamt die Rechtshängigkeit von Scheidungssachen mit, damit es
beraten kann) – so wird in den dazu aus Kindersicht geeigneten Fällen das Jugendamt doch einen Entscheidungsvorschlag zugunsten des Elternteils begründen, mit
dem das Kind in Zukunft besser zusammenleben wird, weil es sich bei ihm voraussichtlich günstiger entwickeln wird[80]. So benannte zuletzt der Arbeitskreis 16 des
Deutschen Familiengerichtstages[81] Gründe, die für das Gericht nachvollziehbar
gegen eine gemeinsame Sorge sprechen können.

Allerdings kann nur *dem* Elternteil das alleinige Elternrecht übertragen werden,
der einen entsprechenden Antrag stellt (§ 1671 Abs. 1 Abs.1 BGB i.d.F. KindRG,
anders nur unter den Voraussetzungen des § 1666 BGB) und diesem Antrag *ist
stattzugeben,* wenn der andere Elternteil zustimmt (§ 1671 Abs. 2 Nr. 1) – dies
bedenklicher Weise ohne dass es noch einer Kindeswohlprüfung bedarf[82], oder
wenn zu erwarten ist, dass die Aufhebung der gemeinsamen elterlichen Sorge und
die Übertragung auf den antragstellenden Elternteil dem Kindeswohl am besten
entspricht (§ 1671 Abs. 2 Nr. 2 BGB).

So leicht es ist, *generelle Gesichtspunkte* zu benennen, die dem unbestimmten
Rechtsbegriff »Kindeswohl« dienen (vgl. § 1671 Abs. 2 Nr. 2 BGB), so schwierig ist
es in der Praxis oft, Klarheit darüber zu gewinnen, was im Einzelfall für das Kind
das Beste ist.

---

77 *OLG Köln,* FamRZ 2000, 1041; vgl. auch *OLG München,* 11 UF 1752/98, Beschluss vom
    17.11.1998: Übertragung des Aufenthaltsbestimmungsrechts und des Rechtes, mit dem
    Hauptschulbesuch zusammenhängende Fragen zu bestimmen.
78 Aus der Zeit vor Inkrafttreten des KindRG: Eine Sorgerechtsentscheidung für die Dauer
    des Getrenntlebens ist nur bei konkreter Notwendigkeit vom Gericht zu treffen. Hieran
    fehlt es, wenn die Eltern die mit § 17 SGB VIII zu treffenden Beratungshilfen nicht in
    Anspruch genommen haben, *AmtsG Westerstede,* FamRZ 1997, 103.
79 Vgl. 7. Kap. 2.3 und *Anderson/Fischer,* in: ZfJ 1993, 319 ff.; *Alef,* ZfJ 1994, 197; *Balloff,*
    DAVorm 1995, 1.
80 Kritisch und mit dem Versuch, Wege einer alternativen Konfliktregelung aufzuzeigen:
    Proksch, in: *Hahn* u.a., a.a.O., 55 ff.; vgl. auch die Empfehlungen des *Deutschen Vereins,*
    NDV 1992, 148 ff. (jetzt: Empfehlungen des Deutschen Vereins, NDV 1999, Heft 9). Dazu
    wiederum *Kuckertz-Schramm,* ZfJ 1992, 609 ff. Zu möglichen Folgen von Elterntrennung
    und Scheidung für die Kinder vgl. *Hansen,* 1993, 45 ff. (m.w.Nw.); *Buskotte* 1991; *Obern-*
    dorfer, in: Jugendhilfe 1992, 203 ff., *Mackscheidt,* FamRZ 1993, 254 ff. (Loyalitätsproble-
    matik), *Sprey-Wessing,* TuP 1982, 105 ff.
81 FPR Heft 2/2000, Service S. IV.
82 Zur Anordnung der Kindesanhörung im Scheidungsverfahren ohne Sorgerechtsantrag:
    Bergmann/Gutdeutsch, FamRZ 1999, 422 (auch: Einleitung eines Umgangsrechtsverfahrens
    nach § 623 Abs. 2 ZPO in »geeigneten Fällen«)

Alltagstheorien sind zu vermeiden. Gefordert ist ein Sachverhaltsverstehen, das nach dem Kindeswohl im Einzelfall fragt. In die Irre führen müssen generell-normative Überlegungen wie (nach Inkrafttreten des – insofern missverstandenen – KindRG auch in der Jugendhilfe verbreitet) die, gemeinsame elterliche Sorge sei auch nach Elterntrennung »Regelfall«[83]. Eine Ermittlung und Abwägung verschiedener Gesichtspunkte ist erforderlich[84]:
– Zu welchem der Elternteile hat das Kind die engeren Bindungen?
– Wer kann es besser emotional und/oder geistig fördern?
– In wessen Umwelt hält es sich lieber auf?
– Welcher Elternteil ist überhaupt besser zur Erziehung geeignet?[85]
  (Was gar nicht individuell genug – Alter, Persönlichkeit des Kindes – beurteilt werden kann.)
– Wer kann sich besser um das Kind kümmern, oder – wenn beide Elternteile berufstätig sind – wer weiß die geeigneteren Betreuungspersonen hinter sich?

---

83 So etwa OLG Bamberg, ZfJ 1999, 393 (es könne »zum Wohl der Kinder nicht mehr hingenommen werden, dass ein Elternteil eine Streitfront über wenige wichtige Angelegenheiten eröffnet und mit der Begründung, er könne mit dem anderen Elternteil nicht mehr zusammenarbeiten, die Übertragung der alleinigen elterlichen Sorge auf sich zum Wohle des Kindes beansprucht«) und in: Kind-Prax 1999, 133; s. auch OLG Bamberg, in: Kind-Prax 1999, 134: Übertragung des Sorgerechts auf den Vater mangels jeglicher Kooperationsfähigkeit der Eltern (dazu die Stellungnahme von *Winn*, a.a.O., 135: Frage danach, inwieweit die Eltern in der Lage sind, »eine Streitkultur zu entwickeln«; weitere Nachweise und Kritik an dieser Rechtsprechung: *Fieseler*, in: Sozialextra 4/1999, 4 ff. und in: *Lehmann*, 2000). Durch KindRG keinesfalls überholt: OLG Bamberg, FamRZ 1997, 102: Die elterliche Sorge ist selbst dann der Mutter zuzuweisen, »wenn diese darauf ausgeht, aus sachlich nicht nachvollziehbaren Gründen (!? G.F.) die Bindungen des Kindes an den anderen Elternteil zu zerstören, aber Gesichtspunkte der Kontinuität so schwer wiegen, dass die Trennung des Kindes von der Mutter dessen Wohl in massivster Weise beeinträchtigen wird« – »absolut vorrangiges Wohl des Kindes«.

84 Vgl. *OLG Frankfurt*, FamRZ 1994, 921. Aufzählung der Grundsätze, die auch für eine Entscheidung bei Getrenntleben gelten (vgl. § 1672 BGB a.F.), z.B. in KG FamRZ 1990, 1383. Zur Bedeutung der Gefühlsbindung des Kindes: *OLG Hamm*, FamRZ 1994, 918; *Koechel*, FamRZ 1986, 637; *Kaltenborn*, FamRZ 1987, 990; *Arndt/Oberloskamp/Balloff*, S. 113, nennen zwanzig »Orientierungspunkte« für eine gutachtliche Stellungnahme des Jugendamtes. Zum Kindeswille: *AG Stuttgart*, FamRZ 1981, 597 (»auch ohne rationale Begründung entscheidend«). *Fehmel*, FamRZ 1986, 531. Zur Übertragung auf Mutter, die mit gleichgeschlechtlicher Partnerin zusammenlebt: *AG Mettmann*, FamRZ 1985, 529. Übertragung der elterlichen Sorge auf eine »von Hass gegen ihren geschiedenen Ehemann erfüllte« Mutter: *BGH*, FamRZ 1985, 169. Keine Erziehungsfähigkeit eines wiederholt vorbestraften und noch unter Bewährungsaufsicht stehenden Vaters: *OLG Bamberg*, FamRZ 1991, 1341.

85 Zur Frage der Erziehungsfähigkeit aus medizinisch-psychologischer Sicht: *Salzgeber u.a.*, FamRZ 1995, 1311; nach OLG Saarbrücken, FamRZ 1996, 561 stellt aktive Mitgliedschaft in der Religionsgemeinschaft der Zeugen Jehovas allein die Erziehungsfähigkeit nicht in Frage; zum »medizinischen Sorgerecht« eines Zeugen Jehovas s. auch AmtsG Meschede, FamRZ 1997, 958. Keine Bedenken gegen die Erziehungseignung einer Mutter hat OLG Hamm, FamRZ 1996, 562 f., wenn sie bei Besuchen bei den Großeltern sicherstellt, dass das früher vom Großvater missbrauchte Kind nicht mit ihm allein zusammen ist.

Je älter das Kind ist, um so mehr ist für die Entscheidung auch der (geäußerte) *Wille* des Kindes bedeutsam[86]. Doch sind gerade auch jüngere Kinder anzuhören und ernst zu nehmen[87]. Möchte das Kind eindeutig zu dem einen oder dem anderen Elternteil, so sollte dies stets eine wichtige, vielleicht die ausschlaggebende Rolle spielen[88]. Allerdings ist davor zu warnen, dem Kind den Eindruck zu vermitteln, die Entscheidung hänge allein von ihm ab, falls das Kind hierdurch belastet und überfordert wäre. Doch muss es sich stets ernstgenommen fühlen können.

Eine Momentaufnahme der Situation des Kindes und seiner sich trennenden Eltern kann leicht die Dynamik des Beziehungsprozesses verfehlen. Die Entwicklung nach der Trennung ist oft schwer oder gar nicht vorauszusehen. Zwar kann die Zuordnung des Sorgerechts später gerichtlich geändert werden (§ 1696 Abs. 1 BGB); da aber Kinder ein elementares Bedürfnis nach Kontinuität und Stabilität ihrer Lebensumstände haben, kann es verunsichern und ihnen schaden, wenn der Nichtsorgeberechtigte eine Abänderungsentscheidung anstrebt. Eine dem Kind zuträgliche Situation vorausgesetzt, wird eine Abänderung gemäß § 1696 Abs. 1 BGB kaum je in Betracht kommen. Dies folgt aus dem Grundsatz der Kontinuität, der gegenüber der Erstentscheidung noch an Gewicht gewinnt.

2.5.4 Umgang des Kindes mit den Eltern[89]

Das Familiengericht hört das Jugendamt vor einer Entscheidung über den Umgang mit dem Kind an (§ 49 a Abs. 1 Nr. 7 FGG). KindRG setzt allerdings mehr auf jugendamtliche Beratung und Unterstützung als auf Gerichtsentscheidungen. Das Gericht soll deshalb in einem »die Person eines Kindes betreffenden Verfahren« – das ist auch das (oft hochstrittige, höchst emotional geführte) Umgangsverfahren – so früh wie möglich und in jeder Verfahrenslage auf ein Einvernehmen der Beteiligten hinwirken (§ 52 Abs. 1 Satz 1 FGG). Dazu soll es die Beteiligten so früh wie möglich anhören und auf bestehende Möglichkeiten der Beratung insbesondere durch die Beratungsstellen und -dienste der Träger der Jugendhilfe hinweisen (§ 52 Abs. 1 Satz 2 FGG). Die Beratung richtet sich hier auf die Entwicklung eines einvernehmlichen Konzepts elterlich verantwortlichen Umganges mit dem Kind.

---

86 Vgl. ausdrücklich § 1671 Abs. 2 Halbsatz 2 BGB (das Familiengericht braucht, von der Notwendigkeit einer gemäß § 1666 BGB abweichenden Entscheidung abgesehen (§ 1671 Abs. 3 BGB), nur – im Falles des Widerspruchs des mindestens 14-jährigen Kindes dem Antrag auf Übertragung der alleinigen Sorge trotz Zustimmung des anderen Elternteiles nicht stattzugeben. Zur Anhörung des Kindes vgl. § 50 b FGG. – Die Anhörung der Eltern ist in § 50 a FGG geregelt.

87 Verstoß gegen die Anhörungspflicht führt zur Aufhebung und Zurückverweisung der Sache, OLG Zweibrücken, FamRZ 1999, 246; Anhörung auch im Verfahren der vorläufigen Anordnung, OLG Frankfurt/Main, FamRZ 1999, 247; zur Anhörung des Kindes im Scheidungsverfahren ohne Sorgerechtsantrag s. Bergmann/Gutdeutsch, FamRZ 1999, 422 ff. Das Jugendamt sollte in jedem dazu geeigneten Fall eine solche Anhörung anregen. Zum Wunsch von Kindern zusammenzubleiben: OLG Hamm, FamRZ 1997, 957.

88 Vgl. insbes. *KG in FamRZ* 1990, 1383 ff. Aufgrund der »konkreten Verhältnisse und ihrer kindbezogenen Bewertung und Abwägung« kann allerdings auch dem Förderungsprinzip Vorrang vor den stärkeren Bindungen der Kinder einzuräumen sein (*OLG Hamm*, FamRZ 1988, 1314).

89 *Rauscher*, Das Umgangsrecht im Kindschaftsrechtsreformgesetz, FamRZ 1998, 329; *Motzer*, Das Umgangsrecht in der gerichtlichen Praxis seit der Reform des Kindschaftsrechts, FamRZ 2000, 925.

Wie vor einer gerichtlichen Entscheidung über die elterliche Sorge kann es nach dem Grundsatz »Sozialpflegerische Beratung vor Entscheidung«[90] auch beim Umgangsrecht ein Verfahrensfehler sein, wenn das Familiengericht nicht prüft, ob das Verfahren ausgesetzt werden muss, um dieser Beratung Gelegenheit zu geben, mit den Eltern eine einvernehmliche Regelung zu erarbeiten.

Hat das Familiengericht bereits über den Umgang entschieden, macht ein Elternteil aber geltend, der andere Elternteil, vereitle oder erschwere die Durchführung dieser Entscheidung, und kommt es so zu einem gerichtlichen Vermittlungsverfahren nach § 52 a FGG, so »bittet« das Gericht das Jugendamt um Teilnahme am Termin, sofern es sich um einen hierfür »geeigneten Fall« handelt; so, wenn das Jugendamt im vorangegangenen Umgangsverfahren mitgewirkt hat, oder wenn Möglichkeiten einer außergerichtlichen Konfliktlösung mit Hilfe des Jugendamts überlegt werden sollen (§ 52 a Abs. 3 Satz 3 FGG).

Die Jugendhilfe – und vor allem das Jugendamt, für das zudem § 50 Abs. 1 und Abs. 2 SGB VIII Mitwirkungsaufgaben bestimmt – hat demnach gerade in Umgangsfragen eine Reihe von Aufgaben, die eigenständig und mitverantwortlich wahrzunehmen sind. Ob dies einer im Vordringen befindlichen Auffassung gemäß »allparteilich« oder – richtig – nach den Interessen und Wünschen der Kinder und Jugendlichen geschieht, jeweils ist dabei das durch KindRG grundlegend reformierte Recht zu beachten. Auch dies sollte offensiv und selbstbewusst, die Spielräume des (neuen) Rechts nutzend geschehen, ohne dass zu sehr am Buchstaben des Gesetzes geklebt wird oder gar Ideologien den Blick für die konkrete Situation verstellen.

Nach § 1626 Abs. 3 Satz 1 BGB i.d.F. KindRG gehört der Umgang mit beiden Elternteilen »in der Regel« (also durchaus nicht immer) zum Wohl des Kindes (vgl. § 1626 Abs. 3 Satz 2 BGB für den Umgang mit anderen Personen, zu denen das Kind Bindungen besitzt). KindRG räumt damit erstmals dem Kind ein Recht auf Umgang ein (§ 1684 Abs. 1, 1. Halbsatz BGB; zum Umgang mit weiteren Personen vgl. jetzt § 1685 BGB – hierbei handelt es sich befremdlicher Weise nicht um ein Recht des Kindes selbst) und räumt ihm einen Anspruch auf Beratung und Unterstützung bei der Ausübung dieses Rechtes ein (§ 18 Abs. 3 Satz 1 SGB VIII).

Dem Kindesrecht korrespondiert die Pflicht und das Recht jedes Elternteiles auf Umgang mit dem Kind auch dann, wenn er nicht (mehr) sorgeberechtigt ist (§ 1684 Abs. 1, 2. Halbsatz BGB). Das Kind wiederum soll darin unterstützt werden, dass die Umgangsberechtigten von diesem Recht auch Gebrauch machen (§ 18 Abs. 3 Satz 2 SGB VIII).

Ein Elternteil, dem das Personensorgerecht nicht zusteht, – weil er etwa als mit der Mutter nicht verheirateter Vater mangels Sorgeerklärungen nicht sorgeberechtigt ist (§ 1626 a Abs. 2 BGB), weil es nach Trennung oder Scheidung auf den anderen Elternteil allein übertragen worden ist (§ 1671 BGB), oder weil es ihm gemäß § 1666 BGB entzogen wurde –, hat also das *Recht auf* den *persönlichen Umgang* mit seinem Kind (§ 1684 Abs. 1 Satz 1 BGB). Bei der Ausübung dieses Rechtes ist er zu beraten und zu unterstützen (§ 18 Abs. 3 Satz 3 SGB VIII).

Dieses Umgangsrecht soll es dem Berechtigten ermöglichen,
– mit dem Kind weiterhin Kontakt zu pflegen,

---

90 Vgl. *OLG Zweibrücken*, Kind-Prax 2000, 95 ff.

- sich von dem Befinden und der Entwicklung des Kindes laufend zu überzeugen,
- die verwandtschaftlichen Beziehungen mit dem Kind aufrechtzuerhalten und einer Entfremdung vorzubeugen,
- und dem Liebesbedürfnis beider Teile Rechnung zu tragen[91].

Können sich die zu *wechselseitigem Wohlverhalten* (vgl. § 1684 Abs. 2 BGB) verpflichteten Eltern über eine Umgangsregelung nicht einigen, so trifft das Familiengericht auf Antrag eines Elternteils oder auch von Amts wegen eine Entscheidung, nachdem es das Jugendamt hierzu angehört hat (§ 49 a Abs. 1 Nr. 7 FGG). Richtschnur seiner Entscheidung sollte wiederum das *Kindeswohl* sein[92]. Dies kann bei einer Entfremdung und starken Verunsicherung des Kindes auch eine Einschränkung[93] oder gar den Ausschluss[94] des Umgangsrechts *erforderlich* machen (§ 1684 Abs. 4 Satz 1 BGB), wozu sich das Jugendamt ebenfalls zu äußern hat.

Es genügt also nicht, dass es dem Kindeswohl lediglich *dient*, wenn das Umgangsrecht ausgeschlossen wird. Ein entsprechender Reformvorschlag ist ebensowenig Gesetz geworden wie das maßgebliche Abstellen auf den Willen des wenigstens

---

91 *BGH*, in: NJW 1965, 396. Vgl. auch *BGH*, in: DAVorm 1984, 827. Deshalb Hilfe zum Lebensunterhalt für die Ausübung des Umgangsrechts: *BVerfG*, NJW 1995, 1342; *BVerwG*, FamRZ 1995, 105; VerwG Münster, FamRZ 1996, 702; (Sozialhilfe muss die Ausübung des Umgangsrechtes in dem Umfang ermöglichen, der der jeweiligen familiengerichtlichen Regelung entspricht). Hervorgehoben sei *AmtsG Holzminden*, FamRZ 1995, 372, wonach der Antrag auf Erweiterung des Umgangsrechts i.S. des § 114 ZPO ist, wenn er nicht zuvor mit dem sorgeberechtigten Elternteil und mit dem Jugendamt besprochen worden ist (»der mediatorische Effekt jugendamtlicher Beratung beugt der Aufspaltung der Eltern in Parteien vor«, a.a.O., S. 373). Folge: Versagung von Prozesskostenhilfe.
92 Zu den verfassungsrechtlichen Anforderungen an die Gestaltung des Verfahrens: *BVerfG*, FamRZ 1993, 662 = FuR 1993, 97 m. Anm. Niemeyer (Auseinandersetzung mit den Besonderheiten des Einzelfalles unerlässlich).
93 Ausübung des Umgangsrechts nur innerhalb Deutschlands bei drohender Entführung ins Ausland: *OLG München*, FamRZ 1993, 94; Überwachung des Umgangs durch einen Detektiv: *OLG München*, FamRZ 1998, 977 (auch Kfz-Benutzungsverbot); zur Frage, ob das Familiengericht verlangen kann, dass der Umgangsberechtigte seinen Pass hinterlegt, vgl. einerseits *OLG München*, FamRZ 1998, 977 (ja jedenfalls dann, wenn dadurch ein völliger Ausschluss des Umgangsrechtes vermieden werden kann) und *OLG Frankfurt/Main*, FamRZ 1997, 572, andererseits *OLG Karlsruhe*, FamRZ 1996, 424 (der Passhoheit des ausländischen Staates und der Ausweispflicht des Ausländers im Inland wegen unzulässig); zur Umgangsregelung bei behaupteter (internationaler) Kindesentführung aus dem Ausland nach Deutschland: *OLG Bamberg*, FamRZ 1999, 951 – Kontrolle in Familienberatungsstelle: *OLG Nürnberg*, EzFamR 1996, 112. – Das Familiengericht muss sich vor seiner Entscheidung davon überzeugen, dass ein Dritter mitwirkungsbereit ist, OLG Düsseldorf, FamRZ 1999, 1461. Ausschluss der neuen Partnerin des Vaters von einem Ferienumgang mit dem Kind, OLG Nürnberg, FamRZ 1998, 976 (zu § 1634 Abs. 2 a.F.); Beachtung des Verbots des sorgeberechtigten Elternteils gegenüber dem Kind, auf dem Motorrad des Umgangsberechtigten mitzufahren: OLG München, FamRZ 1998, 974.
94 Zum Ausschluss des Umgangs »auf längere Zeit« OLG Celle, ZfJ 1999, 398 (zwei Jahre; doch ist das Zeitempfinden je nach Alter des Kindes zu berücksichtigen) ; *OLG Celle*, FamRZ 1998, 1458 (noch zu § 1634 BGB a.F.; ablehnende Haltung des 9-jährigen Kindes; Konflikte der Eltern); *OLG Düsseldorf*, FamRZ 1998, 1460 (zu § 1634 a.F. und § 1684 n.F.; seit Jahren bei Pflegeeltern lebendes 11-jähriges Kind lehnt Kontakte zu den leiblichen Eltern deutlich ab; befristeter Ausschluss der Umgangsbefugnis; *OLG Celle*, FamRZ 1998, 973: Zeitlich begrenzter Ausschluss angesichts (durch noch nicht rechtskräftige Verurteilung erhärteten) Verdachts auf sexuellen Missbrauch des (1991) geborenen Sohnes durch den Vater bei gleichzeitig deutlich ablehnender Haltung des Kindes.

14jährigen bzw. des sonst beurteilungsfähigen Kindes. Der engagierten Kritik von Sozialwissenschaftlern am »Tränenparagraph« des BGB[95] – »der psychische Kontakt zwischen zwei Menschen muss auf Freiwilligkeit aufgebaut sein und kann nicht Ausfluss eines Rechtsanspruches sein«[96] – trägt das Gesetz keine Rechnung. Damit wird verkannt, dass ein dem Kind aufgezwungener Kontakt »ein eindeutiger Risikofaktor für (dessen) psychische Entwicklung« ist[97].

Gegenüber einer Vielzahl von Gerichtsbeschlüssen, die sich – auch und gerade in Umgangsfragen – ersichtlich mehr am Elternrecht orientieren als am Kindeswohl, ist eine Entscheidung des OLG Bamberg (FamRZ 1998, 970 f.) hervorzuheben, die angesichts des jeglichen Kontakts mit dem Vater entgegenstehenden »eindeutigen, beständigen und starken Willens« eines 15 Jahre alten Mädchens das (vom Jugendamt befürwortete) Umgangsrecht zum Schutze einer ungefährdeten Entwicklung des Kindes unbefristet ausschließt (Befreiung von Ängsten und Verunsicherungen). »Die Wirklichkeit« müsse nach deren Vorstellung berücksichtigt werden. Nach dieser nämlich richteten sich ihre Empfindungen und damit auch ihre Verletzlichkeit; von ihrem Vater gehe eine ständige Gefährdung und Infragestellung ihrer Wirklichkeit, ihrer Familie, ihres (von ihr für leiblich gehaltenen) Vaters und damit ihrer gesamten Identität aus. Der Fall erscheint singulär, doch trägt die Entscheidung beispielhaft dem Kindeswohl Rechnung, (auch) in dem sie den Kindeswillen ernst nimmt. Sie begründet den Umgangsausschluss damit, dass »eindeutig Kindeswohl gegen Vaterrechte steht und ersterem in unserem Kulturkreis der moralische und rechtliche Vorrang zugestanden wird«. Zwar ist die Entscheidung noch nach dem Umgangsrecht vor Inkrafttreten der Kindschaftsrechtsreform (nach § 1634 Abs. 2 BGB a.F.) ergangen, es wäre aber ein unerträglicher moralischer und (rechts-)kultureller Rückschritt, könnte sie nach § 1684 Abs. 2 BGB n.F. so nicht mehr ergehen. Ohnehin wird KindRG der Bedeutung sozialer Elternschaft wegen (in Deutschland traditioneller) Überbewertung leiblicher Elternschaft nicht gerecht. Einer Jugendhilfe, die formale Rechtspositionen (das ist »das gute Recht des Vaters«) im Konfliktfalle über die Interessen, die Bedürfnisse und den Willen/ die Wünsche von Kindern stellt[98], statt (auch jüngere) Kinder wirklich ernst zu nehmen, sei die Entscheidung ins Stammbuch geschrieben.

Andererseits gibt *Oelkers* (2000, S. 193) – unter Bezugnahme auf *OLG Karlsruhe*, FamRZ 1990, 903 – zu bedenken: »Grundsätzlich dient es nicht der Entwicklung

---

95 *Becker*, in: Sozialpädagogik 1973, 229; nach *Karle/Klosinski*, Empfehlungen zum Ausschluss des Umgangsrechts – Gründe und Begründungen aus 30 Gutachten (in: Praxis der Kinderpsychologie und Kinderpsychiatrie 1996, 336) dienen »häufigere Besuche von Kindern bei konflikthaften Eltern« nicht dem Kindeswohl, sondern dem »Kindesweh«.

96 *Lempp*, NJW 1972, 315.

97 *Klosinski/Hofmann-Hauser/Bastine*, in: Zeitschrift für klinische Psychologie 1995, 285; nach OLG Hamm, FamRZ 2000, 45 ist deshalb – zu Recht – ein Ausschluss des Umgangsrechts geboten, wenn ein Kind Kontakte mit dem nicht sorgeberechtigten Elternteil ablehnt und aufgrund seiner Verfassung und Einstellung nicht in der Lage ist, die Konfliktsituationen, der es durch Besuchskontakte ausgesetzt wäre, zu bewältigen, und nach OLG Bamberg, FamRZ 1999, 954 ist das Umgangsrecht auszuschließen, wenn dessen zwangsweise Durchsetzung voraussichtlich zu massiven psychischen Beeinträchtigungen der Kinder führen würde.

98 Dazu, ob der Kindeswille beim beschützten Umgang Maßstab sein kann vgl. Richter/Kreuznacht, ZfJ 1999, 49 f. mit Nachweisen zum Meinungsstreit. Danach vertritt Oelkers (zu ihm sogleich im Haupttext) die (fragwürdige) Auffassung, der ablehnenden Haltung eines Kindes unter zehn Jahren komme regelmäßig keine ausschlaggebende Bedeutung zu.

der Kinder, sie stets unter eine ›Schutzglocke‹ zu legen und damit alle familiären Auseinandersetzungen zu ersparen. Auch Kinder müssen lernen, durch neue Strukturen, durch Veränderungen vielfältiger Art belastet zu werden, aus deren Wirklichkeit sie neue Kräfte beziehen. Kinder werden nicht dadurch lebenstüchtig, dass sie in überbehüteter und einseitig auf das Mutterwohl ausgerichteter Weise erzogen werden, sondern auch dadurch, dass ihnen die Realität – etwa in Gestalt eines zum Umgang berechtigten Vaters – deutlich wird«.

Immerhin kann das Familiengericht auch *den Vollzug* einer Umgangsentscheidung einschränken oder ausschließen, soweit dies zum Wohl des Kindes erforderlich ist; »auf Dauer« freilich nur, wenn andernfalls das Wohl des Kindes gefährdet wäre (§ 1684 Abs. 4 Satz 2 BGB). Nach § 1684 Abs. 4 Satz 3 BGB kann das Familiengericht insbesondere anordnen, dass der Umgang (etwa zur behutsamen Neuanbahnung abgerissener Kontakte) nur stattfinden darf, wenn dabei ein mitwirkungsbereiter Dritter anwesend ist[99]. Zu diesem »betreuten« bzw. »beschützten« oder »begleiteten« Umgang liegen inzwischen eine Reihe von Erfahrungsberichten vor[100]. Seitens der Jugendhilfe ist darauf zu achten, dass die erstmalige ausdrückliche gesetzliche Nennung dieses Umganges in Gegenwart Dritter die Familiengerichte nicht etwa veranlasst, noch zögerlicher als zuvor von einem Ausschluss abzusehen[101]. Dem Kindeswohl ist Priorität vor Kontaktwünschen der Eltern einzuräumen[102].

Die Gerichte beurteilen das Kindeswohl i.S. des § 1684 BGB (bis 1998: § 1634 a.F. und – beim »nichtehelichen Kind« – § 1711 Abs. 2 a.F.) mitunter *ausdrücklich* »nicht nur aus der subjektiven Sicht des Kindes (Wohlbefinden), sondern auch objektiv-normativ (Zukunftsperspektive)« mit dem Ergebnis, dass gegen den Willen einer Mutter, die das Umgangsrecht des Vaters hintertreibe (vereitele) und das Kind so in seelische Konflikte stürze, der Vater mit dem Kind zweimal im Monat von 10 Uhr bis 18 Uhr Umgang haben darf[103]. Dazu Weychardt, (jetzt) Vorsitzender des 6. Senats für Familiensachen des OLG Frankfurt/Main (in: ZfJ 1999, 328): »Eine ablehnende Willensäußerung des Kindes ist ... stets kritisch zu

---

99 Dazu *Salzgeber*, FamRZ 1999, 975; *Richter/Kreuznacht*, ZfJ 1999, 45, die den beschützten Umgang als eine »neue Aufgabe« der Jugendämter ansehen. Zu begleiteten Besuchen des Kindes bei seinem inhaftierten Vater, *OLG Köln*, Kind-Prax 1999, 173 (befremdlicher Weise trotz starker Ängste des Kindes). Die Entscheidung gibt allen Anlass zum Hinweis auf die kritische Einschätzung von *Schleicher*, in: GK-SGB VIII, § 18 Rz. 31; vgl. auch *Schleicher*, a.a.O. Rz. 29: »Die Gerichtspraxis krankt oftmals ... daran, dass die (Umgangs-) Problematik .. zu stark unter dem Aspekt des Elternrechts als aus der Sicht des Kindes gesehen wird«: *Schleicher* (a.a.O., Rz. 30) fordert zu Recht von der Jugendhilfe, dem Kindeswohl Priorität vor Kontaktwünschen der Eltern einzuräumen.

100 *Mitrega*, FPR 1999, 212; *Normann-Kossak/Mayer*, in: Kind-Prax 1999, 74 ff.; *Troschier/ Schönebeck*, in: TuP 2000, 184 ff.; *Walter*, FPR 1999, 204 ff.; zur »Kontaktbegleitung« auch *Vergho*, in: *Buchholz-Graf* 2000, 201; *Jugendamt Siegburg*, Konzeptionelle Grundlagen und Verfahrensregelungen, in: Kind-Prax 1999, 125; *Stephan*, in: Kind-Prax 2000, 141 ff.

101 *OLG Karlsruhe*, FamRZ 1999, 184 (Belastungen eines 3-jährigen nichtehelichen Kindes, das mit der Mutter und deren neuem Lebensgefährten zusammen lebt, nach längerer Unterbrechung der Kontakte zum leiblichen Vater könne durch deren Ausgestaltung begegnet werden; anfänglichen Berührungsängsten könne »in ausgewogener und ausreichender Weise« Rechnung getragen werden); *OLG Braunschweig*, FamRZ 1999, 185 (Behutsame Wiederbelebung von Umgangskontakten des mit der Mutter nicht verheirateten Vaters nach längerer Unterbrechung bei gleichzeitiger ablehnender Haltung der Mutter).

102 Schleicher, in: GK-SGB VIII, § 18 Rz. 30.

hinterfragen. Es sind die Gründe zu prüfen, die das Kind zu seiner ablehnenden Haltung veranlassen. Dem Kind ist die Bedeutung des Umgangsrechts vor Augen zu führen«.

Größte Vorsicht gegenüber Umgangswünschen ist nach sexuellem Missbrauch oder entsprechendem begründeten Verdacht geboten[104]. Dies gilt auch für Arrangements beschützten Umganges[105].

---

103 *OLG Frankfurt*, FamRZ 1984, 614. Zur Kritik auch an weiteren Gerichtsentscheidungen vgl. *Fieseler*, in: Kinderschutz aktuell, Heft 4/1988, S. 8. In diese Kritik einzubeziehen ist auch *OLG Frankfurt*, FamRZ 1993, 729 (dazu *Weychardt*, ZfJ 1999, 328: »Kind ›wollte nicht‹; Senat gibt der Mutter auf, die Aversionen abzubauen; detaillierter Besuchsplan; Eltern der Mutter standen im Hintergrund, die Entscheidung wirkte entlastend«) und OLG Bamberg, FamRZ 2000, 46 f. (hartnäckiger Widerstand des Kindes stehe zu dem »richtig verstandenen Kindeswohl« in Widerspruch.»Lediglich momentaner Wille«, deshalb »unbeachtlich«). Dagegen vorrangig am »Rechtssubjekt Kind« orientiert: *AmtsG Bad Iburg*, FamRZ 1988, 537; *OLG Hamburg*, FamRZ 1991, 471, und (zum zeitlichen Ausschluss der Umgangsbefugnis eines Vaters mit seinem bei Pflegeeltern lebenden 8-jährigen Kind) *OLG Bamberg*, FamRZ 1993, 726; *OLG Düsseldorf*, FamRZ 1994, 1277; *OLG Hamm*, FamRZ 1995, 314, *OLG Rostock*, ZfJ 1999, 399 (»ein geistig und körperlich normal entwickeltes gut 17 Jahre alte Kind kann und darf nicht zu einem Kontakt mit seinem Vater gezwungen werden; das objektive Kindeswohl muss zurücktreten«) *KG*, FamRZ 1999, 1518 (Umgangsregelung ist nach § 1697 a BGB am Kindeswohl auszurichten); *OLG Hamm*, FamRZ 2000, 45 f. (Ausschluss bei innerer Abneigung des Kindes, der nicht sachgerecht verarbeitete Ereignisse zugrundeliegen). Zu Umgangskontakten von Eltern mit ihrem in einer Pflegefamilie lebenden Kind: *OLG Celle* und *OLG Schleswig*, in: FamRZ 2000, 48 und 48 f.; zur Regelung des Umgangs eines knapp drei Jahre alten Kindes mit dem marokkanischen Vater bei von der Mutter geäußerter, aber nicht konkret dargelegter Gefahr der Kindesentführung:*AmtsG Kerpen*, FamRZ 2000, 50 (Umgang nur im Inland).

104 Zum Umgangsrecht einer Mutter, deren zweiter Ehemann des sexuellen Missbrauchs der minderjährigen (Stief-)Töchter verdächtig wurde, vgl. *OLG Düsseldorf*, FamRZ 1992, 205. Zu Umgangsrecht und (Verdacht auf) sexuellen Missbrauch aus *OLG Stuttgart*, FamRZ 1994, 718 (dagegen engagiert und überzeugend *Imme Steinberg*, FamRZ 1994, 1543), *AG Düsseldorf*, DAVorm 1995, 1005, *OLG Frankfurt/Main*, FamRZ 1995, 1432 (wieder unter fragwürdigem Hinweis auf ein »auch objektiv-normativ« zu beurteilendes Kindeswohl), *AmtsG Kerpen*, FamRZ 1998, 254 (bei nachgewiesenem sexuellen Missbrauch ist ein Umgangsausschluss immer angezeigt, insbesondere, wenn das betroffene Kind Kontakte verweigert. Allenfalls in Ausnahmefällen kann ein begleiteter Umgang dem Kindeswohl dienen und »gestattet werden«); *OLG Hamm*, FamRZ 1998, 256 (mit Anm. von *Luthin* zur »publizistischen Vermarktung« des sogenannten »Missbrauchs des Missbrauchs«; dagegen auch *Fieseler*, in Sozialextra Heft 4/1999, S. 8 und in *Lehmann* 2000, 94 ff.): Befürchtungen der Kindesmutter, es könne zu sexuellen Übergriffen kommen, müssen gegenüber dem Kontaktinteresse des Vaters zurückstehen, wenn ein Kontakt seit fast zwei Jahren nicht mehr besteht, ein Sachverständiger einen sexuellen Missbrauch in der Vergangenheit mit an Sicherheit grenzender Wahrscheinlichkeit ausschließt und die Kinder den eindeutigen Wunsch nach Kontakt zum Vater äußern. – Zu beschütztem Umgang bei Verdacht von Kindesmisshandlung oder Missbrauch ausführlich: *Schwab/ Motzer* 2000, III Rz. 217 ff.

105 *Schleicher*, GK-SGB VIII, § 18 Rz. 31.

Zum Teil wird verlangt, dass der Sorgeberechtigte das Kind mit (beinahe) allen Mitteln zum Umgang mit dem anderen Elternteil anhält, auch wenn das Kind darunter sehr leidet[106] oder unterstellt, der Sorgeberechtigte könne das Kind »bei sachgerechtem Einsatz seiner erzieherischen Fähigkeiten« bewegen, Kontakt mit dem Nichtsorgeberechtigten zu pflegen[107].

Umso mehr ist es *Aufgabe der Jugendämter*, ihre Vorschläge zunehmend an psychologischen Erkenntnissen auszurichten, die der Komplexität des Trennungsgeschehens Rechnung tragen (anders die einseitige, verzerrte Sicht des Parental Alienation Syndrome – kurz PAS[108]) und den Wünschen und Bedürfnissen der Kinder mehr Bedeutung beizumessen. Dabei müssen gerade jüngere Kinder vor aufgezwungenen Kontakten, die sie gefühlsmäßig erheblich belasten, geschützt werden[109]. Entgegenzutreten ist auch indirektem Zwang: Androhung, die Sorgerechtsentscheidung abzuändern (so aber *OLG München*, EzFamR, § 1671 Nr. 7) bzw. Herabsetzung des Unterhaltsanspruchs des sorgeberechtigten Elternteils gemäß § 1579 Nr. 6 BGB (so aber *OLG Nürnberg*, FamRZ 1994, 1393 = DAVorm 1994, 634). Der Nichtsorgeberechtigte ist ggf. auf seinen *Auskunftsanspruch* gemäß § 1686 BGB zu beschränken. Unter Umständen kann ein schutzwürdiges Geheimhaltungsinteresse hinsichtlich der Bekanntgabe der Wohnanschrift der sorgeberechtigten Mutter gegenüber dem (fragwürdiger Weise) umgangsbefugten Vater bestehen[110].

---

106 *LG Mannheim*, NJW 1972, 950: erforderlichenfalls mit physischer Gewalt; vgl. auch *OLG Zweibrücken*, FamRZ 1987, 91 (»... verpflichtet, auf Grund seiner elterlichen Autorität durch geeignete erzieherische Maßnahmen auf die Besuchsverwirklichung hinzuwirken und den entgegenstehenden Widerstand des Kindes zu überwinden«; dagegen zu Recht *Ell*, in: DAVorm 1988, 571: das Urteil sei anthropologisch, psychologisch und pädagogisch unmöglich). Wie *OLG Zweibrücken* auch *BezG Frankfurt/Oder*, FamRZ 1994, 58.

107 Anders (gegen den Willen des Kindes kein Umgangsrecht): *OLG Bamberg*, FamRZ 1989, 890; *OLG Bamberg*, FamRZ 1998, 970 (zu § 1634 Abs. 2 a.F.): gegen den Willen eines bald 15 Jahre alten Kindes kann ein Umgang nicht angeordnet werden, »selbst wenn die Ablehnung jeglicher Grundlage – bezogen auf das Verhalten und die Persönlichkeit des Umgangsberechtigten – entbehrt«, das Kind aber in der festen Vorstellung lebt, der jetzige Ehemann seiner sorgeberechtigten Mutter und nicht der Umgangsberechtigte sei sein leiblicher Vater. – Zur Anordnung einer Umgangspflegschaft vgl. *AmtsG Aalen*, FamRZ 1991, 360 (m.Anm. *Luthin*, a.a.O., 361). In Abgrenzung dazu *OLG Bamberg*, FamRZ 1992, 466.

108 Zuletzt (und mit eingehenden Nachweisen) *Schröder*, FamRZ 2000, 592; kritisch gegen die damit verbundene Simplifizierung des Trennungs- und Scheidungsgeschehens und die »Pathologisierung« von Kind und betreuendem Elternteil: *Fieseler*, in Sozialextra Heft 4/ 1999, 8 und in: *Lehmann*, 2000 auch gegen das von Kodjoe/Koeppel DAVorm 1998, 9 ff. mitgeteilte Beispiel angeblichen PAS aus Ontario: kritisch auch: *Rexelius*, Kind-Prax 1999, 149 ff. (»simplifizierendes Schuldkonzept«, »stigmatisierende Effekte«, »krankmachende Zuschreibungen«); *U. und G. Lehmkuhl*, Kind-Prax 1999, 159 ff.; *Salzgeber/Stadler*, *Kind-Prax 1998, 167; Salzgeber u.a.*, Kind-Prax 1999, 107*; Stadler/Salzgeber, FPR 1999, 231 (alter Wein in neuen Schläuchen?); Gerth, Kind-Prax 1998, 171*. Auch Jugendhilfe und Rechtsprechung – siehe aber *OLG Brandenburg*, ZfJ 1999, 28 (PAS, in Verbindung mit gemeinsamer Sorge) – täten gut daran, solcher »Psychologie« (meist) in eigener Sache der Gefolgschaft zu versagen. Absurd, der Vorschlag PAS im Fort- und Weiterbildung (so angeblich in der Tschechei) zu vermitteln.

109 Es sollte nicht gewartet werden, bis »lärmende Fehlentwicklungen zu beklagen sind« (*Frommann*, a.a.O., S. 43; »Knallerfälle«: *Schleicher*, in GK-SGB VIII, § 17 Rz. 13). Vgl. auch *Fieseler* (1977), S. 110 f. Zur Verfassungsmäßigkeit: *BVerfG*, in: FamRZ 1983, 872. Ein Besuchsrecht des Vaters in Anwesenheit der Mutter entschied das *Familiengericht Frankfurt* am 27.11.1985 – 35 F 1174/83 (in: Streit 1986, 69).

Die jüngst zunehmend betonte Auffassung, Kinder wollten und bräuchten nach Trennung und Scheidung »immer« weiterhin Mutter und Vater als Bezugspersonen[111], – und sie könnten nur dann »ihre Identität finden«; nur dann sich günstig entwickeln, wenn sie zu beiden Elternteilen regelmäßig Kontakt haben –, entspricht nicht der Realität. Kinder und Jugendliche können nach der Trennung sehr wohl den Kontakt zum »Weggeschiedenen« bewusst und entschieden ablehnen und (möglicher Weise) gute Gründe dafür haben. Ihr Wille ist ernstzunehmen[112].

Für Minderjährige ist durch KindRG ein eignes *Recht* – aber keine Pflicht – zum Umgang in § 1684 BGB formuliert worden. Wegen der Schwierigkeit, dieses Recht durchzusetzen, hat dies zwar eher die Funktion eines Appelles. Dieser Appell ist aber durchaus sinnvoll:
– die Beratungssituation gegenüber den Eltern verändert sich;
– ein solches Recht hat Bedeutung für die Realität von Kindern in der Wahrnehmung ihrer Rechte;
– das Bewusstsein der Allgemeinheit könnte verändert werden (Signalwirkung);
– tradierte Strukturen des Familienrechts sind überwunden, eine klarere Sprache und Artikulation von Kinderrechten ist möglich[113].

Ebenso ist für schwierige Situationen eine Einschränkung (»beschützter« oder »begleiteter« Umgang«) bzw. – falls erforderlich – ein Ausschluss des korrespondierenden Rechts der leiblichen Eltern besser begründbar.

Entscheidungen des Familiengerichts können gemäß § 33 FGG *zwangsweise* durchgesetzt werden, doch ist gegen den Widerstand des Minderjährigen eine gewaltsame Durchsetzung ebenso unzulässig wie im Falle der Kindesherausgabe (§ 33 Abs. 2 Satz 2 FGG)[114].

Keinen gesetzlichen Anspruch auf Umgang mit seinem »*nichtehelichen Kind*« hatte vor dem 1.7.1998 dessen *Vater*. Vielmehr bestimmte der Personensorgeberechtigte, also in der Regel die Mutter (§ 1705 BGB a.F.; bei Minderjährigkeit der Mutter geht ihre Meinung der des Vormundes vor: § 1673 Abs. 2 BGB), ob und in welchem Umfang dem Vater Gelegenheit zum persönlichen Umgang mit dem Kind gegeben

---

110 *OLG Bamberg*, FamRZ 1999, 876 (Mutter und Kind im Frauenhaus); vgl.dagegen *OLG München*, FamRZ 1997, 1160: zeitweilige Verwirkung des Geschiedenenunterhalts bei »planmäßiger Vereitelung« des Umgangsrechts und Verschweigen der neuen Unterkunft (schon deshalb höchst fragwürdig, weil durch die Unterhaltsverwirkung das Kind mitbetroffen ist); zum »Wiederaufleben« nachehelichen Unterhaltsanspruchs: *OLG Nürnberg*, FamRZ 1997, 614.
111 Vgl. nur das (einseitige) »Plädoyer für die Abschaffung des alleinigen Sorgerechts« von *Uwe-Jörg Jopt* (1992). Zu Recht dagegen *Balloff*, 1992, 95 ff.; *Stein-Hilbers* 1994, 129 ff.
112 *Lehmkuhl/Lehmkuhl*, Kind-Prax 1999, 159; abzulehnen: *OLG Hamm*, Kind-Prax 1999, 63 (Umgangsrecht des Vaters auch bei starken Ängsten des Kindes).
113 Arbeitsgruppe »Umgangsrecht« der Studientagung des DV »Kindschaftsrechtsreform: Auswirkungen auf die Praxis der Jugendhilfe« vom 20. bis 22. Februar 1996.
114 Zur Zwangsgeldfestsetzung: *OLG Düsseldorf*, ZfJ 1995, 426; *OLG Frankfurt/Main*, FamRZ 1996, 876; *OLG Zweibrücken*, FamRZ 1996, 86 und 877 f.; *BayObLG*, FamRZ 1996, 878; *OLG Hamburg*, FamRZ 1996, 879; *OLG Düsseldorf*, FamRZ 1999, 522; *OLG München*, FamRZ 1999, 522 (nur für den Fall der Verhinderung eines genau bestimmten Umgangsrechtes). Zur Aussetzung der Vollziehung eines Zwangsgeldbeschlusses, *OLG Nürnberg*, EzFamR aktuell 16/1993, 292.

wurde[115]. Diente ein solcher Umgang dem Wohl des Kindes, so konnte das Vormundschaftsgericht auch gegen den Willen der Mutter unter der Voraussetzung wirksamer Vaterschaftsfeststellung[116] ein Umgangsrecht zugestehen (§ 1711 Abs. 2 S. 1 BGB a.F.). Vgl dazu – und zu den damit verbundenen Aufgaben des Jugendamtes – die Vorauflage dieses Buches (S. 146 f.).

Das am 1.7.1998 in Kraft getretene Kindschaftsrechtsreformgesetz stellt demgegenüber in § 1684 die miteinander verheirateten und nicht verheirateten Eltern gleich. Nach § 1685 Abs. 1 haben auch Großeltern[117] und Geschwister – nicht aber Tanten und Onkel [118] – ein Recht auf Umgang mit dem Kind, wenn dies dem Wohle des Kindes dient. Gleiches gilt nach § 1685 Abs. 2 BGB für den Ehegatten oder früheren Ehegatten eines Elternteils, der mit dem Kind längere Zeit in häuslicher Gemeinschaft gelebt hat, und für Personen, bei denen das Kind in Familienpflege war, also für (auch frühere) »Stief-« und Pflegeeltern. Kein Umgangsrecht haben dagegen unverheiratete Lebenspartner, zu denen Kinder die gleichen Bindungen entwickeln können wie zu Ehegatten des Elternteils[119]. Die Arbeitsgruppe »Umgangsrecht« (siehe Fußnote 89) schlug demgegenüber ein Recht des Kindes auf Umgang zu (allen) Personen mit sozialen Bindungen und gewachsenen Bezügen vor. Immerhin gehört nach § 1626 Abs. 3 Satz 2 BGB i.d.F. KindRG – wie der Umgang mit beiden Eltern – die Aufrechterhaltung (sonstiger) förderlicher Bindungen zum Wohle des Kindes. Dies ist bei der Ausübung elterlicher Sorge gemäß § 1627 Satz 1 BGB zu beachten. Auch kann – unter den Voraussetzungen des § 1666 Abs. 1 Satz 1 BGB – ein entsprechender Kontakt familiengerichtlich angeordnet werden.

2.5.8 Anhörung des Jugendamtes bei der Adoption

Ist das Jugendamt nicht Träger der Adoptionsvermittlungsstelle, hat es sich daher nicht schon nach § 56 d FGG gutachtlich geäußert, so ist es vom Vormundschaftsgericht vor der Entscheidung über die Adoption (§ 1752 Abs. 1 BGB) darüber anzuhören, ob diese im allgemeinen endgültige Entscheidung dem Wohl des Kindes entspricht (§ 49 Abs. 1 Nr. 1 FGG i.V.m. § 1741 Abs. 1 BGB)[120].

Die Anhörung des Jugendamtes ist außerdem gemäß § 49 Abs. 1 Nr. 2-4 BGB bei folgenden vormundschaftsgerichtlichen Maßnahmen vorgeschrieben:

---

115 Die Rechtlosigkeit des Vaters war seit einiger Zeit zunehmend auf Kritik gestoßen. Das Gesetz gehe fälschlicherweise von einem generellen Desinteresse der Väter aus, welches es zudem mit seiner Regelung gerade fördere. Das *Bundesverfassungsgericht* (FamRZ 1981, 429 = NJW 1981, 1201) hat die Verfassungsbeschwerde betroffener Väter zurückgewiesen; *OLG Frankfurt a.M.*, FamRZ 1993, 848 und *BayObLG*, FamRZ 1993, 846 bestätigen die Verfassungsmäßigkeit des § 1705 Satz 1 BGB. Vgl. auch *Finger*, ZfJ 1987, 317 ff. und 448 ff. – Siehe nun den *BVerfG*, in: FuR 1991, 221 (in diesem Kapitel, 2.5.7).
116 Vgl. *BayObLG*, FamRZ 1995, 827.
117 Vgl. *OLG Köln*, FamRZ 1998, 695 (zum Recht vor und nach der Kindschaftsrechtsreform).
118 Jedoch (allenfalls) bei sonstiger Kindeswohlgefährdung: *OLG Zweibrücken*, FamRZ 1999, 1161.
119 *OLG Dresden*, Kind-Prax 2000, 98 (mit kritischer Anm. von N.N.: »An dieser Stelle ist die Rechtsprechung mit einer den tatsächlichen Bindungen Rechnung tragenden Auslegung des § 1626 Abs. 3 BGB gefordert«).
120 Vgl. 8. Kap. 6. und *AK-Fieseler* vor § 1741 Rz. 7-9; *U. Maas* (1992), S. 214 ff.

– Ersetzung der Einwilligung eines Elternteils in die Annahme als Kind (§ 1748 BGB)
– Aufhebung des Annahmeverhältnisses (§§ 1760, 1763 BGB),
– Rückübertragung der elterlichen Sorge (§§ 1751 Abs. 3, 1764 Abs. 4 BGB).

2.6 Ausführung gerichtlicher Anordnungen

Hier war bis zum Inkrafttreten des KJHG zu unterscheiden zwischen solchen gerichtlichen Anordnungen, zu deren Ausführung das Jugendamt *verpflichtet* ist, nämlich
– der Unterstützung der Eltern bei der Ausübung der Personensorge (§ 1631 Abs. 3 BGB; jetzt i.V.m. § 50 Abs. 1 Satz 1 SGB VIII),
– der Umgangsregelung gemäß § 1634 Abs. 2 und 4 und gemäß § 1711 Abs. 2 Satz 1 und 2 BGB

und sonstigen Anordnungen, deren Übernahme das *Einverständnis* des Jugendamtes voraussetzte (§ 48 c JWG), das die Übernahme aber richtiger Ansicht nach[121] nur bei Vorliegen besonderer Gründe – insbesondere Unvereinbarkeit mit dem Kindeswohl – ablehnen durfte. Nachdem das KJHG keine dem § 48 c JWG entsprechende Regelung über die Betrauung des Jugendamts mit der Ausführung von gerichtlichen Anordnungen mehr vorsieht, entbehren solche gerichtlichen Anordnungen seit dem 1.1.1991 einer Rechtsgrundlage und können mit der Beschwerde angefochten werden[122].

Dies ist so, weil das Jugendamt »nicht Hilfsorgan des Gerichts ist« (BT-Drucks. 11/5948, 87). Es hat gleichwohl, entsprechend der Gewaltenteilung, »in eigenständiger Position gegenüber dem Gericht« (a.a.O.) am Verfahren mitzuwirken, wobei es diese Aufgabe seinen eigenen Zielen und Handlungserfordernissen entsprechend, fachlich verantwortlich dem Kindeswohl verpflichtet, wahrzunehmen hat[123].

So kann es durchaus sein, dass das Jugendamt – insbesondere bei (vermuteter) Kindeswohlgefährdung im häuslichen Bereich – auch im Rahmen der Mitwirkung am familiengerichtlichen Verfahren einen Hausbesuch für fachlich geboten und damit als eigene Aufgabe für geeignet, erforderlich und angemessen[124] halten und ihn durchführen kann. Das Familiengericht kann dies aber nicht anordnen, sondern muss den Hausbesuch selbst unternehmen oder sich auf andere Weise den Ein-

---

121 *Frankfurter Kommentar*, a.a.O., § 48 c JWG Anm. 5 im Anschluss an *Palandt-Diederichsen*, 39. Auflage, (1980) Anm. 2.

122 *OLG Karlsruhe*, FamRZ 1991, 969 (betreffs Umgangsrecht nach § 1634 Abs. 2 BGB: alle 14 Tage, jeweils in Anwesenheit eines Jugendamtsvertreters). Nach *AmtsG Frankfurt/Main* (in Jugendwohl 1994, 92 f. mit Anm. Happe) ist das (seinerzeit noch zuständige Vormundschafts-)Gericht im Rahmen des § 1666 BGB befugt, Jugendhilfemaßnahmen – hier Sozialpädagogische Familienhilfe – anzuordnen. Dagegen *Diedrichs-Michel*, RsDE 29, 43 ff. m.w.Nw.

123 Ebenso für das »Wie« der Mitwirkung: *Wiesner/Mörsberger*, 2000, § 50 Rz. 33. Das »Ob« der Mitwirkung ist auch danach dem Jugendamt nicht überlassen. Eine Bindungswirkung (vormundschafts-)gerichtlicher Maßnahmen für das Jugendamt bejaht *BayObLG*, FamRZ 1995, 949 (m.w.Nw. auch zur Gegenauffassung).

124 *Kaufmann*, Kind-Prax 2000, 115; *Knappert*, in: *Hahn* u.a., 1992, 148; doch scheinen grundsätzliche Vorbehalte gegen Hausbesuche weit verbreitet zu sein, wo doch die Erfordernisse des Einzelfalles bestimmend sein sollten.

druck verschaffen, den es im Rahmen der Amtsermittlung (§ 12 FGG) für unerlässlich hält[125].

Das Jugendamt kann den Hausbesuch nicht erzwingen (wohl aber sich Zugang in ein Haus verschaffen, in dem ein Kind akut und schwer gefährdet ist, um es von dort sogleich zu entfernen)[126], obwohl es zu einer am Kindeswohl orientierten Ausübung elterlicher Sorge (§ 1627 BGB) gehören kann, sich einem solchen Hausbesuch zu stellen.

3. Jugendgerichtshilfe[127]

Rechtsgrundlage: §§ 2 Abs. 3 Nr. 8, 52 SGB VIII, §§ 38, 43 JGG, Richtlinien zu §§ 38, 43 JGG.

Die Mitwirkung im Verfahren nach dem Jugendgerichtsgesetz ist gemäß § 2 Abs. 3 Nr. 8 SGB VIII Aufgabe der Jugendhilfe. Diese Aufgabe wird am besten durch den Fachdienst JGH wahrgenommen[128]. Mit der Einbeziehung in das Sozialgesetzbuch Achtes Buch (SGB VIII) – Kinder- und Jugendhilfe ist klargestellt, dass auch die Jugendgerichtshilfe – wie jede andere Jugendhilfe – den Auftrag hat, junge Menschen in ihrer Entwicklung zu fördern (§ 1 Abs. 1 SGB VIII) und zu positiven Lebensbedingungen für sie und ihre Familien beizutragen (§ 1 Abs. 3 Nr. 4 SGB VIII). Die Bezeichnung »Gerichtshilfe« mag hier irreführend sein, wird doch die Jugendgerichtshilfe auch *vor* und *nach* Befassung des Gerichts tätig und ist sie während des gesamten Strafverfahrens in erster Linie Hilfe für den davon betroffenen Jugendlichen oder Heranwachsenden. Die Jugendgerichtshilfe unterstützt jedoch zugleich – im Interesse der straffälligen jungen Menschen – die Gerichte, indem diese durch sie überhaupt erst in den Stand gesetzt werden, den »Erziehungs-« (besser Förderungs-)Gedanken – (vgl. Fieseler, in GK SGB VIII, § 1 Rz. 1) so umzusetzen, wie es das Jugendgerichtsgesetz vorsieht.

Im Einzelnen hat das Jugendamt im Zusammenwirken mit freien Trägern der Jugendhilfe (§ 38 Abs. 1 JGG) insbesondere folgende *Aufgaben*:

---

125 *OLG Köln*, Kind-Prax 1999, 24 hält vor einer Entscheidung über die elterliche Sorge einen Bericht des Jugendamtes für keine geeignete Grundlage, wenn die örtlichen Verhältnisse sowie das Umfeld beider Elternteile nicht durch einen Hausbesuch geklärt worden sind (ausführlich und kritisch dazu *Kaufmann*, Kind-Prax 1999, 113.

126 Doch können die Mitarbeiter unter den (engen) Voraussetzungen der §§ 32, 34 StGB berechtigt – und sogar verpflichtet – sein, sich gegen den ausdrücklichen elterlichen Willen Zugang in ein Haus zu verschaffen und das dort akut gefährdete Kind aus seiner Familie zu entfernen, wenn anders (etwa rechtzeitiges Einschreiten der Polizei) kein Kinderschutz möglich sein sollte. Vgl. – für das Vorgehen gegen andere Personen oder Einrichtungen – *Fieseler*, in: GK-SGB VIII, § 43 Rz. 10.

127 *BAG JGH in der DVJJ* (Hrsg.), Jugendhilfe im Jugendstrafverfahren – Standort und Wandel. Leitfaden für die Arbeit der Jugendgerichtshilfe, Hannover 1994; Empfehlungen der *Landesjugendämter von Bayern* (1993), *Hessen* (1999), *Rheinland-Pfalz* (1999; dazu *Nonninger*, Jugendhilfe 1999, 130), *Sachsen* (1996); *Klier/Brehmer/Zinke* 1995; *Laubenthal* 1993; S. *Müller*, in: Chasse/von Wensierski 1999, 87; ausführliche Literaturangaben bei *Fieseler*, GK-SGB VIII § 52 nach Rz. 35.

128 Vgl. *Fieseler*, in: GK-SGB VIII, § 52 Rz. 14, 21; *Emig*, DVJJ 1997, 237; *Ostendorf*, DVJJ 1997, 242; *Rein*, DVJJ 1998, 335 – Bundesweite JGH-Umfrage: *Trenczek*, DVJJ 1999, 151 (s. GK-SGB VIII § 52 Rz. 35).

- Die Vertreter der Jugendgerichtshilfe bringen die erzieherischen, sozialen und fürsorgerischen Gesichtspunkte im Verfahren vor den Jugendgerichten zur Geltung (§ 38 Abs. 2 Satz 1 JGG).
- Sie unterstützen zu diesem Zweck die beteiligten Behörden durch Erforschung der Persönlichkeit, der Entwicklung und der Umwelt des Beschuldigten und äußern sich zu den Maßnahmen, die zu ergreifen sind (§ 38 Abs. 2 Satz 2 JGG).
- In Haftsachen berichten sie beschleunigt über das Ergebnis ihrer Nachforschungen (§ 38 Abs. 2 Satz 3 JGG).
- Sie wachen darüber, dass der Jugendliche Weisungen und Auflagen nachkommt, falls hierfür nicht ein Bewährungshelfer bestellt ist (§ 38 Abs. 2 Satz 5 JGG); gegebenenfalls teilen sie dem Richter erhebliche Zuwiderhandlungen mit (§ 38 Abs. 2 Satz 6 JGG).
- Als »Betreuungshelfer« können sie mit den Aufgaben des § 10 Abs. 1 Satz 3 Nr. 5 JGG betraut sein (Betreuung und Aufsicht), § 38 Abs. 2 Satz 7 JGG.
- Die Vertreter der Jugendgerichtshilfe arbeiten eng mit dem Bewährungshelfer zusammen (§ 38 Abs. 2 Satz 8 JGG).
- Sie bleiben mit dem Jugendlichen während des Vollzugs jugendgerichtlicher Maßnahmen in Verbindung und nehmen sich seiner Wiedereingliederung in die Gesellschaft an (§ 38 Abs. 2 Satz 9 JGG).

Das Jugendamt, das anerkannte Träger der freien Jugendhilfe an der Aufgabenwahrnehmung beteiligen kann (§ 76 Abs. 1 SGB VIII), hat gemäß § 52 Abs. 2 Satz 1 SGB VIII frühzeitig zu prüfen, ob für den Jugendlichen oder den jungen Volljährigen Leistungen der Jugendhilfe in Betracht kommen. Gegebenenfalls, oder wenn eine solche Leistung bereits eingeleitet oder gewährt worden ist, hat das Jugendamt den Staatsanwalt oder den Richter davon zu unterrichten, damit geprüft werden kann, ob diese Leistung ein Absehen von der Verfolgung (§ 45 JGG) oder eine Einstellung des Verfahrens (§ 47 JGG) ermöglicht (§ 52 Abs. 2 Satz 2 SGB VIII).

Die in § 52 Abs. 3 SGB vorgesehene durchgehende Betreuung durch *einen* Jugendgerichtshelfer ermöglicht die Übertragung auch solcher Tätigkeiten an Mitarbeiter freier Träger, deren Wahrnehmung früher auf den Jugendamtsmitarbeiter beschränkt war.

Überwachung der Arbeitsauflage im Praxisbeispiel

Um die »Überwachung« einer Auflage gemäß § 38 Abs. 2 Satz 5 JGG handelt es sich im vorangestellten Praxisbeispiel. Der Jugendrichter verwarnte Lena und erkannte auf eine Arbeitsauflage, bei deren Nichterfüllung sie einen sogenannten Ungehorsams- oder Beugearrest riskiert (§ 15 Abs. 3 i.V.m. § 11 Abs. 3 JGG). Dieser Ungehorsamsarrest setzt eine rechtzeitige Belehrung über diese Folge schuldhafter Zuwiderhandlung voraus, die bei der Urteilsverkündung, nicht notwendigerweise im Urteil selbst[129], aber auch nachträglich erfolgen kann, sofern die Jugendliche noch ausreichend Gelegenheit hat, die Verhängung durch Erfüllung der Auflage zu vermeiden.

Verwarnung und (Arbeits-)auflage sind »Zuchtmittel«, mit denen Lena »eindringlich zum Bewusstsein gebracht werden« soll, dass sie »für das von ihr begangene Unrecht einzustehen« hat (§ 13 Abs. 1 JGG; nach § 13 Abs. 2 JGG tritt zur Verwarnung und zur Erteilung von Auflagen der in § 16 JGG geregelte Jugendarrest als weiteres »Zuchtmittel« hinzu).

---

129 So aber (ohne Begründung) *Schleicher* 1999, 324.

Damit ist Lena nicht etwa vorbestraft (vgl. § 13 Abs. 3 JGG). Nicht ausreichend erschienen dem Jugendrichter allerdings bloße Erziehungsmaßregeln, wozu auch die Weisung gehört, Arbeitsleistungen zu erbringen (§ 10 Abs. 1 Satz 3 Nr. 4 JGG)[130]. Andere Weisungen sind z.B., sich der Betreuung und Aufsicht eines Betreuungshelfers zu unterstellen (§ 10 Abs. 1 Satz 3 Nr. 5 JGG), an einem sozialen Trainingskurs teilzunehmen (§ 10 Abs. 1 Satz 3 Nr. 6 JGG), sich zu bemühen, einen Ausgleich mit dem Verletzten zu erreichen (Täter-Opfer-Ausgleich; § 10 Abs. 1 Satz 3 Nr. 7 JGG).

Im Unterschied zur Erziehungsmaßregel, die außer in der Erteilung von Weisungen auch in der Anordnung der Inanspruchnahme von Hilfe zur Erziehung nach § 30 oder § 34 SGB VIII erfolgen kann (§§ 9 Nr. 2, 12 JGG), und für die erzieherische Gründe (allein) maßgebend sind (»erziehungsförderliche Einflussnahme auf die Lebensführung«[131]), berücksichtigen die »Zuchtmittel« den »Unrechtsgehalt der Tat« insoweit, als er sich »nach der charakterlichen Haltung und Persönlichkeitsentwicklung des Täters in vorwerfbarer Schuld niedergeschlagen hat«[132]. Es bestehen im Schrifttum[133] (auch verfassungsrechtliche) Bedenken, ob die erst 1990 mit dem 1. JGG-ÄndG auch als Auflage eingeführte Arbeitsleistung hierzu geeignet ist[134].

Zum Praxisbeispiel ist noch anzumerken, dass eine abgekürzte Urteilsfassung gemäß § 267 Abs. 4 StPO voraussetzt, dass alle zur Anfechtung der Entscheidung Berechtigten – dazu gehört die Jugendliche, ohne Bindung an Maßnahmen ihrer Erziehungsberechtigten[135]; nicht die Jugendgerichtshilfe[136] – auf Rechtsmittel[137] verzichten, oder dass innerhalb der Frist kein Rechtsmittel eingelegt wird – ein Beispiel für die Anwendbarkeit der auf Strafverfahren gegen Erwachsene zugeschnittenen Strafprozessordnung als das Verfahrensrecht des JGG ergänzende Regelung: Dies ergibt sich aus § 2 JGG: »Allgemeine Vorschriften«, die nur gelten, soweit das Jugendgerichtsgesetz nichts anderes bestimmt, sind sowohl solche des materiellen Rechts, wie das StGB, wie solche des Prozessrechtes. Die Vorgaben des § 54 Abs. 1 JGG für die Urteilsgründe müssen allerdings auch im abgekürzten Urteil beachtet werden. In dieser Hinsicht lässt das mitgeteilte Urteil (unter III.) sehr zu wünschen übrig. Insbesondere fehlen (nähere) Ausführungen zur Berücksichtigung der »seelischen, geistigen und körperlichen Eigenart« von Lena, und das Urteil lässt nicht erkennen, welche Umstände für die Anordnung gerade einer Arbeitsauflage maßgebend waren.

Mangels entsprechender Vorschriften des JGG richten sich auch die (im Praxisbeispiel mitgeteilte) Anklageschrift und der ebenfalls (in Form der Ausfertigung für

---

130 Vgl. dazu *Meißner*, Arbeitsleistungen – Strafe oder Hilfe?, in: DVJJ-Journal 1996, 370.
131 *Nothacker* 1998, 37.
132 *Diemer/Schoreit/Sonnen* 1995, § 5 Rz. 9 unter Hinweis auf *BGH*, NStZ 1989, 522).
133 Vgl. *Nothacker*, 1998, 37 m.w.Nw.
134 Zur praktischen Durchführung vgl. *Lehnhoff/Wunsch*, in: DVJJ-Journal 1999, 70 (»Chance zu einer Veränderung ist da«, a.a.O., S. 733; zum bundesweiten Angebot an Arbeitsleistungen (»so gut wie flächendeckend«: *Dünkel/Geng/Kirstein*, DVJJ-Journal 1999, 171; zu versicherungsrechtlichen Fragen: *Wimmer*, in: DVJJ-Journal 1998, 35.
135 Vgl. *Brunner/Dölling* 1996, § 55 Rz. 2; zur Stellung der Erziehungsberechtigten und des gesetzlichen Vertreters § 67 JGG; dazu gehört, zu Gunsten der Jugendlichen alle Rechtsbehelfe einzulegen, § 67 Abs. 3 JGG, siehe *Brunner/Dölling* 1996, § 67 Rz. 10).
136 *Diemer/Schoreit/Sonnen* 1995, § 55 JGG, Rz. 11.
137 Vgl. dazu die §§ 55, 56 JGG, die zu den Regelungen des allgemeinen Rechtsmittelrechts hinzutreten; kritisch zu den »Rechtswegverkürzungen«, die aus dem Erziehungsgedanken hergeleitet werden (»Beschleunigungsgrundsatz«, so auch Richtlinien zu § 55 Nr. 1, abgedruckt bei *Brunner/Dölling* 1996): *Diemer/Schoreit/Sonnen* 1995, § 55 JGG Rz. 3, 4 m.w.Nw.

die Jugendgerichtshilfe) mitgeteilte Beschluss über die Eröffnung der Hauptverhandlung und die Zulassung der Anklage vor dem Amtsgericht – Jugendgericht nach der Strafprozessordnung (§§ 170 Abs. 1, 203 StPO).

3.1 Bericht der Jugendgerichtshilfe

Der Jugendgerichtshilfebericht ist aufzubauen wie eine gutachtliche Stellungnahme für das Vormundschafts- oder Familiengericht. Im Praxisbeispiel findet sich ein solcher (Original-) Bericht. Der Inhalt ergibt sich insbesondere aus § 43 Abs. 1 JGG, der den Umfang der anzustellenden Ermittlungen betrifft.[138]

In der Literatur wird zu Recht betont, dass in dem Bericht darauf zu achten ist, die ermittelten Tatsachen möglichst präzise, konkret und nachprüfbar darzustellen und nicht mit subjektiven Bewertungen und moralischen Werturteilen zu vermengen. Insbesondere ist jede unnötig diskriminierende Wertung zu vermeiden. Zwar schlägt der Jugendgerichtshelfer schon im Bericht eine der im Jugendgerichtsgesetz vorgesehenen Sanktionen vor, er nimmt aber nicht etwa dazu Stellung, ob der Jugendliche sich im juristischen Sinn schuldig gemacht hat.

Das Jugendgericht kann, entgegen vereinzelten gerichtlichen Entscheidungen[139], die Vorlage eines Berichtes nicht erzwingen, doch wird es oft eigene Aufgabe des Jugendgerichtshilfe sein, dem Gericht so die Grundlage für eine dem angeklagten Jugendlichen gemäße Entscheidung zu verschaffen[140].

3.2 Die Rechtsstellung der Jugendgerichtshilfe

Damit die Jugendgerichtshilfe ihren zuvor beschriebenen Aufgaben gerecht werden kann, sind ihr im Jugendgerichtsgesetz folgende *Beteiligungsrechte* eingeräumt[141]:
– Die Mitwirkung im *gesamten* Verfahren (§ 38 Abs. 3 Satz 1 und 2 JGG); d.h. im Ermittlungs- und im Hauptverfahren.
– Das Recht auf Anwesenheit in der Hauptverhandlung (§§ 50 Abs. 3 Satz 1, 48 Abs. 2 JGG; gegen den sog.»Gerichtsgeher«: § 38 Abs. 2 Satz 4 JGG).

---

138 Zu Strukturierungsvorschlägen für den JGH-Bericht vgl. *Arndt/Oberloskamp*, a.a.O., S. 66 ff., und *Ullrich*, a.a.O., S. 51 ff. Zu Datenschutz und JGH-Bericht: *Busch*, DVJJ 1996, 158; *Dölling*, in: Bewährungshilfe 2/1993, 128 ff. *Dölling* hält die in § 61 Abs. 3 SGB VIII getroffene Neuregelung durch das Erste Gesetz zur Änderung des KJHG für eine – von ihm begrüßte –»Klarstellung« des schon zuvor geltenden Rechts. Vgl. dazu aber die Kontroverse zwischen *Dölling*, DVJJ 1991, 242 ff. und *Trenczek*, DVJJ 1991, 251 ff. sowie *Kunkel*, DVJJ 1993, 339 ff. und *Trenczek*, DVJJ 1994, 32. Eine»Konzentration auf schwerere Fälle« empfiehlt *Wiesner/Mörsberger* 2000, § 52 SGB VIII, Rz. 35.
139 *LG Trier*, 19.1.2000 (2 a Qs 2/00, 248), in: NStZ-RR 2000, 248, meint, die zur Entscheidungsfindung erforderlichen Unterlagen sich mit den Zwangsmitteln der Strafprozessordnung (§§ 51, 70, 94 ff. StPO) unter Beachtung des Verhältnismäßigkeitsgrundsatzes beschaffen zu können, wenn die Jugendgerichtshilfe ihrer Berichtpflicht nicht nachkommt (zitiert nach NJW 34/2000, LXVIII).
140 Zur Kooperation Gericht/Jugendgerichtshilfe siehe *Fieseler*, in: GK-SGB VIII, § 52 nach Rz. 35 (eingehende Literaturhinweise) und § 81 Rz. 55 f.
141 Nach *Ullrich*, a.a.O., S. 18; zur Pflicht des Jugendgerichts auf das Tätigwerden des Jugendamtes hinzuwirken: *OLG Köln*, ZfJ 1987, 182 (m.w.Nw. zur Streitfrage einer Beteiligungspflicht und einer Kostenauferlegung bei ausgesetzter oder unterbrochener Hauptverhandlung); *Laubenthal*, a.a.O. (1993), 111 m.w.Nw.

- Recht auf Äußerung zu den zu ergreifenden Maßnahmen (§§ 38 Abs. 2 Satz 2, 50 Abs. 3 Satz 2 JGG).
- Recht auf Anhörung in der Hauptverhandlung und vor Erteilung von Weisungen (§§ 50 Abs. 3 Satz 1, 38 Abs. 3 Satz 3, 10 JGG).
- Verkehrsrecht mit dem Beschuldigten (§§ 93 Abs. 3 JGG i.V.m. § 148 StPO).
- Das Recht auf den Antrag, den Jugendlichen, seine Angehörigen, Erziehungsberechtigten und seine gesetzlichen Vertreter von der Hauptverhandlung auszuschließen (§ 51 JGG).
- Das Recht und die Pflicht, Auflagen und Weisungen zu überwachen (§ 38 Abs. 2 Satz 5 JGG).
- Recht auf frühestmögliche Unterrichtung von der Straftat (§§ 38 Abs. 3 Satz 2, 43 Abs. 1 Satz 1 JGG mit dazu ergangener Polizei-Dienstvorschrift 283.1).
- Recht auf Unterrichtung über Einleitung und Ausgang des Jugendstrafverfahrens (§ 70 JGG; Nr. 32 der Anordnung über Mitteilungen in Strafsachen (MiStra) in der Fassung vom 15.11.1977[142]).
- Mitwirkung in Haftsachen (§ 72 a JGG)[143].
- Recht auf Anträge zur Strafmakelbeseitigung (§ 97 Abs. 1 Satz 2 JGG).
- Recht auf Anhörung durch den Vollstreckungsrichter nach § 87 Abs. 3 Satz 4 JGG.

3.3 Funktion der Jugendgerichtshilfe

Ob die soeben aufgezählten Rechte der Jugendgerichtshilfe ausreichen, ihren gesetzlichen Auftrag zu erfüllen, hängt davon ab, welche Funktion der Jugendgerichtshilfe im Strafverfahren gegen Jugendliche und Heranwachsende beigemessen wird. Sie reichen sicher nicht aus, und wären durch ein Zeugnisverweigerungsrecht der Jugendgerichtshelfer zu ergänzen, wenn der Jugendgerichtshelfer »Sozialanwalt« und eine Art Beistand des Jugendlichen sein sollte[144]. Ein solcher Standpunkt wird allerdings trotz eines verbreiteten Verständnisses der Jugendgerichtshilfe als »sozialpädagogische Betreuungsaufgabe während des gesamten Verfahrens« (BT-Drs. 11/5948, 90) überwiegend abgelehnt, weil die Jugendgerichtshilfe dann nicht mehr ihre Aufgabe als »Prozesshilfeorgan eigener Art« wahrnehmen könne. Die Einführung eines Zeugnisverweigerungsrechts auch für Jugendgerichtshelfer wäre mit dem dadurch »letztlich verursachten Wegfall der Ermittlungsfunktion« zu teuer erkauft[145]. Dem ist entgegenzuhalten, dass auch Jugendgerichtshilfe in erster Linie Hilfe für den Jugendlichen – »Hilfe vor Gericht« – ist und darauf die Rechtsgrundlagen abzustimmen sind[146].

Schon um die Jahrhundertwende äußerte der Rechtslehrer Franz v. Liszt die Ansicht, lasse man einen Jugendlichen, der eine Straftat begangen habe, laufen, statt ihn mit den Justizbehörden zu konfrontieren, so sei die Wahrscheinlichkeit eines Rückfalles geringer. Diese Ansicht wird durch die sozialwissenschaftliche

---

142 Vgl. *Brunner*, a.a.O., § 70 Rz. 3 a; *Laubenthal*, a.a.O. (1993), 60; LJA Sachsen 1996, 1.5.1
143 Vgl. *Weyel*, ZfJ 1992, 29, *Kawamura*, BewHi 1994, 409. Nachweise über Haftvermeidungsprojekte bei *Diemer/Schoreit/Sonnen*, § 72 a JGG, Rz. 4.
144 Vgl. *Hauber*, ZblJugR 1980, S. 509 ff.; *BMJ* (1991), a.a.O., Jugendgerichtshilfe – Quo vadis?
145 *Brunner*, a.a.O., § 38 Rz. 14; a.A. *Diemer/Schoreit/Sonnen*, § 38 JGG, Rz. 13, 26; *Fieseler*, in: Fieseler in GK-SGB VIII § 52, Rz. 22; *VerwG Schleswig-Holstein*, Urteil vom 11.1.1984, ZfJ 1987, 539 (auch in DVJJ, Nr. 131 (1990), 43): Versagung der Aussagegenehmigung; *Weyel*, in: BMJ 1991, 121.

Forschung heute insoweit bestätigt, dass das Jugendstrafverfahren mit seinen stigmatisierenden Wirkungen dem Jugendlichen durchaus mehr schaden als nutzen kann. Die *Diversion*, d.h. die Vermeidung der Strafverfolgung durch Polizei, Staatsanwaltschaft und Gericht – die »Umleitung« um die juristischen Strafverfolgungsorgane bzw. die informelle Erledigung durch diese – gewinnt damit zunehmend an Bedeutung[147]. Wenn auch die Gefahren eines Verlustes an Rechtsstaatlichkeit nicht verkannt und eine »Überpädagogisierung« vermieden werden sollten[148], so ist hier doch in der Tat eine wichtige Aufgabe der Jugendgerichtshilfe darin zu sehen, dass sie in geeigneten Fällen frühzeitig eine Einstellung von Strafverfolgungsmaßnahmen anregt. Dies ist jetzt in § 52 Abs. 2 Satz 2 SGB VIII (i.d.F. des Ersten ÄndG) ausdrücklich geregelt[149]. Hierzu bieten ihr die Vorschriften des Jugendgerichtsgesetzes einigen Spielraum, der längst nicht immer genutzt wird. Neben den aufgezählten prozessualen Rechten der Jugendgerichtshilfe sind insbesondere die §§ 45, 47 JGG hervorzuheben, nach denen der Staatsanwalt unter Umständen auch ohne Zustimmung des Jugendrichters (§ 45 Abs. 2 JGG) von der Verfolgung absehen bzw. der Richter das Strafverfahren einstellen kann[150]. Darüber hinaus ist aber auch stets an die Einstellungsmöglichkeiten nach der Strafprozessordnung (§§ 153 ff. StPO) zu denken, von denen gerade im Jugendstrafverfahren großzügig Gebrauch gemacht werden sollte. Letztlich ist es fragwürdig geworden, ob auf das abweichende Verhalten Jugendlicher überhaupt mit Strafe reagiert werden sollte. Eine Heraufsetzung der Strafmündigkeitsgrenze auf 16 Jahre ist erwogen worden. Und es ist durchaus denkbar, Jugendliche bis 18 Jahre ganz unter den Erziehungsgedanken der Jugendhilfe zu stellen und damit den Weg zu Ende zu gehen, der 1923 mit der Heraufsetzung der Strafmündigkeitsgrenze auf 14 Jahre eingeschlagen worden ist[151].

---

146 Zum Verhältnis von Jugendhilfe und Jugendstrafjustiz: *Maas*, ZfJ 1994, 68 (Auswirkungen des 1. ÄndG KJHG); *Weyel*, DVJJ 1994, 25; *Jaeger*, Jugendhilfe 1995, 339; *Wiesner/Kaufmann*, 1995, § 52 SGB VIII, Rz. 5 ff. (»sozialpädagogische Normalisierungsarbeit« aus Anlass der Straftat.); *Trenczek*, DVJJ 1996, 41; *Zach*, DVJJ 1996, 251; *Zinke*, DVJJ 1996, 367; *Vieten-Groß*, DVJJ 1997, 246; *Peschel-Gutzeit*, DVJJ 1999, 130. Zur Teilnahme an der Hauptverhandlung *Fieseler*, GK-SGB VIII, Rz. 22. – Zum Täter – Opfer – Ausgleich im Jugendstrafverfahren: *Schreckling*, ZfJ 1990, 493; *Weyel*, ZfJ 1993, 579; *Mayer*, ZfJ 1994, 506 und Jugendhilfe 1999, 150; *Alexas*, Jugendhilfe 1999, 159; weitere Nachweise in GK-SGB VIII § 52 nach Rz. 35. – Zur Kostentragungspflicht bei jugendrichterlichen Weisungen: *Mayer*, ZfJ 1993, 188 (gegen *Bizer*, ZfJ 1992, 622); *Wiesner*, Vor § 27 SGB VIII, Rz. 51, 53; *Pfeiffer*, DVJJ 1996, 158.
147 Vgl. die Erlasse und Richtlinien zur Diversion auf Landesebene in: *Diemer/Schoreit/Sonnen*, § 45 Rz. 4-6; zu Recht betonen die Niedersächsischen Diversionsrichtlinien vom 31.10.1991 den Vorrang von Einstellungen nach § 170 Abs. 2 StPO, um der Unschuldsvermutung Rechnung zu tragen. Vgl. auch *BMJ (Hrsg.)*, »Diversion« im deutschen Jugendstrafrecht, Bonn 1989; *ders.*, Jugendstrafrechtsreform durch die Praxis. Konstanzer Symposium, Bonn 1989, S. 74 ff.; *Laubenthal*, a.a.O. (1993), S. 28 ff.
148 Näher dazu *Fieseler*, in: GK-SGB VIII, § 52 Rz. 10; *Walter*, ZfJ 1986, 433; *Arbeitskreis II des 21. Deutschen Jugendgerichtstages 1989* (in: Kriminalpolitik, Heft 4/1989, 4), wonach im Mittelpunkt der Tätigkeit der JGH in Zukunft vorrangig Mehrfach- und Intensivtäter stehen sollten (vgl. *Fieseler*, in GK-SGB VIII, § 52 Rz. 20).
149 Vgl. *Fuchs/Habermann*, NDV 1993, 54; *Laubenthal*, a.a.O. (1993), 62.
150 Vgl. dazu insbesondere *Kaiser*, NStZ 1982, S. 102 ff.; *Bietz*, ZblJugR 1983, S. 321 ff.; *Beckmann*, ZblJugR 1983, S. 210 ff.; *Pfeiffer*, a.a.O., S. 117 ff.
151 Vgl. *Fieseler* 1977, S. 128.

Demgegenüber werden angesichts (angeblich) ständig steigender Kriminalitätszahlen junger Menschen vermehrt deutlich Strafverschärfungen[152] und die Herabsetzung der Strafmündigkeit auf 12 Jahre[153] verlangt. Bayern hat als »Alternative« zu einer Herabsetzung der Strafmündigkeit vorgeschlagen, die Erziehungskompetenz der Familiengerichte auszuweiten (BR-Drucks. 645/98; vgl. *Hinz*, ZRP 2000, 112 mit Wortlaut der vorgeschlagenen Änderung zu § 1666 BGB und *Bode*, Kind-Prax 1998, 183)[154].

Die Jugendgerichtshilfe als Teil der Jugendhilfe wird sich gegenüber dieser (oft aufgeregten) Diskussion auf ihren Auftrag besinnen, junge Menschen in ihrer Entwicklung zu fördern (§ 1 Abs. 1 SGB VIII) und zu positiven Lebensbedingungen für sie beizutragen (§ 1 Abs. 3 Nr. 4 SGB VIII)[155].»Normverdeutlichung mit sensibler Hand«[156] schließt dies durchaus ein.

3.4 Geplante Änderung des Jugendgerichtsgesetzes

Das am 1.12.1990 in Kraft getretene (Erste) Jugendgerichts-Änderungsgesetz (BGBl. I 1853) – als »Schritt in die richtige Richtung« begrüßt – hält an der Grundstruktur des Jugendstrafrechtes fest, »verändert aber den Interpretationsrahmen für den Erziehungsgedanken« des JGG, ohne freilich an der Notwendigkeit einer »Gesamtreform des Jugendkriminalrechts« etwas zu ändern[157].

Bereits am 18.11.1983 war ein Referentenentwurf eines 1. Gesetzes zur Änderung des Jugendgerichtsgesetzes vom Bundesministerium der Justiz vorgelegt, aber aus finanziellen Erwägungen nicht weiterverfolgt worden, der an der Grundstruktur des Jugendstrafrechts festhielt und sich »im wesentlichen auf solche Änderungen beschränkte, die das Rechtsfolgensystem des geltenden Rechts und den dort im Vordergrund stehenden Erziehungsgedanken besser zum Tragen bringen sollen«.

Weiterer Reformbedarf besteht u.a. in folgenden Problembereichen[158]
- die strafrechtliche Behandlung Heranwachsender,
- das Verhältnis zwischen Erziehungsmaßregeln und Zuchtmitteln,
- die Voraussetzungen für die Verhängung von Jugendstrafe,
- die strukturelle Ausgestaltung des Jugendarrestes,

---

152 Dagegen *Ostendorf*, ZRP 2000, 103: »Mehr Härte ist kontraproduktiv«.
153 Vgl. *Hinz*, ZRP 2000, 107.
154 Vgl. auch *Permien*, Kinderdelinquenz: Wirksame Jugendhilfe oder Warten auf die Justiz? In: Forum Erziehungshilfen 2000, 88; *Verein für Kommunalwissenschaften*, Was tun mit den Schwierig(st)en? 1999; *von Wolffersdorf*, RdJB 1999, 319; *Däubler-Gmelin*, RdJB 1999, 269 (Vorhaben der Bundesregierung*); Gabriel/Holhusen/Schäfer*, RdJB 1999, 346; *Bruhns/ Wittmann*, RdJB 1999, 355 (Mädchendelinquenz); *Schäfer*, Zum Umgang mit kriminellen Kindern – Ein Überblick, DVJJ-Journal 2000, 134.
155 *Fieseler*, in: GK-SGB VIII, § 52 ; zur Funktion der Jugendgerichtshilfe a.a.O. Rz. 1 14-20.
156 *Zach*, DVJJ-Journal 1996, 253.
157 *Trenczek*, Neue Justiz 1991, 290; weiteres Schrifttum insbesondere in den Schwerpunktheften 1/2 und 4, *DVJJ 1991; Kiehl*, in: Wiesner/Zarbock 1991, 173 ff.; *Lakies*, RdJB 1991, 206; *Trenczek*, Jugendhilfe 1991, 108.
158 *Bundesregierung* in BT-Drucks. 11/5829, 14 f.: insofern sollen erst Lösungsvorschläge erarbeitet und ausreichend diskutiert werden. »Für ein neues JGG« vgl. die Vorschläge der *DVJJ-Kommission*, in DVJJ 1992, 4 ff., und die Ergebnisse der *Arbeitsgemeinschaften zum 22. Deutschen Jugendgerichtshilfetag*, in: DVJJ 1992, 276 ff., sowie *Scholz*, in: DVJJ 1992, 301 ff., und *Schlüchter*, in: DVJJ 1992, 317 ff. und in RdJB 1993, 328 f. Zur rechtspolitischen Situation der 90er Jahre für das Jugendkriminalrecht: *BMJ*, Grundfragen 1992.

- die vermehrte Mitwirkung von Verteidigern im Jugendstrafverfahren,
- die Gefahr der Überbetreuung Jugendlicher (Erziehungsgedanke/Grundsatz der Verhältnismäßigkeit),
- Straftaxendenken und Aufschaukelungstendenzen in der Sanktionspraxis der Jugendgerichtsbarkeit,
- die Stellung und die Aufgaben der Jugendgerichtshilfe im Jugendstrafverfahren,
- das Ermittlungs- und das Rechtsmittelverfahren,
- die Aus- und Fortbildung von Richtern, Staatsanwälten und Rechtsanwälten in bezug auf jugendstrafrechtliche Besonderheiten,
- die möglicherweise verstärkt notwendige Berücksichtigung von Belangen junger Mädchen und Frauen in der Anordnung und Durchführung jugendgerichtlicher Sanktionen.

Für ein Zweites Gesetz zur Änderung des Jugendgerichtsgesetzes liegen unterschiedliche Reformvorschläge von DVJJ und AWO vor[159]. Aus der Sicht der sozialen Arbeit, für die schon jetzt ein gewandeltes Aufgabenverständnis von vorwiegend justizieller Tätigkeit hin zur vermehrten Übernahme von Aufgaben der Jugendhilfe festzustellen ist, sind über verfahrens- und sanktionsrechtliche Reformen hinaus auch Reformen des materiellen Strafrechts im Sinne einer Beschränkung auf schwerste Kriminalität, vielleicht auch der Schaffung eines »eigenständigen Deliktskataloges«[160] zu fordern.

Neben die (eigenständige) Mitwirkung in Jugendgerichtsverfahren – mit dem Hinwirken auf informelle Verfahrenserledigungen – und an ihre Stelle tritt als »eigentlicher« sozialpädagogischer Beitrag vermehrt die Durchführung vielfältiger ambulanter Maßnahmen nicht nur nach Verfahrenseinstellungen, sondern schon in deren Vorfeld.

Ein besonderes Augenmerk sollte dabei allerdings den »Bagatelltätern« gelten. Für sie ist eine durchgreifende Entkriminalisierung zu fordern, weil hier die beste sozialpädagogische Hilfe allenfalls als *Angebot* sinnvoll ist, und weil angeordnete Maßnahmen unverhältnismäßig sind.[161] Dass allerdings von einer leichten Straftat nicht auf einen aus Sicht der Jugendhilfe einfachen Fall zu schließen ist, bemerkt *Korth* (ZfJ 1996, 495) zu recht (a.a.O., S. 502: Forderung »endlich« methodische Standards zwecks Steigerung sozialpädagogischer Handlungskompetenz zu erarbeiten).

Eine verbreitete Forderung geht dahin, die Tätigkeit der Jugendgerichtshilfe künftig vorrangig als Hilfe für »Mehrfach- und Intensivtäter« auszugestalten, die selbstbewusster auftreten und sich an fachlichen Standards qualifizierter Jugendhilfe und nicht an, oft nur vermeintlichen, Erwartungen der Strafjustiz orientiert[162].

---

159 Dazu *Merkle u.a.*, in: DVJJ 1/1994, 11 (mit Synopse, S. 16), *Weyel*, DVJJ 1/1994, 25, *Frommel u.a.*, NK 1994, 28.

160 *Diemer/Schoreit/Sonnen*, § 1 JGG, Rz. 12 (mit der Frage nach einem »selbständigen Jugendkonfliktrecht«).

161 *Fieseler*, in: Beiträge 1987, 15 f.; *Trenczek*, DVJJ 1994, 34; *Ostendorf*, in: BMJ 1991, 65: »Eine nicht notwendige Betreuung ist persönlichkeitsverletzend«; *Walter*, ZfJ 1993, 177.

162 Vgl. *Fieseler*, in: GK-SGB VIII, § 52 Rz. 20.

3.5 Statistik: Nach Jugendstrafrecht Verurteilte[163]

Jahr / Personengruppe	Insgesamt	Jugendstrafe				Und zwar verurteilt zu							
						Zuchtmittel				Erziehungsmaßregeln			
		zusammen	6 Monate (Mindeststrafe) bis 1 Jahr	mehr als 1 Jahr	unbestimmte Zeitdauer[a]	zusammen	Jugendarrest	Auferlegung besonderer Pflichten	Verwarnung nach § 14 JGG	zusammen	Fürsorgeerziehung[b]	Erziehungsbeistandschaft	Erteilung von Weisungen
1980 Jugendliche	80.424	6.158	4.690	1.289	179	76.663	17.085	26.748	32.830	32.876	129	334	32.413
Heranwachsende	52.225	11.824	8.081	3.625	118	50.452	10.098	25.949	14.405	8.436	4	5	8.427
1990 Jugendliche	34.684	3.311	2.215	1.072	24	26.728	6.225	7.933	12.570	19.546	26	104	19.416
Heranwachsende	42.590	8.792	5.309	3.454	29	36.779	6.560	18.034	12.185	13.315	4	25	13.286
1995c Jugendliche	37.668	4.472	2.750	1.722	x	40.703	6.838	21.646	12.219	8.921		137	8.740
Heranwachsende	39.063	9.408	5.140	4.268	x	37.615	6.115	21.253	10.247	6.124		77	6.023
1996c Jugendliche	41.006	5.047	3.090	1.957	x	45.019	7.760	24.138	13.121	8.794		117	8.645
Heranwachsende	39.840	10.099	5.560	4.539	x	38.176	6.303	21.574	10.299	5.836		67	5.755
1997c Jugendliche	45.640	5.701	3.410	2.291	x	49.908	9.017	26.850	14.041	10.122		138	9.928
Heranwachsende	42.167	10.698	5.715	4.983	x	40.206	6.861	22.857	10.488	6.514		70	6.423

a   Die Verhängung der Jugendstrafe von unbestimmter Dauer ist nach Änderung des Jugendgerichtsgesetzes seit 1991 nicht mehr vorgesehen.
b   Mit Inkrafttreten des KJHG (1.1.1991) keine Fürsorgeerziehung mehr.
c   Einschl. der Angaben für Berlin-Ost.

Quelle: Statistisches Jahrbuch 1999, S. 362

163   Eine Jugendstrafe, einzelne Zuchtmittel bzw. Erziehungsmaßregeln können nebeneinander angeordnet sein; die Summe der zu diesen Strafen verurteilten Personen ergibt deshalb nicht die »Insgesamt«-Zahl der Verurteilten. – **Früheres Bundesgebiet.**

Siebtes Kapitel: Hilfen innerhalb der eigenen Familie

1. Erziehungsberatung[1]

Rechtgrundlage: § 28 SGB VIII

Aus dem GG (Art. 1, 2, 20, 28) und aus der Rechtsprechung des Bundesverfassungsgerichts zum Persönlichkeitsrecht ergeben sich Maßstäbe für die Arbeit der Erziehungsberatungsstellen. Zu den Sozialstaatsaufgaben zählt, dass der einzelne Bürger dort Entscheidungshilfen erhält, wo er aus eigener Kraft keine Möglichkeiten des Handelns oder der Konfliktlösung mehr sieht. Der Schutz seiner Privatsphäre muss aber ebenso gewährleistet sein wie die Freiwilligkeit der Inanspruchnahme einer Beratungsstelle und die Selbstbestimmung des Bürgers hinsichtlich seiner Persönlichkeitsentwicklung, die durch die Beratung und Behandlung gefördert werden sollen.

Man unterscheidet zwischen »institutioneller« und »funktionaler« Erziehungsberatung. Wer im sozialpädagogischen Bereich arbeitet (Lehrer, Ärzte, Erzieher, Sozialarbeiter/Sozialpädagogen usw.), wird häufig bei Erziehungsproblemen um Rat gebeten. Diese Tätigkeit, weil sie eine Funktion der allgemeinen pädagogischen und sozialen Aufgaben der genannten Berufsgruppen ist, wird funktionale Erziehungsberatung genannt (vgl. § 16 Abs. 2 Nr. 2 SGB VIII). Bei größeren Erziehungsschwierigkeiten genügt diese Hilfe jedoch nicht, und der Ratsuchende bedarf der Unterstützung durch eine mit besonderen wissenschaftlichen Erkenntnissen und Methoden arbeitende Institution (= Erziehungsberatungsstelle). Auf diese institutionelle Erziehungsberatung beziehen sich die nachstehenden Grundsätze.

---

1 *Lasse*, ZfJ 1993, S. 245 ff.; *Hahn/Müller* 1993; *Hundsalz* (1995); *Cremer u.a.* 1994; *Maas*, Erziehungsberatung und Hilfe zur Erziehung, ZfJ 1995, 387; *Menne*, ZfJ 1995, 481; *Münder*, NP 1995, 359 (Aufgaben der freien Träger); Bundeskonferenz für Erziehungsberatung, Rechtsfragen in der Beratung, 1997; *Pettinger*, RdJB 1998, 418; *Kurz-Adams*, RdJB 1998, 426; *Gerth*, Kind-Prax 1998, 15 (Erziehungsberatung und neues Kindschaftsrecht); *Mähler/Mähler*, Kind-Prax 1998, 18 (Mediation und Kindschaftsrechtspraxis); *Diez/Krabbe*, Kind-Prax 1998, 174 (Einbeziehung der Kinder); *Weber*, Kind-Prax 1999, 8 (Kooperation nach der Kindschaftsrechtsreform); *Menne*, in: *Chassé/von Wensierski* 1999, 130 (aktuelle Tendenzen, S. 142); *Kaufmann*, ZfJ 2000, 85 (juristische Standortbestimmung); *Menne*, ZfJ 2000, 91 (regionalisierte Erziehungsberatung) – Zu Erziehungsberatung und Verwaltungsakt: *Werner*, Forum Jugendhilfe Nr. 3/1995, 15; – Finanzierungsbedingungen: *Menne*, ZfJ 1997, 159.

1.1 Grundsätze für Erziehungsberatungsstellen[2]

Allgemeines

Erziehungsberatungsstellen sind mit entsprechend ausgebildeten Fachkräften besetzte Einrichtungen der offenen Jugendhilfe, die in Fragen der Erziehung durch Beratung von Kindern, Jugendlichen, Eltern und anderen an der Erziehung beteiligten Personen oder Stellen dazu beitragen, Erziehungsschwierigkeiten und Entwicklungsstörungen zu beheben und zu vermeiden, wenn die Mittel funktionaler Erziehungshilfen nicht ausreichen.

Erziehungs- und Entwicklungsprobleme stehen in der Regel im Zusammenhang mit übergreifenden Konflikten der ganzen Familie als Gruppe; soweit dies der Fall ist, erfüllt jede Erziehungsberatungsstelle zugleich die Aufgabe der Familienberatung.

Träger von Erziehungsberatungsstellen können Jugendämter, die Gemeinden und Landkreise sowie die Träger der freien Jugendhilfe sein.

Aufgaben

Die Erziehungsberatungsstelle hat folgende Aufgaben:

*   Feststellung von Verhaltensauffälligkeiten, Erziehungsschwierigkeiten und Entwicklungsstörungen einschließlich der ihnen zugrundeliegenden Bedingungen unter Berücksichtigung ihrer psychischen, physischen, familiären und sozialen Faktoren.
*   Veranlassung oder Durchführung der zur Behebung festgestellter Auffälligkeiten erforderlichen Maßnahmen; sie schließen damit die Durchführung der notwendigen Beratung aller an der Erziehung beteiligten Personen oder Stellen – gegebenenfalls auch durch schriftliche Stellungnahme – ein und umfassen erforderlichenfalls auch die Durchführung der notwendigen therapeutisch-pädagogischen Behandlung, soweit nicht die Inanspruchnahme anderer Einrichtungen angezeigt ist.
*   Mitwirkung bei vorbeugenden Maßnahmen gegen Erziehungsfehler; die Erziehungsberatungsstelle soll im Rahmen ihrer Möglichkeiten ihre Kenntnisse und Erfahrungen auch anderen Institutionen zur Verfügung stellen und vor allem den Eltern zugänglich machen.
*   Unterstützung bei Trennungs- und Scheidungsproblemen.

Die Erziehungsberatungsstelle erfüllt ihre Aufgaben in *fachlicher* Hinsicht unabhängig.

---

2   Deutscher Städtetag und AGJ, Empfehlungen für die Zusammenarbeit von Trägern der öffentlichen und freien Jugendhilfe bei der Erziehungsberatung, in: ZfJ 1995, 496 und ZfJ 1997, 5; Stellungnahme des Paritätischen Wohlfahrtsverbandes zur Sicherung und weiteren Entwicklung der Erziehungsberatung, in: Forum Jugendhilfe Nr. 3/1995, 16; *Hundsalz*, Vernetzung – ein alter Hut für die Erziehungsberatung?, in: Jugendhilfe 1996, 332; Bundeskonferenz für Erziehungsberatung: Rahmenkonzept für ein Beratungs- und Hilfe-Zentrum für Kinder, Jugendliche und Eltern, ZfJ 1997, 320.

Personelle Ausstattung

Jede Erziehungsberatungsstelle muss mindestens eine freie Arbeitsgruppe (Team) von qualifizierten psychologischen, sozialen, therapeutisch-pädagogischen und medizinischen Fachkräften haben.

Arbeitsweise der Erziehungsberatungsstelle

Die Inanspruchnahme der Erziehungsberatungsstelle beruht auf dem Grundsatz der Freiwilligkeit. Sie muss dem Ratsuchenden ohne Rücksicht auf seine politische, weltanschauliche oder religiöse Überzeugung offenstehen.

Behördliche und freie Stellen der Jugend- und Sozialhilfe, Schulen, Ärzte, Seelsorger und andere mit der Erziehung befasste Personen sollen den Besuch der Erziehungsberatungsstelle nötigenfalls anregen.

1.2 Kontaktaufnahme mit der Beratungsstelle[3]

– Die Personensorgeberechtigten kommen mit dem Kind aus eigener Initiative (ca. 50%);
– der Jugendliche kommt auf Empfehlung der Schule (ca. 20%), des Jugendamtes (ca. 15%), des Arztes (ca. 8%), des Kindergartens (ca. 5%);
– der Jugendliche kommt von sich aus (1998: 9%);
– Vorstellung in einer Erziehungsberatungsstelle als Maßnahme des Vormundschaftsgerichtes im Rahmen des § 1666 BGB;
– Jugendamt schickt das Kind gemäß § 1 JSchÖG;
– Jugendrichter erteilt gemäß § 10 JGG im Rahmen eines Jugendstrafverfahrens die Weisung, eine Erziehungsberatungsstelle aufzusuchen.

1.3 Anmeldungsgründe

Die *Anmeldungsgründe* sind der Häufigkeit nach:
– Beziehungsprobleme (1989: 39% der Fälle)
– Schulschwierigkeiten (Leistungsabfall, Lese-, Schreib- und Rechenschwäche, Konzentrationsstörungen);
– Probleme im Sozialverhalten (Umgangsprobleme mit Gleichaltrigen, Lehrern etc.; Aggressionen); Entwicklungsauffälligkeiten (29%);
– Trennung oder Scheidung der Eltern (21%);
– Ängste, Depressionen, Suizidgefährdung;
– psychosomatische Beschwerden und körperliche Funktionsstörungen (Bettnässen, Einkoten, Erbrechen, Kopfschmerzen, Bauchschmerzen, Einschlaf- und Durchschlafstörungen, Tics);
– Partnerkonflikte;
– Sexualprobleme;
– Lügen, Stehlen, Weglaufen;
– Drogen, Alkohol, Tabletten;
– Sprachauffälligkeiten.

---

3   Vgl. *Hölzel*, a.a.O., S. 25. Es sind vor allem die Mütter, die den Kontakt zur Beratungsstelle aufnehmen (1998: 63% der Fälle); Väter taten dies nur in 8% (Statist. Bundesamt, Mitteilung für die Presse v. 24.1.2000).

Eine *gutachtliche Stellungnahme* der Erziehungsberatungsstelle für das Vormundschafts-, Familien- oder Jugendgericht[4] ist in folgenden Fällen denkbar:
- in allen Fragen des Kindeswohls, z.B. Gefährdung (§ 1666 BGB); Herausgabe, Umgang, Verbleib bei Pflegepersonen (§ 1632 Abs. 4 BGB); bei Adoption; Umgangsregelung nach §§ 1684, 1685 BGB; Regelung der elterlichen Sorge nach Scheidung der Eltern und bei Getrenntleben der Eltern (§§ 1671, 1672 BGB).
- Unterstützung der Eltern bei der Ausübung der Personensorge (§ 1631 Abs. 3 BGB).
- Prüfung der Glaubwürdigkeit jugendlicher Zeugen in Zivil- oder Strafverfahren.
- Prüfung der strafrechtlichen Verantwortlichkeit eines Jugendlichen im Rahmen des § 3 JGG.
- Prüfung, ob gemäß § 105 JGG Jugend- oder Erwachsenenstrafrecht anzuwenden ist.

In den meisten der vorgenannten Fälle ist das Jugendamt gemäß §§ 49, 49 a FGG gutachtlich zu hören. Dem Richter steht es aber frei, zusätzliche Sachverständige, wie z.B. die Mitarbeiter der Erziehungsberatungsstelle hinzuzuziehen (vgl. § 12 FGG, § 43 Abs. 2 JGG).

Die Unterversorgung mit Erziehungsberatungsstellen[5] führt vielfach zu langen Wartezeiten mit der Folge, dass im Einzelfall der negative Prozess so weit fortgeschritten ist, dass vorbeugende Maßnahmen nicht mehr greifen. Die Beratungsverzögerungen machen dann den Einsatz therapeutischer Maßnahmen nötig.

Erziehungs- und Entwicklungsprobleme bei Kindern und Jugendlichen stehen regelmäßig im Zusammenhang mit übergreifenden Konflikten der ganzen Familie. Erziehungsberatung übernimmt deshalb zugleich Aufgaben der Familienberatung und muss häufig das soziale Umfeld, insbesondere die Schule, einbeziehen.

Zu Fragen der Schweigepflicht, der Amtshilfe, des Datenschutzes und des Zeugnisverweigerungsrechts, die in der Beratungsarbeit besonders problematisch sind, vgl. Kapitel 4 (S. 151 ff.) in diesem Buch.

---

4 Die Erstellung von Gutachten im Auftrag des Gerichts oder Jugendamtes ist bei den Erziehungsberatungsstellen wegen Nichtachtung des Freiwilligkeitsprinzips umstritten.
5 Mit der Reform des Jugendhilferechts war ein Ausbau auf 1.200 Erziehungsberatungsstellen vorgesehen.

1.4 Statistik: Institutionelle Beratung

Gegenstand der Nachweisung	Junge Menschen insgesamt	je 1.000 junge Menschen	bei den jungen Menschen	bei den Eltern	in der Familie	im sozialen Umfeld und außerdem bei den jungen Menschen, Eltern o.i.d. Familie	bei den jungen Menschen und außerdem bei den Eltern oder i.d. Familie	bei den Eltern und außerdem in der Familie	Träger öffentliche	freie	Durchschnittliche Dauer der Beratung in Monaten
1993	197.955	7,7	27.373	57.386	33.607	17.373	53.299	8.553	94.797	101.158	6
1996	239.546	9,7	32.960	73.732	36.522	19.336	67.025	9.971	109.420	130.126	7
1997	248.095	10,2	33.015	77.026	38.079	20.203	68.949	10.823	111.276	136.819	6
1997 nach dem Geschlecht											
Männlich	142.049	11,3	13.916	45.014	22.837	11.886	41.857	6.539	64.618	77.431	7
Weiblich	106.046	8,9	19.099	32.012	15.242	8317	27.092	4.284	46.658	59.388	6
Alter von ... bis unter ... Jahre											
1997 nach dem Alter											
unter 3	9.095	3,8	173	5.726	1.502	566	579	549	3.766	5.329	5
3 – 6	36.686	14,9	815	17.203	5.640	3.587	7.477	1.964	15.607	21.079	6
6 – 9	57.286	20,5	1.836	19.656	9.263	4.612	19.121	2.798	25.405	31.881	7
9 – 12	49.170	17,5	2.312	14.266	8.478	3.749	17.976	2.389	21.832	27.338	7
12 – 15	39.868	14,7	4.732	10.337	7.329	3.042	12.578	1.850	18.777	21.091	6
15 – 18	32.347	11,7	9.778	6.996	4.363	2.774	7.513	923	16.955	15.392	5
18 – 21	11.878	4,5	6.052	1.991	821	1.056	1.782	176	5.209	6.669	6
21 – 24	4.940	1,9	3.033	546	255	317	737	52	1.624	3.316	6
24 – 27	6.825	2,1	4.284	305	428	500	1.186	122	2.101	4.724	7
1997 nach der Staatsangehörigkeit											
Deutsche	229.378	.	29.177	72.298	35.549	17.689	64.485	10.180	101.062	128.316	6
Ausländer/-innen	15.617	.	3.387	3.575	2.157	2.106	3.871	521	8.279	7.338	6
Unbekannt	3.100	x	451	1.153	373	408	593	122	1.935	1.165	5
Nachrichtlich:											
Früheres Bundesgebiet	200.705	10,1	22.610	67.789	32.586	15.539	52.348	9.833	88.965	111.740	7
Neue Länder u. Berlin-Ost	47.390	10,2	10.405	9.237	5.493	4.664	16.601	990	22.311	25.079	5

Quelle: Statistisches Jahrbuch 1999, S. 467

2. Sonstige Beratungsdienste

Die Vielfalt bestehender Beratungsangebote lässt sich in drei Bereiche aufgliedern:
- Beratung als Information
- Beratung als Empfehlung
- Beratung als Orientierungs- und Lebenshilfe.

Abgrenzungsprobleme

Von der Auskunft unterscheidet sich Beratung durch ihre Tendenz zur Beeinflussung des Verhaltens des Beratenen; von der Therapie hebt sie sich dadurch ab, dass bei der Therapie die Verhaltensänderung Hauptziel ist und nicht nur eine Tendenz darstellt. Von der Aufklärung, die sich an alle wendet, unterscheidet sich die Beratung durch ihren kommunikativen Charakter. Die Abgrenzung ist im Einzelfall wegen der fließenden Übergänge schwierig[6].

Gründe für das stark gestiegene Bedürfnis nach Beratung und die Expansion der Beratung sind vor allem[7]:
- Zunahme und zunehmende Bewusstheit gesellschaftlicher und individueller Konflikte;
- Orientierungslosigkeit infolge sich ständig ändernder und differenzierender gesellschaftlicher Strukturen;
- Bedeutungsrückgang »sinngebender« Institutionen wie Staat, Kirche, Schule, Elternhaus (Sinnverlust);
- vor diesem Hintergrund: eingeschränkte Entscheidungs-, Handlungs-, und Erlebensfähigkeit des Individuums.

Die *Kritik* an verschiedenen Beratungskonzepten hebt deren Funktion als institutionalisiertes Instrument der sanften Kontrolle, Kanalisierung und Kompensierung gesellschaftlich bedingter Konflikte im psychisch-sozialen Bereich hervor (Individualisierung) und bemängelt, dass meistens nur die motivierten (»Leidensdruck«) und intellektuell/sprachlich befähigten Klienten erreicht werden (Mittelschichtdominanz).

Zu den sonstigen Beratungsdiensten, die von Minderjährigen in Anspruch genommen werden, zählen: Jugendamt/Sozialer Dienst, Kinder- und Jugendberatung, Ehe- und Familienberatung, Drogenberatung, Kindertelefon, Telefonseelsorge und die Schwangerschaftskonfliktberatung. Auf letztere, auf die Jugendberatung und auf die Scheidungsberatung wird näher eingegangen.

2.1 Schwangerschaftskonfliktberatung

Die Schwangerschaftskonfliktberatung[8] verfolgt als Ziele:
- Ermöglichung der freien Entscheidung der Frau hinsichtlich der Fortsetzung oder des Abbruchs der Schwangerschaft.
- Klärung, warum die Schwangerschaft unerwünscht ist.

---

6   Vgl. *Zalfen*, in: Handbuch pädagogischer und sozialpädagogischer Praxisbegriffe, Reinbek bei Hamburg 1981, S 67 ff.
7   Vgl. *Thiersch*, a.a.O., S. 95 ff.
8   Die *Bundeszentrale für gesundheitliche Aufklärung*, Köln, hat ein Verzeichnis der anerkannten Beratungsstellen herausgegeben.

- Beratung der Frau über mögliche Folgen des Schwangerschaftsabbruchs.
- Abbau von Schuldgefühlen.
- Hinweis auf Hilfen bei Fortsetzung oder Abbruch der Schwangerschaft.
- Beratung über Methoden der Empfängnisregulierung.
- Beratung bei Partner- und Familienproblemen.

Seit 1976 war gemäß § 218 b StGB die Schwangerschaftskonfliktberatung obligatorische Voraussetzung für einen straffreien Schwangerschaftsabbruch (daher die Bezeichnung »Zwangsberatung«).

Der Abbruch einer Schwangerschaft war unter folgenden Voraussetzungen straffrei:
- Der Abbruch musste mit Einwilligung der Frau von einem Arzt vorgenommen werden *und* es musste:
- eine der vier in § 218 Abs. 2 a.F. StGB umschriebenen Indikationen vorliegen; das ist dann der Fall, wenn nach ärztlicher Erkenntnis
  - die Gefahr einer schwerwiegenden Beeinträchtigung des körperlichen oder seelischen Gesundheitszustandes der Schwangeren oder des Lebens der Schwangeren besteht und diese Gefahr nicht auf eine andere für sie zumutbare Weise abgewendet werden kann (*medizinische Indikation*); unter dieser Voraussetzung ist der Schwangerschaftsabbruch in jedem Stadium der Schwangerschaft zulässig;
  - das Kind infolge einer Erbanlage oder schädlicher Einflüsse vor der Geburt an einer nicht behebbaren schwerwiegenden Schädigung seines Gesundheitszustandes leiden würde (*kindliche/eugenische Indikation*); der Schwangerschaftsabbruch ist unter dieser Voraussetzung zulässig, wenn seit der Empfängnis nicht mehr als 22 Wochen vergangen sind;
  - die Schwangere vergewaltigt, sexuell genötigt oder als Kind oder Widerstandsunfähige sexuell missbraucht worden ist und die Schwangerschaft mit hoher Wahrscheinlichkeit auf dieser Tat beruht (*ethische/kriminologische Indikation*); seit der Empfängnis dürfen nicht mehr als 12 Wochen verstrichen sein;
  - der Abbruch der Schwangerschaft sonst angezeigt ist, um von der Schwangeren die Gefahr einer schwerwiegenden Notlage abzuwenden, die nicht auf eine andere, für die Schwangere zumutbare Weise abgewendet werden kann (*Notlagenindikation/soziale Indikation*); seit der Empfängnis dürfen nicht mehr als zwölf Wochen verstrichen sein.

Wenn keine der erwähnten Indikationen vorlag, war der Schwangerschaftsabbruch für alle Beteiligten strafbar. Allerdings blieb die Schwangere selbst straffrei, wenn der Schwangerschaftsabbruch innerhalb der ersten 22 Wochen nach der Empfängnis von einem Arzt vorgenommen und die Schwangere vorher über die sozialen und ärztlich bedeutsamen Gesichtspunkte beraten worden war. Das Gericht konnte von einer Bestrafung auch dann absehen, wenn die Schwangere sich zur Zeit des Eingriffs in besonderer Bedrängnis befunden hatte.

Durch Art. 13 Nr. 1 des Schwangeren- und Familienhilfegesetzes vom 27.7.1992 (BGBl. I, S. 1398) sind die §§ 218-219 d StGB a.F. durch neue Bestimmungen ersetzt worden, die anstelle der Indikationenlösung eine Fristenlösung (einschließlich Pflichtberatung) vorsahen. Dieses Gesetz sollte eine für ganz Deutschland geltende Regelung des Schwangerschaftsabbruchs schaffen und die bis dahin bestehenden Rechtsunterschiede in den vereinigten Teilen Deutschlands beseitigen. Das

Bundesverfassungsgericht hat jedoch am 28. Mai 1993 eine Reihe von Bestimmungen dieses Gesetzes für verfassungswidrig erklärt.[9] Für nichtig erklärt wurden insbesondere der neugefasste § 218 a StGB, weil er einen Schwangerschaftsabbruch, den eine Frau nach einer Pflichtberatung innerhalb der ersten zwölf Wochen nach der Empfängnis durch einen Arzt vornehmen lässt, für »nicht rechtswidrig« erklärt, sowie die neuen Vorschriften des § 219 StGB über Inhalt und Organisation der Pflichtberatung. Der *Zweite Senat* hält es zwar für verfassungsrechtlich zulässig, dass der Gesetzgeber zum Schutz des ungeborenen Lebens ein Regelungskonzept wählt, das in der Frühphase einer Schwangerschaft vor allem auf Beratung und Hilfe für die schwangere Frau in ihrem Schwangerschaftskonflikt setzt, um sie für das Austragen des Kindes zu gewinnen, und um der Offenheit und Wirksamkeit der Beratung willen von einer Strafdrohung für den nach Beratung der Frau vorgenommenen Schwangerschaftsabbruch absieht. Das Grundgesetz stelle indessen Anforderungen an die Inhalte und Rahmenbedingungen eines solchen Schutzkonzepts (vor allem: zum Lebensschutz ermutigende Beratung, Inpflichtnahme von Arzt und familiärem Umfeld, Stärkung des allgemeinen Rechtsbewusstseins), die Änderungen des Schwangeren- und Familienhilfegestzes erforderlich machten.

Der *Zweite Senat* hat sich im Ausgangspunkt auf den Boden des Urteils des *Ersten Senats* vom 25.2.1975[10] gestellt und bekräftigt, dass dem ungeborenen menschlichen Leben von Beginn der Schwangerschaft an kraft seiner Menschenwürde ein Recht auf Leben zukomme und es als selbständiges Rechtsgut – auch gegenüber seiner Mutter – geschützt sei. Daraus ergebe sich die Pflicht des Staates, sich schützend und fördernd vor dieses Leben zu stellen und es vor allem vor rechtswidrigen Angriffen von seiten anderer zu bewahren. Der Schutz des Ungeborenen sei nur möglich, wenn der Gesetzgeber den Schwangerschaftsabbruch grundsätzlich verbiete und der Mutter die grundsätzliche Rechtspflicht auferlege, das Kind auszutragen. Allerdings sei es mit Rücksicht auf die Grundrechtspositionen der schwangeren Frau in *Ausnahmefällen* zulässig – in manchen dieser Fälle womöglich geboten – ihr eine Rechtspflicht zum Austragen des Kindes nicht aufzuerlegen. Dies gelte nicht nur im Falle einer ernsten Gefahr für das Leben der Frau oder einer schwerwiegenden Beeinträchtigung ihrer Gesundheit. Die singuläre Lage einer schwangeren Frau, für die das Verbot des Schwangerschaftsabbruchs zugleich die sie existentiell betreffenden Pflichten nach sich ziehe, das Kind auszutragen und großzuziehen, lasse es zu, dass die staatliche Rechtsordnung die Rechtspflicht zum Austragen des Kindes dann nicht begründe, wenn der Frau dadurch Belastungen erwüchsen, die über den Rahmen der Normalsituation einer Schwangerschaft hinausragten und ein solches Maß an Aufopferung eigener Lebenswerte verlangten, dass das Austragen des Kindes der Frau nicht zugemutet werden könne. Es sei Sache des Gesetzgebers, solche Ausnahmelagen zu Ausnahmetatbeständen (Indikationen) zu fassen und damit einen Rechtfertigungsgrund für Schwangerschaftsabbrüche zu begründen.

Diese Vorgaben des Bundesverfassungsgerichts wurden im *Schwangeren- und Familienhilfeänderungsgesetz*[11] vom 21.8.1995 umgesetzt. Nach mehrjähriger Diskussion einigte sich die Mehrheit der Bundestagsabgeordneten in einem überpar-

---

9 Sonderdruck der Zeitschrift Familie und Recht = FamRZ 1993, 899 ff. = NJW 1993, 1751.
10 *BVerfGE* 39, 1 = NJW 1975, 573.
11 *BGBl.* I, S. 1050; vgl. Kommentierung von *Tröndle*, NJW 46/1995, S. 3009 ff. und von *Laufs*, Am Ende eine nur wenig verhüllte Fristenlösung, in: NJW 1995, S. 3042 f.

teilichen Konsens auf eine Fristenlösung mit Beratungspflicht. Damit gibt es nunmehr ein einheitliches, für ganz Deutschland geltendes Abtreibungsrecht.

Die Neuregelung sieht unter anderem vor, dass der Tatbestand des § 218 StGB nicht verwirklicht ist, wenn

1. die Schwangere den Schwangerschaftsabbruch verlangt und dem Arzt durch eine Bescheinigung nachgewiesen hat, dass sie sich mindestens drei Tage vor dem Eingriff hat beraten lassen,
2. der Schwangerschaftsabbruch von einem Arzt[12] vorgenommen wird, und
3. seit der Empfängnis nicht mehr als zwölf Wochen vergangen sind.

Medizinische Indikation
Eine Abtreibung ist nicht rechtswidrig, wenn sie »unter Berücksichtigung der gegenwärtigen und zukünftigen Lebensverhältnisse der Schwangeren nach ärztlicher Erkenntnis angezeigt ist, um eine Gefahr für das Leben oder die Gefahr einer schwerwiegenden Beeinträchtigung des körperlichen oder seelischen Gesundheitszustandes der Schwangeren abzuwenden und die Gefahr nicht auf eine andere für sie zumutbare Weise abgewendet werden kann« (§ 218 a Abs. 2 StGB).

Embryopathische Indikation
Abgeschafft wurde die Embryopathische Indikation. Sie wird von der medizinischen Indikation abgedeckt. Begründung des Änderungsantrages: »Damit wird klargestellt, dass eine Behinderung niemals zu einer Minderung des Lebensschutzes führen kann.«

Kriminologische Indikation
Die Voraussetzungen der medizinischen Indikation gelten auch, wenn dringende Gründe für die Annahme sprechen, dass die Schwangerschaft auf einer Vergewaltigung beruht und seit der Empfängnis nicht mehr als zwölf Wochen vergangen sind (vgl. § 218 a Abs. 3 StGB).

Ärztliche Pflichtverletzung
(§ 218 c StGB): Danach wird mit Freiheitsstrafe bis zu einem Jahr oder mit Geldstrafe belegt, »wer eine Schwangerschaft abbricht, ohne der Frau Gelegenheit gegeben zu haben, ihm die Gründe für ihr Verlangen nach Abbruch der Schwangerschaft darzulegen«.

Ziele der Beratung
(§ 219 StGB): Die Beratung »dient dem Schutz des ungeborenen Lebens. Sie hat sich von dem Bemühen leiten zu lassen, die Frau zur Fortsetzung der Schwangerschaft zu ermutigen und ihr Perspektiven für ein Leben mit dem Kind zu eröffnen; sie soll ihr helfen, eine verantwortliche und gewissenhafte Entscheidung zu treffen. Dabei muss der Frau bewusst sein, dass das Ungeborene in jedem Stadium der Schwangerschaft auch ihr gegenüber ein eigenes Recht auf Leben hat und dass deshalb nach der Rechtsordnung ein Schwangerschaftsabbruch nur in Ausnahmesituationen in Betracht kommen kann, wenn der Frau durch das Austragen des Kindes eine Belastung erwächst, die so schwer und außergewöhnlich ist, dass sie die zumutbare Opfergrenze übersteigt. Die Beratung soll durch Rat und Hilfe dazu beitragen, die in Zusammenhang mit der Schwangerschaft bestehende Konfliktlage zu bewältigen und einer Notlage abzuhelfen. Das Nähere regelt das Schwangerschaftskonfliktgesetz.«

---

12 Der Arzt, der den Abbruch der Schwangerschaft vornimmt, ist als Berater ausgeschlossen (§ 219 Abs. 2 Satz 3 StGB).

Die Schwangere kann gegenüber der Beraterin anonym bleiben. Die Länder müssen ein ausreichend plurales Angebot wohnortnaher Beratungsstellen sicherstellen. Die Länder müssen für ein ausreichendes Angebot ambulanter und stationärer Einrichtungen zur Vornahme von Schwangerschaftsabbrüchen sorgen.

Finanzierung
Zugleich ändert das Gesetz die Gebührenordnung für Ärzte und begrenzt die Honorare bei einer Abtreibung, die generell von den Frauen selbst zu zahlen sind, auf das 1,8fache des Gebührensatzes. Frauen mit persönlich verfügbaren Einkünften bis zu 1.700 Mark werden die Kosten von den Ländern erstattet. Damit wird sichergestellt, dass entsprechend der Forderung des Bundesverfassungsgerichtes die Krankenkassen selbst nur die rechtmäßigen Abbrüche bezahlen.

Das *Unterhaltsrecht* wird in § 170 Abs. 2 StGB ergänzt: »Wer einer Schwangeren zum Unterhalt verpflichtet ist, und ihr diesen Unterhalt in verwerflicher Weise vorenthält und dadurch den Schwangerschaftsabbruch bewirkt, wird mit Freiheitsstrafe bis zu fünf Jahren oder mit Geldstrafe bestraft.«

Ebenfalls ergänzt wird der *Nötigungs*paragraph 240 Abs. 4 Nr. 2 StGB: Ein besonders schwerer Fall liegt in der Regel vor, »wenn der Täter eine Schwangere zum Schwangerschaftsabbruch nötigt.«[13]

2.1.1 Schwangerschaftsabbruch einer Minderjährigen[14]

Die Beratung nach § 219 StGB (einschließlich der Erteilung der Bescheinigung) ist eine Sozialleistung, die von Minderjährigen über 15 Jahren ohne Einwilligung der Eltern in Anspruch genommen werden kann. § 36 Abs. 1 Satz 1 in Verbindung mit § 14 SGB-AT drängt insoweit das Elternrecht zurück. (Schwangerschaftskonfliktberatung ist entweder Hilfe in einer besonderen Lebenslage, hier:§ 72 BSHG, oder Hilfe zur Erziehung nach dem SGB VIII im Hinblick auf das noch nicht geborene Kind).

Fraglich ist, ob die Beratungsstelle nachträglich den gesetzlichen Vertreter über die durchgeführte Beratung zu informieren hat. Nach § 36 Abs. 1 Satz 2 SGB-AT *soll* der Leistungsträger den gesetzlichen Vertreter über die Antragstellung und die erbrachten Sozialleistungen unterrichten. Im Hinblick auf den Informationsanspruch der Eltern aus Art. 6 Abs. 2 Satz 1 GG ist die genannte Bestimmung nur

---

13   Die letztgenannten Strafvorschriften stellen einen Kompromiss dar: Während die CDU/ CSU einen eigenen Pragraphen ins Strafrecht hatte aufnehmen wollen, sahen die Gesetzentwürfe der F.D.P. und der SPD keine zusätzlichen strafrechtlichen Regelungen für das familiäre Umfeld vor.
Keine Mehrheit fand der Gesetzesvorschlag von BÜNDNIS 90/DIE GRÜNEN. Sie hatten gefordert, dass die Beratung ergebnisoffen sein sollte. Der Zusatz »... dient dem Schutz des ungeborenen Lebens ...« fehlte. Der Gesetzentwurf der GRÜNEN wollte der Prävention und Aufklärung den Vorrang einräumen. Verhütungsmittel sollten von den Krankenkassen bezahlt werden.
Erheblich weitergehender die Bestimmungen im Gesetzentwurf der Gruppe PDS: Demnach sollten die strafrechtlichen Vorschriften über den Schwangerschaftsabbruch ersatzlos gestrichen werden. Außerdem sollte die Beratungspflicht entfallen. Artikel 2 des Grundgesetzes sollte durch den Passus »Jede Frau hat das Recht, selbst zu entscheiden, ob sie eine Schwangerschaft austrägt oder nicht« ergänzt werden (vgl. V. Paulat, in: Das Parlament, Nr. 28, vom 7.7.1995, S. 8)
14   Vgl. *Oberloskamp/Adams*, a.a.O., S. 147 ff.; *Reiserer*, in: FamRZ 1991, 1136 ff.

dann verfassungskonform, wenn die Nichtinformation der Eltern auf Fälle begrenzt wird, in denen konkrete Tatsachen dafür vorliegen, dass eine Benachrichtigung der Eltern den Minderjährigen in schwere Konflikte bringen wird. Nur in Ausnahmefällen darf also das Ermessen so ausgeübt werden, dass keine Mitteilungspflicht besteht. Beachte aber § 8 Abs. 3 SGB VIII!

Bei der Frage, ob auch der Schwangerschaftsabbruch ohne Einwilligung des gesetzlichen Vertreters erfolgen kann, ist zwischen der Einwilligung in die (strafrechtliche) Körperverletzung und der Einwilligung in den (zivilrechtlichen) Behandlungsvertrag zu unterscheiden. Bezogen auf die Körperverletzung wird die Einwilligungsfähigkeit von Minderjährigen nicht nach der zivilrechtlichen Geschäftsfähigkeit (= Altersgrenzen) bestimmt, sondern danach, ob der Minderjährige fähig ist, die Art, Bedeutung und Tragweite des Eingriffs zu erfassen und danach zu handeln. Bezogen auf den Behandlungsvertrag wurde im Vorgriff auf den dann doch nicht geltendes Recht gewordenen § 1626 a BGB des Entwurfs zur Reform der elterlichen Sorge[15] argumentiert, dass ein Minderjähriger rechtswirksam in eine Heilbehandlung einwilligen könne, wenn er Grund und Bedeutung der Heilbehandlung einsieht und seinen Willen danach bestimmt. Da Schwangerschaft keine Krankheit ist, könnte von Heilbehandlung nur im Zusammenhang mit der medizinischen Indikation gesprochen werden. Der damals geplante § 1626 a BGB (nicht mit dem heutigen verwechseln!) ist aber, wie gesagt, nicht in Kraft getreten und kann nicht länger als Argumentationshilfe für ein selbständiges Einwilligungsrecht von Minderjährigen dienen[16].

Somit kann der Schwangerschaftsabbruch grundsätzlich nur mit Einwilligung des gesetzlichen Vertreters durchgeführt werden[17].

Etwas anderes gilt, wenn die Weigerung der Eltern, einen legalen Schwangerschaftsabbruch zu akzeptieren, eine missbräuchliche Ausübung der elterlichen Sorge darstellt. Die Verweigerung der Einwilligung in den Abbruch gemäß § 218 a StGB und in den ärztlichen Behandlungsvertrag müssten als elterliches Fehlverhalten im Sinne von § 1666 BGB zu qualifizieren sein[18]. Dann könnte insoweit die elterliche Sorge entzogen und auf einen Pfleger übertragen werden, der dann über den Abbruch bestimmt und die notwendigen Verträge abschließt[19].

Drängen Eltern ihre Tochter zum Abbruch, so kann auch darin ein Sorgerechtsmissbrauch liegen (*Reiserer*, FamRZ 1991, 1140; *Scherer*, Fam RZ 1997, 589; *Siedhoff*, FamRZ 1998, 8).

---

15 BT-Drucks. 7/2060, S. 18.
16 Für ein Selbstbestimmungsrecht der Minderjährigen aber: *LG München I* NJW 1980, 646; *AG Schlüchtern* NJW 1998, 832; *Belling/Eberl*, FUR 1995, 292; *Schwerdtner,* NJW 1999, 1525.
17 Ebenso: *Scherer*, FamRZ 1997, 592; siehe auch *Palandt/Diederichsen* ,§ 1626 Rz. 16; *OLG Hamm*, NJW 1998, 3424. Verfehlt: *AmtsG Celle*, FamRZ 1987, 738. Das Gericht untersagt einer 17-jährigen, im Heim lebenden Schülerin, den Abbruch und setzt dazu ein Zwangsgeld fest, um damit die Leibesfrucht nach § 1666 BGB zu schützen:»Kind« im Sinne des § 1666 BGB sei auch das gezeugte, aber noch ungeborene Leben.
18 *Fegeler* 2000, 125 (sie räumt den Eltern einen »Beurteilungsspielraum« ein, meint aber auch:»Kann festgestellt werden, dass der Wille der Schwangeren aufgrund ihrer ausreichenden Reife Ausdruck einer anzuerkennenden Selbstbestimmung ist, so kann ihr Wille durch die Eltern nicht übergangen werden«.
19 *LG Berlin*, FamRZ 1980, S. 285.

2.1.2 Statistik: Schwangerschaftsabbrüche 1997[20]

Gegenstand der Nachweisung	Insgesamt	Davon Schwangere im Alter von ... bis unter ... Jahren						
		unter 15	15–18	18–25	25–30	30–35	35–40	40–45	45 und mehr
Insgesamt									
1996	130899	365	4359	31607	33446	32109	20867	7458	688
1997	130890	441	4853	32033	32377	31827	21175	7494	690
1997 nach der Begründung des Abbruchs									
Allgemein-medizinische Indikation	4163	16	114	726	1001	1111	818	338	39
Psychiatrische Indikation	363	4	14	57	81	94	80	23	11
Kriminologische Indikation	34	4	6	9	4	6	3	2	–
Beratungsregelung	126330	417	4720	31241	31291	30616	20274	7131	640
1997 nach dem Familienstand									
Ledig	53672	440	4746	23862	13658	7527	2798	608	33
Verheiratet	68370	1	103	7686	16823	21274	15871	5971	578
Verwitwet	672	–	1	41	114	192	194	121	9
Geschieden	8239	–	3	444	1782	2834	2312	794	70
1997 nach vorangegangenen Lebendgeborenen									
Keine	47515	436	4639	21280	11277	6521	2612	702	48
1	32945	4	196	7264	10105	8853	4854	1557	112
2	34654	1	16	2818	8107	11352	8786	3244	330
3	11378	–	2	559	2229	3637	3474	1349	128
4 und mehr	4398	–	–	112	659	1464	1449	642	72

Quelle: Statistisches Bundesamt, Stat. Jahrbuch 1999, S. 419, 417.

---

20 *Schwangerschaftsabbrüche* sind von den Ärzten/Ärztinnen, die diese Eingriffe vornehmen, an das Statistische Bundesamt zu melden. Zu den Erhebungstatbeständen gehören Angaben zur Person der Schwangeren und zum Schwangerschaftsabbruch (z.B. Alter, Familienstand, vorangegangene Lebendgeborene, Begründung des Abbruchs, Dauer der abgebrochenen Schwangerschaft und beobachtete Komplikationen). Als rechtliche Voraussetzung für den Schwangerschaftsabbruch gelten die Beratungsregelung oder die allgemein-medizinische, psychiatrische und kriminologische Indikation. Durch die gesetzliche Neuregelung zur Bundesstatistik der Schwangerschaftsabbrüche ab 1. Januar 1996 mit dem Schwangerschaftskonfliktgesetz in der Fassung vom 21. August 1995 (BGBl. I S. 1050), konnte die bis dahin in größerem Maß vorhandene Untererfassung erheblich verringert werden, weil seitdem die Auskunftspflichtigen ihre Anschrift als Hilfsmerkmal zur Statistik angeben müssen. Im Ausland vorgenommene Schwangerschaftsabbrüche bei deutschen Frauen sind in den Daten nicht enthalten.

2.2 Jugendberatung[21]

Rechtsgrundlage: § 11 Abs. 3 Nr. 6 SGB VIII

Jugendberatung (als Schwerpunkt der Jugendarbeit) bezeichnet eine Aufgabe, die in sehr unterschiedlicher Weise wahrgenommen wird; sie hat – anders als die Erziehungsberatung – noch keine bestimmte Gestalt gefunden, die bundesweit ähnliche Merkmale aufweist. In der Altersphase »Jugend« treten Probleme und Konflikte, die Abhilfe durch Beratung erfordern, gehäuft auf.

Dazu gehören[22]:
- Konflikte und Probleme, die mit der Ablösung von der Elternfamilie, dem Aufbau einer eigenen Lebenswelt und dem Eingehen von Partnerschaftsbeziehungen zu tun haben. (Wahl der Freunde/Freundinnen; Finanzierung der Ausbildung; eigenes Zimmer/Wohnung; Freizeitbeschäftigung).
- Konflikte und Probleme im »persönlichen« Bereich:
  Jugendliche müssen in dieser Gesellschaft, um den Erwachsenenstatus zu erreichen, bestimmte »Lernaufgaben« bewältigen, z.B.:
  - lernen, eine Geschlechtsrolle zu übernehmen, um Beziehungen auf der Basis der Geschlechtsrolle einzugehen;
  - lernen, sich von der für das Kindesalter charakteristischen emotionalen Abhängigkeit von den Eltern zugunsten anderer Bindungen zu lösen;
  - lernen, insbesondere durch Wahl, Ausbildung und Ausübung eines Berufs, den ökonomischen Status Erwachsener zu erreichen;
  - lernen, als politischer Bürger seinen gesellschaftlichen Standort zu erkennen und sich danach zu verhalten;
  - lernen, eine eigene Identität zu erwerben.
- Konflikte im Zusamenhang mit Schule, Beruf und Arbeit.
- Konflikte im Bereich von Sexualität und Partnerschaft.

---

21 *Von der Haar u.a.*, Leitfaden Jugendberatung, FHSS Berlin, 5. Aufl. 1992; *Hundsalz/Klug/ Schilling* (Hrsg.), Beratung für Jugendliche, a.a.O. (1995).
22 Vgl. *Funk-Kolleg »Beratung in der Erziehung«*, Bd. 2, a.a.O., S. 511 ff.

2.3 Beratung in Fragen der Partnerschaft, Trennung und Scheidung[23]

Rechtsgrundlage: § 17 SGB VIII

Die Aufgaben der Jugendhilfe im Zusammenhang mit Trennung oder Scheidung der Eltern umfassen nach § 2 Abs. 2 Nr. 2 und Nr. 4 SGB VIII u.a. »Angebote zur Förderung der Erziehung in der Familie«, »Hilfe zur Erziehung und ergänzende Leistungen« und nach § 2 Abs. 3 Nr. 6 SGB VIII im Rahmen »anderer Aufgaben« der Jugendhilfe die Mitwirkung in Verfahren vor dem Vormundschafts- und dem Familiengericht.

Gemäß § 16 Abs. 2 Nr. 2 SGB VIII sind Angebote der Beratung in *allgemeinen* Fragen der Erziehung und Entwicklung junger Menschen vorgesehen, während nach § 17 SGB VIII die *speziellen* Schwerpunkte der Beratung
– auf Erhaltung bzw. Aufbau eines partnerschaftlichen Zusammenlebens innerhalb der Familie,
– auf Konflikt- und Krisenbewältigung innerhalb der Familie und
– auf Trennungs- und Scheidungsberatung mit Rücksicht auf die einvernehmliche Wahrnehmung des Sorgerechts
ausgerichtet sind.

Die Trennungs- und Scheidungsberatung ist auch in den Aufgabenkatalog der Erziehungsberatung gemäß § 28 SGB VIII aufgenommen worden. Anders als in § 17 SGB VIII setzt die Inanspruchnahme einer Erziehungsberatung nach § 28 SBG VIII voraus, dass eine dem Wohl des Kindes oder des Jugendlichen entsprechende Erziehung nicht mehr gewährleistet und Hilfe für seine Entwicklung geeignet und notwendig ist (§ 27 Abs. 1 SGB VIII).

Beratung, Therapie oder Mediation in Fragen der Partnerschaft, Trennung und Scheidung nach den §§ 17 und 28 SGB VIII werden nicht nur von den Jugendämtern, sondern auch in Einrichtungen und Diensten von anerkannten Trägern der freien Jugendhilfe erbracht. Stehen Einrichtungen von freien Trägern zur Verfügung, soll die öffentliche Jugendhilfe nach dem Subsidiaritätgrundsatz von eigenen Maßnahmen absehen (§ 4 Abs. 2 SGB VIII).

---

23 Empfehlungen des *Deutschen Vereins, NDV* 5/1992, S. 148 (dazu kritisch *Kuckertz-Schramm,* ZfJ 1992, 609) und (zur Umsetzung der Kindschaftsrechtsreform) NDV 1999, 245; *Verein für Komunalwissenschaften* 1998; *Kaufmann,* Das Jugendamt: Helfer für die Betroffenen oder Helfer für das Gericht? – Aspekte der Anwendung des § 17 KJHG (Part-nerschafts-, Trennungs- und Scheidungsberatung), ZfJ 1991, S. 18; *Hahn/Lomberg/Offe 1992; Knappert,* Die öffentliche Jugendhilfe als professionelle Scheidungsbegleiterin – Ein veränderter Handlungsansatz in der Familiengerichtshilfe des Jugendamtes, in: ZfJ 1991, S. 398; *Lasse,* Beratungs- und Unterstützungsangebote für Kinder und Eltern in Tren-nungs- und Scheidungssituationen. Ein kooperatives Konzept von Erziehungsberatungs-stellen und Allgemeinem Sozialen Dienst, ZfJ 1992, S. 76; *Menne/Golias, Trennungs- und Scheidungsberatung in Erziehungsberatung,* in: np 1992, S. 412; *Anderson/Fischer,* in: ZfJ 1993, S. 319; *Dickmeis,* in: DAVorm 1993, 865; *Balloff/ Walter,* ZfJ 1993, 65; *Proksch,* Jugendhilfe 1994, 351; *Haffke,* in: Duss – von Werdt u.a., S. 65 (Mediation und Rechtsbe-ratung); *Gesellschaft für Familientherapie und Familiendynamik Fürth e.V.,* in: ZfJ 1994, 165 ff.; Stellungnahme der *AWO,* DAVorm 1995, 1107; *Proksch,* in: Bundeskonferenz für Erziehungsberatung, 1995, 75; *Menne/Schilling/Weber* (Hrsg.), Kinder im Scheidungskon-flikt (1993); BMFSFJ, 1998; *Wiesner,* FÜR 1997, 268; *Derleder,* FPR 1998, 213; *Fricke,* ZfJ 1998, 53; *Menne/Weber,* ZfJ 1998, 85; *Pettinger,* RdJB 1998, 418; *Harnach-Beck,* FPR 1998, 230 (zur Mitwirkung im familiengerichtlichen Verfahren).

Die »anderen Aufgaben der Jugendhilfe« wie beispielsweise die Familiengerichtshilfe nach § 50 SGB VIII sind grundsätzlich der öffentlichen Jugendhilfe, also den Jugendämtern, vorbehalten. Um den Verschwiegenheitsverpflichtungen zum Schutze der Klienten gemäß §§ 62 ff. SGB VIII nachzukommen, und um Rollenkonflikte innerhalb des Jugendamtes bei Inanspruchnahme von Beratungen bei gleichzeitiger Verpflichtung zur Familiengerichtshilfe zu vermeiden, müssen aus unserer Sicht jugendamtsintern strikte personelle, organisatorische und inhaltliche Trennungen vorgenommen werden. Dies scheint mindestens solange notwendig, wie Scheidungsberatung und Familiengerichtshilfe auch weiterhin in ein und derselben Institution durchgeführt werden.[24]

Zwang oder Freiwilligkeit?
Die Diskussion, ob Scheidungs- und Trennungsberatung auf freiwilliger Grundlage oder aufgrund einer gesetzlichen Vorgabe bzw. auf richterliche Anordnung (und damit unter Zwang) erfolgen sollte, ist auch nach dem Inkrafttreten des KJHG noch immer nicht abgeschlossen. Folgende Meinungen werden hier vertreten:

Oberloskamp und Adams[25] meinen, dass das Jugendamt zunächst den Versuch machen muss, mit scheidungswilligen Eltern ins Gespräch zu kommen, um mit ihnen ein Konzept für die Nachscheidungszeit zu erarbeiten. Es sei jedoch fraglich, ob die Eltern ein solches Kontaktbemühen des Jugendamtes ablehnen können. Scheidungsberatung sei eine Leistung der Jugendhilfe, die grundsätzlich nicht aufgezwungen werden könne. Trotzdem wäre gemäß §§ 1626 ff. BGB oder gemäß Art. 6 Abs. 2 Satz 1 GG denkbar, dass eine Verpflichtung der Eltern bestünde, die Leistung in Anspruch zu nehmen. Die elterliche Sorge, die ein fremdnütziges Recht sei, beinhalte nämlich die Verpflichtung, Kinder zu fördern und so weit wie möglich Schaden von ihnen fernzuhalten. Das Gesetz räume zwar den Eltern die Möglichkeit ein, sich scheiden zu lassen. Dies entbinde sie aber nicht von der Pflicht, die elterliche Sorge so gut wie möglich auszuüben. Die Weigerung der Eltern mitzuwirken, nach der Scheidung für die Kinder eine tragfähige Sorgerechtsregelung zu finden, sei somit ein Missbrauch der ihnen eingeräumten Rechtsposition. Die Autorinnen schlussfolgern, dass die dem Gesetz und dem Grundgedanken des Kindeswohls nach bestehende materielle Mitwirkungspflicht der Eltern weder vom Gericht noch vom Jugendamt erzwungen werden könne.

Coester[26] führt aus, dass eine staatlich verordnete Therapie für Scheidungsfamilien, die aus eigener Kraft nicht zur konstruktiven Neuregelung ihrer Beziehungen in der Lage sind, vom Grundgesetz nicht gedeckt wird. Das Entscheidungsmodell des § 1671 BGB ist nach seiner Auffassung Garant privater Freiheit von staatlicher Einmischung. Coester leitet aber aus Art. 6 Abs. 1 und 2 GG wie auch aus dem

---

24 Zur kontrovers geführten Diskussion über die personelle Verknüpfung von Beratung und (familiengerichtlicher) Mitwirkung vgl. *Oberloskamp*, in FamRZ 1992, 1241 und *Kunkel*, in FamRZ 1993, 505; Schleicher, in GK-SGB VIII, § 17 Rz. 31-35 und § 50 Rz. 74 f. – Über die Rollen der am Trennungs- und Scheidungsverfahren Beteiligten und Vorschläge zur Kooperation vgl. *Bayerisches Staatsministerium für Arbeit und Sozialordnung, Familie, Frauen und Gesundheit*, in: ZfJ 4/5/6/1995, S. 141 ff.

25 *Oberloskamp/Adams*, a.a.O., S. 212.

26 *Coester*, Neue Aspekte zur gemeinsamen elterlichen Verantwortung nach Trennung und Scheidung, in: Familie und Recht 2/1991, S. 70 ff.

Sozialstaatsprinzip die Pflicht des Staates ab, Familien, die in soziale Not geraten sind und Hilfe wünschen, diese auch anzubieten.

Nach Jopt[27] wäre eine gesetzliche Vorschrift, wonach alle Eltern sich vor der Scheidung im Interesse ihrer Kinder einer gründlichen psychologischen Beratung zu unterziehen hätten, die beste Gewähr, dass das verfassungsrechtlich gebotene Wächteramt des Staates nicht länger zur leeren Worthülse verkomme. Er sieht in der Beratungspflicht eine zentrale Schutzmaßnahme des Staates für alle scheidungsbetroffenen Kinder. Mit Zwangsberatung hätte dies nach seiner Auffassung nichts zu tun, denn um die existentiellen psychischen Bedürfnisse von Kindern, die sie selbst weder reklamieren noch einklagen zu können, zu schützen und damit ihr Wohl ganz herausragend zu sichern, könne es überhaupt keinen unzulässigen Zwang geben.

Menne[28] versucht im Rahmen seiner Argumentation eine extensive Auslegung des § 614 ZPO. Er meint, dass das Familiengericht nach dieser Vorschrift das Verfahren mit der Empfehlung, eine Beratungsstelle in Anspruch zu nehmen, aussetzen könne. Nach dem Wortlaut dieser Vorschrift ist eine Aussetzung des Verfahrens nur dann vorgesehen, wenn vom Gericht eine Chance für die Wiederherstellung der Ehe gesehen wird.

Methoden der Beratung

Eine Beratung in Trennungs- und Scheidungssituationen sollte das vielfältige Spektrum der methodisch ausdifferenzierten Schulen berücksichtigen und nicht einseitig und einengend eine Festlegung auf eine Richtung beinhalten (methodisches Pluralitätsgebot nach § 28 Satz 2 SGB VIII). Bei beratenden Interventionen nach den §§ 17, 18 Abs. 4 und 28 SGB VIII kommen vor allem methodische Ansätze der systemischen Familienberatung[29], aber auch familientherapeutische Ansätze, gruppendynamische Verfahren, Psychoanalyse oder Mediation in Betracht.

Trotz unterschiedlicher methodischer Schulen und Richtungen gibt es gemeinsame Leitgedanken, die sich auf folgende Punkte konzentrieren:
– Trennungs- und Scheidungsintervention haben auf freiwilliger Grundlage außergerichtlich zu erfolgen.
– Unabhängig von der Methode und unabhängig vom konkreten Vorgehen steht im Vordergrund der Bemühungen stets die Befähigung zur eigenen Problemlösung der von Trennung und/oder Scheidung Betroffenen.
– Die Wiedererlangung von Kooperationsbereitschaft und -fähigkeit der Eltern dient dem Wohl ihrer Kinder.

Indikationen

Ob eine Beratung, Therapie oder Mediation im Trennungs- bzw. Scheidungsfall angezeigt ist, lässt sich nur schwer beantworten, denn bisher sind in der Literatur kaum Aussagen zur Indikationsfrage getroffen worden.

Nach dem Reorganisationsmodell, wie es vor allem vom Münchner Staatsinstitut für Frühpädagogik und Familienforschung vertreten wird, löst sich die Familie

---

27 *Jopt*, Sehnsucht nach zu Hause. Psychologie in Erziehung und Unterricht, 39/1992, S. 57 ff. (60); *ders.*, Im Namen des Kindes, a.a.O., S. 328 ff.
28 *Menne*, Zwischen Beratung und Gericht: Aufgaben der Erziehungsberatungsstellen und des Allgemeinen Sozialen Dienstes bei Trennung und Scheidung, in: ZfJ 2/1992, S. 66 ff.
29 *Hahn/Müller* 1993.

durch eine Trennung oder Scheidung nicht auf, und die Eltern- und Kind-Beziehungen seien aufrechtzuerhalten und zu reorganisieren. Folgt man dieser Sichtweise, wird man eine Beratung in nahezu allen Fallkonstellationen für durchführbar halten. Kritiker werfen diesem Ansatz eine Idealisierung der realen Möglichkeiten einer Intervention zur »Reorganisation« vor; außerdem würde die häufig konflikthafte Dramatik der Trennungs- und Scheidungskrisen für die betroffenen Kinder und Eltern verkannt. Entgegen der Trennungs- und Scheidungsrealität würde regelmäßig eine Beratungsbereitschaft und -fähigkeit aller Eltern angenommen.

2.3.1 Scheidungsvermittlung (Mediation)[30]

Eine erfolgreiche Mediation vermindert staatliche Eingriffe im Sinne gerichtlicher Interventionen in das von Trennung oder Scheidung betroffene Familiensystem. Die Verantwortung für die notwendigen Regelungen im Scheidungsverfahren wird nicht an das Familiengericht delegiert, sondern bleibt bei den betroffenen Personen. Durch Mediation werden direkte Kontakte zwischen den Parteien hergestellt. Bei erfolgreichem Verlauf reduziert Mediation die Feindseligkeit zwischen den Parteien durch die Förderung der Kommunikation.

Vorteile der Mediation gegenüber dem gerichtlichen Parteienstreitverfahren: Mediation findet in einem »geschützten Rahmen« statt und unterliegt der Schweigepflicht. Es gibt keinen Austausch der Informationen zwischen dem Mediator und dem Familiengericht. Keine Partei muss deshalb versuchen, einen Dritten zu überzeugen. Niemand mussmuss sich selbst positiv darstellen und den Ehepartner in seiner Persönlichkeit und Erziehungsfähigkeit abwerten. Das Eingeständnis eigener Anteile am Konflikt wird dadurch erleichtert und gefördert, so dass keine negativen Konsequenzen, den eigenen rechtlichen Status betreffend, befürchtet werden müssen.

Die Parteien erarbeiten ihre eigenen Ergebnisse. Anstatt ihre Energie in ein streitiges Gerichtsverfahren einzubringen, investieren sie mit Hilfe der Mediation ihre Kraft in eine gemeinsame Lösung. Sie sind dementsprechend eher geneigt, das gemeinsam erreichte Ergebnis zu tragen. Die Ergebnisse der Mediation sind tragfähiger als ein gegen einen Elternteil ergangener Gerichtsbeschluss. Es gibt keine Gewinner und Verlierer.

Die Einbeziehung einer neutralen Position, des Mediators, erleichtert die Konfliktlösung. Der Mediator achtet auf die Einhaltung von Regeln und strukturiert die Kommunikation. Er schafft damit eine Atmosphäre produktiver Auseinandersetzung und hilft bei der Definition von Streitfragen, assistiert den Eltern und Kindern und vermittelt bei den Verhandlungen.

Schließlich hilft die Mediation den Ehepartnern, eigene Bedürfnisse zu erkennen und etwas über die Bedürfnisse des anderen zu erfahren. Sie dient als Konfliktlösungsmodell und fördert die augenblickliche und zukünftige Kommunikation und elterliche Kooperation. Sie trägt zu Kompetenzsteigerung beider Parteien bei,

---

30 *Balloff/Walter*, Möglichkeiten und Grenzen beratender Interventionen am Beispiel der Mediation nach §§ 17, 28, 18 Abs. 4 KJHG, ZfJ 1993, S. 65; *Krabbe 1991*; *Haynes u.a.*, 1993; *Duss – von Werdt u.a.1995*; *Riehle*, KindPrax 2000, 283 (Mediation im Jugendamt) – Zum mediativen Denken im (Familien-)Gerichtsverfahren: *Spangenberg*, FamRZ 1997, 1263 – *Strempel*, Vom Entscheiden zum Verhandeln – Paradigmenwechsel juristischer Methodik, FPR 1998, 248.

indem sie die Parteien anhält, sich mit allen wesentlichen Fragen des Scheidungsgeschehens persönlich auseinanderzusetzen.

Mediation ist dabei weniger an Formalien gebunden als das gerichtliche Verfahren
und erlaubt im Gegensatz dazu eine auf das Paar zugeschnittene Vorgehensweise
und die Thematisierung von Inhalten, die von den Klienten bestimmt werden.

Grenzen der Mediation
Eindeutige positive Indikationen oder Ausschlusskriterien fehlen bisher. Nachste-
hend werden einige Faktoren aufgeführt, die eine Mediation – je nach Intensität
des Streitpotentials – erschweren oder ausschließen können:
- Die Motivation, an einer Mediation teilzunehmen, liegt bei mindestens einer
  Partei nicht vor.
- Mindestens eine Partei steht der Trennung noch ambivalent gegenüber.
- Die Bereitschaft zur Offenheit und zur Fairness ist bei mindestens einer Partei
  nicht vorhanden.
- Ein Mindestmaß an persönlicher Kompetenz zum Erkennen und zum Wahren
  der eigenen Interessen und zum eigenverantwortlichen Handeln liegt bei min-
  destens einer Partei nicht vor.
- Es besteht im Rahmen der Mediation ein unauflösliches Machtgefälle zwischen
  den Parteien.
- Der Wille zur gemeinsamen Verständigung und zum wechselseitigen Zuhören
  ist bei mindestens einer Partei nicht gegeben.
- Es liegen wiederholte bzw. extreme Gewalthandlungen eines Partners gegen
  den anderen oder gegenüber dem Kind/den Kindern vor.
- Die Parteien befinden sich in einem starren Kreislauf von Abwertungen, Verletzungen und Kränkungen. Der Konflikt scheint um seiner selbst willen geführt zu
  werden.
- Die Parteien vermeiden offenen Streit und weichen den Konflikten aus.
- Die Familie hatte bereits vielfältige und negativ erlebte Kontakte zu verschiedenen sozialen und psychologischen Diensten.

Inhalte der Mediation
Mediation ist ein zeitlich und inhaltlich begrenzter Interventionsprozess, der eine
Alternative zum gerichtlichen Parteienstreitverfahren darstellt. Neben der Regelung des Sorge- und Umgangsrechts können alle die Trennung oder Scheidung
betreffenden Fragen einbezogen werden. Grundgedanke ist dabei, dass einzelne
Streitpunkte in Wechselbeziehung stehen und nicht isoliert bearbeitet werden können.

Das primäre Ziel der Mediation beinhaltet nicht die Restrukturierung von Beziehungen oder die Verminderung von Angst und Stress, wie es beispielsweise Aufgabe psychologischer Beratung oder Therapie ist. Mediation kann als Konfliktma-
nagement angesehen werden, wobei Lösungen einzelner Streitpunkte nicht notwendigerweise den gesamten Konflikt eliminieren.

Phasen der Mediation
Phase 1: Einführung, Orientierung, Information
- Strukturierung des Erstkontaktes durch den Mediator.
- Informationen über: Vorteile und Grenzen der Mediation; Abgrenzung zur
  Familien- und Scheidungstherapie; Grundbedingungen und Regeln der Media-
  tion.

Modell der Scheidungsphasen

Vorscheidungsphase (Ambivalenzphase)	Scheidungsphase	Nachscheidungsphase (»Psychische Scheidung«)
– Verschlechterung der Ehebeziehung (Rückgang positiver Gefühle wie Liebe, Zuneigung, Vertrauen, Achtung)	Beginn: endgültige Trennung Ende: Scheidungsurteil *Realisierung der Trennung:* Vielzahl von Veränderungen im psychischen, sozialen, beruflichen und finanziellen Bereich. Lebensweisen, Rollen und Selbstbild ändern sich	– Auseinandersetzung mit der gescheiterten Ehe – Trauerarbeit leisten – Gefühle des Versagens und der Schuld verarbeiten – den eigenen Anteil am Scheitern der Ehe erkennen und akzeptieren
– Ehequalität und Ehezufriedenheit schwinden – Auseinandersetzung oder Konfliktvermeidung?	Probleme, das Ende der Ehe zu akzeptieren *Gefühle nach der Trennung:* Schmerz, Trauer, emotionale Erstarrung, Selbstmitleid, Depressivität, Hoffnungslosigkeit, Angst, Unsicherheit, Wut, Haß, Verbitterung, Rachegefühle, Aggressivität, Minderwertigkeitsgefühle, Selbstzweifel, Schuldgefühle; Befreiung, Erleichterung	– ein der Realität (besser) entsprechendes Bild vom früheren Partner (zurück-)gewinnen und sich von dessen Einfluß auf das eigene psychische Leben befreien

– Entscheidungskonflikte:
  – Gedanken an eine Trennung/Nutzen der Ehe?
  – Einbußen im Lebensstandard?
  – Chancen auf dem Arbeits- und Heiratsmarkt?
	Symptome:
	– Schlafstörungen, Erschöpfung, Apathie, Nervosität, Reizbarkeit, Kopfschmerz, Drogen- und Medikamentenmißbrauch
		– Umstellungsprobleme bewältigen
		– Erweiterung der Netzwerke
		– Single oder Wiederheirat?

– Rückzug/Einschränkung der sozialen Kontakte – »Emotionale Scheidung« (Desillusionierung, Angst, Zweifel)	– *Reaktionen der Kinder* (altersspezifisch): Ängste, Trauer, Wut und Zorn, Regression, Wiedervereinigungsphantasien, Loyalitätskonflikte *Aufgaben:* – Beziehung zwischen getrenntlebenden Ehegatten und – Eltern-Kind-Beziehung neu gestalten	*Beziehung zwischen geschiedenen Ehegatten:* Konfliktfelder: Unterhaltszahlungen Besuche (Umgangsrecht) *Eltern-Kind-Beziehung:* Den Kindern helfen, die elterliche Scheidung zu akzeptieren und die Beziehung zu beiden Eltern fortzusetzen

- Erste Abklärung, ob die Parteien zur Mediation geeignet sind (diese Überprüfung erfolgt auch kontinuierlich im Verlauf der Mediation).
- Entscheidung aller Beteiligten, ob vermittelt werden soll oder nicht.
- Schriftliche Mediationsvereinbarung.

Phase 2: Faktenfindung und Aufdeckung der Konfliktfälle
- Sammeln aller wichtigen Fakten mit Hilfe des Mediators.
- Beiden Parteien und dem Mediator müssen alle Informationen zugänglich sein.
- Die Notwendigkeit zur Einbeziehung von Fachleuten (Steuerberater, Rechtsanwälte) kann auftreten.

Phase 3: Isolierung und Definition der Streitfragen
- Herausarbeiten der Streitfragen.
- Herausarbeiten der unstrittigen Themen und Herausstellen der bereits erzielten Übereinkünfte.
- Aufstellen einer Rangliste der Streitpunkte, wobei die Wichtigkeit der zu besprechenden Themen für jede Partei berücksichtigt wird.
- Erforschung der hinter den inhaltlichen Positionen stehenden Werthaltungen und der unterschiedlichen Realitätswahrnehmung.
- Zusammenfassung und Neuformulierung der Streitpunkte.
- Einigung, mit welchen Themen begonnen werden soll (es empfiehlt sich, mit konkfliktärmeren Themen zu beginnen).
- Klärung und Darstellung der Positionen jeder Partei zu den einzelnen Streitpunkten.

Phase 4: Exploration und Verhandlung von Alternativen
- Erforschung des gesamten Rahmens der Gestaltungsmöglichkeiten (Konfliktmuster und deren mögliche Konsequenzen offenlegen, Ermutigung zur Kreativität, Ermutigung zur Nennung von Vorschlägen).

Phase 5: Kompromiss und Übereinkommen
- Schrittweise Auflösung der Streitpunkte.
- Hilfe geben, den anderen zu verstehen (Verständnisfragen zur anderen Position, Rollen- und Perspektiventausch).
- Wechselseitigkeit des Problems benennen und gemeinsame sich überschneidene Interessen und Ziele betonen.

Phase 6: Erreichen eines vorläufigen Ergebnisses
- Festlegung eines vorläufigen Entwurfs der Mediationsvereinbarung.
- Diskussion von Unklarheiten und Informationslücken.

Phase 7: Überprüfung und fortlaufende Vermittlung
- Überprüfung des Entwurfs in der Praxis.
- Aufforderung zur Einschaltung von Experten (Rechtanwälten, Steuer- und Rentenberatern, Bankfachleuten) durch die Parteien: Förderung der Autonomie und Eigenverantwortung, Verhinderung von Unzufriedenheit nach Beendigung der Mediation.
- Klärung abschließender Fragen.
- Vereinbarung einer Ruhephase.

Phase 8: Abschluss und Durchführung
- Entscheidung beider Parteien, die Mediationsvereinbarung zu akzeptieren.
- Protokollierung der erzielten Vereinbarung (schriftliche Fixierung des Memorandums).

- Unterzeichnung der Vereinbarung durch den Rechtsanwalt.
- Gemeinsamer Vorschlag beim Familiengericht.

Das nebenstehende Modell soll veranschaulichen, dass die Scheidung kein einmaliges Ereignis, sondern ein mehrdimensionaler Veränderungsprozess ist[31].

2.3.2 Mediation und Rechtsberatung

Eine Beratung anlässlich Trennung und Scheidung wird immer auch rechtliche Aspekte berühren. Sie kann sich nicht »im rechtsfreien Raum bewegen«[32]. Allerdings steht die Thematisierung von Recht nicht im Vordergrund, sondern die Beratung dient »ganzheitlich und lebensweltorientiert«[33] der Aufgabe, Eltern bei der Entwicklung eines einvernehmlichen Konzepts für die Wahrnehmung der elterlichen Sorge zu unterstützen (§ 17 Abs. 2 SGB VIII). Weil Eltern hierzu häufig Informationen über das Recht und Regelungsanregungen brauchen, damit ihr Konzept als Grundlage der richterlichen Entscheidung über das Sorgerecht dienen kann, sind zumindest die damit verbundenen kindschaftsrechtlichen Aspekte anzusprechen; darüberhinaus aber auch alle die familienrechtlichen Fragen, die damit in Zusammenhang stehen, wie etwa die Regelung, wer mit den Kindern in Zukunft in der Ehewohnung wohnen wird, wer für die Kinder und für den kinderbetreuenden Elternteil Unterhalt zahlt. Die Meinung, Jugendämter dürften im Rahmen der Trennungs- und Scheidungsberatung nicht auch diese Rechtsfragen ansprechen, weil dies unerlaubte Rechtsberatung sei, würde bedeuten, dass ein »großer Teil der Jugendämter täglich laufend« gegen das Rechtsberatungsgesetz verstieße[34].

Demgegenüber ist die Einbeziehung rechtlicher Aspekte durch das Jugendamt schon deshalb erlaubt, weil es für die Beratung nach § 17 SGB VIII zuständig ist. Wenn es sich dabei um Rechtsberatung im Sinne des Rechtsberatungsgesetz handelt, so folgt die Befugnis dazu aus § 3 Nr. 1 RBerG (Zuständigkeit als Behörde). Gleiches gilt für die kirchlichen Wohlfahrtsverbände Caritas und Diakonisches Werk, die eng mit der Katholischen und der Evangelischen Kirche, Körperschaften des öffentlichen Rechts, verbunden sind[35]. Aber auch nichtkirchliche freie Träger, die mit der Aufgabe der Mediation betraut werden, leisten damit keine erlaubnisbedürftige Rechtsberatung: Obwohl oder gerade weil der Rechtsberatungsbegriff nach § 1 RBerG keineswegs geklärt ist, in der Literatur vielmehr weitgehend nur behauptet wird, er sei »weit« auszulegen[36], erscheint er gänzlich ungeeignet, Beratungen in sozialpädagogischem Auftrag Grenzen zu setzen. Dabei sind in aller Regel Rechtsaspekte anzusprechen und anders lässt sich sozialpädagogische Beratung gar nicht denken. Dies steht aber nicht im Vordergrund der Beratung, ist nicht ihr eigentliches Anliegen. Es handelt sich daher nicht um die »Besorgung einer Rechtsangelegenheit«, wie dies § 1 RBerG voraussetzt, sondern einer »sozialen Angelegenheit« mit »psychologisch-pädagogischer Hilfeleistung« als Tätigkeitsschwerpunkt[37].

---

31 Vgl. *Textor*, Scheidungszyklus 1991.
32 Dies fordert – lebensfremd – *Zettner*, FamRZ 1993, 626.
33 Empfehlungen des DV, NDV 1992, 149.
34 *Schulte-Kellinghaus*, FamRZ 1994, 1230 mit Beispielen zum gemeinsamen Sorgerecht, zum Umgang und zu den Rechtsverhältnissen am gemeinsamen Haus. Zur entsprechenden Situation in der Schuldnerberatung: *Gisela Fieseler/Gerhard Fieseler*, BAG-SB Info, 28.
35 *Papenheim/Baltes*, 14. Auflage, S. 145 ff. m.w.Nw.
36 So auch *Schulte-Kellinghaus*, FamRZ 1994, 1232.
37 *BMJ*, ZfJ 1994, 76.

Dürften (nichtkirchliche) freie Träger im Zusammenhang mit den ihnen übertrage-
nen Beratungsaufgaben keine rechtlichen Fragen thematisieren, oder müssten sie
dazu Rechtsanwälte einschalten, wie Haffke meinte[38], so wären die zu beratenden
Eltern in ihrem Wunsch- und Wahlrecht nach § 5 SGB VIII unzulässig eingeschränkt, und die vom Gesetzgeber gewollte Stellung freier Träger wäre durch ein
Gesetz unterlaufen, das so verstanden allzu einseitig (vermeintlichen) Interessen
der Rechtsanwaltschaft diente. Auch aus verfassungsrechtlichen Gründen ist daher
eine nicht gerade den Schwerpunkt bildene, in eine ganzheitliche Unterstützung
einbezogene Beratung auch in kindschaftsrechtlichen und damit zusammenhän-
genden Rechtsfragen allen Beratungsträgern »erlaubt«. Wäre das anders, so wäre
eine entsprechende Ergänzung des Rechtsberatungsgesetzes, wie sie gefordert worden ist[39], unerlässlich.

3. Ambulante erzieherische Betreuung

Rechtsgrundlage: § 27 Abs. 2 SGB VIII[40]

Diese Form der Hilfe, die im Leistungskatalog des neuen Kinder- und Jugendhilferechts nicht vorkommt, wird auch »formlose erzieherische Betreuung« genannt.

Die ambulante erzieherische Betreuung umfasst persönliche Hilfe für den Minderjährigen und Beratung/Unterstützung der Eltern sowie anderer Sorge- oder Erziehungsberechtigter.

Sie soll dazu beitragen, die Rahmenbedingungen familialer Sozialisation zu verbessern, indem die Familie befähigt wird, ihre Eigenkräfte zu entfalten, Sozialleistungen und andere Hilfsangebote anzunehmen und zwischenmenschliche Konflikte zu
mindern und zu bewältigen.

Anlass zu einer solchen Betreuung sind z.B.:
– begrenzte Erziehungsfähigkeit der Sorgerechtsinhaber,
– Konflikte zwischen (Ehe-)Partnern oder Eltern und Kinder,
– Kommunikationsstörungen im inner- und außerfamiliären Bereich,
– Auffälligkeiten und Störungen im Sozialverhalten und im emotionalen Bereich,
– Alkohol- und Drogenmissbrauch.

Die ambulante erzieherische Betreuung ist nur sinnvoll, wenn
– sie geeignet und ausreichend erscheint, auf die genannten Probleme einzugehen,
– die Sorgerechtsinhaber einverstanden und mitwirkungsbereit sind,
– sie langfristig angelegt ist.

Die Maßnahme kommt daher nicht in Betracht, wenn es um Ermittlungen, Auskünfte, einmalige Beratung oder die Erstellung von Gutachten geht, und auch
nicht, wenn bereits eine andere Art von Hilfe für den Minderjährigen (z.B. Erziehungsbeistandschaft) geleistet wird.

---

38 *Haffke*, in: *Duss-von Werdt* u.a., S. 65 ff.; vgl. auch *DIV-Gutachten*, DAVorm 1999, Sp. 43
    (zu § 18 SGB VIII).
39 Vgl. Beschlussempfehlung des Petitionsausschusses des Deutschen Bundestages, in: ZfJ
    1994, 75 f.
40 Diese Rechtsgrundlage enthält keine abschließende Aufzählung von Leistungen: »insbe-
    sondere«.

Die ambulante erzieherische Betreuung wird beendet, wenn
- ihr Zweck erreicht ist,
- sie erfolglos geblieben ist,
- sie durch die Gewährung einer anderen Hilfe unnötig geworden ist,
- der Minderjährige volljährig geworden ist,
- die Sorgeberechtigten nicht mehr einverstanden und mitwirkungsbereit sind.

4. Erziehungsbeistandschaft, Betreuungshilfe[41]

Rechtsgrundlage: § 30 SGB VIII

Im Jugendwohlfahrtsgesetz war die Erziehungsbeistandschaft als einzige Form ambulanter erzieherischer Hilfe vorgesehen (§§ 55 ff. JWG). Die aus der Schutzaufsicht entwickelte ehrenamtlich angelegte Erziehungsbeistandschaft hat sich zunehmend zu einer pädagogisch fundierten ambulanten Erziehungshilfe weiterentwickelt, die von Fachkräften freier oder öffentlicher Träger geleistet wird. Die Regelungen des JWG über die Bestellung des Erziehungsbeistandes hatten sich jedoch in der Praxis als zu starr erwiesen, was dazu führte, dass dieses Rechtsinstitut häufig unter Zuhilfenahme anderer Bezeichnungen umgangen wurde. Das Gesetz sieht daher -- wie bei den anderen Arten ambulanter Erziehungshilfen – von der Normierung besonderer Verfahrensvorschriften ab.

Vor allem im Hinblick auf die Novellierung des Jugendgerichtsgesetzes und das dort verfolgte Anliegen, den Erziehungsgedanken zu stärken, wurde die Betreuungsweisung als Hilfeart zusammen mit der Erziehungsbeistandschaft geregelt. Sie kommt in erster Linie und überwiegend als alleinige Anordnung in Betracht, gegebenenfalls in Verbindung mit anderen Erziehungsmaßregeln oder Zuchtmitteln sowie als vorläufige Maßnahme gemäß § 71 Abs. 1 JGG[42].

Nach der Gesetzesbegründung soll später geprüft werden, ob es angezeigt ist, Erziehungsbeistandschaft und Betreuungsweisung zu einem Rechtsinstitut zu verschmelzen.

Dies ist aus Sicht der Jugendhilfe abzulehnen, denn das Prinzip der Freiwilligkeit würde relativiert, und es würde eine eher sanktionsorientierte Tendenz in die Erziehungshilfe hineingetragen[43].

Die Altersspanne der im Rahmen einer Erziehungsbeistandschaft betreuten Minderjährigen ist relativ groß. Erziehungsbeistandschaften sind längerfristig angelegt. Im Mittelpunkt der Arbeit stehen regelmäßige Beratungsgespräche mit den Kindern und Jugendlichen sowie deren Eltern. Themen der Erziehungsbeistandschaft sind insbesondere:

---

41 *Gebert/Schone*, Erziehungsbeistände im Umbruch, Münster 1993; *dieselben*, in: Soziale Praxis 1993, 121; *Hollenstein*, in: NP 1993, 346.

42 Vgl. Regierungsbegründung zu § 30 (BT-Drucks. 11/5948; S. 70).

43 *Frankfurter Kommentar zum KJHG*, a.a.O., Anm. 11 zu § 30.

4.1 Statistik: Betreuung einzelner junger Menschen

Gegenstand der Nachweisung	Insgesamt[a]		Unterstützung durch Erziehungsbestand		Unterstützung durch Betreuungshelfer/-innen		Soziale Gruppenarbeit	
	junge Menschen am 31.12.	junge Menschen mit beendeter Hilfe	junge Menschen am 31.12.	junge Menschen mit beendeter Hilfe	junge Menschen am 31.12.	junge Menschen mit beendeter Hilfe	junge Menschen am 31.12.	junge Menschen mit beendeter Hilfe
1996	16.198	15.460	8.948	5.339	3.599	4.341	3.651	5.780
1997	18.102	16.788	9.643	5.942	3.668	4.116	4.791	6.730
1997 nach dem Geschlecht								
Männlich	12.062	12.037	6.106	3.603	2.638	3.073	3.318	5.361
Weiblich	6.040	4.751	3.537	2.339	1.030	1.043	1.473	1.369
1997 nach dem Alter								
Alter von ... bis unter ... Jahren								
unter 15	9.303	5.300	5.644	2.895	884	574	2.775	1.831
15 – 18	5.601	6.079	3.027	1.946	1.371	1.473	1.203	2.660
18 – 21	2.724	4.444	886	962	1.150	1.647	688	1.835
21 und mehr	474	965	86	139	263	422	125	404
1997 nach der Staatsangehörigkeit								
Deutsche	15.220	13.968	8.663	5.365	3.030	3.335	3.527	5.268
Ausländer/-innen[b]	2.882	2.820	980	577	638	781	1.264	1.462
1997 nach dem Träger der Betreuung								
Öffentliche Träger	12.002	10.374	6.930	4.083	2.333	2.716	2.739	3.575
Freie Träger	6.100	6.414	2.713	1.859	1.335	1.400	2.052	3.155
Nachrichtlich:								
Früheres Bundesgebiet	15.011	13.388	7.951	4.657	2.992	3.175	4.068	5.556
Neue Länder und Berlin-Ost	3.091	3.400	1.692	1.285	676	941	723	1.174

a   Junge Menschen, die Hilfe verschiedener Art erhalten haben, wurden bei jeder Hilfeart gezählt.
b   Einschl. Staatenloser.

Quelle: Statistisches Bundesamt, Stat. Jahrbuch 1999, S. 467.

- Beziehung zwischen Eltern und Kindern/Jugendlichen,
- schulische Probleme,
- soziale Bezüge (Freizeitverhalten, Freundeskreis),
- Verselbständigung älterer Minderjähriger,
- Loslassen der Kinder/Jugendlichen durch die Eltern.

Im Widerspruch zu einer auf Freiwilligkeit gegründeten Hilfeform steht die nach § 12 JGG auch weiterhin gegebene Möglichkeit der *Anordnung* als Erziehungsmaßregel (»nach Anhörung des Jugendamts«).

5. Sozialpädagogische Familienhilfe[44]

Rechtsgrundlage: § 31 SGB VIII

Sozialpädagogische Familienhilfe soll durch eine umfassende Betreuung und Begleitung bestimmte Familien in ihren Erziehungsaufgaben, bei der Bewältigung von Alltagsproblemen, bei der Lösung von Konflikten und Krisen, im Kontakt mit Ämtern und Institutionen unterstützen und das Selbsthilfepotential der Familie mobilisieren. Der Handlungsrahmen wird durch die Zielvorgabe »Stabilisierung der Familiensituation« abgesteckt[45].

Zweck der sozialpädagogischen Familienhilfe ist vor allem, die Trennung von Eltern und Kindern zu vermeiden, d.h., die Erziehung der Kinder innerhalb der eigenen Familie zu ermöglichen. Soweit es um die finanzielle Sicherung der Familie geht, ist die Sozialhilfe zuständig. Die Erwartungen an diesen Arbeitsansatz sind hoch: die Hilfe soll problemorientiert, effektiv und kostengünstig sein.

5.1 Einsatz einer sozialpädagogischen Familienhilfe

Der Einsatz einer sozialpädagogischen Familienhilfe ist angezeigt bei:
- überforderten Eltern in kinderreichen Familien (z.B. schnell aufeinanderfolgende Geburten; einem oder mehreren behinderten oder langfristig kranken Kindern);
- überforderten alleinerziehenden Müttern oder Vätern mit mehreren Kindern in schlechten Wohnverhältnissen;

---

44 *ISA*, Soziale Praxis, Heft 1, Sozialpädagogische Familienhilfe – ein neues Praxisfeld der Jugendhilfe, Münster 1986; *H. und K. Nielsen/Müller*, 1986; Hilfe mit System, in: sozialmagazin 3/1992, S. 13; *Frings/Ludemann/Papenheim*, 1993; *Allert u.a.*, 1994; *Gödde/Lanwert*, TuP 1995, 267; *Gruppe SPFH der Kinder- und Familienhilfe e.V. Chemnitz*, Jugendhilfe 1995, 218 ff.; *Rothe*, ZfJ 1994, 365; *dieselbe* ZfJ 1995, 110; Stephan, in: ZfF 1996, 49; *Bundesministerium für Familie, Senioren, Frauen und Jugend*, Handbuch 1998; *Merchel*, in: Jugendhilfe 1998, 16; *Nicolay*, in: np 1996, 202; np 1998, 259; *Frings*, in: Jugendwohl 1997, 134 *Schuster*, Sozialpädagogische Familienhilfe (SPFH). Aspekte eines mehrdimensionalen Handlungsansatzes für Multiproblemfamilien, Frankfurt/Main, 1997; *Wiesner*, in: Jugendwohl 1998, 312; *Bongers*, in: Sozialmagazin Nr. 11/1999, 25; *Fieseler*, in: Kirsch/Tennstedt 1999, S. 102 (Sozialpädagogische Familienhilfe und Recht); *Gaertner*, Präventive Potentiale in der Familienhilfe, in: *Kirsch/Tennstedt* 1999, 119; *Nielsen*, in: *Chassé/von Wensierski* 1999, 156 – Zu Familienstabilisierungsprogrammen: *Römisch/Storr*, in: Jugendwohl 1998, 322; *Feddeler*, in: Unsere Jugend 1999, 216 (Familienaktivierung).

45 Vgl. *Pressel*, a.a.O.; *DJI-Materialien, Arbeitsgruppe Elternarbeit* (Hrsg.), Bd. 5, Familienarbeit im Jugendhilfebereich, München 1980.

- Erziehungsschwäche von Familien in besonderen Konfliktsituationen;
- Kindern, die in Heimen oder Pflegefamilien waren und wieder in die Ursprungsfamilie integriert werden sollen.

Voraussetzung ist jeweils, dass die Familien dieses Angebot der Jugendhilfe freiwillig annehmen und zur Mitarbeit bereit sind. Die Hilfe ist daher aufzuheben, wenn ein Erziehungsberechtigter dies wünscht.

Sozialpädagogische Familienhilfe wendet sich an alle Familienmitglieder und versucht gemeinsam mit ihnen, inner- und außerfamiliäre Ressourcen zu aktivieren. Neben der Unterstützung bei der Verbesserung der materiellen Lebensbedingungen der Familien leistet die sozialpädagogische Familienhilfe Vermittlung in vielerlei Hinsicht: Zwischen Eltern und Kindern, zwischen den Partnern, zwischen der Familie und Verwandten, Freunden und Nachbarn, zwischen der Familie und Institutionen wie Schule, Kindergarten und Ämtern.

Nielsen/Nielsen/Müller haben eine Typologie von Familien entwickelt:[46]
- *Familien in Einzelkrisen*, d.h. Familien, die ihren Lebensalltag weitgehend ohne fremde Hilfe bewältigen konnten, aber durch nicht erwartete Einzelereignisse in Krisensituationen geraten sind (Tod des Ehepartners, Krankheit, Reintegration eines Kindes usw.). Diese Krisen können nicht mehr aus eigener Kraft bewältigt werden, wobei aber die grundsätzliche Versorgung in der Familie gewährleistet ist.
- *Familien in Strukturkrisen*. Diese Familien sind Dauerbelastungen ausgesetzt. Seit Jahren bestehen Probleme auf verschiedenen Gebieten: schwierige Partnerschaft der Eltern, Sucht, Gewalt, finanzielle Mangelsituation, schlechte Wohnverhältnisse. Strukturelle Defizite nehmen Einfluss auf die familiale Organisation im Sinne einer sozioökonomischen Benachteiligung. Einzelne Ereignisse sind der Auslöser für eine Intervention durch Institutionen, für den Einsatz der SPFH. Aber auch diese Familien haben in gewissen Bereichen noch Problemlösungskompetenzen, die Dauerbelastungen äußern sich nicht fortwährend krisenhaft.
- *Familien in chronischen Strukturkrisen:* Hier weisen die Eltern bereits gravierende Defizite in ihrer Sozialisation und Bildungserfahrung auf, es bestehen existentielle Probleme in allen Lebensbereichen, die Familie lebt in einer dauernden Krise. Nach Nielsen/Nielsen/Müller verfügen diese Familien über kein Eigenpotential zur Veränderung ihrer Lebenssituation.

Ausschlusskriterien und Mindestanforderungen

In einer Untersuchung des Deutschen Jugendinstituts zur SPFH wurden von den Fachkräften die folgenden Ausschlusskriterien angegeben:
- vorherrschende Suchtproblematik: 55%
- fehlende Motivation: 47%
- psychotische Erkrankung: 44%
- geistige Behinderung: 32%
- psychische Erkrankung: 31%
- Gewaltproblematik: 14%

Aber auch wenn Ausschlusskriterien genannt werden, ist in der Fortschreibung von Konzepten der SPFH eine Veränderung zu bemerken. Waren die Ausschlüsse in

---

46   Vgl. *Nielsen/Nielsen/Müller*, S. 101 f.

älteren Konzepten eher »hart« formuliert im Sinne von »für bestimmte Familien nicht geeignet«, wird in jüngeren Konzepten »weicher« formuliert im Sinne einer individuellen Prüfung der Geeignetheit. Eine Prüfung wird dabei besonders empfohlen in Familien mit massiver Suchtproblematik (der Hauptbezugsperson) und mit psychischen Krankheiten. In manchen Konzepten wird die Arbeit mit solchen Familien unter bestimmten Bedingungen als möglich angesehen. Bei Sucht, schweren neurotischen Störungen, Geisteskrankheit oder ähnlichem kann Familienhilfe eine Therapie nicht ersetzen; sie kann jedoch eine sinnvolle Ergänzung sein, wenn z.B. die Zusammenarbeit zwischen Therapeut und Familienhelfer möglich ist.[47]

Ein anderes Beispiel ist die Frage der Arbeit mit Familien in sogenannten chronischen Strukturkrisen, die in einigen Konzepten ausgeschlossen wird, da hier das Veränderungspotential als zu gering eingeschätzt wird. In anderen Konzepten werden diese Familien einbezogen unter Berücksichtigung besonderer Arbeitsbedingungen, wie längere Betreuung, Co-Arbeit usw. Ein Konzept verneint explizit Ausschlusskriterien: »Grundsätzlich werden keine Ausschlusskriterien aufgestellt. Der Grund dafür liegt darin, dass auch bei schwerwiegenden Krisen durch Sozialpädagogische Familienhilfe und deren Arbeits- und Zeitangebote eine umfassende Ressourcen-Landkarte der Familie entwickelt werden kann. In vielen Fällen bekamen die Familien vorher über Jahre hinweg nicht ausreichende Bedingungen etwa in der Zeitschiene oder in der Vertrauensebene zur Verfügung gestellt.«[48]

Als Grundbedingung der Arbeit (Mindestanforderung) wird in den meisten Konzepten die Freiwilligkeit der Mitarbeit der Familie gefordert, ohne dass dieser Punkt genauer ausgeführt wird. In der praktischen Arbeit kann diese »Freiwilligkeit« sehr weit gefasst sein und eine sehr bedingte Freiwilligkeit bedeuten: Es wird der Familienhelferin die Tür geöffnet, die Familie lässt sich auf ein Gespräch ein. Diese grundsätzliche Kooperationsbereitschaft scheint ein sinnvolleres Kriterium zu sein als das der Freiwilligkeit. Als weitere wichtige Punkte werden genannt: der emotionale Zusammenhalt in der Familie, Veränderungsbereitschaft, Problembewusstsein bei mindestens einem Erwachsenen in der Familie, Motivation. Die Motivation wird manchmal auch als Prüfkriterium angegeben bei Familien, für die diese Hilfe als eher ungeeignet definiert ist. Dabei wird die inhaltliche Bestimmung dieses Kriteriums ähnlich schwierig wie bei der »Freiwilligkeit«.

Die Stärken der Familien sehen die Fachkräfte in dem Willen der Eltern (der Mütter), ihre Kinder in der Familie zu halten, in einem warmen Familienklima, in Humor, Überlebensfähigkeit und Optimismus. Positive Eigenschaften sehen sie vor allem bei den Müttern: Energie, Lebendigkeit, kreative Lösungsmuster, Durchhaltevermögen, Spontaneität. Wenn eine SPFH zunächst wegen einer drohenden Fremdplatzierung der Kinder eher »hingenommen« als »freiwillig angenommen« wurde, war der starke Wille der Eltern, die Kinder in der Familie zu halten, oftmals die Grundlage, die ersten Monate durchzuhalten, bis sich eine Vertrauensbasis entwickelt hatte und Erfolge einstellten.[49]

47 Arbeiterwohlfahrt Ebersberg, Konzept der SPFH, 1990, S. 10.
48 Arbeitsgemeinschaft Dachauer Familienhilfe, Konzept der SPFH, 1992, S. 10.
49 Vgl. BMFSFJ (Hrsg.), Handbuch Sozialpädagogische Familienhilfe, 3. Aufl. 1999 (Schriftenreihe Band 182), S. 80 ff.

5.2 Aufgaben des Familienhelfers

Die Aufgaben des Familienhelfers liegen demnach in der Hilfe bei der Alltagsbewältigung durch die Familie, in der Arbeit mit Kindern und Eltern, in der Förderung von Kontaktaufnahmen durch die Familie. Zu den ersten Tätigkeiten zählen häufig gemeinsame Einkäufe; Beseitigung der chaotischen und unhygienischen Wohnsituation; Begleitung zu Behörden, Schulen, Ärzten etc.; Kinderversorgung wie regelmäßiges Essen, Zur-Schule-Schicken; Freizeithilfen; Hausaufgabenhilfe.

Im Mittelpunkt der Beratungsgespräche mit den Eltern stehen Erziehungsfragen und Partnerschaftsprobleme.

Die Arbeit des Familienhelfers erfordert eine »empathische Begleitung«[50] und ist sehr zeitintensiv. Die Berliner Familienhelfervorschriften[51] sehen z.b. einen Einsatz bis zu 19 Stunden pro Woche und Helfer vor, befristet in der Regel auf 1/2 Jahr mit Verlängerungsmöglichkeit. Ohne Vertrauensbasis in der Familie kann die Arbeit nicht gelingen. Ein besonderes Problem stellt die Verschwiegenheit des Helfers dar, der gleichzeitig eng mit der Familie und dem Jugendamt zusammenarbeitet. Mitteilungen an das Jugendamt (oder andere Stellen) sollte er daher nur weitergeben, wenn die Familie zuvor informiert wurde und einverstanden ist.

Wegen der hohen Anforderungen an die Persönlichkeit und Kompetenz des Familienhelfers ist Supervision erforderlich, um die Arbeit und die sie beeinflussenden Bedingungen reflektieren zu können, und um seine Rolle für sich selbst und für die Familie abzuklären und durchschaubar zu machen.

Derzeit werden in den meisten Bundesländern Familienhelfer in unterschiedlichem Umfang, mit unterschiedlicher Qualifikation (Sozialarbeiter/Sozialpädagogen, Erzieherinnen, Kinderpflegerinnen, Hauswirtschafterinnen, Krankenschwestern und »erfahrene Hausfrauen«) und im Rahmen unterschiedlicher Organisationsformen eingesetzt.

Nicht zuletzt aus Einsparungsgründen – um teure Fremdplazierungen zu vermeiden – werden familienorientierte, offene erzieherische Hilfen propagiert. Familienhilfe steht in der Gefahr, zum »Ei des Kolumbus« hochstilisiert zu werden[52]. Die Jugendhilfe muss darauf achten, dass dieses neue Instrument nicht nur zu einem Mittel der Kostendämpfung wird, sondern dass seine Beurteilung und sein Einsatz davon abhängen, welche weiteren Erfahrungen die Praxis damit macht[53].

Die Chancen und Grenzen von »Familienhilfe« sind auf einer Studientagung des Deutschen Vereins[54] wie folgt beschrieben worden:

---

50 *AmtsG Kamen*, FamRZ 1995, 53; Rechtsprechungsnachweise zur SPFH s. *Fieseler*, in: *Kirsch/Tennstedt* 1999 und in GK-SGB VIII, § 31, nach Rz. 23.
51 FHV vom 31. März 1981, abgedruckt in: ISA-Schriftenreihe, Heft 8 »Sozialpädagogische Familienhilfe«, Münster 1983, S. 108 ff. Im Jahr 1997 betrug die durchschnittliche Dauer eines Familienhelfereinsatzes 16 Monate (Statistisches Jahrbuch 1999, S. 468).
52 Vgl. *Kreft*, Familienhilfe, in: Blätter der Wohlfahrtspflege 1983, S. 153 ff. (155).
53 Vgl. *Heinze*, Erfahrungen und Entwicklungen mit Familienhilfe (Familienhelfertätigkeit) in Berlin-Wedding, in: Soziale Arbeit 1/1984, S. 45 ff.; *Nüsslein*, Familienhelfertätigkeit – praxisgerecht, in: Soziale Arbeit 9/1983, S. 475 ff.; *Leidinger u.a.*, in: ZfJ 1988, 395 – Zur Familienhilfe in den neuen Bundesländern: *Gobst*, in: Jugendhilfe 1992, 360 ff.; *Hoyer*, in: Jugendhilfe 1993, 26 ff.
54 *NDV* 1981, S. 241 ff.

5.3 Chancen

- der Familienhelfer hat eine relativ große pädagogische und persönliche Nähe zu den betroffenen Familienmitgliedern;
- er lernt deren Alltagsprobleme unmittelbar kennen;
- er kann, von diesen Alltagserfahrungen ausgehend, Lernprozesse in Gang setzen;
- er kann die Isolation der Familien aufbrechen und zum sozialen Umfeld hin öffnen;
- er ist nicht ausschließlich »Profi« und Therapeut, sondern zugleich Partner und Lernender;
- er kann den Familien ihre verlorene Selbstachtung zurückgeben.

5.4 Schwierigkeiten und Hindernisse

- die Familienhilfe bedeutet einen starken Eingriff in die Intimsphäre, der bei den Familienmitgliedern Angst, Abwehr und Unsicherheit erzeugt;
- der Familienhelfer übt in gewissem Umfang Kontrolle aus, was dem Prinzip der Partnerschaft widerspricht;
- der Familienhelfer ist abhängig von den Zielvorstellungen des Anstellungsträgers, die im Einzelfall denen der Familie bzw. des Familienhelfers widersprechen können;
- der Familienhelfer begibt sich unter Umständen in Abhängigkeit von der Familie (Problem Nähe/Distanz);
- Möglichkeiten zur Reflektion des eigenen beruflichen Handelns fehlen häufig.

5.5 Anlässe zur sozialpädagogischen Familienhilfe

Die 25.000 Familien, die 1998 mit sozialpädagogischer Familienhilfe unterstützt wurden, setzten sich wie folgt zusammen:
- Zum größten Teil waren es Familien von Alleinerziehenden (51%), in einem Drittel (33%) der Fälle lebten die Kinder mit ihren Eltern zusammen und in 16% mit einem Stiefelternteil.
- Häufig (29%) hatten die Familien Kinder im schulpflichtigen Alter zwischen 6 und 15 Jahren.
- In 10% der Fälle hatte mindestens ein Elternteil eine ausländische Staatsangehörigkeit.

Die Teilnahme an der sozialpädagogischen Familienhilfe wurde überwiegend (70%) von den Jugendämtern und anderen öffentlichen Stellen angeregt. Elterlicherseits erfolgte dieser Schritt in 22%, seitens der freien Träger der Jugendhilfe in knapp 5% der Fälle.

Anlaß für die Hilfe waren in erster Linie Erziehungsschwierigkeiten (66%), Entwicklungsauffälligkeiten (37%) sowie Beziehungsprobleme (34%). Bei den vorgenannten Angaben konnten bis zu drei Ursachen je Fall genannt werden. (Quelle: Statist. Bundesamt, Mitteilung für die Presse, v. 3.2.2000.)

5.6 Statistik: Sozialpädagogische Familienhilfe

Gegenstand der Nachweisung	Familien am 31.12. mit andauernder Hilfe			Familien mit beendeter Hilfe			
	Insgesamt	betreut durch Träger		Insgesamt	betreut durch Träger		Durchschnittliche Dauer in Monaten
		öffentliche	freie		öffentliche	freie	
1996	12.484	7.132	5.352	7.695	4.321	3.374	16
1997	13.876	7.794	6.082	8.510	4.746	3.764	16
1997 nach der Bezugsperson und Zahl der ständig in der Familie lebenden Kinder/Jugendliche							
Eltern mit ... Kind(ern)	4.789	2.717	2.072	2.892	1.590	1.302	16
1	884	511	373	671	377	294	14
2	1.416	798	618	908	497	411	16
3	1.188	667	521	608	348	260	17
4	683	392	291	388	204	184	18
5	340	195	145	178	93	85	18
6 und mehr	278	154	124	139	71	68	19
Elternteil mit Stiefelternteil/Partner/-in mit ... Kind(ern)	2130	1141	989	1.457	792	665	16
1	511	302	209	364	217	147	14
2	666	355	311	457	250	207	17
3	510	265	245	345	174	171	17
4	262	129	133	169	89	80	18
5	99	50	49	72	36	36	16
6 und mehr	82	40	42	50	26	24	22
Alleinerziehender Elternteil mit ... Kind(ern)	6.957	3936	3.021	4.161	2.364	1.797	16
1	2.166	1.291	875	1.454	862	592	15
2	2.305	1.310	995	1.331	762	569	16
3 und mehr	2.486	1.335	1.151	1.376	740	636	18
1997 nach der Staatsangehörigkeit							
Deutsche	12.482	6.820	5.662	7.681	4.179	3.502	16
Ausländer/-innen	1.078	789	289	620	431	189	16
Deutsche/Ausländer/-innen	316	185	131	209	136	73	15

Quelle: Statistisches Jahrbuch 1999, S. 468

6. Erzieherischer Kinder- und Jugendschutz[55]

Rechtsgrundlage: § 14 SGB VIII[56]

6.1 Ausgangslage

Ein Schwerpunkt der Neuregelung zur Differenzierung des Leistungssystems der Jugendhilfe ist der 1. Abschnitt des 2. Kapitels unter der Überschrift »Jugendarbeit, Jugendsozialarbeit, erzieherischer Kinder- und Jugendschutz«. Der erzieherische Kinder- und Jugendschutz in § 14 SGB VIII hat als Zielgruppe junge Menschen sowie Eltern und andere Erziehungsberechtigte und weist damit eine gewisse Zielgleichheit mit den Angeboten aus § 11 SGB VIII (Jugendarbeit) und aus § 16 SGB VIII (Familienbildung) auf.

Die Neuregelungen erfolgen in einer Zeit, in der aufgrund aktueller Entwicklungen der Kinder- und Jugendschutz aufgefordert ist, präventive Aufgaben verstärkt zu übernehmen. In der öffentlichen Diskussion wird Besorgnis über folgende Entwicklungen geäußert:
- gewalttätige und rechtradikale Verhaltensweisen einer steigenden Zahl von Jugendlichen
- gefährliche Konsumgewohnheiten junger Menschen in bezug auf legale und illegale Drogen
- wachsendes Angebot von Medien, wobei in Teilbereichen besonders problematische Entwicklungen zu beobachten sind (z.B. Brutalisierung, Sexismus, Kinderpornographie)
- zunehmende Erkenntnis über Gewalt und sexuellen Missbrauch in Familien
- Gefährdung von Jugendlichen durch totalitäre Jugendsekten und destruktive Kulte
- Gefährdungen von Kindern wegen mangelnder Betreuungsangebote.

Junge Menschen in den neuen Bundesländern werden mit Gefährdungen konfrontiert, auf die sie nicht hinreichend vorbereitet sind. Institutionen des Jugendschutzes sind noch nicht im erforderlichen Maße vorhanden. Es fehlen Möglichkeiten, adäquat auf die neuen Gefährdungen zu reagieren.

6.2 Entwicklung des Kinder- und Jugendschutzes

Ausgangspunkt für das Entstehen des Kinder- und Jugendschutzes war ein Verständnis von Kindheit und Jugend als einer vom Erwachsensein zu separierenden Periode des menschlichen Daseins. Eine solche spezifische Lebenssituation erforderte die Festlegung spezieller Regelungen für das Zusammenleben, sei es, dass man die Kinder für noch nicht reif genug hielt, in gleicher Art wie die Erwachsenen behandelt zu werden, sei es, dass man darauf setzte, in künftigen Generationen Missstände der jeweiligen Gesellschaft zu vermeiden.

---

55 *Bundesarbeitsgemeinschaft der Landesjugendämter (BAGLJÄ)*, »Kinder- und Jugendschutz in der Jugendhilfe«, Beschluss in der 71. Arbeitstagung vom 23.-25.10.1991 in Fellbach/ Stuttgart; *Gernert* 1993; *Bienemann/Hasebrink/Nikles*, 1995 – Vierteljährlich erscheint Kind, Jugend, Gesellschaft. Zeitschrift für Jugendschutz, herausgegeben vom Vorstand der Bundesarbeitsgemeinschaft Kinder- und Jugendschutz e.V. (Verlag Luchterhand).
56 Dazu *Fieseler*, in: GK-SGB VIII, § 14 Rz. 1 ff.; Literaturangaben, a.a.O, nach Rz. 20.

Die Einführung dieser Regeln war verbunden mit einer Strafandrohung gegenüber Kindern und Jugendlichen, wenn sie diese Vorschriften nicht befolgen sollten. Eine solche Vorgehensweise ist einem demokratischen Staat, der seinen Bürgern weitestgehende Freiheit in der Lebensgestaltung einräumen will, als prinzipielle Handlungsmaxime fremd. Grenzen findet diese Freiheit allerdings, wenn sie Dritte schädigen oder das Zusammenleben der Gemeinschaft insgesamt beeinträchtigen würde.

Auch heute noch gibt es für verschiedene Bereiche gesonderte Vorschriften für Kinder und Jugendliche. Es wird nach wie vor davon ausgegangen, dass Kinder und Jugendliche noch nicht wie Erwachsene behandelt werden können. Andere Auffassungen haben noch nicht dazu geführt, den Zeitraum der Kindheit und Jugend neu zu definieren. Die Vorschriften und damit die Sanktionen richten sich nun jedoch vornehmlich an Dritte wie Veranstalter und Gewerbetreibende.

6.3 Grundgesetzliche Verankerung

Der Begriff Jugendschutz wird im Grundgesetz ausdrücklich in Art. 5 Abs. 2 GG (Meinungsfreiheit) als eine das Grundrecht aus Art. 5 GG begrenzende Schranke erwähnt. Allein dadurch erhält der Jugendschutz seinerseits aber noch keinen verfassungsrechtlichen Rang. Es wird hier vielmehr auf eine einfach-gesetzliche Regelung abgestellt.

Durch höchstrichterliche Rechtsauslegung (zum Beispiel: BvR 402/87; sog.»Mutzenbacher-Urteil«) ist mittlerweile jedoch klar, dass der Jugendschutz ein aus mehreren Grundrechten abgeleitetes verfassungsrechtlich geschütztes Rechtsgut vom Rang eines Grundrechts ist.

Jugendschutz als staatliche Garantieaufgabe ergibt sich danach zum einen aus Art. 6 GG. Die Unversehrtheit der Familie beinhaltet eine weitgehende Entscheidung über den Ablauf der Erziehung. Das elterliche Erziehungsrecht wird in Art. 6 Abs. 2 Satz 1 GG ausdrücklich als Recht, aber auch als Pflicht, verfassungsrechtlich gesichert. Es soll also den Eltern vorbehalten bleiben, wann und in welcher Art sie das Kind mit gewissen komplizierten Lebensbereichen konfrontieren. Deshalb wird für bestimmte Veranstaltungen in der Öffentlichkeit eine Zugangsbeschränkung für Kinder und Jugendliche vorgeschrieben. Gelegentlich wird auch gegen den Willen der Eltern ein Verbot für den *öffentlichen* Zugang zu bestimmten Inhalten nötig sein, um eine generelle Kontrollierbarkeit zu ermöglichen.

Eine weitere Rechtsgrundlage für die Aufgabe des Kinder- und Jugendschutzes wird in Art. 2 Abs. 1 GG gesehen, der das Recht auf freie Entfaltung der Persönlichkeit garantiert. Dieses Recht steht natürlich auch Kindern und Jugendlichen zu. Wenn bestimmte Einwirkungen später eine freie Entscheidung über die Persönlichkeitsentfaltung verhindern oder nachhaltig erschweren würden, so kann – wie sich aus der Verbindung mit Art. 1 Abs. 1 GG ergibt – ein schützender Eingriff des Staates geboten sein.

Im übrigen entspricht (nach modernem Grundrechtsverständnis) dem Schutz vor Eingriffen ein Gewährleistungsanspruch. Gestaltet man ihn als Leistung aus, heißt dies auf den konkreten Fall bezogen, dass sowohl Kinder und Jugendliche als auch insbesondere die Eltern einen Anspruch auf Anleitung zu einem adäquaten Verhalten gegenüber potentiellen Gefährdungstatbeständen haben, so wie es in § 14 SGB VIII gefordert wird.

6.4 Erzieherischer Kinder- und Jugendschutz als Aufgabe des Jugendamtes

Das KJHG widmet dem erzieherischen Kinder- und Jugendschutz einen selbständigen Paragraphen (§ 14 SGB VIII) und macht dadurch deutlich, dass die Wahrnehmung dieser Pflichtaufgabe nicht im Ermessen des öffentlichen Trägers liegt. Die Verantwortung des Jugendamtes für diese Aufgabe bedeutet nach § 79 Abs. 2 SGB VIII die Bereitstellung der erforderlichen Einrichtungen sowie eine ausreichende Personal- und Finanzausstattung im Rahmen der Jugendhilfeplanung.

Erzieherischer Kinder- und Jugendschutz setzt nicht bei den Gefährdungstatbeständen, sondern bei Kindern und Jugendlichen sowie deren Erziehungsberechtigten an. Das Jugendamt hat die für den erzieherischen Kinder- und Jugendschutz erforderlichen Einrichtungen und Veranstaltungen anzuregen, zu fördern und gegebenenfalls selbst zu schaffen. Es arbeitet dabei partnerschaftlich mit den freien Vereinigungen für den Kinder- und Jugendschutz (z.B. die »Aktion Jugendschutz«) zusammen.

Der Jugendschutz hat sich im Rahmen der Jugendhilfe natürlich auch an deren Vorgaben zu orientieren: nämlich junge Menschen in ihrer individuellen und sozialen Entwicklung zu fördern und dazu beizutragen, Benachteiligungen zu vermeiden oder abzubauen, Eltern und andere Erziehungsberechtigte bei der Erziehung zu beraten und zu unterstützen, Kinder und Jugendliche vor Gefahren für ihr Wohl zu schützen und dazu beizutragen, positive Lebensbedingungen für junge Menschen und ihre Familien sowie eine kinder- und familienfreundliche Umwelt zu erhalten oder zu schaffen (§ 1 Abs. 3 Nr. 1 bis 4 SGB VIII). Er wird dabei bei Erwachsenen und Erziehungspersonen (§ 14 Abs. 2 Ziff. 2 SGB VIII) überwiegend auf ein latentes, aber nur bei bestimmten Personenkreisen auf ein drängendes Interesse stoßen; bei Kindern, Jugendlichen und jungen Erwachsenen ist regelmäßig von einer Nichtbefassung mit dieser Problematik und möglicherweise von einem Desinteresse an Fragen ihrer Schutzbedürftigkeit auszugehen. Schutzbestimmungen lösen im Gegenteil oftmals Risikolust aus.

Nun könnte daraus geschlossen werden, eine Leistung, nach der keine (gesteigerte) Nachfrage besteht, brauche man auch nicht anzubieten. Dem steht aber entgegen, dass seitens der Gesellschaft ein Interesse daran besteht, junge Menschen nicht nur aus Schaden klug werden zu lassen.

Eine Möglichkeit, dem Nachfrageproblem zu begegnen, ist es, das Interesse für die Angebote zum erzieherischen Kinder- und Jugendschutz aufzubauen und zu fördern. Durch eine entsprechende Werbung für diese Angebote (vergleichbar den Kampagnen für die Vorsorgeuntersuchung, die ebenfalls im staatlichen Interesse liegt) und durch attraktivere Veranstaltungen müssten die in Frage kommenden Personenkreise zu gewinnen sein, sich mit solchen Fragestellungen zu befassen. Dann erscheint auch die Zielvorstellung realistisch, dass vorhandene Sozialisationsinstitutionen und Diskussionsforen sich für diese Thematik interessieren und von sich aus Kontakt mit kompetenten Fachleuten wünschen. Notwendig erscheint insgesamt eine enge Zusammenarbeit der verschiedenen Institutionen, um ein aufgeschlossenes Klima für die Belange des Jugendschutzes zu erzeugen und andere an die Mitverantwortung für Jugendschutz-Aufgaben heranzuziehen.

In § 14 SGB VIII werden die Ziele im Hinblick auf junge Menschen mit Worten beschrieben, die auch in § 1 Abs. 1 SGB VIII für die Beschreibung der Erziehung sowie in § 11 Abs. 1 SGB VIII für die Beschreibung der Jugendarbeit sinngemäß Verwendung finden: es wird von Kritikfähigkeit, Entscheidungsfähigkeit und Eigenverantwortlichkeit gesprochen und davon, dass auch die soziale Komponente der Gemeinschaftsfähigkeit zu berücksichtigen sei. Damit wird klargestellt, dass erzieherischer Kinder- und Jugendschutz Teil eines gesamterzieherischen Bemühens ist. Darüber hinaus hat der erzieherische Kinder- und Jugendschutz aber ein weiteres spezielles Merkmal für seine Erziehungsmaßnahmen. Das sind die Gefahren, vor denen geschützt werden soll bzw. denen zu begegnen ist.

Es wäre falsch, wenn sich der erzieherische Kinder- und Jugendschutz darauf beschränkte, Schonräume bereitzustellen. Ein wirkungsvoller Schutz von Kindern und die soziale Einbindung Jugendlicher setzt bei den sie erziehenden Erwachsenen die Bereitschaft und Fähigkeit zu partnerschaftlicher Zuwendung voraus. In diesem Sinne muss Kinder- und Jugendschutz optimale Entwicklungschancen für Kinder und Jugendliche fordern, was zielgleichen Aufgaben der Jugendarbeit entspricht. Die Wahrnehmung dieser Aufgaben ist heute umfassender und schwieriger, weil

- neue gesellschaftliche Entwicklungen Erwachsene dazu veranlassen, gedankenlos kommerzielle Interessen zu verfolgen und verantwortungslos Gefährdungen der körperlichen, geistigen und seelischen Entwicklungen von Kindern und Jugendlichen zuzulassen;
- sich wirtschaftliche, gesellschaftliche und technische Verhältnisse häufig sehr schnell ändern, ohne dass die erzieherischen Konsequenzen sofort erkennbar werden;
- eine Überbetonung intellektueller Fähigkeiten in der Erziehungs- und Bildungsarbeit die Förderung der übrigen menschlichen Fähigkeiten und Bedürfnisse vernachlässigt;
- der Schutz vor entwicklungsschädigenden Einflüssen aus der Umwelt zu mangelhaft wahrgenommen wird;
- Eltern und Pädagogen eine zunehmende Erziehungsunsicherheit zeigen, was sich durch geringe Zusammenarbeit noch verstärkt.

Nicht jede Gefährdung ruft auch eine Schädigung hervor. Mit den meisten Gefährdungen muss vielmehr der richtige Umgang gelernt werden; mit ihnen ist ein Risiko verbunden, das abgeschätzt werden muss. Solche Überlegungen haben auch immer zu berücksichtigen, dass Risikobereitschaft ein bei der Jugend angesehener Wert ist. Dabei hat der erzieherische Kinder- und Jugendschutz daran mitzuwirken, ein Verhalten aufzubauen, das nicht zu Selbstschädigungen führt. Angesichts der Breite und Unübersichtlichkeit der Gefährdungsbereiche ist es für spezifische Themen erforderlich, Fachleute einzubeziehen, die über die jeweiligen Gefährdungsbereiche und die möglichen Reaktionen der Jugendlichen darauf Kenntnis haben.

6.5 Andere Aufgaben des Kinder- und Jugendschutzes

Die anderen Aufgaben des Jugendschutzes ergeben sich vor allem aus
- dem Gesetz über die Verbreitung jugendgefährdender Schriften (GjS),
- dem Gesetz zum Schutze der Jugend in der Öffentlichkeit (JÖSchG) sowie
- dem Gesetz zum Schutze der arbeitenden Jugend (JArbSchG).

In der Begründung des Regierungsentwurfs zum KJHG werden diese Aufgaben als andere Aufgaben des Jugendschutzes (und nicht als *gesetzlicher* Jugendschutz) bezeichnet, weil – wie schon im JWG – erzieherischer Jugendschutz gesetzlicher Jugendschutz ist.

Für das Jugendamt können sich in diesem Zusammenhang eigene Zuständigkeiten ergeben, die sich aus den Gesetzen selbst und aus entsprechenden Landesvorschriften ableiten:
- Antragsberechtigung bei der Bundesprüfstelle zur Indizierung von Schriften, Ton- und Bildträgern, Abbildungen und anderen Darstellungen nach dem GjS, die sich aus § 2 der Durchführungsverordnung zu diesem Gesetz (DVO-GjS)

ergibt. Dieses Antragsrecht bedeutet nicht nur Ermächtigung, sondern Verpflichtung zum Schutz wichtiger Gemeinschaftsgüter.

- Marktbeobachtung in Videotheken, Kiosken und Buchhandlungen nicht als Kontrolle, was in erster Linie Sache der Polizeibehörden ist, sondern zum Kennenlernen des Marktes und zum Herausfinden der Titel, die für eine Listenaufnahme nach dem GjS in Betracht kommen.
- Inobhutnahme nach dem § 1 Satz 2 Nr. 2 JÖSchG i.V.m. § 42 Abs. 3 SGB VIII sowie Beseitigung von örtlichen Jugendgefährdungen.
- Beteiligung des Jugendamtes bei Entscheidungen über Ausnahmegenehmigungen über die Anwesenheit von Kindern und Jugendlichen bei öffentlichen Tanzveranstaltungen (§ 5 Abs. 2 und 3 JÖSchG).
- Mitwirkung des Jugendamtes bei der Abwendung von Gefährdungen, die von den §§ 3 und 8 JÖSchG – Aufenthalt in Gaststätten und Spielhallen – nicht erfasst werden.
- Stellungnahmen nach dem Jugendarbeitschutzgesetz hauptsächlich in Fällen von Kinderauftritten bei Veranstaltungen, Theater usw. (§ 6 JArbSchG).
- Fachliche Unterstützung und Beratung anderer Institutionen bei Kontrollaufgaben (siehe § 81 Ziff. 6 und 7 SGB VIII) im Rahmen seiner Aufgaben und Befugnisse.
- Fachliche Unterstützung und Beratung von Gewerbetreibenden.

6.6 Öffentlichkeitsarbeit

In den gegenwärtigen konzeptionellen Überlegungen über das Anliegen des Jugendschutzes wird immer wieder hervorgehoben, Jugendschutz müsse als eine alle gesellschaftlichen Gruppen und Entscheidungsprozesse betreffende und dort zu berücksichtigende Aufgabe angesehen werden. Im einzelnen haben das Jugendamt und die freien Vereinigungen für den Kinder- und Jugendschutz sich dieser Querschnittsaufgabe zu stellen und dazu folgendermaßen übergreifend tätig zu werden:

- Aufwertung des Jugendschutzes;
- kontinuierliche Pressekontakte, effektive Nutzung der Medien für das Anliegen des Jugendschutzes;
- Mitwirkung an Planungsverfahren unter Jugendschutzgesichtspunkten, z.B. Beteiligung in verschiedenen Bereichen der Jugendhilfeplanung, der Stadtplanung usw.

Die Aufgaben der erzieherischen Kinder- und Jugendschutzes sind in allen Bereichen der Jugendhilfe zu berücksichtigen und in den jeweils geeigneten Formen umzusetzen. Vor allem im Rahmen der Jugendarbeit, der Jugendsozialarbeit und der Familienbildung sollten dazu regelmäßig Angebote gemacht werden. Da es im Bereich des Jugendschutzes insbesondere Aufgaben der Initiierung und Koordination gibt, für die umfangreiches, stets aktuelles Spezialwissen erforderlich ist, bedarf es im Jugendamt einer Fachkraft (§ 72 Abs. 1 SGB VIII), die sich hauptsächlich dem Bereich Kinder- und Jugendschutz zuwendet[57].

---

57 Zu diesem Kapitel vgl. auch *Gernert* (1993); *Bienemann/Hasebrink/Nikles* (Hrsg.), Handbuch des Kinder- und Jugendschutzes, Münster 1995; *Pöggeler*, KJG 1995, 64 (Ist Jugendschutz männlich?); *Baum*, in: Verein für Kommunalwissenschaften e.V., 1996, S. 242.. Zum Kinder- und Jugendschutz in der Jugendhilfeplanung vgl. die Beiträge von *Nikles/Lukas* (neue Bundesländer), und von *Wiesner*, *Roll* (Bayern), in: KJuG, Heft 3/1995. *Brinkmann/ Krüger* (Hrsg.), Kinder- und Jugendschutz, 1998.
Zu »Mädchenschutz – Jungenschutz« vgl. die Beiträge von *Heiliger/Sielert/Wallner/Sturzenhecker/Pöggeler*, in: KJuG, Heft 2/1995 – Literatur zu den verschiedenen Gefährdungssituationen (Sekten, Drogen, Medien etc. s. *Fieseler*, in: GK-SGB VIII § 14, nach Rz. 20.

Achtes Kapitel: Hilfen außerhalb der eigenen Familie

1. Erziehung in Kindertageseinrichtungen

Rechtsgrundlage: §§ 22, 24, 24 a SGB VIII[1]; Kindergartengesetze der Länder

Kindergartenerziehung wird heute als eine eigenständige Erziehung angesehen. Sie soll die individuelle Entwicklung der Kinder, insbesondere deren soziale Fähigkeiten fördern und bei ungünstigen sozialen oder familiären Verhältnissen für die dadurch benachteiligten Kinder einen Ausgleich schaffen (Kompensationsfunktion). Zugleich sollen die Eltern, vor allem die Mütter, in ihrer Erziehungsaufgabe entlastet und unterstützt werden.

Der Bildungsgesamtplan vom 15. Juni 1973 hat das Erziehungs- und Bildungsangebot im Vorschulalter als »Elementarbereich« in das Bildungssystem integriert und den Ausbau der Elementarerziehung zur vordringlichen Aufgabe erklärt.

Die Bundesländer haben mit ihren Kindergartengesetzen den gesetzgeberischen Raum genutzt, der ihnen im Rahmen der konkurrierenden Gesetzgebung überlassen war.

Die Kindergartengesetze – bzw. (meist Krippen und Horte einbeziehend) die Kindertagesstättengesetze – sind in der Regel landesrechtliche Ausführungsgesetze zum KJHG/SGB VIII (und nicht wie die Schulgesetze selbständige Landesgesetze).

Durch die Kindergartengesetze wurden die Voraussetzungen für einen qualitativen und quantitativen Ausbau verbessert. Schwerpunkt dieser Gesetze sind die Aufgabenbeschreibung, die Aufstellung pädagogischer Grundsätze für die Kindergartenerziehung und die Regelung der Förderungsgrundsätze. Im einzelnen weichen die landesrechtlichen Bestimmungen voneinander ab.

Die Kindergartenerziehung hat aufgrund der Kritik an der herkömmlichen Arbeit, zunächst durch die antiautoritäre Bewegung, dann durch die Kinderladen-Bewegung und schließlich durch die Elterninitiativen, wichtige Anstöße erhalten. Das Ziel, Kindern aus sozial benachteiligten Schichten durch Kindergartenerziehung zu besseren Lebenschancen zu verhelfen, ist noch nicht erreicht. Häufig ist der Kindergarten auch heute noch – trotz verschiedener Veränderungen und Modelle – eine isolierte pädagogische Institution, ohne Bezug zum Gemeinwesen[2].

---

1 Rechtsprechungs- und Literaturnachweise, in: GK-SGB VIII, §§ 22, 24.
2 Vgl. *Bader/Otte/Stoklossa*, 1977 – zum Hort: das Handbuch für die Praxis von *Rolle/Kesberg*, Band 1, 3. Auflage, Stuttgart 1993 – Eckpunkte des Paritätischen Wohlfahrtsverbandes – Gesamtverband – zur Betreuung und Förderung von Kindern in Tageseinrichtungen, in: Forum Jugendhilfe Nr. 3/1995, 19 ff.

Die Bundesarbeitsgemeinschaft der Landesjugendämter hat sich in ihrer Sitzung vom Oktober 1992[3] mit den Konsequenzen des durch das Schwangeren- und Familienhilfegesetz[4] in § 24 SGB VIII aufgenommen Rechtsanspruchs auf den Kindergarten befasst. So sehr begrüßt wurde, für alle Kinder den Kindergartenbesuch zu ermöglichen, so wurde doch auch auf Probleme und teilweise negative Folgen der getroffenen Regelung hingewiesen.

Dazu gehören:

- die zur Befriedigung des Rechtsanspruchs verpflichteten Kommunen sind in dem vorgesehenen Zeitraum aus finanziellen, personellen (Mangel an Erzieherinnen) und planerischen (Fehlen von geeigneten Grundstücken) Gründen hierzu weitgehend nicht in der Lage;
- nach der Struktur des KJHG sind die Jugendämter verpflichtete Träger und nicht etwa auch kreisangehörige Städte ohne eigenes Jugendamt;
- da der Rechtsanspruch sich nur gegen die Kommunen richtet, ist zu befürchten, dass freie Träger für eine Erweiterung des Angebots Eigenmittel nicht mehr einsetzen und sich darüber hinaus auch bei den vorhandenen Einrichtungen teilweise zurückziehen;
- die jetzige Fassung dehnt den Altersbereich bis nahe an 4 volle Jahrgänge vor der Einschulung aus und setzt damit von der Gesamtzahl her unrealistische Planziele;
- der mit der Vollendung des dritten Lebensjahres begründete Rechtsanspruch führt nach seinem Wortlaut dazu, dass während des Kindergartenjahres laufend neue Kinder in die Gruppen aufgenommen werden müssten, was auch pädagogisch nicht vertretbar ist;
- dieser Rechtsanspruch führt angesichts der kommunalen Finanzlage dazu, dass andere, ebenso wichtige Aufgaben der Jugendhilfe zurückgestellt oder nur noch reduziert wahrgenommen werden können, z.B. in der Jugendarbeit oder auch für die wichtige Versorgung der noch nicht 3jährigen oder der Kinder im Schulalter (Hortausbau)[5];
- es ist zu befürchten, dass eine für die Kinder und die Aufgaben des Kindergartens unvertretbare Qualitätsreduzierung (z.B. Erhöhung der Gruppenstärken, Einschränkung des Personal- und Raumangebots usw.) eintreten wird.

Die BAGLJÄ forderte, dass für den Ausbau der Versorgung mit Kindergartenplätzen eine praktikablere und hinsichtlich der Umsetzungsfrist realistischere bundesgesetzliche Regelung getroffen wird und Bund und Länder das hierfür erforderliche Finanzvolumen zur Verfügung stellen, da die Kommunen dies aus eigener Kraft nicht leisten könnten.

Der Bundesgesetzgeber hatte auf den Druck der (westdeutschen) Länder und Kommunen reagiert und durch das 2. SGB VIII – Änderungsgesetz[6] mit § 24 a eine Übergangsregelung zum Anspruch auf den Besuch eines Kindergartens eingefügt[7]. Der

---

3   Siehe Presseverlautbarung, in: ZfJ 4/1993, S. 216; *BT-Drucks.* 13/722.
4   Vom 27.7.1992, BGBl. I, S. 1397, 1400; zum Rechtsanspruch siehe *Lakies*, in: ZfJ 6/93, 271 ff.; *Isensee*, DVBl. 1995, 1; *Wilke*, ZfJ 1996, 120; *Dahmer*, ZfJ 1996, 123; *Harms*, RdJB 1996, 99; – Zu der Finanzierung der Kindergärten in freier Trägerschaft: *Münder*, in: Jugendhilfe 1997, 75; *Stähr*, ZfJ 1998, 24 (Führt der Rechtsanspruch auf einen Kindergartenplatz zu einem Rechtsanspruch der freien Träger auf Finanzierung?).
5   Vgl. auch *Polubinski*, in: ZfJ 1995, S. 352 (»Spaltpilz« der Jugendhilfe)
6   Vgl. in diesem Buch S. 96.

Rechtsanspruch auf einen Kindergartenplatz ab dem 1.1.1996 wurde durch eine befristete Stichtagsregelung eingeschränkt[8], von der alle westlichen Bundesländer Bundesländer (mit Ausnahme Bayerns, das sich an § 26 Satz 2 SGB VIII nicht gebunden fühlt[9]) Gebrauch machten.

Seit dem 1.1.1999 gibt es keine (rechtliche)Wartezeit mehr. Um den Rechtsanspruch auf einen Kindergartenplatz erfüllen zu können, ist das Angebot an Kindergartenplätzen in den letzten Jahren deutlich vergrößert worden. In Deutschland standen 1994 in den 37.377 Kindergärten und kindergartenähnlichen Einrichtungen insgesamt fast 2,5 Mill. Kindergartenplätze zur Verfügung. Damit lag die Versorgungsquote der Drei- bis Sechsjährigen 1994 bei 90,7%. (Neuere Daten liegen nicht vor, weil die Jugendhilfestatistik, aus der die Angaben zu Kindergärten stammen, nur alle vier Jahre durchgeführt wird.)

Die 33.192 Einrichtungen im früheren Bundesgebiet konnten 1994 mit gut 1,9 Mill. Plätzen 330.000 Kindergartenplätze mehr bereitstellen als 1990. Dies bedeutet eine Steigerung der Versorgungsquote von 81,5% auf 85,2%.

In den neuen Ländern und Ost-Berlin zeigte sich 1994 noch eine andere Situation. Die 4.185 Kindergärten und kindergartenähnlichen Einrichtungen dort boten 552.865 Kindergartenplätze an (gut 5.000 weniger als 1991). Bezogen auf die Kinder im Alter von drei bis unter sechs Jahren ergibt sich rechnerisch insgesamt eine Versorgungsquote von 116,9%.

Diese Quote resultiert in erster Linie aus dem drastischen Rückgang der Geburten in den neuen Ländern nach der »Wende«.[10]

---

7   *Oehlmann-Austermann*, Rechtsanspruch auf Kindergartenplatz vor der Haustür – oder was?, in: ZfJ 1996, S. 7; *Struck*, ZfJ 1996, 15; VG Schleswig, in: ZfJ 5/2000, S. 193 ff.
8   Siehe dazu die Vierte Auflage, S. 190 f.
9   *Wiesner/Struck*, § 24 a Rz. 1.
10 Statistisches Bundesamt (Hrsg.), Datenreport 1999, S. 56 (Bundeszentrale für politische Bildung, Band 365, Bonn 2000).

Statistik: Kinder in Kinderkrippen und Kindergärten[11]

Jahr / Familientyp / Beteiligung der Bezugsperson am Erwerbsleben	Kinder unter 8 Jahren[a] 1.000	zusammen 1.000	zusammen %	unter 3 1.000	unter 3 %[b]	3 – 8 1.000	3 – 8 %[b]	3 – 4 1.000	3 – 4 %[b]	4 – 5 1.000	4 – 5 %[b]	5 – 6 1.000	5 – 6 %[b]	6 – 8 1.000	6 – 8 %[b]
1993	5.792	2.640	45,6	244	9,9	2.396	71,9	383	42,1	659	73,3	753	89,1	601	88,5
1994	5.644	2.583	45,8	182	7,8	2.402	72,2	345	38,9	658	72,1	765	92,1	635	91,1
1995	5.458	2.390	43,8	178	7,7	2.213	69,9	298	36,3	587	64,8	724	92,8	604	91,6
1996	5.466	2.481	45,6	167	7,5	2.315	71,8	325	40,2	605	74,1	761	86,1	623	87,0
1997	5.351	2.497	46,7	164	7,3	2.332	75,2	346	45,7	636	78,1	688	87,8	663	88,7
1998	5.262	2.463	46,8	173	7,4	2.290	78,0	374	50,8	629	82,8	709	89,6	578	89,1
und zwar (1998):															
Vollständige Familien	4.421	2.041	46,2	125	6,4	1.916	77,7	305	48,9	532	82,8	597	90,1	483	89,8
Erwerbspersonen	4.287	1.988	46,4	120	6,3	1.868	78,1	298	49,2	518	83,2	582	90,4	470	90,3
Nichterwerbspersonen	134	53	39,6	4	7,1	49	65,9	7	39,0	14	70,1	15	78,5	13	76,0
Alleinerziehende	841	422	50,2	49	13,1	373	79,5	69	61,3	96	82,8	112	87,0	96	85,6
Erwerbspersonen	578	326	56,5	40	17,1	286	83,5	55	69,0	71	87,3	86	88,0	74	88,5
Nichterwerbspersonen	263	96	36,3	9	6,3	87	68,6	14	42,5	25	72,2	26	84,0	22	77,5
Erwerbspersonen	4.865	2.314	47,6	160	7,5	2.154	78,8	353	51,5	590	83,7	668	90,1	544	90,0
Erwerbstätige	4.423	2.103	47,6	140	7,2	1.963	79,4	317	51,3	540	84,6	612	90,8	494	91,0
Selbständige	544	263	48,3	18	7,7	245	78,9	40	51,0	65	82,3	81	91,1	60	91,7
Beamte/Beamtinnen	292	148	50,6	6	5,0	142	82,8	22	56,0	40	87,3	46	92,9	34	92,7
Angestellte	1.740	841	48,3	62	8,0	779	81,2	133	54,3	214	87,4	239	92,2	194	91,6
Arbeiter/Arbeiterinnen	1.846	852	46,1	54	6,6	798	77,3	122	47,7	223	82,4	247	89,0	207	90,0
Erwerbslose	442	211	47,8	20	11,2	191	72,0	36	53,6	49	75,0	56	82,7	50	81,8
Nichterwerbspersonen	397	149	37,4	13	6,6	136	8,5	21	41,3	39	71,4	41	82,1	35	77,1

a   Ohne Kinder, die bereits die Schule besuchen.
b   Bezogen auf jeweils 100 Kinder der gleichen Altersgruppe.

11   Ergebnisse des Mikrozensus. – Bevölkerung am Familienwohnsitz. – **Deutschland.** Statistisches Jahrbuch 1999, S. 471.

2. Tagespflege nach § 23 SGB VIII

Neben die institutionelle Betreuung und Erziehung in Kindertagesstätten tritt vor allem für Kinder in den ersten Lebensjahren die familiäre Tagespflege durch eine Tagespflegeperson (meist in deren Haushalt, aber auch im Haushalt der Eltern; Tagespflegeperson kann auch die Großmutter sein[12]) nach § 23 SGB VIII. Sie zu vermitteln, ist Aufgabe des Jugendamtes, doch können die Personensorgeberechtigten (das sind meist, aber nicht immer die Eltern oder ein Elternteil, können aber auch z.b. die Pflegeeltern sein, wenn ihnen nämlich insoweit das Sorgerecht nach § 1909 BGB übertragen worden ist), sich solche Hilfe auch selbst beschaffen. Allerdings setzt ein »Aufwendungsersatz« (einschließlich der Kosten der Erziehung)[13] gemäß § 23 Abs. 3 Satz 1 für eine »geeignete Tagespflegeperson« voraus, dass die Förderung des Kindes in Tagespflege für sein Wohl geeignet und erforderlich ist[14].

Die Personensorgeberechtigten besitzen auf die entsprechende Feststellung – laut Rechtsprechung[15] – auch dann keinen Rechtsanspruch, wenn die gewünschte Tagespflege (hier bei den Großeltern) durchaus geeignet ist. Vielmehr stehe es dann im Ermessen, die gewünschte Tagespflegeperson auszuschließen. Das Ermessen ist aber pflichtgemäß auszuüben, wobei das Wunsch- und Wahlrecht aus fachlichen wie rechtlichen Gründen eine ganz besondere Bedeutung hat.

Eine generelle Skepsis gegenüber der Tagespflege, wie sie gelegentlich anzutreffen ist, erscheint unangebracht. Ebenso dürfen Bedenken gegenüber einer »Kommerzialisierung« der Tagespflege und gegenüber zu großer Kostenbelastung nicht die Orientierung am Kindeswohl einschränken. Doch ist Fachberatung sicherzustellen[16]. Tagespflegeperson und Personensorgeberechtigter, das heißt in aller Regel die Eltern, sollen zum Wohl des Kindes zusammenarbeiten[17] und haben Anspruch auf Beratung in allen Fragen der Tagespflege. Martin[18] empfiehlt eine Beratung, Unterstützung und Fortbildung von »Tagesmüttern« in Gruppen von 15 bis 20 Teilnehmerinnen.

Die Personensorgeberechtigten können sich aufgrund ihres Wunsch- und Wahlrechtes (§ 5 SGB VIII) auch dann für eine Tagespflege entscheiden, wenn in Kindertageseinrichtungen ausreichend Plätze zur Verfügung stehen, sie aber eine institutionelle Betreuung gerade nicht wünschen[19].

---

12 Ggf. soll – nach einer verfehlten Rechtsprechung (vgl. nur *BVerwG*, FamRZ 1997, 934) – die Tagespflege nur von der Jugendhilfe finanziert werden, wenn die Großmutter weder zur unentgeltlichen Förderung bereit ist noch mit der Betreuung ihre dem Enkelkind gegenüber bestehende Unterhaltspflicht erfüllt; dagegen im Anschluss an *OVG Schleswig*, in: Jugendwohl 1996, 575 mit Anm. *Happe* und *VerwG Osnabrück*, ZfJ 1997, 58: *Fieseler*, in: GK-SGB VIII, § 23 Rz. 6 m.w.Nw.

13 Anspruch der Tagespflegeperson (umstritten; nach *BVerwG*, ZfJ 1997, 384 handelt es sich um einen Anspruch des Personensorgeberechtigten; Nachweise über den Streitstand bei *Fieseler*, in: GK-SGB VIII, § 23 Rz. 6).

14 Zur Entscheidung des Jugendamtes über die Eignung und zu den Eignungskriterien siehe *Fieseler*, in: GK-SGB VIII, § 23 Rz. 3.

15 Kürzlich *VerwG Hamburg*, ZfJ 2000, 36 (m.w.Nw.).

16 *Münder*, § 23 Rz. 10.

17 Vgl. *Schleicher* 1999, 253: »Kontinuität des Erziehungsprozesses«.

18 *Martin*, in: *Becker-Textor/Textor* 1993, 134; siehe auch *Fieseler*, in: GK-SGB VIII, § 23 Rz. 5 m.w.Nw.

19 Anderer Ansicht: *Wiesner/Struck*, § 23 Rz. 9. Ohne Hinweis auf die Gegenansicht konzidiert sie »Ausnahmen« nur für »besondere Fälle« wie Krankheit, große Entfernung.

3. Spielplätze

Rechtsgrundlage: Spielplatzgesetze der Länder

Spielplätze ermöglichen in besonderem Maße die Entfaltung eigenständiger Aktivitäten und Interessen; sie sind ein unterschätztes Sozialisationsfeld für Kinder und Jugendliche.

Das KJHG erwähnt Spielplätze nicht ausdrücklich. Zu den Aufgaben des Jugendamtes gehört aber auch, die Schaffung von Spielplätzen anzuregen, zu fördern und eventuell selbst vorzunehmen. Die Verpflichtung, Kinderspielplätze einzurichten, ergibt sich aus dem Baugesetzbuch, Landesbauordnungen, Spielplatzerlassen von Landesministerien, örtlichen Satzungen oder Spielplatzgesetzen der Bundesländer.

Bezüglich der Spielplatzversorgung steht die Bundesrepublik im Vergleich zum europäischen Ausland an einer der letzten Stellen.

Es gibt zwei Haupttypen von Spielplätzen:
- unbetreute Spielplätze (meist Geräteplätze) und
- pädagogisch betreute Spielplätze.

Spielgeräte ermöglichen vorwiegend Bewegungsaktivitäten; sie erlauben nur Funktionsübungen und ständige Wiederholungen mit geringen Variationen. Gemeinsames Spielen und soziale Interaktion werden nicht angeregt. Wichtige Merkmale wie Eigeninitiative, selbständiges Gestalten und Kreativität, Kooperation und Kommunikation können auf herkömmlichen Spielplätzen kaum verwirklicht werden. Als Alternative entstanden daher Ende der 60er Jahre unter den Bezeichnungen »Abenteuerspielplatz«, »Aktivspielplatz«, »Bauspielplatz« pädagogisch betreute Spielplätze[20].

4. Jugendarbeit[21]

Rechtsgrundlage: § 11 SGB VIII

---

20 Vgl. *Autorengruppe ASP/MV*, a.a.O.; *Schottmayer/Christmann*, a.a.O.; *Schelhorn*, Spielplatz/ Spielorte für Kinder, in: DeutscherVerein für öffentliche und private Fürsorge (Hrsg.), Fachlexikon der sozialen Arbeit, 4. Auflage 1997, S. 909 ff.
21 *Böhnisch/Münchmeier*, Wozu Jugendarbeit?, 2. Aufl., Weinheim und München 1989; *Klees u.a.*, Praxisbuch für die Jugendarbeit, Weinheim 1989; *Bernzen*, Zukunft der Jugendarbeit, *in*: Wiesner/Zarbock (Hrsg.), 1991, S. 239; Empfehlungen der *BAGLJÄ* (Oktober 1994), in: LJA LWL 122/1995, S. 9; *Winter, in: Deutsche Jugend 1996, 116; Hafeneger, in: UJ 1997, 367; Thole*, in: *Rauschenbach/Schilling*, Band II, 1997; *Debiel*, in: Neue Praxis 1998, 406 (Privatisierung*); Pilz*, in: DJ 1998, 513 (Mitternachtssport); *Hammer*, in: KJG 1998, 116 (Sozialraumorientierung); *Lenz*, in: Unsere Jugend 1999, 25, *Krafeld*, in: Deutsche Jugend 1999, 13 (Cliquenorientierung; zugewanderte Jugendliche); *Schulze-Krüdener*, in: Deutsche Jugend 1999, 219 (Vernachlässigung des Sports); *Lenz*, in: Unsere Jugend 1999, 25 (Jugendtreff auf dem Land); *Hafeneger*, in: DJ 1999, 330; *Deinet/Sturzenhecker* 1998. – Zur behördlichen Jugendpflege in Deutschland von 1900-1980 vgl. *Naudascher*, 1990 – Ehrenamtliche Jugendarbeit: siehe die Beiträge von *van Santen, Brenner, Langnickel* in: deutsche jugend Heft 3/2000, *von Wensierski*, in Chassé 1999, 33 – Zur Zusammenarbeit von Schule und Jugendhilfe: *Fieseler*, in: GK-SGB VIII, § 11, Rz. 13, 14 (Literaturhinweise nach Rz. 18); *Hopp*, in: Sonderpädagogik 1999, 224 (Zusammenarbeit in Schlichtwohnungssiedlung); *Paar*, Jugendwohl 1999, 265; *Hartke*, in: Zeitschrift für Heilpädagogik, 2/2000, 56; *Thimm*, UJ 2000, 60; *Deinet*, Unsere Jugend 2000, 155; *Hartnuß/Markus*, TuP 2000, 176. Die schulbezogene Jugendarbeit ist nicht mit der Schulsozialarbeit (dazu 4.2 dieses Kapitels) zu verwechseln.

Jugendarbeit (auch als außerschulische Jugendbildung, allgemeine Jugendförderung oder Jugendpflege bezeichnet) ist ein Teil der Jugendhilfe und versteht sich als Bildungsbereich eigener Art.

Im Jugendwohlfahrtsgesetz waren die Aufgaben der Jugendarbeit nur sehr allgemein angesprochen (vgl. § 5 Abs. 1 Nr. 1 und 6 JWG). Demgegenüber präzisiert das KJHG die Ziele und Schwerpunkte der Jugendarbeit. Die Angebote sollen an den Interessen junger Menschen anknüpfen und von ihnen mitbestimmt werden, sie sollen zur Selbstbestimmung befähigen, zu gesellschaftlicher Mitverantwortung und zu sozialem Engagement anregen.

Detailliertere Bestimmungen sind in einigen Landesausführungsgesetzen zum KJHG/SGB VIII enthalten, so. z.b. in § 7 des schleswig-holsteinischen Landesrechts:

Ziele der Jugendarbeit

(1) Die Jugendarbeit soll junge Menschen dazu befähigen, ihre persönlichen und sozialen Lebensbedingungen einschließlich ihrer regionalen und globalen Zusammenhänge zu erkennen, ihre Interessen gemeinsam mit anderen wahrzunehmen sowie ethnische, kulturelle, regionale, soziale und politische Erfahrungen, Kenntnisse und Vorstellungen kritisch zu verarbeiten. Sie soll zu eigenverantwortlichem gesellschaftlichen und politischen Handeln befähigen, jugendspezifische Formen von Lebens- und Freizeitgestaltung ermöglichen sowie bei der Berufsfindung und dem Übergang in die Arbeitswelt Unterstützung gewähren.

(2) Leitideen der Jugendarbeit sind insbesondere
1. gesellschaftliche Mitverantwortung im Sinne von demokratischer Mitgestaltung des gesellschaftlichen Wandels,
2. Selbstbestimmung als Interesse, sich zu unabhängigen Menschen zu entwickeln,
3. gesellschaftliche Gleichstellung von Frauen und Männern,
4. die über Gruppen und Generationen hinausgehende Solidarität, vor allem zwischen Nichtbehinderten und Behinderten,
5. Weltoffenheit und Aufgeschlossenheit für Menschen anderer Nationalität und Kultur,
6. Friedensfähigkeit als Mittel, im Umgang miteinander Frieden zu schaffen und zu bewahren sowie mit Konflikten verantwortungsvoll umzugehen,
7. Schutz der Umwelt als Erhaltung und Pflege der natürlichen Grundlagen des Lebens.

(3) Ein besonderes Ziel der Jugendarbeit ist die Entwicklung von Toleranz gegenüber Menschen anderer Herkunft, Weltanschauung und Lebensweise.

Jugendarbeit wird vor allem von den Jugendverbänden geleistet. Die Finanzierung erfolgt zum größten Teil über den Kinder- und Jugendplan des Bundes[22], die Landesjugendpläne und die Kommunen. § 12 SGB VIII schreibt die Förderung der Jugendverbände und Jugendgruppen nach Maßgabe des § 74 vor.

Kennzeichen der Sozialisationshilfen durch die Jugendarbeit sind:
– Freiwilligkeit der Teilnahme,
– Verzicht auf Leistungskontrollen,

---

22 Die zur Förderung von Jugendhilfeaufgaben verfügbaren Bundesmittel sind fast ausschließlich im Kinder- und Jugendplan des Bundes ausgewiesen, der als gesetzesfreie Fondsverwaltung mit großen Ermessensspielräumen der Administration angelegt ist (vgl. *Keil*, a.a.O., S. 59 ff.; *Lindlahr*, in: Deutscher Verein, Fachlexikon, S. 549 f.). Vgl. KABI (Konzertierte Aktion Bundesjugendplan Innovation), Hrsg. vom *Bundesministerium für Frauen und Jugend;* Nachweise aktueller Veröffentlichungen von KABI bei *Fieseler*, in: GK-SGB VIII, § 83, Rz. 6; siehe auch 3. Kap. 3. Der Kinder- und Jugendplan mit der dazu jährlich aktualisierten Tabelle »Zuwendungen zu Personalkosten« (zuletzt) Haushaltsjahr 2000 ist aufgenommen in Handbuch des gesamten Jugendrechts (HdbJugR) E II !.

- Herrschaftsarmut,
- Altersheterogenität,
- Flexibilität der Angebote, Methoden und Kommunikationsformen,
- Orientierung an den Interessen und Bedürfnissen der Jugendlichen.

Für die inhaltliche Ausgestaltung der Jugendarbeit konkurrieren verschiedene Konzeptionen und Ansätze:

- emanzipatorische Jugendarbeit (z.B. Giesecke 1971, *C. W. Müller* u.a. 1964)[23]
- antikapitalistische Jugendarbeit (z.B. *Lessing/Liebel* 1974)[24]
- selbstbestimmte und selbstorganisierte Jugendarbeit (z.B. Jugendzentrumsbewegung)[25]
- bedürfnisorientierter Ansatz (z.B. *Damm* 1975)[26].

Gegenüber ihrer »eher gesellschaftsreformerischen Programmatik mit Mitteln der Jugendarbeit« hat »ein Perspektivenwechsel hin zu einer gleichermaßen gesellschaftstheoretisch wie jugendsoziologisch-empirisch fundierten Konzeptualisierung« der Jugendarbeit stattgefunden[27], in der das Konzept der Sozialraumorientierung die theoretischen Debatten beherrscht. »Cliquenorientierte Jugendarbeit«, »akzeptierende Jugendarbeit«, »Raumaneignung«, »geschlechtsspezifische« oder »koedukative« Jugendarbeit sind die Stichworte, während gleichzeitig eine »Wiederbelebung des Pädagogischen« gefordert und der »Bildungsanspruch der Jugendarbeit« erneuert wird[28].

4.1 Finanzierung der Jugendarbeit[29]

§ 79 Abs. 2 S. 2 SGB VIII verpflichtet die öffentlichen Träger der Jugendhilfe zwingend, einen angemessenen Anteil aus dem Gesamtetat der Jugendhilfe für die Jugendarbeit (§§ 11, 12 SGB VIII) zu verwenden. Der Gesetzgeber ist damit einer Anregung der Sachverständigenkommission zum Siebten Jugendbericht gefolgt, hat aber auf die dort geforderte Festlegung eines bestimmten prozentualen Anteils der Mittel für die Jugendarbeit wegen des damit verbundenen problematischen Eingriffs in die kommunale Finanzhoheit verzichtet.

Die Vorschrift soll sicherstellen, dass die Jugendarbeit angesichts der Vielzahl sonstiger Leistungen der Jugendhilfe, die teilweise mit einem Rechtsanspruch ausgestattet sind, beim Einsatz der öffentlichen Mittel nicht benachteiligt wird. Trotz ihres zwingenden Charakters wird die Vorschrift in ihrer bewusst gewählten Unbe-

---

23 Vgl. *Heinrich*, in: GK-SGB VIII, § 74 Rz. 47 f., *Fieseler*, in: GK-SGB VIII, § 79 Rz. 15 f (bei Bedarf Bereitstellung der gesamten Angebotspalette).
24 *Lessing/Liebel*, 1974.
25 *Herrenknecht/Hätscher/Koospel*, 1977.
26 *Damm* (1975); *Damm* (1980).
27 Von *Wensierski*, in: *Chassé* 1999, 36; doch wird gerade solches Bemühen um Veränderung der Gesellschaft dem Einmischungsauftrag der Jugendhilfe nach § 1 Abs. 3 SGB VIII gerecht.
28 Nachweise bei *von Wensierski* 1999, 37. – Zur Jugendarbeit mit Jungen und mit Mädchen, *Fieseler*, in: GK-SGB VIII, Rz. 15 f.; *Raschke/Zieske*: »Die Jungen sind nun einmal so !« Zum Diskussionsstand geschlechtsspezifischer Jugendarbeit in kommunalen Jugendfreizeiteinrichtungen Berlins (Ost), in: deutsche jugend 2000, 57; *Brenner*: Geschlechtsbewusste Jugendarbeit, deutsche jugend 2000, 83; *Rose/Scherr*: Der Diskurs der Geschlechterdifferenzierung in der Kinder- und Jugendhilfe, in: deutsche jugend 2000, 65.
29 Vgl. *Hauck/Haines*, a.a.O., Anm. 15 zu § 79; *Fieseler*, in: *Fieseler/Schleicher*, KJHG, vor §§ 11-15 Rz. 9 ff. (zur staatlichen Kontrolle a.a.O., Rz. 12 ff.).

stimmtheit kaum in der Lage sein, das gesteckte Ziel wirklich abzusichern[30]. Letztlich wird es von der Lobby der Jugendarbeit abhängen, welcher Anteil der Gesamtmittel als angemessen betrachtet werden wird. Die Jugendarbeit kann jedenfalls nicht mehr als freiwillige Leistung angesehen werden.

4.2 Jugendsozialarbeit[31]

Rechtsgrundlage: § 13 SGB VIII

Jungen Menschen sind zum Ausgleich sozialer Benachteiligungen oder zur Überwindung individueller Beeinträchtigungen geeignete, auch personenbezogene, sozialpädagogische Hilfen anzubieten, die ihre schulische und berufliche Ausbildung, ihre Eingliederung in die Arbeitswelt sowie ihre soziale Integration fördern. Dabei ist die besondere Lage von Mädchen und jungen Frauen in der Berufsorientierung und -ausbildung zu berücksichtigen. Die Maßnahmen sollen mit geeigneten Angeboten der Jugendarbeit verbunden werden[32].

Sozialpädagogisch orientierte Angebote der Beschäftigung und Berufsausbildung haben sich zu einem wesentlichen Bestandteil der Jugendsozialarbeit entwickelt. Die vielfältigen Aktivitäten gehen jedoch über den Bereich der Jugendhilfe hinaus. Wesentliche Bedeutung kommt insbesondere den Maßnahmen der Bundesanstalt für Arbeit zu, die gegenüber den Leistungen nach diesem Gesetz vorrangig sind (§ 10 Abs. 1 SGB VIII).

Angesichts der anhaltenden Jugendarbeitslosigkeit haben diese Angebote in den letzten Jahren erneut an Bedeutung gewonnen. Dabei wurde deutlich, dass Jugendhilfe nicht nur hinsichtlich der Angebote im Vorfeld von Ausbildungs- und Beschäftigungsmaßnahmen, begleitend oder danach tätig werden muss. Inzwischen hat sich auch gezeigt, dass eine Gruppe benachteiligter junger Menschen nicht erfasst wird und ausgegrenzt bleibt. Angesichts steigender Anforderungen aufgrund der technologischen Entwicklung und des damit verbundenen Rückgangs von Einfacharbeitsplätzen dürfte sich diese Problematik noch weiter verschärfen.

Die Vorschrift des § 13 SGB VIII bezieht aber auch Angebote und Maßnahmen der Schulsozialarbeit[33] ein. Sie sind in besonderem Maße geeignet, bereits in allge-

---

30 Zur Gewährleistungspflicht hinsichtlich Jugendarbeit und Jugendsozialarbeit: *Kunkel*, ZfJ 1997, 180; *Fieseler*, in: GK-SGB VIII, § 11 Rz. 2 und § 13 Rz. 14 f.

31 *Fülbier/Schnapka*, in: *Wiesner/Zarbock* 1991, 267; *Beckersjürgen/Kötterheinrich*, in: *Gernert* 1993, 87; *Fieseler*, Jugendberufshilfe in freier Trägerschaft – Rechtsstellung junger Menschen, in: ZFJ 1997, 271, 306, 343; *Wabnitz*, in: ZfJ 1998, 40 (Modellprogramm »Arbeitsweltbezogene Jugendsozialarbeit«; neue Bundesländer); *DJI* 1998; *Enggruber*, JBG 1999, 62; *Böschow*, JBG 1999, 62; *Goepfert*, JBG 1999, 145 (Kooperation mit der Wirtschaft); *Fülbier*, in: np 1999, 500; *Galuske*, in: *Chassé/von Wensierski* 1999, 62; *Gögercin* (1999).

32 Vgl. § 24 Abs. 1 Jugendförderungsgesetz Schleswig-Holstein (Erstes Gesetz zur Ausführung des KJHG vom 5.2.1992); zur Jugendsozialarbeit im Kinder- und Jugendhilfegesetz vgl. die Beiträge von *Breuer*, *Merchel* und (zur Jugendberufshilfe) *Fülbier*, in: Jugend, Beruf, Gesellschaft, Heft 2/1991; *derselbe* in: Heft 4/1993 und Heft 2/1994. Diese vierteljährlich erscheinende Zeitschrift wird herausgegeben von der Bundesarbeitsgemeinschaft Jugendsozialarbeit, Kennedyallee 105-107, 53175 Bonn.

33 *Glanzer*, in: Jugendhilfe 1997, 3; *Olk/Hartnuß*, in: Jugendhilfe 1999, 75; *Segel*, in: *Kreft/Mielenz* 1996, 484; *Seithe*, in: *Chassé/von Wensierski* 1999, 76; *Tillmann*, in: BlWpfl 2000, 66 (»Schulsozialarbeit will Schule als lernendes System«); zu rechtlichen Problemen: *Knösel*, in: Verein für Kommunalwissenschaften 1997 (Lebenslagen).

meinbildenen Schulen zu einem reibungsloseren Übergang Jugendlicher von der Schule in ein Ausbildungsverhältnis beizutragen[34].

5. Pflegekinderwesen[35]

Die *Familienpflege* und die Adoption sind wichtige, allerdings nicht die einzigen erzieherischen Hilfen außerhalb der Herkunftsfamilie. Dabei geht auch der Adoption in der Regel ein Pflegeverhältnis zur »Eingewöhnung des Kindes« voraus (§ 1744 BGB, § 8 AdVermG). Jugendämter und freie Träger müssen ihre Aufgaben so ausüben, dass sie einerseits die verfassungsgemäß gesicherten Rechte der leiblichen Eltern wahren und andererseits die bestmöglichen Bedingungen für die psychische und soziale Entwicklung der betroffenen Kinder und Jugendlichen schaffen. Diese Kinder und Jugendlichen kommen sehr häufig aus schlechten ökonomischen Verhältnissen, aus unvollständigen Familien, und die Fremdunterbringung sollte ihre Lebenschancen entscheidend verbessern.

5.1 Pflegekindschaft

Nach dem Jugendwohlfahrtsgesetz (§ 27 Abs. 1) waren *Pflegekinder* Minderjährige unter 16 Jahren[36], die sich dauernd oder nur für einen Teil des Tages, jedoch regelmäßig, außerhalb des Elternhauses in Familienpflege befinden. Der Ausschlusskatalog des § 27 Abs. 2 war dabei zu beachten. Das Kinder- und Jugendhilfegesetz enthält demgegenüber keinen Pflegekinderbegriff, sondern erfasst in § 33 SGB VIII Kinder und Jugendliche, also junge Menschen bis zu 18 Jahren, in Vollzeitpflege über Tag und Nacht. Ebenso erfasst § 44 SGB VIII, der regelt, wann eine Pflegeerlaubnis erforderlich ist und wann nicht, alle Minderjährigen, die außerhalb des Elternhauses in einer Familie regelmäßig betreut werden oder denen auf diese Weise Unterkunft gewährt wird. *Anlass* und *Form* der Unterbringung in fremder Familie können sehr unterschiedlich sein. Die Eltern können ihr Kind freiwillig, evtl. nur für kurze Zeit, in eine Pflegestelle gegeben haben (Berufstätigkeit, Krankheit). Es kann ihnen aber auch das Aufenthaltsbestimmungsrecht entzogen und auf das Jugendamt übertragen sein, das dann das Kind gegen den Willen der Eltern unterbringt. Für Kinder, die nur tagsüber betreut werden, sind als Leistungen nun die Förderung durch eine Tagespflegeperson gemäß § 23[37] bzw. die Hilfe zur Erziehung in einer Tagesgruppe nach § 32 SGB VIII (diese auch für Jugendliche) vorgesehen[38]. Bei der Vollzeitpflege[39] kann es sich um eine Kurzpflegestelle oder um eine Dauerpflegestelle handeln, um eine »Normalpflegestelle« oder um eine sozialpäd-

---

34 Vgl. Regierungsbegründung zu § 13 SGB VIII (BT-Drucks. 11/5948, S. 55); vgl. auch *Stikkelmann*, Sozialarbeit in der Schule, in: Kreft/Lukas (Hrsg.), Perspektivenwandel der Jugendhilfe, Band II 1990, S. 317 ff. m.w.Nw.

35 *BAG LJÄ*, Hilfe zur Erziehung in Pflegefamilien und in familienähnlichen Formen, Wiesbaden 1996; *Bayerisches Landesjugendamt*, Vollzeitpflege. Arbeitshilfe für die Praxis der Jugendhilfe, München 1999; *Blandow*, in: *Chassé/von Wensierski* 1999, 182 (zum Forschungsstand auch im Adoptionswesen, a.a.O., 186); *Colla-Müller*, in: *Stimmer* 1994, 366; Planungsgruppe PETRA, Erziehungsstellen – Professionelle Erziehung in privaten Erziehungsstellen, 2. Auflage 1996; *Widemann*, in: *Gintzel* 1996 – Longino, Die Pflegekinderadoption, 1998.

36 Eine Heraufsetzung auf 18 Jahre war nach Landesrecht möglich (vgl. § 36 JWG).

37 Siehe in diesem Kapitel unter 2. – Zur Erforderlichkeit der Tagespflege für Kinder studierender Eltern: *BVerwG*, in: Jugendwohl 1997, 406; Kinderbetreuung in Tagespflege: Tagesmütter-Handbuch, Hrsg.: BMFSFJ 1996.

agogische oder heilpädagogische Pflegestelle. Wann die eine oder die andere Form in Betracht kommt, richtet sich nach dem Willen der Eltern, nach den Bedürfnissen der betroffenen Kinder und dem Fachwissen der Jugendämter.

Die Jugendämter haben hier im einzelnen folgende Aufgaben:
– Abklärung der Frage, ob eine Unterbringung auf (kurze) Zeit oder auf Dauer indiziert ist;
– Pflegekindervermittlung; sie wird oft als spezieller Dienst[40], zweckmäßigerweise in Zusammenfassung mit der Adoptionsvermittlung, wahrgenommen;
– Pflegekinderschutz;
– Beratung und Unterstützung der Beteiligten, insbesondere der Pflegeeltern;
– Arbeit mit den Herkunftseltern, insbesondere bei angestrebter Rückkehr in das Elternhaus;
– Vermittlung zwischen Pflegeeltern und Herkunftseltern bei Meinungsverschiedenheiten (§ 38 SGB VIII).

5.2 Rechtliche Regelung[41]

Im Bürgerlichen Gesetzbuch (§§ 1630 Abs. 3, 1632 Abs. 4, § 1688 BGB), im Kinder- und Jugendhilfegesetz – als Hilfe zur Erziehung in § 33 SGB VIII [42] – und, sehr

---

38 Zur Tagespflege: *Lakies/Münder*, NDV 1991, 252; *Kemper*, ZfJ 1992, 371; *DIV-Gutachten*, DAVorm 1991, 454; *Werner*, ZfJ 1994, 205; *Kallert*, UJ 1995, 3, die Nachweise in GK-SGB VIII, § 23, nach Rz. 16 sowie *Fischer/Mann*, FUR 1998, 201 und 250; *Geck*, NDV 1999, 40. Zum Anspruch auf Übernahme der Tagespflegekosten: *OVG Schleswig*, ZfJ 1994, 395, *VG Frankfurt*, ZfJ 1991, 604 einerseits, *Niedersächsisches OVG*, in: Jugendwohl 1994, 451, *OVG Hamburg*, ZfJ 1992, 274 andererseits. Zur Tagesgruppe (§ 32 SGB VIII; siehe auch 8. Kap. 7.10): *Späth*, in: Sozialpädagogik 1990 , 261 und in: Jugendhilfe 1992, 30; *Grupp/Kaufeisen/Adam*, in: Jugendwohl 1991, 93; *Stephan*, ZfF 1992, 5; *Juli*, ZfJ 1992, 372, *Wiesner*, in: Materialien zur Heimerziehung 1992, 1; Schwabe, in: EJ 1995, 10. Weitere Nachweise in GK-SGB VIII, § 32 nach Rz. 13. Zu den Kinderkrippen in der DDR: *Zwiener*, Materialien zum Fünften Familienbericht, München 1994. – Zum bedarfsgerechten Ausbau der Tagesbetreuung für Kinder: *Busch/Heck*, ZfJ 1995, 12.

39 *Jordan*, ZfJ 1992, 18; Empfehlungen des DV, NDV 1994, 205; Empfehlungen des *Landesjugendhilfeausschusses des Saarlandes*, ZfJ 1994, 169; *LJA Hessen*, Pflegekinder, Herkunftseltern, Pflegeeltern. Ergebnisse einer Erhebung im Pflegekinderwesen in Hessen, 2. Auflage Wiesbaden 1995; *Lakies*, BldWpfl 1995, 291; – Zum Pflegegeld bei Vollzeitpflege (§ 39 SGB VIII) – in ihm ist der Kindergartenbeitrag nicht enthalten – *VerwG Gelsenkirchen*, DVBl. 1993, 1268. Zur Vollzeitpflege durch den Vormund eines Waisenkindes: *OVG Lüneburg*, Jugendwohl 1995, 86 (Verhältnis von § 39 SGB VIII und §§ 11 ff. BSHG). Verwandtenpflege (Großeltern): *DIV*-Gutachten, in: DAVorm 1995, 333.

40 *Köster*, NDV 1980, 287; zur Frage der Organisation (Spezialdienst oder Integration in den allgemeinen Sozialdienst vgl. auch *Blandow/Widemann*, in: Hamburger Pflegekinderkongress, S. 84 und die 28. bis 31. Thesen dieses Kongresses, a.a.O., 115).

41 *Wiesner*, ZfJ 1989, 101; *Lakies*, ZfJ 1990, 545; *Steding*, ZfJ 1993, 576; *Kunkel*, ZfJ 1995, 240; *Bardenz*, FamRZ 1997, 1523. – Zur Verwandtenpflege: *Fieseler*, in: GK-SGB VIII, § 39 Rz. 14; *Becker*, ZfJ 1993, 281; *Maiwald/Weißmann*, JH 1994, 138; *Lakies*, Jugendhilfe 1995, 24 und 141; *Lakies*, BldWpfl. 1995, 291; *OVG Nordrhein-Westfalen*, DAVorm 1995, 1156; *BVerwG*, NJW 1997, 249; *Fischer/Mann*, FuR 1998, 201 und 250 (zur Kostentragung bei selbstorganisierter Tages- und Vollzeitpflege); *Zeitler*, NDV 1997, 249 und NDV 1998, 257, *Lakies*, Jugendhilfe 1997, 373; *Happ*, NJW 1998, 2409 – Aus verfassungsrechtlicher Sicht: *Wagner*, FuR 1994, 219; *Lakies*, FuR 1995, 114; *Salgo*, FamRZ 1999, 337; *Salgo*, in: GK-SGB VIII, § 33 Rz. 9 ff.

42 Eingehende Erläuterungen von *Salgo*, in: *Fieseler/Schleicher*, GK-SGB VIII, § 33 (Stand: Juni 2000); *BAG LJÄ*, Hilfe zur Erziehung in Pflegefamilien und familienähnlichen Formen, Kassel 1996.

unterschiedlich, in verschiedenen Gebieten des öffentlichen Rechts (Kindergeldgesetz, Sozialversicherungsgesetze, Steuergesetze, Beamtenbesoldungsrecht u.a.) finden sich Regelungen zum Pflegekindrecht. Eine umfassende interessengerechte gesetzliche Regelung steht aber auch nach Verabschiedung und den bisherigen Änderungen des Kinder- und Jugendhilfegesetzes noch aus. Allerdings ist – rechtlich wie fachlich – die ausdrückliche Festlegung der Mitwirkung der Beteiligten, wie sie in §§ 36, 37 SGB VIII vorgesehen ist, zu begrüßen. Sie dient – ebenso wie das Zusammenwirken im Team mehrerer Fachkräfte (§ 36 Abs. 2 Satz 1) und das Erfordernis, einen Hilfeplan aufzustellen (§ 36 Abs. 2 Satz 2) – der Qualität sozialpädagogischer Entscheidungen[43]. Die Eltern und ihr Kind entscheiden grundsätzlich darüber, welche Pflegestelle sie in Anspruch nehmen wollen (§ 36 Abs. 1 Satz 3 und 4). Das Jugendamt berät sie dabei und weist sie auf die möglichen Folgen der Inanspruchnahme einer Vollzeitpflege hin, d.h. auch darauf, dass bei entsprechender Entwicklung des Kindes später möglicherweise dessen Verbleib in der Pflegefamilie gesichert werden muss[44].

Mit Kindschaftsrechtsreformgesetz 1998 sind die zuvor in § 38 SGB VIII geregelten Entscheidungs- und Vertretungsbefugnisse von Pflegepersonen in das BGB übernommen worden: Lebt ein Kind »für längere Zeit« (Berücksichtigung des kindlichen Zeitempfindens, s. *Heilmann* 1998) in Familienpflege, so ist die Pflegeperson gemäß § 1688 Abs. 1 BGB berechtigt, in »Angelegenheiten des täglichen Lebens« zu entscheiden sowie den Inhaber der elterlichen Sorge in solchen (alltäglichen) Angelegenheiten zu vertreten. Voraussetzung ist allerdings, dass der Inhaber der elterlichen Sorge nicht etwas anderes erklärt hat (§ 1688 Abs. 3 Satz 1 BGB)[45]. »Angelegenheiten des täglichen Lebens« sind – auch von den Grundzielen des § 1 SGB VIII her – so zu verstehen, dass eine dem Wohl des Pflegekindes förderliche Erziehung ohne ständige Rücksprache mit den Eltern möglich ist. Nur wo dies unerlässlich ist, um dies zu gewährleisten, bedarf es eines (Teil-)Entzuges elterlicher Personensorge und einer Übertragung entzogener Rechte auf einen Pfleger (vgl. *OLG Düsseldorf*, DAVorm 1996, 902 ff). Unter Umständen genügt auch eine Ersetzung elterlichen Einverständnisses im Einzelfall (*OLG Hamm*, FamRZ 1998, 447).

Der *Pflegekinderschutz* ist in § 44 und § 37 Abs. 3 SGB VIII geregelt[46]. Danach
– setzt die Aufnahme eines Minderjährigen eine (nur in Eilfällen unverzüglich nachzuholende) Erlaubnis voraus, sofern nicht einer der in § 44 Abs. 1 Satz 2 SGB VIII normierten Tatbestände – wie insbesondere die Vermittlung durch das Jugendamt (§ 44 Abs. 1 Satz 2 Nr. 1) – vorliegt,
– diese Erlaubnis hat das Jugendamt zu versagen, wenn in der Pflegestelle das Wohl des Pflegekindes nicht gewährleistet ist. Die Erlaubnis kann zurückgenommen oder widerrufen werden, wenn das Wohl des Pflegekindes in der Pflegestelle gefährdet ist und wenn die Pflegeperson nicht bereit oder in der Lage ist, die Gefährdung abzuwenden (§ 44 Abs. 3 Satz 2).

---

43 Vgl. *Schrapper*, in: AFET 1993 (Heft 1), 5; *Späth*, in: Evangelische Jugendhilfe 1992 (Heft 3), 13.
44 Vgl. 6. Kap. 2.5.1; OLG Hamm, ZfJ 1997, 430.
45 Zu Meinungsverschiedenheiten über die Entscheidungs- und Vertretungsbefugnisse der Pflegeperson und die Aufgaben des Jugendamtes nach § 38 SGB VIII in dieser Hinsicht, s. Fieseler, GK-SGB VIII, § 38 Rz. 8 ff.
46 Vgl die Erläuterungen von *Nothacker* und *Fieseler*, in GK-SGB VIII zu § 37 und zu § 44.

- Die Pflegestellen unterstehen der Aufsicht des Jugendamtes (§ 37 Abs. 3 bzw. § 44 Abs. 3 Satz 1 SGB VIII).
- Dieses kann das Pflegekind bei Gefahr im Verzuge sofort aus der Pflegestelle entfernen und vorläufig anderweitig unterbringen (§ 43 SGB VIII).
- Die Pflegeeltern haben gesetzlich festgelegte Unterrichtungspflichten gegenüber dem Jugendamt (§ 37 Abs. 3 Satz 2 SGB VIII).

Neben diese Kontrollfunktion – und ihr nach gesetzgeberischer Intention sowie sozialpädagogischem Verständnis vorrangig – tritt die *Beratung und* die *Unterstützung* der Pflegepersonen nach § 37 Abs. 2 SGB VIII, eine außerordentlich wichtige Aufgabe, die in der Praxis häufig unzureichend wahrgenommen wird.

Nicht bzw. nicht befriedigend geregelt sind der *Inhalt und die Beendigung des Pflegeverhältnisses*. Der tatsächlichen Verantwortung der Pflegeeltern für die von ihnen betreuten Kinder entsprechen keine eigenen Rechte. Nur auf Antrag der leiblichen Eltern kann ihnen im Falle der Unterbringung für längere Zeit das Familiengericht Angelegenheiten der elterlichen Sorge übertragen (§ 1630 Abs. 3 BGB). Weil hiervon selten Gebrauch gemacht wurde, stellt nun § 1688 Abs. 1 BGB die gesetzliche Vermutung eines Vertretungsrechtes auf, um eine alltägliche Betreuung zu erleichtern[47]. Im übrigen richtet sich der Inhalt des Pflegeverhältnisses nach dem mit den Eltern bzw. dem Jugendamt abgeschlossenen *Pflegekindervertrag*.

Das Pflegeverhältnis wird *beendet*,
- durch Kündigung (z.T. wird eine Genehmigung des Familiengerichts nach künftigem Recht gefordert),
- durch Herausnahme des Kindes in Ausübung des Aufenthaltsbestimmungsrechts der Eltern (§ 1631 Abs. 1 BGB),
- durch Widerruf der Pflegeerlaubnis (§ 44 Abs. 3 Satz 2 SGB VIII),
- durch Herausnahme und vorläufige anderweitige Unterbringung seitens des Jugendamtes (§ 43 Abs. 1 SGB VIII).

Die Möglichkeit der Kündigung des Pflegevertrages und der Herausnahme des Kindes aus der Pflegestelle kann zu Verunsicherungen bei Pflegeeltern und Pflegekindern führen, denen § 1632 Abs. 4 BGB Rechnung zu tragen versucht, indem er bei schon länger dauernder Familienpflege die Möglichkeit einer *Verbleibensanordnung* durch das Familiengericht vorsieht[48]. Vor dieser Entscheidung ist wiederum das Jugendamt zu hören (§ 49 a Abs. 1 Nr. 6 FGG). Um die Kontinuität der Erziehung in der Pflegefamilie zu sichern, hat das Jugendamt – wenn es die Eltern nicht für ein Verbleiben des Kindes dort gewinnen kann – eine solche Entscheidung nach § 50 Abs. 3 SGB VIII herbeizuführen.

Damit es möglichst nicht zu der in solchen Fällen oft traumatischen Situation für die Beteiligten kommt, sieht nun § 37 Abs. 1 SGB VIII ausdrücklich vor:
- die Pflegeperson und die Eltern sollen zum Kindeswohl zusammenarbeiten; darauf ist hinzuwirken (§ 37 Abs. 1 Satz 1),

---

47 Zur Vorgängerregelung § 38 Abs. 1 SGB VIII: *Amt für Jugend, Hamburg,* ZfJ 1991, 306; *Fricke,* ZfJ 1992, 305. § 38 SGB VIII regelt nur noch sie Vermittlungsaufgabe des Jugendamtes bei der Ausübung der elterlichen Sorge (vgl. dazu *Fieseler,* in: GK-SGB VIII § 38 Rz. 4 ff.; zu § 1688: a.a.O. Rz. 1, 8 ff; *Münder* 1999, 192; *Schleicher* 1999, 273.
48 *Salgo,* 1987, S. 177-227. Vgl. auch: *Lempp,* ZfJ 1986, 543; *Schlüter/Liedmeier,* FuR 1990, 122; *Niedermeyer,* FuR 1990, 153 und 6. Kap. 2.5.1.

– durch Beratung und Unterstützung sollen die Erziehungsbedingungen in der
Herkunftsfamilie verbessert und die Beziehung des Pflegekindes zu der Herkunftsfamilie gefördert werden (§ 37 Abs. 1 Satz 2), solange eine Rückführung
verantwortet werden kann,
– sobald abzusehen ist, dass dies nicht (mehr) der Fall sein wird, soll mit allen
Beteiligten eine andere auf Dauer angelegte Lebensperspektive erarbeitet werden (§ 37 Abs. 1 Satz 4).

5.3 Abgrenzung und Kritik

Vor einer Unterbringung in Familienpflege ist stets zu prüfen, ob
– eine Trennung von der Herkunftsfamilie notwendig ist,
– gegebenenfalls, ob gerade die Familienpflege dem Kind oder Jugendlichen die
bestmöglichen Lebenschancen einräumt.

In vielen Fällen wird es für einen Minderjährigen die bessere Lösung sein, wenn
durch ausreichende Hilfen zum Ausgleich materieller, sozialer und psychischer
Defizite die *Erziehungsfähigkeit der Herkunftsfamilie* gestärkt wird. Ist dies nicht
möglich, so liegt der Vorteil der Familienpflege gegenüber der Heimerziehung
darin, dass Kinder für ihre Entwicklung gerade in frühen Lebensjahren eine Umgebung benötigen, die hohe Kommunikationsdichte, Konsistenz und Stabilität aufweist, wofür die Pflegestelle mit dem überschaubaren Kreis fester Bezugspersonen
die beste Voraussetzung bieten kann[49], sofern nicht – was noch zu erörtern sein
wird – eine Adoption vorzuziehen ist.

Der unreflektiert angenommene Vorrang der Familienerziehung wird allerdings
zunehmend problematisiert:

»Die Sozialisationsforschung hat die Probleme der Familienerziehung deutlich herausgearbeitet, die insbesondere in der hierarchisch bestimmten, traditionell unglei-
chen Rollenverteilung zwischen Mann, Frau und Kindern, in der Überbewertung
der wenigen intimen, in sich abgekapselten Binnenbeziehungen, in der isolierten
Trennung von Innenwelt der Familie und gesellschaftlichem Außenraum, in der
emotionalen Überbelastung der Kinder und Heranwachsenden, die in der Familie
strukturell bedingt ist, liegen«[50].

Diese Probleme können in der Pflegefamilie durchaus dadurch verstärkt werden,
dass die Trennung von den leiblichen Eltern, der *Milieuwechsel* – oft von der Unter-
schicht in die untere Mittelschicht – zu Brüchen in der Persönlichkeitsentwicklung
der Kinder und Jugendlichen führen kann und die ungesicherte Rechtssituation zu
einer Verunsicherung der Beteiligten führt. Ein bedingungsloser Ausbau des Fami-
lienpflegesystems auf Kosten einer Reformierung der Heime, wie er unter dem
Eindruck der Heimkritik (»Holt die Kinder aus den Heimen«) und im Hinblick auf
die damit verbundene Kostenersparnis vorangetrieben worden ist, wird insbesondere den Lebensbedürfnissen durch Familienerziehung bereits geschädigter junger
Menschen nicht gerecht. Neue Formen der Heimerziehung bis hin zu stadtteilori-
entierter Heimerziehung, Wohngruppen und Jugendwohngemeinschaften sind
durchaus eine Alternative zur Familienunterbringung[51].

---

49   Vgl. *Heitkamp*, Heime und Pflegefamilien – konkurrierende Erziehungshilfen?, Frankfurt
     a.M. 1989, S. 116 ff.
50   *Sozialpädagogisches Institut*, Das Recht der elterlichen Sorge, a.a.O., S. 43.

5.4 Rechtspolitische Forderungen

Aus der umfangreichen Literatur zur *Reform des Pflegekinderwesens* seien hier die interdisziplinär erarbeiteten Beschlüsse des 54. Deutschen Juristentages (Nürnberg 1982) herausgehoben[52]. Danach wird gefordert:

– Eine rechtliche Absicherung stabiler und kontinuierlicher Beziehungen des Kindes zu seinen Pflegeeltern.
– Eine kooperative Beratungshilfe der staatlichen Instanzen, die in erster Linie Eltern, Pflegeeltern und Kinder zu selbstverantworteten eigenen Entscheidungen befähigt, der möglichste Erhalt der Beziehungen zu den leiblichen Eltern.
– Eine Verstärkung der Rechte der Pflegeeltern.
– Die Orientierung des Gesetzgebers an den gesicherten wissenschaftlichen Erkenntnissen über die Psychodynamik der Eltern-Kind-Beziehung.
– Eine gezielte, auch sozialrechtlich abgesicherte Unterstützung der Pflegefamilie.
– Eine angemessene Aus- und Fortbildung, sowie die Kooperation aller an der Pflegevermittlung und -beratung, sowie an Entscheidungen über Pflegekinder Beteiligten.
– Eine ausschließliche gerichtliche Kompetenz der Familien- und Vormundschaftsgerichte.

Diese Reformziele und die in den 47 Thesen zum Hamburger Pflegekinderkongress 1990[53] zum Ausdruck kommenden Forderungen sind – trotz mit KJHG und KindRG verbundenen Verbesserungen – noch nicht (vollends) eingelöst. Die Behauptung eines »radikalen Perspektivenwechsels« in der Betrachtung der Pflegekindschaft ist irreführend: Beratung und Unterstützung der Beteiligten sah auch schon das Jugendwohlfahrtsgesetz vor, und viele Jugendämter leisteten schon seinerzeit durchaus das, was das Kinder- und Jugendhilfegesetz einführte. Ein Schutz der Pflegekinder wird damit keinesfalls überflüssig und ist in den §§ 37 Abs. 3, 44 Abs. 1 bis 4 nicht weniger deutlich geregelt als zuvor. Dass bei Vermittlung durch das Jugendamt eine ausdrückliche Pflegeerlaubnis nicht mehr erteilt werden muss, ist nicht mehr als der Fortfall einer höchst überflüssigen Formalität.

Blandow[54] sieht als »gemeinsamen Nenner« aller (gegenwärtigen) Reformforderungen – auch des Adoptionswesens und der Vormundschaft – die »Erwartung, dass Dinge die bislang per ´autoritärer´ Entscheidung durch Gerichte und Behörden gelöst wurden, künftig (in der Tendenz) per Konsens zu lösen sind«. Inwieweit sich dadurch – nach den Änderungen durch das Kindschaftsrechtsreformgesetz – erneut rechtspolitische Forderungen ergeben werden, bleibt abzuwarten.

---

51 Vgl. *Tegethoff*, Sozialpädagogische Jugendwohngemeinschaften, 1987. und *Berg/Bodden/ Westphal/Klein* (Hrsg.), 1987; *von Bothmer u.a.*, in: JBG 1990, 178; *Breuer*, in: JBG 1992, 8; *Oschem/Springer*, in: JBG 1992, 31 (die neuen Bundesländer betreffend); *Buck*, in: *Kreft/Lukas*, a.a.O., 39, 239; *Arnold-Wilken*, Betreutes Jugendwohnen der Stadt Kassel, in: EJ 2000, 33.
52 Vgl. auch die Fachpolitische Stellungnahme zur geplanten Reform der Pflegekindschaft von *Münder*, in: ZfJ 1984, 40 (Auszug). Zum 54. Deutschen Juristentag sehr instruktiv: *Schwab und Zenz*, a.a.O. sowie der Sitzungsbericht über die Verhandlungen.
53 Hamburger Pflegekinderkongress »Mut zur Vielfalt«, Redaktion *Güthoff/Jordan/Steege*, Münster 1990, S. 97.
54 *Blandow*, in: *Chassé/von Wensierski* 1999, S. 191.

6. Adoption und Adoptionsvermittlung

Rechtsgrundlage: §§ 1741-1772 BGB[55]; § 51 SGB VIII[56]; Adoptionsvermittlungsgesetz

Aus der Adoption, die zur Zeit der Entstehung des Bürgerlichen Gesetzbuches noch in erster Linie den Interessen der Annehmenden diente, ist ein Instrument sozialpädagogischer Hilfen für minderjährige Kinder geworden, das ihnen bei Ausfall der leiblichen Eltern ermöglichen soll, in einer »harmonischen und lebenstüchtigen Familie« aufzuwachsen[57]. Diesem Bedeutungswandel[58] tragen das seit dem 1.1.1977 geltende materielle Adoptionsrecht und das gleichzeitig in Kraft getretene Adoptionsvermittlungsgesetz so Rechnung:

– die jetzt *Annahme als Kind* (zuvor: Annahme an Kindes Statt) genannte Adoption wird nicht mehr durch Vertrag zwischen Annehmendem und Kind (erforderlichenfalls handelte für es der gesetzliche Vertreter), sondern durch *Ausspruch des Vormundschaftsgerichts* begründet (Dekretsystem: § 1752 Abs. 1 BGB),

– die Rechtsfolgen einer Minderjährigenadoption gehen wesentlich weiter als die früheren Rechts: bei der »*Volladoption*« erlöschen die alten Verwandtschaftsverhältnisse und das Kind wird rechtlich in die Adoptionsfamilie integriert (§§ 1754, 1755, auch § 1772 BGB),

– der Bestandsschutz ist durch die *Einschränkung der Aufhebungsgründe* (§§ 1760, 1763) erhöht.

6.1 Adoptionsvermittlung[59]

Die Zusammenführung von »Kindern ohne Eltern« mit zu ihnen passenden »Eltern ohne Kinder«[60] zur Vorbereitung der Adoption als besondere fachliche Leistung der Jugendhilfe ist Aufgabe der *Adoptionsvermittlungsstellen*[61], die mit mindestens einer hauptamtlichen Fachkraft zu besetzen sind (§ 3 AdVermG). Dies, weil diese Aufgabe »ein schwieriges und komplexes Gebiet der Jugendhilfe ist, das neben vielfältigen Kenntnissen zum Beispiel des sozialen, psychologischen, pädagogischen und juristischen Bereichs, insbesondere die Fähigkeit zur gezielten Gesprächsführung, zu sachgerechter Beurteilung der Motivation der Adoptionsbewerber und fachliches Verständnis für die leiblichen Eltern verlangt«[62]. Um einen möglichst gleichen Standard qualifizierter Adoptionsvermittlung zu gewährleisten, sieht das Gesetz vor,

---

55 Zur Neuregelung durch die Kindschaftsrechtsreform: *Binschus*, ZfF 1996, 97; *Frank*, FamRZ 1998, 393; *Liermann*, FuR 1997, 217, 266; *Paulitz*, ZfJ 1997, 126.

56 Siehe die Kommentierung von *Fieseler*, in: GK-SGB VIII, § 51 Rz. 1 ff. mit Nachweisen zu Rechtsprechung und Literatur a.a.O., nach Rz. 24.

57 BT-Drucks. 7/3061, S. 15. Zur Adoption durch eine Alleinstehende vgl. *LG Köln*, FamRZ 1985, 108. Zur Adoption des nichtehelichen Kindes durch die eigene Mutter: *OLG Hamm*, FamRZ 1994, 1198 (mit dem Inkrafttreten des KindRG nicht mehr möglich).

58 Vgl. *AK-Fieseler* vor §§ 1741 ff. Rz. 1.

59 Vgl. dazu *BAGLJÄ*, Empfehlungen zur Adoptionsvermittlung, 3. Auflage, Köln 1994; die Beiträge von *Arndt, Gauly/Knobbe, Krolzik*, in: *Hoksbergen/Textor* (Hrsg.), Adoption: Grundlagen, Vermittlung, Nachbetreuung, Beratung, Freiburg im Breisgau 1993; *Damerius*, Jugendhilfe 1995, 161; *Blandow*, in: *Chassé/von Wensiersky* 1999, 189: hoch professionalisierter Aufgabenbereich.

60 BT-Drucks. 7/3421, S. 1.

61 Zur Trägerschaft vgl. § 2 AdVermG.

62 BT-Drucks. 7/3421, S. 16.

- die bereits erwähnte Konzentration der Vermittlung auf Adoptionsvermitt-lungsstellen,
- das Gebot partnerschaftlicher Zusammenarbeit aller an der Adoption beteilig-ten Stellen der öffentlichen und der freien Jugendhilfe,
- die Beschränkung der Adoptionsvermittlung auf Fachkräfte (§ 3 AdVermG),
- die Einführung des Anerkennungsverfahrens für freie Träger (§ 4 AdVermG),
- die Zuweisung besonders schwieriger Beratungsaufgaben an die zentralen Adoptionsstellen der Landerjugendämter (§ 11 AdVermG).

Die Adoptionsvermittlungsstelle ist gemäß § 7 AdVermG zur unverzüglichen, mög-lichst bereits vorgeburtlichen Aufnahme sachdienlicher Ermittlungen bei den Adoptionsbewerbern, bei dem Kind und seiner Herkunftsfamilie verpflichtet, sobald ihr bekannt wird, dass für ein Kind die Adoption in Betracht kommt. Dabei hat sie insbesondere zu prüfen, ob die Adoptionsbewerber »unter Berücksichti-gung der Persönlichkeit des Kindes und seiner besonderen Bedürfnisse« für die Annahme gerade dieses Kindes geeignet sind. Nach § 8 AdVermG darf das Kind erst dann zur Eingewöhnung in (Adoptions-)Pflege gegeben werden, wenn fest-steht, dass dies der Fall ist. Eine Pflegeerlaubnis des zuständigen Jugendamts ist hierzu nicht erforderlich (§ 44 Abs. 1 Satz 3 Nr. 1 SGB VIII).

§ 9 AdVermG normiert einen Anspruch aller Beteiligten auf Beratung und Unter-stützung sowie eine entsprechende Gewährleistungspflicht der Jugendämter im Rahmen ihrer Gesamtverantwortung. Von gezielter Beratung und nachgehender Betreuung[63] verspricht man sich die erfolgreiche Vermittlung auch älterer Kinder mit Hospitalismusschäden. Das Bestreben, möglichst vielen Kindern ein Leben im Heim zu ersparen, wird in Vorschriften wie §§ 10 Abs. 1, 12 AdVermG und § 36 Abs. 1 Satz 2 SGB VIII sowie § 47 Abs. 2 Nr. 4 SGB VIII deutlich[64].

6.2 Adoption – eine (nicht unproblematische) Form der Ersatzerziehung

Die Adoption ist – neben der rechtlich weiterhin ungesicherten Familienpflege und neben der Heimerziehung – eine Form der »Ersatzerziehung« außerhalb der Her-kunftsfamilie. Sie ist nur zulässig, wenn sie tatsächlich dem Wohl des Kindes dient und zu erwarten ist, dass zwischen dem Annehmenden und dem Kind ein Eltern-Kind-Verhältnis entsteht (§ 1741 Abs. 1 BGB). Diese Feststellung, zu der das Jugendamt auch dann Stellung zu nehmen hat, wenn es bei der Vermittlung nicht tätig geworden ist (§ 49 Abs. 1 Nr. 1 FGG) setzt voraus, dass,

- das Kind nicht in der Herkunftsfamilie aufwachsen kann, auch wenn alles getan wird, deren Erziehungsfähigkeit zu stärken,
- die dauernde Integration des Kindes in einer Ersatzfamilie wirklich seinen Lebensbedürfnissen gegenüber anderen Formen der Fremdunterbringung am besten gerecht wird.

---

63 Zu Recht betont *Napp-Peters*, in: *Eyferth* u.a. 1996, S. 21 die Notwendigkeit, mit den Adoptiveltern Kontakt aufrechtzuerhalten, um sie weiterhin fachlich zu unterstützen. Napp-Peters berichtet a.a.O., S. 19 auch über empirische Untersuchungen zum Ergebnis von Adoptionen.
64 Bericht der Stadt Frankfurt a.M. über das Projekt »Spätadoption«, vgl. ZblJugR 1983, 220 (der Magistrat hat im Dezember 1985 einen zweiten Bericht herausgegeben); *Adam*, in: ZfJ 1988, 78; Jugendamt Saarbrücken. Vgl. auch *Napp-Peters*, a.a.O., S. 19 f.; *Krolzik*, a.a.O., Fn. 28.

Da die Adoptiveltern für den Unterhalt des Kindes aufkommen müssen, stellt sich die Adoption aus der Sicht der Jugendämter als besonders *kostengünstig* dar. Fiskalische Überlegungen dürfen aber nicht den Ausschlag geben: die schlechten materiellen und sozialen Bedingungen der abgebenden Eltern, oft ledige Mütter, müssten im Sozialstaat durch großzügige Hilfen entscheidend verbessert werden, um sie in die Lage zu versetzen, ihre Kinder selbst aufzuziehen[65]. Wo dagegen eine Fremdunterbringung mit Trennung von der Herkunftsfamilie nicht zu umgehen ist, dürfen die *Sozialisationsmängel der Kleinfamilie* nicht übersehen werden.[66] Minderjährigen, die durch die Erziehung in neurotisch gestörten, gesellschaftlich isolierten Familien geschädigt sind, kann u.U. gerade in einer Adoptionsfamilie keine erfolgversprechende Entwicklungshilfe angeboten werden. Hier kann die Unterbringung in einer Jugendwohngemeinschaft oder in eigener Wohnung oder möbliertem Zimmer mit ambulanter Betreuung durchaus rechtlich geboten sein[67]. Inwieweit aber die Adoption insbesondere von Kleinkindern die für sie beste Lösung darstellt, ist an anderer Stelle in Abgrenzung zur Dauerpflegestelle zu erörtern.

6.3 Adoptionsrecht des BGB[68]

Das BGB regelt
- Voraussetzungen und Verfahren der Adoption (§§ 1741-1753),
- Wirkungen der Adoption (§§ 1754-1758),
- Voraussetzungen der Aufhebung der Adoption (§§ 1759-1763),
- Wirkungen der Aufhebung (§§ 1764-1766),
- Adoption Volljähriger (§§ 1767-1772).

6.4 Überblick über die Aufgaben des Jugendamtes in Adoptionsfällen

Die vielfältigen Aufgaben des Jugendamtes sollen in der Folge aufgelistet werden.

Wenn das Jugendamt zugleich Träger der Adoptionsvermittlungsstelle ist, kommen die Aufgaben der Auswahl, Ermittlungen, Zusammenführung und der Beratung nach dem Adoptionsvermittlungsgesetz hinzu.

---

65 Vgl. *AK-Fieseler* vor §§ 1741 ff. Rz. 6: Tagesbetreuung oder Pflegeverhältnis mit Aufrechterhaltung der Bindung zur Herkunftsfamilie. Zur oft erschütternden Situation der Mütter, die zur Abgabe ihrer Kinder gedrängt werden: *Christine Swientek*, »Ich habe mein Kind fortgegeben«. Die dunkle Seite der Adoption, Reinbek bei Hamburg 1982; *Wendels*, Mütter ohne Kinder. Wie Frauen die Adoptionsfreigabe erleben, 1998; zur Beratung für »abgebende Mütter« vor und nach der Freigabe des Kindes: *Swientek*, in: *Hoksbergen/Textor*, a.a.O., Fn. 28; *Oberloskamp*, Ich erziehe mein Kind allein, 4. Aufl., 1999. Nicht nur diesen Müttern, sondern auch den Adoptivkindern und Adoptiveltern kann mit einer offenen Adoption ohne Geheimtuerei gedient sein. Vgl. dazu *Bott*, ZfJ 1995, 412; *Paulitz* 1997; die Beiträge in: *Smentek* 1998.
66 BT-Drucks. 7/3502, S. 62 ff.; vgl. auch *AK-Fieseler* vor §§ 1741 ff. Rz. 6.
67 Vgl. *Häbel*, in GK-SGB VIII § 34 Rz. 8; *Gotthold/Winkelmann*, RdJB 1984, 216. Zu den Erfahrungen mit sozialpädagogisch betreuten Wohngemeinschaften *Schulte*, NP 1981, 269. Zum betreuten Wohnen weiterhin: *Adam/Köchy*, ZfJ 1986, 79; *Reisch*, ZfJ 1987, 570 (Finanzierung, Kostenerstattung); zu Praxiserfahrungen des LWV Württemberg-Hohenzollern vgl. ZfJ 1987, 61; *Josuttis*, JBG 1995, 10 (Jugendwohnen im Rahmen der Jugendsozialarbeit); weitere Nachweise in diesem Kapitel zu 5.3 Fn. 51.
68 Zur Neuregelung durch das Kindschaftsrechtsreformgesetz: *Frank*, FamRZ 1998, 393; *Liermann*, FuR 1997, 217, 266; *Binschus*, ZfF 1996, 97; *Paulitz*, ZfJ 1997, 126.

1. Beratung der werdenden Mutter (kann – auch nach ersatzlosem Wegfall des § 52 Abs. 1 JWG – die Frage einer Adoption des Kindes einschließen; das Jugendamt hat sich hier jedes Druckes auf die Frau zu enthalten),
2. Beratung des mit der Mutter nicht verheirateten Vaters [69] bei der Wahrnehmung seiner Rechte nach § 1747 Abs. 1 und 3 BGB gemäß § 51 Abs. 3 SGB VIII,
3. Beurkundung der Erklärung, durch die der mit der Mutter nicht verheiratete-Vater auf die Übertragung der elterlichen Sorge nach § 1747 Abs. 3 Nr. 3 verzichtet (§ 59 Abs. 1 Nr. 7 SGB VIII),
4. Belehrung und Beratung leiblicher Eltern vor Ersetzung der Einwilligung wegen Gleichgültigkeit (§ 51 Abs. 1 und 2 SGB VIII i.V.m. § 1748 Abs. 2 Satz 1 BGB)[70],
5. Aufenthaltsermittlungen im Falle des § 1748 Abs. 2 Satz 2 BGB (vgl. § 51 Abs. 1 Satz 3, Abs. 2 Satz 2 SGB VIII),
6. Mitteilung gewährter oder angebotener Hilfen im vormundschaftsgerichtlichen Verfahren über die Ersetzung der Einwilligung wegen Gleichgültigkeit (§ 51 Abs. 2 Satz 3 SGB VIII),
7. Prüfung geeigneter Hilfen vor einer Ersetzung der Einwilligung bei Erziehungs-unfähigkeit wegen einer »besonders schweren psychischen Krankheit« oder wegen »einer besonders schweren geistigen oder seelischen Behinderung« (§ 1748 Abs. 3 BGB, bis 1990 i.V.m. § 51 a Abs. 2 JWG, der bei der Reform offensichtlich übersehen worden ist und daher im Kinder- und Jugendhilfege-setz keine Entsprechung hat)[71],
8. Beratung, Unterstützung und Beaufsichtigung[72] der aufnehmenden Personen gemäß §§ 37 Abs. 2 und 3, 44 SGB VIII,
9. Wahrnehmung der Aufgaben als Adoptionsvormund gemäß § 1751 Abs. 1 Satz 2 BGB[73],
10. Beurkundung des Widerrufs der Einwilligung des Kindes nach § 1746 Abs. 2 BGB (§ 59 Abs. 1 Nr. 6 SGB VIII)[74],

---

69 § 1747 Abs. 2 Satz 1 und 2 a.F. BGB waren verfassungswidrig, soweit darin für die Adop-tion des nichtehelichen Kindes durch die Mutter oder den Stiefvater weder eine Einwilli-gung des Vaters noch eine Abwägung mit dessen Belangen vorgesehen war (*BVerfG*, DAVorm 1995, 627 und EzFamR § 1747 Nr. 1 m. Anm. Niemeyer). Dazu: *Bach*, ZfJ 1995, 471 (»Vatertag« beim Bundesverfassungsgericht und die Folgen für die Praxis). Zur Rechtsstellung des noch nicht festgestellten Vaters: *DIV-Gutachten*, ZfJ 1995, 462.
70 Zur Belehrungspflicht vgl. *BayObLG*, ZblJugR 1983, 231; *OLG Hamm*, ZfJ 1984, 364; *OLG Köln*, FamRZ 1987, 203; *AK-Fieseler*, a.a.O., § 1748 Rz. 8; zur Beratung: *Gawlitta*, ZfJ 1988, 110 f. Zu der Rechtslage, die infolge der vom Gesetzgeber übersehenen Anpas-sung des § 1748 an das KJHG entstanden ist, vgl. *Palandt-Diederichsen*, § 1748 vor Rz. 1 und *OLG Hamm*, FamRZ 1991, 1103.
71 Zu diesem Ersetzungsgrund vgl. *AK-Fieseler*, a.a.O., § 1748 Rz. 10; *AmtsG Melsungen*, FamRZ 1996, 53; *OLG Hamm*, in: Jugendwohl 1994, 284 mit Anm. *Happe*, S. 290.
72 Aus pädagogisch-psychologischer Sicht strikt ablehnend: *Leber u.a.*, neue praxis 1975, 128 ff. Vgl. auch *AK-Fieseler*, § 1744 Rz. 1.
73 Hat das Kind einen Pfleger, so nimmt dieser seine Aufgaben weiter wahr (§ 1751 Abs. 1 Satz 3 BGB). Zum Nebeneinander von Amtspflegschaft gemäß § 1706 Nr. 1 BGB und Vormundschaft nach § 1751 Abs. 1 BGB vgl. *AK-Fieseler*, § 1751 Rz. 3; *Oberloskamp*, Wie adoptiere ich ein Kind, S. 126.
74 Bei den Aufgaben 3. und 13. ist § 59 Abs. 2 SGB VIII zu beachten, womit eine Interessen-kollision vermieden werden soll; vgl. *Fieseler*, in: GK-SGB VIII, § 59 Rz. 39-41; *Münder u.a.*, § 59 Rz. 5; DIV-Gutachten, DAVorm 1998, Sp. 703.

11. Anhörung im Rahmen der Vormundschaftsgerichtshilfe gemäß § 49 Abs. 1 Nr. 1-4 FGG,
12. Sicherstellung der vor- und nachgehenden Beratung und Unterstützung gemäß § 9 Abs. 2 AdVermG.

Die Anhörung nach 11. erfolgt vor Entscheidungen über die Annahme als Kind gemäß § 1741, sofern das Jugendamt nicht eine gutachtliche Äußerung nach § 56 d FGG abgegeben hat (§ 49 Abs. 1 Nr. 1 FGG), über die Ersetzung der Einwilligung eines Elternteils in die Annahme als Kind gemäß § 1748 BGB[75] (§ 49 Abs. 1 Nr. 2 FGG), über die – seltene – Aufhebung des Annahmeverhältnisses gemäß §§ 1760 und 1763 BGB (§ 49 Abs. 1 Nr. 3 FGG) und über die Rückübertragung der elterlichen Sorge gemäß § 1751 Abs. 3, § 1776 Abs. 4 BGB (§ 49 Abs. 1 Nr. 4 FGG).

Adoptionen (1960–1997) (bis 1990 nur alte Bundesländer)

Jahr	Im Berichtsjahr adoptierte Minderjährige	Davon durch Verwandte und Stieffeltern	Am Jahresende zur Adoption vorgemerkte Minderjährige	am Jahresende vorhandene Adoptions- bewerber
1960	6.185	—	5.005	3.024
1965	10.748	—	4.499	4.454
1970	7.165	1.918	3.157	6.009
1975	9.308	2.540	3.076	15.674
1980	9.298	3.102	2.819	20.282
1982	9.145	3.968	1.035	20.746
1984	8.543	4.008	822	20.003
1986	7.875	3.867	726	21.071
1988	7.481	4.044	639	20.183
1990	6.947	3.908	653	17.094
1991	7.142	4.256	1.285	21.826
1992	8.403	4.439	1.357	25.744
1993	8.687	4.616	1.402	21.711
1994	8.449	4.751	1.414	23.189
1995	7.969	4.526	1.331	19.426
1996	7.420	4.355	1.311	17.310
1997	7.173	4.112	1.276	17.139

aus: Wiesner u.a.: SGB VIII, a.a.O., 2. Aufl. 2000, S. 1631

Nach Mitteilung des Statistischen Bundesamtes[76] wurden im Jahr 1998 in Deutschland insgesamt 7.119 Kinder und Jugendliche unter 18 Jahren adoptiert. Gegenüber dem Vorjahr ist dies ein Rückgang um 54 Fälle (-0,8 %). Damit setzt sich die rückläufige Entwicklung der letzten Jahre fort: Die Zahl der Adoptionen ist seit 1993 um 1.568 Fälle oder 18 % gesunken. Im Jahr 1998 wurden die meisten Kinder (55 %

---

75 Dazu: *Oberloskamp*, ZfJ 2000, 218 (Rechtsprechung 1980-1999); *Röchling*, ZfJ 2000, 214.
76 Statistisches Bundesamt, Mitteilung für die Presse v. 21.12.1999.

oder 3.881) vom Stiefvater, der Stiefmutter oder einer verwandten Person adoptiert. Bei 3.238 (45%) der Adoptionen erfolgte die Annahme als Kind durch familienfremde Paare oder Personen. Während die Zahl der Adoptionen durch Stiefel-
tern oder Verwandte gegenüber dem Vorjahr zurückgegangen ist (-6,8% oder 231),
nahmen die Adoptionen durch familienfremde Personen zu (+ 5,8% oder 177).

Unter den Adoptivkindern waren 3.568 Mädchen und 3.551 Jungen. 40% der adop-
tierten Kinder waren jünger als 6 Jahre, 35% im Alter von 6 bis 11 Jahren und 25%
waren 12 Jahre oder älter. Von den Adoptivkindern waren 5.230 (73%) Deutsche
und 1.889 (27%) Ausländer, darunter 217 Kinder aus der Russischen Föderation,
145 mit rumänischer sowie 125 mit indischer Staatsangehörigkeit. 41% der ausländischen Kinder wurden zur Adoption ins Inland geholt. Am Jahresende 1998 waren
1.123 Kinder und Jugendliche (12% weniger als 1997) für eine Adoption vorge-
merkt. Ihnen standen 15.930 Adoptivbewerbungen (-7%) gegenüber, d.h. auf ein
zur Adoption vorgemerktes Kind entfielen rund 14 Adoptionsbewerber.

6.5 Zur Indikation von Familienpflege und/oder Adoption[77]

Entscheidend für die intellektuelle, emotionale und soziale Entwicklung des Kindes sind einmal konstante Bezugspersonen, die sein *Bedürfnis nach stabilen und
persönlich-intimen Beziehungen* mit vielfältigen Interaktionsmöglichkeiten befrie-
digen und sich ihm gegenüber »konsistent« verhalten[78], zum anderen ein vertrau-
tes, weil wiederum *konsistentes Sozialisationsfeld*, also bleibende Freunde und
Bekannte und ein gewohntes Umfeld. Ist ein Kind auf die Hilfe Dritter angewiesen
und muss es nicht nur vorübergehend, etwa bei Krankheit der Eltern, außerhalb
seiner Herkunftsfamilie untergebracht werden, so liegt es in der Regel im elemen-
taren Interesse des Kindes, ihm ein dauerndes Zusammenleben mit Erwachsenen
zu ermöglichen, die ihm als *soziale Eltern* diese günstigen Voraussetzungen für
seine Persönlichkeitsentwicklung bieten.

Dies kann einmal dadurch geschehen, dass man das Kind zu geeigneten Pflegeeltern gibt, oder dass man seine Adoption durch geeignete Eltern in die Wege leitet.
Dabei mag die Adoption zwar gesellschaftlich die höhere Wertschätzung genießen[79], der Gesetzgeber hat aber insbesondere mit § 1632 Abs. 4 BGB der Tatsache
Rechnung getragen, dass auch in der *Familienpflege* alle Voraussetzungen sozialer
Elternschaft gegeben sein können. Nicht am Kindeswohl orientiert und daher sach-
fremd wäre es, sich – trotz der Möglichkeit, ein Kind zu geeigneten Pflegeeltern zu
geben – für eine Adoption zu entscheiden, weil so das Pflegegeld gespart werden
könnte.

Für eine Adoption kann sprechen, dass die *derzeitige Rechtslage* dem kindlichen
Bedürfnis nach Kontinuität seiner Beziehungen lediglich mit der Regelung der
Adoptionswirkungen gerecht wird. Nur hier trägt das Recht, soweit es dies überhaupt vermag, zu einer »Normalität« der Lebensverhältnisse in dem Sinne bei, dass
das Kind in einer »eigenen Familie« aufwachsen kann. § 1632 Abs. 4 BGB ist demgegenüber zwar ein Schritt in die richtige Richtung[80], Verunsicherungen der Betroffenen sind danach aber trotz einer zunehmend die Voraussetzungen dieser Norm

---

77   *Heitkamp*, 1989, S. 116; *Becker-Textor/Textor*, 1993, S. 147.
78   *AK-Münder*, Anhang zu § 1632 Rz. 4.
79   *AK-Münder*, Anhang zu § 1632 Rz. 3.
80   *Fieseler*, ZfF 1979, 194; vgl. S. 189 dieses Buches.

bejahenden Rechtsprechung – und trotz § 37 Abs. 4 SGB VIII (Erarbeitung einer auf Dauer angelegten Lebensperspektive) – nicht ausgeschlossen. Umso dringender sind weitere gesetzgeberische Initiativen. Bis dahin kann die unterschiedliche Rechtslage durchaus ein gewichtiges Argument dafür sein, ein Kind nicht in eine Pflegefamilie, sondern zu Adoptiveltern zu geben.

Eine Adoption ist grundsätzlich dort vorzuziehen, wo es gilt, Störungen durch die leiblichen Eltern auszuschalten: im Fall der Inkognito-Adoption (§ 1747 Abs. 3 S. 2 BGB) schützt die Wahrung des Adoptionsgeheimnisses (§ 1758 BGB) vor solchen Irritationen, während im Falle der Familienpflege schädliche Einwirkungen seitens der Herkunftsfamilie etwa durch ein Umgangsverbot rechtlich, oft aber nicht tatsächlich, ausgeschlossen werden können. Auch verbleibt den leiblichen Eltern im Hinblick auf § 1696 BGB stets die wenigstens theoretische, die Betroffenen aber dennoch verunsichernde Möglichkeit, die rechtliche Verantwortung wiederzuerlangen.

Die Notwendigkeit, für ein Kind stabile Lebensverhältnisse zu sichern und seine vorbehaltlose Aufnahme und möglichst reibungslose Integration in die Familie seiner sozialen Eltern zu fördern, ihm das Gefühl unbedingter Zugehörigkeit zu geben, dürfte umso eher den Ausschlag für eine Adoption als »Endgültigkeitsregelung«[81] geben, je jünger das Kind ist, dessen Fremdplazierung ansteht oder rechtlich gesichert werden soll. Aber auch ältere Kinder können durchaus das emotionale Bedürfnis nach einer solchen bedingungslosen Zuwendung in rechtlich gesicherten Verhältnissen haben, so dass auch hier eine Adoption dem Kind die erheblich besseren Entwicklungsbedingungen bieten kann.

Eine Adoption scheidet demgegenüber aus, wenn und solange das Kind nicht aus der erhöhten *öffentlichen Verantwortung* (im Sinne der Vorschriften über den Pflegekinderschutz, §§ 37 Abs. 2, 44 SGB VIII) in eine Familie gegeben werden kann, die einer solchen Aufsicht nicht unterliegen würde. Dies wird vor allem bei Kindern der Fall sein, die besondere erzieherische Schwierigkeiten bereiten, oder die in einer Weise behindert sind, dass ihr Wohl in einer gerade für sie geeigneten Form der Familienpflege (wie einer heilpädagogischen Pflegestelle oder einer Erziehungsstelle) eher gewährleistet ist.

Eine Adoption scheidet wegen fehlender Möglichkeiten einer subventionierten Adoption aber auch dort aus, wo die sozialen Eltern des Kindes nicht in der finanziellen Lage sind, auf das Pflegegeld zu verzichten. Entgegen einer immer noch anzutreffenden Missachtung derer, die sich die Kindererziehung »bezahlen« lassen, kommt es auch um der Vermeidung von Brüchen in der Persönlichkeitsentwicklung willen darauf an, Pflegepersonen aus *den* Bevölkerungsschichten zu gewinnen, aus denen die Vielzahl der fremd zu plazierenden Kinder stammt. Insbesondere für ältere Kinder, die durch ihre leiblichen Eltern geprägt sind, und die Dritte faktisch nicht als »ihre« Eltern erleben können, die mit ihrer Herkunftsfamilie weiter Kontakt haben sollen, deren Rückkehr in die Herkunftsfamilie nicht ausgeschlossen werden soll, sind oft nur solche Pflegepersonen geeignet, für die eine Adoption aus finanziellen Gründen nicht in Betracht kommt[82].

---

81   *Horndasch*, 1983, S. 439.
82   Für eine (auch) bezahlte Adoption: *Blandow*, in: *Chassé/von Wensiersky* 1999, 192.

6.6 Statistik: Adoptierte Kinder und Jugendliche

Gegenstand der Nachweisung	Adoptierte Kinder und Jugendliche		Kindschaftsverhältnis		Staatsangehörigkeit der Adoptiveltern		
	insgesamt	je 10.000 Kinder und Jugendliche	Eheliche Kinder	Nichteheliche Kinder	Deutsche	Ausländer/-innen	Deutsche/Ausländer/-innen[a]
1995	7.969	5,0	3.880	4.089	7.216	165	588
1996	7.420	4,7	3.519	3.901	6.718	130	572
1997	7.173	4,5	3.452	3.721	6.341	133	699
1997 nach dem Alter							
Alter von ... bis unter ... Jahren							
unter 1	62	0,8	12	50	59	3	–
1 – 3	1.645	10,5	361	1.284	1.589	9	47
3 – 6	1.253	5,1	439	814	1.150	14	89
6 – 12	2.482	4,4	1.424	1.058	2.203	41	238
12 und mehr	1.731	3,2	1.216	515	1.340	66	325
1997 nach der Staatsangehörigkeit							
Deutsche	5.481	.	.	.	5.307	35	139
Ausländer/-innen[b]	1.692	.	.	.	1.034	98	560
1997 nach dem Geschlecht							
Männlich	3.631	4,4	1.760	1.871	3.225	67	339
Weiblich	3.542	4,6	1.692	1.850	3.116	66	360
Nachrichtlich							
Früheres Bundesgebiet	6.013	4,7	2.930	3.083	5.199	129	685
Neue Länder und Berlin-Ost	1.160	3,9	522	638	1.142	4	14

a Einschl. Staatenloser

b Deutschland

Quelle: Statistisches Bundesamt, Stat. Jahrbuch 1999, S. 468

7. Heimerziehung, sonstige betreute Wohnform[83]

Rechtsgrundlage: § 34 SGB VIII

Mit der Ablösung des Jugendwohlfahrtsgesetzes durch das KJHG sind die bisherigen Rechtsgrundlagen für die Heimerziehung (§§ 5 und 6 JWG, freiwillige Erziehungshilfe, Fürsorgeerziehung) abgeschafft worden. Statt ausdifferenzierter Regelungen, die sowohl örtliche als auch überörtliche Träger sowie das Vormundschaftsgericht betrafen, gibt es nur noch eine Vorschrift: in § 34 SGB VIII werden die wesentlichen Aufgaben und Ziele moderner Heimerziehung beschrieben. Hilfe zur Erziehung in einer Einrichtung über Tag und Nacht (Legaldefinition von Heimerziehung) oder in einer sonstigen betreuten Wohnform wird zunehmend als eine zeitlich befristete Hilfeform ausgestaltet. Die durchschnittliche Aufenthaltsdauer im Heim betrug 1990 achtunddreißig Monate.[84]

Als Ziele formuliert das Gesetz – entsprechend dem Alter und Entwicklungsstand des Kindes/Jugendlichen sowie den Möglichkeiten der Verbesserung der Erziehungsbedingungen in der Herkunftsfamilie –
1. die Rückkehr in die Familie zu unterstützen und zu erreichen,
2. die Erziehung in einer anderen Familie vorzubereiten,
3. eine auf längere Zeit angelegte Lebensform zu bieten[85],
4. auf ein selbständiges Leben vorzubereiten.

Unter dem Begriff »sonstige betreute Wohnform« werden insbesondere selbständige, pädagogisch betreute Jugendwohngemeinschaften und das sog. betreute Einzelwohnen verstanden. Diese Hilfeformen werden in der Praxis als Übergangshilfe zwischen Heim und selbständiger Lebensführung, aber auch als eigenständige Hilfen eingesetzt[86].

Nach § 13 Abs. 3 SGB VIII kann jungen Menschen während der Teilnahme an schulischen oder beruflichen Bildungsmaßnahmen oder bei der beruflichen Eingliederung Unterkunft in sozialpädagogisch begleiteten Wohnformen angeboten werden.

---

83 *Nothacker*, Rechtliche Grundlagen und struktureller Bedarf für betreute Wohnformen als Alternative zur traditionellen Heimerziehung, in: ZfJ 1996, 45; *Wolf*, Professionelle Familienerziehung, in: Jugendhilfe 1995, 76; *Schwabe/Hardege/Kammerer*, in: Jugendhilfe 1995, 168; *Struzyna*, Fremdunterbringung in der Zukunft, in: Jugendhilfe 1995, 323; *Masurek/Morgenstern*, in: Sozialpädagogik 1995, 11 (Heimerziehung kann auch effizient sein); *Spindler*, in: Sozialpädagogik 1996, 255 (Effektive Hilfeplanung in der Heimerziehung); *Chassé*, Heimerziehung, in: *Chassé/von Wensierski* 1999, 167; *Hansbauer/Kriener*, Soziale Aspekte der Dienstleistungsqualität in der Heimerziehung, in: Neue Praxis 2000, 254; *Petermann/Petermann*, Training mit Jugendlichen in Heimerziehung, in: ArchsozArb 2000, 175; *Häbel*, in: GK-SGB VIII § 34 Rz. 7, 8 – Zur Persönlichkeitsentwicklung von Kindern in Erziehungsheimen: *Jansen, in:* Unsere Jugend 1994, 221 (empirische Erhebung) – Zum Erzieherverhalten (methodische Hilfen zum Verstehen von Jugendlichen in Heimen und Wohngemeinschaften): *Thimm*, in: Unsere Jugend 1994, 5 und 63. Vgl. auch ArchSozArb 2/2000, Schwerpunkt: Entwicklungen in der Heimerziehung.
84 Vgl. Wirtschaft und Statistik 12/1992, S. 891 (Tabelle 3).
85 eingefügt durch das 1. Änderungsgesetz SGB VIII vom 16.2.1993.
86 EREV Schriftenreihe 4/99: Betreutes Wohnen im Wandel. Ein Leitfaden für die Praxis der Jugendhilfe; rechtliche Fragestellungen a.a.O., S. 20 ff.

7.1 Heimdiskussion

In den letzten fünfundzwanzig Jahren hat es an massiver Kritik und Reformvorschlägen zur Heimerziehung nicht gefehlt[87].

Die Hauptpunkte der Kritik waren:
- Abgeschiedenheit von der Außenwelt;
- repressive Erziehungspraktiken;
- Verhinderung eigener Entscheidungen und Initiativen;
- undemokratische Strukturen;
- zu große Einrichtungen und zu große Gruppen;
- Trennung nach Geschlechtern und Altersstufen;
- unausgebildetes Personal;
- schädlicher Wechsel der Bezugspersonen (hohe Fluktuation von Kindern und Erziehern);
- Heimerziehung befähige zum Leben in der Institution, aber nicht zum Leben außerhalb.

Es gab – rückblickend beurteilt – eine Reihe von Verbesserungen und Zugeständnissen; aber die Verwirklichung der Reformgedanken wurde bei weitem nicht von allen Einrichtungen angestrebt bzw. erreicht.

Entscheidende Veränderungen fanden im Vorfeld der Heimerziehung statt. Der Ausbau von Pflegekinderdiensten, Adoptionsvermittlung, ambulanten Hilfen, Erziehungsberatungsstellen etc. auf der einen Seite; stark gestiegene Heimplatzkosten sowie demographische Entwicklungen (Geburtenrückgang) und veränderte Heimeinweisungspraxis auf der anderen Seite haben dazu geführt, dass die Zahl der Kinder und Jugendlichen in Heimen ständig zurückgegangen ist[88].

Waren 1970 noch zwei Drittel in Heimen untergebracht und nur ein Drittel in Pflegefamilien, so ist das Verhältnis seit 1981 nahezu ausgeglichen.

Besonders bei Säuglingen und Kleinkindern sinkt die Anzahl der Heimunterbringungen stark. War 1970 noch die Hälfte der nicht schulpflichtigen Kinder, die nicht bei ihren Eltern leben konnten, in Heimen untergebracht (15.724 von 33.191), so sind es im Jahre 1989 nur noch rund ein Fünftel (3.401 von 17.012).

Insgesamt hat sich die Situation bei den Hilfen zur Erziehung außerhalb der eigenen Familie in den Jahren 1970 bis 1992 wie folgt entwickelt (früheres Bundesgebiet):[89]

---

87 *Ahlheim u.a.* (1971); *Bäuerle/Markmann* (Hrsg.), 1974; *Colla* (1981); *Internationale Gesellschaft für Heimerziehung (IGfH)*, 1977; *Wolf* (Hrsg.), Entwicklungen in der Heimerziehung, Münster 1993; *Lambers*, Was hat die Forschung zur (der) Heimerziehung gebracht?, in: np 1994, 511; *Schmutz*, Aus der Geschichte lernen: Analyse der Heimreform in Hessen (1968-1983), in: Forum Erziehungshilfen 2000, 118; kurz zusammenfassend: *Chassé*, in: *Chassé/von Wensierski* 1999, 169.

88 Seit 1990 ist allerdings eine »Trendwende« zu beobachten, vgl. Notiz in BldWPfl 5/1993, S. 188.

89 Aus: Kinder- und Jugendhilfegesetz, *BMFJ* (Hrsg.), 6. Aufl. 1994, S. 27.

Jahr	Gesamtzahl der unter 18jährigen	Kinder und Jugendliche außerhalb der eigenen Familie	Davon in Heimen und sonstiger Unterbrin-gung	%	in Pflegestellen
1970	16.514.799	136.305	97.231	71,3	39.074
1975	15.900.744	141.056	77.749	55,1	63.307
1980	14.215.562	132.713	63.385	47,8	69.328
1981	13.815.618	111.908	57.147	51,1	54.761
1982	13.317.600	105.125	53.607	51,0	51.518
1984	12.264.947	95.998	50.021	52,1	46.977
1985	11.830.065	93.025	47.637	51,2	45.108
1986	11.527.204	88.746	44.799	50,5	43.696
1987	11.233.911	87.524	44.370	50,7	42.840
1988	11.224.205	86.413	43.885	50,8	42.528
1989	11.410.873	86.541	43.947	50,8	42.594
1990	11.693.308	87.007	44.076	50,8	42.630
1991	11.976.643	86.549[a]	41.592	48,1	37.517
1992	12.253.506	89.632[b]	42.058	46,9	39.025

a   Einschl. 7.440 Kinder und Jugendliche in einer Tagesgruppe
b   Einschl. 8.549 Kinder und Jugendliche in einer Tagesgruppe

7.2 Probleme der Heimerziehung[90]

– Die Vermittlung in Heime erfolgt nicht immer aufgrund einer psychosozialen Diagnose. Indikationen sind kaum entwickelt und noch seltener in Erziehungs- pläne einbezogen. Die daraus resultierenden Fehlbelegungen sind eines der Probleme. Abhilfe soll hier die Erstellung eines Hilfeplanes gemäß § 36 Abs. 2 SGB VIII schaffen (vgl. S. 68 f. dieses Buches).
– Der Institutionscharakter von Heimen: unzureichende Konfrontation mit der Außenwelt und unzureichende Vermitt- lung lebenspraktischer Kenntnisse. Zwar trifft die Bezeichnung »totale Institu- tion«[91] auf weniger Einrichtungen als vor zwanzig Jahren zu, aber Regeln, Anordnungen, Hausordnungen, auf die der Jugendliche kaum Einfluss nehmen kann, und die immer noch vorhandene Versorgungsstruktur der Heime behin- dern seine Entwicklung zur Selbständigkeit und Eigenverantwortlichkeit.
– Die Differenzierung der bestehenden Heime ist nicht im Sinne einer systema- tisch aufeinander bezogenen Spezialisierung erfolgt[92]. Die bestmögliche persön- liche Förderung des Einzelnen ist so nicht gewährleistet. Das Anwachsen der »heilpädagogischen« Heime, die mit mehr Fachpersonal und höheren Pflegesät-

90   Vgl. *Dalferth*, 1982, S. 25; *Hanselmann/Weber*, 1986; zum Stellenwert der Heimerziehung im System der Erziehungshilfen: *Blumenberg*, in: AFET Nr. 1-2/1988, S. 2; *Institut für sozi-alpädagogische Forschung Mainz e.V.*, Untersuchung über aktuelle Probleme der Heimer- ziehung in Rheinland-Pfalz, in: Forum Erziehungshilfen 1995, S. 128. Zu Praxis und Methoden heutiger Heimerziehung: *Günder* 1995.
91   *Goffmann*, 1973, S. 15 ff.
92   Vgl. *Eyferth*, in: Handbuch SA/SP, 1984, S. 491.

zen ausgestattet sind, hat dazu geführt, dass die überfälligen Verbesserungen nur wenigen Kindern zugute gekommen sind. Ein »therapeutisches Klima« und dafür ausgebildetes Personal brauchen aber alle Heime.

– Die z.T. mangelhafte schulische und berufliche Förderung des Einzelnen[93].
– Probleme der Entlassungsvorbereitung und Nachbetreuung.
– Unbefriedigende Arbeitszeitregelungen (z.b. Schichtwechsel der Gruppenerzieher mit negativen Folgen wie Informationsprobleme, unterschiedliche Erziehungsstile, Motivationsverlust). Die Arbeitszeitverkürzung hat die Wechseldienstprobleme noch verschärft.
– Zerstückelung des Lebensalltags der Jugendlichen durch Schichtdienst und Spezialisierung.
– Die derzeitige Unterbelegung vieler Heime führt zu einem »Belegungszwang« aus Rentabilitätsgründen: um das Fachpersonal zu halten und um hohe Pflegesätze auszuschöpfen, wird die eigene Institution ausgelastet, bevor Kinder/ Jugendliche in eine Wohngemeinschaft, eine andere Einrichtung oder in die Selbständigkeit entlassen werden.
– Heimerziehung wird als »das Letzte« angesehen: erst wenn alle anderen Mittel der Erziehungshilfe versagt haben, wird sie – zu spät – in Anspruch genommen. In den Heimen sammeln sich besonders problembeladene und schwierige Kinder und Jugendliche.

Heimerziehung hat die Aufgabe, den Heranwachsenden einen aushaltbaren, einen »gelingenden« Alltag zu ermöglichen. Alltag sollte aber nicht verkürzt verstanden werden; er erfüllt sich nicht im Überstehen und Überleben in der Situation, sondern sollte bezogen werden auf die Notwendigkeit, Leben und Erziehungsaufgaben durch Absprachen, Planung und gemeinsame Reflexion zu strukturieren. Die Bewältigung von Alltagsaufgaben ist allerdings belastet durch Defizite in der Partizipation im Heimleben: durch Defizite der Mitbestimmung der Bewohner im Gruppenleben und Defizite der Zuständigkeit der Mitarbeiter für ihre Arbeit.

Für die Heimerziehung belastend ist die derzeitige Gestaltung des Pflegesatzes. Seine Berechnung müsste vor allem im Hinblick auf die im Alltag so notwendige pädagogische Phantasie flexibler gestaltet werden (z.B. Splitting in einen Sockelbetrag und in Zusatzleistungen).

Schließlich: Heimerziehung, hier vor allem die Arbeit in Gruppen, ist für die Mitarbeiter besonders strapaziös. Die großen Schwierigkeiten bei der Personalgewinnung sind hierfür ebenso ein Indiz wie die oft nur kurze Verweildauer der Mitarbeiter. Um Abhilfe zu schaffen, erscheint es geboten, die Arbeit der generellen pädagogischen Alltagsbetreuung höher zu gewichten und zu bezahlen als bisher – besonders auch im Unterschied zu spezialisierten und damit in der Abgrenzung zum Privatleben und der Planung der Arbeitszeit »komfortableren« anderen Tätigkeiten in der Jugendhilfe[94].

7.3 Positive Entwicklungen in der Heimerziehung

Schon die 70-er und frühen 80-er Jahre waren nicht nur gekennzeichnet durch enttäuschte Erwartungen, sondern auch von positiven Entwicklungen[95]:

---

93 *Colla*, in: betrifft: Erziehung 1976, S. 35.
94 Vgl. Achter Jugendbericht, a.a.O., S. 154 f.
95 Vgl. *Dalferth*, 1982, S. 20; *Müller-Kohlenberg/Münstermann/Schulz*, 1981.

- Die Belegung von Kleinst- und Kleinkinderheimen[96] ist stark zurückgegangen.
  Die auf die Forschungsarbeiten von René Spitz zurückgehende Erkenntnis, dass
  die Heimunterbringung von Säuglingen und Kleinkindern sehr schädliche Fol-
  gen haben kann, hat sich allgemein durchgesetzt.
- In den Heimen ist mehrheitlich qualifiziertes Personal eingestellt worden.
- Die pädagogische Arbeit ist verbessert worden; Elternarbeit und Gemeinwesen-
  orientierung werden angestrebt.
- Viele Heime experimentieren erfolgreich mit der Dezentralisierung und Ein-
  richtung von Außenwohngruppen, um die Verselbständigung der Kinder und
  Jugendlichen zu erleichtern.

Weil in größeren Einrichtungen die Bedingungen für eine sog. Primärgruppe[97]
kaum zu realisieren sind, werden Versuche unternommen, »Heimerziehung außerhalb des Heimes« in Außenwohngruppen zu praktizieren[98].

Das Konzept der *Außenwohngruppen* ist charakterisiert durch[99]:
- keine Anstaltsatmosphäre;
- keine zu großen Gruppen;
- ein verlässliches Zuhause;
- wenige konstante Bezugspersonen, die Sicherheit und Identifikationsmöglich-
  keiten bieten;
- Chance, affektive Beziehungen auf- und Verhaltensauffälligkeiten abzubauen;
- Lernen von Alltagsbewältigungen (Mithilfe im Haushalt, Einkaufen, Kochen,
  Putzen, Waschen, Umgang mit technischen Geräten etc.);
- Integration in nachbarschaftliche und öffentliche Bezüge (Schule, Vereine, Freizeit);
- Chance, der Abstempelung als »Heimkind« zu entgehen.

Konzept der flexiblen Betreuung

Nach dem Konzept der »flexiblen Betreuung« werden in jedem Einzelfall spezifische Settings von Betreuung und Wohnform geschaffen (vgl. *Chassé* 1999, 177).
Zugleich wird Heimerziehung so weit wie irgend möglich in Jugendhilfestrukturen
vor Ort einbezogen (»Orientierung an der realen Lebenswelt«).

---

96 Kleine Kinder im Heim: *Flosdorf*, in: Jugendwohl 1998, 380.
97 Vgl. *IGfH*, Zwischenbericht Kommission Heimerziehung, a.a.O., S. 42: »Schließlich darf
    als erwiesen angenommen werden, dass Sozialisation ... außerhalb der eigenen Familie, ja
    sogar in hierfür speziell geschaffenen Institutionen gelingen kann. Allerdings wird erfor-
    derlich sein, dass die Institution die wichtigsten Merkmale einer *Primärgruppe* aufweist,
    ohne die ein Aufwachsen von Kindern und Jugendlichen in keiner Kultur gelingt. Die Pri-
    märgruppe muss nämlich überschaubar klein und in ihrer personalen Zusammensetzung
    ausreichend stabil sein. Sie muss die intime Kenntnis der Partner ermöglichen, sie muss die
    Chance lassen, die Entwicklung der Partner über längere Zeiträume zu verfolgen, muss
    Verlässlichkeit bieten und Rückendeckung nach außen.« – s. auch *Leßmann*, Die sozial-
    pädagogische Lebensgemeinschaft als besonderes Angebot der Heimerziehung, in:
    Jugendwohl 1999, 227.
98 Vgl. *Birtsch/Eberstaller/Halbleib*, ISS-Materialien, a.a.O.
99 Vgl. *Sauer*, a.a.O., S. 107.

Derzeitige Situation[100]

Mittlerweile führt die Finanzknappheit der Kostenträger dazu, dass das Erreichte aufs Spiel gesetzt wird. Mittelreduzierung und Personalabbau gefährden pädagogische Konzepte, erzeugen Angst und fördern negative Konkurrenz. »Die Auswahl des Unterbringungsortes folgt fiskalischen Interessen, nicht pädagogischen Überlegungen. Der Sparpolitiker will Kosten abschieben und schiebt Kinder ab«[101].

Es ist sehr zu hoffen, dass die Qualitätsvereinbarungen nach § 78 b SGB VIII tatsächlich zur Sicherung und – wo nötig – weiterer Verbesserung von Struktur-, Prozess- und Ergebnisqualität[102] beitragen; wobei die Adressaten eine größere »Definitionsmacht« haben, »über das, was gute oder schlechte Arbeit ist«[103]

Grundlage der Heimerziehung bleibt der Anspruch, dass das Heim eine Gemeinschaft im Zusammenleben bilden muss. Kinder und Jugendliche brauchen für ihre Entwicklung die tragenden Beziehungen einer Gemeinschaft, die sie eigentlich in ihrer Familie erfahren sollten. Daher muss die Heimerziehung personale Beziehungen zu gereiften, beziehungsfähigen Erwachsenen als wichtigste Unterstützung der Entwicklung gerade auch der problembelasteten jungen Menschen ermöglichen, wie sie heute fast ausschließlich in den Heimen anzutreffen sind.

Der Ausbau der ambulanten Hilfe und die Reduzierung (nahezu Halbierung) der Heimplätze hatte zur Folge, dass nur noch schwerstgeschädigte junge Menschen in den Heimen untergebracht werden. Junge Menschen, die im Elternhaus, in der Schule oder in ihrem sozialen Umfeld nicht mehr integrierbar sind, benötigen intensive Förderung. Die Massierung schwer verhaltensgestörter junger Menschen bedingt eine sehr dichte Betreuung innerhalb einer überschaubaren Gruppe.

Die Heimerziehung entwickelt sich im Zeichen der Verkleinerung der Institutionen, der Differenzierung der Angebote und der Regionalisierung.

Am Beispiel des *Rauhen Hauses* in Hamburg sollen diese Entwicklungen veranschaulicht werden. Die im Jahre 1978 begonnene Reform der Heimerziehung folgte der Einsicht, dass große zentrale Einrichtungen sich nicht auf die Belange und Bedürfnisse der Kinder und Jugendlichen einstellen können. Es entstanden autonom lebende und wirtschaftende Wohngruppen. Dieser Umgestaltungsprozess folgte den Prinzipien der *Dezentralisierung* (kleine Wohngruppen in normalen Wohngebieten) und *Entspezialisierung* (Abschaffung spezieller Gruppen und Dienste). Die Wohngruppen, in denen die alltägliche Begegnung von Betreuern und Betreuten im Mittelpunkt steht, ermöglicht konsequente Alltagsorientierung und eine Ausrichtung an den individuellen Lebenswelten der Betroffenen.

Neben dem wohngruppenpädagogischen Angebot bildete sich seit 1985 eine neue Betreuungsform heraus mit dem Ziel, dem einzelnen Jugendlichen entsprechende Lebensformen zur Alltagsbewältigung zu ermöglichen. Nicht die Jugendlichen wer-

100 Ergebnisse des Forschungsprojektes Jugendhilfe-Leistungen (JULE) zu Leistungen und Grenzen heutiger Heimerziehung in Erev-Schriftenreihe 2/2000.
101 *Blandow*, Sparpolitik und Heimerziehung. Polemische Skizzen, in: Blätter der Wohlfahrtspflege 1/1984, S. 3; nach *Janze*, in: KOMDAT Jugendhilfe Nr. 1/1999, S. 1 ist in letzter Zeit ein Anstieg von Heimeinweisungen zu verzeichnen.
102 *Münder u.a.*, 1998, § 78 b Rz. 5; vgl. auch *Hansbauer/Kreiner*, in: Neue Praxis 2000, 254.
103 *Struck*, in: GK-SGB VIII, § 78 b Rz. 15. Struck hält dies für eine »zentrale Herausforderung der Qualitätsdiskussion«. Zu den §§ 78a-g SGB VIII siehe 3. Kap. 4.2.4.

den den Strukturen der Institution angepasst, sondern die Institution passt sich der Einmaligkeit der Jugendlichen an. »Flexible Betreuung« richtet sich also an diejenigen, die nicht, noch nicht oder nicht mehr in Wohngruppen leben sollen, können oder wollen. »Flexible Betreuung« hält nicht von vornherein bestimmte Wohn- und Betreuungsformen bereit, sondern schafft geeignete »settings«, die der Individualität der Jugendlichen gerecht werden. Das soziale Netzwerk der jungen Menschen ist gleichrangiger Adressat der pädagogischen Bemühungen. Mit der flexiblen Betreuung wurden Grenzen zwischen ambulanter und stationärer Jugendhilfe überschritten[104]. 1991 begann die Jugendhilfeabteilung des Rauhen Hauses, ambulante Hilfen zur Erziehung regional und in Verbindung mit dem bisherigen Angebot zu realisieren. Dazu zählt die »Ambulante Jugendbetreuung«; sie richtet sich schwerpunktmäßig an drogengefährdete und -konsumierende Kinder und Jugendliche, die in Familien leben und somit (noch) in soziale Bezüge integriert sind. Ziel dieser Betreuungsform ist es, die Integration aufrechtzuerhalten, wiederherzustellen, gesundheitliche Risiken zu vermindern, drogenfreie Kontakte sowie Hilfen zum Ausstieg zu ermöglichen.

7.4 Heimunterbringung

Die Mitarbeiter der Jugendhilfe stehen häufig unter Handlungsdruck, wenn über eine Unterbringung im Heim zu entscheiden ist. Dennoch sollten die Urteilsbildungen, die einer Fremdplazierung vorausgehen, nachvollziehbar sein. Nur dann haben die Beteiligten die Chance, Alltagsroutinen zu durchschauen und zu durchbrechen. Ebenso sollte der Zusammenhang zwischen den Problemen des Minderjährigen und der Auswahl des Heimes erkennbar gemacht werden. Gute Institutionenkenntnis ist dafür Voraussetzung.

Die *Unterbringungskriterien* lassen sich in zwei Gruppen einteilen[105]:

(a) Individuelle Problematik

»Persönlichkeitsdefizite«	(z.B. Entwicklungs-, Lern- und Leistungsrückstände; Bindungsunfähigkeit)
»delinquentes Verhalten«	(z.B. Eigentumsverletzungen; Straßenverkehrsdelikte; Aggressionsdelikte; Brandstiftung)
»moralische Labilität«	(z.B. sexuelle Auffälligkeit; Streunen/Trebe; negative Arbeitshaltung in Schule/Beruf; Alkohol/Drogen; Bandenzugehörigkeit)

(b) Familiale (soziale) Problematik

»Erziehungsschwäche der Familie«	(z.B. familiäre »Zerrüttung«; Alkoholismus/Drogenabhängigkeit der Eltern; psychische Störungen der Eltern; Kindesmisshandlungen/-missbrauch; Gewalt in der Familie)
»Betreuungsprobleme«	(z.B. Tod eines Elternteils oder beider Eltern; Scheidung der Eltern; Verlassen des Kindes; Alleinerziehender Elternteil, Berufstätigkeit)

---

104 *Klatetzki/Winter*, »Zwischen Streetwork und Heimerziehung«, in: np 1990, S. 1
105 Vgl. auch *BMFSFJ* 1998, 207 ff. (Problemlagen der Familien und der Jugendlichen, sowie junger Volljähriger jeweils zu Beginn der ersten stationären Erziehungshilfe).

»Konflikte zwischen Eltern und Kindern«	(z.B. Unverständnis, Gleichgültigkeit, Sprachlosigkeit; gestörte Ablösungsprozesse; Interessengegensätze bei Schul-, Berufs- und Freundeswahl; Freizeitbereich)
»Armut«	(z.B. Dauerarbeitslosigkeit, Obdachlosigkeit)

In den letzten zwanzig Jahren hat ein Kriterienwandel stattgefunden: während früher die Definition der individuellen Schwierigkeiten/Defizite des untergebrachten Minderjährigen gegenüber der familialen (sozialen) Problematik deutlich überwog, ist es heute umgekehrt.

Heimerziehung sollte als entlastend oder als gute, ja bessere Alternative zu gegebenen Lebens- (und Familien-)verhältnissen verstanden werden.

Heimerziehung ist angezeigt bei Kindern und Heranwachsenden, die in ihren Ursprungs- oder in anderen Familien so belastet, eingeschränkt und/oder gefährdet sind, dass sie institutionell arrangierte und professionell gestützte Gruppen für ihre Entwicklung benötigen. Diese allgemeine »Indikation« für Heimerziehung muss im Einzelfall spezifiziert werden. Vor einer Heimunterbringung ist zu klären,
- ob ein Leben am anderen Ort entweder auf Zeit oder auf Dauer nötig erscheint,
- ob die Kinder und Jugendlichen in ihr Lebensfeld zurückkehren können oder jenseits ihres angestammten Milieus in die Selbständigkeit entlassen werden sollen,
- ob und welche besonderen Hilfen schulischer, beruflicher, sozialer, therapeutischer Art angezeigt erscheinen,
- ob sie in einem durch pädagogische Beziehungen bestimmten Arrangement oder einer selbständigen Gruppe leben können, ob sie auf ganz individuell zugeschnittene Hilfen (Einzelbetreuung) verwiesen sind,
- ob und welche Form des Übergangs in ein selbständiges Leben möglich ist und wie sie gestützt werden muss,
- ob im gegebenen Lebensfeld vielleicht doch Ressourcen liegen, die so stabilisiert werden können, dass das Angebot eines neuen Lebensortes nur ergänzend (als Tagesunterbringung) sinnvoll ist[106].

---

106 Vgl. Achter Jugendbericht, S. 151 f.

(Verkürzte) Vermutungen über die Personengruppe, die potentiell
von Heimeinweisung bedroht ist, sind nach wie vor

Je höher der soziale Status der Herkunftsfamilie, also
Je besser die berufliche Qualifikation der Eltern,
je höher das Familieneinkommen,
je geringer die Geschwisterzahl,
je geringer die Wohndichte,
je größer die Wohnfläche,
je gesicherter also die allgemeine Lebenslage,
desto größer ist die Wahrscheinlichkeit,
nicht in Heimerziehung zu geraten.
Je niedriger der soziale und berufliche Status der Eltern,
je ungesicherter die allgemeine Lebenslage der Familie,
je geringer das Einkommen,
je stärker also die materielle Nötigung der Mütter, außer Haus zu arbeiten,
je abhängiger von den Instanzen der Wohlfahrtspflege,
je kontrollierter durch die Nachbarschaft,
je geringer der zur Verfügung stehende Wohnraum,
desto größer ist die Wahrscheinlichkeit, dass die betroffenen Kinder und
Jugendlichen von Heimeinweisung bedroht sind.

Diese Wahrscheinlichkeit verstärkt sich durch das Hinzutreten folgender,
weiterer Faktoren:
Je isolierter die Herkunftsfamilie von ihrer sozialen Gruppe und deren
Organisationen ist,
je länger die Familie schon Objekt der Wohlfahrtspflege ist,
je deutlicher die Familie von der Nachbarschaft unterschieden ist,
je mehr die Familie innerer Zerstörung anheimgefallen ist,
je amtlicher die abweichenden Zuschreibungen registriert sind,
je stärker das Individuum auch in der Herkunftsfamilie isoliert oder
negativ stigmatisiert ist,
je stärker die Anreize für Elternteile sind, familienflüchtig zu werden,
je geringer das Maß an schulischer Förderung ist, das in der Familie oder
im Wohnquartier angeboten wird,
je stärker der Leistungsdruck den jeweiligen Lehrer zur Absonderung
der Versager nötigt,
je geringer die Orientierung der zuständigen Sozialarbeit an Umfeldarbeit ist,
desto größer wird die Wahrscheinlichkeit, zur Heimerziehung »präpariert« zu
werden.

Weitere (verkürzte) Vermutungen über die Folgen von Zuschreibungen

Je eindeutiger die negative schulische Vorsortierung sich im Abgangszeugnis aus-
drückt,
je geringer der öffentlich-rechtliche Anteil an der Bereitstellung von Ausbildungsplätzen insbesondere bei allgemeiner Knappheit an Ausbildungsplätzen ist,
je ungünstiger die allgemeine Arbeitsmarktsituation ist, desto wahrscheinlicher
wird das Ausweichen auf kriminelle Überlebens- und Selbstdarstellungstechniken.

Je früher Fremdunterbringung außerhalb der eigenen Familie erfolgt, je institutionalisierter der Ort der Ersatzerziehung ist, je geringer der Anlass und die Chance ist, permanente Kontakte zu nicht abweichenden Personen aufzubauen und zu behalten,
desto abhängiger wird das Individuum von seinen Kontakten zur devianten Subkultur und desto geringer wird die Chance eines erfolgreichen korrigierenden Eingriffs.
Je stärker die Lebensbedingungen in der Ersatzerziehung Eigeninitiative überflüssig machen oder verhindern, also Verwahrung und Totalversorgung anbieten, je undurchschaubarer der Zusammenhang zwischen Arbeit und Verbrauch, zwischen Leistung und Genuss wird,
je übermächtiger die bestimmenden Instanzen über das Leben des Individuums verfügen, desto stärker wird die Orientierung des Individuums auf das Leben in der Anstalt festgelegt.
Diese Existenzweise führt zur Furcht vor der Freiheit, zum einprogrammierten Verlangen nach der »Geborgenheit« der Anstalt – ihrer Versorgung und ihrer Subkultur – und verstärkt die
Unfähigkeit zu arbeiten,
Unfähigkeit, sich zu orientieren,
Unfähigkeit, andere zu achten oder zu lieben,
Unfähigkeit zum Genuss,
Unfähigkeit, sich und sein Leben zu organisieren.

aus: Qualifizierungsvereinigung Berliner Sozialpädagogen e.V. (QuaBS), Arbeitshefte 6, zitiert nach *Augustin/Brocke*, a.a.O., S. 129/130

7.5 Leistungen und Grenzen von Heimerziehung[107]

»Jugendhilfe kann mit ihren Konzepten und Methoden nur bedingt auf die vielfältigen sozioökonomischen Belastungsfaktoren einwirken und angesichts der den Eltern obliegenden Erziehungsverantwortung auch das Entstehen von Erziehungs- und Entwicklungsproblemen vielfach nicht verhindern. Sie kann aber mit ihrem Instrumentarium in vielen Fällen den Kreislauf von Vernachlässigung, Gewalt und Desintegration wirksam unterbrechen und jungen Menschen und ihren Familien Chancen für eine neue positive Entwicklung vermitteln. Eine solchermaßen qualifizierte Jugendhilfe hat jedoch auch ihren Preis«, so die Ressortministerin in ihrem Vorwort zur Studie »Leistungen und Grenzen von Heimerziehung«.

Diese vom Institut für Erziehungswissenschaft der Universität Tübingen durchgeführte Evaluationsstudie über Leistungen und Erfolge von stationären und teilstationären Erziehungshilfen weist den Zusammenhang zwischen der Einhaltung fachlicher Standards und deren Einfluss auf die Entwicklung junger Menschen eindeutig nach. Sie belegt die zentrale Bedeutung einer kontinuierlichen Hilfeplanung sowie einer engen Zusammenarbeit zwischen Kind, Eltern, Jugendamt und Heim für eine erfolgreiche Gestaltung des Hilfeprozesses.

Die verschiedenen Hilfeformen sind in den vergangenen Jahrzehnten stetig ausgebaut und fachlich weiterentwickelt worden. So hat sich die Heimerziehung nicht

---

107 BMFSFJ (Hrsg.), Schriftenreihe Band 170, Leistungen und Grenzen von Heimerziehung. 1998.

nur konzeptionell und organisatorisch in den letzten Jahren stark gewandelt, sie ist darüber hinaus durch ein breites Spektrum ambulanter und teilstationärer Formen der Erziehungshilfe ergänzt und vielfach auch ersetzt worden.

Das Forschungsprojekt fragte nach Leistungen und Problemen von Erziehungshilfen am Beispiel von Heimerziehung. Aus der repräsentativen Aktenuntersuchung, ergänzt durch Befragungen ehemaliger Heimbewohner, die 1993 oder 1994 »amtlich« zum Abschluss kamen, ergibt sich pauschalierend,

- dass in gut 70% Arrangements der Heimerziehung für Kinder hilfreich sind, indem sich für die Einzelnen die Ausgangssituationen, die schwierigen gegebenen Konstellationen, die zur Heimeinweisung führten, verändern, auflichten und verbessern, und

- dass diese Leistung von Heimerziehung unmittelbar abhängig ist von der Einhaltung von Qualitätsstandards, dass also die Chance einer effektiven Hilfe da sechsmal größer ist, wo in ihnen gearbeitet wird, als da, wo sie vernachlässigt sind.

Jugendhilfe – und Heimerziehung zumal – hat sich in ihrem Selbstverständnis und ihren Angeboten in den letzten 30 Jahren grundlegend geändert. Die Kritik unter der Fragestellung nach Heimerziehung als totaler Institution und nach Stigmatisierungsprozessen zwang zu Konzepten eines neuen Verständnisses von Lebensschwierigkeiten Heranwachsender und ihrer Familien, zu neuen Formen des pädagogischen Umgangs und insbesondere zu institutionell diversifizierenden Angeboten. Heimerziehung wird ein Angebot innerhalb einer Jugendhilfe, die sich als lebensweltorientierte Dienstleistung und Beitrag zu einer förderlichen sozialen Infrastruktur versteht.[108]

Heimerziehung ist notwendig auch unter allgemeinen sozialpolitischen Aspekten. Sie agiert in den sich dramatisierenden gesellschaftlichen Notlagen: Heimerziehung wird notwendig in Lebenslagen der Armut, der entstrukturierten oder chaotischen Familienverhältnisse, der verengten Verhältnisse von Alleinerziehenden. Heimerziehung entlastet, stützt und fördert in belasteten Konstellationen und Biographien, in verelendeten und überfordernden Lebensverhältnissen.

Lebensweltorientierung als Rahmenkonzept erzieherischer Hilfen fragt vor allem nach den jungen Menschen und ihren Familien, wie sie ihr Leben und ihre Umwelt erfahren und wie sie in diesen Verhältnissen zurechtkommen. Die Lebenswelt wird als ein strukturierendes Gefüge von örtlichen, zeitlichen und sozialen Bezügen verstanden, in denen die Menschen sich individuell verorten. Die Anstrengungen und Probleme der jungen Menschen und ihrer Familien sind damit grundsätzlich als ihre aktive Auseinandersetzung mit den Verhältnissen, mit ihrer Lebenswelt zu begreifen.

Erzieherische Hilfen haben in diesem Verständnis die Aufgabe, Menschen in ihrem Erfahrungsraum, unter Berücksichtigung der dort verfügbaren Ressourcen zu unterstützen, damit sie Hilfe zur Selbsthilfe und Anerkennung erfahren.

7.5.1 Anlage und Durchführung der Untersuchung (a.a.O., S. 20)

Aktenanalyse

Das Aktenanalyseraster gliedert sich in vier Schwerpunkte, unter die sich jeweils eine Vielzahl von Variablen subsumieren. 1. Die Situation der Kinder und Jugend-

---

108 *Thiersch*, in: Leistungen und Grenzen von Heimerziehung, a.a.O., S. 13.

lichen und ihrer Familien zu Beginn der Hilfe (für die Hilfe zentrale Belastungsfaktoren des jungen Menschen und der Familie: z.b. problematische Eltern-Kind-
Beziehungen, Armutsbelastungen, Krankheit, sonstige Notlagen, Gewalt, Missbrauch, Entwicklungsrückstände, Schulprobleme, individuelle und familiäre Ressourcen, Hilfen im Vorfeld etc.). 2. Den Prozess der Hilfegewährung und -entschei-
dung (»Verstehen« der Bedarfssituation, Initiative für die Hilfe, Partizipation bei
der Entscheidungsfindung etc.). 3. Der Hilfeverlauf und die Gestaltung des Betreu-
ungssettings (spezifische Angebote, soziale Kontakte innerhalb und außerhalb der
Gruppe sowie zu den Betreuern, individuelle Entwicklungen des jungen Menschen
etc.). 4. Die Situation der jungen Menschen am Ende der Hilfe (Gründe und Initiative für die Beendigung, zukünftige Wohn-/Einkommenssituation etc.).

Bewertung der Hilfeverläufe
Im Anschluss an die Aktenanalyse wurde jeder Hilfeverlauf in sich im Hinblick auf
den Ertrag für die Adressaten und das professionelle Handeln der Fachkräfte
bewertet. Die der Bewertung zugrunde liegenden Kategorien wurden in zyklischen
Fallanalysen im Forschungsteam entwickelt.

Kategorien zur Bilanzierung der Entwicklung der jungen Menschen:
– Schul-/Ausbildungssituation,
– Legalverhalten,
– soziale Beziehungen,
– Alltagsbewältigung,
– Persönlichkeitsentwicklung,
– familiärer Hintergrund,
– zentrale Problemkonstellation,

Kategorien zur Bewertung des fachlichen Handelns im Jugendamt:
– begründete Bedarfsfeststellung,
– Vermittlung in adäquate Hilfeform,
– Auftragsformulierung an Jugendhilfeeinrichtung,
– Kooperation mit allen Beteiligten im Hilfeprozess,
– flexibel fortgeschriebene und umgesetzte Hilfeplanung,
– begründete und geplante Beendigung

Kategorien zur Bewertung des fachlichen Handelns in Jugendhilfeeinrichtungen:
– situationsangepasste Planung und Reflexion des Hilfeangebotes,
– spezifische, auf individuelle Bedürfnisse abgestimmte Angebote,
– verlässliches und tragfähiges Betreuungssetting,
– reflektierte Beteiligung der Betroffenen,
– Kooperation mit anderen Fachkräften,
– begründete und geplante Beendigung,

7.5.2 Zentrale Ergebnisse der Aktenanalyse (a.a.O., S. 22)

Grunddaten der Untersuchungspopulation
Die Adressaten der untersuchten Hilfen unterscheiden sich deutlich von der gleich-
altrigen Gesamtbevölkerung hinsichtlich der Bildungssituation und ihrer familialen
Herkunft. Viele junge Menschen besuchen eine Förder- oder Hauptschule, die
Eltern verfügen oft über eine geringe formale Bildung und sind vorrangig in unte-
ren beruflichen Positionen beschäftigt oder verfügen über keine bezahlte Arbeit.
Der Anteil alleinerziehender Mütter und Scheidungsfamilien sowie kinderreicher
Familien ist überdurchschnittlich hoch. Junge Menschen in erzieherischen Hilfen

stammen also zu einem großen Teil aus armen, bildungsbenachteiligten und mehrfach belasteten Bevölkerungsteilen.

Die geschlechterdifferenzierende Analyse verweist auf eine deutliche Überrepräsentanz von Jungen in teilstationären Hilfen; Mädchen erhalten insgesamt seltener und vorrangig in der Altersstufe 15-18 Jahre erzieherische Hilfen, die im Vergleich zu denen der Jungen eine deutlich kürzere Dauer haben. Die für die Hilfeentscheidung relevanten Problemnennungen bei Mädchen und ihren Familien legen nahe, dass sich hinter der relativ »späten« Aufmerksamkeit für mädchenspezifische Lebenslagen eine professionelle Orientierung verbirgt, die den Erhalt des familiären Aufwuchsplatzes für Mädchen besonders präferiert.

Die Bewertung der Hilfeverläufe
Der größte Teil der untersuchten erzieherischen Hilfen stellt sich im Ertrag für die Adressaten der Hilfe als hilfreich und nutzbringend dar. 57 % der untersuchten Hilfen verlaufen in ihrer Bilanz für den jungen Menschen positiv, in 16 % der Fälle kann eine in Ansätzen positive Bilanz erstellt werden. In nahezu _ der Fälle ist es demnach gelungen, schwierige Konstellationen, die zur Hilfe geführt haben, zu verändern, aufzulichten und zu verbessern, so dass die jungen Menschen mit einer vertrauenserweckenden Option für ihr Leben nach der Hilfe entlassen werden konnten. In 11 % der Fälle konnte die erzieherische Hilfe keine maßgeblichen Veränderungen der Situation der jungen Menschen bewirken, und in 15 % der Hilfeverläufe ist es nicht gelungen, eine schwierige Entwicklung eines jungen Menschen aufzuhalten.

Teil- und stationäre erzieherische Hilfen leisten damit einen weitreichenden Beitrag zur Verbesserung sozialer Teilhabechancen der jungen Menschen, in dem schulisch/berufliche Schwierigkeiten behoben werden konnten, Auffälligkeiten im Legalverhalten – als ein Indiz sozialer Integration – sich reduzieren ließen und die persönliche Entwicklung der jungen Menschen förderliche Unterstützung erfahren konnte.

7.5.3 Leistungsfelder der untersuchten Hilfen

Erzieherische Hilfen in Tagesgruppen[109]
Die pädagogische Arbeit in Tagesgruppen beruht auf zwei zentralen Schwerpunkten: der individuellen Förderung und Unterstützung der jungen Menschen in Form eines breiten Spektrums von schulischen- gruppen-, heil-, und freizeitpädagogischen sowie therapeutischen Angeboten. Und der Stabilisierung der familiären Beziehungen durch konsequente Einbeziehung der Eltern in die Tagesgruppenarbeit.

Korrelationen zwischen vorliegender Elternarbeit und dem »Erfolg« der Hilfen ergeben, dass die konsequente und kontinuierliche Zusammenarbeit mit den Eltern einen deutlichen Einfluss auf das Gelingen der Hilfen hat.

Erzieherische Hilfen im Heim[110]
Neben vielfältigen sozioökonomischen Belastungsfaktoren in gut 60 % aller Fälle, sind in über 40 % der Familien Gewalterfahrungen innerhalb der Familie und in 35 % Alkoholprobleme der Eltern oder eines Elternteils benannt. Die anderen Fak-

---

109 a.a.O., S. 23.
110 a.a.O., S. 24f.

toren weisen auf oft länger andauernde schwierige familiäre Umstände oder auch Notlagen hin, die ihre belastenden Einflüsse auch in der Beziehungsgestaltung in der Familie zeigen. Insgesamt entsteht bei einem Überblick der Daten der Eindruck, dass die Gründe für eine Inanspruchnahme stationärer Erziehungshilfe mehr in den schwierigen, belasteten und benachteiligten Familienverhältnissen und Familienbeziehungen zu suchen sind, als dass eine Symptomzuschreibung an das Kind erfolgt.

Entgegen aller Bestrebungen um Regionalisierung und Dezentralisierung ist in 25% der untersuchten Hilfen die Einrichtung über 50km vom Heimatort der Kinder entfernt und über 50% der belegten Heimgruppen sind »klassische« Innenwohngruppen eines größeren Heimes.

In Bezug auf Beteiligungsmöglichkeiten, eine transparente Gestaltung und Klärung des Hilfebedarfs und die Vermittlung einer adäquaten Hilfe zeigt sich, dass es vielfach noch einer stärkeren Einbeziehung der Eltern und der jungen Menschen selbst bedarf. Lediglich in 37% aller stationären Erziehungshilfen sind Formen der Elternarbeit genannt, die sich bei einer näheren Betrachtung allerdings oft als punktuell, wenig intensiv und unverbindlich darstellen. In 22,8% wird das Ende einer stationären Erziehungshilfe mehr oder weniger unvermittelt durch eine »Kooperationsverweigerung« des jungen Menschen beendet. Die Beendigung kann dabei oftmals als Schlusspunkt eines längerdauernden Prozesses verstanden werden, in dem sowohl die Jugendlichen, als auch die beteiligten Institutionen ihren Beitrag zum Scheitern leisten.

Die Verweildauer in stationären Erziehungshilfen stellt bezüglich der Entwicklungen der jungen Menschen eine bedeutende Größe dar. Dauern die Hilfen nicht länger als ein Jahr, so zeigen sich in 61,1% der Verläufe eher schwierige Entwicklungen. Bei einer Hilfedauer über einem Jahr sind es dagegen nur 22,4% der Fälle mit eher negativem Ausgang. Der infolge aktueller Spardiskussion umstrittenen generellen zeitlichen Begrenzung von Hilfeangeboten muss damit sehr deutlich entgegengehalten werden, dass sich die Dauer und Intensität einer Hilfe nur im Einzelfall aushandeln lässt und eine generelle Begrenzung der Hilfedauer nicht sinnvoll erscheint.

Als wichtige Funktionen stationärer Entwicklungshilfen konnten die längerfristige Lebensform bzw. Beheimatung, die intensive therapeutische/heilpädagogische Betreuung, die Versorgung und Bereitstellung stabiler Strukturen, die Krisenintervention/Situationsklärung und die Vorbereitung auf ein selbständiges Leben herausgearbeitet werden. In diesem Spektrum ist Heimerziehung als spezifisches Hilfearrangement für sehr unterschiedliche Problemgruppen und Aufgabenstellungen zu sehen.

Zusammenfassend erscheinen stationäre Erziehungshilfen in einem durchaus positiven Licht. 53% der Hilfeverläufe können mit positiven Entwicklungen der jungen Menschen abgeschlossen werden, in 17% der Fälle liegen »in Ansätzen positive Entwicklungen« vor. Deutlich wird aber auch, dass es strukturierender und günstiger Rahmenbedingungen sowie zuverlässiger Bezugspersonen bedarf, um diese Leistungen erbringen zu können. Eine gezielte und qualifizierte Hilfeplanung ist dabei als Grundvoraussetzung zu nennen. Daneben deutet sich ein Qualifizierungsbedarf im Hinblick auf Fragen der Beteiligung der jungen Menschen selbst und die Zusammenarbeit mit den Erziehungsberechtigten an, ebenso wie eine engagierte Kooperation der Mitarbeiter im Jugendamt mit den Jugendhilfeeinrichtungen vor Ort.

Erzieherische Hilfen im Betreuten Jugendwohnen (BJW)[111]
Die Betreuung im BJW im Anschluss an eine andere erzieherische Hilfe hat meist
die Funktion, bereits angelegte Prozesse der Verselbständigung fortzuführen und
die jungen Menschen auf ein eigenständiges Leben vorzubereiten. Schulisch/beruf-
liche Unterstützungsangebote sowie die Begleitung im Alltag sind dann die zentralen Aufgaben der Betreuungsarbeit. Junge Menschen, die direkt in das Betreute
Jugendwohnen vermittelt werden, kommen oft aus aktuellen Krisensituationen.
Die Hilfen erweisen sich dann immer als zu wenig dicht und betreuungsintensiv,
und viele junge Menschen dieser Teilgruppe brechen die Hilfen deshalb auf eigene
Initiative frühzeitig ab, ohne dass sich an ihrer Situation tatsächlich etwas verändert
hat. Dies spiegelt sich auch in der Gesamtbilanz wieder; in 14% dieser Hilfeverläufe konnten keine maßgeblichen Veränderungen in den Entwicklungen der jungen Menschen bilanziert werden.

Auch wenn in zahlreichen Hilfeverläufen deutlich wird, dass das BJW von den
Adressaten oft als eine »ideale« Lösung für ihre Situation verstanden wird, zeigt
sich auch, dass die gewünschte Selbständigkeit die jungen Menschen leicht überfordert und mit Isolation einhergeht. In solchen Fällen ist eine anfänglich dichte
Betreuung erforderlich und Angebote, die die Kontaktaufnahme mit Gleichaltrigen fördern, hilfreich.

Die drei Hilfeformen im Vergleich[112]
In annähernd 60% der Hilfen sind soziostrukturelle Benachteiligungen und
Armutslagen als die erzieherische Hilfe mit begründeten Faktoren benannt. Für
eine problemadäquate und bedarfsorientierte kommunale Jugendhilfeplanung und
die individuelle Hilfeplanung ist es notwendig, gemeinsam Strategien zur sozialen
Sicherung und Stabilisierung benachteiligten Bevölkerungsgruppen zwischen allen
sozialen Diensten zu entwickeln und stärker die verfügbaren Ressourcen zu bün-
deln.

Der formulierte Anspruch im Gesetz, die Erziehungsberechtigten als eigentlich
Anspruchsberechtigte einer Hilfe kontinuierlich mit in die Hilfeplanung einzube-
ziehen, sowie die in der Fachdiskussion verhandelte zentrale Bedeutung der
Elternarbeit sind noch längst nicht eingelöst.

Die gewählte Hilfeform kann in den meisten Fällen als eine adäquate Antwort auf
die individuellen Schwierigkeiten der Heranwachsenden gesehen werden. Sie spie-
geln in ihrer Plausibilität in der Praxis bestehende Zuweisungsmuster wider, die
analog sind zu den im KJHG formulierten Zielvorgaben für teil- und stationäre
Erziehungshilfen. Allerdings muss kritisch angemerkt werden, dass gerade durch
eine »Versäulung« der Hilfeangebote der individuelle Hilfebedarf vielfach übersehen wird und eine Hilfeentscheidung sich oft mehr am verfügbaren Angebot als an
den individuellen Notwendigkeiten orientiert.

Insgesamt zeigt sich an den untersuchten Hilfeverläufen, dass teilstationäre und
stationäre Erziehungshilfen notwendige und hilfreiche Funktionen im System der
Jugendhilfe übernehmen und für eine Vielzahl von Kindern und Jugendlichen in
schwierigen Situationen eine richtige Hilfe darstellen. Um dies anzuerkennen,
bedarf es sowohl von politischer Seite als auch in der öffentlichen Diskussion einer
Anerkennung der Leistungen erzieherischer Hilfen, im besonderen der stationären

---

111 a.a.O., S. 25.
112 a.a.O., S. 25f.

Hilfen im Heim, die weder als »ultíma ratio« abgewertet werden können, noch wegen ihrer hohen Kosten als »lästiges« und abzuschaffendes Übel kommunaler Haushalte gesehen werden dürfen.

»Strategien gegen Ausgrenzung« – Zusammenfassende Analyse[113]
Vier zentrale Anforderungen an eine Weiterqualifizierung bestehender Angebote und der pädagogischen Fachkräfte lassen sich nach der Analyse der Hilfeverläufe benennen.

– Eine verstärkte professionelle Wahrnehmung und Berücksichtigung geschlechtsspezifischer Lebenslagen und eine Sensibilisierung für spezifische Problemlagen.
– Eine Überprüfung bestehender Hilfeangebote und Konzepte in bezug auf adäquate Angebote auch für spezifische Adressatengruppen. Dies schließt eine verstärkte Diskussion über mögliche alternative Hilfeangebote mit ein.
– Situationsbezogene und handlungsorientierte Fortbildungen für pädagogische Fachkräfte in Jugendämtern und Jugendhilfeeinrichtungen, die als Element der Qualitätsentwicklung in ein Gesamtkonzept der Institution eingepasst sind.
– Eine ausreichende finanzielle Ausstattung bestehender Einrichtungen erzieherischer Hilfen und gesicherte Rahmenbedingungen für die Arbeit in den Jugendämtern.

7.5.4 Das Jugendamt aus der Perspektive der Befragten[114]

Das individuelle Erleben des Jugendamts als Behörde durch die Adressaten erzieherischer Hilfen ist vor allem im Hinblick auf die aktuelle Dienstleistungsdebatte von zentraler Bedeutung. Insgesamt lässt sich nach der Analyse der Gespräche feststellen, dass sich das Image des Jugendamtes als primäre Eingriffsbehörde hin zu einer sozialen Dienstleistungsinstanz gewandelt hat. In vielen Interviews wird allerdings deutlich, dass die Rolle des Jugendamtes in den Erinnerungen der Befragten eine eher nachrangige Bedeutung eingenommen hat.

Möglichkeiten zur Partizipation und Transparenz in den Entscheidungen werden als zentrale Bestandteile einer gelingenden Kooperation angesprochen. Eigenmächtige nicht abgesprochene Entscheidungen der Jugendamtsmitarbeiter kritisieren die Befragten besonders. Ebenso erscheinen feste und unflexible Organisationsstrukturen im Jugendamt eher hinderlich für eine gelingende Zusammenarbeit. So sprechen die Befragten fehlende Wahlmöglichkeiten der zuständigen Sozialpädagogen im Amt an, denen sie sich gewissermaßen ausgeliefert fühlen. Andererseits werden aber auch häufige Wechsel der Jugendamtsmitarbeiter als hinderlich für einen kontinuierlichen Betreuungsprozess angeführt.

7.6 Heimerziehung und Jugendpsychiatrie[115]

In akuten Krisensituationen oder wenn sich psychische Krankheitsbilder abzeichnen, werden Heimbewohner in die Psychiatrie überwiesen. Nicht selten waren Kinder und Heranwachsende schon Patienten der Psychiatrie, bevor sie in einem Heim

---

113 a.a.O., S. 29f.
114 a.a.O., S. 30.
115 *Mertens*, Jugendhilfe und Jugendpsychiatrie, in: Neue Praxis 1990, S. 69; *Jungmann*, Kooperation zwischen den Fachgebieten der Kinder- und Jugendpsychiatrie und Psychotherapie in der Jugendhilfe, in: Evangelische Jugendhilfe 1999, 156.

untergebracht wurden. Das Verhältnis von Heimerziehung und Jugendpsychiatrie ist häufig wenig transparent gestaltet. Die überfällige offene Kooperation wird aber belastet durch die Empfehlungen, die die Psychiatrie-Enquete zur Jugendpsychiatrie formuliert hat: die Einseitigkeit der dort vorgenommenen Definitionen von Lebens- und Erziehungsschwierigkeiten und der daraus folgende Anspruch, allein zuständig zu sein, sind abzulehnen[116].

Die Aufgabe der Jugendpsychiatrie besteht in der Erkennung, Behandlung, Prävention und Rehabilitation von seelischen Krankheiten und Störungen mit Krankheitswert während akuter Phasen und Krisen, die den Entwicklungsprozess eines Kindes oder Jugendlichen gefährden.

Für etwa jeden siebten jungen Menschen in Heimen und Kliniken werden die dort jeweils zur Verfügung stehenden Hilfemöglichkeiten als nicht ausreichend empfunden, so dass es zu wechselseitigen Überweisungen kommt. Für diese jungen Menschen ist die Frage nach der Grenzziehung der Hilfesysteme von existentieller Bedeutung, zumal Überweisungen zwischen Heimen und Kliniken häufig mit dem Verlust bestehender sozialer Bezüge einhergehen. Der Prozess der wechselseitigen Überweisung von Kindern und Jugendlichen sagt aber nur wenig über die spezifischen Lebenskrisen dieser »Grenzfälle« aus, er ist vielmehr Resultat der unterschiedlichen institutionellen Strukturen und Handlungsrationalitäten der beiden Hilfesysteme. Daher ist eine Sichtweise zu entwickeln, die sich nicht mit gegebenen Spezialisierungen, begrifflichen Ausgrenzungen und scheinbaren strukturellen Selbstverständlichkeiten zufrieden gibt.

Die Interessenwahrnehmung derjenigen Minderjährigen, deren besonders ausgeprägte Lebenskrisen dazu führen, dass sie die Grenzen zwischen den Systemen Jugendhilfe und Kinder- und Jugendpsychiatrie überschreiten, verlangt die interdisziplinäre Überprüfung der derzeitigen Praxis und der dahinter offen oder verborgen liegenden Handlungskonzepte, Erfahrungen, Strukturen, Haltungen und Ideologien[117].

Im Überschneidungsbereich der Arbeitsfelder Jugendhilfe und Jugendpsychiatrie ist eine präzise, fachlich beidseitig akzeptierte und zugleich praktikable Abgrenzung des Klientels nicht möglich. Von daher ist es geboten, Kooperation und Zuweisung zu den verschiedenen Institutionen der Jugendhilfe und der Psychiatrie sensibel zu gestalten und zu entwickeln. Dies ist nur durch regelmäßigen fachlichen, wechselseitig sich respektierenden Austausch möglich.

Die Konferenz der Jugend- und Gesundheitsminister hat zum Verhältnis von Jugendhilfe und Jugendpsychiatrie ein gemeinsames Positionspapier erarbeitet. Ihr Anliegen war, im Interesse einer bestmöglichen Hilfe für die betroffenen Kinder und Jugendlichen geeignete Kooperationsformen und sinnvolle Abgrenzungen zu entwikkeln[118].

Die vielschichtigen Ursachenzusammenhänge, die zu seelischen und psychosozialen Krisen und Krankheiten führen können, dürfen nicht auf ein einseitiges Interpretationsmodell reduziert werden; vielmehr müssen Hilfsangebote jeweils auf die vielfältigen sozialen, familiären und ökonomischen Ursachen eingehen.

---

116 Vgl. Achter Jugendbericht, S. 156.
117 Vgl. *Gintzel/Schone* (Hrsg.), 1990, S. 5.
118 Abgedruckt in: ZfJ 1991, S. 466.

Im Sinne der interdisziplinären Arbeit sollte im Bereich der Jugendhilfe psychiatrische Kompetenz in Anspruch genommen werden bei
- der Mitwirkung an Krisengesprächen mit Fachkräften von Einrichtungen der Jugendhilfe;
- der differentialdiagnostischen Abklärung und Behandlung von seelischen und körperlichen Erkrankungen.

Auf kommunaler und regionaler Ebene sollten neben den Jugendhilfeausschüssen und den von der Expertenkommission[119] empfohlenen Psychiatriebeiräten
- psychosoziale Arbeitsgemeinschaften,
- Arbeitskreise/Stadtteilkonferenzen,
- Fall- oder Erziehungskonferenzen

eingerichtet, gefördert und unterstützt werden.

7.7 Inobhutnahme von Kindern und Jugendlichen[120]

Rechtsgrundlage: § 42 SBG VIII

Die kurzfristige Unterbringung von Minderjährigen, die ihren Personensorgeberechtigten oder aus Heimen entwichen sind, oder die an jugendgefährdenden Orten aufgegriffen wurden, gehört ebenfalls zu den Aufgaben des Jugendamtes.
- Die Vorschriften der §§ 1666, 1666 a, 1693 BGB und § 50 Abs. 3 SGB VIII geben dem Jugendamt die Befugnis, Eilentscheidungen des Familiengerichtes herbeizuführen. Das Jugendamt kann hiernach aber nicht selbst (d.h. ohne familiengerichtliche Entscheidung) einen Jugendlichen in Obhut nehmen.
- Ein eigenständiges Recht des Jugendamtes auf *vorläufige* Unterbringung hat das KJHG mit seinen Vorschriften über Maßnahmen zum Schutz von Kindern und Jugendlichen eingeführt (§§ 42, 43 SGB VIII). Bei Gefahr im Verzug kann das Jugendamt das Pflegekind/Heimkind sofort aus der Pflegestelle/Heim herausholen und bei einer geeigneten Person, in einer Einrichtung oder in einer sonstigen betreuten Wohnform unterbringen (§ 43 SGB VIII).
- Minderjährige, die sich an jugendgefährdenden Orten aufhalten (z.B. Diskotheken, Bars, Spielhallen, Bordellen, Drogenszene), sind nötigenfalls, z.B. weil die Erziehungsberechtigten nicht erreicht werden können, in die Obhut des Jugendamtes zu bringen (§ 1 JSchÖG). Eine Einschränkung liegt darin, dass sich diese Bestimmung nur auf öffentliche, jugendgefährdende Orte bezieht; private Wohnungen fallen nicht darunter. Ebensowenig fallen die Minderjährigen darunter,

---

119 »Empfehlungen der Expertenkommission der Bundesregierung zur Reform der Versorgung im psychiatrischen und psychotherapeutischen/psychosomatischen Bereich« im Unterkapitel Teil D »Kinder- und Jugendpsychiatrie«, Zusammenfassung, hrsg. vom *BMJFFG* (11.11.1988).
120 *Lakies*, 1997; *Busch*, in: ZfJ 1993, S. 129; *Eckart* (Dokumentation 1992); *Schmidt*, Krisenintervention und Inobhutnahme, Jugendhilfe 1993, 296; *Filthut*, in: Sozialpädagogik 1994, S. 186; *Proksch*, Jugendhilfe 1994, S. 26; *LJA LWL*, Evangelische Jugendhilfe 1994, 1; Empfehlungen der *BAG LJÄ*, DAVorm 1995, Sp. 1039; *DIV-Gutachten*, DAVorm 1995, 962; *Fegert u.a. (zur »Implementierung«)*, in: ZfJ 1996, 483; Späth, ZfJ 1998, 303; *Ollmann*, Zum Geltungsbereich des § 42 SGBVIII (Inobhutnahme), in: FamRZ 2000, S. 261; *Trenczek*, Inobhutnahme und geschlossene Unterbringung – Anmerkungen zu den freiheitsentziehenden Maßnahmen in Einrichtungen der Jugendhilfe, in: ZfJ 2000, S. 121.– Rechtsprechung zu § 42 s. *Schleicher*, in: GK-SGB VIII, § 42 nach Rz. 37.

die entwichen sind (Trebegänger; Obdachlose), ohne sich an gefährlichen Orten aufzuhalten.

Die Vorschrift des § 42 SGB VIII will insbesondere die Tätigkeit von sog. Jugendschutzstellen, Aufnahmeheimen, Kinder- und Jugendnotdiensten und Bereitschaftspflegestellen auf eine bundeseinheitliche rechtliche Grundlage stellen und den sozialpädagogischen Arbeitsansatz hervorheben. Inobhutnahme von Kindern und Jugendlichen ist in der Vergangenheit häufig als Einschließen, als sicheres Verwahren und nicht als sozialpädagogisches Hilfsangebot im Sinne einer Krisenintervention verstanden worden. Als Erfolg galten möglichst geringe Entweichungsquoten. Die baulichen Voraussetzungen der Einrichtungen entsprachen diesen Vorstellungen einer sicheren Verwahrung.

In den §§ 42 und 43 SGB VIII hat der Gesetzgeber nunmehr die sozialpädagogischen Hilfen des Jugendamtes für junge Menschen in Krisen- und Gefahrenssituationen beschrieben. Insbesondere den Jugendämtern von Großstädten kommt immer mehr die Aufgabe zu, entsprechend der Vielfalt der Probleme der Hilfesuchenden (Ausreißer, Trebegänger, junge Nichtsesshafte, Obdachlose usw.)[121] ausreichende Hilfsangebote zu schaffen, um der wachsenden Zahl von jungen Menschen, die von sich aus Hilfe suchen, gerecht zu werden.

Die §§ 42 und 43 SGB VIII lassen sich dadurch abgrenzen, dass § 42 die Konstellation erfasst, dass sich der Minderjährige ohne den Willen der Sorgeberechtigten außerhalb des Elternhauses befindet, während § 43 die Fälle erfasst, in denen sich der Minderjährige mit dem Willen der Sorgeberechtigten bei einer anderen Person oder in einer anderen Einrichtung aufhält und dass es dort zu kindeswohlgefährdenden Situationen kommt.

Die Inobhutnahme von Kindern und Jugendlichen ist die vorläufige Unterbringung eines Minderjährigen bei einer geeigneten Person, in einer Einrichtung oder in einer sonstigen betreuten Wohnform. Inobhutnahme bedeutet ein allgemeines Schutzverhältnis zwischen Jugendamt und Minderjährigen.

Das Jugendamt hat den Personensorge- oder Erziehungsberechtigten unverzüglich von der Inobhutnahme zu unterrichten (§ 42 Abs. 2 Satz 2, wenn der Minderjährige selbst um Obhut gebeten hat; bei Inobhutnahme wegen dringender Gefahr) § 42 Abs. 3 Satz 4 i.V.m. § 42 Abs. 2 Satz 2 SGB VIII und, wenn dieser der Inobhutnahme widerspricht, (wiederum unverzüglich) entweder ihm den Minderjährigen zu übergeben oder eine Entscheidung des Familiengerichts über die erforderlichen Maßnahmen zum Wohl des Minderjährigen herbeizuführen (§ 42 Abs. 2 Satz 1 bzw. § 42 Abs. 3 Satz 4 i.V.m. § 42 Abs. 2 Satz 3 SGB VIII).

Während der Inobhutnahme übt das Jugendamt das Recht der Beaufsichtigung, Erziehung und Aufenthaltsbestimmung aus (wobei es den Willen des Personensorgeberechtigten oder des Erziehungsberechtigten angemessen zu berücksichtigen hat). § 42 Abs. 1 Satz 4 SGB verschafft dem Jugendamt damit die rechtliche Handlungsgrundlage, bis zur Entscheidung des Familiengerichtes über etwa nach § 1666 BGB erforderliche Maßnahmen für das Wohl des Minderjährigen zu sorgen (Vgl. OLG Zweibrücken, ZfJ 1996, 241: hier hielt sich das Kind beim nichtsorgeberechtigten Elternteil auf und wollte nicht zum anderen Elternteil zurückkehren; zu den

---

121 Vgl. *DER SPIEGEL* 15/1993, S. 84 ff.: Notausgang für kaputte Seelen – Über das Elend deutscher Straßenkinder.

Amtspflichten des Jugendamtes bei der Inobhutnahme, s. OLG Hamm, ZfJ 1997, 433 ff.; weitere Rechtsprechung zu § 42 s. GK-SGB VIII – Schleicher).

Die Kompetenzen des Jugendamtes haben – in akuter Krisensituation – zwar nur »vorläufigen« Charakter (AG Kamen, ZfJ 1995, 79), die Inobhutnahme bedeutet aber nicht nur die Verwahrung von Minderjährigen, sondern – unter Abklärung der weiteren Perspektiven der weiteren Entwicklung des Minderjährigen (»Clearing«) – in erster Linie die Verpflichtung zu sozialpädagogischer Arbeit mit den betroffenen Kindern und Jugendlichen. Das Gesetz verpflichtet den öffentlichen Träger der Jugendhilfe zur ausreichenden Bereitstellung eines differenzierten Angebots für die Unterbringung der Minderjährigen. Der örtliche Jugendhilfeträger hat im Rahmen seiner Gesamt- und Planungsverantwortung nach den §§ 79 und 80 SGB VIII entsprechende Einrichtungen für diese Aufgabe in seinem Zuständigkeitsbereich vorzuhalten.

Die Inobhutnahme ist in der Regel ein krisenhaftes Ereignis. In dieser Situation können sozialpädagogische Hilfen Spannungsentlastung, Problemklärung und Wiederaufnahme von Kommunikation bieten.

Die Vorschriften der Inobhutnahme unterscheiden zwei Gruppierungen von Hilfesuchenden. Die eine Gruppe bilden die Minderjährigen, die von sich aus Hilfe suchen (Selbstmelder)[122], und die andere Gruppe sind die Minderjährigen, die von Dritten dem Jugendamt zugeführt werden. Hier wird insbesondere an die Zuführung durch die Polizei, meist gegen den Willen der Minderjährigen (z.B. wenn sie schutzlos sind oder sich in besonderen Gefahrenbereichen aufhalten), gedacht.

Mit der Novellierung des Jugendgerichtsgesetzes wurde in § 72 Abs. 1 JGG geregelt, dass Jugendliche nicht in Untersuchungshaft zu nehmen sind, wenn der Zweck durch eine vorläufige Anordnung über die Erziehung oder durch andere Maßnahmen erreicht werden kann. Das bedeutet, dass durch diese neue gesetzliche Regelung eine weitere Personengruppe Plätze der Inobhutnahme beanspruchen kann.

Für die *geschlossene Unterbringung* im Rahmen der Inobhutnahme von Kindern und Jugendlichen, deren Wohl erheblich gefährdet ist, stellt § 42 Abs. 3 SGB VIII klar, dass freiheitsentziehende Maßnahmen nur zulässig sind, wenn und soweit sie erforderlich sind, um eine Gefahr für Leib oder Leben des Kindes bzw. Jugendlichen oder Dritter abzuwenden. Liegt keine gerichtliche Entscheidung vor, so ist die Freiheitsentziehung spätestens mit Ablauf des Tages nach ihrem Beginn zu beenden.

Ebenso wie bei den Selbstmeldern muss das Jugendamt unverzüglich die Personen- oder Erziehungsberechtigten von der Inobhutnahme unterrichten. Wird der Inobhutnahme widersprochen, so hat das Jugendamt (wieder ohne vermeidbare Verzögerung) das Kind/den Jugendlichen dem Personen- oder Erziehungsberechtigten zu übergeben oder, falls dies nicht zu verantworten wäre, eine Entscheidung des Vormundschaftsgerichts über die erforderlichen Maßnahmen herbeizuführen.

---

122 Nach § 42 Abs. 2 SGB VIII ist das Jugendamt verpflichtet, Kinder oder Jugendliche, die um Obhut bitten (sogenannte Selbstmelder), vorläufig unterzubringen, vgl. *Schleicher*, in: GK-SGB VIII, § 42 Rz. 13-16.

Auszug aus den gemeinsamen Empfehlungen der kommunalen Spitzenverbände und der BAG der Landesjugendämter vom 31.8.1995 (ZfJ 1995, 540):

Inobhutnahme von Kindern und Jugendlichen nach dem SGB VIII
Die Inobhutnahme nach § 42 SGB VIII ist eine eigenständige, von anderen Hilfearten nach dem SGB VIII getrennte Hilfe. Es handelt sich nicht um eine sozialrechtliche Leistung, sondern um eine andere Aufgabe (§ 2 Abs. 3 Nr. 1 SGB VIII).

Die Inobhutnahme hat gleichwohl sozialpädagogische Inhalte.

Die (kurzfristige) vorläufige Unterbringung dient der Gefahrenabwehr und hat zum Ziel, das Kind oder die/den Jugendliche/n über ihre/seine Situation zu beraten und ihnen Möglichkeiten der Hilfe und Unterstützung aufzuzeigen. Dies setzt eine fachlich qualifizierte Problemklärung ebenso voraus, wie die planvolle und zielgerichtete Entwicklung von Ansätzen für neue Perspektiven. Die »vorläufige Unterbringung« geht damit deutlich über eine Verwahrung hinaus.

Verfahren bei der Inobhutnahme

Für die Hilfe nach § 42 SGB VIII gilt eine von den sonstigen Hilfen abweichende örtliche Zuständigkeit (§ 87 SGB VIII).

Zuständig ist der örtliche Träger der Jugendhilfe, in dessen Bereich sich das Kind oder der/die Jugendliche vor Beginn der Maßnahme tatsächlich aufhält. Im Rahmen dieser Zuständigkeit obliegt es dem Jugendamt, den Grund der vorläufigen Inobhutnahme zu klären und erste Handlungsschritte zu entwickeln.

Hierzu kann es auch gehören, Unstimmigkeiten zwischen untergebrachten Kindern und Jugendlichen und dem Heimatjugendamt aufzuklären.

Es ist nicht Aufgabe des nach § 87 SGB VIII zuständigen Jugendamtes, das Kind oder den/die Jugendliche/n den Personensorge- oder Erziehungsberechtigten zu übergeben oder sie ihrem Heimatjugendamt zuzuführen.
– Die Inobhutnahme nach § 42 SGB VIII bedarf sorgfältiger verwaltungsrechtlicher Handhabung:
  Rechtsadressat des nach § 87 SGB VIII zuständigen Jugendamtes sind die Personensorge- bzw. Erziehungsberechtigten und damit in der Regel die Eltern. Allein ihnen steht das Recht zu, einer Inobhutnahme zu widersprechen (§ 42 Abs. 2 Satz 3).
  Die Inobhutnahme ist ein Verwaltungsakt. Er ist ggf. den Personensorge- bzw. Erziehungsberechtigten schriftlich mitzuteilen.
  Zeitlich vor diesem Verwaltungsverfahren liegt eine Prüfphase des Jugendamtes oder einer beauftragten Stelle(freier Träger der Jugendhilfe), in der die der Inobhutnahme zugrundeliegende Problematik mit dem Kind oder der/dem Jugendlichen erörtert wird, Schutz (Aufenthalt) geboten und eine Entscheidung vorbereitet wird.
– Freie Träger können die Befugnis erhalten, eine Inobhutnahme für den örtlichen öffentlichen Träger durchzuführen. In diesem Fall ist der örtliche Träger von jeder Inobhutnahme unverzüglich zu unterrichten.
– Dem Kind oder der/dem Jugendlichen sollten während einer Freiheitsentziehung alle Hilfen gewährt werden, die geeignet sind, die vorläufige Unterbringung zu verkürzen. Eine kontinuierliche sozialpädagogische Betreuung muss sichergestellt sein.

Abgrenzung der »Inobhutnahme« von den Hilfen zur Erziehung

Die Inobhutnahme ist eine Krisenintervention und keine Hilfe zur Erziehung. Sie dient der kurzfristigen Klärung von Problemlagen. Das nach § 87 SGB VIII zuständige Jugendamt hat mit dem Heimatjugendamt und den Personensorge- bzw. Erziehungsberechtigten unverzüglich zu klären, welche Maßnahmen zur Beendigung der Inobhutnahme erforderlich sind. Eine bereits bestehende Hilfe zur Erziehung schließt eine Inobhutnahme nicht aus. Sie kann im Rahmen des Klärungsprozesses zu einer Neuorientierung beitragen.

Sobald die der Inobhutnahme zugrundeliegenden Probleme geklärt sind und zwischen allen Beteiligten für das Kind oder die/den Jugendliche/n akzeptable Perspektiven entwickelt sind, ist die Inobhutnahme zu beenden.

Zusammenarbeit mehrerer beteiligter Jugendämter

In der Regel arbeiten bei der »Inobhutnahme« nach § 42 SGB VIII die nach §§ 86 und 87 SGB VIII zuständigen Jugendämter zusammen.

In den Fällen, in denen zwischen den Personensorge- bzw. Erziehungsberechtigten und dem Kind oder der/dem Jugendlichen schnell und ohne weitere zusätzliche Hilfen eine Lösung gefunden wird, bedarf es nicht der vorhergehenden fachlichen Abstimmung mit dem Heimatjugendamt. Es erfolgt lediglich eine Kostenregulierung. Ist erkennbar, dass die Personensorgebzw. Erziehungsberechtigten weiter erzieherischer Hilfen bedürfen, wird das Heimatjugendamt unverzüglich unterrichtet und die weitere Vorgehensweise abgestimmt.

Beendigung der Inobhutnahme

Die Inobhutnahme ist zu beenden, wenn ihr Zweck erfüllt ist oder wenn der Personensorgebzw. Erziehungsberechtigte widerspricht und keine abweichende Entscheidung des Vormundschaftsgerichts[123] herbeigeführt wird.

Die Inobhutnahme endet mit dem Verlassen des Unterbringungsortes und der Übergabe des Kindes oder Jugendlichen an den Personensorge- bzw. Erziehungsberechtigten oder im Falle der §§ 33 bis 35 a SGB VIII an die Pflegeperson oder die in der Einrichtung für die Erziehung verantwortlichen Personen.

Rückkehr

Das nach § 87 SGB VIII zuständige Jugendamt ist für die vorläufige Unterbringung, nicht jedoch für die Rückführung von Kindern und Jugendlichen zuständig. Die Regelung der Rückkehr ist Aufgabe der Personensorgeberechtigten. Sind sie nicht in der Lage, das Kind oder den Jugendlichen abzuholen, ist die Regelung der Rückkehr Aufgabe des nach § 86 SGB VIII zuständigen Jugendamtes.

Grundsätzlich sollte darauf hingewirkt werden, dass die Personensorgeberechtigten oder die Pflegepersonen oder die in der Einrichtung für die Erziehung verantwortlichen Personen das Kind oder den Jugendlichen selbst abholen.

Entscheiden die Personensorge- bzw. Erziehungsberechtigten, dass das Kind oder der Jugendliche allein zurückkehren soll oder ist davon auszugehen, dass aufgrund der Fähigkeit des Kindes oder Jugendlichen zum eigenverantwortlichen Handeln die Rückführung ohne Beteiligung möglich ist, wird das Kind oder die/der Jugendliche bei der Rückkehr nicht begleitet.

Das Kind oder der/die Jugendliche kann im Rahmen der Amtshilfe von Mitarbeitern des nach § 87 SGB VIII zuständigen Jugendamtes zurückgebracht oder begleitet werden, soweit dies erforderlich ist und um Rückführung oder Begleitung des Kindes oder des Jugendlichen im Rahmen der Amtshilfe gebeten wird.

Gewährleistungspflicht

Die Träger der öffentlichen Jugendhilfe sollen gewährleisten, dass die zur Erfüllung der Aufgaben nach dem SGB VIII erforderlichen und geeigneten Einrichtungen und Dienste ausreichend zur Verfügung stehen (§ 79 Abs. 2 Satz 1 SGB VIII). Für die Inobhutnahme von Kindern und Jugendlichen sollten bedarfsgerechte Konzepte entwickelt werden.

Dies kann in alleiniger Zuständigkeit eines Jugendamtes oder in Kooperation mit Nachbarjugendämtern geschehen.

Kostenerstattung

Das nach § 86 SGB VIII zuständige Jugendamt hat dem nach § 87 SGB VIII zuständigen Jugendamt gemäß §§ 89 b und 89 f sämtliche Kosten der Inobhutnahme zu erstatten. Leistet ein nach § 87 SGB VIII zuständiges Jugendamt bei der Rückführung Amtshilfe, sind die Kosten gemäß § 7 SGB X erstattungsfähig.

---

123 Seit Inkrafttreten des KindRG ist das Familiengericht zuständig.

Kostenbeiträge

Kostenbeiträge für die Inobhutnahme werden von dem nach § 86 SGB VIII zuständigen Jugendamt in Amtshilfe für das nach § 87 SGB VIII zuständige Jugendamt geltend gemacht. Von der Heranziehung zu den Kosten sollte unter den Voraussetzungen des § 93 Abs. 6 SGB VIII abgesehen werden.

Inobhutnahmen 1998

1998 wurden in Deutschland annähernd 31.300 Kinder und Jugendliche von Jugendämtern in Obhut genommen, geringfügig weniger (–1%) als im Jahr davor. Damit fanden die Jugendämter täglich im Durchschnitt für 86 junge Menschen eine geeignete vorläufige Unterbringung. Im früheren Bundesgebiet wurden rund 20.300 junge Menschen in Obhut genommen, in den neuen Ländern und Berlin-Ost rund 11.000. Die Inobhutnahmen in Deutschland erfolgte zu
- 35% auf Wunsch des jungen Menschen selbst
- 27% auf Anregung der Polizei bzw. einer sonstigen Ordnungsbehörde
- 21% auf Anregung sozialer Dienste oder des Jugendamtes
- 8% auf Wunsch der Eltern oder eines Elternteils und zu
- 9% durch Hinweise sonstiger Personen (z.b. Lehrer, Ärzte, Nachbarn, Verwandte).

Vor der Maßnahme lebten (einschließlich der Ausreißer vor der Inobhutnahme) 73% dieser Kinder und Jugendlichen bei den Eltern oder einem Elternteil. Elterliche Überforderung wurde in 30% der Fälle als eigentlicher Anlass der Maßnahme genannt (es konnte noch ein zweiter Anlass genannt werden), Beziehungsprobleme (z.B. zwischen den Eltern oder zwischen Kind und Eltern) in 31% der Fälle. 42% der jungen Menschen waren, als sie in Obhut genommen wurden, von zu Hause bzw. aus einem Heim oder einer ähnlichen Einrichtung ausgerissen. (Quelle: Statistisches Bundesamt, Mitteilung für die Presse v. 11.4.2000)

Statistik: Vorläufige Schutzmaßnahmen für Kinder und Jugendliche 1997

Gegenstand der Nachweisung	Insgesamt	Inobhutnahme					Unterbringung während der Maßnahme		
		an jugendgefährdendem Ort		sonstiger Zugang		Herausnahme	bei einer geeigneten Person	in einer	
		nach vorherigem Ausreißen	ohne vorheriges Ausreißen	nach vorherigem Ausreißen	ohne vorheriges Ausreißen			Einrichtung	sonstigen betreuten Wohnform
Männlich	14.702	1.215	593	4.292	8.490	112	1.198	13.030	474
Weiblich	17.105	1.256	637	6380	8.701	131	1.588	14.945	572
Insgesamt	31.807	2.471	1.230	10.672	17.191	243	2.786	27.975	1.046
Alter von … bis unter … Jahren									
unter 6	2.948	44	201	105	2.524	74	971	1.876	101
6 – 12	3.925	132	206	650	287	64	548	3.276	101
12 – 18	24.934	2.295	823	9.917	11.794	105	1.267	22.823	844
nach der Staatsangehörigkeit									
Deutsche	24.367	1.948	811	8.609	12.793	206	2.335	21.130	902
Ausländer/-innen[a]	7.440	523	419	2.063	4.398	37	451	6.845	144
nach dem Träger									
Träger der öffentlichen Jugendhilfe	24.009	.	.	.	.	196	2.658	20.828	523
Träger der freien Jugendhilfe	7.798	.	.	.	.	47	128	7.147	523
Nachrichtlich:									
Früheres Bundesgebiet	20.724	1.729	921	6.461	11.406	207	2.450	17.846	428
Neue Länder und Berlin-Ost	11.083	742	309	4.211	5.785	36	336	10.129	618

a   Einschl. Staatenloser.

Quelle: Statistisches Bundesamt, Stat. Jahrbuch 1999, S. 470

7.8 Geschlossene Unterbringung

Im Anschluss an die Darstellung der wichtigsten Probleme der Heimerziehung soll nunmehr auf eine höchst problematische Form ihrer Durchführung eingegangen werden: die geschlossenen (oder gesicherte) Unterbringung[124].

7.8.1 Positionen zur geschlossenen Unterbringung[125]

Befürworter:	Gegner:
– Letztes Mittel bei bestimmten Verhaltensweisen und Situationen (z.b. ständiges Weglaufen, delinquentes Verhalten, sexuelle Verwahrlosung, Aggressivität);	– Verzichts- und Bankrotterklärung der Pädagogik; – Für die Probleme der Jugendlichen ist geschlossene Unterbringung eine Kontraindikation;
– Mangels Anwesenheit keine Pädagogik möglich;	– Geschlossene Unterbringung kann durch humane Alternativen ersetzt werden;
– Bestimmte Jugendliche müssen vor sich selbst und andere vor ihnen geschützt werden;	– Gefahr des Missbrauchs und der Ausweitung der »Indikation« auf Widerspenstige, Unangepasste, Unangenehme etc.;
– Jugendrichter und Staatsanwälte fordern geschlossene Unterbringung als Alternative zum Strafvollzug und zur Abwendung der Untersuchungshaft[a].	– Grundsätzliche Bedenken gegen die Verknüpfung von Erziehung und Freiheitsentzug; – Zweifel an der Verfassungsmäßigkeit[b].

a   Zur beispielhaften Auseinandersetzung in Hamburg vgl. Kriminologisches Journal 1982, S. 230.

b   »Probleme lassen sich nicht einsperren«, päd.extra sozialarbeit 1/1979, S. 8; Bundesjugendkuratorium (Hrsg.), a.a.O., S. 82 .

Nicht zuletzt aufgrund der inzwischen existierenden Alternativen ist die geschlossene Unterbringung als pädagogisches Mittel abzulehnen. Beispiele für solche Alternativen sind: Wohngruppen/Wohngemeinschaften; längerer Aufenthalt auf dem Lande (Bauernhof); mehrwöchige Unternehmungen (Zeltlager, Floßfahrt); Expeditionen in die Bergwelt, Wildnis oder Wüste; selbstverwalteter Jugendhof; halb- bis einjährige Fahrt auf einem Jugendschiff.

Kennzeichen dieser verschiedenartigen Alternativen sind[126]:
– Angebote für längerfristige soziale/menschliche Bindungen;
– Planung von Lebensperspektiven;

---

124   Vgl. *Häbel*, in: GK-SGB VIII, § 34 Rz. 21; Stellungnahme der *AFET*, in: np 2/1995, S. 203; *IGfH*, Memorandum zur Problematik geschlossener Unterbringung, in: AGJ 3/1987, S. 36; *v. Wolffersdorf/Sprau-Kuhlen/Kersten*, 1996; EREV Schriftenreihe 2/1994; *Thiersch*, in: Jugendhilfe 1994,268; *Lerche*, Wegsperren als Lösung?, in: NDV 1/1996, S. 16; *Fegert*, in: Jugendhilfe 1998, 208; *Hillmeier*, in Jugendhilfe 1998, 217; *Klawe/Bräuer*, in: Sozialextra 4/1999, 12 (Erlebnispädagogische Maßnahmen statt gesicherter Unterbringung); *Wawrzyniak*, DAVorm 1999, 35; *Lerche*. Geschlossene Unterbringung ein Beitrag zur Qualitätsentwicklung der Hilfen zur Erziehung? In: ArchSozArb 2000, 135 – siehe auch *Verein für Kommunalwissenschaften* 1999.

125   Vgl. Streitgespräch zwischen der bayerischen Justizministerin und der Hamburger Jugendsenatorin in DER SPIEGEL 15/1992, 113.

126   Vgl. *Bundesjugendkuratorium* (Hrsg.), a.a.O., S. 93.

- »Rückkehrübungen« in andere Lebenssituationen;
- kleine überschaubare Lebenseinheiten, die Orientierung ermöglichen;
- Freiräume für Selbstbestimmung;
- Prinzip der Selbstversorgung und selbstverwalteten Wohnwelt;
- Beratung und Unterstützung durch Fachpersonal;
- Möglichkeit für Kinder und Jugendliche, positive Erfahrungen mit sich selbst zu machen;
- personenintensive Hilfe (»Menschen statt Mauern«)[127];
- hohes Engagement der Erzieher;
- Spektrum von angst- und aggressionsabbauenden Möglichkeiten.

Kennzeichen dieser Alternativen sind aber auch die großen Finanzierungsprobleme und der Erwartungsdruck, der auf ihnen lastet.

7.8.2 Zur Rechtmäßigkeit des Einschlusses[128]

Geschlossene Unterbringung ist eine mit Freiheitsentzug verbundene Aufenthaltsbestimmung. Die Freiheitsentziehung (nicht lediglich Freiheitsbeschränkung) wird erkennbar durch besondere Baulichkeiten, Raumgestaltung, Sicherungsmaßnahmen, Überwachung, Einsperrung und Kontaktunterbindung.

Die Diskussion um die Rechtmäßigkeit dieser Maßnahme wurde vor allem durch die §§ 46, 47 des (gescheiterten) Regierungsentwurfs zum Jugendhilfegesetz (1977) entfacht. Der Entwurf sah die geschlossene Unterbringung vor, wenn erstens das Wohl des Minderjährigen erheblich gefährdet ist, zweitens die Unterbringung für eine wirksame pädagogische oder therapeutische Hilfe unerlässlich ist und drittens das Vormundschaftsgericht die Unterbringung angeordnet hat. Außerdem war gewollt, dass der Heimleiter die geschlossene Unterbringung als »Notmaßnahme bei Gefahr in einer Einrichtung« verfügen konnte und nachträglich die Genehmigung des (seinerzeit zuständigen) Vormundschaftsgerichts benötigte.

Dann wurde die Diskussion verstärkt durch § 1631 b BGB, der im Zusammenhang mit der Neuregelung des Rechts der elterlichen Sorge am 1.1.1980 in Kraft getreten ist.

Die Rechtsentwicklung insgesamt hat gezeigt, wie lange sich das sog. *»besondere Gewaltverhältnis«* gehalten hat, obgleich diese Konstruktion zur Außerkraftsetzung von Grundrechten in bestimmten Situationen seit 1972 unhaltbar ist[129].

Die geschlossene Unterbringung spielt in drei Rechtsbereichen eine Rolle:
- im Zivilrecht bei der geschlossenen Unterbringung durch Personensorgeberechtigten (§ 1631 b BGB), durch Vormünder (§§ 1773, 1793, 1800 BGB), durch Pfleger (§ 1909 BGB);
- im Bereich der Jugendhilfe bei der Fremdplazierung von Minderjährigen (§ 34 SGB VIII) oder bei der Inobhutnahme gemäß § 1 JSchÖG bzw. § 42 SGB VIII;
- im Bereich des Jugendstrafrechts im Rahmen von § 71 Abs. 2 und § 72 Abs. 4 JGG[130].

---

127 Konzept der Hamburger Behörde für Arbeit, Jugend und Soziales vgl. *Bittscheidt-Peters/ Koch*, in: ZBlJugR 1983, S. 81.
128 Vgl. *Münder*, Die geschlossene Unterbringung in der Jugendhilfe, in: ZfJ 1984, S. 180.
129 Entscheidung des Bundesverfassungsgerichts zu den Grundrechten von Strafgefangenen (*BVerfGE* 33, 1 ff.), vgl. *Fieseler*, Rechtsgrundlagen, a.a.O., S. 59 ff.
130 Vgl. *Giehring*, in: ZBlJugR 1981, S. 461; *Philipp*, in: ZBlJugR 1982, S. 224.

Verfassungsrechtlich sind die Art. 2, Art. 11 und Art. 104 GG berührt.

Rechtsgrundlagen für eine Freiheitsentziehung:
- Für den Bereich der *elterlichen Sorge* stellt § 1631 b BGB klar, dass mit Freiheitsentziehung verbundene Unterbringung nur mit Genehmigung des Familiengerichts zulässig ist.

Aber auch *Pfleger* und *Vormund* benötigen die familiengerichtliche Genehmigung nach § 1631 b BGB, wenn sie Minderjährige in einer geschlossenen Einrichtung unterbringen wollen. Dies ergibt sich daraus, dass § 1915 BGB die entsprechende Anwendung des Vormundschaftsrechts auf die Pflegschaft vorschreibt, und dass der Vormund gemäß § 1800 BGB bei der Sorge für die Person des Mündels an die §§ 1631 ff. BGB gebunden ist.
- Wird im Rahmen von § 38 SGB VIII die elterliche Sorge zur Ausübung übertragen, so ist die Pflegeperson oder die in der Einrichtung für die Erziehung verantwortliche Person damit nicht berechtigt, den Minderjährigen geschlossen unterzubringen, denn durch die Übertragung erhält der Empfänger nicht mehr Kompetenzen als der Übertragende besitzt. Auch hier müssen die Inhaber des Personensorgerechts ein Verfahren gemäß § 1631 b BGB durchführen.
- Wenn eine Freiheitsentziehung in sog. Eil- und Notfällen vorgenommen wurde, ist unverzüglich die nachträgliche Einholung der familiengerichtlichen Genehmigung notwendig (§ 42 Abs. 3 SGB VIII).

In Verfahren über Unterbringungsmaßnahmen sind die §§ 70-70n FGG zu beachten.

7.9 Mädchen in der Heimerziehung[131]

Mädchen kommen in öffentliche Erziehung meistens aufgrund sog. sexueller Auffälligkeiten (Umherstreunen; Entweichen aus Elternhaus und Schule; frühe sexuelle Erfahrungen; Promiskuität; Prostitution), während bei männlichen Jugendlichen vor allem Eigentumsdelikte und mangelnde Arbeitsdisziplin die Einweisungsgründe sind. Mädchen unterliegen quantitativ weniger oft staatlicher Sozialkontrolle: im Bereich der öffentlichen Erziehung bleibt ihr Anteil mit 40% leicht, im Bereich des Jugendstrafvollzugs mit weniger als 2% ganz erheblich hinter dem männlicher Jugendlicher zurück. Mädchen im Heimen sind aber keine homogene Gruppe, sondern haben – wie die männlichen Jugendlichen – unterschiedlichste Probleme. Sie kommen allerdings später ins Heim als Jungen.

---

131 Vgl. *LWV Württemberg-Hohenzollern*, Landesjugendamt, Bericht über eine Tagung im Mai 1982; *Stein-Hilbers*, in: NP 3/1979, S. 283; *Freigang/Frommann/Giesselmann*, Expertise für den 6. Jugendbericht »Mädchen in Heimen und Wohngemeinschaften«; *Trauernicht u.a.*, 1987; *Schäfter/Hocke*, Mädchenwelten: Sexuelle Gewalterfahrungen und Heimerziehung, Heidelberg 1995; *Krieger/Fath*, Sexueller Missbrauch und Heimerziehung. Eine Bestandsaufnahme am Beispiel Rheinland-Pfalz, Berlin 1995; *Hartwig*, 1990; zur Mädchenarbeit allgemein: *Savier*, in: *Kreft/Lukas* (Hrsg.), Perspektivenwandel der Jugendhilfe, Band II, Nürnberg 1990, S. 273; *Birtsch/Hartwig/Retza* (Hrsg.), Mädchenwelten – Mädchenpädagogik, IGfH-Eigenverlag, Frankfurt a.M. 1991; *Rose*, Mädchenarbeit und Jungenarbeit in der Risikogesellschaft. Kritische Überlegungen zur geschlechtsbewussten Qualifizierung in der Jugendhilfe, in: Neue Praxis 2000, 240; die Beiträge von *Bitzan* und *Wallner*, in SPI Berlin: Bundesmodell »Mädchen in der Jugendhilfe«.

7.10 Ausländische Kinder und Jugendliche[132]

Der Anteil ausländischer Kinder und Jugendlicher im Heim ist seit 1982 (seit diesem Jahr werden ausländische Kinder und Jugendliche in der Statistik ausgewiesen) kontinuierlich gestiegen und lag Ende 1990 bei rund 10,6% (in absoluten Zahlen: 4.665 Minderjährige). Nachdem ausländische junge Menschen bis vor kurzem im Bereich der Heimerziehung unterrepräsentiert waren, entspricht die aktuelle Heimquote ziemlich genau ihrem Anteil an der Gesamtaltersgruppe. Die Gruppe der ausländischen Heimkinder setzt sich im wesentlichen zusammen aus Migrantenkindern und Flüchtlingskindern. Der deutliche Anstieg ist zum einen auf die unbegleiteten Minderjährigen zurückzuführen, die vor Bürgerkrieg, Hunger und Verfolgung ohne Eltern nach Deutschland geflüchtet sind und hier aufgrund des Haager Minderjährigenschutzabkommens Hilfe erhalten. Zum anderen dürften bei den in Deutschland geborenen Kindern die aus der Migrationsforschung bekannten sozialen und kulturellen Marginalisierungsprozesse der zweiten und dritten Einwanderergeneration eine Rolle spielen: das Leben zwischen zwei Kulturen, die Erfahrung sozialer Ausgrenzung (bei den Deutschen wegen des »Ausländerseins« und zugleich innerhalb der eigenen Familie wegen des »Zu-Deutschseins«).

7.11 Tagesgruppen

Rechtsgrundlage: § 32 SGB VIII[133]

Die Möglichkeiten der Heimerziehung werden zunehmend ergänzt durch das ihnen vorgelagerte Angebot von Tagesgruppen. Sie bieten Kindern und Heranwachsenden einen alternativen Lebensort auf Zeit, täglich für mehrere Stunden, ohne dass sie aus ihrer Familie herausgenommen werden müssen. Solche Tagesgruppen bieten verlässliche Versorgung, Lernhilfen, Spielanregungen und Unternehmungen sowie Beratung und unter Umständen Vermittlung in eine Therapie; außerdem bieten sie die Möglichkeit, in sich zuspitzenden Krisen für einige Tage außerhalb der Familie zu wohnen. Intensive Elternarbeit ist hier besonders wichtig. Das Arbeitskonzept der Tagesgruppen ist zwischen Krisenintervention und Hortangeboten angesiedelt.

7.12 Nachbetreuung[134] und erstmalige Hilfe für junge Volljährige

Rechtsgrundlage (für junge Volljährige): §§ 41 Abs. 3 SGB VIII und § 41 Abs. 1, 2 SGB VIII

Nachbetreuung ist eine Form sozialer Hilfeleistung für Kinder und Jugendliche, die sich Heimerziehung befanden und neue Lebensräume aufbauen müssen[135]. Sie ist

---

132 *Kallert/Akpinar-Weber*, Ausländische Kinder und Jugendliche in der Heimerziehung, JSS 10/1993, Frankfurt am Main 1993.

133 Vgl. *Schleicher*, in: GK-SGB VIII, § 32 Rz. 1 ff. ; sehr eingehend die Erläuterungen in *Jans/Happe/Saurbier*, § 32.

134 *Bieback-Diel/Lauer u.a.*, Heimerziehung – und was dann? *ISS-Materialien 20; Sprünken*, Nachbetreuung und Heimerziehung, in: Blätter der Wohlfahrtspflege 1/1984, S. 11; Zum Anspruch junger Volljähriger auf JH-Leistungen: *Struck*, in: ZfJ 1993, 183 – *Deutscher Städtetag*, Hilfen für junge Volljährige, Nachbetreuung. Empfehlungen und Hinweise, LJA LWL 125/95, 41; *Gerlach*, in: AFET 5/1995, 21; *Mrozynski*, ZfJ 1996, 159.

135 Dies ist kein Spezifikum der Heimerziehung: ähnliche Probleme gibt es bei Entlassung aus der Anstaltspsychiatrie, aus dem Gefängnis u.a.

keine Verlängerung der Heimerziehung; und sie darf keine Alibifunktion für nicht geleistete Erziehung zur Selbständigkeit während des Heimaufenthalts übernehmen. Vernünftigerweise wird die Nachbetreuung vorbereitet durch Maßnahmen zur *Ablösung junger Menschen aus der Heimerziehung* (z.B. Selbstversorgung in angemieteten Wohnungen). Eine besondere Problemgruppe sind hier die Jungerwachsenen, die fließende Übergänge von einer Lebenswelt in eine andere benötigen.

Die *Arbeitsformen der Nachbetreuung* unterscheiden sich, je nachdem ob der junge Mensch in die (Ursprungs- oder eine andere) Familie zurückkehrt, oder ob er eine eigene Existenz aufbauen muss.

Kehrt der Jugendliche in sein Ursprungsmilieu zurück, so müssen die getrennt verlaufenden Entwicklungslinien der Familie und des Jugendlichen wieder miteinander verknüpft werden (z.B. Einladungen der Familie ins Heim, um entstandene Schwierigkeiten zu besprechen; heimentlassene Kinder und Jugendliche dürfen an Wochenenden, bei besonderen Anlässen, in den Ferien wieder ins Heim zurück; Bestellung eines sozialpädagogischen Familienhelfers, Erziehungsbeistandes; Einschaltung von Erziehungsberatungsstellen).

Nachbetreuung für junge Volljährige, die sich eine neue Existenz aufbauen, muss ansetzen an der Bearbeitung der Trennungssituation und der damit häufig verbundenen Isolierung oder auch persönlichen Identitätskrise bei Misserfolgserlebnissen (Hilfen sind z.B. teilzeitbetreute Wohngemeinschaften; Anlauf- und Kontaktpersonen im Heim; Patenschaften von sozial engagierten Bürgern und Familien; Selbsthilfegruppen; Projekte der Arbeitsverwaltung; Öffnung von kirchlichen und anderen Gesprächs- und Freizeitgruppen).

Während Hilfe für junge Volljährige nach §§ 6 Abs. 3, 75 a JWG *nur* als fortgesetzte Hilfe zu leisten war, kann die Hilfe seit Verabschiedung des KJHG auch nach Vollendung des 18. Lebensjahres einsetzen: 18-26-jährige (§ 7 Abs. 1 Nr. 3 SGB VIII) haben – im Hinblick auf die veränderten gesellschaftlichen Verhältnisse gerade für junge Menschen dieser Altersgruppe, verbunden mit dem späteren Eintritt ihrer Selbständigkeit[136] – einen eigenen, von ihnen selbst einzuklagenden Anspruch auf Hilfen nach § 27 Abs. 3 sowie auf sämtliche Leistungen, die bei Kindern und Jugendlichen als Hilfen zur Erziehung angeboten werden (mit Ausnahme der Hilfen nach §§ 31, 32), wenn und solange die Hilfe aufgrund ihrer individuellen Situation für ihre Persönlichkeitsentwicklung und zu einer eigenen Lebensführung notwendig ist (§ 41 Abs. 1, 2; Nachbetreuung nach § 41 Abs. 3 SGB VIII).

Die Hilfe wird »in der Regel« nur bis zur Vollendung des 21. Lebensjahres gewährt, soll aber »in begründeten Einzelfällen«, das heißt immer, wenn ihre Voraussetzungen gegeben sind[137], für einen begrenzten Zeitraum darüber hinaus fortgesetzt werden (§ 41 Abs. 1 Satz 2). Aus Kostengründen handhabt die Jugendhilfepraxis

---

136 *Diedrichs-Michel*, in: GK-SGB VIII, § 41 Rz. 10.

137 Weil es sich um eine »Sollvorschrift« handelt, darf allenfalls im atypischen Ausnahmefall, der so leicht nicht vorliegen dürfte, Hilfe unterbleiben: Wie sollte ein solcher Ausnahmefall bei Vorliegen der Tatbestandsmerkmale überhaupt beschaffen sein? Zur »fehlenden Mitwirkungsbereitschaft« siehe *Diedrichs-Michel*, § 41 Rz. 17 f. (kein besonderes Tatbestandsmerkmal des § 41 SGB VIII) mit Hinweis auf *VG Arnsberg* (27.9.1995, 11 L 1379/95) und *Wiesner*, § 41 Rz. 24: »Motivation zur Überbrückung von »Durststrecken«.

dies eher restriktiv, so dass junge Volljährigen in vielen Fällen erst durch die Anrufung der Verwaltungsgerichte zu ihrem Recht gekommen sind[138].

7.13 Schutz von Kindern und Jugendlichen in Einrichtungen[139]

Überblick

Die §§ 45-49 SGB VIII regeln den Schutz von Kindern und Jugendlichen in Heimen und anderen Einrichtungen sowie (gemäß) § 48 a SGB VIII in einer sonstigen Wohnform. Dieser (hoheitlichen) Aufgabe der »Heimaufsicht« dienen
– Ein Erlaubnisvorbehalt für die Aufnahme des Betriebes einer Einrichtung (§ 45 Abs. 1 Satz 1),
– Überprüfungen durch die Aufsichtsbehörde »an Ort und Stelle« nach § 46,
– Die Meldepflichten des Einrichtungsträgers gegenüber der Aufsichtsbehörde (§ 47),
– Die Tätigkeitsuntersagung nach § 48.

Erlaubnisvorbehalt – Versagung der Erlaubnis

Die Erlaubnispflicht ist in § 45 Abs. 1 SGB VIII geregelt und erfasst – von den in § 45 Abs. 1 Satz 2 genannten Einrichtungen abgesehen – jede Einrichtung, in der Kinder oder Jugendliche ganztägig oder für einen Teil des Tages betreut werden oder Unterkunft erhalten (§ 45 Abs. 1 Satz 1). Unter »Einrichtung« ist jede »auf eine gewisse Dauer angelegte Verbindung von sächlichen und persönlichen Mitteln zu einem bestimmten Zweck unter der Verantwortung eines Trägers« zu verstehen, die »weitgehend unabhängig vom Wechsel der Personen, denen sie zu dienen bestimmt ist ... orts- und gebäudebezogen« (Regierungsbegründung, BT-Drucks. 11/5948, S. 83). Dies ist etwa bei Kindergärten und Heimen der Fall, vgl. *Fieseler*, in: GK-SGB VIII, § 45 Rz. 7-13).

Der Erlaubnisvorbehalt dient einer »präventiv ausgerichteten, öffentlich verantworteten Kontrolle« (*Nonninger*, in: LPK, § 45 Rz. 4) durch Sicherung eines dem Wohl der untergebrachten Kinder und Jugendlichen dienenden Mindeststandards. Diesem Wohl ist freilich zugleich (und vorab) durch eine fachliche Beratung und Unterstützung des Einrichtungsträgers durch die zuständige Behörde – in partnerschaftlicher Zusammenarbeit – am besten gedient. Dementsprechend sind Vereinbarungen über die Eignung der Betreuungskräfte anzustreben (§ 45 Abs. 2 Satz 2).

Insbesondere diese Eignung ist Voraussetzung für die Erteilung der Betriebserlaubnis (§ 45 Abs. 2 Satz 2). Wenn sie nicht gesichert ist, und auch durch Nebenbe-

---

138 Vgl. die zahlreichen Rechtsprechungsnachweise bei *Diedrichs-Michel*, in: GK-SGB VIII, § 41; weiterhin: *VerwG Kassel*, Beschluss vom 5.Mai 1999 (5 G 702/99 -), in LJA Hessen-Info 3/1999, 26 mit Anm. *Fieseler*; a.a.O. S. 27; *BVerwG*, NJW 2000, 2688: Hilfe nach § 41 SGB VIII setzt nicht voraus, dass der junge Volljährige sein Verselbständigung bis zur Vollendung des 21. Lebensjahres erreichen wird. Nicht gefolgt werden kann *Kunkel* 1999, 129, der meint, Hilfe sei »grundsätzlich« nur für 18- bis 20jährige und »nur ausnahmsweise darüber hinaus« zu leisten.

139 *Abel* 1995; *Struck*, in: Jugendhilfe 1993, 109 (Heimrichtlinien); *Mrozynski*, ZfJ 1994, 145 (Einrichtungsbegriff); *Irskens*, Neue Wege gehen – Heimaufsicht für Tageseinrichtungen für Kinder, in: NDV 1995, 114; *Lakies*, Zu Funktion und Inhalt der Pflege- und Betriebserlaubnis, in: ZfJ 1995, 9; *Gernert*, in ZfJ 1997, 1; *Baltz*, Betriebserlaubnis, in: DV-Fachlexikon, S. 147 – Rechtsprechung zu § 45, s. *Fieseler*, in: GK-SGB VIII, nach Rz. 40.

stimmungen im Sinne von § 45 Abs. 2 Satz 1 nicht gesichert werden kann, oder wenn aus anderen Gründen das Wohl der Kinder oder Jugendlichen in der Einrichtung nicht gewährleistet ist (dazu *Fieseler*, in: GK-SGB VIII, § 45 Rz. 16 f., 20 mit Hinweisen auf Landesgesetze und Rechtsprechung), ist die Erlaubnis zu versagen. Andernfalls besteht ein Rechtsanspruch auf die Erteilung der Erlaubnis.

Die Erlaubnisbehörde trifft die »materielle Beweislast« (*Münder u.a.,* § 45 Rz. 13) dafür, dass die Voraussetzungen einer Erlaubnisversagung vorliegen. Sie hat dies u.U. rasch und immer sorgfältig – anhand von Tatsachen (nicht bloßen Vermutungen) – zu prüfen und dabei alle Umstände sorgfältig abzuwägen. Sollten trotz sorgfältiger Prüfung und Absprache mit dem Träger begründete Zweifel daran verbleiben, dass die Einrichtung das Wohl der Kinder oder Jugendlichen gewährleistet, so ist die Erlaubnis zu versagen[140].

Entzug der Betriebserlaubnis

Nach § 45 Abs. 2 Satz 4 SGB ist die einmal erteilte Erlaubnis zurückzunehmen oder zu widerrufen, wenn das Wohl der Kinder oder der Jugendlichen in der Einrichtung gefährdet, und der Träger nicht bereit oder in der Lage ist, die Gefährdung abzuwenden. Stets ist dabei zu prüfen, ob nicht mildere Mittel als der Entzug der Betriebserlaubnis ausreichen, das Wohl der Kinder oder Jugendlichen zu sichern. Beratung nach § 45 Abs. 3 Satz 1 (zur Beteiligung und Anhörung des Sozialhilfeträgers nach § 45 Abs. 3 Satz 2, 4 s. *Fieseler*, in: GK-SGB VIII, § 45 Rz. 26-29) und Unterstützung hinsichtlich der Abstellung von Mängeln, nachträgliche Auflagen und andere Nebenbestimmungen, Untersagung der Tätigkeit bestimmter Mitarbeiter nach § 48 SGB VIII können den Minderjährigen ihren Lebensort möglicherweise erhalten und haben ggf. Vorrang vor der Betriebsuntersagung.

Überprüfung an Ort und Stelle

Die Aufsichtsbehörde soll nach den Erfordernissen des Einzelfalls (wenn ihr etwa Informationen zugehen, die zu einer Änderung der ursprünglichen Beurteilung hinsichtlich der Gewährleistung des Kindeswohls führen), nicht regelmäßig, wie es in § 78 Abs. 5 Satz 1 JWG hieß, »an Ort und Stelle« (in der Einrichtung) überprüfen, ob die Voraussetzungen für die Erteilung der Betriebserlaubnis fortbestehen (§ 46 Abs. 1 S. 1 SGB VIII) und daran das (ortsnahe) Jugendamt und – dem Grundsatz partnerschaftlicher Zusammenarbeit entsprechend (§ 4 Abs. 1 Satz 1 SGB VIII) den zentralen Träger der Jugendhilfe beteiligen, wenn diesem die Einrichtung angehört (§ 46 Abs. 1 Satz 2 SGB VIII).

Dies dient der Feststellung von Mängeln, die sich ggf. an Ort und Stelle mit dem zentralen Träger erörtern lassen, so dass dieser umgehend für Abhilfe sorgen kann. Wie auch sonst hat die Aufsicht also auch hier nicht ausschließlich und nicht einmal vorrangig repressiven Charakter, sondern sie dient zugleich und zuvörderst der Abstellung der Mängel und dem fachlich-pädagogischen Dialog mit ihm. Unangemeldete Kontrollbesuche können gleichwohl nötig sein; ggf. kann eine Terminsmitteilung unterbleiben.

---

140 *Fieseler*, in: GK-SGB VIII, § 45 Rz. 18; a.A. *Krug/Grüner/Dalichau*, § 45 Anm. V; zum
    Rechtsschutz s. *Fieseler*, GK-SGB VIII, § 45 Rz. 22, 24.

§ 46 Abs. 2 SGB VIII räumt in Satz 1 und – zeitlich und räumlich erweitert – in Satz 2 den von der Aufsichtsbehörde mit der Überprüfung beauftragten und mit einer förmlichen Legitimation zu versehenden Personen folgende Befugnisse ein, deren Ausübung der Einrichtungsträger nach § 46 Abs. 2 Satz 3 SGB VIII zu dulden hat:
– die Grundstücke und Räume während der Tageszeit zu betreten (bei dringender Gefahr für das Wohl der Kinder und Jugendlichen zu jeder Zeit),
– Prüfungen und Besichtigungen vorzunehmen,
– sich mit den Kindern und Jugendlichen in Verbindung zu setzen,
– die Beschäftigten zu befragen.

Das Recht, Grundstück und Räume zu betreten, gibt keine Befugnis zu unmittelbarem Zwang. Bei Zutrittsverweigerung ist der Vollzugsdienst der Polizei heranzuziehen. Kann eine Gefahr nicht anders abgewehrt werden, so sind sie nach § 43 SGB VIII aus der Einrichtung herauszunehmen. Auch ist das an der Prüfung beteiligte Jugendamt gemäß § 42 Abs. 2 Satz 1 SGB VIII verpflichtet, ein Kind oder einen Jugendlichen in seine Obhut zu nehmen, wenn das Kind oder der Jugendliche anlässlich der Überprüfung der Einrichtung darum bittet.

Meldepflichten

Die in § 47 SGB VIII normierten Anzeige- und Meldepflichten des Trägers der Einrichtung, nicht der Einrichtung selbst, sollen sicherstellen, dass die zuständige Behörde ihre Aufsichtsfunktion zum Schutz der in die Einrichtung aufgenommenen Kinder und Jugendlichen wahrnehmen kann. Die Informationen können Anhaltspunkte für die Notwendigkeit einer Überprüfung an Ort und Stelle liefern.

Die Meldepflicht nach § 47 Abs. 2 Nr. 4 SGB VIII bezweckt den Schutz »vergessener Heimkinder« sowie die Förderung von Spätadoptionen (vgl. BT-Drucks. 11/5948, S. 85; vgl. hierzu auch § 12 AdVermiG, s. *Fieseler*, in: GK-SGB VIII, § 47, Rz. 3).

Die Befreiung von der Meldepflicht nach § 47 Abs. 3 SGB VIII liegt im pflichtgemäßen Ermessen der Aufsichtsbehörde und dient der Vermeidung von »überflüssigem Verwaltungsaufwand« (*Wiesner*, § 47 Rz. 18) bzw. »bürokratischen Leerlaufs« (*Hauck/Stähr*, § 47 Rz. 14). Ihre Ablehnung ist durch Widerspruch und im Falle eines ablehnenden Widerspruchsbescheides durch Klage vor dem Verwaltungsgericht überprüfbar.

Tätigkeitsuntersagung

§ 48 SGB VIII ermächtigt die Aufsichtsbehörde, dem Träger einer erlaubnispflichtigen Einrichtung die weitere Beschäftigung des Leiters, eines Beschäftigten oder sonstigen Mitarbeiters zu untersagen, wenn diese nicht die für ihre Tätigkeit erforderliche Eignung besitzen. Die Vorschrift gibt der Aufsichtsbehörde kein Mittel in die Hand, die Tätigkeit unbequemer, in Auseinandersetzungen mit Kollegen verwickelter Mitarbeiter zu untersagen (insofern stehen dem Einrichtungsträger selbst arbeitsrechtliche Schritte zu); ihre Anwendung setzt vielmehr – ihrer Stellung im Zweiten Abschnitt des Dritten Kapitels entsprechend – voraus, dass durch die mangelnde Eignung das Kindeswohl in der Einrichtung nicht gewährleistet ist (Vgl. OVG Berlin, Beschluss vom 16.6.1993, OVG 6 S 63.93, auch zur Anordnung der sofortigen Vollziehung und der Wiederherstellung der aufschiebenden Wirkung, s. GK-SGB VIII, § 43: Rechtsprechung).

Sonstige betreute Wohnform

§ 48 a SGB VIII trägt der »Differenzierung der Heimlandschaft« Rechnung (Wiesner, § 48 a Rz. 1). Einbezogen sind Jugendwohngruppen auch bei nur mobiler sozialpädagogischer Betreuung, doch ist ihrer Besonderheit bei der Erteilung der Erlaubnis nach § 45 Abs. 1 SGB durch geeignete, die Selbständigkeit der Jugendlichen berücksichtigende Nebenbestimmungen Rechnung zu tragen (GK-SGB VIII, § 48 a, Rz. 3; zu selbstorganisierten Jugendwohngemeinschaften s. GK-SGB VIII, § 48 a, Rz. 4-6 (Der »Schutzgedanke gebietet eine Unterstellung unter die §§ 45-48 nicht«).

Zuständigkeit

Sachlich zuständig für die Wahrnehmung der Aufgaben nach §§ 45-48a SGB VIII ist der landesrechtlich bestimmte (§ 69 Abs. 1 Satz 3 SGB VIII) überörtliche Träger (§ 85 Abs. 2 Nr. 6). In der Regel nimmt das Landesjugendamt nach § 69 Abs. 3 SGB VIII diese Aufgaben wahr. Bestrebungen einer Verlagerung dieser Aufgaben auf den örtlichen Träger sowie einer »Auflösung« bzw. einer Eingliederung der Landesjugendämter in die für Jugendhilfe zuständigen Landesministerien (so bereits in Schleswig-Holstein und – Stand November 2000 – geplant in Hessen – ist aus rechtlichen und aus fachlichen Gründen entgegenzutreten[141]. Örtlich zuständig ist der überörtliche Träger (oder die nach Landesrecht bestimmte Behörde), in dessen Bereich die Einrichtung oder die sonstige Wohnform gelegen ist (§ 87 a Abs. 2 SGB VIII. Für die Mitwirkung an der örtlichen Prüfung (§ 46 Abs. 1 Satz 2 SGB VIII) ist der örtliche Träger zuständig, in dessen Bereich die Einrichtung oder sonstige Wohnform gelegen ist (§ 87 a Abs. 3 SGB VIII).

Landesrechtsvorbehalt

Landesrecht ergänzt und konkretisiert in Landesausführungsgesetzen zum KJHG (bzw. dessen Art. 1, dem SGB VIII) die bundeseinheitlichen Vorgaben über den Schutz der Kinder und Jugendlichen in Einrichtungen; vgl. dazu, die Zusammenstellung in GK-SGB VIII, § 49 Rz. 2 sowie dort – Rz. 3 – die Ausführungen zu Regelungssystematik, Regelungsdichte, Regelungsinhalte und – Rz. 4-8 – Einzelbeispiele).

Bußgeld- und Strafvorschriften

§ 104 Abs. 1 Nr. 2-3 SGB VIII bestimmt Verstöße gegen § 45 Abs. 1 Satz 1 (Betreibung einer Einrichtung oder sonstigen Wohnform ohne Erlaubnis) und gegen § 47 Abs. 1 oder 2 (Verstöße gegen die dort normierten Meldepflichten) zu Ordnungswidrigkeiten, die mit einer Geldbuße geahndet werden können. § 105 SGB VIII sieht sogar Freiheitsstrafe (bis zu einem Jahr) oder Geldstrafe für den Fall vor, dass eine Einrichtung oder sonstige Wohnform ohne Erlaubnis betrieben wird und dadurch leichtfertig ein Kind oder ein Jugendlicher in seiner körperlichen, geistigen oder seelischen Entwicklung schwer gefährdet wird (Nr. 1) oder die vorsätzliche Handlung beharrlich wiederholt wird (s. *Fieseler*, in: GK-SGB VIII, §§ 104, 105).

---

141 Dazu näher *Fieseler*, Stellungnahme zum Entwurf einer Änderung des hessischen AG-KJHG vom 11.7.2000.

8. Eingliederungshilfe für seelisch behinderte Kinder und Jugendliche[142]

Rechtsgrundlage: §§ 10, 35 a SGB VIII

Die ursprüngliche Fassung des § 10 Abs. 2 SGB VIII sah einen Vorrang der Kinder- und Jugendhilfe für junge Menschen vor, die nicht wesentlich körperlich oder geistig behindert sind. Auch die seelisch behinderten jungen Menschen waren vorrangig der Jugendhilfe zugeordnet. Es entstanden aber erhebliche Schwierigkeiten bei der Abgrenzung zwischen nicht wesentlichen und wesentlichen körperlichen oder geistigen Behinderungen und zwischen geistigen und seelischen Behinderungen.

Außerdem wurde der bisherige § 27 Abs. 4 SGB VIII, nach dem die Hilfe zur Erziehung auch die Maßnahmen der Eingliederungshilfe nach dem BSHG »umfasste«, unterschiedlich ausgelegt. Das Erste Änderungsgesetz SGB VIII stellt nunmehr klar, dass für alle Leistungen an *seelisch* behinderte junge Menschen nach § 10 Abs. 2 i.V.m. der Neuregelung in § 35 a SGB VIII der Vorrang der Jugendhilfe gegenüber der Sozialhilfe besteht. *Körperlich* und *geistig* behinderte Menschen erhalten nach § 10 Abs. 2 SGB VIII vorrangig die Leistungen der Sozialhilfe.

Der eigenständige Leistungstatbestand des § 35 a SGB VIII gibt seelisch behinderten oder von einer solchen Behinderung bedrohten Kindern und Jugendlichen – unabhängig vom Vorliegen der Voraussetzungen der Hilfe zur Erziehung – einen umfassenden Anspruch auf Eingliederungshilfe als Leistung der Jugendhilfe. Der Träger der öffentlichen Jugendhilfe hat durch eine angemessene Ausstattung dafür zu sorgen, dass Einrichtungen und Dienste zur Verfügung stehen, die sowohl die Aufgaben der Eingliederungshilfe erfüllen als auch gleichzeitig den erzieherischen Bedarf dekken. Eine solche umfassende Bedarfsdeckung schließt die erforderlichen Beratungs- und Unterstützungsangebote für die Personensorgeberechtigten ein. Schließlich wird der Aufbau integrativer Formen der Tagesbetreuung unterstützt.

Die Eingliederungshilfen des § 35 a werden aufgrund der entsprechend erweiterten Verweisung in § 41 Abs. 3 SGB VIII grundsätzlich auch jungen Volljährigen gewährt.

Für die Zuordnung körperlich und geistig behinderter junger Menschen zur Sozialhilfe kommt es nach § 10 Abs. 2 SGB VIII auf das Merkmal »wesentliche« oder »nicht wesentliche« Behinderung nicht mehr an[143].

---

142 *Nothacker*, in: GK-SGB VIII, § 35 a Rz. 1 ff.; Stand Juli 1999); *Wiesner*, Vor § 35 a und § 35 a; *Lempp* (1995), a.a.O.; *Fegert* (1994), a.a.O.; *Gintzel/Schone*, Jugendwohl 1995, 77; *Schmeller*, BldWpfl. 1995, 77. *DPWV*-Schriftenreihe Nr. 45, Seelisch behinderte junge Menschen. Folgerungen aus dem gesetzlichen Zuständigkeitswechsel BSHG/KJHG, 2. Aufl., Frankfurt a.M. 1994. Zur Frühförderung: *Landschaftsverband Westfalen-Lippe*, Mitteilungen Nr. 123 (1995) mit Beiträgen von *Gernert* und *Niemann-Graw* – Zum Verhältnis von Jugendhilfe und Jugendpsychiatrie: *Adams*, Evangelische Jugendhilfe 1999, 96; *Jungmann*, Evangelische Jugendhilfe 1999, 156.

143 *Hess.VGH*, in: ZfJ 1997, 435 (Legasthenie). Zur Legasthenie auch *VGH Baden-Württtemberg*, Urteil vom 29.5.1995, 7 S 259/94: Solange die zuständige Schulbehörde meint, ein Schüler sei geeignet, die Grundschule zu besuchen, darf der Träger der Jugendhilfe Eltern, die Hilfe zur Erziehung begehren, nicht darauf verweisen, das Kind könne eine Sonderschule besuchen, um so die Gewährung von Erziehungshilfe überflüssig zu machen; *VGH Baden-Württemberg*, ZfJ 2000, 115 – Zu § 10 SGB-VIII: *Busch/Fieseler*, in: GK-SGB VIII mit ausführlichen Literaturangaben nach Rz. 32.

Durch die Neuformulierung werden in Zukunft weniger Zuständigkeitsstreitigkeiten zwischen Jugendhilfe und Sozialhilfe zu erwarten sein. Neben den Schwierigkeiten der Abgrenzung zwischen seelischer und geistiger Behinderung im Bereich der Frühförderung bleibt problematisch die Zuordnung lernbehinderter und mehrfachbehinderter Kinder.

9. Gruppenarbeit

9.1 Soziale Trainingskurse

Rechtsgrundlage: § 10 Abs. 1 Nr. 6 JGG

Soziale Trainingskurse sind ein spezielles Angebot innerhalb der offenen pädagogisch-therapeutischen Hilfen, die zwischen den offenen Hilfen und den Hilfen für die Erziehung außerhalb der eigenen Familie stehen.

Ziel ist die kurzzeitige, intensive erzieherische Hilfe zur Konfliktverarbeitung aufgrund eines pädagogischen und therapeutischen Konzepts.

Bereits der Diskussionsentwurf eines Jugendhilfegesetzes (1973) sah sog. Erziehungskurse vor, die an die Stelle der Zuchtmittel nach § 13 JGG, insbesondere des Jugendarrests, treten sollten[144]. Anknüpfungspunkt war »sozial schädliches Fehlverhalten«.

Der Referentenentwurf des Jugendhilfegesetzes von 1977 und der Regierungsentwurf eines Sozialgesetzbuchs – Jugendhilfe von 1979[145] sahen dann die Übungs- und Erfahrungskurse als eine besondere Art der Erziehung in der Gruppe vor.

Aufgrund der Erfahrungen im gruppendynamischen Prozess sollen Konflikte des Jugendlichen durchgearbeitet, konstruktive Einsichten und Problemlösungen entwikkelt sowie gemeinsame Interessen aufgezeigt werden.

Die Kurse können mehrtägig, ganztags oder für einen Teil des Tages, z.B. in Freizeiteinrichtungen, durchgeführt werden; sie sind zeitlich befristet (i.d.R. mindestens 3 Wochen). Als Leiter kommen nur in der Gruppenarbeit erfahrene Fachkräfte in Betracht. Wichtig ist ferner, dass Kurse gemeinsam begonnen und beendet werden; Betreuer und Teilnehmerwechsel sind zu vermeiden.

Inzwischen gibt es mehrere Modellversuche, und es liegen langjährige Erfahrungen mit sozialtherapeutischer Gruppenarbeit vor[146].

9.2 Soziale Gruppenarbeit

Rechtsgrundlage: § 29 SGB VIII[147]

---

144 Vgl. Diskussionsentwurf, a.a.O., S. 132 ff.
145 BT-Drucks. 8/2571, § 42.
146 Vgl. ISA-Schriftenreihe, Heft 6 »Soziale Trainingskurse« – Zur ambulanten Arbeit mit straffälligen Jugendlichen, 2. Aufl. Münster 1983; *Hinkel*, ISS-Materialien 10 »Übungs- und Erfahrungskurse – Kurspraxis und Ergebnisse, Frankfurt a.M. 1979; *Busch/Hartmann/Mehlich*, a.a.O.; *BMJ* (Hrsg.), Neue ambulante Maßnahmen nach dem Jugendgerichtsgesetz, Bonn 1986, S. 8-21.
147 Vgl. *Fieseler*, in: GK-SGB VIII, § 29 Rz. 1 ff. (Stand Juli 1999) mit ausführlichen Literaturnachweisen.

Soziale Gruppenarbeit ist eine Form der ambulanten Jugendhilfe, die älteren Kindern und Jugendlichen durch Gruppenerfahrung Sozialisationshilfen geben will.

Ziel ist:
– dem Minderjährigen durch Neuorientierung an den von ihm mitentwickelten Gruppennormen größere Selbständigkeit und Eigenverantwortung zu ermöglichen,
– dem Minderjährigen bei der Reduzierung von Konflikten im Bereich Familie, Schule, Ausbildungs- und Arbeitsplatz zu helfen, damit nicht negative Konsequenzen für ihn eintreten,
– Überwindung von Entwicklungsschwierigkeiten und Verhaltensproblemen,
– soziales Lernen.

Das Angebot der Gruppenarbeit richtet sich nach den regionalen Bedingungen; sie wird derzeit vorwiegend von großstädtischen Jugendämtern praktiziert.

Die soziale Gruppenarbeit wendet sich nicht nur an den Minderjährigen; sie umfasst grundsätzlich auch die Arbeit mit seiner Familie und seinem Umfeld. Eine intensive Zusammenarbeit mit den Eltern ist anzustreben (Elterngruppen). Die Mitwirkungsbereitschaft der Eltern ist aber nicht Vorbedingung für die Aufnahme eines Minderjährigen in die Gruppe.

Nach modellhaften Erprobungen von Erziehungskursen als Hilfeart im Rahmen der Jugendhilfe sowie als Weisung im Rahmen des Jugendgerichtsgesetzes kann der fördernde Einfluss solcher erzieherisch gestalteter Gruppenarbeit auf die Entwicklung junger Menschen als gesichert gelten. In der Praxis sind dafür unterschiedliche Bezeichnungen wie Erziehungskurse, Übungs- und Erfahrungskurse oder soziale Trainingskurse gewählt worden.

Heute werden diese Formen sozialer Gruppenarbeit nicht nur als Weisung im Rahmen des Jugendgerichtsgesetzes, sondern zunehmend auch für nicht-delinquente Jugendliche mit vergleichbaren Entwicklungsdefiziten sowie für ältere Kinder eingesetzt (BT-Drucks. 11/5948, S. 70).[148]

---

148 Im Laufe des Jahres 1998 haben insgesamt 6.865 Kinder, Jugendliche und junge Erwachsene Erziehungshilfen in Form von sozialer Gruppenarbeit abgeschlossen. Das waren 2% mehr als im Vorjahr. Die jungen Menschen in der sozialen Gruppenarbeit setzten sich 1998 wie folgt zusammen: – Mit 79% überwogen die männlichen jungen Menschen, – im Alter unter 15 Jahren waren 31% der Teilnehmer, 40% waren im Alter von 15 bis unter 18 Jahren und 29% waren volljährig, – 23% der Betreuten hatten eine ausländische Staatsangehörigkeit, – die meisten jungen Menschen (82%) lebten zu Beginn der Hilfe bei den Eltern oder einem Elternteil. Die Teilnahme an der sozialen Gruppenarbeit wurde überwiegend von öffentlichen Stellen, insbesondere von Gerichten und Staatsanwaltschaften (41%) und Jugendämtern (33%) angeregt. Die Eltern taten diesen Schritt in nur 10% der Fälle, die Betroffenen, also die jungen Menschen selbst, lediglich in 4%. Von Diensten freier Wohlfahrtsverbände sowie sonstigen Institutionen und Personen ging die Anregung in 12% der Fälle aus. Anlass für die gruppenpädagogische Hilfe war in erster Linie eine Straftat des jungen Menschen (60% der Fälle). Danach folgten Schul- und Ausbildungsprobleme (24%) sowie Beziehungsprobleme (15%). Bei den vorgenannten Angaben sind Doppelnennungen (d.h. zwei Ursachen je Fall) möglich. Gut ein Drittel (36%) der Hilfen nahm weniger als drei Monate in Anspruch. Im Durchschnitt dauerten die im Jahr 1998 beendeten Hilfen sieben Monate. (Quelle: Statistisches Bundesamt, Mitteilung für die Presse v. 27.1.2000).

10. Straßensozialarbeit (»Street Work«)/Mobile Jugendarbeit[149]

Straßensozialarbeit ist gemeinwesenbezogen. Sie richtet sich an junge Menschen, die von herkömmlichen Hilfsangeboten, trotz erheblicher Notsituationen, nicht erreicht werden. Die Sozialarbeiter versuchen Kontakt und Zugang zu den jungen Menschen dadurch herzustellen, dass sie in den Stadtteil, auf die Straßen und Plätze gehen, wo sich die Jugendlichen aufhalten (aufsuchende Sozialarbeit). Straßensozialarbeit kann sich an alle jungen Menschen im Wohnquartier oder an bestimmte Zielgruppen (z.b. Drogengefährdete) wenden.

Voraussetzung für die Arbeit ist u.a.:

- Kennen der besonderen Treffpunkte und ihrer Bedeutung für die jungen Menschen;
- Kennen der sozialen Probleme und Entwicklungen im Stadtteil;
- Möglichkeit zur anonymen Beratung;
- keine Aktenführung;
- Verbindung zu den im Stadtteil relevanten Gruppen, Verbänden, Institutionen etc. und regelmäßige Kooperation;
- kurzfristige Erreichbarkeit (z.b. Sprechstunden);
- Einteilung der Arbeitszeit nach den Bedürfnissen der Zielgruppe;
- Erfahrungsaustausch und fachliche Beratung.

Die verschiedenen Arbeitskonzepte beinhalten (Präventiv-)Maßnahmen wie z.B.[150]:

- die Entstehung von jugendlichen Randgruppen durch Kontaktaufnahme in deren Freizeitbereich frühzeitig erkennen;
- besondere Probleme und Bedürfnisse der Straßengruppen feststellen und Hilfe anbieten bzw. vermitteln;
- Kontaktaufnahme zu Drogengefährdeten und Weiterleitung an Beratungsstellen, Ärzte, Selbsthilfegruppen u.ä.;
- die Aktivitäten von sog. Rockern in nicht-aggressive, soziale Bahnen lenken;
- Beschaffung von Gruppenräumen für Straßengruppen und sozialpädagogische Betreuung Einzelner und der Gruppen.

---

149 Vgl. *Kraußlach*, Straßensozialarbeit in der Bundesrepublik Deutschland, 2. Bde. Frankfurt a.M. 1978, ISS-Materialien 3 u. 4; *Specht*, Jugendkriminalität und mobile Jugendarbeit. Ein stadtteilbezogenes Konzept von Street Work, Neuwied/Darmstadt 1979; *Specht (Hrsg.)*, Die gefährliche Straße. Jugendkonflikt und Stadtteilarbeit, Bielefeld 1987; *Steffan (Hrsg.)*, Straßensozialarbeit. Eine Methode für heiße Praxisfelder, Weinheim u. Basel 1989; *Steffan/Krauß*, Streetwork in der Sozialarbeit, TuP 1991, 22; *Krause*, Streetwork in Cliquen, Szenen und Jugend(sub)kulturen, in: Jugendhilfe 1992, 98 und 164; *Becker/Simon (Hrsg.)*, Handbuch Aufsuchende Jugend- und Sozialarbeit, Weinheim 1995; *Hansbauer*, »Straßenkinder«. Welche Probleme hat die Jugendhilfe mit ihnen? In: Sozialextra, 8/1998, 2; *Wolf*, Unverschämte Kinder oder unprofessionelle Betreuung? Überlegungen zum Umgang mit Straßenkindern, in: Jugendhilfe 1998, 196; *Permien/Zink*, Endstation Straße? Straßenkarrieren aus der Sicht von Jugendlichen, München 1998; *Iben*, Sozialarbeit mit Randgruppen, in: *Chassé/von Wensierski* 1999, 265.

150 *Miltner*, Streetwork im Arbeiterviertel, Neuwied 1982; *Specht/Kurzweg*, Drogenberatung im Konzept mobiler Jugendarbeit, in: NP 2/1983, S. 164 ff.

11. Intensive sozialpädagogische Einzelbetreuung[151]

Rechtsgrundlage: § I35 SGB VIII[152]

Seit Jahren werden z.T. auf der überörtlichen Ebene, z.T. auch auf der örtlichen Ebene Jugendliche und junge Volljährige, die sich allen anderen Hilfsangeboten entziehen und aufgrund ihrer aktuellen Lebenssituation (z.B. im Punker-, Prostituierten-[153], Drogen- oder Nichtseßhaftenmilieu) besonders gefährdet sind, durch spezielle Dienste betreut. Diese Dienste werden u.a. als Schutzhelfer, Aufsichtshelfer, Jugendberater oder offene Hilfen der öffentlichen Erziehung (»Betreutes Wohnen«,»Flexible Betreuung«) bezeichnet.

Die anhaltende Diskussion über Sinn und Nutzen der geschlossenen Unterbringung im Rahmen der Jugendhilfe nimmt nur zögernd zur Kenntnis, dass sich auch in der geschlossenen Unterbringung ebensoviele Jugendliche der Hilfe durch Entweichen entziehen wie in offenen Einrichtungen. Die Konzentration von gefährdeten Jugendlichen in Einrichtungen oder Wohngemeinschaften verhindert häufig den Aufbau tragfähiger Beziehungen zwischen dem Erzieher und dem jungen Menschen. Zudem sind solche Einrichtungen häufig ein Anziehungspunkt für Dealer und Zuhälter.

Erfahrungen aus der Praxis der genannten Dienste zeigen, dass Jugendlichen in besonders gefährdenden Lebenssituationen häufig nur noch durch eine intensive sozialpädagogische Einzelbetreuung geholfen werden kann. Die Betreuung ist sehr stark auf die individuelle Lebenssituation des jungen Menschen abzustellen und erfordert mitunter eine Präsenz bzw. Ansprechbereitschaft des Pädagogen rund um die Uhr. Seine Tätigkeit umfasst neben der intensiven Hilfestellung bei persönlichen Problemen und Notlagen auch Hilfestellung bei der Beschaffung und dem Erhalt einer geeigneten Wohnmöglichkeit, bei der Vermittlung einer geeigneten schulischen oder beruflichen Ausbildung bzw. der Arbeitsaufnahme, bei der Verwaltung der Ausbildungs- und Arbeitsvergütung und anderer finanzieller Hilfen sowie bei der Gestaltung der Freizeit.

Ein Ausbau dieser Hilfeform kann dazu beitragen, die Unterbringung älterer Jugendlicher in Heimen oder in Einrichtungen der Psychiatrie zu vermeiden[154].

---

151 Vgl. *Elger u.a.*, 1987; *Hosemann/Hosemann*, a.a.O.; *Schrapper*, in: *Gernert* (Hrsg.), a.a.O., S. 106; *Gintzel/Schrapper*, Soziale Praxis, Heft 11, Münster 1991; *Birtsch*, Jugendhilfe 1994, 259; *Gintzel*, Jugendhilfe 1993, 8; AKGG, (1994); *Fröhlich-Gildhoff*, in: DVJJ-Journal 1997, 232; *Blesch/Döbel*, Bayer. LJA, Mitteilungsblatt Nr. 3/1998, 1; *Klawe/Bräuer*, in: Jugendhilfe 1998, 345 – Zum Rechtsanspruch auf ISE durch einen bestimmten Betreuer: *VerwG Münster*, LJA/LWL 115/1993, S. 42 (mit Vorbem. von Münning, a.a.O., S. 41) – Zur Erlebnispädagogik: *Fieseler*, in: GK-SGB VIII, § 35, Rz. 14 (Rechtsprechung und Literatur zu § 35 SGB VIII, a.a.O., nach Rz. 28); *Klawe*, in Jugendwohl 1998,417 – Zur Durchführung von Jugendhilfemaßnahmen im Ausland s. die Handreichung des *Instituts des Rauhen Hauses für Soziale Praxis* , Hamburg 1998.
152 *Fieseler*, in GK-SGB VIII, § 35 Rz. 1 (Stand Juli 1999) mit eingehenden Hinweisen zu Rechtspechung und Literatur nach Rz. 28.
153 Häbel, Minderjährigenprostitution – akzeptierende Handlungskonzepte als strafrechtliches Risiko? In: Forum Erziehungshilfen 1999, 89; *Kluge*, Prostitution junger Frauen – zum Umgang der Jugendhilfe mit einem vielfach verdrängten Thema, in: Forum Erziehungshilfen, 1999, 75.
154 Aus: Regierungsbegründung zu § 35 (BT-Drucks. 11/5948, S. 72).

12. Statistik: Hilfe zur Erziehung außerhalb des Elternhauses (Quelle: Statist. Bundesamt, Mai 2000)

Junge Menschen am 31.12.1998 nach persönlichen Merkmalen (Art der Hilfe und Unterbringungsform)

Geschlecht Kindschaftsverhältnis Staatsangehörigkeit	Insgesamt	Erziehung in einer Tagesgruppe			Vollzeitpflege in einer anderen Familie			Heimerziehung; sonstige betreute Wohnform				Intensive sozialpädagogische Einzelbetreuung
		zusammen	davon Unterbringung in		zusammen	davon Unterbringung in/bei		zusammen	davon Unterbringung in			
			Pflegefamilie	Tagesgruppe in einer Einrichtung		Großeltern/Verwandte	Pflegefamilie		einem Heim	einer Wohngemeinschaft	eigener Wohnung	
Männlich	87.739	12.245	818	11.427	27.251	6.068	21.183	46.819	40.336	4.606	1.877	1.424
Weiblich	68.239	4.884	604	4.280	26.769	6.058	20.711	35.232	27.797	4.582	2.853	1.354
Insgesamt	155.978	17.129	1.422	15.707	54.020	12.126	41.894	82051	68.133	9.188	4.730	2.778
Alter von ... bis unter ... Jahren[a]												
unter 1	880	30	8	22	588	37	551	262	244	18	–	–
1 – 3	2.930	185	93	92	2.169	180	1.989	576	536	40	–	–
3 – 6	8.091	673	209	464	5.567	676	4.891	1.851	1.789	62	–	–
6 – 9	13.704	2.434	241	2.193	7.649	1.300	6.349	3.621	3.524	97	–	–
9 – 12	22.407	5.839	286	5.553	8.776	2.004	6.772	7.792	7.534	258	–	–
12 – 15	26.643	4.293	220	4.073	8.606	2.360	6.246	13.704	13.014	683	7	40
15 – 18	35.077	1.453	95	1.358	8.805	2.798	6.007	23.900	20.041	3.123	736	919
18 – 21	22.488	150	9	141	4.637	1.361	3.276	16.488	11.017	2.897	2.574	1.213
21 und älter	7.342	–	–	–	1.324	385	939	5.561	3.423	1.063	1.075	457
unter 18	109.732	14.907	1.152	13.755	42.160	9.355	32.805	51.706	46.682	4.281	743	956
18 und älter	29.830	150	9	141	5.961	1.746	4.215	22.049	14.440	3.960	3.649	1.670
ehelich	103.561	12.861	983	11.878	28.971	6.275	22.696	59.505	48.719	6.971	3.815	2.224
nicht-ehelich	52.417	4.268	439	3.829	25.049	5.851	19.198	22.546	19.414	2.217	915	554
Deutsche	143.681	15.736	1.321	14.415	51.144	11.586	39.558	74.337	62.181	8.074	4.082	2.464
Nichtdeutsche	12.297	1.393	101	1.292	2.876	540	2.336	7.714	5.952	1.114	648	314

a   In den Altersgruppen ohne Angabe von Bayer.

Neuntes Kapitel: Wirtschaftliche Jugendhilfe[1]

1. Überblick

Es geht in diesem Kapitel um die Frage, wer die Kosten bei erzieherischen Hilfen für einzelne Minderjährige trägt. Obwohl Sozialarbeiter/Sozialpädagogen in der Regel nicht in diesem Arbeitsbereich eingesetzt werden, benötigen sie Grundkenntnisse der Kostenregelung, denn finanzielle Erwägungen können sozialpädagogische Entscheidungen inhaltlich beeinflussen. In der Praxis des Jugendamtes sieht es meistens so aus, dass die Sozialarbeiter/Sozialpädagogen die Voraussetzungen der Hilfen zur Erziehung prüfen und ihre Notwendigkeit begründen, während die Verwaltungsfachkräfte über den Einsatz der finanziellen Mittel entscheiden. Bei der Gewährung von Jugendhilfeleistungen sollten Sozialarbeiter und Verwaltungssachbearbeiter der wirtschaftlichen Jugendhilfe gleichberechtigt zusammenarbeiten.

Die wirtschaftliche Jugendhilfe umfasst alle finanziellen Leistungen der Jugendhilfe für einzelne Minderjährige,

– deren Erziehungsanspruch von der Familie nicht oder nur teilweise erfüllt wird, und

– die Erziehungshilfe außerhalb des Elternhauses oder Erziehungshilfe im Elternhaus wegen eines speziellen erzieherischen Bedarfs erhalten.

Zur wirtschaftlichen Jugendhilfe gehören laufende und einmalige finanzielle Leistungen, z.B.:

– Übernahme von Beiträgen zum Besuch von Kindertageseinrichtungen;

– Zahlung von Pflegegeld bei Erziehung in Familienpflege (§ 39 Abs. 3-5 SGB VIII)[2];

– Übernahme von Heimpflegekosten bei Unterbringung des Minderjährigen in einem Heim oder in einer sonstigen betreuten Wohnform;

– Übernahme von Kosten für Jugend- und Ferienmaßnahmen;

– Gewährung von Krankenhilfe (§ 40 SGB VIII);

– Übernahme von Kosten der Unterbringung außerhalb des Elternhauses, des Heimes oder einer Pflegestelle (z.B. Miete für möbliertes Zimmer).

Wenn dem Minderjährigen und seinen Eltern die Aufbringung der Mittel aus ihrem Einkommen und Vermögen nicht zuzumuten ist[3], haben die Träger der öffentlichen Jugendhilfe die Kosten der in § 91 SGB VIII genannten Leistungen und anderen Aufgaben zu tragen (§ 92 SGB VIII). Die finanziellen Leistungen der Jugendhilfe sind gegenüber der Selbsthilfe durch Einsatz des Einkommens und Vermögens subsidiär.

---

1 Auch »Wirtschaftliche Erziehungshilfe« genannt. *Voßhans*, in: DVP 1992, 449 ff. Zur Unterscheidung der Funktionen des Jugendamtes als Träger wirtschaftlicher Jugendhilfe und als Amtspfleger nach § 55 SGB VIII vgl. DIV-Gutachten, DAVorm 1994, 274 ff.

2 Vgl. *Fieseler*, in: GK-SGB VIII, § 39; zu der Verwandtenpflege dort Rz. 14 mit Nachweisen zu Rechtsprechung und Literatur. Vgl. auch 8. Kap 5.1, Fn. 39; 8. Kap. 5.4.1).

3 Zur Anrechnung fiktiven Elterneinkommens im Kostenbeitragsrecht des KJHG: *Schulz*, ZfJ 1995, 414 ff. Wirtschaftliche Jugendhilfe erst nach entsprechendem Bewilligungsbescheid: *DIV-Gutachten*, DAVorm 1994, 394 ff. (zur Verwandtenpflege).

In der wirtschaftlichen Jugendhilfe sind folgende Tätigkeiten zu erledigen:
- Antrag auf Gewährung wirtschaftlicher Erziehungshilfe aufnehmen/entgegennehmen, sachliche und örtliche Zuständigkeit prüfen;
- Kostenanerkenntnis/Bewilligungsbescheid fertigen;
- Ersatzansprüche gegen Dritte prüfen und gegebenenfalls überleiten;
- wirtschaftliche Verhältnisse des Unterhaltspflichtigen prüfen, gegebenenfalls Ansprüche überleiten;
- Kosten-/Unterhaltsbeitrag festsetzen;
- Kostenträger feststellen;
- Zahlungen überwachen;
- unterhaltsrechtliche und strafrechtliche Maßnahmen einleiten.

2. Leistungen zum Unterhalt

Rechtsgrundlage: § 39 SGB VIII

Der notwendige Lebensunterhalt im Rahmen der Jugendhilfe kann sichergestellt werden
- durch Übernahme der Unterbringungskosten bei der Erziehung in Heimen und sonstigen Einrichtungen,
- durch Zahlung eines Pflegegeldes bei der Unterbringung in Familienpflege.

Der notwendige Unterhalt muss so bemessen sein, dass Kindern und Jugendlichen ein ihrer Würde (Art. 1 GG) entsprechendes Leben – einschließlich der ihrer Entwicklung im Sinne von § 1 Abs. 1 SGB VIII entsprechenden Teilnahme am gesellschaftlichen Leben – ermöglicht wird[4]. Dazu gehört auch ein angemessener, von der nach Landesrecht zuständigen Behörde festgesetzter (§ 39 Abs. 2 Satz 3 SGB VIII) Barbetrag (Taschengeld) zur persönlichen Verfügung.

Umstritten ist, wer Inhaber des Anspruches auf den notwendigen Unterhalt ist: die Personensorgeberechtigten oder das Kind bzw. der Jugendliche. Da es sich um einen Unterhaltsanspruch handelt, ist – entgegen der wohl herrschenden Meinung[5] – letzteres anzunehmen. Unklarheiten bestehen auch hinsichtlich der Vollzeitpflege durch Verwandte (insbesondere Großeltern, Tante und Onkel). Die Annahme, die wirtschaftliche Jugendhilfe nach §§ 39,40 SGB VIII sei »Annexleistung«, führte zu (formaljuristischen) Klageabweisungen: Hier sei es Aufgabe der Sozialhilfe, nötigenfalls den notwendigen Unterhalt des Pflegekindes sicherzustellen. Auf die (ausführlichen) Nachweise im Gemeinschaftskommentar sei hingewiesen[6].

Der Begriff »*Pflegegeld*[7]« ist im Kinder- und Jugendhilfegesetz nicht enthalten; er hat sich in der Praxis herausgebildet. Zur Höhe des monatlichen Pauschalbetrages bei Vollzeitpflege hat der Deutsche Verein für öffentliche und private Fürsorge Empfehlungen verabschiedet.

---

4   Ebenso *Wiesner*, 2000, § 39 Rz. 11(mit Hinweis auf § 1 Abs. 2 BSHG).
5   Nachweise bei *Fieseler*, in: GK-SGB VIII, § 39 Rz. 14.
6   *Fieseler*, in: GK-SGB VIII, Rz. 14.
7   Nicht verwechseln mit dem Pflegegeld nach § 69 Abs. 3 BSHG.

Für 2000 lautet die Empfehlung[8]:

	(a) Materielle Aufwendungen	(b) Kosten der Erziehung
Für Kinder bis zum vollendeten 7. Lebenjahr	760 DM	362 DM
Für Kinder vom vollendeten 7. Bis zum vollendeten 14. Lebens- jahr	869 DM	362 DM
Für Jugendliche ab dem vollende- ten 14. Lebensjahr bis zum vollen- deten 18. Lebensjahr	1.056 DM	362 DM

Die Höhe des Pauschalbetrags nach § 39 Abs. 5 Satz 1 SGB VIII richtet sich nicht nach dem Bedarf der Pflegeeltern bzw. den Kosten, so dass er ohne Ansatz eines gesonderten Betrages für die Alterssicherung der Pflegeeltern festzusetzen ist[9]. Gleichwohl sind die tatsächlichen Kosten (das heißt die Kosten des gesamten Lebensbedarfs und der Erziehung), soweit sie einen angemessenen Umfang nicht übersteigen« (§ 39 Abs. 4 Satz 1) Grundlage der Leistungsgewährung[10].

3. Zuständigkeit und Kostenerstattung

In seiner ursprünglichen Fassung enthielt das SGB VIII nur wenige Vorschriften über die Zuständigkeit der Träger der öffentlichen Jugendhilfe und über die Erstattung von Kosten untereinander. Für die Kostenerstattung war eine einzige Vorschrift vorgesehen (§ 97 i.d.F. von 1991). Demgegenüber handelt es sich bei den mit dem Ersten Gesetz zur Änderung des Achten Buches SGB VIII (»Reparatur-Novelle«[11]) auf Wunsch der Praxis um eine umfangreiche, kasuistische Regelung, die – wenn man nicht täglich damit zu tun hat – schwer zu überschauen ist und die Rechtsprechung der Verwaltungsgerichte immer wieder herausfordert.

---

8 NDV 12/1999, S. 391. Die genannten Beträge gelten für die alten und neuen Bundesländer.
9 *BVerwG*, Beschluss vom 26.3.1999, in: FEVS 51 (2000), 10, jetzt auch in: Jugendhilfe 2000, 212 mit Anm. von *Fischer/Mann* (dort auch Hinweis auf die Rechtsprechung des Bundesfinanzhofes zum Begriff des Pflegegeldes im Zusammenhang mit der Auslegung des in § 32 Abs. 1 Nr. 2 des Einkommensteuergesetztes geregelten Pflegekindbegriffs); *OVG Lüneburg*, Urteil vom 10.3.2000, – 4 L 2667/98 –, in: Nds. Rpfl. 2000, 86: Festsetzung der monatlichen Pauschalbeträge durch kultusministeriellen Erlass.
10 *Schleicher* 1999, 278; *VerwG Stade*, Urteil vom 16.12.1996, 1 A 61/95: Bei der Unterbringung eines Kindes im Bereich eines anderen Jugendamtes richtet sich die Höhe des zu gewährenden Pauschalbetrages nach den Verhältnissen, die am Ort der Pflegestelle gelten. Weitere Angaben zu (auch unveröffentlichter) Rechtsprechung und zur Literatur, GK-SGB VIII, § 39, nach Rz. 18. – Zur (gesetzlich vorgeschriebenen aber höchst fragwürdigen) Anrechnung des Kindergeldes auf das Pflegegeld: *Fieseler*, in: GK-SGB VIII, § 39 Rz. 12 sowie *VerwG Düsseldorf*, Urteile vom 31.8.1998 (19 K 3839/96, 19 K 1469/96), in: LJA Hessen, Info 2/1999, 35; *BVerwG*, ZfJ 2000, 25 m. Anm. *Pütz*, a.a.O., S. 30.
11 Vgl. 1. Kap. 5.2.1.

Wunsch der Praxis waren eindeutige Zuständigkeitsregeln – angesichts der komplexen Aufgabenstruktur der Jugendhilfe (vgl. § 2 SGB VIII) und der Vielfalt unterschiedlicher Lebenssachverhalte keine einfache Aufgabe. Jetzt liegt eine »differenzierte Systematik«[12] vor, die sich – sowohl für die Zuständigkeit wie für die Kostenerstattung – des klaren Gesetzesaufbaus wegen durchaus ohne große Schwierigkeiten erschließt.

Geregelt sind
– die sachliche Zuständigkeit (§ 85 SGB VIII – in Abs. 1 die sachliche Zuständigkeit des örtlichen Trägers; in Abs. 2 die des überörtlichen Trägers)
– die örtliche Zuständigkeit (§§ 86-88 SGB VIII),
– die Kostenerstattung (§§ 89-89h SGB VIII).

Die örtliche Zuständigkeit wiederum ist in drei Unterabschnitten geregelt, nämlich
– Örtliche Zuständigkeit für Leistungen (§ 86-86d SGB VIII)[13],
– Örtliche Zuständigkeit für andere Aufgaben (§§ 87-87e SGB VIII)[14]
– Örtliche Zuständigkeit bei Aufenthalt im Ausland (§ 88 SGB VIII; einzige sachliche Einzelfallzuständigkeit des überörtlichenTrägers, § 85 Abs. 2 Nr. 9, und zwar zwingend: vgl. § 85 Abs. 3 SGB VIII).

Örtliche Zuständigkeit bedeutet Aufgabenwahrnehmung und Kostentragung; letzteres zumindest vorläufig, doch ist eine unangemessene Kostenbelastung nach den Regeln der Kostenerstattung auszugleichen (zu deren Umfang: § 89f SGB VIII mit der »Bagatellgrenze« des Abs. 2) . Diese Regeln bestimmen damit, welcher (örtliche oder überörtliche) Träger der öffentlichen Jugendhilfe letztlich die Kosten zu tragen hat.

Im einzelnen handelt es sich um folgende Vorschriften der Kostenerstattung
– § 89 SGB VIII: an Stelle eines gewöhnlichen Aufenthaltes ist nach §§ 86, 86a oder 86b der tatsächliche Aufenthalt für die Zuständigkeit maßgeblich; ggf. Kostenerstattung durch den überörtlichen Träger)
– § 89a SGB VIII: gemäß § 86 Abs. 6 SGB VIII über zwei Jahre hinaus fortdauernde Vollzeitpflege (der zuvor zuständige Träger ist für im weiteren Verlauf entstehende Kosten des nunmehr zuständigen Trägers erstattungspflichtig),
– § 89b SGB VIII: Kosten, die bei vorläufigen Maßnahmen nach §§ 42, 43 SGB VIII aufgewendet werden; erstattungspflichtig ist der durch den gewöhnlichen Aufenthalt nach § 86 SGB VIII zuständige örtliche Träger bzw. – mangels eines solchen – der überörtliche Träger)
– § 89c SGB VIII: Aufgrund von § 86c SGB VIII (Fortdauernde Leistungsverpflichtung beim Zuständigkeitswechsel bis der nunmehr zuständige örtliche Träger die Leistung fortsetzt) aufgewendete Kosten
– § 89d SGB VIII[15]: Gewährung von Jugendhilfe nach der Einreise; Erstattung vom Land[16] unter den Voraussetzungen von Abs. 1 Nr. 1 und 2; Bestimmung des erstattungspflichtigen Landes bei im Ausland geborenen Personen durch das Bundesverwaltungsamt auf der Grundlage eines Belastungsvergleichs nach § 89d Abs. 3[17]. Dreimonatsfrist nach Abs. 4[18]
– § 89e SGB VIII: Anknüpfung der Zuständigkeit nach dem gewöhnlichen Aufenthalt gemäß § 86 Abs. 1-5 (nicht § 86 Abs. 6[19]), wenn dieser in einer Einrich-

---

12 *Bauer/Schimke/Dohmel,*1995, S. 342.
13 Dazu die Kommentierung von *Kraushaar/Ziegler* (§ 86) bzw. von *Ziegler* in GK-SGB VIII.
14 Dazu die Kommentierung von *Fieseler/Ziegler* in GK-SGB VIII.
15 Zur Begründung Ausschußdrucksache 13/317, aufgenommen in GK-SGB VIII, § 89d Rz. 1.

tung, in einer anderen Familie oder sonstigen Wohnform begründet ist, die der Erziehung, Pflege, Betreuung, Behandlung oder dem Strafvollzug dient: Schutz der Einrichtungsorte, BT-Drucks. 12/2866 – bei *Kraushaar* in GK-SGB VIII, § 89e Rz. 1; dort auch Rz. 9 zum Frauenhaus.

Auf die Angabe weiterer Einzelheiten wird hier verzichtet. Zum grundsätzlichen Verständnis gehört es, dass die Vorschriften über die örtliche Zuständigkeit der effektiven Aufgabenwahrnehmung dienen, und dass dabei die räumliche Nähe des Jugendamts zur Lebenswelt des Kindes oder Jugendlichen im Vordergrund steht[20]. Allerdings ist – entsprechend der Elternorientierung des KJHG – der gewöhnliche Aufenthalt[21] der Eltern eher Anknüpfungspunkt für die örtliche Zuständigkeit als der (möglicher Weise abweichende) gewöhnliche Aufenthalt des Kindes oder Jugendlichen.

4. Kostenbeteiligung

Angesichts von Ausgaben der Jugendhilfe in Höhe von 34 637 002 000 DM im Jahre 1998[22] fragt es sich, inwieweit die Leistungsberechtigten und Leistungsempfänger zu den Kosten der Leistungen im Einzelfall beizutragen haben. Die Vorschriften des Kinder- und Jugendhilfegesetzes dazu sind recht kompliziert, was auch daran liegt, dass (auch) sie keineswegs nach sozialpädagogischen Gesichtspunkten gestaltet sind[23], obwohl auch hier der optimale Erziehungserfolg im Vor-

---

16 Schutz der Grenzorte (Einreiseorte, *Kraushaar*, in GK-SGB VIII § 89d Rz. 2 aufgrund deren Nähe zu Grenzübergängen oder der Ansiedlung von Flug- oder Seehäfen) und aller örtlicher Träger, wenn zwischen Leistungsgewährung und Grenzübertritt ein zeitlicher Zusammenhang besteht, *Schellhorn*, § 89d Rz. 1. – VerwG Münster, ZfJ 1997, 426: jugendlicher Asylbewerber; gewöhnlicher Aufenthalt dort, wo jemand seinen tatsächlichen Lebensmittelpunkt hat. Voraussetzung dafür ist eine gewisse Eingliederung in die soziale Umwelt, wofür ein Aufenthalt von sechs Monaten als Indiz gilt; vgl. dazu *Fieseler*, GK-SGB VIII, § 6 Rz. 9: »denkbar weite Auslegung des Begriffes gewöhnlicher Aufenthalt angezeigt« und Rz. 24: »stets zu bejahen, wenn ein Wechsel des gegenwärtigen Lebensmittelpunktes nicht unmittelbar bevorsteht«. Zur Kostenerstattung für Gewährung von Jugendhilfe an minderjährige Asylsuchende auch *BVerwG*, ZfJ 2000, 31.
17 Siehe *Kraushaar*, in GK-SGB VIII, § 89d Rz. 1.
18 Siehe *Wiesner*, § 89d, Rz. 9.
19 *Wiesner*, § 89e, Rz. 2.
20 *Wiesner*, Vor § 86, Rz. 1.
21 Zu diesem Begriff s. *Fieseler*, in: GK-SGB VIII, § 6 Rz. 7-9 und *Kraushaar/Ziegler*, in GK-SGB VIII, § 86 Rz. 5.
22 *Statistisches Bundesamt*: Statistik der Kinder- und Jugendhilfe Teil IV Ausgaben und Einnahmen. Arbeitsunterlage, Wiesbaden 2000, S. 5 (dem standen an Einnahmen 3 260 488 000 DM – davon 2 260 488 000 an Gebühren, Entgelten und Teilnehmerbeiträge – gegenüber); siehe auch *Fieseler*, in: GK-SGB VIII, § 83 Rz. 13.
23 *Münder* 1996, 123. Münder fordert »grundsätzlich« Kostenfreiheit und spricht sich für eine Kostenbeteiligung nur dort aus, wo – etwa bei außerhäuslicher Erziehung – häusliche Ersparnisse zu verzeichnen sind. Solche »ersparten Aufwendungen«, für die nach Einkommensgruppen gestaffelte Pauschalbeträge festgelegt werden sollen (zur Orientierung an den Unterhaltstabellen der Oberlandesgerichte s. *Wiesner*, § 94 Rz. 14 ff. und *Busch*, GK-SGB VIII, § 94 Rz. 11 m.w.Nw.), sind für die Kostenheranziehung von Eltern oder Elternteilen maßgebend, die vor Beginn einer der in § 91 Nr. 4 und 5 SGB VIII genannten Leistungen mit dem Kind oder dem Jugendlichen zusammenlebten (§ 94 Abs. 2 BGB VIII).

dergrund stehen sollte und Möglichkeiten der Kostenbeteiligung zurücktreten müssen, wenn der Erfolg einer Leistung dadurch gefährdet wäre[24]. Dem trägt das Gesetz in § 93 Abs. 6 Satz 2 *ausdrücklich* Rechnung. Zu den Einzelheiten ist auf die Kommentare zum SGB VIII hinzuweisen[25]; die folgenden Ausführungen dienen dem ersten Überblick über eine Materie, die sich erst in der täglichen Praxis voll erschließt.

Überblick

Das Achte Kapitel des SGB VIII regelt, inwieweit für Leistungen der Jugendhilfe Teilnahmebeiträge oder (bei öffentlich-rechtlicher Benutzungsregelung[26]) Gebühren erhoben werden und Kinder, Jugendliche, junge Volljährige und Eltern zu den Kosten herangezogen werden. Im Einzelnen geht es um
– die Erhebung von Teilnahmebeiträgen oder Gebühren für die Inanspruchnahme von Angeboten der Jugendarbeit nach § 11, der allgemeinen Förderung der Erziehung der Familie nach § 16 Abs. 1, Abs. 2 Nr. 1 und 3, und – von größter praktischer Bedeutung – der Förderung von Kindern in Tageseinrichtungen nach §§ 22, 24 SGB VIII (§ 90 Abs. 1 SGB VIII; zum vollen oder teilweisen Erlass auf Antrag § 90 Abs. 2, 3 SGB VIII)
– die Heranziehung zu den Kosten bestimmter, in § 91 SGB VIII abschließend aufgezählter Leistungen (Kostenfreiheit besteht für die Leistungen nach §§ 17, 18, 28-31, sämtlich Hilfen innerhalb der Familie) sowie der Inobhutnahme (§ 42 SGB VIII) und vorläufigen Unterbringung (§ 43 SGB VIII);
– die Überleitung von Ansprüchen der in § 91 genannten Personen, die für den Zeitraum bestehen, in dem die Leistung gewährt wird (§ 95 SGB VIII, zur Überleitung von Unterhaltsansprüchen – nur von Volljährigen – § 96 SGB VIII)

Ergänzende Vorschriften dienen der Realisierung des Nachrangs der Jugendhilfe gemäß § 10 VIII (§ 97 SGB VIII) und – durch Regelung einer Auskunftspflicht (§ 97 a SGB VIII) – der Berechnung, der Übernahme oder des Erlasses eines Teilnahme- oder Kostenbeitrages (§ 97 a Abs. 1) bzw. der Geltendmachung oder Überleitung eines Unterhaltsanspruchs (§ 97 a Abs. 2).

Erhebung von Teilnahmebeiträgen/Gebühren

Für die Inanspruchnahme der in § 90 Abs. 1 genannten Angebote können (müssen aber nicht[27]) Teilnahmebeträge oder Gebühren erhoben werden. Landesrecht – das heißt Landesgesetzgebung, nicht Exekutive – kann hinsichtlich der Förderung in Kindertageseinrichtungen[28] eine (soziale) Staffelung nach Einkomensgruppen und Kinderzahl oder der Zahl der Familienangehörigen vorschreiben oder selbst entsprechende Beiträge festsetzen (§ 90 Abs. 1 Satz 2 SGB VIII)[29]. Ist die Belastung den Eltern und dem Kind nicht zuzumuten (dazu § 90 Abs. 4 SGB VIII), so soll nach § 90 Abs. 3 der Teilnahmebetrag ganz oder teilweise erlassen oder – bei Inanspruchnahme

24 *Schellhorn*; § 90 Rz. 1.
25 Zum Beispiel: *Busch*, in: GK-SGB VIII, Vor § 90 und §§ 90-97 a.
26 *Kunkel* 1999, 217.
27 *Busch*, in: GK-SGB VIII, § 90 Rz. 8.
28 Siehe 8. Kap. 1.
29 Zur Staffelung nach dem Familieneinkommen: *BVerfG*, ZfJ 2000, 21 m. Anm. *Wiesner*, a.a.O., S. 24; eingehende Nachweise der Rechtsprechung in GK-SGB VIII, § 22 Rz. 24.

des Angebotes eines freien Trägers bzw. der Gemeinde ohne Jugendamt – vom Träger der öffentlichen Jugendhilfe übernommen werden[30].

Kostenheranziehung

Die Kostenheranziehung kommt nur in Betracht, wenn die Leistungsgewährung den gesetzlichen Vorschriften entspricht[31]. Sie dient der Wiederherstellung des Nachranges der Jugendhilfe gemäß § 10 SGB VIII. § 91 SGB VIII bestimmt für welche Leistungen und für welche anderen Aufgaben das Kind oder der Jugendliche und dessen Eltern zu den Kosten herangezogen werden (§ 91 Abs. 1 und – für die Tagespflege nach § 23 SGB VIII – § 91 Abs. 2; zur Kostenheranziehung junger Volljähriger § 91 Abs. 3 SGB VIII). § 91 Abs. 4 SGB VIII betrifft die Gewährung von Leistungen nach § 19 SGB VIII. Eltern des Kindes oder Jugendlichen werden gemäß § 91 SGB VIII (subsidiär) nur dann zu den Kosten herangezogen, wenn das Kind oder der Jugendliche die Kosten nicht selbst tragen kann (§ 91 Abs. 5 SGB VIII). Dies wird allerdings die Regel sein, weil die (insoweit vorrangig herangezogenen) Kinder und Jugendlichen – in Anknüpfung an § 1602 BGB – lediglich mit etwaigem Einkommen und Einkünften aus ihrem Vermögen (wie Zinserträge), nicht aber mit ihrem Vermögen zu den Kosten beizutragen haben.

Die Kosten, zu denen herangezogen wird, umfassen auch die Aufwendungen für den notwendigen Unterhalt (§ 39 SGB VIII) und die Krankenhilfe (§ 40 SGB VIII). Verwaltungskosten (also Personal- und Sachkosten) bleiben aber außer Betracht (§ 91 Abs. 7 SGB VIII).

§ 92 SGB regelt die Formen der Kostentragung. Danach tragen die Träger der öffentlichen Jugendhilfe, im Rahmen ihrer Zuständigkeit, rechtsgrundsätzlich die Kosten einer der in § 91 genannten Leistungen nur in dem Umfang, in dem den Leistungsempfängern die Aufbringung der Mittel aus ihrem Einkommen und Vermögen nicht zuzumuten ist (»strenger Nachrang«, Wiesner, § 91 Rz. 1). Dies wiederum bestimmt sich nach §§ 93, 94 SGB VIII (§ 92 Abs. 1 SGB VIII; Jugendhilfe als ergänzende Leistung).»In begründeten Fällen« kann der Träger die Kosten aber auch insoweit tragen, als dies den Kostenschuldnern zuzumuten ist. Gegebenenfalls werden diese Personen nachträglich zu den Kosten herangezogen (§ 92 Abs. 2 SGB VIII; erweiterte Hilfe nach pflichtgemäßer Ermessensentscheidung[32]). Zwingend ist die (vorherige) Kostentragung bei den in § 92 Abs. 3 genannten Leistungen. Dabei handelt es sich um den »Hauptanwendungsfall für die Mehrzahl der zu gewährenden Leistungen« (Schellhorn, § 92 Rz. 1). Auch in diesem Fall wird der Nachrang der Jugendhilfe (§ 10 SGB VIII) durch nachträgliche Heranziehung zu den Kosten (bzw. durch Überleitung des Unterhaltsanspruches) hergestellt (Erweiterte Hilfe als Pflichtleistung).

In welchem Umfang eine Kostenheranziehung erfolgt, regelt § 93 SGB VIII unter Bezugnahme auf Vorschriften des Bundessozialhilfegesetzes[33]. Hervorhebenswert ist hierbei, dass von der Heranziehung der Eltern unter den Voraussetzungen des

---

30 Einzelheiten s. *Busch*, in: GK-SGB VIII, § 90. Dort und bei *Fieseler*, GK-SGB VIII, § 22 nach Rz. 24 auch ausführliche Hinweise auf die reiche Rechtsprechung zu § 90 SGB VIII. Vgl. auch *BVerwG*, in: Jugendhilfe 1998, 250 (mit Anm. Lakies); *BVerfG*, in: Jugendhilfe 1998, 253.

31 *Wiesner*, § 91 Rz. 10; *VerwG Arnstadt*, FamRZ 1997, 1373.

32 *Mrozynski*, § 92 Rz. 4: insbesondere dann, wenn die Eltern sich zunächst weigern, einen Kostenbeitrag zu leisten.

33 Vgl. *Kunkel* 1999, 221 und sein Schema zur »oft komplizierten Berechnung«

§ 93 Abs. 6 SGB VIII abzusehen ist (§ 93 Abs. 6 Satz 1) bzw. abgesehen werden soll (§ 93 Abs. 6 Satz 2 SGB VIII). Letzteres, wenn sonst Ziel und Zweck der Leistung gefährdet würden, sich aus der Heranziehung eine besondere Härte ergäbe[34], oder wenn abzusehen ist, dass der damit verbundene Verwaltungsaufwand in keinem angemessenen Verhältnis zu dem Kostenbeitrag stehen wird[35].

Die Eltern werden aus ihrem Einkommen und Vermögen (§ 93 Abs. 2), die Kinder und Jugendlichen nur aus ihrem Einkommen (§ 93 Abs. 3) herangezogen[36].

Für die Hilfe zur Erziehung und für die Eingliederungshilfe für seelisch behinderte Kinder und Jugendliche gelten die Sonderregelungen des § 94 SGB VIII, was die Heranziehung der Eltern betrifft[37]. Sie gelten der Harmonisierung mit der bürger- lich-rechtlichen Unterhaltspflicht[38]

Die wirtschafliche Jugendhilfe setzt nach diesen Vorschriften Kostenbeiträge durch Leistungsbescheid fest (§ 93 Abs. 1 Satz 2 SGB VIII)[39]. Dabei handelt es sich um einen Verwaltungsakt im Sinne des § 31 SGB X, der nach dem Verwaltungsvoll- streckungsgesetz des jeweiligen Landes vollstreckt wird (§ 66 Abs. 3 SGB X). Rechtsmittel gegen den Kostenheranziehungsbescheid sind Widerspruch (§ 68 VwGO) und Anfechtungsklage (§ 42 VwGO) mit jeweils aufschiebender Wirkung.

5. Vereinbarungen über Leistungsangebote, Entgelte und Qualitätssicherung

Die Regelung über die neue Entgeltfinanzierung im Bereich der Jugendhilfe (§§ 78 a-g SGB VIII) – geprägt durch die Kostenentwicklung in den neunziger Jahren[40] – ist in diesem Buch an anderer Stelle zu behandeln: Die Vereinbarungen gemäß § 78 b Abs. 2 schließen auf der Seite der öffentlichen Träger nicht etwa die Organe der wirt- schaftlichen Jugendhilfe sondern, weil es sich dabei nicht um laufende Geschäfte der Verwaltung im Sinne von § 70 Abs. 2 SGB VIII handelt, die Jugendhilfeausschüsse. Die so – unter Umständen nach Anrufung der Schiedsstelle gemäß § 78 g – geschlos- senen Verträge sind sodann aber für die wirtschaftliche Jugendhilfe verbindlich.

---

34 Dazu *Hamburgisches OVG*, in: ZfJ 1994, 493: keine besondere Härte für einen ausländi- schen Vater, der einwendete, die erzieherische Maßnahme widerspreche seinen kulturell anderen Erziehungsvorstellungen, siehe auch *Fieseler*, in: Hessisches LJA-Info 2/2000.

35 *Wiesner*, § 94 Rz. 39 schlägt für die Praxis eine »Bagatellgrenze« von etwa 20 DM vor.

36 Zum Einsatz von Mitteln nach § 93 Abs. 5 siehe *Kunkel* 1999, 221; *Busch*, GK-SGB VIII, § 93 Rz. 67 f.

37 Dazu *Busch*, GK-SGB VIII, Rz. 1 ff. Zur Heranziehung der Eltern zu den Kosten der Hilfe zur Erziehung in einer betreuten Wohnform in Höhe der ersparten Aufwendungen (Berechnung nach der »modifizierten Düsseldorfer Tabelle«): *BVerwG*, ZfJ 2000, 26 mit Anm. *Pütz*, a.a.O., S. 30.

38 *Wiesner*, § 94 Rz. 2.

39 *Busch*, in: GK-SGB VIII, Vor § 90 Rz. 8, 14 mit Rechtsprechungsnachweisen; zu den Ver- waltungsverfahrensvorschriften s. *Fieseler*, in: GK-SGB VIII, § 2 Rz. 20 ff. und *Busch*, in: GK-SGB VIII, Vor § 90 Rz. 8-15; bei *Busch* Vor § 90 auch: Gebot der Betroffenenanhö- rung, Rz. 4, Sozialdatenschutz Rz. 5-7; Mitwirkungspflichten Rz. 12 – Zur Berechnung des Kostenbeitrages eingehend *Busch*, in: GK-SGB VIII, § 93 Rz. 15-55; zur Heranziehung unterhalb der Einkommensgrenze: GK-SGB VIII, § 93 Rz. 56-60.

40 *Wiesner*, Vor § 78 a Rz. 1; *Struck*, in: GK-SGB VIII, Vor § 78 a Rz. 2: »Pflegesatzdecke- lung«); zu den §§ 78a-g vgl. 3. Kap. 4.2.4.

Zehntes Kapitel: Aufsichtspflicht und Haftung[1]

In der pädagogischen Praxis gehört die Verletzung der Aufsichtspflicht zu den großen Schreckgespenstern: sie kann zivil-, straf-, arbeits- oder dienstrechtliche Konsequenzen nach sich ziehen.

Der Gesetzgeber hat es der Rechtsprechung überlassen, Maßstäbe für den Inhalt und Umfang der Aufsichtspflicht zu entwickeln. Die Grundsätze der Gerichte werden von Sozialpädagogen und Erziehern als zu abstrakt, wirklichkeitsfremd und übermenschlich kritisiert. Dahinter steht auch die unterschiedliche Perspektive von Gerichten und Pädagogen: während die Justiz im Schutz der Kinder vor Selbst- oder Fremdschaden das wichtigste Gebot der Erziehung sieht, streben Pädagogen die Entwicklung des Minderjährigen zur selbständigen und eigenverantwortlichen Person an, wozu die Überlassung von risikobehafteten Freiräumen gehört[2].

Einigkeit sollte indessen darüber bestehen, dass es zum einen gilt, anvertraute Kinder möglichst vor Schaden zu bewahren, dass aber auch bei bestmöglicher Umsicht Schadensereignisse nie ganz auszuschließen sind. Unverständig wäre es daher, allein aus der Tatsache des schädigenden Ereignisses auf eine Aufsichtspflichtverletzung zu schließen (»Palmströmsche Logik«). Es beginnt sich freilich die Einsicht durchzusetzen, dass eine Erziehung zur Selbständigkeit eine allzu rigide Aufsicht ausschließt, und dass das verbleibende Haftungsrisiko nicht zur unbegrenzten, u.U. existenzbedrohenden Inanspruchnahme des Erziehers führen darf.

1. Entstehen der Aufsichtspflicht

Kraft Gesetzes:
z.B. – die Inhaber der elterlichen Sorge gegenüber minderjährigem Kind (§§ 1626, 1626 a Abs. 1, 1631 Abs. 1, 1671 ff., 1719, 1736 BGB);
– die nicht verheiratete Mutter eines Kindes (§ 1626 a Abs. 2 BGB);
– die Adoptiveltern (§ 1754 BGB);

---

1   *Alber-Noack*, Urteile zum Haftungs- und Versicherungsrecht, in: Unsere Jugend 1997, 294; *Alber-Noack*, Das Loch in der Couch und andere Ärgernisse. Fragen zum Schadensersatz für von Kindern angerichtete Schäden, in: Unsere Jugend 1998, 273; *Busch*, Aufsichtspflicht und Haftung in der Jugendhilfe, ZfJ 1996, 456; *Lehmann*, Aufsichtspflicht und Haftung in Mutter-Kind-Einrichtungen, in: Evangelische Jugendhilfe 1996, 281 und 1997, 51 und 90 – *Ollmann*, Zur Aufsichtspflicht in Jugendschutz und Bereitschaftspflegestellen, ZfJ 1986, 349; *Ollmann*, Aufsichtspflichten in Jugendfreizeitstätten, in: ZfJ 1988, 422; *Hundmeyer*, 1993. S. 74; *Radewagen*, Aufsichtspflicht und Haftung,, Teil I: Rechtliche Grundlagen, in: Jugendhilfe 2000, 86; Radewagen, Aufsichtspflicht und Haftung, Teil 2: Anforderungen an die Praxis, in: Jugendhilfe 2000, 147; *Sahliger*, Aufsichtspflicht und Haftung in der Kinder- und Jugendarbeit, 3. Auflage 1999. Zur Aufsichtspflicht bei Betreutem Wohnen s. EREV 4/99, 23 (Aufsichtspflicht des Betreuers beschränke sich auf die »Orientierungspflicht«; deren Wahrnehmung durch den Einrichtungsträger sicherzustellen ist; Beobachtungen sind zu dokumentieren).

2   Die BGH-Rechtsprechung berücksichtigt seit einiger Zeit stärker »den notwendigen Entwicklungsprozess zur Selbständigkeit« von Kindern und stellt Anforderungen an die Aufsichtspflicht der Eltern (und des Erziehungspersonals), die der Lebenswirklichkeit entsprechen, vgl. Urteil vom 10.7.1984, FamRZ 1984, S. 984 ff.

- der Vormund (§§ 1793, 1797, 1800 BGB);
- der Pfleger (§ 1915 BGB).

Nach § 1688 Abs. 1 bzw. Abs. 2 BGB ist die Person, die im Rahmen der Hilfe nach §§ 33 bis 35 und 35 a Abs. 1 Satz 2 Nr. 3 und 4 SGB VIII (Vollzeitpflege; Heimerziehung; Intensive sozialpädagogische Einzelbetreuung; Eingliederungshilfe) die Erziehung und Betreuung übernommen hat, berechtigt, den Personensorgeberechtigten in der Ausübung der elterlichen Sorge – also auch bei der Aufsichtspflicht – zu vertreten, sofern nicht etwas anderes erklärt oder angeordnet wurde.

In Fällen der Inobhutnahme von Kindern und Jugendlichen gemäß § 42 SGB VIII und bei Herausnahme von Kindern und Jugendlichen gemäß § 43 SGB VIII haben das Jugendamt und dessen Mitarbeiter bis zum Abschluss dieser vorläufigen Maßnahmen die Aufsichtspflicht. Für die Inobhutnahme ist dies in § 42 Abs. 1 Satz 4 bestimmt; für die Herausnahme gilt diese Norm gemäß § 43 Abs. 2 entsprechend.

Kraft Vertrages:

Die Aufsichtspflicht aufgrund (formfreien) Vertrages entsteht, wenn jemand Minderjährige oder wegen ihres geistigen und körperlichen Zustandes Aufsichtsbedürftige zur Erziehung oder Betreuung übernimmt. Voraussetzung ist die tatsächliche Willensübereinstimmung zwischen dem gesetzlichen Vertreter des Aufsichtsbedürftigen und der aufnehmenden Person oder Einrichtung.

Die sog. Gefälligkeitsaufsicht begründet keine Aufsichtspflicht.[3]

2. Umfang der zivilrechtlichen Aufsichtspflicht

Umfang und Inhalt der Aufsicht richten sich nach den individuellen, persönlichen Besonderheiten des Aufsichtsbedürftigen und den sonstigen situativen Umständen.

Folgende Faktoren sind zu berücksichtigen[4]:

Faktoren in der Person des Minderjährigen:
- Alter, Eigenart und Charakter
- körperlicher, seelischer und sozialer Entwicklungsstand (persönliche Reife)
- Verhaltensauffälligkeiten, Krankheiten

Gruppenverhalten der Minderjährigen:
- Gruppengröße
- Zeit des Bestehens der Gruppe
- gruppendynamische Gesetzmäßigkeiten

Gefährlichkeit der Beschäftigung des Minderjährigen:
- Art der Spiele
- Art der Spielgeräte
- Ausflüge, Wettkämpfe, Besichtigungen
- Baden (Schwimmen)

Örtliche Umgebung:
- Abgeschlossenheit des Geländes
- auf dem Wege

---

3   Vgl. *Palandt-Thomas*, Rz. 7 zu § 832 BGB.
4   Zitiert nach *Schmitt-Wenkebach*, a.a.O., S. 12 f.

- auf dem Spielplatz
- Nähe von Gewässern
- sonstige Gefahrenquellen, insbesondere Steinbrüche, Hochgebirge, hoher Schnee
- Großstadt, mittlere Stadt, Kleinstadt, Dorf

Bezüglich der Person des Erziehers:
- Kenntnisse und Fertigkeiten
- pädagogische Erfahrung

Verhältnis zwischen Erziehern und Minderjährigen:
- Gruppengröße
- Dauer des Bekanntseins
- Vertrautsein im Umgang miteinander

Erziehungsauftrag, Erziehung zur Selbständigkeit
Grundsatz der Fachlichkeit und Verhältnismäßkeit der gebotenen Aufsicht:
- unter gleich effektiven Maßnahmen die pädagogisch sinnvollere wählen
- belehren, dann überwachen und erst dann, wenn nötig, einschreiten

Zumutbarkeit für den Erzieher:
»Diese Liste zählt nicht alle denkbaren Bestimmungsfaktoren auf, noch erhebt sie den Anspruch einer trennscharfen Terminologie. Sie hätte bereits dann einen Sinn, wenn es gelingen würde, mit ihr die Abhängigkeit der Aufsichtspflicht von einer Vielzahl von Faktoren deutlich zu machen und weiter zu belegen, wie schwierig und gefährlich es ist, dem Aufsichtspflichtigen relativ situationsunabhängige Handlungsvorschläge zu machen, die eine Haftung als unwahrscheinlich erscheinen lassen. Die Kombination dieser Bestimmungsfaktoren im konkreten Einzelfall bereitet die größten Schwierigkeiten, weil die Kombinationsmöglichkeiten derart vielfältig sind. Rechtsprechung und Literatur liefern für die Kombination höchst abstrakte Formeln, die je nach Standpunkt entweder einen willkommenen Spielraum oder aber eine furchterregende Ungewissheit zur Folge haben, was zu tun ist. Die wohl ›prägnanteste‹ Formel lautet:

Entscheidend ist, (wie für die im familiären Rahmen Aufsichtspflichtigen[5]) was verständige Erzieher nach vernünftigen Anforderungen unternehmen müssen, um die

---

5   Dazu: *OLG München*, FamRZ 1990, 159 (zur Aufsichtspflicht einer Großmutter, auf deren Anwesen 5- bis 9jährige Kinder spielen); *BGH*, NJW-RR 1987, 1430 (Mutter begleitet 7jähriges Kind bei einer Radwanderfahrt auf dem Fahrrad); *OLG Hamm*, FamRZ 1990, 741 (Aufsichtspflichten der Eltern bei »deutlich verhaltensgestörtem« 10jährigen Sohn); *BGH*, FamRZ 1990, 1214 (5- und 6jährige Kinder »kokeln« mit Streichhölzern). *BGH*, NJW 1993, 1003 und FamRZ 1996, 29 (verschärfte Aufsichtspflicht gegenüber geistig behindertem Kind). Zur Frage einer Haftungserleichterung nach § 1664 BGB für die Eltern – nicht für andere Personen (auch nicht für die Hauswirtschaftspraktikantin in der Familie: *BGH*, EzFamR aktuell, Nr. 1/1996, 6) – vgl. *OLG Hamm*, NJW 1993, 542 m.w.Nw. über den Streitstand und *Palandt/Diederichsen*, § 1664 BGB, Rz. 2. Eine ganze Reihe veröffentlichter Entscheidungen betrifft die Verursachung eines Brandes mit hohen, teils in die Hunderttausende gehenden Schäden, für die – bei der entsprechenden zur Erkenntnis der Verantwortlichkeit erforderlichen Einsicht – Kinder ab 7 Jahren zugleich selbst haften und sich (bei Fehlen einer Privathaftpflichtversicherung) leicht auf Lebzeiten verschulden (vgl. insbes. *OLG Düsseldorf*, FamRZ 1991, 1294; vgl. aber auch *OLG Celle*, JZ 1990, 294). Zu den Grenzen der Aufsichtspflicht bei (15-jährigem) Kind mit »Zündelneigung«: OLG Düsseldorf, NJW-RR 1997, 343.

Schädigung ihrer Kinder oder die Schädigung Dritter durch ihre Kinder zu verhindern[6].«

Der Aufsichtspflichtige muss, um dem Vorwurf der Aufsichtspflichtverletzung zu begegnen, folgende Forderungen erfüllen:
- sich und die Kollegen, Eltern, Minderjährigen etc. umfassend informieren (Informationspflicht);
- die Aufsicht tatsächlich führen (vorsorgliche Belehrung und Warnung, Überwachung);
- Konsequenzen erkennen lassen und eingreifen.

3. Neuere Rechtsprechung zur Aufsichtspflicht

Die neuere Rechtsprechung berücksichtigt stärker »den notwendigen Entwicklungsprozess zur Selbständigkeit«[7] von Kindern und Jugendlichen, der das Bestehen von Gefahrensituationen einschließt, und stellt Anforderungen an die Aufsichtspflicht von Eltern und von Erziehern, die der Lebenswirklichkeit besser entsprechen als dies früher der Fall war.

Aus der Vielzahl gerichtlicher Entscheidungen sind für den sozialpädagogischen Bereich hervorzuheben:
- *OLG Hamburg*, FamRZ 1988, 1046 f.:»romantische Bootsfahrt« von aus einem Heim entwichenen »schwererziehbaren« Jugendlichen;
- *OLG Düsseldorf*, NVwZ 1992, 97: Schutzpflichten des Jugendamtes bei Ferienfreizeit mit Radtouren im gebirgigen Gelände.
- *OLG Hamm*, FamRZ 1995, 167: Ferienlager – Badeunfall
- *BGH*, Urteil vom 18.3.1997 – VI ZR 91/96 (in: Recht. Informationsdienst der Zeitschrift Caritas in NRW Nr. 4/97, 59 mit Anm. *Papenheim*: Ferienaufenthalt einer Gruppe von 10 Heimkindern auf einem Bauernhof; Brand zerstört Stallgebäude).

Die zitierten Entscheidungen betreffen die Heimerziehung bzw. die Erlebnispädagogik[8]. Nach der letztgenannten Entscheidung reicht die bloße Annahme einer »Milieuschädigung« der 8-, 10- und 14-jährigen Kinder nicht aus, um den Aufsichtspflichtigen zu einer Überwachung auf Schritt und Tritt zu verpflichten. Dies sei nur dann geboten, wenn konkrete Verhaltensstörungen oder eine Aggressionsbereitschaft vorliegen, so dass auch bei nur kurzfristiger Abwesenheit des Aufsichtspflichtigen mit für Dritte nachteiligen Handlungen zu rechnen ist.

Seitens der Sozialen Arbeit wird bei allem Verständnis dafür, dass die Aufsichtspflicht gerade auch im Interesse der anvertrauten Kinder und Jugendlichen verantwortlich auszuüben ist, von der Rechtsprechung eine Berücksichtigung der jeweiligen besonderen pädagogischen Ziele einer Jugendhilfemaßnahme (entsprechend dem jeweiligen gesetzlichen Auftrag) einzufordern sein. Dies kann, wie *Häbel*[9]

6   *Schmitt-Wenkebach*, a.a.O., S. 13.
7   *BGH*, FamRZ 1984, 984.
8   Zum Mitverschulden von Kindergärtnerinnen bei Kinderunfall (Überqueren einer Fahrbahn) *OLG Schleswig*, Urteil vom 22.6.1994 – 9 U 95/93, in: NZV 1995, 24; zu den Anforderungen an Erzieherinnen auch: *OLG Düsseldorf*, VersR 1996, 710 (keine Überwachung auf »Schritt und Tritt«).

überzeugend begründet hat, bis zum Dulden der Minderjährigenprostitution während einer erzieherischen Hilfsmaßnahme gehen.

Von diesem Ausgangspunkt eines »bereichsspezifischen« Umfanges der zivilrechtlichen Aufsichtspflicht sind Rechtsprechung und Schrifttum[10] daran zu messen, ob sie den Erfordernissen einer modernen Jugendarbeit gerecht werden und – wie der Bundesgerichtshof in einem Urteil bereits am 25.4.1978 – bei der Fallbeurteilung nach dem pädagogischen Handlungskonzept fragt. Insofern ist die erwähnte Entscheidung des Oberlandesgerichts Hamburg beispielhaft: sie betont einerseits zwar, dass – für Erzieher wie für Eltern – bei Jugendlichen, die zu wiederholten Straftaten neigen, das höchste Maß an Aufsicht geboten ist, dass aber der Einschluss im Heim bei Tag und Nacht und die Bewachung auf dem Schulweg, um zu gewährleisten, dass die Jungen von 14 und 15 Jahren außerhalb des Heimes keine Straftaten begehen, eine »pädagogisch völlig unvertretbare Maßnahme gewesen (wäre), ganz entgegengesetzt dem zu erreichenden Ziel, junge Menschen zu Selbständigkeit und Eigenverantwortung zu erziehen«.

4. Delegation der Aufsichtspflicht

In sozialpädagogischen Institutionen wird die Aufsicht meist auf die Leitung und von dieser auf einen oder mehrere Mitarbeiter übertragen. Dies ist prinzipiell möglich und zulässig[11]. Die Aufsichtsführung darf aber nicht einer Person überlassen werden, die dafür ungeeignet ist; sorgfältige Auswahl ist nötig. Ebenso darf der Aufsichtsführende nicht überfordert werden; ansonsten würde eine Verletzung der Aufsichtspflicht vorliegen.

5. Zivilrechtliche Folgen der Aufsichtspflichtverletzung

Schädigung des Aufsichtsbedürftigen

Wird der Aufsichtsbedürftige selbst geschädigt, hat er Schadensersatzansprüche aus § 823 Abs. 1 BGB wegen unerlaubter Handlung.

Voraussetzung dafür ist:
– Rechtsgutverletzung (Leben, Körper, Gesundheit, Freiheit, Eigentum),

---

9 *Häbel*, ZfJ 1992, 461: Erweiterung des Erzieherprivilegs; »pädagogischer Notstand«.

10 *Claussen/Vent*, Aufsichtspflicht und Aufsichtspflichtverletzung unter besonderer Berücksichtigung der Situation im Heim, 2. Auflage Hannover (AFET) 1987 (mit Rechtsprechungsübersicht S. 35-98; vgl. auch die Besprechung von *Brühl* in FamRZ 1989, 21); *Eckert*, Wenn Kinder Schaden anrichten, München 1990; *Marburger*, Jugendleiter und Recht, Stuttgart u.a. 1992; *Münder*, Beratung, Betreuung, Erziehung und Recht, Münster 1990; *Preissing/Prott*, Rechtshandbuch für Erzieherinnen, Berlin 1992; *Sahliger*, Aufsichtspflicht und Haftung in der Kinder- und Jugendarbeit, Münster 1992; *Schmitt-Wenkebach*, Aspekte der Aufsichtspflicht in der Hortarbeit, Bonn (AGJ) 1981; *Storr*, Die Aufsichtspflicht der Sozialarbeiter und Sozialpädagogen, Regensburg 1990. Zur Aufsichtspflicht des Amtsvormundes bei Unterbringung des Mündels in selbständiger Wohnung, vgl. *DIV-Gutachten*, DAVorm 1994, 400.

11 Zur Delegation auf Praktikanntinnen , Kinderpflegerinnen und Väter und Mütter: *Hundmeyer*, TPS 1997, 311.

- durch positives Tun (oder Unterlassen),
- Kausalität zwischen Schaden und Tun (bzw. Unterlassen),
- Rechtswidrigkeit (kein Rechtfertigungsgrund vorhanden),
- Verschulden (Vorsatz oder Fahrlässigkeit).

Dem Geschädigten fällt es in der Regel schwer, den Nachweis für diese Voraussetzungen (insbesondere die schädigende Handlung und das Verschulden) zu erbringen. Die Rechtsprechung hat deshalb als Beweisregel den sog. Beweis des ersten Anscheins herausgebildet. Diese Beweisregel kommt dem Gläubiger (=Anspruchsberechtigter) entgegen, der sich häufig in der Sphäre des Schuldners (=Schadensersatzpflichtiger) nicht so gut auskennt, dass er den Ablauf der Ereignisse genau nachweisen könnte.

Im Wege des Anscheinsbeweises wird nun als bewiesen angesehen, dass bei »typischen Geschehensabläufen« der Schuldner den Schaden auch verursacht und verschuldet hat. Allein der Sachverhalt, dass ein aufsichtsbedürftiger Minderjähriger geschädigt wurde, weist nach der Lebenserfahrung darauf hin, der Erzieher habe dies durch eine schuldhafte Verletzung der Aufsichtspflicht bewirkt.

Diesen Beweis des ersten Anscheins kann der Aufsichtspflichtige dadurch entkräften, dass er einen ernsthaft möglichen »atypischen Geschehensablauf« darlegt.[12]

Der *Umfang* des Schadensersatzanspruches bemisst sich nach den Grundsätzen der §§ 249 ff. BGB und außerdem nach den Sondervorschriften der §§ 843, 845, 847 BGB.

Schädigung Dritter durch den Aufsichtsbedürftigen

Wird ein anderer (=Dritter) durch einen Aufsichtsbedürftigen geschädigt, so kann er von ihm Schadensersatz verlangen. Dazu müssen die Voraussetzungen des § 823 Abs. 1 BGB erfüllt sein *und* der Aufsichtsbedürftige muss gemäß §§ 827, 828 BGB verantwortlich sein. Die sorgfältige Wahrnehmung der Aufsichtspflicht dient also auch dazu, den Beaufsichtigten vor einer Inanspruchnahme durch Dritte zu bewahren.

Der Geschädigte kann außerdem nach § 832 BGB Schadensersatz vom Aufsichtspflichtigen verlangen, falls dieser nicht nachweisen kann, dass er seine Aufsichtspflicht nicht verletzt hat (Entlastungsbeweis).

§ 832 BGB stellt eine doppelte Vermutung auf:
- dass eine schuldhafte Verletzung der Aufsichtspflicht vorliegt und
- dass diese ursächlich (kausal) für den eingetretenen Schaden ist.

Diese Vermutung ist nach § 832 Abs. 1 Satz 2 BGB widerlegbar; d.h. der Aufsichtspflichtige muss versuchen, sich zu entlasten, indem er die Erfüllung der ihm obliegenden Aufsichtspflichten beweist.

Die Schadensersatzpflicht tritt außerdem nicht ein, wenn der Schaden auch bei korrekter und angemessener (»gehöriger«) Aufsichtsführung entstanden sein würde; mit anderen Worten, wenn der vermutete ursächliche Zusammenhang zwischen Verletzung der Aufsichtspflicht und dem Schaden wegfällt. Das bedeutet für den

---

12 Erleichterung der Beweisführung, aber keine Umkehr der Beweislast.

Aufsichtspflichtigen, dass er nachweisen muss, er hätte den Schaden unter keinen Umständen vermeiden können.

Bei diesen Anforderungen an die Beweislast wird deutlich, warum sich viele Sozialpädagogen, Erzieher u.a. in ihrer Arbeit eingeschränkt und verunsichert fühlen. Zu übertriebener Furcht besteht indessen angesichts der neueren Rechtsprechung kein Anlass. Auch wenn Dienstanweisungen und Richtlinien ggf. Orientierunghilfen bieten können, kann es angesichts der Vielfalt der Praxis keine »Rezepte« geben. Vielmehr ist die Orientierung am jeweiligen pädagogischen Handlungskonzept am besten geeignet, vor Haftung wegen Aufsichtspflichtverletzung zu bewahren. Kommt es – bei Aufwendung der erforderlichen Sorgfalt im allgemeinen – gelegentlich doch einmal zu einem Versehen mit Schadensfolgen, so ist zudem an einen Anspruch auf Haftungsfreistellung (bzw. Haftungsbeteiligung) durch den Anstellungsträger zu denken[13].

Zur Abdeckung verbleibender Haftungsrisiken vgl. unter 9.[14]

6. Haftung des Trägers

Staatshaftung (§ 839 BGB i.V.m. Art. 34 GG):

Vor allem für den *Bereich der öffentlichen Erziehung* und der damit verbundenen Aufsichtspflicht ist auf die sog. Staatshaftung hinzuweisen. Wenn jemand in Ausübung eines ihm anvertrauten öffentlichen Amtes die ihm Dritten gegenüber obliegenden Amtspflichten verletzt, so haftet der öffentliche Träger der Einrichtung an Stelle des Bediensteten. Bei Vorsatz oder grober Fahrlässigkeit kann der öffentliche Träger auf den Bediensteten zurückgreifen (ihn in Regress nehmen) und den geleisteten Schadensersatz von ihm – im Innenverhältnis – zurückverlangen.

Haftung nach § 831 BGB:

§ 831 BGB enthält die Rechtsgrundlage für die meisten Schadensersatzansprüche gegen Träger. Diese Bestimmung gilt für alle Träger, unabhängig von ihrer Organisationsform (z.B. Kirchengemeinde, Kommune, Verein, Betriebskindergarten).

Beauftragt der Träger einer sozialpädagogischen Einrichtung einen anderen (z.B. Heimleiter, Erzieher, Sozialpädagogen) mit der Durchführung der Aufsicht, dann haftet er für dessen Aufsichtspflichtverletzung, als hätte er sie selbst begangen.

Praktisch bedeutsam ist die Möglichkeit des Entlastungsbeweises. Um sich seiner Ersatzpflicht zu entledigen, muss der Träger nachweisen, dass er
– bei der Auswahl des von ihm angestellten Mitarbeiters und
– bei dessen Anleitung die im Verkehr erforderliche Sorgfalt beobachtet hat oder
– dass der Schaden auch bei Anwendung dieser Sorgfalt entstanden sein würde.

---

13 Dies gilt nicht mehr nur für die Fälle sog. gefahrgeneigter Arbeit (vgl. *BAG*, NJW 1983, 1693; zur Beaufsichtigung als »gefahrgeneigter Arbeit«: *Ollmann*, ZfJ 1984, 462), sondern für Arbeitsverhältnisse schlechthin, wenn und soweit der Verdienst in einem deutlichen Missverhältnis zum Schadensrisiko steht (vgl. *BAG*, NJW 1990, 468). Zum Anspruch eines ehrenamtlich tätigen Vereinsmitgliedes (Pfadfinder) auf Befreiung von seiner Schadensersatzverpflichtung: *BGH*, NJW 1984, 789.
14 Dieses (10.) Kap. 9.

Haftung nach §§ 30, 31, 89 Abs. 1 BGB:

Nach diesen Vorschriften haften juristische Personen (Vereine, Stiftungen) – ohne die Möglichkeit eines Entlastungsbeweises – für die unerlaubten Handlungen, die ihr Vorstand oder andere verfassungsmäßig berufene Vertreter in Ausführung der ihnen zustehenden Verrichtungen einem Dritten zufügen (Haftung für die Erfüllungs- und Verrichtungsgehilfen).

Darüber hinaus haftet die juristische Person als Träger auch dann, wenn ein Verschulden seiner Vertreter (»Organe«) nicht zu beweisen ist, sondern der Schaden auf fehlerhafter Organisation, ungenügender Überwachung oder Überforderung seiner Vertreter oder auf einer Verletzung der Verkehrssicherungspflicht beruht. (Unter Verkehrssicherungspflicht wird die Verpflichtung verstanden, alle zumutbaren Vorkehrungen zur gefahrlosen Benutzung der Einrichtung zu treffen, z.B. Sicherung und Überprüfung von Spielgeräten, Fenstern, Treppen, elektrischen Anlagen; Räum- und Streupflicht).

7. Gesetzliche Unfallversicherung[15]

Folgende Minderjährige sind in die gesetzliche Unfallversicherung aufgenommen (§ 2 SGB VII):
– Kinder während des Besuchs von Tageseinrichtungen, deren Träger für den Betrieb der Einrichtungen der Erlaubnis nach § 45 SGB VII oder nach einer entsprechenden landesrechtlichen Regelung bedürfen, also insbesondere Kindergartenkinder (§ 2 Abs. 1 Nr. 8 a SGB VII);
– Schüler während des Besuchs allgemeinbildener oder berufsbildender Schulen (einschließlich der Teilnahme von Betreuungsmaßnahmen vor und nach dem Unterricht, § 2 Abs. 1 Nr. 8 b SGB VII)
– Studierende während der Aus- und Fortbildung an Hochschulen (§ 2 Abs. 1 Nr. 8 c SGB VII).

Der gesetzliche Unfallversicherungsschutz besteht unabhängig von der Trägerschaft der Einrichtung. Er bezieht sich auf alle Veranstaltungen des Kindergartens, der Schule etc. und schließt den (unmittelbaren) Hin- und Rückweg mit ein.

Der Versicherungsschutz bezieht sich nur auf Körperschäden, nicht aber auf Sachschäden, Schmerzensgeld und auf Schäden, die diese Kinder Dritten zufügen. Die in § 2 Abs. 1 Nr. 8 VII genannten »Unternehmen« (Träger der Erziehungs- und Bildungseinrichtungen) und die in ihnen tätigen Personen (das Kindergartenpersonal usw.) sowie die Kinder, Schüler und Studenten untereinander haften für Personenschäden nur , wenn sie den Versicherungsfall vorsätzlich oder auf einem nach § 8 Abs. 2 Nr. 1 bis 4 SGB VII versicherten Weg herbeigeführt haben (§§ 104, 105, 106 Abs. 1 Nr. 1 SGB VII)

Der Vorzug der gesetzlichen Unfallversicherung liegt darin, dass den verletzten Kindern und ihren gesetzlichen Vertretern langwierige Prozesse mit unsicherem Ausgang und erheblichem Kostenrisiko erspart bleiben[16].

---

15 *Alber-Noack*, Unsere Jugend 1996, 531 (25 Jahre Schüler-Unfallversicherung).
16 Zur Prüfung von Kindergartenräumen durch das Landesjugendamt und zur Haftungsvergünstigung des § 636 RVO: *BGH*, FamRZ 1992, 1044.

8. Strafrechtliche Folgen der Aufsichtspflichtverletzung[17]

Wenn die Verletzung der Aufsichtspflicht zugleich einen Straftatbestand verwirklicht, können strafrechtliche Konsequenzen eintreten.

§ 171 StGB (Verletzung der Fürsorge- und Erziehungspflicht)[18]:

Mit Freiheitsstrafe bis zu drei Jahren oder mit Geldstrafe wird derjenige bestraft, der »seine Fürsorge- oder Erziehungspflicht gegenüber einer Person unter 16 Jahren gröblich verletzt und *dadurch* den Schutzbefohlenen in die Gefahr bringt, in seiner körperlichen oder psychischen Entwicklung erheblich geschädigt zu werden *oder* einen kriminellen Lebenswandel zu führen *oder* der Prostitution nachzugehen«.

Hierzu ist auf das Urteil des *AG Wermelskirchen* vom 30.10.1997 (NJW 1999, 590) hinzuweisen, wonach eine 28 Jahre alte Mutter, die mit ihrem Mann und vier Kindern eine Asylbewerberunterkunft bewohnte, wegen Verletzung der Fürsorge- und Erziehungspflicht zu drei Monaten Freiheitsstrafe – ausgesetzt zur Bewährung – verurteilt wurde. Ihr ältester Sohn (offensichtlich selbst noch nicht strafmündig) »trieb sich unbeaufsichtigt herum und wurde nach Diebstahltaten von der Polizei immer wieder mit entsprechenden Hinweisen an die Eltern nach Hause gebracht«. Das Gericht sah darin eine gröbliche Verletzung der Fürsorge- und Erziehungspflicht, dass sie es unterlassen hatte, ihren Sohn von schlechter Gesellschaft fernzuhalten und ihn daran zu hindern, alleine oder mit Gefährten zusammen Straftaten zu begehen. Es sei der Angeklagten zuzumuten gewesen, ihren Sohn bei seinen Ausgängen aus dem Haus zu begleiten und zu beaufsichtigen. Vollends fragwürdig heißt es: »Wenn nur ständige Begleitung als wirksames Mittel zur Verhinderung von Gefährdungen in Betracht kommt, dann muss sich die Mutter solchen Aufgaben unterziehen«.

§ 223 StGB (Körperverletzung):

Mit Freiheitsstrafe bis zu drei Jahren oder mit Geldstrafe wird bestraft, wer vorsätzlich einen anderen körperlich misshandelt oder an der Gesundheit schädigt. Vorsätzliche Körperverletzung liegt auch vor, wenn die Verletzung des Minderjährigen billigend in Kauf genommen wurde. Erzieher, Lehrer und Sozialpädagogen haben kein Züchtigungsrecht.

Unter Strafandrohung steht auch die fahrlässige Körperverletzung (§ 229 StGB).

§ 225 StGB (Misshandlung von Schutzbefohlenen):

Mit Freiheitsstrafe von 6 Monaten (in besonders schweren Fällen von 1 Jahr) bis zu 10 Jahren wird bestraft, wer Personen unter 18 Jahren oder wegen Gebrechlichkeit oder Krankheit Wehrlose, die seiner Fürsorge oder Obhut unterstehen oder seinem

---

17 Zu den StGB-Bestimmungen vgl. die Kommentierung bei *Schönke/Schröder*, a.a.O.
18 Zu § 171 StGB siehe *OLG Düsseldorf*, Urteil vom 27.4.2000, ZfJ 2000, 309: Zu den tatbestandsmäßigen Voraussetzungen der Verletzung der Fürsorgepflicht; im Sozialdienst tätige Sozialarbeiterin, die in einem Fall sexueller Übergriffe aufgrund eines Anrufes verpflichtet war, »Maßnahmen aus dem jugendhilferechtlichen Aufgabenspektrum zu ergreifen«, dies aber trotz ihrer Garantenstellung unterließ, wird freigesprochen, weil es an dem für die Verurteilung erforderlichen Vorsatz fehlte. – Zur Strafbarkeit von Eltern minderjähriger Mehrfachtäter: *Neuheuser*, in: NStZ 2000, 174; *AmtsG Wermelskirchen*, NJW 1999, 590.

Hausstand angehören oder die von dem Fürsorgepflichtigen seiner Gewalt überlassen worden oder durch ein Dienst- oder Arbeitsverhältnis von ihm abhängig sind, quält oder roh misshandelt. Die gleiche Strafe droht demjenigen, der durch böswillige Vernachlässigung seiner Pflicht, für diese Personen zu sorgen, sie an der Gesundheit schädigt.

§ 222 StGB (Fahrlässige Tötung):

Mit Freiheitsstrafe bis zu 5 Jahren oder mit Geldstrafe wird bestraft, wer durch Fahrlässigkeit den Tod eines Menschen verursacht. Als Tathandlung kommt jedes für den Tod ursächliche Tun oder pflichtwidrige Unterlassen in Betracht. Nicht nur der unmittelbar Handelnde kann Täter sein, sondern auch der mittelbar Dahinterstehende, z.b. wer einem Süchtigen eine Droge zur Selbstinjektion überlässt.

Zur (anders gelagerten) strafrechtlichen Verantwortlichkeit wegen Verletzung einer Garantenpflicht siehe S. 53 f. dieses Buches.

9. Haftpflichtversicherungen[19]

Um im Falle von Schadensersatzansprüchen bzw. Regressansprüchen abgesichert zu sein, wird Sozialpädagogen, Erziehern etc. der Abschluss einer (Berufs-) Haftpflichtversicherung empfohlen (als »Werbungskosten« steuerlich absetzbar), soweit dies nicht vom Arbeitgeber geschehen ist.

Die öffentlichen und freien Träger sind nahezu ausnahmslos gegen die sie berührenden Haftpflichtrisiken versichert. Wenn eine Versicherung die Schadensregulierung übernimmt, kann der Träger die Aufsichtsperson nicht in Regress nehmen.

Immer noch ungeklärt – aber zu bejahen – ist die Frage, ob der Anstellungsträger aufgrund seiner Fürsorgepflicht gegenüber dem Erzieher verpflichtet ist, diesen gegen Inanspruchnahme zu versichern. Nur so wird er der Tatsache gerecht, dass die Bezahlung in einem Missverhältnis zu dem mit der Berufstätigkeit verbundenen Schadensrisiko steht. Dies gilt jedenfalls solange wie die Rechtsprechung eine Begrenzung zivilrechtlicher Haftung der Höhe nach – etwa auf ein bis höchstens drei Monatsgehälter – ablehnt[20].

Haftpflichtversicherungen können auch für einzelne Aktivitäten, z.B. Gruppenfahrten, abgeschlossen werden. Für solche Unternehmungen gibt es auch kombinierte Kranken-, Unfall- und Haftpflichtversicherungen.

10. Drogen und Jugendhilfe

Verstärkt diskutiert – auch im Zusammenhang mit Fragen der Aufsichtspflicht – wird seit einigen Jahren das eher tabuisierte Thema Drogenkonsum in Einrichtungen der Jugendhilfe und der Umgang damit. *Münder* hat zu den rechtlichen Aspek-

---

19 Zu Pflegepersonen und deren Familienhaftpflichtversicherung: *Alber-Noack*, Unsere Jugend 1998, 276.
20 Vgl. *BAG*, NJW 1990, 468.

ten ein Gutachten erstellt[21], mit dem er »aufklärerisch das kompetente Handeln der sozialpädagogischen Fachkräfte unterstützen« möchte.

Trede[22] führt das weitgehende Fehlen spezifischer Hilfen auf die bisherige Tabuisierung des Themas und die regelhafte Ausgrenzung drogengebrauchender Jugendlicher zurück. *Trede* sieht hierin einen »pädagogischen Kunstfehler« und weist zu Recht daraufhin, dass jugendlicher Drogenkonsum – in der Regel peer-group bezogen und mit »sozialintegrativem Sinn«[23] – »Teil eines jugendspezifischen Risikoverhaltens und insoweit bei weitas dem größten Teil der Jugendlichen ein vorübergehendes Phänomen und undramatisch« sei. Die Kriminalisierung mache »die Sache wahrscheinlich noch reizvoller« (»was verboten ist, macht uns gerade an«) – eine Einsicht, der sich die Drogenpolitik weitgehend verschließt, der aber eine (auch suchtpräventiv angesagte) Akzeptierende Drogenarbeit[24] mit Suchtbegleitung entspricht.

Gefährdungen dürfen zwar nicht verkannt werden, mit einer rigiden Aufsicht ist aber nichts gewonnen: Information, Aufklärung, Auseinandersetzung können helfen; Gebote und Verbote, Eingreifen und Unmöglichmachen, Überwachen und Kontrollieren sollten eher die Ausnahme sein: pädagogisch unerlässliche Handlungs- und Gestaltungsspielräume würden damit auch rechtlich unzulässigerweise eingeengt.[25]

---

21 *Münder*, in: Schriftenreihe der EREV 3/95.
22 Jugendhilfe 1994, 84.
23 a.a.O., S. 87.
24 Zur Akzeptierenden Drogenarbeit in der Hamburger Jugendhilfe *Krätschmar*, EREV Heft 4/1994, 17 ff.: den individuellen Problemlagen angepasste Flexible Betreuung im Sinne von § 30 SGB VIII (a.a.O., S. 22). – *Barsch*, Jugendhilfe 1999, 206.
25 Vgl. *Münder*, a.a.O., S. 69; zur Betreuung von drogengefährdeten Jugendlichen als Vorbeugung gegen drohende Abhängigkeit vgl. die Antwort der Bundesregierung auf die Kleine Anfrage der Fraktion Bündnis 90/Die Grünen, BT-Drucks. 13/2880 vom 7.11.1995; vgl. auch *Rose*, Drogenkonsum: Thema der Jugendhilfe, in: Evangelische Jugendhilfe 1996, S. 77; *Diakonisches Werk Württemberg*, Rahmenkonzeption zur Betreuung drogengefährdeter und -gebrauchender Jugendlicher, in: Evangelische Jugendhilfe 1996, 82.

Elftes Kapitel: Jugendhilfeplanung[1]

Rechtsgrundlage; § 80 SGB VIII

1. Allgemeines

Planung stieß in der Jugendhilfe (und nicht nur dort) lange Zeit auf Skepsis und Ablehnung, weil sie ein Fremdkörper in unserem Gesellschaftssystem sei. Widerstände kamen auch von freien Trägern, die durch Planung eine Kontrolle und Einengung ihrer Handlungsspielräume befürchten. Nicht zuletzt die Verknappung öffentlicher Ressourcen führte zu der Einsicht, dass leistungsfähige und bedarfsgerechte soziale Infrastrukturen und Dienstleistungen nur mit Hilfe von Planung entwickelt werden können. Der Begriff »Planung« hat zunehmend seine negative Assoziierung mit staatlicher Bevormundung und Unfreiheit verloren: er ist gesellschaftsfähig geworden.

Wenn Planung mehr sein will als die Ersetzung des Zufalls durch Irrtum, ist die Weiterentwicklung der Planungstheorie und des Planungsinstrumentariums unerlässlich.

2. Definition

Planung ist eine methodische Handlungsvorbereitung durch systematische Informationssammlung, -auswahl und -verarbeitung, um erwünschte Entwicklungen zu fördern oder einzuleiten. Nach diesem Verständnis wird Planung als »Steuerung von sozialem Wandel in einem sozialen System«, als Steuerungs- und Entscheidungsprozess definiert. Wichtig ist hierbei, dass der Bürger nicht zum Objekt von Planung wird, dass seine Partizipation von Anbeginn an sichergestellt ist. Problembewertung, Konsensbildung und Suche nach alternativen Lösungen sind weitere zentrale Merkmale.

Daneben gibt es andere Planungsverständnisse, z.B.:
– Planung als wertneutrale Methode zur Erhöhung der Zweckrationalität;

---

[1] Seit Erscheinen der Vierten Auflage (ältere Literatur s. dort S. 259): *Meineke*, in: GK-SGB VIII, § 80; *Schwaab*, in: LPK-SGB VIII, § 80; *Gillner/Schröder*, Betroffenenbeteiligung im Rahmen der Jugendhilfeplanung, in: Forum Jugendhilfe 3/1996, 8; *Becker/Münder*: Rechtliche Aspekte von Jugendhilfeplanung und Jugendhilfeplänen, in: VSSR 1997, 343; *Steffan*, Jugendhilfeplanung und Förderung freier Träger, ZfJ 1997, 453; *Bitzan/Dailer/Hilke/ Rosenfeld*, Jugendhilfeplanung, im Interesse von Mädchen, in: Neue Praxis 1997, 455; *Struck*, Jugendhilfeplanung und Trägerbeteiligung als Momente einer »echten« Demokratie, in: Jugendhilfe 1998, 303; *Jordan/Schone*, Handbuch Jugendhilfeplanung, Münster 1998; *Markert*, Stand der Jugendhilfeplanung in Deutschland, NDV 1998, 24; *Simon*, Jugendhilfeplanung in der Bundesrepublik Deutschland, in: Deutsche Jugend 1998; *Merchel*, Die Fiktion einer »überörtlichen Jugendhilfeplanung«, in: ZfJ 1998, 376; *Merchel*, Jugendhilfeplanung, in: Chassé 1999, 167; *Bohn* (Hrsg.), Von der mädchengerechten zur integrierten mädchenbewussten Jugendhilfeplanung, Stuttgart 1996; *Böer*, Jugendhilfeplanung in kleinen Jugendämtern, in: Jugendhilfe 1999, 236.

– Planung als Bestimmung des effizienten Mitteleinsatzes bei vorgegebenen Zielen;
– Planung als Gewährleistung eines störungsfreien Verwaltungsablaufs;
– Planung als ein Verfahren zur »Reduktion von Komplexität« (Luhmann).

3. Planungsprozess

Der *Planungsprozess* beinhaltet mehrere, aufeinander bezogene Arbeitsschritte:
– Entwicklung von Zielen (Zieldefinition);
– Analyse der Bedingungsstrukturen des Systems (Problemanalyse, Bestandsaufnahme, zukünftiger Bedarf);
– Auswahl geeigneter Mittel zur Realisierung der Ziele (Maßnahmenprogramm);
– Durchführungsphase;
– Kontrolle der Zielerreichung.

Aus der Gesamtverantwortung des Jugendamtes für die Erfüllung der Aufgaben der Jugendhilfe (§ 79 SGB VIII) folgt gleichzeitig seine Planungsverantwortung. Nach Abs. 2 dieser Vorschrift hat das Jugendamt darauf hinzuwirken, dass die erforderlichen Einrichtungen, Dienste und Veranstaltungen zur Verfügung stehen. Ein »planvolles Zusammenwirken« aller Träger der Jugendhilfe wird in § 78 SGB VIII ausdrücklich erwähnt.

Die bisherige Jugendhilfeplanung ist überwiegend gekennzeichnet durch[2]:
– weitgehende Unsicherheit der Praxis in der Bestimmung und Festlegung der zu planenden Aufgaben;
– Fehlen eines abgestimmten Zielsystems der verschiedenen Planungsebenen;
– Reduktion der Zielperspektiven (sog. Anpassungsplanung);
– Mangel an theoretischen und praktischen Kenntnissen über Planungsverfahren, -methoden und -techniken;
– geringe Verfügbarkeit planungsrelevanter Daten (es fehlen Orientierungsdaten, Richtwerte und Wirkungsanalysen über Angebote und Maßnahmen der Jugendhilfe);
– ungenügende Einbindung in vorhandene Planungssysteme (z.B. nach Raumordnungsgesetz, Landesplanungsgesetz, Bundesbaugesetz, Städtebauförderungsgesetz);
– Widerstände gegen die Beteiligung Betroffener.

4. Planungsgrundsätze

– Bedarfsermittlung als (wichtige und schwierige) Voraussetzung der Planung unter Beteiligung der Betroffenen;
– enge Zusammenarbeit mit den freien Trägern und anderen Planungsträgern bzw. -stellen;
– Jugendhilfe soll stärkeren Einfluss auf die kommunale und Landesplanung erhalten mit dem Ziel, die Lebensverhältnisse kind-, jugend- und familienfreundlicher zu machen;

---

2   Vgl. *Jordan/Sengling*, a.a.O., S. 253 ff.; Achter Jugendbericht, a.a.O., S. 180.

– Schul- und Jugendhilfeplanung sollen aufeinander abgestimmt werden, damit Einrichtungen, Dienste und Veranstaltungen wechselseitig genutzt werden können.

Jugendhilfeplanung als Bestandteil einer Gesellschaftsplanung ist nur unter den Bedingungen politischer Planung sinnvoll zu betreiben[3]. Jugendhilfe sieht sich damit vor die Frage gestellt, welche Funktionen sie innerhalb einer langfristigen Strategie zur Veränderung der Situation von Kindern und Jugendlichen in dieser Gesellschaft wahrnehmen soll und kann.

Zusammenfassung der wesentlichen Anforderungen an eine offensive, an der Lebenswelt der Betroffenen orientierte Jugendhilfeplanung:[4]

* *Sozialraumorientierung statt quantitativer Flächendeckung*

Die jeweiligen regionalen Besonderheiten von Familien, Nachbarschaften, Stadtteilen, Dörfern sind in der Jugendhilfeplanung zu berücksichtigen und in die Entwicklung von Zielen, Angeboten und Verfahren einzubeziehen.

* *Lebensweltorientierung statt Einrichtungsplanung*

Einrichtungsbezogene Infrastrukturplanung ist nur für in sich geschlossene, gegen Alternativen abgrenzbare Bereiche der Jugendhilfe planerisch durchführbar. Oberstes Ziel sollte es jedoch sein, an den Lebens- und Problemlagen der Kinder und Jugendlichen anzuknüpfen, um aus einer »Gesamtsicht« Angebote zu entwickeln.

* *Offene Prozessplanung statt statischer Festschreibung*

Jugendhilfe kann nicht aus sich heraus »festschreiben«, was zukünftig für einzelne und Gruppen »richtig« sein wird. Antizipation und Beeinflussung von gesellschaftlichen Veränderungen erfordern die Organisation von offenen, d.h. veränderbaren Zielen, Inhalten und Methoden.

* *Einmischung statt Abgrenzung*

Jugendhilfeplanung muss die Ursachen der Entstehung von Problemen mit berücksichtigen und sich in die Bereiche, in denen Probleme entstehen, einmischen.

* *Fachpolitischer Diskurs statt Konfliktvermeidung*

Nur in der politischen Auseinandersetzung mit Betroffenen und Beteiligten sind Interessen, Bedürfnisse und Handlungsbedingungen als wesentliche Sozialisationsfaktoren auszumachen und zu beeinflussen. Jugendhilfeplanung führt zu Konflikten bei unterschiedlichen Interessenlagen, macht diese aber auch sichtbar und damit veränderbar.

---

3 *BMJFG*, Mehr Chancen für die Jugend, a.a.O., S. 211.
4 Achter Jugendbericht, a.a.O., S. 179 ff. (183).

• Beteiligung statt Ausgrenzung

Der Beteiligung von Betroffenen kommt im Rahmen der Jugendhilfeplanung besondere Bedeutung zu. Dabei sollten Beteiligungsformen zum Gegenstand des Planungsprozesses gemacht werden und die Voraussetzungen gesichert werden.

Die Jugendhilfeplanung ist auf aussagefähige und verlässliche Daten über den Bestand an Einrichtungen und Diensten aus der Praxis angewiesen. Mit den Vorschriften über die Kinder- und Jugendhilfestatistik (§§ 98-103 SGB VIII) wird dem »Perspektivenwandel der Jugendhilfe, insbesondere (dem) Ausbau familienunterstützender Hilfen« (BT-Drucks. 11/5948, 111), wie er sich seit dem Erlass des Gesetzes über die Durchführung von Statistiken auf dem Gebiet der Sozialhilfe, der Kriegsopferfürsorge und der Jugendhilfe vom 15. Januar 1963 vollzogen hat, ebenso Rechnung getragen wie der Entscheidung des Bundesverfassungsgerichtes zum Volkszählungsgesetz von 1983 und den Zielen und Vorgaben des Bundesstatistikgesetzes vom 22.1.1987 (BGBl I 462, 465).

Wenn die Kinder- und Jugendhilfestatistik in Zukunft ein vollständigeres und ein möglichst nach Jugendamtsbereichen differenzierendes Bild über die Jugendhilfepraxis und deren Entwicklung geben wird[5], so wäre damit eine geeignete Grundlage für die Jugendhilfeplanung, sowie für die Unterrichtung der Öffentlichkeit (wenigstens über den quantitativen Stand der Jugendhilfeleistungen) und auch für die Jugendhilfeforschung gegeben.

Im einzelnen hat das Gesetz folgende Regelungen getroffen:
- Zweck und Umfang der Erhebung (§ 98 SGB VIII),
- Erhebungsmerkmale (§ 99 SGB VIII: Konkretisierung des Erhebungsumfanges),
- Hilfsmerkale (§ 100 SGB VIII, womit Nachfragen und Klarstellungen ermöglicht werden),
- Periodizität und Berichtszeitraum (§ 101 SGB VIII),
- Auskunftspflicht (§ 102 SGB VIII),
- Übermittlung erhobener Daten (§ 103 SGB VIII),

5. Der Jugendhilfeplanungsprozess (Schaubild)

Einleitungsphase
Zielsetzung (gesetzlicher, fachlicher und politischer Bezugsrahmen) **Organisationsformen**   – interne Planung (Jugendamt)   – externe Planung (Institut)   – zentrale Planungsstäbe (Planungsamt)

---

5   Vgl. dazu *Stickdorn*, in: *Gernert* 1990, 208 ff.; *Gernert*, a.a.O. (1993), 345 ff. *Bertram/Bayer*, RdJB 1990, 270 ff.; *Bundeskonferenz für Erziehungsberatung*, in: ZfJ 1992, 636 ff.; zu den Auskunftspflichten freier Träger: *Lang*, in: Jugend, Beruf, Gesellschaft 2/1991, 92 ff.

Planungsformen
- Gesamtplanung
- Teilpläne mit Rahmenplanung
- Teilpläne

Planungsgremien
- Planungsgruppe (Koordination, Vernetzung)
- Projektgruppe (Teilaufgaben, Bereichsplanung)
- Planungsteam (kooperative Arbeitsgruppe)

Planungsmethoden
- Zielorientierte Planung
- Bereichsorientierte Planung
- Sozialraumorientierte Planung
- Zielgruppenorientierte Planung

Planungsphase

Bestandsermittlung (mittels Jugendhilfestatistik und ergänzenden Datenerhebungen)
- Soziodemographische Analyse
- Analyse der Lebenssituation junger Menschen
- Analyse der Organisation öffentlicher Träger
- Analyse der sozialen Infrastruktur/Sozialraumanalyse

Bedarfsermittlung
- Bedarfsermittlung
  - Quellenanalyse
  - Expertengespräche
  - Umfragen (indirekte Partizipation)
  - Beteiligungsverfahren (direkte Partizipation)
- Zielentwicklung
  - politische Bedarfsanalyse
  - fachliche Bedarfsanalyse (Soll-Ist-Vergleich)
- Prioritätenfestsetzung

Umsetzungsphase

Maßnahmeplanung
- Objektplanung
- Personalplanung
- Organisationsplanung
- Programmplanung
- Finanzierung
- Durchsetzung/Implementation

Fortschreibungsphase

- Zielerreichungskontrolle
- Evaluation (Ergebnisbewertung/Prozessbewertung)
- Fortschreibung (initiiert neuerliche Bestandsermittlung, Bedarfsermittlung usw.)

Literaturverzeichnis

(ohne Zeitschriftenaufsätze):

Abel, Karl: Schutz von Kindern und Jugendlichen in Einrichtungen und sonstigen Wohnformen, Stuttgart u.a. 1995
Ahlheim, R. u.a.: Gefesselte Jugend. Fürsorgeerziehung im Kapitalismus, Frankfurt/Main 1971
Allert, T./Bieback-Diel, L./Oberle, H./Seyfarth, E.: Familie, Milieu und sozialpädagogische Intervention, Münster 1994
Alternativkommentar (AK-Bearbeiter): Kommentar zum Bürgerlichen Gesetzbuch, Band 5. Familienrecht, Neuwied und Darmstadt 1981
Arbeiterwohlfahrt Bundesverband (Hrsg.): Vorschläge für ein erweitertes Jugendhilferecht, (Schriften der Arbeiterwohlfahrt 22), 3. Ausgabe, Bonn 1970
Arbeitsgemeinschaft für Erziehungshilfe (AFET) e.V. – Bundesvereinigung: Neuorientierung der Jugendhilfe – Chancen für die Erziehungshilfe, (Neue Schriftenreihe Heft 46) Hannover 1991
Arbeitsgemeinschaft für Erziehungshilfe (AFET) e.V. – Bundesvereinigung: Planen und Beteiligen, Gestalten und Verwalten in der Erziehungshilfe – Neue Rechte, alte Ängste, (Neue Schriftenreihe Heft 47) Hannover 1992
Arbeitsgemeinschaft für Erziehungshilfe (AFET) e.V. – Bundesvereinigung: Hilfeplan. Neue Impulse für Beteiligung, Zusammenarbeit und Orientierung, (Neue Schriftenreihe Heft 48) Hannover 1993
Arbeitsgemeinschaft für Erziehungshilfe (AFET) e.V. – Bundesvereinigung: Handreichung – Datenschutz in Einrichtungen und Diensten freier Träger der Jugendhilfe, Hannover 1995
Arbeitsgemeinschaft für Erziehungshilfe (AFET e.V.): AFET-Experten-Gespräch § 77 SGB VIII (Neue Schriftenreihe Heft 53) Hannover 1997
Arbeitsgemeinschaft für Erziehungshilfe (AFET e.V.): Netzwerk Jugendhilfe. Allianz der Kräfte (Neue Schriftenreihe Heft 54), Hannover 1998
Arbeitsgemeinschaft für Jugendhilfe (AGJ): »Reader Jugendhilfe«, Bonn (Haager Weg 44) o.J.
Arbeitsgemeinschaft für Jugendhilfe (AGJ): Das Jugendamt – Eine Arbeitshilfe, 2. Auflage, Bonn 1993
Arbeitsgemeinschaft für Jugendhilfe/Deutsches Jugendinstitut (Hrsg.): Der Jugend eine Zukunft sichern. Jugendhilfe im Nachkriegsdeutschland – Zwischen Anpassung und Parteilichkeit, Münster 1991
Arbeitsgemeinschaft für Jugendhilfe (Hrsg.): Kinderwelten, Kinderrechte. Angebote für Kinder. Lehr- und Arbeitsmaterialien, Bonn 1992
Arbeitskreis Gemeindenahe Gesundheitsversorgung (Hrsg.): Einzelbetreuung. Airbag für gecrashte Kids, Kassel 1994
Arndt, J./Oberloskamp, H./Balloff, R.: Gutachtliche Stellungnahmen in der sozialen Arbeit, 5. Auflage, Neuwied 1993
Augustin, G./Brocke, H.: Arbeit im Erziehungsheim. Ein Praxisberater für Heimerzieher, 4. Aufl., Weinheim und Basel 1988

Backe, L./Leick, N./Merrick, J./Michelsen, N. u.a.: Sexueller Missbrauch von Kindern in Familien, Köln 1986
Bader, K./Otte, G./Stoklossa, D.: Handbuch für Kindertagesstätten, Reinbek bei Hamburg 1977
Bäuerle, Siegfried/Pawlowski, Hans-Martin (Hrsg.): Rechtsschutz gegen staatliche Erziehungsfehler. Das Vormundschaftsgericht als Erzieher, Baden-Baden 1996
Bäuerle, W./Markmann, J.: Reform der Heimerziehung. Materialien und Dokumente, Weinheim und Basel 1974
Balloff, R.: Kinder vor Gericht. Opfer, Täter, Zeugen, München 1992
Bange, D.: Die dunkle Seite der Kindheit. Sexueller Missbrauch an Mädchen und Jungen. Ausmaß – Hintergründe – Folgen, Köln 1992
Barabas, Friedrich K.: Sexualität und Recht. Ein Leitfaden für Sozialarbeiter, Pädagogen, Juristen, Jugendliche und Eltern, Frankfurt am Main 1998

Barabas, Friedrich K: Beratungsrecht. Ein Leitfaden für Beratung, Therapie und Krisenintervention, Frankfurt am Main 1999

Barabas, Friedrich K./Erler, Michael: Die Familie. Einführung in Soziologie und Recht, Weinheim und München 1994

Bauer, J./Schimke, H.-J./Dohmel, W.: Recht und Familie. Rechtliche Grundlagen der Sozialisation, Neuwied 1995 (2. Auflage 2000)

Bauer, Rudolph: Wohlfahrtsverbände in der Bundesrepublik. Materialien und Analysen zu Organisation, Programmmatik und Praxis, Weinheim und Basel 1978

Bauer, Rudolph (Hrsg.): Die liebe Not. Zur historischen Kontinuität der »Freien Wohlfahrtspflege«, Weinheim/Basel 1984

Bauer, R./Diessenbacher, H. (Hrsg.): Organisierte Nächstenliebe. Wohlfahrtsverbände und Selbsthilfe in der Krise des Sozialstaats, Opladen 1984

Bayerisches Landesjugendamt: Kindschaftsrechtsreform – Informationen und Arbeitshilfen für die Praxis der Jugendämter, München 1998

Beck-Gernsheim, Elisabeth: Was kommt nach der Familie? Einblicke in neue Lebensformen, 2. Aufl., München 2000

Becker, Gerd/Simon, Titus (Hrsg.): Handbuch Aufsuchende Jugend- und Sozialarbeit, Weinheim 1995

Becker, Patric, N.: Welche Qualität haben Hilfepläne? Frankfurt am Main (Eigenverlag DV) o.J. (1999)

Becker-Textor/Textor (Hrsg.): Handbuch der Kinder- und Jugendbetreuung, Neuwied 1993

Beiderwiesen, J./Windaus, E./Wolff, R.: Jenseits der Gewalt, Hilfen für misshandelte Kinder, Basel, Frankfurt/Main 1986

Beinroth, Rüdiger (Hrsg.): Familie und Jugendhilfe. Herausforderungen des Kinder- und Jugendhilfegesetzes an eine familienorientierte Jugendhilfe, Neuwied 1998

Beitzke, Günther/Lüderitz, Alexander: Familienrecht. Ein Studienbuch, 26. Auflage, München 1992

Berg, R./Bodden, G./Westphal, C.M./Klein, W.-D. (Hrsg.): Jugendwohngemeinschaften. Eine Standortbestimmung, München 1987

Bernecker, A./Merten, W./Wolff, R. (Hrsg.): Ohnmächtige Gewalt. Kindesmisshandlung: Folgen der Gewalt – Erfahrungen und Hilfen, Reinbek bei Hamburg 1982

Bernzen, Ch.: Die rechtliche Stellung der freien Jugendhilfe, Köln 1993

Bertram, H. (Hrsg.): Die Familie in Westdeutschland. Stabilität und Wandel familialer Lebensformen, Opladen 1991

Bieback-Diel, L./Lauer, H./Schlegel-Brocke, R. u.a.: Heimerziehung – und was dann? (ISS-Materialien 20), Frankfurt/Main 1983

Bienemann, G./Hasebrink, M./Nikles, B.W. (Hrsg.): Handbuch des Kinder- und Jugendschutzes, Münster 1995

Bienwald, Werner: Vormundschafts- und Pflegschaftsrecht in der sozialen Arbeit, 3. Auflage, Heidelberg 1992

Bindzus, Dieter/Musset, Karl-Heinz: Grundzüge des Jugendrechts, München 1999

Birtsch, Vera: »Wenn ihr uns nicht einschließt, schließen wir uns nicht aus!«. Ergebnisse einer Alternative zur geschlossenen Unterbringung Jugendlicher (ISS-Materialien 25), Frankfurt/ Main 1983

Birtsch, V./Eberstaller, M./Halbleib, E.: Außenwohngruppen – Heimerziehung außerhalb des Heimes (ISS-Materialien 11), Frankfurt/Main 1980

Birtsch, V./Hartwig, L./Retza, B.: Mädchenwelten – Mädchenpadagogik. Perspektiven zur Mädchenarbeit in der Jugendhilfe, Frankfurt/Main 1991

Birtsch, V./Münstermann, K./Trede, W. (Hrsg.): Handbuch der Erziehungshilfen. Leitfaden für Ausbildung, Praxis und Forschung, Münster 2001

Blandow, Jürgen/Faltermeier, Josef: Erziehungshilfen in der Bundesrepublik Deutschland, Frankfurt/Main 1989 (Eigenverlag Deutscher Verein)

Bock-Pünder, Stephanie: Rechtsanspruch auf Besuch eines Kindergartens, Berlin 1998

Boeßenecker, Karl-Heinz: Spitzenverbände der Freien Wohlfahrtspflege in der BRD. Eine Einführung in Organisationsstrukturen und Handlungsfelder, Münster 1995

Bojanowski, Arnulf: Berufsausbildung in der Jugendhilfe. Innovationsprozesse und Gestaltungsvorschläge, Münster 1988

Boogart, Hilde/Fenske/Mankau/Struck/Trede (Hrsg.): Rechte von Kindern und Jugendlichen. Wege zu ihrer Verwirklichung, Münster 1996

Bott, Regula (Hrsg.): Adoptierte suchen ihre Herkunft, Göttingen, Zürich 1995

Brack, Ruth/Geiser, Kaspar (Hrsg.): Aktenführung in der Sozialarbeit. Neue Perspektiven für die klientbezogene Dokumentation, 2. Aufl., Bern u.a. 2000

Brauns-Hermann, Christa/Bernd Michael Busch/Hartmut Dinse (Hrsg.): Ein Kind hat das Recht auf beide Eltern, Neuwied 1997

*Bringewat, Peter:*Tod eines Kindes. Soziale Arbeit und strafrechtliche Risiken, Baden-Baden 1997

Bringewat, Peter: Sozialpädagogische Familienhilfe und strafrechtliche Risiken, Stuttgart 2000

Brinkmann, Wilhelm/Krüger, Antje (Hrsg.): Kinder- und Jugendschutz: Sucht, Medien, Gewalt, Sekten, Stadtbergen 1998

Brüggemann, Dieter: Beurkundungen im Kindschaftsrecht, 4. Auflage, Köln 1994 (fortgeführt von *Knittel, Bernd*, 5. Auflage, Köln 2000)

Brunner, Rudolf/Dölling, Dieter: Jugendgerichtsgesetz, Kommentar, 10.. Aufl., Berlin, New York 1996

Buchholz-Graf/Caspary/Keimeleder/Straus: Familienberatung bei Trennung und Scheidung, Freiburg im Breisgau 1998

Bundeskonferenz für Erziehungsberatung (Hrsg.): Scheidungsmediation. Möglichkeiten und Grenzen, Münster 1995

Bundesministerium für Familie, Senioren, Frauen und Jugend (Hrsg.): Handbuch Sozialpädagogische Familienhilfe, 3. Auflage, Stuttgart 1999

Bundesministerium für Familie, Senioren, Frauen und Jugend (Hrsg.): Prävention von Trennung und Scheidung – Internationale Ansätze zur Prädiktion und Prävention von Beziehungsstörungen, Stuttgart 1998

Bundesministerium für Familie, Senioren, Frauen und Jugend (Hrsg.): Kinderbetreuung in Tagespflege. Tagesmütter-Handbuch, 4. Auflage, Stuttgart 1998

Bundesministerium für Familie, Senioren, Frauen und Jugend (Hrsg.): Leistungen und Grenzen von Heimerziehung. Ergebnisse einer Evaluationsstudie stationärer und teilstationärer Erziehungshilfen (Forschungsprojekt Jule – Universität Tübingen), Stuttgart 1998)

Bundesministerium für Familie, Senioren, Frauen und Jugend (Hrsg.): Handbuch zur Neuen Steuerung in der Kinder- und Jugendhilfe, Stuttgart 2000

Bundesministerium für Familie, Senioren, Frauen und Jugend (Hrsg.): Die Familie im Spiegel der amtlichen Statistik, 5. Aufl., Bonn 1999

Bundesministerium für Familie, Senioren, Frauen und Jugend (Hrsg.): Gewalt in Ehe und Partnerschaft. Ein Leitfaden für Beratungsstellen, 3. Aufl., Berlin 1999

Bundesministerium für Familie, Senioren, Frauen und Jugend (Hrsg.): Hilfen für alleinerziehende Frauen in Problemsituationen (Schriftenreihe Bd. 144), Stuttgart 2000

Bundesministerium für Familie, Senioren, Frauen und Jugend (Hrsg.): Mehr Chancen für Kinder und Jugendliche. Stand und Perspektiven der Jugendhilfe in Deutschland, Band 1, Münster 2000

Bundesministerium für Familie und Senioren (Hrsg.): Familien und Familienpolitik im geeinten Deutschland – Zukunft des Humanvermögens. Fünfter Familienbericht, 1994 (BT-Drucks. 12/7560)

Bundesminister für Jugend, Familie und Gesundheit (Hrsg.): Dritter Jugendbericht, Bonn 1972

Bundesminister für Jugend, Familie und Gesundheit (Hrsg.): Mehr Chancen für die Jugend. Grundlegende Vorstellungen über Inhalt und Begriff moderner Jugendhilfe (Schriftenreihe des BMJFG, Bd. 13), Stuttgart u.a. 1974

Bundesminister für Jugend, Familie und Gesundheit (Hrsg.): Kindesmisshandlung. Erkennen und Helfen, 3. Aufl., Bonn 1987

Bundesminister für Jugend, Familie, Frauen und Gesundheit (Hrsg.): Achter Jugendbericht. Bericht über Bestrebungen und Leistungen der Jugendhilfe, Bonn 1990

Bundesministerium der Justiz (Hrsg.): Jugendgerichtshilfe – Quo vadis? Frankfurter Symposium, Bonn 1991

Bundesministerium der Justiz (Hrsg.): Grundfragen des Jugendkriminalrechts und seiner Neuregelung, Bonn 1992

Bund-Länder-Kommission für Bildungsplanung: Bildungsgesamtplan, Kurzfassung, 2. Aufl., Stuttgart 1974

Burghoff, L./Sommer, M./Sträter, P.: Vereinbarung über Leistungsangebote, Entgelte und Qualitätsentwicklung. Fachliche und finanzielle Gestaltungs- und Steuerungsmöglichkeiten der (teil-)stationären Hilfen, Stuttgart u.a. 1999

Busch, M./Hartmann, G./Mehlich, N.: Soziale Trainingskurse im Rahmen des Jugendgerichtsgesetzes (Hrsg. vom Bundesministerium der Jusitz), 3. Aufl., 1986

Busch, Manfred: Quellen und Literatur zum SGB VIII (KJHG), Münster 1995

Busch, Manfred: Der Schutz von Sozialdaten in der Jugendhilfe, Stuttgart 1997

Buskotte, Andreas (Hrsg.): Ehescheidung: Folgen für Kinder. Ein Handbuch für Berater und Begleiter, Hamm 1991

Chassé, Karl August/Wensierski, Hans-Jürgen von (Hrsg.): Praxisfelder der Sozialen Arbeit. Eine Einführung, Weinheim und München 1999:

Coester, Michael: Das Kindeswohl als Rechtsbegriff, Frankfurt/Main 1983

Colla, Herbert E.: Heimerziehung, stationäre Modelle und Alternativen, München 1981

Conen, Marie-Luise: Elternarbeit in der Heimerziehung, 2. Aufl., JGfH-Eigenverlag, Frankfurt/Main 1991

Cremer, H./Hundsalz, A./Menne, K.: Jahrbuch für Erziehungsberatung. Band 1, Weinheim und München 1994

Dalferth, Matthias: Erziehung im Jugendheim. Bausteine zur Veränderung der Praxis, Weinheim und Basel 1982

Damm, Dietheim: Politische Jugendarbeit, München 1975

Damm, Dietheim: Praxis der bedürfnisorientierten Jugendarbeit, München 1980

Danzig, Helga: Kindschaftsrecht, 2. Aufl., Neuwied und Darmstadt 1980

David, Hans-Joachim: Der Jugendhilfeausschuß, Frankfurt/Main 1993

Deinet/Sturzenhecker (Hrsg.): Handbuch Offene Jugendarbeit, 2. Aufl., Münster 1998

Deuerlin-Bär, Gisela: Fachverbände zum Jugendwohlfahrtsgesetz. Analyse der Stellungnahmen zur JWG-Novelle 1984/85 (Materialien zum Siebten Jugendbericht, Band 1), Weinheim und München 1987

Deutsche Shell (Hrsg.): Jugend 2000, 13. Shell Jugendstudie, Bd. 1, Opladen 2000

Deutsche Vereinigung für Jugendgerichte und Jugendgerichtshilfe e.V. (Hrsg.): Jugendhilfe im Jugendstrafverfahren. Standort und Wandel, Hannover (Eigenverlag) o.J. (1994)

Deutscher, R./Fieseler, G./Maòr, H. (Hrsg.): Lexikon der sozialen Arbeit, Stuttgart u.a. 1978

Deutscher Bundesjugendring (Hrsg.): Jugendverbände im Spagat. Zwischen Erlebnis und Partizipation, Münster 1994

Deutscher Familiengerichtstag e.V.: Ansprachen und Referate, Berichte und Ergebnisse der Arbeitskreise/Dreizehnter Familiengerichtstag: vom 22. Bis 25. September 1999, Bielefeld 2000

Deutscher Kinderschutzbund Landesverband NRW e.V. (Hrsg.): Kindesvernachlässigung. Erkennen, Beurteilen, Handeln, Münster 2000

Deutscher Verein für öffentliche und private Fürsorge (Hrsg.): Sozialdatenschutz. Positionen, Diskussionen, Resultate (Arbeitshilfen Heft 24), Frankfurt/Main (Eigenverlag) 1985

Deutscher Verein für öffentliche und private Fürsorge (Hrsg.): Fachlexikon der sozialen Arbeit, Frankfurt/Main (Eigenverlag) 4. Auflage 1997

Deutscher Verein für öffentliche und private Fürsorge (Arbeitskreis »Pflege- und Heimkinder«): Familie – Pflegefamilie – Heim. Überlegungen für situationsgerechte Hilfen zur Erziehung, Frankfurt/Main (Eigenverlag) 1986

Deutscher Verein für öffentliche und private Fürsorge: Aktenführung in der kommunalen Sozialverwaltung, Frankfurt am Main (Eigenverlag) 1990

Deutscher Verein für öffentliche und private Fürsorge (Hrsg.): Jugendhilfe im gesellschaftlichen Wandel, Frankfurt am Main (Eigenverlag) 1992

Deutscher Verein für öffentliche und private Fürsorge (Hrsg.): Hilfeplanverfahren und Elternbeteiligung. Evaluationsstudie eines Modellprojektes über Hilfeerfahrungen von Eltern im Rahmen des KJHG, Frankfurt am Main (Eigenverlag) 1998

Deutsches Jugendinstitut: Zur Reform der Jugendhilfe. Analysen und Alternativen, München 1973

Deutsches Jugendinstitut (Hrsg.): Beratung von Stieffamilien. Von der Selbsthilfe bis zur sozialen Arbeit, München 1993

Diedrichs-Michel, Irmgard: Die öffentliche Jugendhilfe in Hessen.- Kommentar, Wiesbaden 1997

Diemer, H./Schoreit, A./Sonnen, B.-R.: JGG. Kommentar zum Jugendgerichtsgesetz, 2. Auflage, Heidelberg 1995

Dierks/Graf-Baumann/Lenard (Hrsg.): Therapieverweigerung bei Kindern und Jugendlichen. Medizinrechtliche Aspekte, Berlin, Heidelberg, New York 1995

Duss-von Werdt, J./G. Mähler/H.-G. Mähler (Hrsg.): Mediation: Die andere Scheidung. Ein interdisziplinärer Überblick, Stuttgart 1995

Ebertz, B.: Adoption als Identitätsproblem, Freiburg 1985

Eckart. Evangelischer Fachverband für Erziehungshilfen in Westfalen-Lippe: Hilfeplan. Instrument der Sozialpädagogik oder lästige Verpflichtung, Münster (Friesenring 32) 1992

Eckart. Evangelischer Fachverband für Erziehungshilfen in Westfalen-Lippe: Inobhutnahme – Nur ein kurzfristiges»Dach über'm Kopf« oder der Beginn für eine qualifizierte Hilfe – Fachtagung am 30. September 1992, Münster (Friesenring 32) 1992

Eckert, Dieter/Bathen, Rainer(Hrsg.): Jugendhilfe und akzeptierende Jugendarbeit, Freiburg im Breisgau 1995

Eckert, Jörn: Wenn Kinder Schaden anrichten. Die Pflicht zur Beaufsichtigung von Minderjährigen und Behinderten in Elternhaus, Schule, Heim und Kindergarten, 2. Auflage, München 1993 (dtv 5290)

Eisenberg, Ulrich: Jugendgerichtsgesetz 8. Aufl., München 2000

Elias, Norbert: Über den Prozess der Zivilisation. Soziogenetische und psychogenetische Untersuchungen, Bd. 1 und 2, Frankfurt/Main 1977

Elger, W./Jordan, E./Münder, J.: Erziehungshilfen im Wandel. Untersuchung über Zielgruppen, Bestand und Wirkung ausgewählter Erziehungshilfen des Jugendamtes der Stadt Kassel, Münster 1987

Enders, U. (Hrsg.): Zart war ich – bitter war's – Sexueller Missbrauch an Mädchen und Jungen – erkennen, schützen, beraten, Köln 1990

Engfer, A.: Kindesmisshandlung. Ursachen, Wirkungen, Hilfen, Stuttgart 1986

Ensslen, Carola: Datenschutz im familien- und vormundschaftsgerichtlichen Verfahren, Frankfurt am Main 1997

Evangelischer Erziehungsverband e.V. (EREV): Jugendhilfe im vereinten Deutschland. Auftrag und Chancen freier Träger, Hannover (Lister Meile 87) 1991

Evangelischer Erziehungsverband e.V. (EREV): Sozialpädagogische Familienhilfe zwischen Familientherapie und Gemeinwesenarbeit (Schriftenreihe 4/93), Hannover 1993

Evangelischer Erziehungsverband e.V. (EREV): Betreute Wohnformen. Ein Leitfaden für die Praxis der Erziehungshilfe (Schriftenreihe 1/94), Hannover 1994 Salgo, Ludwig: Der Anwalt des Kindes, Köln 1993

Evangelischer Erziehungsverband e.V. (EREV): Neue Probleme – alte Lösungen. Was ist dran an geschlossener Unterbringung? (Schriftenreihe 2/94), Hannover 1994

Evangelischer Erziehungsverband e.V. (EREV): Subsidiarität auf dem Prüfstand. Jugendhilfe in freier Trägerschaft in den östlichen Bundesländern (Schriftenreihe 3/94), Hannover 1994

Evangelischer Erziehungsverband e.V. (EREV): Junge Frauen und ihre Kinder in Einrichtungen der Jugendhilfe (Schriftenreihe 4/94), Hannover 1994

Evangelischer Erziehungsverband e.V. (EREV): Schulische Bildung und Erziehungshilfen im Wandel. Die Schule für Erziehungshilfe im Jugendhilfeverbund (Schriftenreihe 1/95), Hannover 1995

Evangelischer Erziehungsverband e.V. (EREV): Lebensweltorientierung auf dem Prüfstand: Umbau der erzieherischen Hilfen?! (Schriftenreihe 4/95), Hannover 1995

Evangelischer Erziehungsverband e.V. (EREV): Dienstleistung Jugendhilfe?! Anregungen zu Unternehmenskultur, Organisationsentwicklung und Qualitätsmanagement (Schriftenreihe 1/96), Hannover 1996

Evangelischer Erziehungsverband e.V. (EREV): Drogen und Jugendhilfe. Kontrollierte Heroinabgabe: Ein neues Aufgabenfeld für die Sozialarbeit (Schriftenreihe 3/98), Hannover 1998

Evangelischer Erziehungshilfeverband e.V. (EREV): Qualitätsentwicklung und –bewertung in der Sozialen Arbeit. Systematische Ansätze und Verfahren (Schriftenreihe 4/98), Hannover 1998

Evangelischer Erziehungshilfeverband e.V (EREV): Qualitätsvereinbarung nach § 78 b KJHG (Schriftenreihe 2/99), Hannover 1999

Evangelischer Erziehungshilfeverband e.V. (EREV): Betreutes Wohnen im Wandel.Ein Leitfaden für die Praxis der Jugendhilfe, Schriftenreihe 4/99, Hannover 1999

Evangelischer Erziehungshilfeverband e.V. (EREV): Jugendhilfe im Sozialraum (Schriftenreihe 1/2000), Hannover 2000

Evangelischer Erziehungshilfeverband e.V. (EREV): Leistungen und Grenzen von Heimerziehung (Schriftenreihe 2/2000), Hannover 2000

Eyferth, H./Otto, H.-U./Thiersch, H. (Hrsg.): Handbuch zur Sozialarbeit/Sozialpädagogik, Neuwied und Darmstadt 1984

Faltermeier, Josef (Hrsg.): Jugendhilfe: Aktuelle Probleme und zukünftige Entwicklungen. Dokumentation einer Fachtagung für Jugendamtsleiter, Frankfurt/Main (Eigenverlag des Deutschen Vereins für öffentliche und private Fürsorge) 1987

Faltermeier, Josef (Hrsg.): »... und sie bewegt sich doch«. Die Jugendhilfe auf dem Weg zur Modernisierung: Selbstverständnis, Konzept, Organisationsformen, Frankfurt/Main (Eigenverlag des Deutschen Vereins für öffentliche und private Fürsorge) 1995

Faltermeier, J./Sengling, D.: Wenn Kinder und Jugendliche an ihren Lebenswelten scheitern – Herausforderung für die Sozialpädagogik, Frankfurt/Main 1983 (Eigenverlag Deutscher Verein)

Fegeler, Susanne: Der Maßstab des Wohls des Kindes, des Mündels, des Pfleglings und des Betreuten bei der gerichtlichen Kontrolle ihrer Interessenvertreter, Baden-Baden 2000

Fegert, Jörg M.: Sexuell missbrauchte Kinder und das Recht. Band 2. Ein Handbuch zu Fragen der kinder- und jugendpsychiatrischen und psychologischen Untersuchung und Begutachtung, Köln 1993

Fegert, Jörg M.: Was ist seelische Behinderung? Anspruchsgrundlage und Kooperative Umsetzung von Hilfen nach § 35 a KJHG, Münster 1994

Fegert, Jörg M. (Hrsg.): Kinder im Scheidungsverfahren nach der Kindschaftsrechtsreform. Kooperation im Interesse des Kindes, Neuwied 1999

Fieseler, Gerhard: Rechtsgrundlagen sozialer Arbeit, Stuttgart u.a. 1977

Fieseler, Gerhard: Der Gedanke der Resozialisierung im Strafrecht und in der Sozialarbeit, in: Norbert Lippenmeier (Hrsg.): Beiträge zur Supervision. Was kann Supervision leisten?, Kassel (Gesamthochschul-Bibliothek), o.J. (1987)

Fieseler, G./Lippenmeier, N.: Supervision und Recht, in: Adrian Kniel (Hrsg.): Sozialpädagogik im Wandel. Geschichte, Methoden, Entwicklungstendenzen, Kassel (Gesamthochschul-Bibliothek) 1984

Fieseler, Gerhard/Schleicher, Hans: Kinder- und Jugendhilferecht. Gemeinschaftskommentar zum SGB VIII (GK-SGB VIII), Neuwied (ab) 1998 (Loseblattausgabe; Stand Dezember 2000)

Firsching, Karl: Familienrecht und andere Rechtsgebiete in der freiwilligen Gerichtsbarkeit. Handbuch der Rechtspraxis Bd. 5, 4. Aufl., München 1979 (Nachtrag 1980)

Firsching, Karl/Graba, Hans-Ulrich: Familienrecht. 1. Halbband: Familiensachen. Handbuch der Rechtspraxis Band 5 a, 5. Auflage, München 1992

Firsching, Karl/Graba, Hans-Ulrich: Familienrecht. 2. Halbband: Vormundschafts- und Betreuungsrecht sowie andere Rechtsgebiete der freiwilligen Gerichtsbarkeit. Handbuch der Rechtspraxis Band 5 b, 5. Auflage, München 1992

Firsching/Dodegge: Familienrecht, 2. Halbband: Vormundschafts- und Betreuungsrecht, 6. Auflage, München 1999

Flierl, Hans: Freie und öffentliche Wohlfahrtspflege, München, 2. Auflage 1992

Fluk, Elke: Jugendamt und Jugendhilfe im Spiegel der Fachliteratur. Analyse und Kritik der Diskussion 1950-1970 (Forschungsbericht Deutsches Jugendinstitut), München 1972

Foth, Heinrich: Der Sozialarbeiter in der Vormundschafts- und Familiengerichtshilfe. Teil I: Die juristische Orientierung, Frankfurt/Main 1980

Frankfurter Kommentar zum JWG, siehe Münder, J. u.a. (1988), a.a.O.

Fricke, Astrid/Johann-Friedrich Wicke:Der Familienrechtsfall. Ein Übungsbuch für Studium und Praxis, Braunschweig 1995

Fricke/Söchtig/Kunkel: Kinder- und Jugendhilferecht – Fälle und Lösungen – Baden-Baden 2000

Frings, P./Ludemann, G./Papenheim, H.-G.: Sozialpädagogische Familienhilfe in freier Trägerschaft. Rechtliche Grundlagen und Rahmenbedingungen, Freiburg im Breisgau 1993

Frommann, Mathias: Die Wahrnehmung der Interessen Minderjähriger im vormundschafts- und familiengerichtlichen Erkenntnisverfahren der freiwilligen Gerichtsbarkeit, Frankfurt/ Main (Dissertation) 1977

Fthenakis, W. E.: Gemeinsame elterliche Sorge nach der Scheidung, in: *H. Remschmidt* (Hrsg.), Kinderpsychiatrie und Familienrecht, Stuttgart 1984

Fthenakis, W. E./Kunze, H.-R. (Hrsg.): Trennung und Scheidung – Familie am Ende? Neue Anforderungen an die beteiligten Institutionen, Grafschaft 1992

Fthenakis, W. E./Niesel, R./Kunze, H.-R.: Ehescheidung. Konsequenzen für Eltern und Kinder, München 1982

Furstenberg, F. F./A. J. Cherlin: Geteilte Familien, Stuttgart 1993

Gärtner-Harnach, V./Maas, U.: Psychosoziale Diagnose und Datenschutz in der Jugendhilfe, LWV Baden, Karlsruhe 1987

Gastiger, S./Oswald, G.: Familienrecht, Stuttgart u.a. 1978

Gernert, Wolfgang (Hrsg.): Freie und öffentliche Jugendhilfe. Einführung in das Kinder- und Jugendhilfegesetz (KJHG), Stuttgart 1990

Gernert, Wolfgang (Hrsg.): Jugendschutz. Rechtsgrundlagen in der Bundesrepublik Deutschland, Stuttgart u.a. 1993

Gernert, Wolfgang: Das Kinder- und Jugendhilfegesetz 1993. Anspruch und praktische Umsetzung, Stuttgart u.a. 1993

Gernhuber, Joachim/Coester-Waltjen, Dagmar: Lehrbuch des Familienrechts, 4. Aufl., München 1994

Gießler, Hans: Vorläufiger Rechtsschutz in Ehe-, Familien- und Kindschaftssachen, München 1987 (3. Auflage, München 2000)

Gintzel,U. (Hrsg.): Erziehung in Pflegefamilien. Auf der Suche nach einer Zukunft, Münster 1996

Gintzel/Jordan/Schone/Schulz/Struck: Kinder- und Jugendhilfe in Deutschland, Münster 1997

Gintzel, U./Schone, R. (Hrsg.): Zwischen Jugendhilfe und Jugendpsychiatrie. Konzepte – Methoden – Rechtsgrundlagen, Münster 1990

Gintzel, U./Schrapper, Chr.: Intensive sozialpädagogische Einzelbetreuung. Konzeptionen, Kostenregelungen, Praxis, Münster (Institut für soziale Arbeit e.V.) 1991

Gögercin, Süleyman: Jugendsozialarbeit. Eine Einführung, Freiburg i. Br., 1999

Gläss, Holger/Herrmann, Franz: Strategien der Jugendhilfeplanung. Theoretische und methodische Grundfragen, Weinheim und München 1994

Göppinger, H./Wax, P.: Unterhaltsrecht, 6. Aufl., Bielefeld 1994

Goffmann, Erving: Asyle. Über die soziale Situation psychiatrischer Patienten und anderer Insassen, Frankfurt/Main 1973

Goldstein, J./Freud, A./Solnit, A. J.: Jenseits des Kindeswohls. Mit einem Beitrag von Spiros Simitis, Frankfurt/Main 1974

Goldstein, J./Freud, A./Solnit, A. J.: Diesseits des Kindeswohls. Mit einem Beitrag von Spiros Simitis, Frankfurt/Main 1982

Goldstein, J./Freud, A./Solnit, A. J./Goldstein, S.: Das Wohl des Kindes. Grenzen professionellen Handelns. Mit einem Beitrag von Spiros Simitis, Frankfurt/Main 1988

Greese, D./Güthoff, F./Kersten-Rettig,P./Noack,B. (Hrsg.): Allgemeiner Sozialer Dienst. Jenseits von Allmacht und Ohnmacht, Münsrer1993

Greßmann, Michael: Neues Kindschaftsrecht, Bielefeld 1998

Groth, U./Schulz, R./Schulz-Rackoll, R.: Handbuch Schuldnerberatung. Neue Praxis der Wirtschaftssozialarbeit, Frankfurt/Main 1994

Grote, Herwig: Familienunterstützende Erziehungshilfen im Berliner Honorarmodell, Düsseldorf 1998

Gründel, Matthias: Gemeinsames Sorgerecht. Erfahrungen geschiedener Eltern, Freiburg i. Br. 1995

Günder, Richard: Praxis und Methoden der Heimerziehung. Herausgegeben vom Deutschen Verein für öffentliche und private Fürsorge (Arbeitshilfe 48), Frankfurt/Main 1995
Günder, Richard: Hilfe zur Erziehung, Freiburg i. Br. 1999
Güthoff, F./Jordan, E./Steege, G. (Red.): Mut zur Vielfalt. Dokumentation/Hamburger Pflegekinderkongress, Münster 1990

Häsing, Helga/Gutschmidt, Gunhild: Handbuch Alleinerziehen, Reinbek bei Hamburg 1992
Hager, J. A./Sehrig, J.: Vertrauensschutz in der sozialen Arbeit, Heidelberg 1992
Hahn, Jochen/Lomberg, Berthold/Offe, Heinz (Hrsg.): Scheidung und Kindeswohl, Heidelberg 1992
Hahn, Kurt/Müller, Franz-Werner (Hrsg.): Systemische Erziehungs- und Familienberatung. Wege zur Förderung autonomer Lebensgestaltung, Mainz 1993
Haibach, Ulrike/Haibach, Rudolf: Das neue Kindschafsrecht in der anwaltlichen Praxis, Bonn 1998
Handbuch SA/SP, siehe Eyferth/Otto/Thiersch (1984), a.a.O.
Hanselmann, P. G./Weber, B.: Kinder in fremder Erziehung. Heime, Familienpflege, Alternativen – ein Kompass für die Praxis, Weinheim und Basel 1986
Hansen, Kirsten-Pia: Das Recht der elterlichen Sorge nach Trennung und Scheidung. Bedeutung und Tragweite einer systemorientierten Perspektive im Familienrecht, Neuwied 1993
Happe, Günter/Saurbier, Helmut: Kinder- und Jugendhilferecht. Kommentar, 3. Auflage, Köln (ab) 1991 (Loseblattausgabe)
Harnach-Beck, Viola: Psychosoziale Diagnostik in der Jugendhilfe, Weinheim 1995 (2. Auflage 1997)
Hartwig, Luise: Sexuelle Gewalterfahrungen von Mädchen. Konfliktlagen und Konzepte mädchenorientierter Heimerziehung, Weinheim und München 1990
Hartwig, Luise/Weber, Monika: Sexuelle Gewalt und Jugendhilfe. Bedarfssituation und Angebote der Jugendhilfe für Mädchen und Jungen mit sexuellen Gewalterfahrungen, Münster (Institut für soziale Arbeit e.V.) 1991
Hasenclever, Christa: Jugendhilfe und Jugendgesetzgebung seit 1900, Göttingen 1978
Hauck: Sozialgesetzbuch. SGB VIII. Kinder- und Jugendhilfe. Kommentar, Berlin (ab) 1991 (Loseblattausgabe)
Haynes, J./Bastine, R/Link, G./Mecke, A.: Scheidung ohne Verlierer. Ein neues Verfahren, sich einvernehmlich zu trennen. Mediation in der Praxis, München 1993
Hege, M./Schwarz, G.: Gewalt gegen Kinder. Zur Vernetzung sozialer Unterstützungssysteme im Stadtteil, München 1992
Heilmann, Stefan: Kindliches Zeitempfinden und Verfahrensrecht, Neuwied 1998
Heiß, B./Heiß, H.: Beck-Rechtsberater: Die Höhe des Unterhalts von A – Z, 5. Auflage 1992 (dtv 5059)
Heitkamp, H.: Heime und Pflegefamilien – konkurrierende Erziehungshilfen? Entwicklungsgeschichte, Strukturbedingungen, gesellschaftliche sozialpolitische Implikationen, Frankfurt am Main 1989
Herborth, Reinhard: Der Hilfeplan: Neue Fachlichkeit in der Kinder- und Jugendhilfe? Kassel 1998
Herrenknecht, A./Hätscher, B./Koospel, S.: Träume, Hoffnungen, Kämpfe. Ein Lesebuch zur Jugendzentrumsbewegung, Frankfurt/Main 1977
Herriger, Norbert: Verwahrlosung. Eine Einführung in Theorien sozialer Auffälligkeit, 2. Aufl., München 1987
d'Heur, Bernd Jean: Der Kindeswohl-Begriff aus verfassungsrechtlicher Sicht, Bonn (AGJ) o.J.
Hoefnagels, G. P.: Zusammen heiraten, zusammen scheiden. Scheidungsvermittlung als Integration von Recht und Psychologie, Neuwied, Kriftel, Berlin 1994
Hölzel, Sven: Erziehungsberatung, München 1981
Hofer, Manfred/Klein-Allermann, Elke/Noack, Peter: Familienbeziehungen. Eltern und Kinder in der Entwicklung – Ein Lehrbuch, Göttingen 1992
Hoffmann-Riem, Christa: Das adoptierte Kind. Familienleben mit doppelter Elternschaft, München 1984
Hoksbergen, R./Textor, M. (Hrsg.): Adoption. Grundlagen, Vermittlung, Nachbetreuung, Beratung, Freiburg im Breisgau 1993

Horndasch, Klaus-Peter: Zum Wohle des Kindes: Möglichkeiten und Grenzen staatlicher Einwirkung auf die Erziehungsverantwortung der Eltern, Göttingen (Dissertation) 1983
Hornstein, W./Bastine, R./Junker, H./Wulf, Ch. (Hrsg.): Funk-Kolleg »Beratung in der Erziehung«, Bd. 1 und 2, Frankfurt/Main 1977
Hundmeyer, Simon: Recht für Erzieherinnen und Erzieher, 13. Auflage, München 1993
Hundmeyer, Simon: Aufsichtspflicht in Kindertageseinrichtungen, 2.Auflage, Kronach 1994
Hundsalz, Andreas: Die Erziehungsberatung, Weinheim 1995
Hundsalz, A./Klug, H.-P./Schilling, H.: Beratung für Jugendliche, Weinheim 1995

Institut des Rauhen Hauses für Soziale Praxis (isp) (Hrsg.): Handreichung für die Durchführung von Jugendhilfemaßnahmen im Ausland, Hamburg 1998
Institut für Empirische Psychologie (Hrsg.): Die selbstbewusste Jugend. Orientierungen und Perspektiven 2 Jahre nach der Wiedervereinigung. Die IBM-Jugendstudie '92, Köln 1992
Institut für soziale Arbeit e.V. (Hrsg.): Mädchenforschung in der Jugendhilfe, Münster 1986
Institut für soziale Arbeit e.V.: Ambulante Erziehungshilfen – Alternative oder Alibi? Entwicklungen, Profile, Perspektiven ambulanter Hilfen zur Erziehung, Münster 1988
Institut für soziale Arbeit e.V. (Hrsg.): Jugendhilfe und Jugendpsychiatrie, Münster 1989
Institut für soziale Arbeit e.V. (Hrsg.): ASD. Beiträge zur Standortbestimmung, Münster 1991
Internationale Gesellschaft für Heimerziehung (IGfH): Zwischenbericht Kommission Heimerziehung und Alternativen – Analyse und Ziele für Strategien, Frankfurt/Main 1977
ISA-Schriftenreihe, Heft 5: Alternativbewegung, Jugendprotest, Selbsthilfe, 2. Aufl., Münster 1983
ISA-Schriftenreihe, Heft 6: »Soziale Trainingskurse« – Zur ambulanten Arbeit mit straffälligen Jugendlichen, Münster 1983
ISA-Schriftenreihe, Heft 8: »Sozialpädagogische Familienhilfe« – Ein neues Praxisfeld der Jugendhilfe, Münster 1983
ISA-Schriftenreihe, Heft 16: Gewalt gegen Frauen und sexuelle Gewalt gegen Kinder. Ratgeber für eine parteiliche Interessenvertretung gegenüber Polizei und Justiz, Münster 1994
Jans, K.-W./Happe, G.: Jugendwohlfahrtsgesetz. Kommentar, 3 Bände (Loseblatt), 8. Lieferung, Köln u.a. 1983
Jans/Happe/Saurbier: Kinder- und Jugendhilferecht. Kommentar (Loseblatt), Köln 1991 ff.
Janssen, Karl u.a.: Hilfeplan – die prozesshafte Gestaltung von Erziehungshilfen, Vieselbach/Erfurt 1993
Janssen, Karl: Kinder- und Jugendhilfegesetze, 7. Aufl., Stuttgart 1998
Japp, Klaus Peter/Olk, Thomas: Zur Neuorganisation sozialer Dienste, in: Projektgruppe Soziale Berufe (Hg.), Sozialarbeit: Problemwandel und Institutionen, Expertisen II, München 1981
Jeand'Heur, Verfassungsrechtliche Schutzgebote zum Wohl des Kindes und staatliche Interventionspflichten aus der Garantienorm des Art. 6 Abs. 2 Satz 2 GG, Berlin 1993
Jopt, Uwe-Jörg: Im Namen des Kindes. Plädoyer für die Abschaffung des alleinigen Sorgerechts, 2. Auflage, Hamburg 1994
Jordan, Erwin (Hrsg.): Jugendhilfe. Beiträge und Materialien zur Reform des Jugendhilferechts, Weinheim und Basel 1975
Jordan, Erwin/Reismann, Hendrik: Qualitätssicherung und Verwaltungsmodernisierung in der Jugendhilfe, hrsg. vom Institut für soziale Arbeit e.V., Münster 1998
Jordan, E./Schrapper, Ch.: Hilfeplanung und Betroffenenbeteiligung, Münster 1994
Jordan, E./Sengling, D.: Einführung in die Jugendhilfe, 2. Aufl., München 1984
Jordan, E./Sengling, D.: Kinder- und Jugendhilfe. Einführung in Geschichte und Handlungsfelder, Organisationsformen und gesellschaftliche Problemlagen, Weinheim und München 1992; Neuausgabe 2000
Jordan, E./Trauernicht, G.: Alleinerziehende im Brennpunkt der Jugendhilfe. Erziehung außerhalb der eigenen Familie im Spiegel der Akten, aus der Sicht der betroffenen Familien und neue Wege der Problemlösung, Münster 1989
Junge, Hubertus/Lendermann, Heiner B.: Das Kinder- und Jugendhilfegesetz. Einführende Erläuterungen, Freiburg 1990

Kämpfer, Horst-Dieter: Recht und Verwaltung. Ein Lehr- und Arbeitsbuch für die Fachschule für Sozialpädagogik, Kön 1996

Kallert, Heide/Akpinar-Weber: Ausländische Kinder und Jugendliche in der Heimerziehung, Frankfurt/Main (ISS-Eigenverlag) 1993

Kavemann, B./Lohstöter, I.: Väter als Täter. Sexuelle Gewalt gegen Mädchen, Reinbek bei Hamburg 1984

Keil, A.: Jugendpolitik und Bundesjugendplan. Analyse und Kritik der staatlichen Jugendförderung, München 1969

Keller, Tanja: Das gemeinsame Sorgerecht nach der Kindschaftsrechtsreform, Köln 1999

Kiehn, Erich: Sozialpädagogisch betreutes Jugendwohnen, 2. Aufl., Freiburg i. Br. 1993

Kilb, Rainer: Jugendhilfeplanung – ein kreatives Missverständnis, Opladen 2000

Kinderheim Kleingartach und Sozialpädagogische Einrichtung Cappelrain: Materialien zum Hilfeplan des »Forum Jugendhilfe '91« in der Region Franken, Eppingen-Kleingartach (Oberlinweg 8) und Öhringen 1992

Kinderschutz-Zentrum Berlin: Kindesmisshandlung. Erkennen und Helfen, 8. Aufl., Berlin 2000 (Gefördert durch das BMFSFJ.)

Kirchhoff, Sabine: Sexueller Missbrauch vor Gericht. Bd. 1: Beobachtung und Analyse. Bd. 2: 15 Gerichtsprotokolle, Opladen 1994

Kirsch, Regina/Tennstedt, Florian (Hrsg.): Engagement und Einmischung, Festschrift für Ingeborg Pressel, Kassel 1999

Klatetzki, Thomas (Hrsg.): Flexible Erziehungshilfen, Münster 1994 (2. Auflage 1995)

Klawe, Willy/Bräuer, Wolfgang: Erlebnispädagogik zwischen Alltag und Alaska, Weinheim und München 1998

Klier, R./Brehmer, M./Zinke, S.: Jugendhilfe in Strafverfahren. Jugendgerichtshilfe. Handbuch für die Praxis Sozialer Arbeit, Berlin u.a. 1995

Klinger, R./Kunkel, P.-C.: Sozialdatenschutz in der Praxis. Fälle und Lösungen, Stuttgart u.a. 1990

Klinkhardt, Horst: Kinder- und Jugendhilfe. SGB VIII. Kommentar, München 1994

Klose, Andreas/Steffan, Werner: Streetwork und Mobile Jugendarbeit in Europa, Münster 1997

Köhler, W./Luthin, H.: Handbuch des Unterhaltsrechts, 8. Aufl., München 1993

Körner, Wilhelm/Hörmann, Georg (Hrsg.): Handbuch der Erziehungsberatung, Göttingen 1998

Kolodziej, Viktor: Akten…muss das sein? Typische Verwaltungsabläufe im Sozial- und Jugendamt, Freiburg i.Br. 1982

Kommunale Gemeinschaftsstelle für Verwaltungsvereinfachung (KGSt): Organisation der Jugendhilfe: Ziele, Aufgaben und Tätigkeiten des Jugendamtes, KGSt-Bericht 3/1993, Köln 1993

Krabbe, Heiner (Hrsg.): Scheidung ohne Richter. Neue Lösungen für Trennungskonflikte, Reinbek bei Hamburg 1991

Kreft, D./Lukas, H.: Berichte und Materialien aus der sozialen und kulturellen Arbeit. Perspektivenwandel der Jugendhilfe. Bd. I: Forschungsmaterialien und eine umfassende Bibliographie zu Neuen Handlungsfeldern in der Jugendhilfe, Nürnberg 1990

Kreft, D./Lukas, H. u.a.: Perspektivenwandel der Jugendhilfe. Band II: Expertisentexte »Neue Handlungsfelder in der Jugendhilfe«, Nürnberg 1990

Kreft, D./Mielenz: Wörterbuch Soziale Arbeit, 4. Auflage, Weinheim und Basel 1996

Kreisausschuß des Schwalm-Eder-Kreises (Hrsg.): Entwicklung und Planung der Jugendhilfe, (Amt für Jugend und Sport, Parkstraße 6) Homberg (Efze), o.J. (1995)

Krieger, Wolfgang: Der Allgemeine Sozialdienst. Rechtliche und fachliche Grundlagen für die Praxis des ASD, Weinheim 1994

Krieger, Wolfgang/Fath, Elfriede: Sexueller Missbrauch und Heimerziehung, Berlin 1995

Kröger, Rainer (Hrsg.): Leistung, Entgelt und Qualitätsentwicklung der Jugendhilfe, Neuwied 1999

Krug/Grüner/Dalichau: Kinder- und Jugendhilfe. Sozialgesetzbuch (SGB) Achtes Buch (VIII). Kommentar, Starnberg-Percha (ab) 1991 (Loseblattausgabe)

Krum, Roswitha: Institutionelle Reaktion auf die Situation in der Jugend heute. Jugendhilfepläne und die hiermit verknüpften Intenionen, Frankfurt am Main 1996

Kühn, Dietrich: Kommunale Sozialverwaltung. Eine organisationswissenschaftliche Studie, Bielefeld 1985

Kühn, Dietrich: Jugendamt – Sozialamt – Gesundheitsamt, Neuwied 1994

Kunkel, Peter-Christian: Grundlagen des Jugendhilferechts. Systematische Darstellung für Studium und Praxis, Baden-Baden, 3. Auflage 1999 (1. Auflage 1995)

Kunkel, Peter-Christian (Hrsg.): Kinder- und Jugendhilfe. Lehr- und Praxiskommentar (LPK-SGB VIII), Baden-Baden 1998
Kunkel, Peter-Christian: Jugendhilfe. ARD-Ratgeber Recht, Frankfurt am Main 1998

Lakies, Thomas: Vorläufige Maßnahmen zum Schutz von Kindern und Jugendlichen nach den §§ 42, 43 des Kinder- und Jugendhilfegesetzes (KJHG), Stuttgart 1997
Landeswohlfahrtsverband Hessen (Hrsg.): Neue Wege. Aufgaben und Leistungen der Jugendhilfe. Perspektiven und Sicherung des Leistungsstandards, 2. Auflage, Kassel 1990
Laubenthal, Klaus: Jugendgerichtshilfe im Strafverfahren, Köln 1993
Lehmann, Karl-Heinz (Hrsg.): Recht sozial. Rechtsfragen der sozialen Arbeit, Hannover 2000
Lehmkuhl, Gerd/Lehmkuhl, Ulrike (Hrsg.): Scheidung – Trennung – Kindeswohl. Diagnostische, therapeutische und juristische Aspekte, Weinheim 1997
Lempp, Reinhart: Die seelische Behinderung bei Kindern und Jugendlichen als Aufgabe der Jugendhilfe. § 35 a SGB VIII, Stuttgart (3. Auflage 1995)
Lempp, R./von Braunbehrens, V./Eichner, E./Röcker, D.: Die Anhörung des Kindes gemäß § 50 b FGG (Rechtstatsachenforschung. Hrsg. v. Bundesministerium der Justiz), Köln 1987
Lessing, H./Liebel, M.: Jugend in der Klassengesellschaft, München 1974
Limbach, J. (unter Mitarbeit von G. Kuhnle/K.-U. Süß/Chr. Tombrink/K. Durber): Die gemeinsame Sorge geschiedener Eltern in der Rechtspraxis, Köln 1989
Lohrentz, Ute: Jugendhilfe bei Trennung und Scheidung; Neuwied 1999
Luhmann, N./Schorr, K. E. (Hrsg.): Zwischen Technologie und Selbstreferenz, Frankfurt/Main 1982
Luhmann, N./Schorr, K. E. (Hrsg.): Zwischen Intransparenz und Verstehen, Frankfurt/Main 1986
Luthin, Horst: Gemeinsames Sorgerecht nach der Scheidung, Bielefeld 1987
Luxburg, Harro Graf von: Das neue Kindschaftsrecht, München 1998

Maas, Udo: Aufgaben sozialer Arbeit nach dem KJHG (Kinder- und Jugendhilfegesetz). Systematische Einführung für Studium und Praxis, Weinheim und München 1991
Maas, Udo: Soziale Arbeit als Verwaltungshandeln. Systematische Grundlegung für Studium und Praxis, Weinheim und München 1992 (2. Auflage 1996)
Maas, U.: Datenschutz in der sozialen Arbeit – Eine Arbeitshilfe –, LWV Baden, Karlsruhe 1988
Marburger, H.: Jugendleiter und Recht. Rechtsbrevier für Jugendleiter, Jugendgruppenleiter und sonst in der Jugendarbeit Tätige, Stuttgart, München, Hannover, Berlin, Weimar 1992
Marquardt, Claudia: Sexuell missbrauchte Kinder und das Recht. Band 1. Juristische Möglichkeiten zum Schutz sexuell missbrauchter Mädchen und Jungen, Köln 1993
Marquardt, Claudia/Lossen, Jutta: Sexuell missbrauchteKinder in Gerichtsverfahren, Münster 1999
Mehl, H. P./Scherer, P.: Verwaltungsrecht in der sozialen Arbeit, Freiburg i. Br. 1983
Menne, K./Schilling, H./Weber, M. (Hrsg.): Kinder im Scheidungskonflikt. Beratung von Kindern und Eltern bei Trennung und Scheidung, Weinheim und München 1993 *(2. Auflage 1997)*
Menzel/Ziegler: Jugendhilferecht, Stuttgart 1997
Merchel, Joachim: Kooperative Jugendhilfeplanung. Eine praxisbezogene Einführung, Opladen 1994
Merchel, Joachim: Hilfeplanung bei den Hilfen zur Erziehung: § 36 SGB VIII, Stuttgart u.a. 1998
Merchel, Joachim (Hrsg.): Qualität in der Jugendhilfe. Kritierien und Bewertungsmöglichkeiten, 2. Aufl., Münster 1999
Miller, Alice: Du sollst nicht merken, Frankfurt/Main 1981
Ministerium für Arbeit, Gesundheit und Soziales des Landes Nordrhein-Westfalen: Jugend in Nordrhein-Westfalen. Situation – Leistungen – Tendenzen. 5. Jugendbericht der Landesregierung Nordrhein-Westfalen, 1989
Möller, Winfried/Nix, Christoph (Hrsg.): Kurzkommentar zum Kinder- und Jugendhilfegesetz, Weinheim und Basel 1991
Mörsberger, Thomas: Verschwiegenheitspflicht und Datenschutz. Leitfaden für die Praxis der sozialen Arbeit, Freiburg 1985
Mörsberger, Thomas/Restemeyer, Jürgen (Hrsg.): Helfen mit Risiko. Zur Pflichtenstellung des Jugendamtes bei Kindesvernachlässigung, Neuwied 1997
Mrozynski, Peter: Das neue Kinder- und Jugendhilfegesetz (SGB VIII), 3. Aufl., München 1998

Mühlens/Kirchmeier/Greßmann: Das neue Kindschaftsrecht. Erläuternde Darstellung des neuen Rechts anhand der Materialien, 2. Auflage, Köln 1998

Müller, C. W.: JugendAmt. Geschichte und Aufgabe einer reformpädagogischen Einrichtung, Weinheim und Basel 1994

Müller-Schlotmann, Richard: Integration vernachlässigter und misshandelter Kinder. Eine Handreichung für Jugendämter, Beratungsstellen und Pflegeeltern, Regensburg 1998

Münder, Johannes: Der Jugendwohlfahrtsausschuß. Probleme, Rechte, Perspektiven, Neuwied 1987

Münder, Johannes: AIDS und Jugendhilfe. Jugendhilfe- und sozialrechtliche Situation, Münster 1989

Münder, Johannes: Beratung, Betreuung, Erziehung und Recht. Handbuch für Lehre und Praxis, Münster 1990; 2. Auflage 1991

Münder, Johannes: Das neue Jugendhilferecht, Münster 1991

Münder, Johannes: Familien- und Jugendrecht, Band 1: Familienrecht und Band 2: Jugendrecht, 3. Auflage, Weinheim und Basel 1993

Münder, Johannes: Alleinerziehende im Recht. Ein Praxisratgeber, Münster 1994

Münder, Johannes: Drogen in der Jugendhilfe – Rechtliche Aspekte, in: EREV Schriftenreihe 3/95, 2. Auflage, Hannover 1995

Münder, Johannes: Einführung in das Kinder- und Jugendhilferecht, Münster 1996

Münder, Johannes: Alleinerziehende im Recht, 2. Auflage Münster (Institut für soziale Arbeit e.V.) 1998

Münder, Johannes: Familien- und Juggendhilferecht. Eine sozialwissenschaftliche Einführung, Band 1: Familienrecht, 4. Auflage, Neuwied 1999

Münder, Johannes: Familien- und Jugendhilferecht, Band 2, 4. Auflage, Neuwied 2000

Münder, Johannes u.a.: Frankfurter Kommentar zum JWG, 4. Aufl., Weinheim und Basel 1988

Münder, Johannes u.a.: Frankfurter Lehr- und Praxiskommentar zum KJHG/SGB VIII, 3. Auflage, Münster 1998

Münder, Johannes/Birk, Ulrich-Arthur: AIDS und Kinder. Jugendhilfe- und sozialrechtliche Situation, Münster 1988

Münder/Schone/Körber/Mutke/Them: Kindeswohl zwischen Jugendhilfe und Justiz – eine Fallerhebung in Jugendämtern (Diskussionsbeiträge – Institut für Sozialpädagogik der Technischen Universität Berlin Fachbereich 02 Erziehungswissenschaften) Berlin, Oktober 1998

Münder/Ottenberg: Der Jugendhilfeausschuss, 1999

Naudascher, B.: Freizeit in öffentlicher Hand. Behördliche Jugendpflege in Deutschland von 1900-1980, Düsseldorf 1990

Neue Praxis Sonderheft 5 (1980): *Müller, S./Otto, H.-U. (Hrsg.):* Sozialarbeit als Sozialbürokratie? Zur Neuorganisation sozialer Dienste, Neuwied 1980

Niederberger, J.M:, Kinder in Heimen und Pflegefamilien. Fremdplazierung in Geschichte und Gegenwart, Bielefeld 1997

Nielsen, H. und K./Müller, C. W.: Sozialpädagogische Familienhilfe. Probleme, Prozesse und Langzeitwirkungen, Weinheim und Basel 1986

Nienstedt, M./Westermann, A.: Pflegekinder. Psychologische Beiträge zur Sozialisation von Kindern in Ersatzfamilien, Münster 1989

Nikles; Bruno W.: Planungsverantwortung und Planung in der Jugendhilfe. Eine Einführung, Stuttgart 1995

Nix, Christoph (Hrsg.): Kurzkommentar zum Jugendgerichtsgesetz, Weinheim und Basel 1994

Nothacker, Gerhard: Jugendstrafrecht, 2. Auflage, Baden-Baden 1998

Nüberlin, Gerda: Jugendhilfe nach Vorschrift? Pfaffenweiler 1997

Oberloskamp, Helga: Haager Minderjährigenschutzabkommen. Kommentar, Köln u.a. 1983

Oberloskamp, Helga (Hrsg.): Vormundschaft, Pflegschaft und Beistandschaft für Minderjährige, 2. Auflage, München 1998

Oberloskamp, Helga: Kindschaftsrechtliche Fälle für Studium und Praxis, 5. Auflage, Neuwied 1998

Oberloskamp, Helga: Wie adoptiere ich ein Kind? Wie bekomme ich ein Pflegekind?, 3. Aufl., München 1993 (dtv 5215)

Oberloskamp, Helga: Ich erziehe mein Kind allein, 4. Auflage 1999
Oberloskamp, Helga: Wir werden Adoptiv- oder Pflegeeltern, 4. Auflage, München 2000
Oberloskamp, H./Adams, U.: Jugendhilferechtliche Fälle für Studium und Praxis, 9. Auflage, Neuwied 1996
Oelkers, Harald: Sorge- und Umgangsrecht in der Praxis, Bonn 2000
Olk, Th./Bathke, G.-W./Hartnuß, B.: Jugendhilfe und Schule. Theoretische Reflexionen und empirische Befunde zur Schulsozialarbeit, Weinheim/München 2000
Onderka, K./Schade, H.: Gilt die Schweigepflicht der Sozialarbeiter/Sozialpädagogen auch innerhalb der Behörde? Ein Beitrag zu § 203 StGB, in: Deutscher Verein für öffentliche und private Fürsorge (Hrsg.), Datenschutz im sozialen Bereich. Beiträge und Materialien, Frankfurt/Main (Eigenverlag) 1981
Ortmann, Friedrich: Öffentliche Verwaltung und Sozialarbeit, Weinheim und München 1994
Ostendorf, Heribert: Jugendgerichtsgesetz. Kommentar, 3. Auflage, Köln 1994

Palandt-Bearbeiter: Bürgerliches Gesetzbuch, 59. Auflage, München 2000
Palentien, Christian/Hurrelmann, Klaus (Hrsg.): Jugend und Politik. Ein Handbuch für Forschung, Lehre und Praxis, 2. Auflage Neuwied 1998
Papenheim, Hans-Gert/Baltes Joachim/Tiemann, Burkhard: Verwaltungsrecht für die soziale Praxis, Frechen, 14. Auflage, 1998
Paulitz, Harald: Offene Adoption, Freiburg im Breisgau 1997
Peters, Friedhelm/Trede, Wolfgang (Hrsg.): Strategien gegen Ausgrenzung. Politik, Pädagogik und Praxis der Erziehungshilfen in den 90er Jahren. Beiträge zur IGfH-Jahrestagung 1991 in Hamburg, Frankfurt a. M. (IGfH-Eigenverlag) 1992
Peters/Trede/Winkler (Hrsg.): Integrierte Erziehungshilfen, Frankfurt am Main 1998
Petersen, Kerstin: Neuorientierung im Jugendamt. Dienstleistungshandeln als professionelles Konzept Sozialer Arbeit, Neuwied 1999
Pfeiffer, Christian: Kriminalprävention im Jugendgerichtsverfahren. Jugendrichterliches Handeln vor dem Hintergrund des Brücke-Projekts, Köln u.a. 1983
Planungsgruppe Petra e.V.: Analyse von Leistungsfeldern der Heimerziehung. Ein empirischer Beitrag zum Problem der Indikation, Franfurt am Main 1991
Planungsgruppe Petra e.V.: Beratung und Fortbildung beim Aufbau von Jugendhilfestrukturen in den neuen Bundesländern. Projektbericht, Schlüchtern, Februar 1995
Posser, D./Wassermann, R. (Hrsg.): Von der bürgerlichen zur sozialen Rechtsordnung (5. Rechtspolitischer Kongress der SPD vom 29.2. bis 2.3.1980 in Saarbrücken), Heidelberg, Karlsruhe 1981
Potrykus, Gerhard: Jugendwohlfahrtsgesetz, Kommentar, 2. Aufl., München 1972
Preissing, Christa/Prott, Roger: Rechtshandbuch für Erzieherinnen, Berlin 1992
Pressel, Ingeborg: Modellprojekt Familienhilfe in Kassel (Arbeitshilfen 21 des Deutschen Vereins), Frankfurt/Main 1981
Presting, G. (Hrsg.): Erziehungs- und Familienberatung. Untersuchungen zu Entwicklung, Inanspruchnahme und Perspektiven, Weinheim und München 1991
Presting, G./Sielert, U./Westphal, R.: Erziehungskonflikte und Beratung. Institutionelle Hilfen für Familien und Jugendliche (Materialien zum Siebten Jugendbericht, Band 7), Weinheim und München 1987
Proksch, Roland (Hrsg.): Wohl des Kindes. Systemische Konfliktlösungen im Scheidungsverfahren, 2. Aufl., Nürnberg (Institut für soziale und kulturelle Arbeit) 1991
Proksch, Roland (Hrsg.): Rettet die Kinder jetzt. Zum Spannungsverhältnis Elternrecht – Kindeswohl – staatliches Wächteramt, Frankfurt am Main (Eigenverlag) 1993
Proksch, Roland: Sozialdatenschutz in der Jugendhilfe, Münster 1996
Proksch, Roland: Begleitforschung zur Umsetzung der Neuregelungen zur Reform des Kindschaftsrechts. 1. Zwischenbericht Mai 2000 (im Internet unter bmj.de)
Proksch, Roland/Sievering, Ulrich O. (Hrsg.): Förderung der gemeinsamen elterlichen Verantwortung nach Trennung und Scheidung, Frankfurt/Main 1991
Puttkamer, Susanne von: Stieffamilien und Sorgerecht in Deutschland und England, Frankfurt am Main 1994

Quambusch, Erwin: Einführung in das Recht, Freiburg/Br. 2000

Ramin, Gabriele (Hrsg.): Inzest und sexueller Missbrauch. Beratung und Therapie. Ein Handbuch, Paderborn 1993

Ramm, Thilo: Jugendrecht. Ein Lehrbuch, München 1990

Rauschenbach/Schilling (Hrsg.): Die Kinder- und Jugendhilfe in der Statistik, Band 1: Einführung und Grundlagen, Band II: Analysen, Befunde und Perspektiven, Neuwied 1997

Rauschenbach, Thomas/Schilling, Matthias (Hrsg.): Die Kinder- und Jugendhilfe und ihre Statistik, Band I: Einführung und Grundlagen; Band II: Analyse, Befunde und Perspektiven, Neuwied 1997

Rebmann/Uhlig: Bundeszentralregistergesetz (Kommentar), München 1985

Röchling, Walter: Vormundschaftsgerichtliches Eingriffsrecht und KJHG, Neuwied 1997

Rolle, J./Kesberg, E.: Der Hort. Handbuch für die Praxis im Hort/Schulkinder-Haus, Band 1. Der Hort als Erziehungs- und Bildungseinrichtung für Kinder im schulpflichtigen Alter, 3. Auflage, Berlin u.a. 1992

Rush, Florence: Das bestgehütete Geheimnis: Sexueller Kindesmissbrauch, Berlin 1982

Sachße, Christoph: Subsidiaritätsprinzip, in: Deutscher/Fieseler/Maòr (Hrsg.), Lexikon der sozialen Arbeit, Stuttgart u.a. 1978

Sahliger, Udo: Aufsichtspflicht und Haftung in der Kinder- und Jugendarbeit, 2. Aufl., Münster 1992

Sahliger, Udo: Aufsichtspflicht im Kindergarten, Münster 1994

Salgo, Ludwig: Pflegekindschaft und Staatsintervention, Darmstadt 1987

Salgo, Ludwig (Hrsg.): Vom Umgang der Justiz mit Minderjährigen, Neuwied 1995

Salgo, Ludwig: Der Anwalt des Kindes. Die Vertretung von Kindern in zivilrechtlichen Kindesschutzverfahren, Frankfurt am Main 1996

Salzgeber, J./Stadler, M.: Familienpsychologische Begutachtung, München 1990

Sauer, Martin: Heimerziehung und Familienprinzip, Neuwied und Darmstadt 1979

Schäfter, Gabriele/Hocke, Martina: Mädchenwelten: Sexuelle Gewalterfahrungen und Heimerziehung, Heidelberg 1995

Schellhorn, Walter/Wienand, Manfred: Das Kinder- und Jugendhilfegesetz (SGB VIII). Ein Kommentar für Ausbildung, Praxis und Wissenschaft, Neuwied 1991

Schellhorn, Walter(Hrsg.): SGB VIII/KJHG: Sozialgesetzbuch Achtes Buch Kinder- und Jugendhilfe, 2. Auflage, Neuwied 2000

Schimke, Hans-Jürgen: Das neue Kindschaftsrecht, 2. Auflage, Neuwied 2000

Schleicher, Hans: Jugend- und Familienrecht, 10. Aufl., Köln 1999

Schleicher, Hans: Familie und Recht, Köln 1999

Schlüter, Wilfried: Familienrecht, 5. Aufl., Heidelberg 1991

Schmitt-Wenkebach, Rainer: Das Haftungsrecht in der Jugendarbeit, 2. Auflage, Neuwied und Darmstadt 1981

Schön, Karin/Müllensiefen, Dietmar: Scheidungsfamilien beraten und im gerichtlichen Verfahren mitwirken. Eine Untersuchung der Praxis in badischen Jugendämtern, Freiburg i. Br. (Kontaktstelle für praxisorientierte Forschung e.V. an der Evangelischen Fachhochschule Freiburg) 1995

Schönke, A./Schröder, H.: Strafgesetzbuch, Kommentar, 26. Aufl., München 2000

Scholz, Rainer: Unterhaltsvorschussgesetz (Kommentar), 2. Aufl., Köln 1992

Scholz, H./Stein, R. (Hrsg.): Praxishandbuch Familienrecht, München 2000

Schone, Reinhold/Schrapper, Christian: Ambulante Erziehungshilfen – Alternative oder Alibi? Entwicklungen, Profile, Perspektiven ambulanter Hilfen zur Erziehung, Münster (Institut für soziale Arbeit e.V.) 1988

Schone/Gintzel/Jordan/Kalscheuer/Münder: Kinder in Not. Vernachlässigung im frühen Kindesalter und Perspektiven sozialer Arbeit, Münster 1997

Schottmayer, G./Christmann, R.: Kinderspielplätze. Beiträge zur kindorientierten Gestaltung der Wohnumwelt (Schriftenreihe des BMJFG Bd. 44/1 und 2), Stuttgart 1977

Schrapper, C./Sengling, D./Wickenbrock, W.: Welche Hilfe ist die richtige? Historische und empirische Studien zur Gestaltung sozialpädagogischer Entscheidungen im Jugendamt, Frankfurt/Main 1987 (Eigenverlag Deutscher Verein)

Schreiner, Haro: Adoption – warum nicht offen?, Idstein 1993

Schröer, W./Struck, N./Wolff, M. (Hrsg.): Handbuch der Kinder- und Jugendhilfe, München und Weinheim 2001

Schumann-Gliwitzki/Meier, Salwa: Schwierigkeiten und Chancen von Stieffamilien, Berlin 1990

Schwab, Dieter: Zur zivilrechtlichen Stellung der Pflegeeltern, des Pflegekindes und seiner Eltern – Rechtliche Regelungen und Rechtspolitische Forderungen. Gutachten A zum 54. Deutschen Juristentag, München 1982

Schwab, Dieter(Hrsg.): Das neue Familienrecht. Systematische Darstellung zum Kindschaftsrechtsreformgesetz, Kindesunterhaltsgesetz, Eheschließungsrechtsgesetz und Erbrechtsgleichstellungsgesetz, Bielefeld 1998

Schwab, Dieter: Familienrecht, 10. Auflage, München 1999

Schwab/Wagenitz: Familienrechtliche Gesetze. Synoptische Textausgabe mit einer Einführung in die Reformgesetz, 3. Auflage, Bielefeld 1999

Schwab, Dieter/Motzer, Stefan: Handbuch des Scheidungsrechts, 4. Auflage 2000

Seidenstücker, Bernd/Münder, Johannes: Jugendhilfe in der DDR. Perspektiven einer Jugendhilfe in Deutschland, Münster (Institut für soziale Arbeit e.V.) 1990

Senat der Freien und Hansestadt Hamburg: Kinder- und Jugendbericht. Neugestaltung der Jugendhilfe in Hamburg 1991-1997, Hamburg 1997

Simitis, S. u.a.: Kindeswohl. Eine interdisziplinäre Untersuchung über seine Verwirklichung in der vormundschaftgerichtlichen Praxis, Frankfurt/Main 1979

Simon, Titus: Kommunale Jugendhilfeplanung. Eine Arbeitshilfe für Ausbildung und Praxis, Wiesbaden 1994

Simonsohn, Berthold (Hrsg.): Jugendkriminalität, Strafjustiz und Sozialpädagogik, 3. Aufl., Frankfurt/Main 1970

Smentek, Günter (Hrsg.): Die leiblichen Eltern im Adoptionsprozess – verändert sich die Adoptionspraxis, Idstein 1998

Soest, George von: Bedingungen und Möglichkeiten von Bürgerbeteiligung im Rahmen von Jugendhilfeverfahren, Kassel (unveröffentlichte Dissertation) 1998 (Veröffentlichung in der Reieh Grundlagen der Sozialen Arbeit, Schneider Verlag Hohengehren für 2000 oder 2001 vorgesehen)

Sozialpädagogisches Institut (Hrsg.): Das Recht der elterlichen Sorge, Neuwied und Darmstadt 1983

Specht, Walter (Hrsg.): Die gefährliche Straße. Jugendkonflikte und Stadtteilarbeit, Bielefeld 1987

Statistisches Bundesamt (Hrsg.): Datenreport 1999. Zahlen und Fakten über die Bundesrepublik Deutschland (Bundeszentrale für politische Bildung, Schriftenreihe Bd. 365), Bonn 2000

Statistisches Bundesamt (Hrsg.): Im Blickpunkt: Jugend in Deutschland, Wiesbaden 2000

Staudinger, J. von: Kommentar zum Bürgerlichen Gesetzbuch. Viertes Buch. Familienrecht §§ 1638-1683, 13. Bearbeitung, Berlin 2000

Steffan, W. (Hrsg.): Straßensozialarbeit. Eine Methode für heiße Praxisfelder, Weinheim und Basel 1989

Steindorff-Classen: Das subjektive Recht des Kindes auf seinen Anwalt, Neuwied 1998

Stein-Hilbers, Marlene: Wem »gehört« das Kind? Frankfurtam Main/New York 1994

Steinhage, R.: Sexueller Missbrauch an Mädchen – ein Handbuch für Beratung und Therapie, Reinbek 1989

Stephan, Heinz: Sozialpädagogische Familienhilfe in Hannover – katamnestische Untersuchung, Marburg 1995

Stimmer, Franz (Hrsg.): Lexikon der Sozialpädagogik und der Sozialarbeit, Wien 1994

Storr, Peter: Die Aufsichtspflicht der Sozialarbeiter und Sozialpädagogen, 2. Aufl., Sankt Augustin 1992

Storr, Peter: Jugendhilferecht. Gesetzestext mit Erläuterungen, Regensburg 1991

Stranz, Gerhard: Tagespflege nach § 23 SGB VIII, Stuttgart u.a. 1995

Strempel, Dieter(Hrsg.): Mediation für die Praxis, Freiburg im Breisgau 1998

Stumpf, Thomas W.: Opferschutz bei Kindesmisshandlung, Neuwied 1995

Sturm, zu Vehlingen, Ch. von: Rechtliche Rahmenbedingungen für sozialpädagogische Entscheidungen nach dem Recht der Jugendhilfe in England, Schweden, der Schweiz und Deutschland, St. Gallen/Lachen 1999

Swientek, Christine: »Ich habe mein Kind fortgegeben«. Die dunkle Seite der Adoption, Reinbek bei Hamburg 1982
Swientek, Christine: Die »abgebende Mutter« im Adoptionsverfahren, Bielefeld 1986
Swientek, Christine: Wer sagt mir wessen Kind ich bin? Von der Adoption Betroffene auf der Suche, Freiburg i. Br. 1993

Tegethoff, Hans-Georg: Sozialpädagogische Wohngemeinschaften. Öffentliche Erziehungshilfe in der Erfahrung von Beteiligten und Betroffenen, Weinheim und Basel 1987
Textor, M. (Hrsg.): Hilfen für Familien. Ein Handbuch für psychosoziale Hilfen, Frankfurt am Main 1990
Textor, Martin: Familienpolitik. Probleme, Maßnahmen, Forderungen, Bonn (Bundeszentrale für politische Bildung) 1991
Textor, Martin R.: Scheidungszyklus- und Scheidungsberatung. Ein Handbuch, Göttingen 1991
Textor, Martin R. (Hrsg.): Praxis der Kinder- und Jugendhilfe. Handbuch für die sozialpädagogische Anwendung des KJHG, Weinheim und Basel 1995
Textor, Martin R. (Hrsg.): Allgemeiner Sozialdienst. Ein Handbuch für soziale Berufe, Weinheim und Basel 1994
Textor, Martin R. (Hrsg.): Hilfen für Familie. Eine Einführung für psychosoziale Berufe, Weinheim und Basel 1998
Textor, Martin R./Warndorf, Peter Klaus: Familienpflege: Forschung, Vermittlung, Beratung, Freiburg i. Br. 1995
Thiersch, Hans: Kritik und Handeln, Neuwied 1977
Thiersch, Hans: Lebensweltorientierte Arbeit. Aufgaben der Praxis im Sozialen Wandel, Weinheim und München 1992
Thole, W./Galuske, M./Struck, N. (Hrsg.): Zukunft des Jugendamtes, Neuwied 2000
Trauernicht, Gitta (Hrsg.): Soziale Arbeit mit Alleinerziehenden, Projekte aus der Praxis, Münster 1988
Trauernicht, G./Bettinghausen, M./Claus-Divaris/Knoch, L.: Mädchen in öffentlicher Erziehung. Eine Untersuchung zur Situation von Mädchen in Freiwilliger Erziehungshilfe und Fürsorgeerziehung. Institut für soziale Arbeit e.V./LWV Hessen, Münster 1987
Trube-Becker, Elisabeth: Gewalt gegen das Kind: Vernachlässigung, Misshandlung, Sexueller Missbrauch und Tötung von Kindern, 2. Auflage, Heidelberg 1987
Tschernitschek, Horst: Familienrecht. Studienbuch, München u.a. 1995

Ullrich, Hans: Arbeitsanleitung für Jugendgerichtshelfer, Frankfurt/Main 1982

Verein für Kommunalwissenschaften e.V. (Hrsg.): Eingliederung seelisch behinderter Kinder und Jugendlicher in die Jugendhilfe, Berlin 1995
Verein für Kommunalwissenschaften e.V. (Hrsg.): Jugendhilfeplanung – ein wirksames Steuerungsinstrument der Jugendhilfe, Berlin 1995
Verein für Kommunalwissenschaften e.V. (Hrsg.): Jugendhilfepraxis im Wandel. Eine Arbeitshilfe zu Handlungsfeldern der Jugendhilfe Berlin 1996
Verein für Komunalwissenschaften e.V. (Hrsg.): Die Beratung im Kontext von Scheidungs-, Sorgerechts- und Umgangsverfahren. Anforderungen an Strukturen und Formen der Kooperation von Familiengericht, Jugendhilfe und Anwaltschaft, Berlin 1998
Verein für Kommunalwissenschaften e.V. (Hrsg.): »... und schuld ist im Ernstfall das Jugendamt«. Probleme und Risiken sozialpädagogischer Entscheidungen bei Kindeswohlgefährdung zwischen fachlicher Notwendigkeit und strafrechtlicher Ahndung, Berlin 1999
Verein für Kommunalwissenschaften e.V. (Hrsg.): Was tun mit den Schwierigsten? Berlin 1999

Wacker, Bernd (Hrsg.): Adoptionen aus dem Ausland. Erfahrungen, Probleme, Perspektiven, Reinbek bei Hamburg 1994
Walter, J. (Hrsg): Sexueller Missbrauch im Kindesalter, 2. Auflage, Heidelberg 1992
Weber, Corina/Zitelmann, Maud: Standards für VerfahrenspflegerInnen. Die Interessenvertretung für Kinder und Jugendliche in Verfahren der Familien- und Vormundschaftsgerichte gemäß § 50 FGG, Neuwied 1998 (Luchterhandspezial)

Weber, Max: Wirtschaft und Gesellschaft, Grundriss der verstehenden Soziologie. Studienausgabe. Hrsg. von Johannes Winckelmann, 5. Aufl., Tübingen 1976

Weber, Monika/Rohleder, Christiane: Sexueller Missbrauch. Jugendhilfe zwischen Aufbruch und Rückschritt, Münster 1995

Wendels, Claudia: Mütter ohne Kinder. Wie Frauen die Adoptionsfreigabe erleben, Freiburg im Breisgau 1998

Wendl, Ph./Staudigl, S.: Das Unterhaltsrecht in der familienrichterlichen Praxis, 3. Aufl., München 1995

Weyel, Frank H.: Hilfe statt Knast? Jugend vor Kriminalität schützen, Frankfurt/M. 1999

Wiemann, Irmela: Ratgeber Adoptivkinder. Erfahrungen, Hilfen, Perspektiven, Reinbek b. Hamburg 1994

Wiemann, Irmela: Ratgeber Pflegekinder. Erfahrungen, Hilfen, Perspektiven, Reinbek b. Hamburg 1994

Wiesner, R./Kaufmann, F./Mörsberger Th./Oberloskamp H./Struck J.: SGB VIII. Kinder- und Jugendhilfe, München 1995

Wiesner, Reinhard/Zarbock, Walter H. (Hrsg.): Das neue Kinder- und Jugendhilfegesetz (KJHG) und seine Umsetzung in die Praxis, Köln u.a. 1991

Wilbrand, Irene/Unbehend, Dorothea: Praxisleitfaden für die Jugendgerichtshilfe. Fallorientierte Jugendgerichtshilfe, München 1995

Witte, Erich H./Sibbert, Jan/Kesten, Isolde: Trennungs- und Scheidungsberatung. Grundlagen – Konzepte – Angebote, Stuttgart 1992

Wodtke, Werner (Hrsg.): Alles noch einmal durchleben. Das Recht und die (sexuelle) Gewalt gegen Kinder, Baden-Baden 1997

Wolf, Klaus (Hrsg.): Entwicklungen in der Heimerziehung, Münster 1993 (2. Auflage 1995)

Wolffersdorff, Chr./Sprau-Kuhlen, V./i.Z.m. Kersten, J.: Geschlossene Unterbringung in Heimen. 2. Auflage Weinheim und München 1996

Zeitler, Helmut: Sozialgesetzbuch X für die Praxis der Sozialhilfe und Jugendhilfe, 2. Aufl., Köln 1983

Zenz, Gisela: Kindesmisshandlung und Kindesrechte, Frankfurt/Main 1979

Zenz, Gisela: Soziale und psychologische Aspekte der Familienpflege und Konsequenzen für die Jugendhilfe. Gutachten A zum 54. Deutschen Juristentag, München 1982

Zuschlag, Berndt: Das Gutachten des Sachverständigen. Rechtsgrundlagen, Fragestellungen, Gliederung, Rationalisierung, Stuttgart 1992

Stichwortverzeichnis